上海建设年鉴

（2015）

中共上海市城乡建设和交通工作委员会
上海市城乡建设和管理委员会　编

文匯出版社

图书在版编目（CIP）数据

上海建设年鉴．2015 / 中共上海市城乡建设和交通工作委员会，上海市城乡建设和管理委员会编．-- 上海：文汇出版社，2016.10

ISBN 978-7-5496-1860-6

Ⅰ.①上… Ⅱ.①中… ②上… Ⅲ.①城市建设－上海市－2015－年鉴 Ⅳ.①F299.275.1-54

中国版本图书馆CIP数据核字(2016)第218148号

上海建设年鉴（2015）

编　　著 / 中共上海市城乡建设和交通工作委员会
上海市城乡建设和管理委员会
责任编辑 / 乐渭琦
特约编辑 / 郑　红
美术编辑 / 胡　鹰

出 版 人 / 桂国强

出版发行 / 文匯出版社
上海市威海路755号
（邮政编码 200041）
经　　销 / 全国新华书店
照　　排 / 上海未寅文化传播有限公司
印刷装订 / 江苏省启东市人民印刷有限公司
版　　次 / 2016年10月第1版
印　　次 / 2016年10月第1次印刷
开　　本 / 889×1240　1/16
字　　数 / 680千字
印　　张 / 36.75（插页16）

书　　号 / ISBN 978-7-5496-1860-6
定　　价 / 258.00元

2014 年上海市卫星影像图

申城夕照

COSCO

1. 初露端倪的上海中心
2. 在建的上海中心基础工程
（摄于 2009 年 11 月 3 日）
3. 建设中的上海中心
（摄于 2012 年 12 月 19 日）

1. 上海中心 5 楼花园平台
2. 上海中心空中大堂花园
3. 上海中心底楼大堂
4. 上海中心灯光秀美
5. 上海中心多功能大厅
6. 上海中心 5 楼宴会厅
7. 上海中心 119 层光厅看日出
8. 雾锁陆家嘴

乌瞰上海自然博物馆

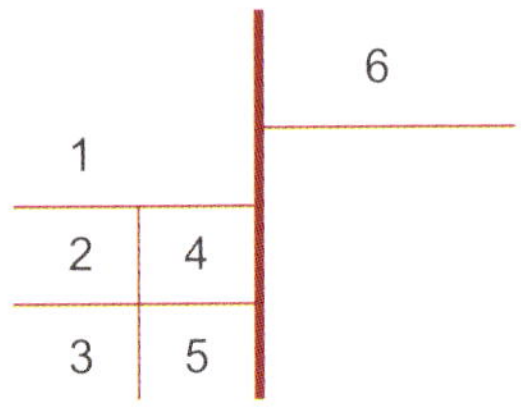

1. 上海自然博物馆高大公共空间的“生命奇迹”展厅
2. 上海自然博物馆地下二层走进非洲展区
3. 上海自然博物馆起源之谜展厅
4. 上海自然博物馆地下二层探索中心展厅
5. 上海自然博物馆地下二层夹层的上海故事展厅
6. 上海自然博物馆一层的生命登陆展区

此组照摄于2014年5月8日，也是原上海自然博物馆闭馆的前几天。位于延安东路260号的上海科技馆自博展区（原上海自然博物馆）因展示标本整体搬迁，定于2014年5月12日起闭馆。作者专程为老馆留存印记。

具有折衷新古典主义风格的原上海自然博物馆大楼

原上海自然博物馆二楼展厅

原上海自然博物馆通往二楼陈列馆的扶梯

摄于2014年5月8日搬迁前的原上海自然博物馆

原上海自然博物馆四楼鸟类陈列馆

鸟瞰上海交响乐团音乐厅

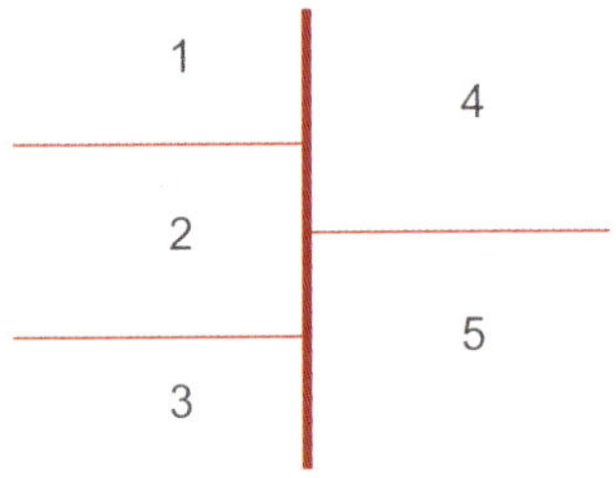

1. 建造中的上海交响乐团音乐厅主厅内景
2. 上海交响乐团音乐厅可容纳 400 席位的演艺厅
3. 上海交响乐团音乐厅互动走廊
4. 上海交响乐团音乐厅入口处
5. 上海交响乐团音乐厅可容纳 1200 席位的主厅

I am Langlang

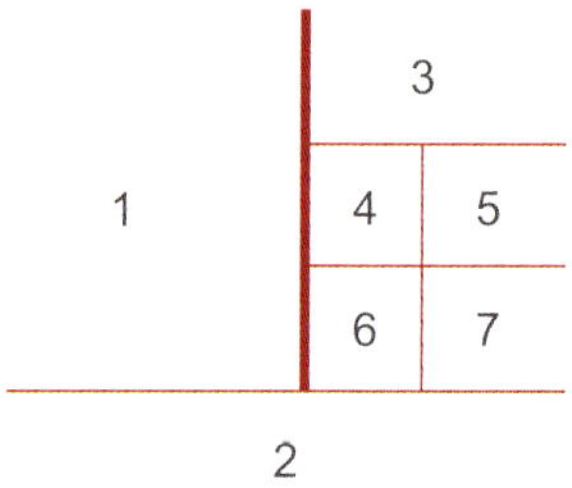

1. 上海西站南广场鸟瞰
2. 上海西站北广场出口绿地
3. 上海西站地下东南西北通道
4. 上海西站导光管自然光照明设施
5. 上海西站下沉广场天井
6. 上海西站通往地铁 11 号线道口
7. 上海西站通往北广场

1出口

1. 鸟瞰轨道交通 16 号、2 号、7 号线及磁悬浮龙阳路站
2. 轨道交通 16 号线工程铺设吊梁现场
3. 轨道交通 16 号线工程电缆施工现场
4. 轨道交通 16 号线工程穿越大治河桥
5. 轨道交通 16 号线工程轨道施工

1	2
3	4

1. 轨道交通 13 号线长寿路站与 7 号线换乘大厅
2. 轨道交通 13 号线隆德路地铁车站
3. 轨道交通 13 号线大渡河路候车站台
4. 轨道交通 13 号线崭新德车厢

1
2
3

1.2014 年 8 月轨交 11 号线南翔站 P+R 停车场建成运营
2.2014 年 8 月轨交 11 号线安亭站 P+R 停车场建成运营
3.2014 年 8 月轨交 7 号线美兰湖站 P+R 停车场建成运营

交警提示
S5
沪嘉高速
S5
G15 01
浦东机场
55t
14t
5m
40

BRABUS
BRABUS

RMI

1. 沪嘉高速公路拓宽改造大修工程（二期）
2. 上海国家会展中心在举行国际汽车展
3. 宝安公路（安辰路至外青松公路）大修工程采用共振碎石化施工
4. 上海国家会展中心外景
5. S6 沪翔高速公路建成通车
6. 嘉闵高架（北翟路－G2 段）工程

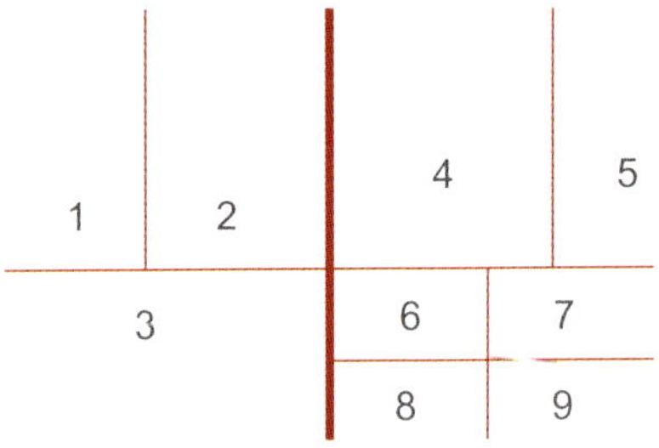

1. 鲁迅纪念馆
2. 余晖下的鲁迅公园临湖景观
3. 鸟瞰鲁迅公园
4. 鲁迅纪念馆展厅进口处
5. 再现“英伦风情”的铸铁路灯及指示牌
6. 英式风格的鲁迅公园南大门
7. 恢复原来功能的上海首座沙滤水饮水器
8. 鲁迅公园南入口景观大道
9. 鲁迅公园内新辟的世界文豪广场一角

Lu Xun Park
北门
North Gate
340m
梅园
Plum Garden
40m

2288

1	
2	3
4

1. 长兴岛金湾路竣工
2. 前滩商务区市政道路及绿化工程竣工
3. 长兴岛凤舞路开通
4. 闵行文化公园二期工程

1. 建造中的中国乒乓球学院训练馆
2. 中国乒乓球学院三楼训练馆
3. 中国乒乓球学院教研楼

1 2

3

1. 浦东机场第四跑道项目
2. 2014 年 10 月 11 日 50 辆英伦出租车投入使用
3. 国家肝癌科学中心

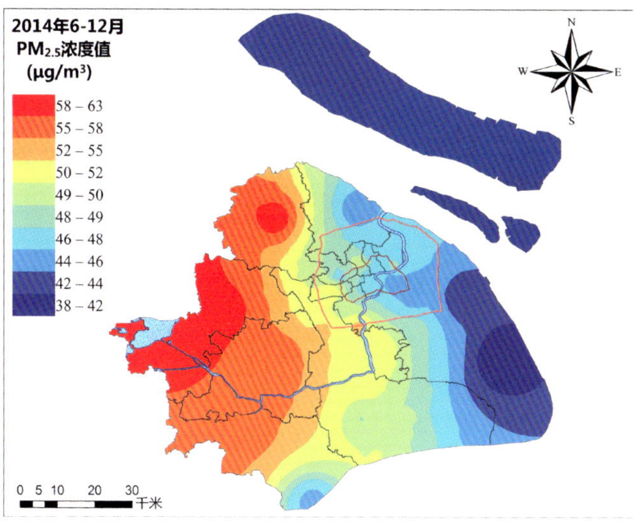

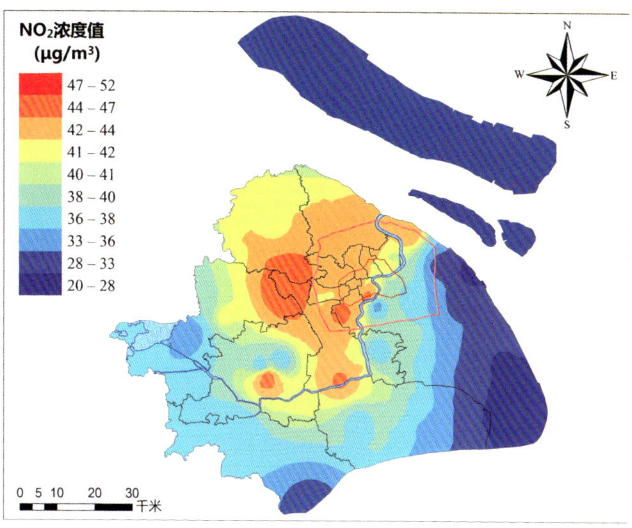

1
2
3

1．上海吴泾发电有限责任公司脱硝改造工程
2．2014 年 6 ～ 12 月上海市各区县 PM2.5 浓度空间分布示意图
3．2014 年上海市各区县二氧化氮浓度空间分布示意图

1	2
3	4
5	6

1.2014 年上海市各区县可吸入颗粒物浓度空间分布示意图
2.2014 年上海市各区县二氧化硫浓度空间分布示意图
3.2014 年上海市昼间时段区域环境噪声等级分布
4.2014 年上海市夜间时段区域环境噪声等级分布
5. 上海市 PM2.5 来源综合解析结果
6.2014 年上海市主要河流断面水质类别比例图

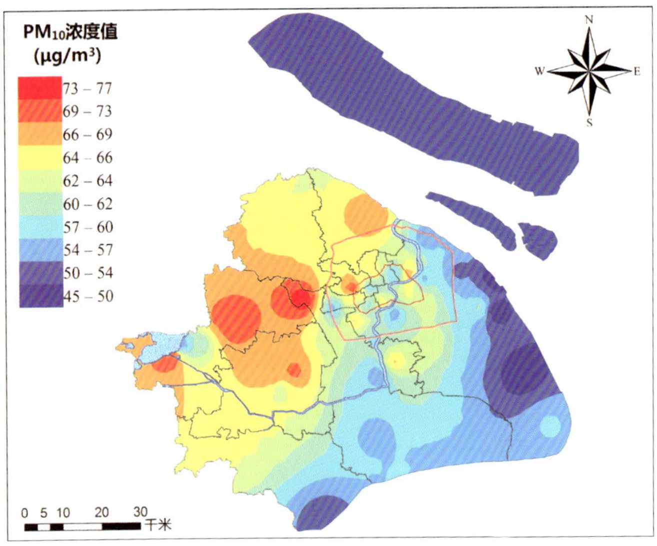

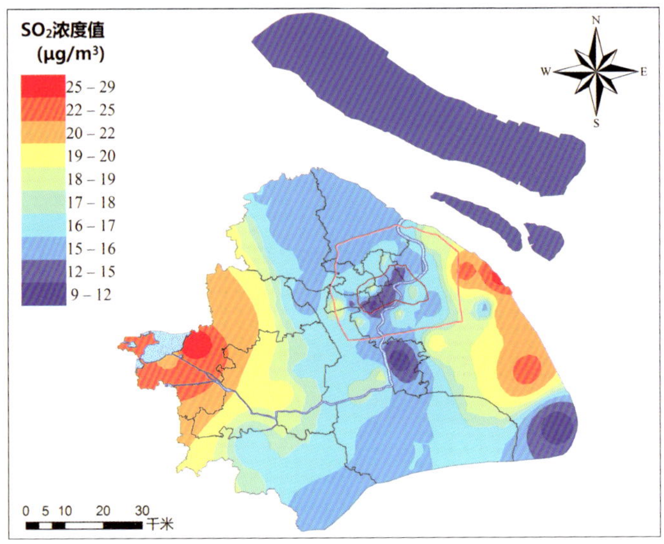

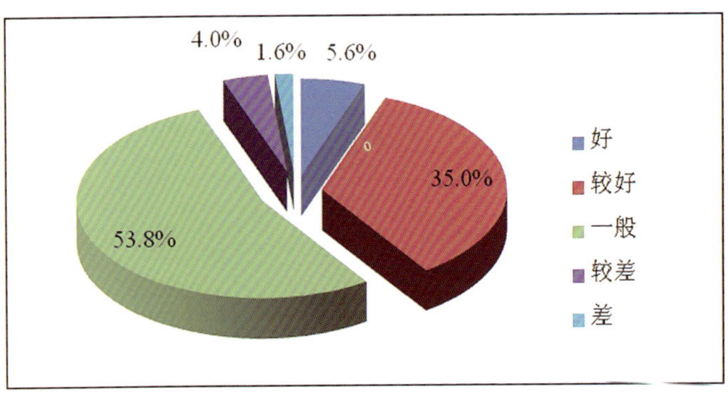

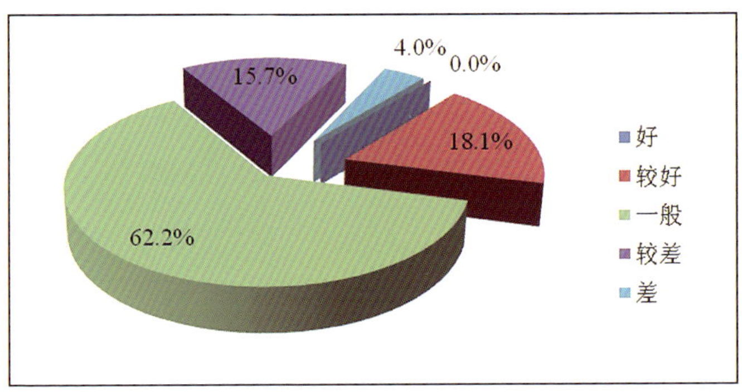

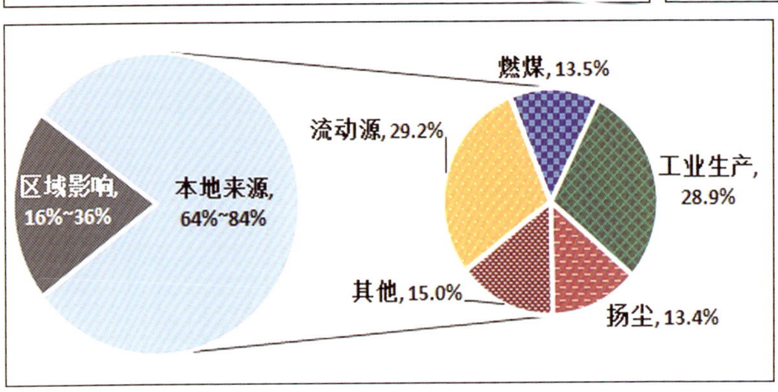

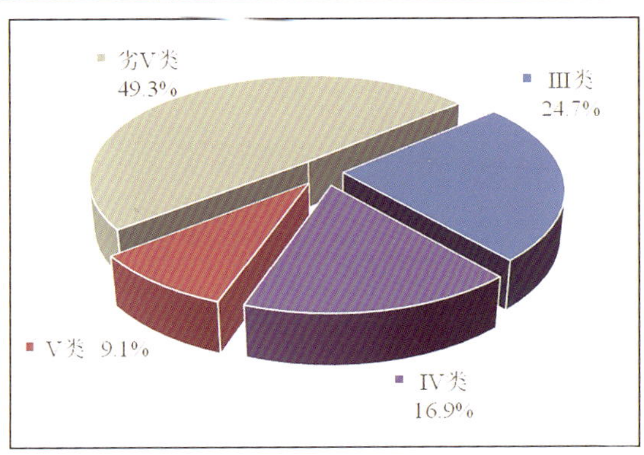

《上海建设年鉴（2015）》
编辑委员会

编 写 说 明

一、《上海建设年鉴》是中共上海市城乡建设和交通工作委员会、上海市城乡建设和管理委员会组织编写，上海市、区县两级建设交通系统各局、直属单位及相关政府部门协作参与，以记录上一年度上海城乡建设、城市管理、交通运输及相关行业、企业发生的重大事件及重要情况为主要内容，对外公开发行的大型资料性、工具性年刊。

二、本年鉴编写保持上部年鉴的体例和风格。全书由综合、主体和附录三部分组成。综合部分设市情概貌、特载。市情概貌介绍上海的基本情况资料；特载刊载上海当年度政府工作报告、统计公报及其他重要内容。主体部分基本按城乡建设、城市管理、交通运输及综合管理等相关内容，分门别类予以排列、记载。附录部分设当年市建设交通委大事记、相关法律法规政策目录选载、相关资料及数据统计。

三、本年鉴主体部分由栏目、分目和条目三个结构层次组成。全书设19个栏目，每一栏目依内容需要，设若干分目。栏目之首设“综述”，分目之首设“概况”，条目以事件设，一事一条。条目为本年鉴之主要记载形式。同时辅以图片、表格及相关资料。

四、本年鉴编写坚持对历史负责、对后人负责和客观记载、不作评价的原则，对年度发生的重大事件，尽可能予以如实、公正地记载、避免不确定因素和不确切数据。

五、本年鉴以赠阅为主。由于诸多原因，本年鉴编写周期较长，其中部分内容转引自有关资料、文献、书刊。原作者如未收到稿酬，可直接与《上海建设年鉴》编辑部联系。

六、本年鉴编写过程中得到上海市、区县各级领导和上海建设交通系统各委局、直属单位，以及广大热心人士的大力帮助，在此一并表示感谢。

目　录

五、环境保护

六、水务管理

七、房屋管理

八、城市交通

九、港口航运

十、铁路运输

十一、民用航空

十二、邮政事业

十三、海洋海事

十四、国际航运中心建设

十五、建筑建材业管理

十六、城市综合管理

十七、科研工作

十八、区县建设

十九、政策法规

附 录

市情、概貌

（一）地域

上海市，简称沪，别名申。地处东经 120° 51 ~ @122° 12@，北纬 30° 40@ ~ 31° 53@，位于太平洋西岸，亚洲大陆东沿，中国南北海岸中心点，长江和钱塘江入海汇合处。北界长江，东濒东海，南临杭州湾，西接江苏和浙江两省。是长江三角洲冲积平原的一部分，平均高度为海拔 4 米左右。陆地地势总趋势由东向西低微倾斜。以西部淀山湖一带的淀泖洼地为最低，海拔 2 ~ 3 米；在泗泾、亭林、金卫一线以东的黄浦江两岸地区，为碟缘高地，海拔 4 米左右；浦东钦公塘以东地区为滨海平原，海拔 4 ~ 5 米。西部有天马山、佘山、薛山、凤凰山等残丘，天马山为上海陆上最高点，海拔 98.2 米。海域上有大金山、小金山、浮山、佘山等基岩岛，大金山海拔 103.4 米，为上海境内最高点。全市总面积 6340.5 平方公里，东西最大距离约 100 公里，南北最大距离约 120 公里。大陆岸线长约 211 公里。在北面的长江入海处，有崇明、长兴、横沙、九段沙等岛屿。崇明岛为中国第三大岛，由长江挟带下来的泥沙冲积而成。

（杜瑜）

（二）行政区划

今上海地区，吴淞江以南，公元751年（唐天宝十载）析嘉兴东境、海盐北境、昆山南境之地置华亭县。1277年（元至元十四年）升华亭县为华亭府，第二年改为松江府。至清代，松江府辖有华亭、娄、上海、青浦、金山、奉贤、南汇7个县和川沙抚民厅。吴淞江以北，1218年1月7日（南宋嘉定十年十二月初九日）设嘉定县，后又析出宝山县。长江口的沙洲，907年左右（五代初）置崇明镇，1277年升为崇明州，1369年（明洪武二年）改为崇明县。

上海城市，源于吴淞江下游的渔村，1267年（南宋咸淳三年）前成镇，镇因黄浦江西的上海浦得名。1291年（元至元二十八年）析华亭县东北、黄浦江东西两岸的高昌、长人、北亭、海隅、新江5个乡置上海县，1292年设立，为松江府属县。1927年7月设上海特别市，1930年5月改称上海市。1949年5月27日，上海解放。全市划为黄浦、老闸、新成、静安、江宁、普陀、邑庙、蓬莱等20个市区和新市、江湾、吴淞、大场等10个郊区。1958年1月，上海、嘉定、宝山3个县从江苏省划归上海市；10月，设立浦东县；11月，川沙、青浦、南汇、松江、奉贤、金山和崇明7个县从江苏省划归上海市。1960年1月，设立闵行区和吴淞区。1961年1月，撤销浦东县。1961年3月，浙江省嵊泗列岛划归上海市。

1962年5月，上海市嵊泗列岛划归浙江省。1964年5月，撤销闵行区、吴淞区。至此，上海市辖有黄浦、南市、卢湾、徐汇、长宁、静安、普陀、闸北、虹口、杨浦10个市区，以及上海、嘉定、宝山、川沙、奉贤、南汇、松江、金山、青浦、崇明10个郊县。1980年10月，设立吴淞区。1981年2月，设立闵行区。1988年1月，撤销宝山县和吴淞区，设立宝山区。1992年9月，撤销上海县和原闵行区，设立新的闵行区。1992年10月，以川沙县全境、原上海县三林乡和黄浦、南市、杨浦3个区的浦东部分，设立浦东新区；撤销嘉定县，设立嘉定区。1997年4月，撤销金山县，设立金山区。1998年2月，撤销松江县，设立松江区。1999年9月，撤销青浦县，设立青浦区。2000年6月，原黄浦区和南市区撤并，设立新的黄浦区。2001年1月，撤销南汇县，设立南汇区；撤销奉贤县，设立奉贤区。2005年5月，宝山区管辖的长兴乡、横沙乡划归崇明县管辖。2009年4月，撤销南汇区，其行政区域范围划入浦东新区。2011年5月，原黄浦区和卢湾区撤并，设立新的黄浦区。至2014年底，上海市辖有浦东新区、徐汇、长宁、普陀、闸北、虹口、杨浦、黄浦、静安、宝山、闵行、嘉定、金山、松江、青浦、奉贤16个区和崇明1个县，共100个街道、107个镇、2个乡，有4122个居委会（比上年底增加98个）、1605个村委会（比上年底减少5个）。（杜瑜）

（三）人口

至2014年底，上海常住人口2425.68万人，其中外来常住人口996.42万人。上海户籍人口1438.69万人，比上年增加6.35万人。其中，男性714.71万人、女性723.99万人，性别比为0.99∶1；非农业人口1299.5万人。全市户籍数532.55万户，平均每户人口2.7人。户籍人口出生数12.41万人，出生率8.64‰；死亡人数11.95万人，死亡率8.32‰。人口自然增长率0.32‰。年内迁出5.78万人，迁入11.55万人，机械增长5.77万人，机械增长率

4.03‰。户籍人口密度每平方公里2269人，常住人口密度每平方公里3826人。户籍人口期望寿命82.29岁，其中男性80.04岁、女性84.59岁。（曹美芳）

（四）水文

上海地处长江入海口、太湖流域东缘。全市河道长度约2.53万公里，河流和湖泊总面积约619平方公里。河面率约9.77%，河网密度平均每平方公里约4公里。境内江、河、湖、塘相间，水网交织。主要水域和河道有长江口，黄浦江及其支流大泖港、园泄泾、斜塘和太浦河、拦路港，以及吴淞江（苏州河）、蕰藻浜、川杨河、淀浦河、大治河、金汇港、油墩港等。其中，黄浦江干流全长80余公里，河宽300～700米，其上游在松江区米市渡处承接太水，贯穿上海至吴淞口汇入长江口；吴淞江发源于太湖瓜泾口，在市区外白渡桥附近汇入黄浦江，全长约125公里，上海境内约54公里（俗称苏州河），为黄浦江主要支流。上海的湖泊集中在与江苏、浙江交界的西部洼地，最大的湖泊为淀山湖，总面积60余平方公里。

2014年，上海年降水量1455.1毫米（徐家汇站，以下同），比常年增多约25%，但降水量的年内月分配不均匀。其中，汛期（6—9月）降水量为470.7毫米，比常年增多约50%；1—5月降水量比常年增多约10%，10—12月降水量比常年减少约43%。

上海于6月20日入梅，7月7日出梅，梅雨期历时17天，其中雨日14天。梅雨期间，全市降水量分布不均匀，中心城累计雨量223.4毫米，比多年平均值减少8%；郊区以浦东新区降水量最大，累计雨量256.3毫米，嘉定区降水量最少，累计雨量171.3毫米。

全年全市遭受暴雨17次，其中暴雨中心雨量大于100毫米的5次，分别是：7月27日，最大日雨量为松江区米市渡站167.5毫米；8月8日，最大日雨量为嘉定区嘉定南门站131.5毫米；8月14日，最大日雨量为崇明县大新镇站104.5毫米；8月20日，最大日雨量为浦东新区申港站107.0毫米；8月31日，最大日雨量为崇明县大新镇站140.5毫米。

全年全市地表径流量约40.08亿立方米，折合年径流深632.1毫米，比多年平均值增多约58.5%。

长江口高桥站年平均高潮位3.37米（上海吴淞基面，下同），比多年平均值高0.03米；杭州湾芦潮港站3.72米，比多年平均值高0.20米。

市域内主要河流的水质污染仍以有机污染为主。根据上海市水文总站监测，水质的有机污染指标大部分在Ⅱ～劣Ⅴ类之间。其中，长江口、黄浦江上游及崇明岛内河水质较好，一般为Ⅱ～Ⅳ类水；大陆片内河河网水质较差，一般为Ⅲ～劣Ⅴ类水。

（顾圣华）

（五）气候

2014年，上海地区气温略高，降水总量略多，日照时数偏少。冬季气温略高，降水偏多，日照时数略少；春季气温偏高，降水略少，日照时数略多；夏季气温偏低，季平均气温为2003年以来首次低于常年平均值，降水偏多，日照时数异常偏少；秋季气温偏高，降水略多，日照时数略少。

年平均气温（全市11个气象观测站平均）16.8℃，比常年平均偏高0.5℃，比上年低0.5℃。在地区分布上，中心城区年平均气温17.4℃，郊区年平均气温16.8℃。与常年相比，除崇明地区偏低0.1℃外，各地气温偏高 0.4℃ ~ 0.9℃。在年内分布上，与常年平均相比，6—8 月和 12 月气温比常年同期偏低 0.6℃ ~ 1.5℃，其他各月气温均比常年同期偏高，其中 1 月气温偏高 2.3℃，创历史同期最高纪录；其他各月气温比常年同期偏高 0.3℃ ~ 2.0℃。全市极端最低气温 -6.7℃（崇明地区）；极端最高气温 37.4℃（松江地区）；极端最高气温 37.4 ℃（松江地区）。日最高气温≥ 35℃的高温日数：中心城区 8 天，比常年少 7 天；郊区 0 ~ 6 天，金山和奉贤地区没有出现，嘉定地区最多。日最高气温≥ 37℃的炎热日数：除青浦和松江地区为 1 天外，其余地区均未出现。

平均年降水量（全市 11 个气象观测站平均）1356 毫米，比常年平均偏多 15%。各区县年降水量 1253 ~ 1541 毫米，崇明、嘉定和宝山地区降水量较少，都在 1300 毫米以下，浦东新区降水量最多，其余地区降水量为 1314 ~ 1455 毫米。与常年平均值相比，所有地区降水量均比常年偏多，其中浦东新区偏多最多（24%），浦东新区南汇地区偏多最少（10%），其余地区降水量比常年偏多 11% ~ 18%。全年平均降水日数 128 天，比常年平均偏少 2 天，其中日降水量≥ 25 毫米的大雨以上日数 18 天，日降水量≥ 50 毫米的暴雨日数 4 天。地区分布上，浦东新区暴雨日数 8 天，中心城区 5 天，嘉定、崇明和青浦地区暴雨日数最少（2 天），其他地区暴雨日数 3 ~ 4 天。降水量在年内分配上，与常年同期平均值相比，2 月降水量偏多 120%，4 月和 6 —9 月降水量偏多 21% ~ 62%；其余各月降水偏少 21% ~ 84%。汛期（6 —9 月）全市平均降水量 829 毫米，比常年同期偏多 35%，比上年同期偏多 99%。

年日照时数（全市 11 个气象观测站平均）1684 小时，比常年平均值偏少 171 小时。各区县年日照时数为 1196 ~ 1865 小时，金山地区最多，中心城区最少。与常年相比，中心城区和青浦地区分别偏少 496 小时和 316 小时，其他地区偏少 19 ~ 292 小时。1 月、3 月、5 月、10 月和 12 月日照时数比常年同期偏多 9 ~ 45 小时，8 月日照时数比常年偏少 108 小时，其余各月比常年偏少 11 ~ 54 小时。

（史军）

政府工作报告

——2015年1月25日在上海市第十四届人民代表大会第三次会议上

上海市市长 杨雄

各位代表：

现在，我代表上海市人民政府，向大会报告政府工作，请予审议。请政协委员和其他列席人员提出意见。

一、2014年工作回顾

过去一年，我们在党中央、国务院和中共上海市委的坚强领导下，全面贯彻落实党的十八大和十八届三中、四中全会精神，高举中国特色社会主义伟大旗帜，以邓小平理论、“三个代表”重要思想、科学发展观为指导，深入学习贯彻习近平总书记系列重要讲话精神，坚持稳中求进、改革创新，紧紧围绕创新驱动发展、经济转型升级，统筹推进稳增长、促改革、调结构、惠民生、防风险，完成了市十四届人大二次会议确定的目标任务。

（一）全力以赴深化改革开放，中国上海自由贸易试验区建设取得重要的阶段性成果。

自贸试验区制度创新全面开展。修订出台2014版负面清单，推进外商投资管理、境外投资管理和商事制度改革，落实新一轮31项对外开放措施，以负面清单管理为核心的投资管理制度基本建立。实施“先入区、后报关”、“一次申报、一次查验、一次放行”等一批监管新措施，启动实施国际贸易“单一窗口”管理制度，以贸易便利化为重点的贸易监管制度有效运行。推出自由贸易账户、人民币境外借款等金融创新举措，设立一批面向国际的要素市场，完善金融风险防范机制，以资本项目可兑换和金融服务业开放为目标的金融改革有序推进。建立六项基础性制度，加强开放环境下的专业监管，以政府职能转变为核心的事中事后监管制度初步形成。实施自贸试验区条例。形成一批可复制、可推广的新制度，为全国深化改革和扩大开放探索了新途径、积累了新经验。

经济体制改革深入推进。深化浦东综合配套改革试点，率先实施市场监管体制改革，推进集成电路产业链保税监管、融资租赁兼营商业保理、再制造产业发展等创新试点。深化营业税改征增值税试点，把铁路运输、邮政和电信业纳入试点范围。制定实施一系列国资国企改革配套政策，建成国资流动平台，稳步推进国有企业开放性市场化重组。出台深化投资体制改革实施意见。实行企业注册资本认缴登记制，落实小微企业税收减免政策，建成覆盖全市的中小企业服务体系。

开放型经济稳步发展。创新外商投资审批方式，完善总部经济发展政策，外商直接投资实到181.7亿美元，跨国公司地区总部新增45家，累计达到490家。推动外贸转型升级，跨境电子商务等新型贸易加快发展。构建对外投资合作服务新机制，对外直接投资达到123亿美元。扎实推进对口支援，促进与长三角、长江经济带等地区的交流合作，加强与港澳台地区的经贸往来。

（二）坚定不移推进结构调整，经济增长质量和效益进一步提高。

预计全市生产总值比上年增长7%，第三产业增加值占全市生产总值的比重提高到64.8%，居民消费价格涨幅控制在2.7%，全市一般公共预算收入比上年增长11.6%，单位生产总值能耗比上年下降8%以上。

“四个中心”功能进一步增强。出台促进资本市场、互联网金融、现代保险服务业、平台经济发展等一批政策措施，配合启动“沪港通”试点，支持“上海金”等创新产品推出，推动金砖国家开发银行、上海国际航空仲裁院等机构落户，扩大电子发票、商业保理、启运港退税政策的试点范围，基本建成国家会展中心并成功试展。金融市场交易额达到786万亿元，集装箱水水中转比例提高到45.8%，商品销售总额达到7.4万亿元。

科技创新进一步加强。实施一批科技重大专项，推进集成电路装备及工艺、大数据等领域关键技术布局。加强科研项目资金管理，实施科技成果处置权和收益权改革等一批改革举措。完成张江高新区第三轮扩区。开展重大经济科技活动知识产权评议，推行企业知识产权管理国家标准。预计全社会研发经费支出相当于全市生产总值的比例达到3.6%，每万人口发明专利拥有量达到23.7件。

产业结构进一步优化。促进新技术、新模式、新业态、新产业“四新”经济发展，突破工商登记等方面的瓶颈问题。制定实施信息消费、生物医药、新能源汽车、邮轮旅游等领域的支持政策。运用建设用地减量化、差别电价等手段推动结构调整，淘汰落后产能644项。推动南大、吴淞、桃浦等区域转型发展。

（三）持之以恒保障和改善民生，人民物质文化生活水平继续提升。

城镇登记失业率控制在4.2%，城市和农村居民家庭人均可支配收入分别达到47710元和21192元，分别比上年增长8.8%和10.3%。

基本公共服务体系规划启动实施。促进高校毕业生等重点人群就业创业，组织机关事业单位定向招录残疾人，全市新增就业岗位60万个。统一城乡居民基本养老保险制度，建立城乡居民大病保险制度，扩大因病支出型贫困家庭生活救助受益面，完善低收入困难家庭专项救助政策，提高养老金、城乡低保等待遇标准。建设服务供给、需求评估、服务保障、政策支撑、行业监管“五位一体”的社会养老服务体系，编制市区两级养老设施布局规划，启动老年照护统一需求评估试点，新增公办养老床位5829张，社区居家养老服务对象达到29.4万人。新建筹措各类保障性住房和实施旧住房综合改造13.9万套，基本建成11.3万套，进一步放宽住房保障准入条件，使政策衔接更趋合理。拆除中心城区二级旧里以下房屋63.9万平方米，启动13个城中村地块改造。

文化和社会事业改革发展持续推进。广泛开展社会主义核心价值观宣传教育活动，深入实施公民道德建设工程，完善需求导向、社会化供给的公共文化内容配送机制，推出促进电影产业发展、加强文化金融合作等政策，组建新文广集团。编制教育综合改革方案，启动高校考试招生制度改革试点，制定实施高校学科发展规划，扩大高校经费使用自主权，率先整体通过国家义务教育均衡发展评估。深化公立医院改革，推广家庭医生制度，启动药品带量采购试点，建成质子重离子医院。实施“单独两孩”政策。全面推进30分钟体育生活圈建设，市民体育大联赛参赛市民达到147.9万人次。实施体育赛事市场化、社会化办赛模式改革，成功举办第十二届全国学生运动会和第十五届市运会，上海体育健儿在第十七届亚运会上取得优异成绩。妇女儿童、慈善事业稳步发展，国防动员、双拥、民族、宗教、侨务工作进一步加强。

（四）多措并举加强城乡建设管理和环境保护，城乡发展一体化步伐加快。

城市建设有力有序推进。启动新一轮城市总体规划编制。加快重大基础设施建设，轨道交通16号线全线贯通，13号线部分区段建成通车，运营线路总长达到548公里，东风西沙水源地、浦东国际机场第四跑道等顺利竣工。加快黄浦江两岸等重点区域和郊区新城镇建设。推广建筑信息模型的工程运用。实施新一轮智慧城市建设三年行动计划，第四代移动通信网络基本覆盖中心城区和郊区重点区域。成功举办首届“世界城市日”活动。

城市管理和社会治理力度进一步加大。开展创新社会治理、加强基层建设重点课题调研。狠抓城市管理领域突出问题整改，“群租”、非法客运、违法建筑、无序设摊等顽症整治初见成效。深化网格化管理。健全基层食品药品安全监管体系，开展油气输送管道、重大火灾隐患、道路交通、特种设备等安全专项排查整治。强化人口服务管理，制定实施结构调整、公共服务、城市管理三方面配套政策。完善社会组织综合监管体系，对四类社会组织实行直接登记管理。健全分级分责化解社会矛盾制度，加强社会治安综合治理，开展严厉打击暴力恐怖活动专项行动，保持社会和谐稳定。

郊区农村改革发展加快推进。开展城乡发展一体化重点课题调研。建设美丽乡村，实施200公里中小河道整治，完成4万农户生活污水处理设施改造，完成100个村庄、800公里村内道路改造。加强农村综合帮扶，推动一批具有长期稳定收益的“造血”项目落地。全面推广家庭农场经营模式，深入推进农村集体经济组织产权制度改革，实施高压线、高速铁路、高速公路等沿线重点区域宅基地置换。

资源节约和环境保护继续加强。加大土地节约集约利用力度，推进工业用地二次开发，实施土地利用全生命周期管理。完成第五轮环保三年行动计划。全面推进清洁空气行动计划，推动长三角区域大气污染联防联控，实施燃煤锅炉、窑炉清洁能源替代1675台，淘汰黄标车和老旧车辆17.2万辆。积极发展绿色建筑。环保投入相当于全市生产总值的比例保持在3%左右，主要污染物减排超额完成年度目标，新建绿地1105公顷。

在中央直接领导下，全市各方面齐心协力、全力以赴，顺利完成亚信峰会服务保障任务，为峰会成功举办作出贡献。

各位代表，过去一年，我们坚持用改革的精神、思路和办法推进创新驱动发展、经济转型升级，取得了新进展，成绩来之不易。这是党中央、国务院和中共上海市委坚强领导的结果，是全市人民团结奋斗的结果。在这里，我代表上海市人民政府，向在各个岗位上辛勤劳动的全市人民，向给予政府工作大力支持的人大代表和政协委员，向各民主党派、工商联、各人民团体和社会各界人士，表示最崇高的敬意！向中央各部门、兄弟省区市和驻沪部队、武警官兵，向关心支持上海发展的香港、澳门特别行政区同胞、台湾同胞、海外侨胞和国际友人，表示最诚挚的感谢！

我们清醒地看到，前进道路上还有不少困难和问题。经济体制改革需要向深处着力，要素市场体系不完善，资源配置效率有待进一步提高。建设全球科技创新中心任务艰巨，科技创新动力不强、活力不足，创新创业环境亟待完善。经济转型升级步伐还需加快，“四新”经济发展的体制机制障碍仍有不少，传统产业改造升级的方法路径不够多。城乡发展不平衡、不协调的矛盾依然突出，转变农村生产生活方式相对滞后，实现基本公共服务均等化面临不少瓶颈制约。基层治理亟待加强，街镇权责不匹配，执法体制机制不顺，服务管理力量不足。改善民生仍需加大力度，失业青年、离土农民等群体的就业矛盾比较突出，养老服务体系尚不完善，水环境、大气环境、土壤等污染问题依然突出。

城市安全形势严峻，安全事故事件时有发生。特别是去年12月31日晚发生的外滩拥挤踩踏事件，造成重大伤亡和严重后果。事件发生后，按照党中央、国务院的要求，市委、市政府立即成立事件善后工作组，迅速开展应急处置、善后和事件联合调查工作。第一时间紧急调配全市优质医疗资源，尽一切力量抢救伤员，尽一切可能挽救生命；动员各方力量，尽心尽力开展善后处置；坚持公开透明，及时准确向社会发布信息；认真细致开展事件调查，形成了依法、客观、公正的调查报告；对相关责任人员，依法依规进行了从严问责。这是一起非常严重的公共安全责任事件，给遇难者和受伤人员家庭造成极大伤害，给全市工作造成严重损害，教训极其惨痛。对此，我们感到无比痛心、内疚和自责。痛定思痛，我们必须认真吸取教训，深刻反思，引以为戒，举一反三，主动查找思想认识和工作上的不足。这起事件暴露出城市安全工作存在重大疏漏、重大隐患，一些地区和部门的领导干部思想麻痹，严重缺乏公共安全风险防范意识，对大人流集聚等安全风险缺乏应有认知；安全工作管理松弛，安全责任没有有效落实，领导带班值班、信息报告等制度没有严格执行；安全管控措施不到位，对安全风险的预判预警、信息发布、预防准备严重缺失，应急处置能力亟待提高。人民的生命安全高于一切，我们肩上的责任重于泰山。我们一定要深刻认识不足，敢于正视问题，一个一个从严从细梳理，一件一件坚决严肃整改，绝不能有丝毫的侥幸和麻痹，绝不能有须臾的疏忽和懈怠，以对党和人民高度负责的精神，尽心履责，全力以赴维护广大市民生命财产安全和城市运行安全。

二、2015年主要任务

2015年是全面深化改革的关键之年，是全面推进依法治国的开局之年，也是全面完成“十二五”规划的收官之年。世界经济仍处在国际金融危机后的深度调整期，增速可能略有回升，但总体复苏疲弱态势难有明显改观。我国发展仍处于可以大有作为的重要战略机遇期，经济发展进入新常态，但经济运行仍面临不少困难和挑战。上海经济仍处于创新转型关键期，基本面总体向好，但面临的困难可能更大。我们要牢固树立底线思维，保持定力，全力抢抓机遇，主动应对挑战，促进经济社会持续健康发展。

做好2015年政府工作，要全面贯彻落实党的十八大、十八届三中、四中全会和中央经济工作会议精神，以邓小平理论、“三个代表”重要思想、科学发展观为指导，深入贯彻习近平总书记系列重要讲话精神，认真落实十届市委七次全会部署，坚持稳中求进工作总基调，主动适应经济发展新常态，以改革创新为动力，以提高经济发展质量和效益为中心，坚持不懈推进创新驱动发展、经济转型升级，完成好“十二五”规划，谋划好“十三五”发展，继续当好全国改革开放排头兵和科学发展先行者，加快向具有全球影响力的科技创新中心进军，不断提高城市核心竞争力。

综合各方面因素，建议今年全市经济社会发展主要目标是：经济平稳增长，结构继续优化，质量效益进一步提高，全市一般公共预算收入与经济保持同步增长。改革开放取得新进展，自贸试验区制度创新保持先发优势，重点领域和关键环节改革深入推进，开放型经济水平进一步提升。科技创新环境明显改善，全社会研发经费支出相当于全市生产总值的比例达到3.6%以上，每万人口发明专利拥有量达到26件左右。人民生活水平进一步提高，城乡居民收入增长与经济发展保持同步，城镇登记失业率控制在4.5%以内，居民消费价格指数与国家价格调控目标保持衔接。国际文化大都市建设加快推进，文化事业更加繁荣，文化创意产业快速发展。生态环境持续改善，环保投入相当于全市生产总值的比例保持在3%左右，单位生产总值能耗、单位生产总值二氧化碳排放量进一步下降，主要污染物排放量削减率完成国家下达目标。高质量编制“十三五”规划，凝聚各方共识，汇集各方智慧，为2020年基本建成“四个中心”和社会主义现代化国际大都市绘就发展蓝图。

今年要着力做好以下八方面工作：

（一）深入推进自贸试验区建设，全面深化改革开放。坚持以开放促改革、以改革促发展，充分发挥自贸试验区示范带动作用，打造改革新高地，树立开放新标杆。

加快建设自贸试验区。认真做好自贸试验区区域扩展工作，在全市复制推广自贸试验区改革经验。深化投资管理制度创新，完善负面清单管理模式，推出一批新的扩大开放举措。深化贸易便利化改革，实行货物状态分类监管试点，拓展国际贸易“单一窗口”功能，实施国际船舶登记等制度创新。推进自贸试验区与国际金融中心联动建设，健全本外币一体化的自由贸易账户功能，扩大人民币跨境使用，开展个人境外投资等试点，加快人民币资本项目可兑换进程。深化事中事后监管，加快建设信息共享、联动联勤等服务管理平台，完善专业监管制度。对标国际通行规则，探索建立行政公开透明、公平竞争、权益保护等制度。

深入推进浦东综合配套改革试点。全力推动自贸试验区改革成果向浦东新区辐射推广，实行服务业和先进制造业扩大开放措施，建立健全事中事后监管制度。力争更多的国家重大科技基础设施、重大科技专项布局浦东，引进一批高水平研发中心，开展科技创新股权投资试点，推进生物医药合同生产试点。深化人民币跨境再保险试点，推进国际中转集拼业务发展，扩大保税展示和保税交易试点范围。创新开发区与周边镇联动发展机制。深入实施教育、卫生领域的人才流动激励政策，推进城乡基本公共服务均等化。

促进各类所有制经济共同发展。深化国资国企改革，加快开放性市场化重组，稳步发展混合所有制经济。完善国有企业法人治理结构，探索建立职业经理人制度，实现任期契约管理全覆盖，统筹推进企业领导人员薪酬制度改革。拓宽民间投资领域，探索建立中小企业服务评价的第三方评估体系，为民营经济和中小微企业提供多层次服务。

健全市场体系和社会信用体系。推行工商注册登记全程电子化，加强质量监管。完善公共信用信息服务平台功能，强化信用信息归集与共享，促进信用产品推广使用，推动建立全过程信用管理模式。

推进开放型经济发展。积极落实“一带一路”战略，拓展全球投资贸易网络，支持企业加快“走出去”步伐。完善关检合作和区域通关合作机制，建设亚太示范电子口岸网络运营中心。推动出口加工区转型，发展服务贸易、技术贸易和跨境电子商务等新型贸易。推广外商投资管理新模式，集聚跨国公司地区总部。积极参与、主动服务长江经济带建设，推动长三角一体化发展。加大对口支援力度，加强合作交流，更好服务全国。

（二）加快实施创新驱动发展战略，全力建设具有全球影响力的科技创新中心。牢牢把握科技进步大方向、产业革命大趋势、集聚人才大举措，深入推进以科技创新为核心的全面创新，加快建设创新要素高度集聚、创新活力竞相迸发、创新成果持续涌现的全球科技创新中心。

加强科技前瞻布局。瞄准世界科技前沿，围绕产业链部署创新链，在民用航空发动机与燃气轮机、脑科学与人工智能等领域实施一批重大科技项目，在新能源汽车、机器人与智能制造等领域布局一批重大创新工程。积极支持基础前沿研究、战略高技术研究、产业共性关键技术和社会公益技术研究，培育创新源泉。

创新科技体制机制。完善科技管理体制，放宽对创新要素跨境流动的限制，突破商事登记、无形资产交易等方面的制度性瓶颈，建立财政科技投入的统筹联动机制。完善企业创新激励机制，制定实施创新导向的国有企业经营业绩考核办法，加大对创新型中小企业的支持力度，引导外资研发中心融入本地创新网络，进一步落实研发费用加计扣除、公共技术采购等一批普惠性政策。完善企业主导的产学研用协同创新机制，改革科研院所分类管理体制，培育发展社会化科技创新组织。完善科技金融结合机制，支持天使投资、风险投资发展，鼓励投贷联动等金融服务模式创新，推动资本市场加大科技创新支持力度。

健全创新服务支撑体系。优化科技基础设施体系，建设科学中心，完善研发公共服务平台。优化知识产权服务体系，加强知识产权国际合作，创新知识产权融资服务，构建知识产权保护长效机制。优化科技中介服务体系，完善中介机构发展支持政策，更多运用市场机制促进科技成果转化。优化张江示范区布局，建设一批具有示范引领作用的创新集聚区和特色基地。优化科技创新软环境，发展创新文化，落实全民科学素质纲要，营造尊重创新、鼓励创业、宽容失败的社会氛围。

加强智慧城市建设。提升信息基础设施能级，推动第四代移动通信网络向全市域覆盖。加强信息技术在交通、医疗、城市管理等领域的推广应用，拓展大数据、云计算、物联网等示范应用。强化信息安全，基本建成网络与信息安全应急基础平台。

培养和引进创新创业等各类人才。落实国家和本市各类人才计划，制定实施更加开放的海外人才引进政策，集聚更多的企业家和领军人才。加强高技能人才培养基地建设。推进创新人才市场化配置，建立科技人才企事业单位双向流动机制，建设更有效率的人力资源市场。创新人才激励政策，扩大股权激励试点范围，建立职务发明激励机制，推动形成大众创业、万众创新的生动局面。

（三）着力提升“四个中心”功能，加快构建新型产业体系。把转方式、调结构放到更加重要的位置，推动产业高端发展、融合发展、集约发展，加快形成新的经济增长点。

加快“四个中心”建设。积极配合国家金融管理部门，促进人民币跨境支付系统、保险交易所、全国性信托登记平台等功能性机构落地，推动ETF期权等金融产品创新，扩大私募、保险等领域的创新试点，支持互联网金融、并购金融等健康发展，健全金融风险监测和预警机制。完善现代航运集疏运体系，发展航运金融等高端航运服务业，优化邮轮经济发展环境。加快建设大宗商品市场，完善贸易平台功能，开展国内贸易流通体制改革和发展综合试点，构建现代物流服务体系。落实扩大消费政策措施，促进传统商业转型，积极培育消费新热点，充分发挥消费对经济发展的基础作用。

加快新兴产业发展和传统产业升级。制定实施政府采购、资金支持、人才落户等“四新”经济发展政策，推动大飞机、北斗卫星导航、集成电路等战略性新兴产业发展，促进信息服务、旅游会展、健康养老等生产性服务业和生活性服务业加快发展。落实固定资产加速折旧等政策，鼓励传统产业改造升级。严格执行安全、环保、能效、质量等标准，淘汰落后产能800项左右。推进桃浦、南大、吴淞、高桥等区域转型发展，探索科技创新、商务商贸、文化创意等多功能、复合型社区建设。

加快重大工程和重点区域建设。开工建设8号线三期、15号线、18号线等88公里轨道交通线，推动在建的128公里轨道交通线加快建设，建成11号线迪士尼段、12号线西段、13号线部分区段，新增运营线路40公里。加快建设洋山深水港区四期、北横通道、沿江通道、沪通铁路上海段等重大工程，建成嘉闵高架部分区段等项目。基本建成世博园区央企总部集聚区和虹桥商务区核心区主体项目，做好迪士尼乐园及配套项目建设和运营准备，加快临港地区和前滩、徐汇滨江等区域开发建设，全面推进黄浦江两岸滨江公共空间贯通工程。

（四）加强基本公共服务，切实保障和改善民生。坚持尽力而为、量力而行，完善就业服务、社会保障、养老服务、住房保障、社会事业五大体系，努力做到保基本、兜底线、促公平、可持续。

推动实现更高质量的就业。坚持鼓励创业带动就业，新增50万个就业岗位。实施大学生创业引领计划，深入实施扶持失业青年就业启航计划，继续鼓励就业困难人员在特定行业就业，扩大机关事业单位定向招录残疾人的规模。健全中小企业职工培训公共服务平台，支持职工参加技能培训。完善劳动关系协调机制，依法规范劳务派遣用工。

加强社会保障和养老服务。提高养老金水平，稳妥实施机关事业单位工作人员养老保险制度改革。完善社会救助体系，积极发展慈善事业。增加养老服务供给，鼓励社区居家养老，扩大老年宜居社区建设试点，新增7000张公办养老床位，新建40家老年人日间服务中心。全面推进医养结合，强化社区卫生服务中心对机构养老、社区居家养老的服务支撑，新增50家养老院内设医疗机构。健全养老服务梯度补贴机制，制定社会力量参与养老服务的鼓励政策，实施养老护理队伍建设规划，完善需求评估和行业监管体系。

完善住房保障体系。新建筹措各类保障性住房和实施旧住房综合改造11.5万套，基本建成10万套，健全保障性住房供应管理长效机制，加快大型居住社区配套建设。拆除中心城区二级旧里以下房屋55万平方米，推进郊区城镇旧区改造，继续开展城中村改造。改造2000万平方米居民住宅二次供水设施、90万户老旧小区供电设施。促进房地产市场平稳健康发展。

全面推进教育综合改革。加快构建大中小学一体化德育体系，系统推进中华优秀传统文化教育。推行义务教育学区化、集团化办学，促进优质教育资源共享。实施高中学业水平考试新制度，建立学生综合素质评价体系。推进中高职和应用本科贯通培养改革试点。全面实施高校骨干教师教学激励计划，加强高水平学科和新型智库建设，建立高校科研成果分类评价制度。启动营利性与非营利性民办学校分类管理试点，完善终身教育体系，深入推进教育国际化和信息化。

深化医药卫生体制改革。加快转变公立医院运行机制，加强全面预算管理，调整基本医疗服务价格。推进社区卫生服务综合改革，建立基于基本项目的服务评价和补偿机制，启动分级诊疗制度建设试点。扩大药品带量采购试点，推进药品和医用耗材采购信息公开。鼓励社会办医，发展中医药事业，完善院前急救体系，加强公共卫生服务和健康城市建设。

促进体育事业与体育产业协调发展。积极推动全民健身，深化体教结合。加快竞技体育职业化、社会化改革，推进崇明国家级体育训练基地建设。全力参与第三届全国智力运动会和首届全国青年运动会，办好2015年花样滑冰世界锦标赛等重大赛事。

积极发展妇女儿童事业。加强计划生育服务管理。继续做好国防动员、双拥、民族、宗教、外事、港澳、对台和侨务工作。

（五）强化安全防范和基层建设，提升城市管理和社会治理水平。按照核心是人、重心在基层、关键在体制机制创新的要求，始终把安全作为一切工作的底线，强化系统治理、依法治理、综合治理、源头治理，努力走出一条符合超大城市特点的城市管理和社会治理新路子。

切实增强安全意识，全力保障城市安全。没有安全，一切都无从谈起。强化安全责任体系，从严落实政府部门监管责任，严格落实区县、乡镇属地管理责任，依法强化企业安全生产主体责任，加强目标考核，严肃问责制度，切实做到守土有责、守土负责、守土尽责。强化重点区域和人员密集场所的安全防范，完善大人流安全管理机制，加强各类大型活动安全风险的科学评估和应急准备，强力推进轨道交通、机场车站、旅游景点、大型商场等人员密集场所的应急管理单元建设。强化重点行业和重要设施的安全管理，认真落实消防安全责任制，深入开展道路交通安全专项整治，严厉打击食品安全违法行为，加强建筑施工重大风险源的安全管控，严格实施危险化学品的全过程监管，切实做好市政管线、特种设备、高层建筑、隧道高架桥梁、地下空间等设施设备的安全防范。强化源头管理，开展全方位的安全生产和人员密集场所大检查，从严从快整治安全隐患，加大对违法违规行为的依法查处力度。强化应急管理，细化完善各项突发事件应急预案，加强预案实战演练，加强对灾害性天气、大人流集聚、大流量交通等的预测预警预报，严格执行各项应急值守制度。强化安全基础，加快完善安全管理规章规范，全面提高安全工作标准，加强安全队伍建设和安全科技创新。广泛开展安全宣传教育活动，加大公共安全知识的普及力度，增强市民安全防范意识和自救互救能力。

加强基层建设。深化街道体制改革，增加街道统筹社区发展职能，取消街道招商引资职能，全额保障街道经费支出，实行市、区职能部门职责下沉准入制度。完善乡镇治理体制，依法赋予乡镇城市管理综合执法权，加强镇管社区建设，做实基本管理单元，实施乡镇差别化管理。推动区县综合执法力量下沉街镇。完善居村治理体系，加强居民村民自治机制建设，建立居委会、村委会依法协助行政事项的清单和准入机制。

创新社会治理。加强人口服务管理，完善以积分制为主体的居住证制度，继续严控人口规模。建立社区工作者职业化体系。引导社会力量参与社区治理，扶持社区生活服务、公益事业等领域社会组织发展，支持工会、共青团、妇联等人民团体发挥枢纽作用。落实初次信访事项首办责任制。加快创新立体化社会治安防控体系，积极构筑治安巡逻防控网、武装应急处突网和群防群治守护网，依法防范和惩治违法犯罪活动，确保社会安定有序。

完善城市管理长效机制。深化城市网格化管理，设立街镇城市网格化综合管理中心，推动网格化管理向城市住宅小区和农村地区拓展，推进网格化管理与大联动、大联勤、“12345”市民服务热线的融合互动。加大城市管理顽症整治力度，巩固扩大整治成效。加强住宅小区综合治理，健全物业服务市场机制，着力解决小区难题顽症。完善综合交通体系，推行中心城区道路拥堵分级管理，深化公交行业改革，新增140公里公交专用道，优化公交线网，创建国家公交都市。

*（六）着力缩小城乡差距，加快推进城乡发展一体化。*致力于转变农村生产生活方式，继续推动城市建设重心向郊区转移、公共资源配置向郊区倾斜，加快形成与城乡发展一体化相适应的体制机制和政策体系。

推进以人为核心的新型城镇化建设。结合新一轮城市总体规划编制，推进城市有机更新，促进新城产城融合、有序发展。分类推进镇域发展，加快编制镇村规划，制定实施不同类型镇的公共设施配置标准，强化非建制镇服务管理，支持有条件的镇发展特色产业。加强历史文化名镇名村保护开发。加快建设连接中心城与郊区的重要交通线和区区对接道路。

扎实推进美丽乡村建设。继续推进村庄改造，建成一批美丽乡村示范村。加强农村水环境整治，将镇村级河道整治纳入市级补贴范围，加大镇村级河道轮疏、村沟宅河治理和农村生活污水处理设施改造力度。提高市对乡村道路建设的补助标准，建立乡村道路管养的长效机制。加快薄弱地区教育、卫生等设施补点建设，健全教师、医生等专业人才到农村工作的激励政策。

整建制创建国家现代农业示范区。着眼于提高农业劳动生产率和农产品附加值，构建新型农业经营体系，进一步发展家庭农场和农民合作社联社。积极发展生态农业、观光农业。加大农业科技应用推广力度，完善农业社会化服务体系。大力培养新型职业农民。加强农田水利设施和林网化建设，推进蔬菜生产核心基地建设，确保地产农产品生产供应和质量安全。整合财政支农政策，将涉农资金主要用于支持纯农地区发展，对纯农地区实行差别化考核。

多渠道促进农民增收。实施离土农民就业专项扶持政策，新增非农就业岗位10万个。探索新型农业经营组织以集体形式参加职工养老和医疗保险，实施新型农村合作医疗市级统筹，实行城乡职工统一的失业保险制度，统一城乡低保制度。

积极稳妥推进农村改革。扎实推进农村集体经济组织产权制度改革，完善集体经济组织治理结构。基本完成农村土地承包经营权确权登记颁证，引导土地承包经营权有序流转。因地制宜推进宅基地置换和归并，鼓励农民集中居住。优化农村综合帮扶资源配置，拓宽帮扶渠道，强化“造血”机制，增强经济相对薄弱地区自我发展能力。

*（七）推动文化改革发展，提高城市文化软实力。*坚持以人民为中心的工作导向，坚持把社会效益放在首位、社会效益和经济效益相统一，加快建设国际文化大都市。

着力培育和践行社会主义核心价值观。围绕中国梦、城市精神等主题，面向全社会，深入开展宣传教育活动，引导市民将核心价值观作为日常工作生活的基本遵循。加强文化遗产保护利用，传承城市历史文脉。开展精神文明创建活动，倡导守秩序、讲文明、重礼仪，提高城市文明程度和市民综合素质。

完善现代公共文化服务体系。优化公共文化内容配送网络，健全公共文化资源市区联动机制。加快公共文化服务云和数字博物馆群建设，启动社区文化活动中心专业化、社会化管理试点。鼓励社会力量、社会资本参与提供公共文化服务。

加快发展文化创意产业。健全文化创投引导基金运作机制，支持小微文化企业发展。加快国际影视园区、音乐产业创新基地建设，培育电影、音乐产业集群。推动网络视听、数字出版、艺术品交易等产业发展，建设设计之都。加快国家对外文化贸易基地建设，拓宽文化“走出去”渠道。

支持文艺创作出精品、出人才。弘扬中华优秀传统文化，借鉴国外优秀文化成果，在兼收并蓄中提升文化原创力。实施青年文艺人才培养计划，完善来沪文艺人才扶持政策，促进优秀文艺人才脱颖而出。引导文艺工作者扎根人民、扎根生活，创作出更多无愧于时代的优秀作品。

（八）加强资源节约和环境保护，促进城市可持续发展。着眼于建设生态宜居城市，加快建立健全生态文明制度体系，推动绿色发展、循环发展、低碳发展。

加强资源节约集约利用。推进生态保护红线划定，健全生态补偿机制。推进低效建设用地减量化，创新工业区二次开发机制，完善节约集约用地标准体系，加强土地利用全生命周期管理，开展违法用地、闲置用地专项整治。建成不动产统一登记信息平台。完善节能标准体系和能源管理体系，严格执行固定资产投资项目节能评估和审查制度，加强工业、建筑、交通等重点领域节能减排。积极发展装配式建筑。加快黄浦江上游金泽水源地建设。

加强环境保护。启动实施第六轮环保三年行动计划。深化长三角区域大气污染联防联控，深入实施清洁空气行动计划，全面完成中小锅炉、窑炉清洁能源替代和黄标车淘汰，加强挥发性有机物和扬尘治理，推进秸秆综合利用。启动实施水污染防治行动计划，加快污水处理厂提标改造，实现建成区直排污染源全部纳管。强化海洋生态环境保护。加强农田、水源保护区和工业区土壤污染防治。加快生活垃圾末端处置设施建设，深化生活垃圾分类减量“绿色账户”试点。积极开展环境污染第三方治理。

加强绿化建设。加快郊野公园、外环生态专项建设，新建一批林荫道，改造 27 座老公园。推进崇明生态岛建设。新建绿地 1000 公顷，立体绿化 40 万平方米，森林覆盖率达到 15%。

三、深入推进依法行政，全面加强政府自身建设

过去一年，我们坚持依法行政、简政放权，着力转变职能、改进作风，进一步激发市场和社会活力。深入推进行政审批制度改革，取消和调整审批事项 844 项，对保留的市级审批事项全面实行标准化管理，率先完成审批涉及的评估评审清理，大幅缩小政府定价范围，政府定价管理项目从 108 个减少到 53 个。深入推进行政执法体制改革，在中心城区实行市场监管新体制，探索知识产权管理执法新体制，制定区县城市管理综合执法改革方案。深入推进政府效能建设，制定实施效能评估方案，开展效能建设试点，首次全面公开“四本预算”，创新“12345”市民服务热线反映问题的响应和解决机制。深入推进作风建设，上下联动开展党的群众路线教育实践活动，着力解决检查评比过多

等“四风”突出问题，认真整改中央巡视组巡视发现的问题，勤政廉政建设进一步加强。

但是，政府自身建设中还有不少缺点和不足。政府职能转变仍未到位，重审批轻监管、重管理轻服务的倾向没有根本改变。依法行政的意识和能力有待增强，有法不依、执法不严、违法不究的问题依然存在。行政效率仍然不高，不作为、慢作为、选择性作为的现象时有发生。“四风”问题还不同程度存在，责任担当、改革创新的意识不强，深入一线解决问题、服务群众不够，会议多、文件多的情况还需进一步改善。反腐倡廉形势依然严峻复杂，一些领域和部门腐败案件高发。我们要直面问题，深挖思想根源，扎紧制度篱笆，持续深入地加以整改。

我们要贯彻依法治国基本方略，按照“两高、两少、两尊重”的要求，建设职能科学、权责法定、执法严明、公开公正、廉洁高效、守法诚信的法治政府，全面提高政府治理现代化水平。

（一）依法全面履行政府职能。坚持法定职责必须为、法无授权不可为，着力推进机构、职能、权限、程序、责任法定化，加快推行权力清单、责任清单和负面清单制度，使市场在资源配置中起决定性作用和更好发挥政府作用。

深化行政审批制度改革。精简前置审批，重点减少涉及投资、创业创新、生产经营、高技术服务等领域的审批事项。改进审批方式，在区县、街镇推行审批标准化管理。推广分类评估评审、区域评估评审、同步评估评审。

加强事中事后监管。推广自贸试验区社会信用体系、企业年度报告公示和经营异常名录、信息共享和综合执法、社会力量参与市场监督等监管制度。严格行业管理责任，健全分类监管、技术监管等行业监管长效机制。加大安全生产、食品药品、环境保护等领域的监管力度，依法惩处各类违法行为。

深化财政体制改革。加大政府性基金预算、国有资本经营预算与一般公共预算的统筹力度，清理整合市级财政专项资金，建立权责发生制政府综合财务报告制度，完善政府举债融资机制，探索中期财政规划管理。进一步理顺市与区县的事权和支出责任。继续深化“营改增”试点，将试点范围扩大至建筑业、房地产业、金融业和生活性服务业等领域。

（二）推进政府运行机制法治化。坚持用法治思维和法治方式开展工作，建立健全决策权、执行权、监督权既相互制约又相互协调的运行机制，确保政府工作在法治轨道上有序运行。

健全依法决策机制。建立重大决策终身责任追究制度及责任倒查机制，严格执行重大决策合法性审查制度，全面推行政府法律顾问制度。扎实推进政府协商，探索制定协商事项目录。加强与人大代表、政协委员以及民主党派、无党派人士、工商联、人民团体等的沟通协商，认真听取意见建议，完善人大代表议案建议和政协提案的办理联系机制。推动公众全程参与重大决策，健全公示听证、决策咨询、专家论证等制度，进一步提高政府决策的科学化、民主化、法治化水平。

深化行政执法体制改革。推进区县市场监管体制改革，全面推行区县城管综合执法改革。稳妥实施承担行政职能的事业单位改革。加强行政执法和刑事司法衔接。建立执法全过程记录制度，严格执行重大执法决定的法制审核制度，推广行政处罚裁量基准制度，促进严格规范公正文明执法。

强化对行政权力的制约和监督。对权力集中的部门和岗位，逐步实行分事行权、分岗设权、分级授权。对公共资金、国有资产、国有资源和领导干部履行经济责任情况，逐步实行全覆盖审计。加强行政监察，完善政府督查体系，建立行政复议纠错、行政诉讼败诉报告制度，落实行政问责制。依法接受市人大及其常委会的监督，主动接受市政协的民主监督，重视司法、舆论、社会监督。

（三）创新政府服务管理方式。坚持寓管理于服务之中，更多运用市场化、社会化、信息化、透明化方式强化服务管理，不断提升行政效能。

全面推进政务公开。发布市级行政权力清单和责任清单，推行行政执法公示制度。推进公共资源配置、重大建设项目批准和实施、社会公益事业建设等信息公开，全面公开非涉密部门的部门预决算和财政拨款的“三公”经费预决算。

扩大政府购买公共服务。凡属事务性公共管理服务，原则上都引入竞争机制。推广政府与社会资本合作模式，鼓励社会资本通过特许经营等方式参与公益性事业投资运营，提高公共服务供给效率。

加强电子政务建设。统筹硬件资源、数据采集、信息应用，完善基础数据库。出台信息共享管理规范，推动各部门政务平台互联互通。拓展网上政务大厅办事功能，探索建立政府服务“单一窗口”制度。扩大政府数据资源向社会开放，探索大数据应用服务。推进政府服务热线整合归并，强化“12345”市民服务热线功能。建立政府目标管理制度，完善部门协同配合机制，推动管理流程再造。

（四）持续改进政府作风。按照“三严三实”的要求，深入改作风、从严管队伍，切实做到为民务实清廉。

推进作风建设常态化、长效化。深入贯彻中央八项规定精神和本市30条实施办法，进一步落实教育实践活动整改措施。严格遵守政治纪律、组织纪律、财经纪律、工作纪律、生活纪律等各项纪律和规矩，严格执行会议费、差旅费、培训费等经费管理办法，完善厉行节约长效机制。推进公务用车制度改革。进一步减少全市性会议，压缩规范性文件数量。坚决执行基层调研制度，在深入群众中更好服务群众。

加强反腐倡廉。严格落实“一岗双责”，建立廉政建设与业务工作融合机制。推广“制度加科技”机制，强化源头防腐。认真对待中央巡视组巡视发现的每个问题，逐项逐条落实整改措施，切实做到严肃教育、严明纪律、严格管理、严惩腐败。

严格公务员队伍管理。建立公务员岗位履职责任制，加强公务员诚信建设和平时考核。完善学习培训制度，探索专项分类培训，提高依法办事、为民服务的意识和能力。每一位政府工作人员特别是各级领导干部，都要把牢世界观、人生观、价值观这个总开关，强化群众观点，在严于律己中担当开拓，在清风正气中干事创业，竭诚尽智为群众谋福祉。

各位代表，新的一年，我们面临的任务艰巨繁重，肩负的责任重大光荣。让我们紧密团结在以习近平同志为总书记的党中央周围，在中共上海市委的领导下，齐心协力，攻坚克难，善作善成，为加快建设“四个中心”和社会主义现代化国际大都市、实现中华民族伟大复兴的中国梦而奋斗！

2014 年上海市国民经济和社会发展统计公报

上海市统计局　国家统计局上海调查总队
2015-02-28

2014 年，在党中央、国务院和中共上海市委、上海市人民政府的坚强领导下，全市全面贯彻党的十八大和十八届三中、四中全会及中央经济工作会议精神，坚持稳中求进、改革创新，积极应对外部环境严峻复杂和自身经济下行压力加大等挑战，全面落实国家稳增长、促改革、调结构、惠民生、防风险各项政策措施，全力推进创新驱动发展、经济转型升级各项重点工作，国民经济保持平稳增长，经济发展质量和效益进一步提高，各项社会事业全面发展，人民生活继续提高。

一、综 合

全年实现上海市生产总值（GDP）23560.94 亿元，按可比价格计算，比上年增长 7.0%（见图 1）。其中，第一产业增加值 124.26 亿元，增长 0.1%；第二产业增加值 8164.79 亿元，增长 4.3%；第三产业增加值 15271.89 亿元，增长 8.8%。第三产业增加值占上海市生产总值的比重达到 64.8%，比上年提高 1.6 个百分点。按常住人口计算的上海市人均生产总值为 9.73 万元。

图 1　2010-2014 年上海市生产总值及其增长速度

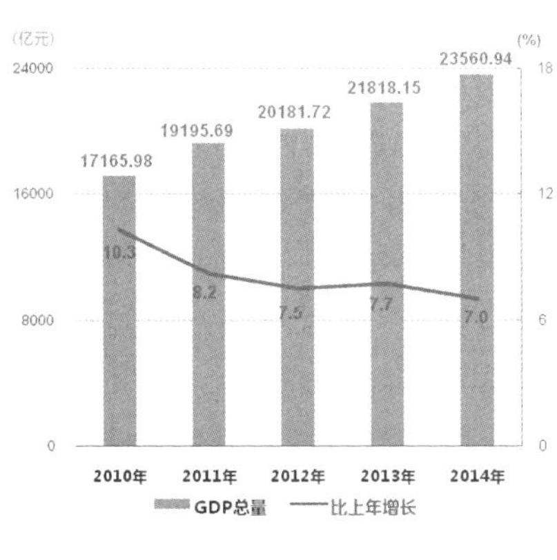

在上海市生产总值中，公有制经济增加值 11391.42 亿元，比上年增长 6%；非公有制经济增加值 12169.52 亿元，增长 7.9%，其中，私营及个体经济增加值 5796.06 亿元，增长 7.9%。非公有制经济增加值占上海市生产总值的比重由上年的 51.3% 提高到 51.7%。

全年战略性新兴产业增加值 3453.23 亿元，比上年增长 7.4%，占上海市生产总值的比重为 14.7%。其中，制造业增加值 1613.23 亿元，增长 6.3%；服务业增加值 1840.00 亿元，增长 8.5%（见表 1）。

表 1　2013 年战略性新兴产业增加值及其增长速度

指　标	绝对值（亿元）	比上年增长（%）
战略性新兴产业增加值	3453.23	7.4
制造业	1613.23	6.3
服务业	1840.00	8.5

全年经工商登记新设立各类市场主体 20.2 万户，比上年增长 8%。其中，内资企业（不含私营企业）3944 户，减少 5.9%；外商投资企业 6566 户，增长 0.8%；私营企业 14.18 万户，增长 13.5%；个体工商户 4.8 万户，减少 3%。

中国（上海）自由贸易试验区建设启动实施。至年末，区内新设立企业 3633 户。其中，内资企业 3405 户，注册资本 685.86 亿元；外商投资企业 228 户，注册资本 9.8 亿美元。

全年地方财政收入 4109.51 亿元，比上年增长 9.8%。地方财政支出 4528.61 亿元，增长 8.2%（见表 2）。营业税改征增值税试点以来，试点企业累计达 19.5 万户，累计减税超过 400 亿元。

表2　2014年一般公共预算收支及其增长速度

指 标	绝对值（亿元）	比上年增长（%）
一般公共预算收入	**4585.55**	**11.6**
#增值税	969.14	14.2
营业税	1001.92	4.1
个人所得税	408.61	15.0
企业所得税	942.46	12.5
契 税	214.33	-0.3
一般公共预算支出	**4923.44**	**8.7**
#一般公共服务支出	248.84	0.9
公共安全支出	250.91	10.8
教育支出	695.53	2.4
社会保障和就业支出	498.13	6.4
医疗卫生与计划生育支出	264.75	15.9
城乡社区支出	801.39	12.4

全年完成全社会固定资产投资总额6016.43亿元，比上年增长6.5%。其中，第三产业投资占全社会固定资产投资总额的比重为80.6%；非国有经济投资占全社会固定资产投资总额的比重为70.1%（见表3）。

表3　2014年全社会固定资产投资及其增长速度

指 标	绝对值（亿元）	比上年增长（%）
全社会固定资产投资总额	**6016.43**	**6.5**
按经济类型分		
国有经济	1796.22	-6.8
非国有经济	4220.21	13.4
#私营经济	1219.43	13.9
股份制经济	1812.77	13.2
外商及港澳台投资经济	1103.04	23.3
按产业分		
第一产业	11.86	-35.7
第二产业	1157.27	-6.8
#工 业	1156.44	-6.5
第三产业	4847.30	10.5
#批发和零售业	31.86	-38.7
交通运输、仓储和邮政业	459.24	-8.0
房地产业	3224.10	13.7

以上年价格为100，全年居民消费价格指数为102.7，其中，食品类价格指数为103.2（见表4）；固定资产投资价格指数为100.5；工业生产者出厂价格指数为98.9，工业生产者购进价格指数为95.9；新建住宅销售价格指数为105.9，其中，商品住宅价格指数为107.0。

表4　2014年居民消费价格指数

指 标	指 数（以上年价格为100）
居民消费价格指数	**102.7**
食 品	103.2
烟 酒	101.0
衣 着	103.7
家庭设备用品及维修服务	101.8
医疗保健和个人用品	100.4
交通和通信	100.1
娱乐教育文化用品及服务	101.8
居 住	104.6

二、农 业

全年全市实现农业总产值322.07亿元，与上年持平。其中，种植业171.04亿元，增长0.5%；林业8.94亿元，下降15.1%；牧业70.03亿元，增长0.3%；渔业60.5亿元，增长1.3%；农林牧渔服务业11.56亿元，下降3.7%。上海域外市属农场实现农业总产值21.45亿元，增长17.4%。

全年全市粮食播种面积164.86千公顷，比上年下降2.1%；粮食产量112.89万吨，下降1.1%；牛奶产量27.05万吨，增长2.0%（见表5）。

表5　2014年全市及域外主要农副产品产量

产品名称	单 位	全市产量	比上年增长（%）	域外产量	比上年增长（%）
粮 食	万吨	112.89	-1.1	19.01	1.4
蔬 菜	万吨	377.86	-1.9	—	—
生猪出栏	万头	243.13	0.5	54.79	31.5
牛 奶	万吨	27.05	2.0	7.40	12.8
家禽出栏	万羽	2166.02	-18.0	2.80	-76.2
水产品	万吨	30.04	10.7	3.06	11.4

至年末，全市有1489家企业、7202个产品获得农产品质量认证。其中，绿色食品生产企业171家，绿色食品248个；无公害农产品生产企业1310家，无公害农产品

6928 个。

至年末，全市累计建成标准化畜禽养殖场 300 家，标准化水产养殖场 247 家；累计建成设施粮田面积 86.53 千公顷，市级蔬菜标准园 128 家，面积 3.37 千公顷。至年末，全市有农业产业化龙头企业 386 家，农民专业合作社 3192 家，经农业主管部门认定的粮食家庭农场 2787 个。

三、工业和建筑业

全年实现工业增加值 7362.84 亿元，比上年增长 4.3%。全年完成工业总产值 34071.19 亿元，增长 1.6%，其中，规模以上工业总产值 32237.19 亿元，增长 1.6%。在规模以上工业总产值中，国有控股企业 12094.57 亿元，增长 2.3%。

全年节能环保、新一代信息技术、生物医药、高端装备、新能源、新材料和新能源汽车等战略性新兴产业制造业完成工业总产值 8113.34 亿元，比上年增长 5.5%。

全年六个重点行业完成工业总产值 21626.85 亿元，比上年增长 1.4%，占全市规模以上工业总产值的比重为 67.1%（见表 6）。

表 6　2014 年六个重点行业工业总产值及其增长速度

指 标	绝对值（亿元）	比上年增长（%）
六个重点行业工业总产值	**21626.85**	**1.4**
电子信息产品制造业	6252.34	-2.3
汽车制造业	5319.03	10.5
石油化工及精细化工制造业	3785.03	-6.8
精品钢材制造业	1447.19	-2.7
成套设备制造业	3949.76	6.0
生物医药制造业	873.51	4.2

全年规模以上工业产品销售率达到 99.5%。全年乳制品产量 53.72 万吨，比上年增长 9.8%；汽车产量 247.45 万辆，增长 9.1%；集成电路产量 223.33 亿块，增长 13.3%（见表 7）。

表 7　2014 年主要工业产品产量及其增长速度

产品名称	单 位	产 量	比上年增长（%）
乳制品	万吨	53.72	9.8
精制食用植物油	万吨	109.85	3.7
原油加工量	万吨	2239.37	-14.2
钢 材	万吨	2309.14	-1.9
汽 车	万辆	247.45	9.1
电力电缆	万千米	176.79	1.7
移动通信手持机（手机）	万台	5484.75	11.1
集成电路	亿块	223.33	13.3
发电机组（发电设备）	万千瓦	3632.46	18.4

全年规模以上工业企业实现利润总额 2661.13 亿元，比上年增长 10.4%；实现税金总额 1857.89 亿元，增长 2.8%。规模以上工业企业亏损面为 21.2%。

全年实现建筑业总产值 5499.94 亿元，比上年增长 7.8%；房屋建筑施工面积 34994.68 万平方米，增长 20.1%；竣工面积 7580.77 万平方米，增长 20.8%。建筑企业按总产值计算的全员劳动生产率 41.6 万元 / 人，比上年下降 0.3%。

四、批发和零售业

全年实现批发和零售业增加值 3809.31 亿元，比上年增长 6.9%。

全年实现商品销售总额 7.41 万亿元，比上年增长 11.4%。其中，批发销售额 6.62 万亿元，增长 11.7%。

全年实现社会消费品零售总额 8718.65 亿元，比上年增长 8.7%（见表 8），其中，无店铺零售额 957.9 亿元，增长 21.7%。

表 8　2014 年社会消费品零售总额及其增长速度

指 标	绝对值（亿元）	比上年增长（%）
社会消费品零售总额	**8718.65**	**8.7**
#批发零售贸易业	7881.45	9.1
住宿餐饮业	837.20	5.7
#国 有	549.81	7.2
私 营	2037.84	7.1
股份有限公司	698.59	3.3
港澳台商投资	1286.10	7.1
外商投资	1628.38	17.6
#吃的商品	1935.71	5.3
穿的商品	1230.51	14.4
用的商品	4882.57	9.6
烧的商品	669.86	2.9

至年末，全市购物中心数达150家，其中，建筑面积10万平方米以上的购物中心63家。全年购物中心实现营业收入1099.47亿元，比上年增长14%。

五、交通、邮电和旅游

全年实现交通运输、仓储和邮政业增加值1044.46亿元，比上年增长9.4%。

全年各种运输方式完成货物运输量90340.88万吨，比上年下降1.3%。旅客发送量17560.06万人次，增长10.2%（见表9）。

表9 2014年货物运输量与旅客发送量及其增长速度

指 标	单 位	绝对值	比上年增长（%）
货物运输量	**万吨**	**90340.88**	**-1.3**
铁 路	万吨	548.96	-20.9
水 运	万吨	46582.53	-0.2
公 路	万吨	42848.00	-2.2
机 场	万吨	361.39	7.4
旅客发送量	**万人次**	**17560.06**	**10.2**
铁 路	万人次	9194.19	15.3
港 口	万人次	90.26	32.5
公 路	万人次	3754.15	0.9
机 场	万人次	4521.46	8.3

全年上海港口货物吞吐量达到75528.89万吨，比上年下降2.6%；集装箱吞吐量3528.53万国际标准箱，增长5%。集装箱水水中转比例为45.8%，比上年提高0.4个百分点；国际中转比例为7.1%，提高0.1个百分点。上海浦东、虹桥两大国际机场全年共起降航班65.54万架次，增长6.6%；进出港旅客达到8965.9万人次，增长8.3%。其中，国内航线进出港旅客6073.57万人次，增长7%；国际及地区航线进出港旅客2892.33万人次，增长11%。

全年上海港接待邮轮靠泊269艘次，其中，以上海为母港的邮轮240艘次。邮轮旅客吞吐量121.52万人次，比上年增长60.6%。

轨道交通13号线和16号线部分区段建成通车。至年末，全市轨道交通运营线路达到14条，运营线路长度达到548.44公里（均不含磁浮线路）。全年优化调整公交线路290条，其中新辟73条。至年末，公交专用道路达到161.8公里。公交运营车辆1.62万辆，运营出租车5.07万辆。全年市内公共交通客运量65.85亿人次，比上年增长3.6%。其中，轨道交通客运量28.27亿人次，增长12.8%；公共汽电车客运量26.65亿人次，下降1.7%。日均公交优惠换乘和老年人免费乘车分别达到256.4万人次和73.4万人次。

至年末，全市拥有各类民用汽车255.19万辆，比上年增长8.5%。其中，私人汽车183.43万辆，增长12.3%。

全年完成邮政业务总量310.53亿元，比上年增长20%；电信业务总量597.75亿元，增长12%。邮政业全年完成邮政函件业务110282.49万件、包裹业务408.69万件、快递业务量128366.11万件；快递业务收入361.31亿元。年末固定电话用户840.18万户，其中，住宅电话484.17万户。移动电话用户3292.74万户，比上年末增加92.8万户。固定电话用户普及率34.79部/百人，移动电话用户普及率136.34部/百人。

全年实现旅游产业增加值1449.33亿元，比上年增长1.5%。

至年末，全市已有星级宾馆255家，旅行社1357家，A级旅游景区（点）89个，红色旅游基地34个（见表10）。

表10 2014年旅游设施情况

指 标	单位	绝对值
星级宾馆	**家**	**255**
#五星级	家	66
四星级	家	69
旅行社	**家**	**1357**
#经营出境旅游业务的旅行社	家	90
A级旅游景区（点）	**个**	**89**
#5A级景区（点）	个	3
4A级景区（点）	个	46
红色旅游基地	**个**	**34**
#全国红色旅游基地	个	9
旅游咨询服务中心	**个**	**46**
旅游集散中心站点	**个**	**5**

全年接待国际旅游入境者791.3万人次，比上年增长4.5%(见图2)。其中，入境外国人611.14万人次，增长2.3%；港、澳、台同胞180.16万人次，增长12.7%。在国际旅游入境者中，过夜旅游者639.62万人次，增长4.2%。全年接待国内旅游者26818.11万人次，增长3.2%，其中，外省市来沪旅游者13040.91万人次，增长14.7%。全年入境旅游外汇收入57.05亿美元，增长6.8%；国内旅游收入2950.13亿元，下降0.6%。

图2 2009—2013年国际旅游入境人数

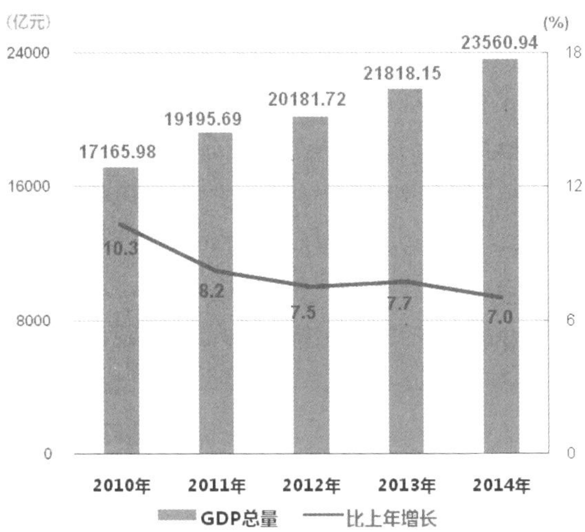

六、金融和保险

全年实现金融业增加值3268.43亿元，比上年增长14%。

全年新增各类金融单位96家。其中，货币金融服务单位37家；资本市场服务单位40家。至年末，全市各类金融单位达到1336家。其中，货币金融服务单位601家；资本市场服务单位292家；保险业单位363家。至年末，在沪经营性外资金融单位达到216家，外资金融机构代表处190家。

至年末，全市中外资金融机构本外币各项存款余额73882.45亿元，比年初增加4612.96亿元；贷款余额47915.81亿元，比年初增加3424.23亿元（见表11）。

表11 表11 2014年中外资金融机构本外币存贷款情况

指 标	绝对值（亿元）	比年初增减额（亿元）
各项存款余额	**73882.45**	**4612.96**
#单位存款	44149.12	2597.06
个人存款	24057.05	959.70
各项贷款余额	**47915.81**	**3424.23**
#短期贷款	13412.75	-413.54
中长期贷款	28451.63	2568.66
#人民币个人消费贷款	8753.46	920.84
#个人住房贷款	6258.86	575.60
汽车消费贷款	1524.11	245.85

全年通过上海证券市场股票筹资3962.59亿元，比上年增长57.5%；发行公司债2955.2亿元，比上年下降5.6%。至年末，上海证券市场上市证券3758只，比上年增加972只，其中股票1039只，增加42只。

全年金融市场（包括外汇市场）交易总额达到786.66万亿元，比上年增长23.2%。上海证券交易所各类有价证券总成交金额128.15万亿元，增长48.1%，其中，股票成交金额37.72万亿元，增长63.8%。上海期货交易所总成交金额126.47万亿元，增长4.7%。中国金融期货交易所总成交金额164.02万亿元，增长16.3%。银行间市场总成交金额361.51万亿元，增长27.0%。上海黄金交易所总成交金额6.51万亿元，增长24.7%。

全年原保险保费收入986.75亿元，比上年增长20.1%。其中，财产险公司原保险保费收入320.36亿元，增长12.3%；人身险公司原保险保费收入666.39亿元，增长24.3%。全年保险赔付支出378.66亿元，增长25.4%。其中，财产险赔款支出177.24亿元，增长9.2%；寿险给付158.41亿元，增长53.6%；健康险赔款给付37.51亿元，增长17.9%；意外险赔款支出5.5亿元，增长18.8%。

七、对外经济

全年上海关区货物进出口总额8634.55亿美元，比上年增长6.3%。其中，进口3402.43亿美元，增长8.6%；出口5232.12亿美元，增长4.8%。

全年上海市货物进出口总额4666.22亿美元，比上年增长5.6%。其中，进口2563.45亿美元，增长7.9%；出口2102.77亿美元，增长3.0%（见表12）。按市场分，对欧盟进口648.92亿美元，增长16.9%；出口388.80亿美元，增长7.2%；对美国进口265.53亿美元，增长16.0%；出口498.45亿美元，下降1.6%；对日本进口311.75亿美元，增长3.3%；出口233.13亿美元，下降6.4%（见表13）。

表12 2014年上海市货物进出口总额及其增长速度

指 标	绝对值（亿美元）	比上年增长（%）
上海市货物进出口总额	**4666.22**	**5.6**
上海市货物进口总额	**2563.45**	**7.9**
#国有企业	382.27	-7.2
外商投资企业	1687.41	10.8
私营企业	380.11	8.3
#一般贸易	1321.48	10.2
加工贸易	370.19	6.3
#机电产品	1391.06	8.4
#高新技术产品	819.23	3.4
上海市货物出口总额	**2102.77**	**3.0**
#国有企业	279.17	-6.0
外商投资企业	1415.62	3.5
私营企业	389.63	7.8
#一般贸易	879.73	7.6
加工贸易	919.88	-2.5
#机电产品	1456.08	1.5
#高新技术产品	890.63	0.4

表13 2014年上海对主要国家和地区货物进、出口总额及其增长速度

国家和地区	出口额（亿美元）	比上年增长（%）	进口额（亿美元）	比上年增长（%）
美 国	498.45	-1.6	265.53	16.0
欧 盟	388.80	7.2	648.92	16.9
日 本	233.13	-6.4	311.75	3.3
东 盟	234.17	9.4	303.80	-6.6
中国香港	184.65	10.1	7.90	8.9
中 东	79.51	5.3	43.75	-0.5
韩 国	71.62	15.3	190.84	7.9
中国台湾	66.82	15.4	164.75	1.5
俄罗斯	30.17	0.9	19.46	22.3

全年上海市服务进出口总额（按国际收支统计口径，下同）1753.9亿美元，比上年增长9.7%。其中，出口494.3亿美元，增长5.7%；进口1259.6亿美元，增长11.3%。

全年新设外商直接投资合同项目4697项，比上年增长25.6%；合同金额316.09亿美元，增长26.8%；实际到位金额181.66亿美元，增长8.3%。全年第三产业实际到位金额163.85亿美元，增长20.8%，占全市实际利用外资的比重达到90.2%。至年末，在上海投资的国家和地区达159个。年内新增跨国公司地区总部45家，其中亚太区总部15家；投资性公司14家；外资研发中心15家。至年末，在上海落户的跨国公司地区总部达到490家，投资性公司297家，外资研发中心381家。

全年新批对外投资项目594项，比上年增长71.2%；投资总额122.9亿美元，增长1.9倍。签订对外承包工程合同金额108.9亿美元，增长0.7%；实际完成营业额74亿美元，下降8.3%；派出人员8532人次，增长96.7%。对外劳务合作派出人员18163人次，增长32.6%。至年末，上海对外承包工程和劳务合作涉及的国家和地区达178个。

全年举办各类展览会项目769个，总展出面积1279.2万平方米。其中，国际展览会项目258个，展出面积930.2万平方米；国内展览会项目511个，展出面积349万平方米。

八、中国（上海）自由贸易试验区建设

中国（上海）自由贸易试验区建设取得重要阶段性成果。以负面清单管理为核心的投资管理制度基本建立。修订出台2014版负面清单，将外商投资准入特别管理措施由2013版的190条减少到139条。深化商事登记制度改革。全年区内新增注册企业11440

户。其中，内资企业9383户，注册资本3329亿元；外商投资企业2057户，合同外资118亿美元（见表14）。集聚总部经济企业258家，其中亚太营运商22家。年内全面实施第一批服务业六大领域23项开放措施。

以贸易便利化为重点的贸易监管制度有效运行。创新“一线放开、二线安全高效管住”的监管制度，海关、检验检疫、海事等部门推出60多项创新举措，进口平均通关时间比区外减少41.3%，出口平均通关时间比区外减少36.8%。启动实施国际贸易“单一窗口”管理制度，新一轮对外开放措施全面落实。

以资本项目可兑换和金融服务业开放为目标的金融创新制度有序推进。自由贸易账户、扩大人民币跨境使用和深化外汇管理改革等试点稳步实施。已通过分账核算系统验收的10家银行共开立了9741个自由贸易账户；自贸试验区跨境人民币结算总额3226亿元，其中，跨境人民币境外借款业务累计金额197.28亿元，跨境双向人民币资金池业务收支总额783亿元。

以政府职能转变为核心的事中事后监管制度初步形成。区内27项制度创新成果已先后在全国或部分地区复制推广。

表14 2014年中国（上海）自由贸易试验区主要经济指标及其增长速度

指 标	单位	绝对值	比上年增长（%）
经营总收入	亿元	16000.00	11.0
商品销售额	亿元	13800.00	11.5
航运物流服务收入	亿元	1180.00	15.0
工业总产值	亿元	572.70	-10.1
税务部门税收	亿元	576.40	13.4
合同外资	亿美元	118.00	5.2倍
新增注册企业数	家	11440	1.6倍
内资企业注册资本	亿元	3329.00	2.9倍

九、城市基础设施和房地产

全年完成城市基础设施建设投资1057.25亿元，比上年增长1.3%。其中，交通运输邮电通信投资510.42亿元；市政建设投资379.81亿元；公用事业投资32.80亿元（见表15）。东风西沙水源地、浦东国际机场第四跑道等顺利竣工。

表15 2014年城市基础设施投资及其增长速度

指 标	绝对值（亿元）	比上年增长（%）
城市基础设施投资	**1057.25**	**1.3**
电力建设	134.22	21.6
交通运输	422.48	-7.9
邮电通信	87.93	-4.1
公用事业	32.80	-31.0
市政建设	379.81	13.4

全市自来水日供水能力1137万立方米，比上年增长1.2%。全年全市用电量1369.03亿千瓦时，下降3%（见表16）。至年末，全市家庭人工煤气用户13.8万户，家庭液化气用户330.6万户，家庭天然气用户614万户。

表16 2014年公用事业主要指标及其增长速度

指 标	单 位	绝对值	比上年增长（%）
自来水日供水能力	万立方米	1137.00	1.2
自来水售水总量	亿立方米	24.82	-0.4
#工业用水	亿立方米	5.16	-1.4
用电量	亿千瓦时	1369.03	-3.0
#城乡居民生活用电	亿千瓦时	173.89	-15.2
煤气销售总量	亿立方米	3.00	-44.4
液化气销售总量	万 吨	41.80	5.3
天然气销售总量	亿立方米	66.20	0.6

全年完成房地产开发投资3206.48亿元，比上年增长13.7%。其中，住宅投资1724.65亿元，增长6.8%；办公楼投资534.77亿元，增长41.8%；商业营业用房投资457.92亿元，增长23.8%。商品房施工面积14690.18万平方米，增长8.7%。竣工面积2313.29万平方米，增长2.6%。商品房销售面积2084.66万平方米，下降12.5%，其中，商品住宅销售面积1780.91万平方米，下降11.7%。全年商品房销售额3499.53亿元，下降10.5%，其中，商品住宅销售额2923.44亿元，下降10.4%。全年存量房买卖登记面积1586.14万平方米，下降38.4%。

十、城市信息化

全年实现信息产业增加值2460.11亿元，比上年增长9.6%。

至年末，全市光纤到户覆盖总量达840万户，比上年末增加40万户，实际使用用户达到425万户，新增65万户。下一代广播电视网（NGB）覆盖600万户家庭，比上年末增加100万户。第四代移动通信技术（4G）基本覆盖中心城区和郊区主要城镇中心区域。年末，第三代移动通信技术（3G）和4G用户总数达到1664.15万户，比上年增加560.88万户。互联网上网人数1716万人，互联网上网人数普及率为71.1%。城市公共区域WLAN接入热点累计达2.3万处。互联网宽带接入用户672.31万户，比上年末增加46.16万户。各类互联网数据中心（IDC）机架数总量达3.8万个，比上年末增加8000个。IPTV用户数达200万户，增加5万户。数字电视用户数达604万户，增加150万户。

全年完成电子商务交易额13549亿元，比上年增长28.3%。其中，B2B交易额10645亿元，增长23.3%，占电子商务交易额的78.6%；网络购物交易额2904亿元，增长50.6%，占21.4%。口岸税费电子支付系统入网企业累计55000家，全年电子单证传输量为22900万张，实现电子支付金额12830亿元，增长12%。全年推广电子账单44万份。发送法人数字证书"一证通"139.32万张；中国上海门户网站首页浏览量3242.4万次，总页面浏览量72429.7万次。社会公共服务领域信息化建设不断深化（见表17）

表17 2014年社会公共服务领域信息化指标及其增长速度

指标	单位	绝对值	比上年增长(%)
"市民信箱"累计注册用户	万人	452.40	5.6
"付费通"业务平台交易量	万笔	20000.00	25.0
"付费通"业务平台交易额	亿元	110.00	10.0

至年末，数字证书累计发放516.7万张，其中，年内发放证书116.5万张。年内市公共信用信息服务平台正式开通运行。至年末，市公共信用信息服务平台已有包含行政机关、司法机关、公用事业单位在内的97家信息源单位，归集信息事项3297个，可提供查询的数据约3亿条，基本覆盖全市常住人口及138万企业法人、事业法人和社会组织法人。

十一、教育和科学技术

2014学年，全市共有普通高等学校（含独立学院）68所，普通中等学校857所，普通小学757所，特殊教育学校29所。普通高等学校、普通小学毕业生数均有所下降，普通中等学校毕业生数有所增长（见表18）。全市共有48家机构培养研究生，全年招收研究生4.39万人，在校研究生13.36万人，毕业研究生3.66万人。九年义务教育入学率保持在99.9%以上，高中阶段新生入学率达96.9%。

表18 2014年各级各类学校学生情况及其增长速度

类别	在校学生数（万人）	比上年增长（%）	毕业学生数（万人）	比上年增长（%）
普通高等学校	50.66	0.4	13.24	-1.0
普通中等学校	69.66	-4.1	19.20	2.3
普通中学	58.42	-1.6	14.32	-2.5
高中	15.74	0.4	5.10	-3.2
初中	42.68	-2.3	9.22	-2.0
中等专业学校	7.74	-16.1	3.55	28.6
职业学校	2.71	-16.4	1.04	2.0
技工学校	0.79	-2.5	0.29	-3.3
普通小学	80.30	1.3	13.12	-2.5
特殊教育学校	0.46	-2.1	0.08	持平

至年末，全市共有民办普通高校20所，在校学生9.22万人；民办普通中学107所，在校学生7.44万人；民办小学174所，在校学生15.6万人。全市共有成人中高等学历教育学校35所，成人职业技术培训机构691所，老年教育机构291所。全市共有校外教育机构23所。其中，少年宫（含青少年活动中心）

17 所；少年科技站 5 所；少年之家 1 所。

全年用于研究与试验发展（R&D）经费支出 831 亿元，相当于上海市生产总值的比例为 3.60%（见图 3）。

图 3　2010–2014 年 R&D 经费支出及其相当于上海市生产总值的比例

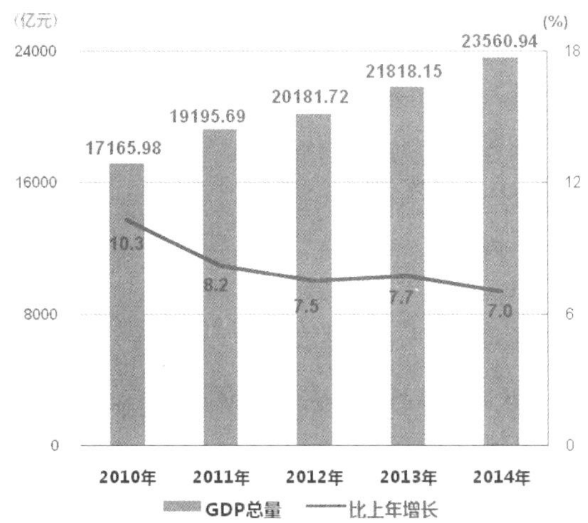

全年受理专利申请 81664 件，比上年下降 5.5%，其中，受理发明专利申请 39133 件，下降 0.1%。全年专利授权量为 50488 件，增长 3.7%，其中，发明专利授权量为 11614 件，增长 9.1%。全市国家级创新型企业 15 家，国家级创新型试点企业 19 家，市级创新型企业 500 家。科技小巨人企业和小巨人培育企业共 1225 家，高新技术企业 5433 家，技术先进型服务企业 252 家。年内全市认定和复审高新技术企业 2552 家。年内认定高新技术成果转化项目 643 项，其中，电子信息、生物医药、新材料等重点领域项目占 86.5%。至年末，共认定高新技术成果转化项目 9897 项。全年经认定登记的各类技术交易合同 25238 件，比上年下降 4%；合同金额 667.99 亿元，增长 7.6%。

十二、文化和卫生

年内成功举办第三十一届“上海之春”国际音乐节、第十六届中国上海国际艺术节等重大文化活动。全年市民参与文化活动人数达到 3100 万人次。实施公共文化服务人员“三年万人培训计划”，年内培训 4050 人次。至年末，全市有市、区（县）级文化馆、群众艺术馆 26 个，艺术表演团体 180 个，市、区（县）级公共图书馆 25 个，档案馆 44 个，博物馆 120 个。全市共有公共广播节目 21 套，公共电视节目 25 套。有线电视用户 687.48 万户，有线数字电视用户 564.73 万户。全年生产电视剧 49 部，共 1774 集；动画电视 4386 分钟。全年共出版报纸 12.01 亿份、各类期刊 1.45 亿册、图书 3.26 亿册。摄制完成 36 部故事片。

至年末，全市共有医疗卫生机构 4987 所，专业卫生技术人员 16.40 万人（见表 19）。全年全市医疗机构共完成诊疗人数 2.51 亿人次。全市婴儿死亡率为 4.83‰，孕产妇死亡率为 6.74/10 万。

表 19　2014 年卫生机构基本情况及其增长速度

指 标	单 位	绝对值	比上年增长（%）
医疗卫生机构数	**所**	**4987**	**1.2**
医 院	所	332	1.2
基层医疗卫生机构	所	4492	1.2
#门诊部	所	610	6.3
社区卫生服务中心	所	305	1.3
村卫生室	所	1310	-2.4
专业公共卫生机构	所	116	持平
#疾病预防控制中心	所	20	持平
卫生监督所	所	18	持平
其他医疗卫生机构	所	47	2.2
专业卫生技术人员数	**万人**	**16.40**	**4.9**
#执业（助理）医师	万人	6.13	5.5
#医院执业医师	万人	3.69	6.6
注册护士	万人	7.19	5.9

十三、人口和就业

至年末，全市常住人口总数为 2425.68 万人。其中，户籍常住人口 1429.26 万人；外来常住人口 996.42 万人。全年常住人口出生 20.2 万人，出生率为 8.35‰；死亡 12.61

万人，死亡率为 5.21‰；常住人口自然增长率为 3.14‰。全年户籍常住人口出生 11.9 万人，出生率为 8.34‰；死亡 11.8 万人，死亡率为 8.27‰；户籍常住人口自然增长率为 0.07‰。

全市户籍人口平均期望寿命达到 82.29 岁。其中，男性 80.04 岁，女性 84.59 岁。

全年新增就业岗位 59.96 万个（见图 4），其中，农村富余劳动力实现非农就业 10.78 万个。全年新安置就业困难人员 16296 人，新消除零就业家庭 231 户。全年帮助成功创业人数 11014 人，帮助 6754 名长期失业青年实现就业。高技能人才占技能劳动者比例达到 29%。累计有 626 人和 442 人分别入选中央和上海“千人计划”。全年共完成职业培训 53.40 万人，其中，农民工 24.64 万人。至年末，全市城镇登记失业人员 25.63 万人，城镇登记失业率为 4.2%。

图 4　2010–2014 年新增就业岗位情况

十四、人民生活和社会保障

据抽样调查，全年城市居民家庭人均可支配收入 47710 元，比上年增长 8.8%，扣除价格因素，实际增长 5.9%；农村居民家庭人均可支配收入 21192 元，比上年增长 10.3%，扣除价格因素，实际增长 7.4%。城市居民家庭人均消费支出 30520 元，比上年增长 8.4%；农村居民家庭人均生活消费支出 15291 元，比上年增长 13.9%。

全年新开工建设保障房和实施旧住房改造 13.9 万套，基本建成 11.3 万套。拆除中心城区成片二级旧里以下房屋 63.9 万平方米。至年末，城镇居民人均住房建筑面积 35.1 平方米，折合人均住房居住面积 17.8 平方米（见图 5）。居民住宅成套率达到 96.6%。

图 5　2010–2014 年城镇居民人均住房居住面积

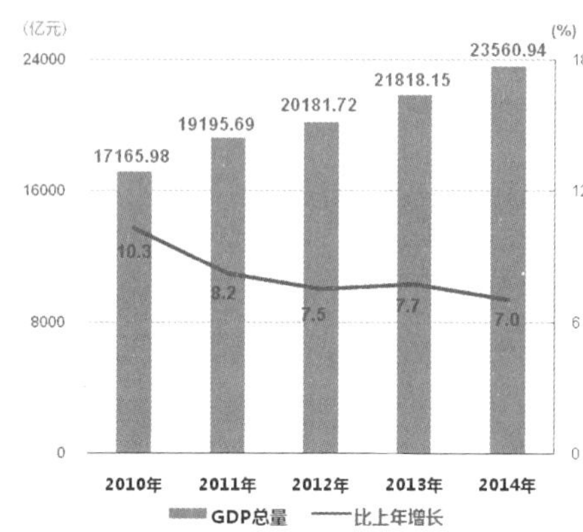

至年末，全市共有 1373.37 万人（包括离退休人员）参加城镇职工基本养老保险，有 78.3 万人参加城乡居民基本养老保险。城镇最低生活保障标准从上年的每人每月 640 元提高到 710 元，农村最低生活保障标准从每人每年 6000 元提高到 7440 元。月最低工资标准从 1620 元提高到 1820 元，小时最低工资标准从 14 元提高到 17 元。

至年末，全市共有 1353.57 万人（包括离退休人员）参加城镇职工基本医疗保险，城镇居民基本医疗保险参保人数（含普通高等院校学生）达 257.66 万人。

至年末，全市民政部门共有各类提供住宿的收养性社会服务机构 667 个，床位 11.87 万张，其中，养老机构 660 家，床位 11.49 万张。在全市养老机构中，由社会投资开办的有 334 家，床位 5.66 万张。至年末，全市有社区居家养老服务社 224 家，社区老年人日间服务中心 381 家，社区老年人助餐服务点 576 个，服务老年人 29.4 万人。

全年各级政府支出城镇居民最低生活保障金 13.56 亿元、农村居民最低生活保障金

1.49亿元、农村五保供养资金0.14亿元、粮油帮困资金0.56亿元、医疗救助金1.58亿元。年内新办福利企业14家，新安置322名残疾人就业。

十五、环境保护

全年全社会用于环境保护的资金投入699.89亿元，相当于上海市生产总值的比例为3.0%。

全年环境空气质量优良率（AQI）为77%，比上年提高11个百分点。二氧化硫年日均值18微克/立方米，比上年下降25%；二氧化氮年日均值45微克/立方米，下降6.3%；可吸入颗粒物(PM10)年日均值71微克/立方米，下降13.4%；一氧化碳年日均值0.77毫克/立方米，下降9.4%；细颗粒物(PM2.5)年日均值52微克/立方米；臭氧日最大8小时滑动平均值达标率92.9%。全市平均区域降尘量5.4吨/平方公里·月，比上年下降6.9%。

年末，城市污水处理厂日处理能力达786.55万立方米，比上年末增长0.2%；城市污水处理率达到89%，比上年提高1.3个百分点。全年清运生活垃圾742.6万吨，生活垃圾无害化处理率达到95%，比上年提高1个百分点；年内新增636个垃圾分类收集处置试点场所，实现生活垃圾分类居住区覆盖家庭280万户。

全年新建绿地1105公顷，其中，公共绿地552公顷。至年末，建成区绿化覆盖率达到38.4%。全年新增造林面积899公顷，其中人工造林899公顷。至年末，自然保护区达到4个，其中国家级自然保护区2个。

十六、安全生产

全年共发生道路交通、工矿商贸、火灾、铁路交通、农业机械生产安全事故7364起，造成死亡1186人，分别比上年下降38%和3.1%。其中，工矿商贸生产安全事故283起，造成死亡225人，分别比上年上升7.2%和下降4.7%；道路交通事故1172起，造成死亡902人，分别比上年下降41.7%和1.3%；火灾事故5899起，造成死亡59人；铁路交通事故5起，未发生人员死亡；农业机械事故5起，比上年下降73.7%，未发生人员死亡。全年亿元生产总值生产安全事故死亡人数为0.050人。

上海市统计局
国家统计局上海调查总队
2015年2月28日

说明：

1. 本公报数据为初步统计数。

2. 上海市生产总值、各产业增加值和总产值绝对数按当年价格计算，增长速度按可比价格计算。2014年上海市生产总值数据执行国家统计局2012年制定的《三次产业划分规定》。

3. 战略性新兴产业制造业增加值和总产值均为规模以上口径。

4. 域外市属农场是指上海光明食品（集团）有限公司所属的外地农场，其产量和产值不包括在上海市总量中。

5. 电信业务总量按2010年不变价格计算。

6. 旅游产业和信息产业的增加值是依据若干行业的有关资料进行跨行业核算的，不能将其与上海市生产总值中其他行业的增加值进行简单加总，否则会造成重复计算。

7. 学年是指教育年度，即从本年的9月1日（学年初）至第二年的8月31日（学年末）。

8. 环境空气质量优良率（AQI）是国家发布的新环境空气质量评价标准。AQI监测体系包括二氧化硫、二氧化氮、可吸入颗粒物(PM10)、细颗粒物(PM2.5)、一氧化碳和臭氧六项污染物指标。

上海市城乡建设和管理委员会
2014 年工作总结和 2015 年工作计划

一、2014 年工作回顾

过去的一年，我们在市委、市政府的坚强领导下，全面贯彻落实党的十八大和十八届三中、四中全会精神，主动适应机构改革和职能调整后的新形势、新任务、新常态，聚焦城乡建设和城市管理领域的专项任务、重大问题、难题顽症，积极转变工作作风、调整工作重心、改进工作方法，认真抓调研、抓整改、抓落实，全面完成了年初确定的工作任务。

（一）更加注重城市综合管理，城市管理的基层基础进一步夯实。

城市管理难题顽症治理成效显著。全年共拆除违法建筑 1007 万平方米，是 2013 年的两倍。其中，浦东新区拆除 447 万平方米，闵行区拆除 110 万平方米。摸清了全市范围内 200 个无序设摊集聚点的底数，其中中心城区 104 个，完成综合整治 28 个；摸排群租 4.67 万户，完成整治 3.72 万户；此外，井盖、路灯、施工噪声、渣土运输、二次供水、大居配套、道路保洁等城市管理领域突出问题的治理也取得明显成效。城市网格化管理不断深化拓展。各区县城市网格化综合管理机构基本组建完毕，增设街镇城市网格化综合管理机构的政策已经明确，市、区县、街镇、村居四级网格化管理体系正在加快形成。已有 1500 个居民小区实现了网格化综合管理的覆盖。住宅小区综合治理研究取得政策和制度成果。市建设管理委会同市住房保障房屋管理局牵头，深入开展基层调研，就加强本市住宅小区综合治理提出了一系列的政策措施，并研究制订了实施意见和三年行动计划。重大活动保障坚实有力。圆满完成了亚信峰会的动力、市容、工地等保障工作，确保了重点区域、重大活动市容环境水平总体可控。成功筹办首届“世界城市日”系列庆典活动。“夏令热线”活动深入开展。共接到市民来电 10.9 万余个，市民诉求解决率同比继续上升，第三方测评满意度达 84%。

（二）更加注重行业安全稳定，城市运行管理保障进一步加强。

工程建设安全监管方面。全面推进建设工程质量安全飞行检查，市里针对违规工地共签发整改通知单 134 份，局部暂缓施工指令书 6 份，行政处罚建议书 132 份。市、区县两级管理部门实施行政处罚结案 1436 起，罚款 7208 万元。全年发生安全生产死亡事故 25 起，事故死亡 27 人，在建筑面积和建安总量均比上年上升近 20% 的情况下，死亡人数连续第八年同比下降。燃气安全监管方面。实施隐患管网改造 37.4 公里，三年计划收尾任务圆满完成；督促各管道权属燃气企业加强管道巡检，完成管道占压整治 25 处。地下空间安全使用的统筹协调方面。充分发挥地下空间管理联席会议平台作用，组织了多种形式的地下空间使用安全检查和整治，编制了市、区两级地下空间突发事件应急预案和处置操作规程。化解行业涉民矛盾方面。铁路上海南站噪声治理居民房屋收购工作顺利完成，840 户居民签约实施房屋置换，降噪及铁路沿线声屏障工程正式启动。虹桥机场航空噪声治理 75-85 分贝区域房屋降噪闵行区一期试点工程顺利推进，累计完成 3306 户居民房屋隔声降噪改造。39 件（小区）已入住居民无法办理产权证的历史遗留问题，累计已有 34 件（小区）基本得到解决，2008 年以来共计为入住居民办出产证 3910 套。

（三）更加注重过程协调和规范引领，重大工程加快推进。

重大工程建设管理制度取得突破。制定了《关于进一步加强本市重大工程建设管理的实施意见》，同步细化了重大工程项目确定程序、审批要求、推进模式、考核评价等30项配套细则，重大工程协调推进制度进一步完善。出台《关于推进本市重点区域绿地指标管理的操作办法》，为世博AB片区项目的依法依规推进创造了条件。投资计划和开竣工目标全面超额完成。2014年完成重大工程投资1199.1亿元，为年初计划的101.3%；北横通道等24个项目实现开工，是“十二五”开工数量较为集中的一年，为年初计划的141.2%，东风西沙水库等21个项目竣工投入使用，为年初计划的131.3%。重点区域和重点项目全面推进。黄浦江两岸进入功能和基础开发并重的新阶段，中山南路地下通道、十六铺中心二期等基础性、功能性项目有序建设。国际旅游度假区迪斯尼主题乐园结构基本完成，配套工程进入收尾阶段。虹桥商务区国家会展综合体项目全面建成、部分投入使用。临港地区、世博园区、前滩地区等重点区域项目有序推进。援疆建设取得新进展。三莎高速公路等重大工程代建任务圆满完成，巴楚县市民之家等4个喀什地区“交钥匙项目”开工建设，喀什对口四县安居富民工程顺利推进。

（四）更加注重民生安居保障，市民生活环境品质进一步提升。

旧区改造任务提前完成。搭建旧区改造专项贷款平台，创新试点保险资金参与旧区改造，资金渠道进一步拓宽。探索区区对接征收安置房建设，区县房屋征收成本控制在合理水平。中心城区二级旧里以下房屋63.9万平方米启动改造，受益居民2.8万户。启动11块“毛地出让”地块，在拆地块收尾41块，超额完成全年任务。“城中村”改造试点任务超额完成。明确了“城中村”地块改造实施的政策措施，松江、浦东、闵行等区13个“城中村”地块改造顺利启动。大居配套建设取得阶段性成果。纳入市和区重点推进外围配套的项目，累计开工104个，占总量的92%。市级补贴资金累计拨付118亿元，占总量的97%。保障性住房建设有序推进。新建筹措各类保障性住房和实施旧住房综合改造13.9万套，基本建成11.3万套，进一步放宽住房保障准入条件，政策衔接更趋合理。市民实事项目圆满完成。完成400座农桥、800公里村道改造。完成10万户老旧小区电能计量表前设施改造，启动新一轮住宅二次供水设施改造，明确设施管养机制。完成1100户残疾人和老年人家庭无障碍设施改造。住房公积金扩大覆盖面工作积极推进。实现归集额和缴存职工数持续增长。调整公积金的支付范围和贷款政策，缴存职工住房消费能力得到提高。生态环境质量持续提升。完成新造林3.3万亩，绿化建设1100公顷，立体绿化40万平方米。全市生活垃圾无害化处理率达到95%，连续四年实现人均生活垃圾末端处理量每年减少5%。

（五）更加注重行业改革创新，科技发展和城市现代化水平进一步提升。

完善区县城管综合执法体制。配合市委“创新社会治理、加强基层建设”重点课题调研，会同市城管执法局开展完善区县城管综合执法体制改革调研，整合城管综合执法资源，做实区县城管执法机构，健全城管综合执法保障机制。闸北、金山、闵行等区新的城市管理行政执法局已经挂牌。养护市场化改革稳步推进。17个区县全部出台了城市维护资金管理办法，覆盖全市的城市维护保障机制初步建立。金山、闵行等区加大政企分开力度，政企关系进一步理顺。嘉定、宝山等区主动引入外区企业通过市场竞争参与本区养护作业，区域性垄断问题得到解决。市水务局、市路政局等部门加强行业监管研究，养护作业行业监管机制不断完善。建筑信息模型（BIM技术）应用推广保持良好势头。推进BIM技术指导意见正式出台，鼓励企业积极运用BIM技术，提高工程质量和投资效益。建工集团、中建八局、现代设计集团、市政总院等都在各自领域积极推广应用，陆家嘴船厂、轨道交通9号线等多个项目中的BIM技术应用试点工作深入推进。装配式建筑发展速度明显加快。建立"两个强制比率"和"建筑规模"的双控推进机制，细化政府投资项目、保障房项目推进的工作目标，全年共落实303万平方米装配式建筑。城建集团、城投公司、中铁二十四局等企业都在积极探索提升预制化率。绿色建筑发展成绩显著。绿色建筑发展三年行动计划启动实施。获得国家绿色建筑标识建筑面积近537万平方米，规模和数量均位居全国前列。地下空间信息基础平台建设顺利推进。认真开展外环以内地下管线数据普查工作，黄浦、长宁、普陀、徐汇和浦东小陆家嘴地区的地下管线数据已收集入库，浦东和静安正在进行数据整理。

（六）更加注重建筑市场监管，建筑行业规范化程度进一步提高。

项目招投标监管得到加强。针对中央巡视组反馈的建设工程领域"围标串标、明招暗定、虚假招标"的问题，认真开展专项检查，完善施工招投标评标办法，切实遏制违法行为多发势头。资质资格电子化审批取得阶段性成果。按照住房城乡建设部先行先试的要求，完成企业资质电子化审批试点工作，通过跨部门多维数据比对和共享，企业提交材料减少80%，项目审批时间缩短1/3以上。建设市场信用体系不断完善。积极推进本市建设市场管理信息平台开发建设，《上海市建筑市场信用信息管理办法》正式出台，浦东新区施工招标应用企业信用评价试点顺利启动。施工现场作业工人实名制管理取得成效。已有8万多工地作业人员实名信息和800多个项目的用工信息纳入系统平台管理。行业标准定额制定稳步推进。完成70项地方工程建设标准立项，《住宅设计标准》等涉及民生保障、建筑环保、科技创新的地方标准正式出台。

回顾过去的一年，我们取得了一些成绩，这些成绩的取得，是市委、市政府正确领导的结果，是市和区县各有关部门、广大中央在沪单位以及行业协会学会大力支持的结果，也是全委机关干部、行业广大干部职工克难奋进的结果，借此机会，我代表市建设交通工作党委、市建设管理委向各有关方面表示衷心的感谢。

回顾过去的一年，我们也积累了一些工作经验，其中体会特别深刻的是四个方面：

一是必须始终坚持"多方协作、市区联手"。各区县、各局、中央在沪单位、本市骨干集团企业等相关部门和单位立足城乡建设和城市管理工作全局，市与区县之间、委与局之间、局与局之间、政府与企业及行业协会学会之间主动加强协同配合，相互理解支持，市区联手、委局联手、政企联动等进一步加强，行业广大干部职工的能动性和创造性得到进一步发挥。

二是必须始终坚持"顶层设计、制度保障"。面对各种瓶颈难题，注重以改革创新的思路来破解发展难题，通过顶层设计，完善制度保障。一年来我们深化拓展城市网格化管理，加强城市综合管理顶层设计，做实基层城市管理体制机制，完善重大工程推进办法，创新试点保险资金参与旧区改造等等，在很多工作中通过顶层设计来适应新常态，解决新问题，取得新进展。

三是必须始终坚持"以人为本、安全为先"。总体上本市建设领域安全生产风险仍然处于高发期，安全隐患仍然比较突出。工作中，我们必须始终充分认识当前安全生产形势的严峻性和复杂性，始终坚持"以人为本、安全为先"，克服麻痹思想、侥幸心理，牢固树立安全生产的"红线意识"和"底线思维”，时刻保持清醒头脑，牢牢守住安全底线，坚决防范和遏制重特大事故发生，努力保障城市运行安全。

四是必须始终坚持“不畏挑战、勇挑重担”。城乡建设和城市管理行业历来有不畏挑战、勇挑重担的好传统。刚刚过去的一年，大家秉承“踏石留印、抓铁有痕”的劲头，发扬钉钉子的精神，经常加班加点。有的部门经常深入区县基层单位，了解工作进展情况。各级领导干部不畏困难、敢于担当、深入基层、跨前一步的工作作风，为工作的推进提供了重要保障，行业广大干部职工振奋精神、迎难而上，攻坚克难、连续奋战的工作作风，体现了城乡建设和城市管理行业的拼劲，赢得市委、市政府领导和广大市民的称赞。

回顾过去的一年，我们也清醒地看到，工作中还存在许多不足，特别是行业改革创新的步伐与中央和市委、市政府的要求还有不小距离，城市综合管理的精细化、法治化水平与上海城市发展的阶段还不相适应，民生保障和改善相对于人民群众日益增长的需求还有一定差距等。对这些问题，必须高度重视，在今后工作中切实加以解决。

二、2015 年主要任务

2015 年是“十二五”规划的收官之年，是全面深化改革的关键之年，是全面推进依法治国的开局之年，也是“十三五”规划的谋划之年。中央经济工作会议和十届市委七次全会，已经对我国和上海所面临的总体形势进行了全面分析，住房城乡建设部和市委、市政府对今年城乡建设和城市管理工作也提出了明确要求。做好今年的城乡建设和城市管理工作，任务繁重艰巨，意义重大深远。

做好 2015 年城乡建设和城市管理工作，必须全面贯彻落实中央、市委市政府和住房城乡建设部相关会议精神，按照市委、市政府领导对城乡建设和城市管理工作的指示要求，全面落实 2014 年市委、市政府重大课题调研成果和已出台的各项改革措施，坚持安全为先、民生为本，切实把人民群众生命财产安全放在首位；坚持管建并举、重在管理，切实把工作重心聚焦到加强城市综合管理上来；坚持稳中求进、改革创新，切实把改革推动、创新驱动作为行业转型发展的新动力；坚持依法治理、系统治理，切实构建特大型城市常态长效治理的新常态，努力走出一条符合超大城市特点的城市管理和社会治理新路子。

2015 年要着力做好以下七方面工作：

（一）以保障安全为底线，确保建设管理领域安全稳定。

认真贯彻落实中央和市委、市政府关于加强安全生产的总体要求，牢固树立“底线思维”，切实落实安全生产的政府监管责任和企业主体责任，确保建设管理领域安全形势总体受控。重点抓好四个方面：一是抓好建筑工地安全生产工作。突出抓预防、抓细节、抓日常，切实加强建设工地安全隐患源头治理，重点强化施工现场“五方主体责任”和高空作业、模板支架、深基坑等高风险环节安全责任的落实，深入开展预防起重机械脚手架坍塌事故专项整治，强化安全生产飞行检查和第三方检查，从严从快依法查处各种违法违规行为。二是抓好燃气管线等市政基础设施的运行安全管理。加强燃气行业安全排查，大力推进燃气隐患管道改造和城镇燃气管道占压整治。加快建立健全地下管线巡护和隐患排查制度，严格规范管线建设行为，严格控制掘路总量。加强本市地下管线的规划建设管理研究，全面开展地下管线普查，深入开展本市地下空间安全使用专项检查，确保地下空间安全使用。加强水务、垃圾处置等市政基础设施的安全运行管理。三是抓好住宅建筑特别是老旧房屋安全。结合加强住宅小区综合治理和旧住房综合改造，进一步加大对楼梯堆物、封闭消防门、挤占应急通道等安全隐患整改力度，加快推进老旧住房安全排查后续处置整改，确保市民群众居住安全。四是抓好拆违和渣土运输安全。加强拆违安全管理，及时拆除影响公共安全和本身存在安全隐患的违法建筑。加强建筑渣土源头管理，强化对施工现场的监管和对渣土运输企业特别是驾驶员的安全教育，严禁超载、超速和偷乱倒等违规行为，防止发生重特大交通事故。

（二）以推动落实为抓手，全面深化行业体制机制改革。

深入贯彻落实市委创新社会治理、加强基层建设重大调研成果，不断深化城乡建设和城市管理行业体制机制改革。重点抓好四个方面：一是全面推进区县城管执法体制改革。贯彻落实《关于进一步完善本市区县城市管理综合执法体制机制的实施意见》，及时开展政策实施的跟踪评估，做实区县城管执法局，推动城管执法力量下沉，完善执法清单和执法程序，提高基层城管综合执法实效。二是推动街镇城市网格化综合管理中心运转。结合本市街镇机构改革，指导区县抓紧制定具体实施方案，尽早落实人员编制、管理资金、办公设备和办公用房等资源保障，确保中心尽快挂牌且有效运转。三是继续深化养护作业市场化改革。围绕实现养护作业质量提高、成本降低和监管机制完善等改革目标，指导区县继续深化养护作业市场化改革，同时积极推进转制职工历史遗留问题的妥善解决。四是加快推进建筑业发展和改革。贯彻落实《关于推进建筑业发展和改革的若干意见》，聚焦“行政审批制度改革、改革招投标监管方式、完善监理制度”等重点环节，进一步优化完善本市建筑业监管体制机制。此外，稳步推进本市道路和公共区域照明管理体制改革，建立健全道路和公共区域照明长效管理机制，做好新组建的委属城市管理事务中心的筹建和启动工作。

（三）以科技创新为引领，加快推动行业创新转型发展。

围绕建设具有全球影响力的科技创新中心的目标，主动对接市委重点调研课题，瞄准行业创新切入点、转型突破口，进一步加大行业科技创新力度。重点抓好五个方面：一是大力发展装配式建筑。积极申报建设国家住宅产业化现代化综合试点城市。今年全市装配式建筑面积占供地面积总量比例不少于50%，单体预制装配率逐步提高至30%。同时，大力推进装配式建筑在高架桥隧等市政项目中的应用。二是全面提升建筑信息模型（BIM）技术应用水平。发挥企业在科技创新中的主体作用，推动组建上海BIM技术推进中心。出台BIM技术应用三年行动计划，进一步加强政策扶持，加大政府工程试点应用力度。三是继续推进绿色建筑和建筑节能。全面推进《上海市绿色建筑发展三年行动计划（2014－2016）》。完成400万平方米的国家公共建筑节能改造，基本建成覆盖本市国家机关办公建筑和大型公共建筑的能耗监测系统。加强主要结构性和重要功能性材料管理，推进建筑废弃物资源化综合利用。四是开展海绵城市建设等重点专题研究。落实全国城市规划建设工作座谈会精神，开展海绵城市、城市综合管廊建设等重点专题研究，以桃浦、吴淞等区域转型发展为契机，积极推进建设试点。五是大力提升城市管理信息化水平。全面推进智慧城市建设，推进大数据、移动互联网等各类先进科技的广泛应用，使城市运行管理更加安全、环保、便捷、有序和人性化。年内启动实施城市网格化管理市级平台改造，完成上海地下空间信息基础平台建设，不断提高城市基础设施信息化管理水平。

（四）以长效管理为目标，不断提升城市综合管理水平。

坚持系统治理、源头治理、综合治理，深化城市网格化管理，夯实城市管理的基层基础，进一步完善城市管理长效机制。重点抓好五个方面：一是加强城市综合管理的统筹协调。切实履行好市城市综合管理推进领导小组办公室的职责，强化与市市政市容管理联席会议办公室、市数字化城市管理联席会议办公室的整合，及时研究解决城市综合管理中的重大问题，指导督促各区县、各部门协同推进城市综合管理工作。二是继续深化拓展城市网格化管理。贯彻落实市委《关于深化拓展网格化管理提升城市综合管理效能的实施意见》，推动网格化管理向街镇延伸、向居住小区和农村地区拓展；加强网格化管理与大联勤、大联动、“12345”市民服务热线的整合互动，使网格化管理平台成为基层社会治理的基础性平台。三是加强住宅小区综合治理。贯彻实施《关于加强本市住宅小区综合治理工作的意见》，全面启动加强住宅小区综合治理三年行动，完善本市住宅小区综合管理和服务的责任清单，健全物业服务收费价格形成机制，进一步规范物业使用和文明居住行为，破解一批住宅小区中群众反映强烈的突出问题。四是继续巩固顽症难题治理成果。继续推进违法建筑、群租、无序设摊、渣土运输等顽症治理，抓好已出台政策措施的落地，确保力度不减、工作不松，防止反弹和回潮，同时修订、完善相关制度，健全常态长效治理机制。五是抓好重点区域市容环境整治。加大迪斯尼区域、虹桥商务区等关注度较高区域、区与区交界区域和城乡结合部区域的环境整治力度，全面完成“特定区域”环境治理三年行动各项任务，让市民身边的市容市貌得到明显改观、城市重点区域保持有序整洁美观。组织协调推进第二届“世界城市日”活动筹备工作。

（五）以改善民生为根本，持续改善市民居住生活环境。

聚焦民生热点，回应群众期待，尽力而为、量力而行，加快生态宜居城市建设，努力让市民群众居住生活环境更加美好。重点抓好三个方面：一是着力完善住房保障体系。新建筹措各类保障性住房和实施旧住房综合改造11.5万套、基本建成10万套。继续推进113个大居外围市政配套建设，进一步方便入住居民生活。促进房地产市场平稳健康发展。完善公积金相关政策，进一步发挥公积金的住房保障作用。二是继续推进旧区改造和“城中村”改造。推进中心城区二级旧里以下房屋55万平方米改造，完成在拆地块收尾40块，加大“毛地出让”地块改造启动力度。拓宽旧改融资渠道，强化征收补偿监管，合理控制征收成本。全面完成35个“城中村”试点地块的改造启动目标。同时，全力完成2000万平方米居民住宅二次供水设施改造和90万户老旧小区表前供电设施改造。三是持续加大生态建设力度。大力推进绿地、林地、湿地融合发展，加快外环生态专项建设，再命名一批林荫道，实施老公园升级改造27座。新建绿地1000公顷，其中公共绿地500公顷。建设林地7.5万亩，确保完成“十二五”15%的森林覆盖率目标。完成立体绿化40万平方米。启动实施第六轮环保三年行动计划固废专项等相关工作。加快生活垃圾末端处置设施建设推进，持续深化生活垃圾分类减量工作。此外，结合体制机制的理顺，完善道路和公共区域照明管理；加强本市加强对各区县开展无障碍环境建设的指导，做好无障碍市县创建检查验收的筹备工作。

（六）以重大工程为抓手，不断完善城乡基础设施体系。

充分发挥重大工程实施意见及配套细则的政策效应，加快重大工程、重点区域建设，为全市稳增长、调结构、惠民生提供有力支撑。重点抓好三个方面：一是统筹推进重大工程建设。2015年安排正式项目83个，预备项目24个，年度投资规模与上年基本持平。加强项目前期储备研究，着力提高项目成熟度，确保“十二五”期间重大项目全部开工建设。加大重大矛盾化解力度，持续推进铁路上海南站和虹桥机场航空噪声治理，基本完成39件无法办理产权证矛盾的化解收尾。二是继续加快重点区域建设。基本建成虹桥商务区核心区、世博园区央企总部集聚区主体项目，基本完成迪士尼乐园配套项目建设，加快临港地区和前滩、徐汇滨江等区域开发建设，全面推进黄浦江两岸滨江公共空间贯通工程，力争实现重点区段开工建设、主要断点年内辟通。三是加快郊区农村基础设施建设。结合落实城乡发展一体化重点课题调研成果，重点加强郊区新城、小城镇、新农村基础设施和人居环境建设，完善相关政策和建设标准。扎实推进美丽乡村建设，推进村庄改造和农村水环境及河道整治，加大镇村级河道疏浚、村沟宅河治理和农村生活污水处理设施改造力度。

（七）以编制“十三五”规划为契机，全面谋划好行业中长期发展。

坚持比肩国际一流城市的定位，围绕重大问题、重大目标、重大布局，拓宽思路，深入调研，精心编制出一流规划。一是积极主动参与全市总规修编和本市“十三五”规划编制。要争取进一步提升城乡建设和城市管理工作在全市大局中的位置，为未来五年工作争取更多空间和更有利条件。二是认真研究谋划制定本市城乡建设和城市管理“十三五”规划。特别要编好城乡建设和管理、黄浦江两岸地区发展等市级重要专项规划，为未来五年发展进一步厘清思路、凝聚共识、明确方向。

三、推进依法行政，加强自身建设

加强自身建设是做好工作的前提和保障。过去的一年，我们加快推进政府职能转变，积极稳妥完成机构改革，市建设交通委正式改名为市建设管理委，工作重心进一步向城市综合管理转移。我们坚持依法行政、简政放权，深化行政审批改革，全年共取消、合并、简化了10项行政审批项目，向区县下放了10项行政审批事项。委行政审批事项已减少到19项，精简幅度近70%。行政审批标准化全面推进，审批时限进一步缩短，企业负担有所减轻。但是，我们还必须清醒看到自身建设中的不足，“四风”整改长效机制还不够健全，行政职能转变还不彻底，重审批、轻监管的倾向没有根本改变，依法行政的意识和能力还有待增强，中央巡视组巡视发现本市建筑市场招投标管理等方面还存在不少问题。对于这些问题，我们要引起高度重视，采取有力措施切实加以解决。

新的一年，我们要围绕建设“职能科学、权责法定、执法严明、公开公正、廉洁高效、守法诚信的法治政府”的目标，按照市委、市政府“两高、两少、两尊重”的要求，进一步加强自身建设，提高依法行政水平。

（一）推动完善行业法规和标准，切实加强制度保障。

配合做好《上海市城市管理行政执法条例》《上海市城市管理相对集中行政处罚权暂行办法》和《上海市绿色建筑条例》《上海市建设工程招标投标管理办法》等地方法规、规章的修订、制订。抓紧出台《上海市建筑市场管理条例》配套管理细则。加强全行业法制教育和培训，提高教育培训的针对性和实效性。修订本市工程建设地方标准化工作管理办法，推进工程建设标准定额修订工作，加快“装配式建筑”、“BIM技术应用”等重点领域标准规范编制。加强工程造价管理，完善造价信息发布机制，依法规范市场主体计价行为。此外，要聚焦城乡建设和城市管理的重点难点，深入开展城市管理法制体系、城乡一体化建设、建设管理科技创新体制机制等重大课题调研，并积极推动研究成果不断向法律法规和规范性文件转化。

（二）深化行政审批制度改革，提高依法行政能力。

按照市审改办统一部署和要求，积极探索复制推广自贸区经验，坚持法定职责必须为、法无授权不可为，全面推进机构、职能、权限、程序和责任法定化，做好市建设管理委的权力清单、责任清单编制工作，力争上半年向社会公布权力清单。针对行政审批相对人反映集中的审批时间较长、评估事项较多的问题，认真落实市政府有关第七批取消和调整行政审批事项的文件精神，继续优化审批流程，简化审批环节，取消重复评估评审事项，减少自由裁量权，提高行政审批效率。重点做好工程建设行政审批的改革创新，全面推进各类企业资质及执业资格人员以及项目流程的无纸化申报和审批，完善线上审批管理留痕制度，实现对管理行为可查询、可追溯。完成建设市场管理信息平台升级改造，完善项目、企业和人员三大数据库，大力推进建设程序、市场主体准入等审批信息化工作，加快实现网上办理和电子审批。扩大数字化审图覆盖面，抓好白图代替蓝图试点运用，逐步建立电子图纸交付方式，尽快将数字化审图模式纳入日常建设管理流程。

（三）聚焦关键环节和重点领域，不断创新监管方式。

在监管环节上，切实加强事中事后监管，强化与工商、社保等部门监管数据的共享互通，加快建立联动监管机制。加快行业诚信体系建设，进一步健全建设市场信用体系，推广施工招标应用企业信用评价工作，健全黑名单制度，力争清除一批不规范、不诚信的企业。加强过程监管执法，集中开展打击建筑施工转包违法分包等违法行为专项行动，遏制建筑施工违法发包、转包、违法分包、肢解发包等行为的多发势头。贯彻落实市委关于落实巡视整改工作的要求，完善建设工程招标投标管理制度，严格控制政府投资工程招投标方式和标段划分审核，加快推进工程电子招投标系统建设，减少人为因素对评标工作的影响和虚假招标、串标围标的机会。着力推进现场专业人员职业标准工作落实，推进岗位培训考核评价信息管理系统建设，并选择部分岗位进行试点。切实加强建筑行业注册人员管理，着力规范注册人员的执业行为。此外，聚焦行业重点工作，积极加强专项和专案稽查工作。

（四）坚持践行群众路线，持续改进工作作风。

巩固党的群众路线教育实践活动成果，坚决贯彻中央八项规定和《党政机关厉行节约反对浪费条例》，严格执行本市 30 条实施办法，进一步完善委机关接待、会务等规章制度，继续精简会议和文件，认真落实基层调研制度，严防“四风”问题反弹回潮。深入推进政府信息公开，着力保障群众的知情权、参与权和监督权。强化预算管理的监督检查和绩效评价作用，更好发挥公共财政资金效应。充分发挥审计监督作用，加强城维项目、“三公”经费等资金的审计。严格队伍管理，切实加强勤政建设，建立健全监督、考核和问责机制，着力提高工作的执行力，切实做到奖勤能、罚懒庸、提效能。深入推进反腐倡廉，围绕城乡建设和城市管理领域的关键岗位和薄弱环节，健全权力制约和风险防控机制，加大监督检查和查信办案力度，以“零容忍态度”坚决遏制腐败现象。创新群众工作方法，加强法治信访建设，强化分级分责制度落实，积极打造“阳光信访”，全力做好信访矛盾化解工作。

一、城乡规划、国土资源

（一）综述

2014年，按照“创新驱动发展、经济转型升级”的总体要求，围绕市委、市政府总体工作部署和重点工作安排，以建设服务政府为目标，以管理创新、制度创新、机制创新为突破口，聚焦重点领域和关键环节，扎实有效推进年度各项工作，全面完成了年度工作计划，进一步提升了规划国土资源工作对上海经济社会发展的引领和保障作用。以新一轮城市总体规划编制工作为抓手，进一步提升规划的引领作用。5月6日，市委、市政府召开第六次规划土地工作会议，正式启动新一轮总体规划编制工作。按照市委、市政府主要领导明确的规划建设用地规模“负增长”、“通过土地利用方式转变倒逼城市发展模式转型”的要求，将“四个转变”的规划理念和“六个突出”的发展导向贯穿新一轮总规编制和实施的全过程，努力通过城市规划的转型引领城市转型发展。以实施“五量”调控为抓手，倒逼城市转型发展。市政府发布了《关于进一步提高本市土地节约集约利用水平若干意见》，全面深化实施“总量锁定、增量递减、存量优化、流量增效、质量提高五量调控”基本策略，构建特大型城市土地利用“资源、效能、机制三位一体”

的全生命周期管理体系，落实最严格的耕地保护制度和最严格的节约集约用地制度，以土地利用方式转变倒逼城市发展转型。以行政审批制度改革为抓手，进一步加大服务型政府建设力度。以“转变职能、简化流程、提质增效”为目标，加快职能转变，推进机构改革和行政审批制度改革，以加强信息化建设为依托，改革创新政府管理和服务方式，优化管理流程，提升规划国土资源管理效能和服务水平，努力打造受群众欢迎的部门。以巡视工作为抓手，全面加强党建和队伍建设工作认真落实中央和市委巡视反馈问题的整改工作，抓好巡视问题整改。召开了党建工作会议，全面部署和加强党建工作。

（二）城乡规划

【概况】 2014年，城乡规划管理聚焦重点领域和关键环节，扎实有效推进年度各项工作，全面完成了年度工作计划，进一步提升了城乡规划工作对上海经济社会发展的引领作用。总体规划管理方面，5月6日，市委、市政府召开上海市第六次规划土地工作会议，正式启动上海新一轮城市总体规划编制工作。深入开展战略研究、专项规划研究、区县总体规划研究工作；广泛发动公众参与，坚持“开门做规划”，全面启动总规纲要编制。继续推进新市镇总体规划编制工作。《上海市公共体育设施规划（2012–2020）》《上海市商业网点布局规划（2014–2020）》《上海市养老设施布局专项规划(2013–2020年)》《沪通铁路上海段（市界至曹路）及相关工程专项规划调整》《上海市轨道交通18号线专项规划》等重要专项规划获批。详细规划管理方面，2014年共批复详细规划168项，其中控制性详细规划新编（修编）45项、控规局部调整20项、控规实施深化85项、控规附加图则编制和普适图则增补3项、控制性详细规划实施方案15项。继续加强详细规划管理体系建设，开展城市更新政策研究，修订详细规划编制审批办法。积极推进世博会地区、虹桥商务区、国际旅游度假区、临港地区、桃浦地区、黄浦江沿岸地区等重点地区规划编制。建筑规划管理方面，完善“一书两证”新审批系统，深化告知承诺制度建设。市政规划管理方面，做实重大工程规划土地审批绿色通道，依法合规地完成各类报建项目审批工作，累计核发各类市政交通项目规划许可1057件，有力保障市重大工程前期工作进度。

【上海市第六次规划土地工作会议召开】 5月6日，市委、市政府召开上海市第六次规划土地工作会议，正式启动上海新一轮城市总体规划编制工作。中共中央政治局委员、上海市委书记韩正，市长杨雄，国土资源部部长姜大明，住房和城乡建设部副部长王宁出席会议，各区县党委、政府，市政府各委办局，部分中央在沪单位，市属大型企业，驻沪部队，以及各区县相关委办局主要负责同志共400余人参加了会议。会议由副市长蒋卓庆主持。

会上，韩正书记对编制好上海新一轮城市总体规划作出重要指示。杨雄市长对上海新一轮城市总体规划编制工作进行了全面部署。国土资源部部长姜大明、住房和城乡建设部王宁副部长作了重要讲话。

【开展新一轮城市总体规划编制工作】 深入开展战略研究、专项规划研究、区县总体规划研究工作。战略研究方面，邀请国内外知名研究团队，深入研究影响上海未来发展的18个战略性、宏观性、创新性和关键性议题，形成了战略专题研究成果和战略研究总报告。专项规划方面，由全市22个委办局分头组织开展了28个专项规划（涉及45个重点专题）的现状评估、问题分析和规划研究工作，为城市总体规划编制提供技术支持。区县总体规划方面，部署17个区县，开展区县城市总体规划和土地利用总体规划实施评估。此外，于6月底举办了区县领导干部城市规划和土地管理专题研讨班，向各区县介绍了全市及区县总体规划工作的总体要求。广泛发动公众参与。坚持“开门做规划”，建立公众互动参与机制，真诚倾听社会各界意见建议。一是组建了公众参与咨询团，邀请12位能够反映各领域民声民意的社会知名人士，全过程、全方位参与规划编制，对重大问题和关键环节提供咨询。二是利用“上海规土发布”微博、“上海2040”微信等新兴传媒平台和报纸、电视等传统媒体平台，形成宣传、普及规划、搜集民意和反馈信息的互动平台。三是通过开展城市发展愿景社会大调查、召开市民论坛、举办“世界城市日－上海2040高峰论坛”、举办“上海2040概念规划设计竞赛”等多种活动，引导市民形成最广泛的公众参与格局。全面启动总规纲要编制。6月份启动了纲要成果编制框架及主要思路的研究；在战略研究的基础上，重点围绕目标定位（含指标）、城市规模、空间布局、综合交通、产业发展、文化风貌和生态环境等7个重要专题开展了深化研究。为强化技术支撑，建立了由核心专家、顾问专家、咨询专家共同组成的专家决策咨询机制。

【推进新市镇总体规划编制】结合上海新一轮城市总体规划编制工作，组织各区县开展了新市镇总体规划的评估深化、发展设想和实施机制研究等工作，制定了新市镇总体规划和镇级土地利用总体规划编制审批操作管理规程、新市镇总体规划编制技术要求和成果规范等文件，并同步推进奉贤青村镇，青浦华新镇、白鹤镇，松江佘山镇，嘉定江桥镇、外冈镇的总体规划和土地利用总体规划编制工作。

【市政府批准《上海市公共体育设施规划（2012~2020）》】7月10日，市规划国土资源局与市体育局联合编制的《上海市公共体育设施规划（2012–2020）》获市政府批准（沪府[53号]）。规划以满足城乡居民多层次的体育需求、提供每位市民参与体育锻炼的机会为基本目标，建立符合上海市城市总体规划，层次分明、布局合理的全市体育设施布局体系，努力把上海建设成为具有国际知名度和影响力的国际体育强市。

【市政府批准《上海市商业网点布局规划（2014–2020）》】8月18日，市规划国土资源局与市商务委联合编制的《上海市商业网点布局规划（2014–2020）》获批（沪府〔2014〕60号）。规划坚持总量严控、统筹规划规模，分级分类指导、完善层级体系，多元融合发展、合理空间布局的规划原则，统筹全市商业发展实际情况和未来需求，在市场机制作用下加强对商业网点设施进行调整、引导和规范，建设布局协调、结构合理、层次分明、功能健全、配套完善、经营有序、可持续发展的现代商业网点体系。

【市政府批准《上海市养老设施布局专项规划（2013–2020年）》】10月16日，市规划国土资源局与市民政局联合编制了《上海市养老设施布局专项规划（2013–2020年）》获批（沪府[2014]73号）。规划根据上海人口深度老龄化的需求，按照建成社会养老服务体系要求，以居家养老为基础、社区为依托、机构为支撑的“五位一体”养老服务格局为目标，努力构建规模适度、布局合理、覆盖城乡、满足多元需求的养老设施空间格局。

【市政府批准《沪通铁路上海段（市界至曹路）及相关工程专项规划调整》】 9月25日，《沪通铁路上海段（市界至曹路）及相关工程专项规划调整》获批复同意（沪府规〔2014〕155号）。沪通铁路是国家《综合交通网中长期发展规划》、《中长期铁路网规划（2008年调整）》中沿海铁路通道的重要组成部分，对完善全国铁路网络布局具有重要意义。

【市政府批准《上海市轨道交通18号线专项规划》】 8月1日，《上海市轨道交通18号线专项规划》获批复同意（沪府规〔2014〕118号）。轨道交通18号线是本市中心城东部贯穿南北的轨道交通线路，有利于加强中心城南北向交通联系，方便沿线居民出行，进一步发挥轨道交通网络整体效益。

【市政府批准《东海二桥登陆线（S2公路—杭州湾岸线）专项规划》】 7月29日，《东海二桥登陆线（S2公路—杭州湾岸线）专项规划》获批复同意（沪府规〔2014〕115号）。东海二桥是连接上海至大洋山的跨海大桥，是洋山岛的重要集疏运通道。

【市政府批准《龙水南路越江隧道专项规划》】 5月19日，龙水南路越江隧道专项规划获批复同意（沪府规〔2014〕76号）。龙水南路越江隧道是中心城南部地区重要的越江通道，对增强黄浦江南延伸段滨江两岸联系、分流上中路隧道承担的近江越江交通具有重要作用。

【市政府批准《上海市天然气主干网崇明岛—长兴岛—浦东新区五号沟LNG站管线工程项目专项规划》】 根据《上海市天然气主干管网系统规划修编（2007-2020年）》，市燃气集团组织编制了《上海市天然气主干网崇明岛—长兴岛—浦东新区五号沟LNG站管线工程项目专项规划》，5月28日获批复同意（沪府规〔2014〕83号）。

【市政府批准《黄浦江上游水源地连通管工程专项规划》】 黄浦江上游水源地是上海四大水源地之一，为保障供水水质安全性、可靠性，根据《黄浦江上游水源地规划》（沪府[2013]97号），市水务局组织编制了《黄浦江上游水源地连通管工程专项规划》，7月29日获批复同意（沪府规〔2014〕116号）。

【市政府批准《黄浦江上游水源地金泽水库工程专项规划》】 黄浦江上游水源地是上海四大水源地之一，为保障供水水质安全性、可靠性，根据《黄浦江上游水源地规划》（沪府〔2013〕97号），市水务局组织编制了《黄浦江上游水源地金泽水库工程专项规划》，9月22日获批复同意（沪府规〔2014〕151号）。

【详细规划管理体系建设】 年内，共批复详细规划168项，其中控制性详细规划新编（修编）45项、控规局部调整20项、控规实施深化85项、控规附加图则编制和普适图则增补3项、控制性详细规划实施方案15项。推进城市更新研究工作，制订了《上海市城市更新实施办法（试行）》（征求意见稿），与市法制办进行了读稿，同时筛选城市更新试点项目。对《上海市城市详细规划编制审批办法》进行修订，完善控制性详细规划编制审批工作的法规框架体系。以自贸区为试点，研究创新本市控规编制方法，探索形成对于转型地区的弹性指标控制体系。评估和修订技术准则，实现动态更新和不断完善。开展多方面评估和研究，作为技术准则修订的研究基础。

【试点实施村庄规划】 依据"远郊为主、类型多样化、村干部带头能力强、村民参与积极性高"的原则，在青浦、崇明等郊区县选取9个保留改造或适当发展的村庄，作为村庄规划试点，在规划编制实施、建设管理机制等方面积累可复制、可推广的经验。试点工作总体顺利。

【重点地区规划编制情况】 世博会地区。世博会地区红线范围约5.28平方公里，已完成A片区、B片区、城市最佳实践区及政务办公社区等规划编制审批工作，正继续推进后滩地区结构规划及控详规划、文博区控详规划编制工作。虹桥商务区。虹桥商务区申坤路片区控详规划已形成规划草案，通过规委会审议。国际旅游度假区。上海国际旅游度假区总规划范围约24平方公里，包括：核心区约7平方公里，发展功能区约17.29平方公里。其中，核心区过渡性开发规划实施方案已于6月完成审批；北片区和南一片区控详规划目前在评估阶段，后续根据指挥部统一安排适时推进规划编制工作。临港地区。临港地区规划建设用地约150.2平方公里。目前，控规覆盖面积（含特定区）共计约127平方公里，占规划建设用地的84.4%，基本覆盖集中建设区和近期建设区域。其中，临港地区综合区先行区控详规划于7月获得批复同意，临港地区奉贤分区二期控详规划于12月获得批复同意。桃浦地区。桃浦地区重点开展国际案例研究、开发实施课题研究、城市设计方案研究三方面工作。目前，已完成国际案例研究和已有规划评估工作；普陀区正在研究开发实施机制；中央绿地城市设计国际方案征集工作已基本结束，正在开展4.2平方公里城市设计方案深化工作。黄浦江沿岸地区。徐汇滨江核心商务区位于黄浦江滨江WS5单元的沿江部分，用地面积约137公顷，岸线长度约2.5公里。2011年以来，主要是深化完善徐汇滨江商务区城市设计工作。徐汇滨江城市设计国际方案征集工作已于11月完成最终成果评审，正在开展地区控详规划编制工作。三林滨江南片（古民居区域）地区，地区结构规划、东片区动迁安置房控详规划、地区国际方案征集均已完成。

相关资料

重要规划介绍

1、黄浦江沿岸地区——《上海市徐汇区黄浦江南延伸段WS5单元控制性详细规划龙耀路以北综合商务区实施深化》

龙耀路以北综合商务区位于黄浦江南延伸段WS5单元内，本次实施深化规划范围北至瑞江路、东至龙腾大道、南至龙兰路、西至云锦路，共包括6个街坊，地块编号自188N-K至188N-P，规划总用地面积合计21.58公顷。2008年，黄浦江南延伸段WS5单元控制性详细规划得到批复。本次实施深化在确保公共利益最大程度保障的前提下优化原规划各项指标体系，探讨地区公众利益的诉求，并发挥规划地块的各项有利因素，塑造更优的地区形象。

2、桃浦地区——《上海市普陀区桃浦科技智慧城（W06-1401单元）控制性详细规划修编》

桃浦科技智慧城位于普陀区西北部的桃浦镇境内，是具有40多年历史的老工业基地。东至铁路南何支线，南至金昌路，西至环西二大道，北至沪嘉高速公路，规划总用地4.2平方公里。本次规划聚焦创新发展、环境修复、产城融合三个方面的转型发展目标，以大型生态绿地建设为媒介，带动城区再生，实现形态、业态、生态的“三态合一”转型发展。结合桃浦地区的功能发展需求及自身特定的资源禀赋，规划提出桃浦应形成以总部商务、科技研发、生态绿地为核心功能，居住、商务服务、商业休闲、社区配套为主要配套功能的综合型城区。

【建筑规划管理】完善“一书两证”新审批系统。以“一书两证”审批系统作为试点，就使用中的问题逐一梳理，核提了对“一书两证系统”改造的近、中、远期详细业务需求，制定了具体的优化方案。2015年将继续推进优化，使一书两证审批系统提高适用度，保证数据调用便捷，审批记录完整，提升审批效能。深化告知承诺制度建设。开展“告知承诺”专项检查评估工作，检查项目总计304个，总抽查比为9.52%，项目涵盖产业用地、公用事业用地、六类经营性用地及保障性住房用地。未发现区县局及派出机构存在严重违规审批情况，但存在着管理不完善、程序不到位、操作不规范等现象。区县“告知承诺”工作已形成常态化，对行政审批制度改革、行业诚信发挥了积极作用。

【重大市政交通项目报建审批工作】依法合规地完成各类报建项目审批工作，累计核发各类市政交通项目规划许可1057件，有力保障市重大工程前期工作进度。与市建管委等部门联合出台了《关于优化市重大工程建设项目前期审批手续的实施细则》，提前明确用地预审管控要求、提前开展规划设计方案审查、提前开展土地权属调查、提前核发重大工程前期工作通知书、提前核发建设工程规划许可证，进一步做实市重大工程规划、土地审批绿色通道。

【风貌保护管理】年内，共受理审批16件建设工程规划设计方案审批项目。其中，重要项目有上海玉佛禅寺修缮工程、中国大戏院改造项目等。会同市房管局开展了《上海市历史文化风貌区和优秀历史建筑保护条例》修订研究工作，初步形成了修订草案。修订内容主要涉及保护对象、保护规划、规划实施、执法监督等四个方面。会同市房管局组织开展了上海市第五批优秀历史建筑遴选工作，提出了419处第五批优秀历史建筑初步名单。针对亟需抢救性保护的石库门里弄及工业遗产，同时涵盖工人新村、大专院校、历史公园等多种类型的保护对象，提出了上海市历史文化风貌区范围扩大推荐名单，共118处风貌保护街坊及23条风貌保护道路（街巷）。上报《关于开展曹杨新村规划经验总结和保护更新研究工作方案》，提出了风貌和建筑保护的对象及范围、优化区域环境的近期具体举措。以保护历史文化名城、协调保护与开发建设为目标，开展《上海历史文化名城保护规划》编制工作，编制任务书明确上海历史文化名城保护规划到2040年发展目标、战略导向和总体框架。

【城市雕塑管理】按照雕塑布局总体规划，2014年上海新建城市雕塑25座（组）。参加2014年度全国优秀城市雕塑建设项目评选，普陀区长风生态商务区滨河绿地雕塑荣获“2013年度全国优秀城市雕塑建设项目”年度大奖；浦东新区国金中心环境雕塑项目等七个项目荣获优秀奖；上海市城市雕塑委员会办公室荣获优秀组织奖。

2014年市规划和国土资源管理局核发市政、交通类项目规划许可情况表

许可类型	选址意见书	规划设计要求	规划设计方案	用地规划许可证	工程规划许可证	行政许可延期	合计
核发许可数量	150	21	149	110	426	201	1057

【完善地下管线规划建设管理机制】与市建管委协作，落实国务院办公厅《关于加强城市地下管线建设管理的指导意见》，进一步梳理了地下管线建设项目审批及批后核查管理推进工作中的难点和问题，为开展核查工作评估工作奠定了基础。

【雕塑展览】自2005年起至2014年12月，

城雕中心梳理了馆藏作品，通过各类展览等方式出资收藏雕塑作品 141 件，捐赠雕塑作品 14 件，馆藏作品共计 155 件。9 月至 11 月，第十四届南京路雕塑邀请展暨贵州雕塑艺术展开展，展出了贵州当地知名雕塑家 50 余件作品，以“原生之魅，生命之美”为主题，充分展示了贵州的文化生活、人情风貌。11 月 11 日，“追梦时空——2014 上海雕塑艺术邀请展”开幕，对上海本土三代雕塑艺术家的创作进行整体呈现，体现了艺术家们对本土文脉的诠释。

【地名审批】 2014 年，共审批各类地名 565 个。其中，居住区和建筑物 392 个、道路 132 条、轨道交通车站 3 个、公共绿地与湖泊 2 个、审批地名专项规划 36 个。梳理地名审批的依据和流程，完善地名命名规则和报批程序规定，修订完善办事指南和操作手册，规范全市地名审批工作。

【地名信息化建设】 推进地名审批平台的系统开发，完善地名数据库建设，与市路政局沟通协调，通过比对、分析、整合城市道路名称数据库与公路名称数据库，充实完善全市统一的路名数据库，探索地名档案数字化。

【市规委会运作】 5 月份，召开了市规委会专家委员会全体会议，通报了上海市第六次规划国土工作会议情况。年内共组织召开 56 次专家专题会议，审议详细规划项目、总体规划项目、专项规划等事项 58 项。

【城市规划展示】 全年共接待来馆团队 1244 批，游客 263084 人次，为近 73349 人次提供了免费参观。其中，接待学生 17944 余人、二期课改团队 61 批次 8405 人次、各类政务接待 437 批次 8329 人、老人及免费游客 12686 人。完成指令性展览 3 场，包括《留住乡愁——城市生活与历史记忆》《沪藏情深——上海规划援藏 20 周年成果展》《“追本溯源”——从历次总规看上海城市发展展览》。完成了重点规划项目展示区的建设，通过视频影像、互动游戏、图文挂板等多种形式，展示了上海城市综合交通、中国（上海）自由贸易试验区和世博园区后续利用三个方面的内容。

（三）土地管理

【概况】 2014 年，按照上海市委、市政府关于“严格规划土地管理、促进本市土地节约集约利用”的要求，开展“进一步提高土地节约集约利用水平，促进上海转型发展的政策机制研究”，制定了《关于进一步提高本市土地节约集约利用水平的若干意见》（沪府发〔2014〕14 号），形成了土地利用“总量控制、增量递减、存量优化、流量增效、质量提高”的基本管理策略，初步建立了土地利用“资源、效能、机制”三位一体的全生命周期管理体系，落实最严格的耕地保护制度和最严格的节约集约用地制度，以土地利用方式转变倒逼城市发展转型。2014 年，供应国有建设用地 4289.2 公顷。其中，出让划拨住宅用地 588.3 公顷；出让商业、办公用地 231.2 公顷；出让工业用地 892.6 公顷；划拨公用设施用地 525.3 公顷，公共建筑用地 244.4 公顷，交通运输用地 1612.8 公顷，水利设施用地 172.5 公顷，特殊用地 22.1 公顷。住宅用地中，保障性安居工程用地合计 319.9 公顷，占住宅用地供应总量的 54.4%。其中，经济适用住房用地 81.8 公顷，动迁安置房用地 185.7 公顷，中小套型普通商品住房用地 43.5 公顷，公租房用地 8.9 公顷。截至 2014 年底，累计完成高标准基本农田建设任务 121.2 万亩。2014 年，全市土地整理复垦立项 583 个，计划实施土地整理复垦开发面积3146公顷，预计可新增耕地2627公顷。

【“五量”调控政策体系初步建立】 按照上海市委、市政府关于“严格规划土地管理、促进本市土地节约集约利用”的要求，开展“进一步提高土地节约集约利用水平，促进上海转型发展的政策机制研究”，市政府发布了《关于进一步提高本市土地节约集约利用水平的若干意见》（沪府发〔2014〕14号），形成了土地利用“总量控制、增量递减、存量优化、流量增效、质量提高”的基本管理策略，初步建立了土地利用“资源、效能、机制”三位一体的全生命周期管理体系。“总量锁定”，即将2020年规划建设用地规模3226平方公里作为上海未来建设用地的“终极规模”予以锁定。“增量递减”，即全市新增建设用地年度计划在2013年的基础上逐年递减，同时加大新增建设用地计划与集中建设区外减量化规模的关联力度。“存量优化”，即优化城乡建设用地布局和结构，推动郊野地区土地综合整治和中心城区城市更新，促进存量低效建设用地盘活利用和二次开发。“流量增效”，即实施土地利用全要素、全生命周期管理，建立城乡统一的建设用地市场，提高空间周转指标的周转速度和效率，确保市场供应，实现不增土地增效益。“质量提高”，即适度降低工业用地比重，提高公共绿地和公共服务用地比重，实施土地综合开发和复合利用，提高土地利用效益。

【创新存量工业用地盘活政策】 市政府发布了《关于本市盘活存量工业用地的实施办法（试行）》（沪府办〔2014〕25号），明确通过编制存量工业用地转型专项规划、转型区域控制性详细规划和转型年度实施计划，引导和推进盘活项目的实施；在土地收储基础上，允许在符合规划和公益优先前提下，采取区域整体转型、有条件零星开发的实施路径，拓宽存量工业用地转型途径。

【建立工业用地全生命周期管理制度】 市政府发布了《关于加强本市工业用地出让管理的若干规定（试行）》（沪府办〔2014〕26号），以土地出让合同为平台，从弹性出让年期、项目建设时间管理、土地退出机制、生态环境影响评价、产出效益管理、转让抵押管理等方面强化、细化工业用地利用管理的要求，实施项目在土地全生命周期内土地利用状况的全过程动态评估和监管。

【鼓励土地混合开发和建筑复合利用】 市规土局与中国（上海）自由贸易试验区管委会联合研究制订并发布了《关于中国（上海）自由贸易试验区综合用地规划和土地管理的试点意见》（沪规土资地规〔2014〕443号），明确了综合用地的定义和内涵，突出了规划的弹性管控、土地管理的刚性管控要求，以适应“四新”经济发展和产城融合发展的要求。

【土地利用年度计划执行情况】 2014年，年度土地利用计划按照新增建设用地逐年递减的总体要求，统筹安排新增用地计划、城乡建设用地增减挂钩计划、补充耕地计划、减量化计划。优先确保大型居住社区为主的保障性住房等社会民生建设用地，确保重大基础设施和社会事业项目的建设用地，有效支持新农村建设和水利设施建设，确保战略性新兴产业项目的顺利落地，引导各行业各地区有效用好增量土地。新增建设用地计划执行情况。国土资源部下达上海市新增建设用地计划5000公顷，其中农转用4800公顷（耕地3670公顷）。2014年，上海市新增建设用计划执行2877公顷。其中，市政基础设施和社会事业用地2146公顷，占使用量的75%；工业项目（包括仓储）用地241公顷，占使用量的8%；经营性项目用地490公顷，占使用量的17%。补充耕地计划执行情况。区县通过整理复垦实际完成补充耕地

1375公顷，市级通过滩涂圈围开发落实补充耕地272公顷。减量化计划执行情况。全市共分解下达区县集中建设区外现状低效建设用地减量化任务1000公顷（其中，“198”区域工业用地减量化任务650公顷）。截至年底，全市已落实减量化任务总量为1028公顷，落实比例为103%。其中，落实“198”区域工业用地减量化任务689公顷，落实比例为106%。

【国有建设用地供应情况】 2014年，供应国有建设用地4289.2公顷。其中，出让划拨住宅用地588.3公顷；出让商业、办公用地231.2公顷；出让工业用地892.6公顷；划拨公用设施用地525.3公顷，公共建筑用地244.4公顷，交通运输用地1612.8公顷，水利设施用地172.5公顷，特殊用地22.1公顷。住宅用地中，保障性安居工程用地合计319.9公顷，占住宅用地供应总量的54.4%。其中，经济适用住房用地81.8公顷，动迁安置房用地185.7公顷，中小套型普通商品住房用地43.5公顷，公租房用地8.9公顷。

【高标准基本农田建设】 组织编制了上海市年度高标准基本农田建设实施方案，并下发了《关于认真做好本市2014年高标准基本农田建设工作的通知》〔沪规土资综（2014）273号〕，明确了继续推进高标准基本农田的建设任务、建设要求、建设程序及保障措施。截至2014年底，累计完成高标准基本农田建设任务121.2万亩。

【基本农田标志牌管护情况】 截至2014年底，本市共设立基本农田保护标志牌350块。为做好已设立标志牌日常管护工作，组织有关单位按基本农田保护标志牌巡查制度进行巡查，并形成书面巡查报告，将问题及时告知责任单位，做到及时发现、及时修复。

【落实区县政府耕保责任制】 市政府与有关区县政府就2013-2016年耕地保护责任目标签订责任书，明确区县政府对辖区内耕地保有量、基本农田保护面积负总责，区县长为第一责任人。同时，要求区县严格执行土地利用总体规划和年度土地利用计划，做好耕地占补平衡和基本农田补划工作等。

【土地整理复垦】 2014年，全市土地整理复垦立项583个，计划实施土地整理复垦开发面积3146公顷，预计可新增耕地2627公顷。2014年，通过验收确认的区县地整理复垦项目245个，实施土地整理复垦开发面积1908公顷，新增耕地面积1360公顷。

【郊野单元规划编制】 在完成松江区新浜镇等试点的基础上，正式启动全市郊野单元规划编制工作。2014年初，下达31个街镇的郊野单元规划编制计划，2014年底全部编制完成，其中22个街镇获得市规土局批复。

【郊野公园规划建设】 嘉北、浦江、松南、长兴、青西、廊下等本市首批试点的6个郊野公园的单元规划已获得批复，并进入建设实施阶段。截至2014年底，嘉北、长兴、青西郊野公园土地整治可研已批复，浦江、嘉北类集建区控详已批准。

【宅基地管理和集体经营性建设用地流转】 深入调研上海市农村集体建设用地利用现状和存在问题，重点开展了宅基地管理、集体经营性建设用地流转等政策和制度研究，形成了宅基地管理若干意见草案，集体建设用地跨村、跨镇域流转的试行办法草案和农村集体经营性建设用地流转办法草案。

【征地房屋补偿管理】 2014年，全市共启动征地公告564个，启动房屋补偿方案公告58个。签订征地包干协议844份，涉及金额

33.3亿元。完成结案606个征地项目，涉及2200公顷。同时，加强实施单位人员管理。2014年共完成4期初始培训和继续教育培训，培训人数693人，考试合格人数551人，核发上岗证514张。制定了《上海市征收集体土地房屋补偿评估管理规定》《关于委托实施征地房屋补偿的若干意见》《关于推进本市房屋土地征收中企事业单位房屋补偿工作若干意见》《关于规范本市房屋征收、补偿工作中评估和专家鉴定收费的通知》，进一步完善政策体系。

【土地储备】 按照上海市和各区县2013-2015年土地储备规划总规模，根据各区县政府土地储备需求和可行性分析，分别下达了市和各区县2014年土地储备计划，共计2116公顷。完成上海市12个大型居住社区基地动迁农民13740户、企业1279家，分别占规划总数的97%、93%。其中，闵行旗忠基地完成全部动迁工作，实现了基地动迁收尾；浦东航头、宝山罗店、青浦徐泾、奉贤南桥等基地农户、企业动迁完成95%以上。

【盘活存量工业用地】 按照《关于本市盘活存量工业用地的实施办法（试行）》〔沪府办（2014）25号〕要求，开展了相关政策培训和宣传工作，并配合区县政府稳妥推进存量工业用地盘活试点。上港十四区、虹桥机场东片区已取得阶段性成效；杨树浦电厂、中船集团沪东船厂等已完成供地工作；桃浦地区控制性详细规划已经获市政府批复；高桥石化地区结构规划已形成稳定成果；吴淞工业区正在开展结构规划研究；其他部分郊区县工业园区转型发展规划编制工作相继启动。

【闲置土地处置】 3月起，组织开展2012年出让工业用地专项清理工作，对部分区县逾期未开工项目数排名前三位的镇乡、园区暂停新增工业用地出让，并通过收回土地使用权、督促开工等方式对逾期未开工工业用地处置。2014年，本市共处置闲置土地共233幅、909.4公顷；其中已开竣工的有175幅、713.9公顷，签订补充合同延期开发建设的有35幅、113.5公顷，收回土地的有23幅、82.1公顷。全市闲置用地幅数、规模均呈下降趋势。

【推进“三线”区域农民宅基地置换工作】 制定了《关于进一步完善本市农民宅基地置换政策意见的通知》〔沪府办（2014）12号〕，对区县有积极性、农民搬迁意愿强烈的高速铁路、高速公路、高压线沿线区域（简称“三线”区域），指导相应增减挂钩（宅基地置换）规划的编制和申报工作。2014年，在稳妥推进已批项目实施的基础上，批复了奉贤、松江、嘉定、崇明等8个增减挂钩试点和6个实施规划。

【加强增减挂钩项目区审核监管】 全市累计批复增减挂钩项目区26个，共下达建设用地周转指标8875亩，已使用6172亩，已完成拆旧5475亩，归还建设用地周转指标1236亩。其中，2014年批复增减挂钩项目区6个，下达建设用地周转指标1514亩。

【集中建设区外现状低效建设用地减量化】 贯彻落实全市规划建设用地规模实现“负增长”的要求，各区县研究确定“负增长”目标，成立了减量化工作领导小组，相继正式出台了区级支持政策文件。9月20日，市政府明确了市级支持区县实施减量化的相关政策，并成立了本市推进“198”区域减量化工作联席会议。截至2014年底，全市落实减量化任务总量为1028公顷（其中“198”工业用地减量化为689公顷）。

【土地交易】 截至12月底，经市场发布出让公告并成交的土地总幅数为446幅，成交总面积1623.70公顷，成交总金额16091299万元；其中经营性用地面积781.85公顷（含保障性用地185.71公顷），工业用地面积841.85公顷，分别占总量的48.2%和51.8%。二级市场共发布转让公告57期，共计80幅地块（经营性用地9幅、工业用地71幅）。

相关区县、管委会拟入市的经营性用地纳入了入市研判范围。组织召开了10批次经营性用地入市研判工作会，研判地块总计175幅，面积合计702.09公顷。按照预申请工作规程发布了2个预申请公告，共计土地14.65公顷，涉及黄浦和虹口两个区县。为静安、闸北、普陀、崇明陈家镇、青浦淀山湖、临港分城区等区域开展了共计9场土地推介活动，累计出席开发商近500家、上千人次，形成了较为完善的工作机制。推行网上征询情况按月报备制度。对全市286幅地块、2842次征询情况进行了及时跟踪，按月统计汇总并报备。

【土地市场动态监测报】 2014年，共进行交易预告地块158幅，合计面积690.46公顷。其中，经营性用地152幅，面积669.84公顷；存在多名竞买人的工业用地6幅，面积20.62公顷。交易结果反馈地块共163幅，面积698.13公顷。其中，经营性用地157幅，面积677.51公顷；存在多名竞买人的工业用地6幅，面积20.62公顷。

【土地市场预警监测体系】 2014年，初步形成了以土地价格监测预警、土地舆情跟踪预警和土地预警季度报告为主要内容的的土地市场预警监测体系，及时反映土地市场的价格运行趋势和媒体舆情的实时动态变化，对土地出让过程中存在的不合理建设条件和异常低的成交价格进行及时跟踪、预警和上报。

【推出招挂复合出让模式】 针对优质商办地块数量少、外部辐射带动力强等特点，推出招挂复合出让模式。根据竞买人数，灵活选用挂牌或者有竞价招标的交易方式。截至2014年底，公告复合式出让地块共计7幅，面积合计55.75公顷。

【首幅采矿权转让实施】 2014年，以乐百氏矿泉水矿采矿权转让为起点，本市实施了首幅采矿权转让交易，规范了上海市的矿业权市场。

【开展工业用地出让结果外网公示】 在市规土局政务网站和上海土地市场网增加“工业用地全生命周期结果公示”内容，对项目进行公示。截至年底，外网公示工业出让项目共计230项，充分发挥社会监督作用。

【开展“监测监管系统”填报工作】 根据国土资源部建立土地利用动态巡查制度的相关要求，组织各出让单位开展土地市场动态监测与监管系统填报工作，积极完成系统中的动态巡查任务。

【第二次全国土地调查数据发布】 上海市“二次调查”工作自2007启动，2009年完成。2011年，上海市数据成果率先在规划国土资源系统使用。根据国土资源部要求，经市政府常务会议同意，联合市政府新闻办、市统计局正式公布了“二调”主要数据成果。

【推进不动产统一登记工作】 上海市政府成立不动产统一登记领导小组，市规土局作为不动产登记职能部门；完成了不动产统一登记顶层设计工作，摸清了房、地、农、林、海五项登记业务的信息化情况，形成了不动产登记信息平台建设方案。

【推进农村地籍更新调查工作】 2014年6月，

制定印发了《上海市农村地籍更新调查实施方案》《上海市农村地籍更新调查技术方案》。10月，成立了工作推进组，分批对9个郊区县进行培训。年底，试点调查工作全面启动。

（四）地矿管理

【概况】2014年度，上海市地面沉降防治成效显著，继续维持微量沉降的态势，全市平均地面沉降量为5.2毫米，较2013年同期减少0.7毫米。完成矿产资源补偿费核定征收，全年核定、征收矿产资源补偿费计216.28万元。完成矿产资源开发利用年检统计，全市参加矿产资源开发利用企业43家，开采矿种为矿泉水和砖瓦用粘土。其中砖瓦粘土企业31家，矿泉水企业12家。全面加强地面沉降防治，完成了全市地面沉降监测和年度地面沉降监测设施的建设和维护完善地面沉降防治技术规程。加强地质灾害应急管理工作。加强地质资料统一汇交管理，推进地质资料数据中心建设，拓展共享平台服务领域。

【地面沉降防治】一是完成了全市地面沉降监测。包括中心城区水准测量、重大基础设施沿线测量以及重大市政工程设施沉降监测网与全市地面沉降监测网的联测等监测工作。二是完成了2014年度地面沉降监测设施的建设和维护。完成8个基岩标、11组分层标、15口地下水动态监测井的建设施工任务。三是严格执行年度地下水采灌计划。全市开采量约为600万立方米，较去年压缩约200万立方米。全市地下水回灌量约为2100万立方米，较去年增加约82万立方米。四是强化建设项目深基坑降排水工程管理，强化全过程监管。五是完善地面沉降防治技术规程。制定了《关于建立重大市政工程设施沿线地面沉降监测与安全预警机制的通知》[沪规土资矿（2014）589号]；完成了《建设项目地质灾害危险性评估技术规程》（DGJ08-2007-2006）修订。

【地质灾害应急管理工作】开展了形式多样的地质灾害防治和避险的宣传活动，并组织了地质灾害应急救援的专业培训工作，严格遵守应急值守工作守则，做好应急救灾设备和物资的维护保养工作。有针对性地选择工程建设活动比较集中的重点区域，组织开展了典型地区地质灾害预防监测和汛期地质灾害巡查。

【加强地质资料统一汇交管理】严格落实《上海市地质资料管理办法》，加强原始成果和实物地质资料汇交工作，地质资料汇交数量有了显著增长。两年来，全市汇交岩土工程勘察资料4453份，收集钻孔13.6万个；资料馆每年安排计划开展移交资料的梳理、规范整理和数字化建库工作，目前已正式入馆2209份。2014年，全市汇交地质资料3837种，馆藏成果地质资料总量达21531种。

【推进地质资料数据中心建设】2014年，通过资料汇交共收集钻孔5.5万余个，完成工程地质钻孔数据建库61927个，钻孔总数已达44.7万；完成年度日常地下水动态监测、区域地面沉降监测、重大基础设施工程沉降监测、海岸带地质环境监测等数据更新入库工作，监测记录总数分别达185万、276万、265万余条；完成2009–2012年第一轮全市土壤质量地质环境监测数据及成果图件建库工作。

【拓展共享平台服务领域】"上海地质资料信息共享平台"运行以来，注册用户达近千人，网站累计点击率17万余人次，用户在地勘行业的覆盖率超过60%。12月平台通过上海市科委的评估评定，被列为第三批上海市专业技术服务平台正式挂牌运行。2014 年，资料馆共为 381 人次提供地质资料到馆查阅利用服务，共提供利用资料 1319 份次，2366 件次，电子资料复制 137 种。

【浅层地热能开发利用】 组织编制了《上海市浅层地热能开发利用布局规划》，下一步将完成报批工作。继续推进浅层地热能应用试点和科学实验场建设，杨浦区浅层地热能试点工作进展顺利。完成了奉贤海湾科学试验场地下换热器和监测孔的施工。完成旅游度假区浅层地热能资源详查工作。完成了上海国际旅游度假区浅层地热能资源详查报告的编制工作。

【海岸带地质调查】 完成年度设计实物工作量，实际完成单波束测深 2350 公里、多波束测深 1130 公里、单道地震测量 900 公里、浅地层剖面测量 1500 公里、底质沉积物表层取样 321 站位、地质浅钻 5 口总进尺 408 米、潮滩高程测量 170 公里、海堤沉降水准监测 881 公里。11 月，年度外业工作通过了中国地质调查局组织的专家验收，被评为优秀级。阶段成果取得初步应用，上海海岸带基础地质调查精度由 1/100 万提高到 1/25 万，初步揭示了海岸带地质结构特征。

【矿产资源开发管理】 完成矿产资源补偿费核定征收，全年核定、征收矿产资源补偿费计 216.28 万元。其中，矿泉水资源补偿费 142.08 万元，砖瓦粘土资源补偿费 74.2 万元。完成矿产资源开发利用年检统计，全市参加矿产资源开发利用企业 43 家，开采矿种为矿泉水和砖瓦用粘土。其中砖瓦粘土企业 31 家，矿泉水企业 12 家。完成了 2014 年度本市矿产资源开发利用情况统计。地质矿产督察工作稳步推进，完善督察管理责任体系，确保矿山企业安全有序运行。全市共有 10 名督查员；其中，部级督察员 2 名，市级督察员 8 名。截止 2014 年底，共关闭 37 家砖瓦粘土企业。目前，继续持证经营的砖瓦粘土企业为 12 家，矿泉水企业为 13 家。

【地质环境保护】 做好矿山地质环境恢复治理，继续抓好松江采石坑矿山地质环境恢复治理项目。根据国土部办公厅要求，组织制订了《上海市重点保护古生物化石登记工作实施方案》，计划 2015 年完成本市重点保护古生物化石登记工作。开展“世界地球日”宣传活动，以“地质工作服务于城市转型发展”为主题，组织开展了 2014 年第 45 个“世界地球日”宣传活动。

二、重大工程

（一）综述

【概况】 2014年是实施“十二五”规划的关键年，市重大工程建设根据市委、市政府的统一部署，坚持“创新驱动发展、经济转型升级”的要求，坚持“布局向郊区倾斜、发展向区域集聚”的导向，坚持“依法合规、率先垂范”的标准。关注热点、确保项目依法落地，注重难点、抓好瓶颈问题破解，把握重点、推动区域项目建设。出台了《关于进一步加强本市重大工程建设管理的实施意见》，手续办理更加优化、协调推进更加科学，综合管理更加规范。经各方的支持配合和共同努力，全年调整推进92个建设项目，完成投资1199.07亿元，占本市全社会固定资产投资的19.9%；洋山深水港区四期工程、黄浦江上游水源地工程等24个项目实现开工；上海西站地下南北通道及配套工程、浦东机场第四跑道等21个项目建成投入使用；一批重点区域项目加快建设，推动区域发展，带动产业集群；一批社会事业项目有序推进，推动协调发展，引领民生改善；一批基础设施项目全面实施，推动统筹发展，支撑功能辐射，为上海城市功能提级、经济平稳发展奠定基础；有12个工地评为文明示范工地、有68个工地评为文明工地，确保在工程建设中起到“率先垂范”作用；有8家单位评为金杯公司、10个集体评为金杯集体、231名个人评为建设功臣，涌现出一批优秀集体、优秀建设者和优秀组织者，受到表彰，重大工程综合管理水平进一步提升。

结构与规模。2014年，市重大工程年初共安排正式项目85项、预备项目27项，年计划投资1183.57亿元，计划新开工项目17项、计划基本建成项目16项。实际投资建设92项目，新开工项目24项、基本建成21项。投资建设产业结构优化升级项目23个，占项目总数的25%，年计划投资387.87亿元，占年计划投资32.8%。投资建设节能减排、生态环保设施项目18个，占项目总数的19.6%，年计划投资122.33亿元，占年计划总投资的10.3%。投资建设改善民生重大社会事业项目16个，占项目总数的17.4%，年计划投资270.31亿元，占年计划总投资的22.8%。投资建设城市交通重大基础设施体系建设项目35个，占项目总数的38%，年计划投资403.06亿元，占年计划总投资的34.1%。

表1 2014年重大工程建设项目结构和投资规模

项目类别	项目数（个）	占总数比例（%）	计划投资数（亿元）	占总投资比重(%)
产业结构优化	23	25	387.87	32.8
生态环保节能	18	19.6	122.33	10.3
重大社会事业	16	17.4	270.31	22.8
交通基础设施	35	38	403.06	34.1

表2 2014年重大工程正式实施项目一览表

序号	项目名称
1	中航商用航空发动机公司产业基地建设项目
2	中国商用飞机公司能力建设项目 （总部、设计研发中心、制造中心、大飞机客服中心、大型客机强度实验建设等）
3	上海和辉4.5代AMOLED项目
4	上海天马5.5代AMOLED项目
5	国药集团奉贤生物产业基地项目
6	上海通用设计技术中心金桥基地暨金桥扩能项目
7	上汽集团技术中心自主品牌研发中心扩建项目二期工程
8	徐工集团临港奉贤基地投资项目
9	中船长兴造船基地二期工程（第一阶段）
10	上海烟草集团科技创新园项目
11	上海中心大厦
12	上海国际金融中心（上海金融交易广场）
13	上海国际航运服务中心
14	世博A、B片区地下空间开发及配套
15	中国博览会会展综合体项目
16	虹桥商务区核心区基础设施配套项目
17	迪士尼项目一期工程及市政配套
18	上海横沙渔港核心功能区建设项目
19	西虹桥冷链物流园项目

序号	项目名称
20	国家肝癌科学中心
21	紫竹新兴产业技术研究院
22	上海自然博物馆
23	中科院浦东科技园二期
24	上海科技大学新校区一期工程
25	市属高校内涵建设（上海师范大学、上海理工大学、华东政法大学、上海第二工业大学、上海工程技术大学、上海中医药大学、上海对外贸易大学、上海海事大学等8所）
26	上海体育学院中国乒乓球学院
27	复旦大学内涵能力提升项目
28	上海市第一人民医院改扩建工程
29	华山医院临床医学中心
30	新虹桥国际医学中心
31	上海国际舞蹈中心和刘海粟美术馆迁建工程
32	上海世博会博物馆
33	中国（上海）网络视听产业基地
34	国家数字出版基地二期、三期
35	长兴岛水系整治工程一期（含青草沙周边水系调整工程）
36	白龙港片区南线输送干线完善工程
37	崇明原水输水系统一期工程
38	崇明岛东风西沙水库及取输水泵闸
39	中心城区排水系统改造工程（大定海、新宛平、龙华、庙行、庙彭等）
40	重点河道和泵闸工程（外环西河河道及泵闸，朱泖河、淀东、西大盈、华新、洞泾港、周浦塘、友谊河、虹口港等8座泵闸）
41	全市燃煤电厂脱硝改造工程
42	崇明燃气电厂一期工程
43	崇明岛天然气管道工程
44	上海华电产业及能源配套项目（包括航改型燃气轮机项目、莘庄工业区热电冷三联供项目、南桥新城新能源中心项目）
45	5号沟LNG事故备用站扩建工程二期
46	石洞口燃气生产和能源储备项目
47	220千伏输变电工程（航吉、提篮桥、上川、洞庭、莘东、即墨等21个）
48	东海大桥风电二期
49	500千伏输变电工程虹杨站
50	浦东机场第四跑道
51	浦东机场第五跑道
52	浦东机场T1航站楼改造工程
53	虹桥国际机场扩建工程东航基地（西区）二期配套工程
54	虹桥机场T1航站楼改造工程
55	沪通铁路（南通-安亭）上海段
56	杭申线航道整治工程
57	大芦线航道整治二期工程
58	大治河西枢纽工程
59	赵家沟东段航道整治工程
60	轨道交通9号线三期工程

序号	项目名称
61	轨道交通10号线二期工程
62	轨道交通11号线北段（罗山路-迪士尼乐园）
63	轨道交通12号线工程
64	轨道交通13号线一期工程
65	轨道交通13号线二期工程
66	轨道交通17号线工程
67	上海西站地下南北通道及配套工程
68	S6公路（S20-G15）
69	沪宜公路（S6公路-叶城路）
70	嘉闵高架南延伸（莘松路—联明路）
71	嘉闵高架北延伸（北翟路—G2公路）
72	嘉闵高架北北延伸（G2公路-S6公路）
73	虹梅南路—金海路越江工程
74	虹梅南路-金海路通道（虹梅南路段）新建工程
75	周家嘴路越江工程
76	长江西路越江工程
77	北翟路快速化改建工程（外环-中环）
78	中环线浦东段
79	虹桥商务区会展中心外围配套道路（S26东延伸入城段、诸光路地道及区属8条道路）
80	保障房建设
81	第一轮大型居住社区外围市政配套项目
82	第二轮大型居住社区外围市政配套项目
83	郊区县下一代广播电视网建设及有线电视数字化整体转换项目
84	郊区垃圾无害化处理设施（闵行、松江、奉贤、崇明、嘉定等5个区县）
85	崇明东滩基础设施开发项目
86	瑞金医院肿瘤（质子）中心
87	黄浦江上游水源地工程（金泽水库、连通管、闵奉原水支线）
88	淮南-南京-泰州-苏州-上海西特高压交流工程（上海境内）
89	洋山深水港区四期工程
90	轨道交通5号线南延伸工程
91	轨道交通14号线工程
92	北横通道

计划投资全面完成。2014 年，市重大工程建设年计划投资 1183.57 亿元，实际共完成投资 1199.07 亿元，占本市全社会固定资产投资总额的 19.9%。

表3　2014年重大工程建设项目完成投资情况

项目类别	项目数（个）	完成投资额（亿元）
产业结构优化	23	400.75
生态环保节能	18	120
重大社会事业	16	275.92
交通基础设施	35	402.4
合　计	92	1199.07

计划开工项目全面启动。2014 年，重大工程计划新开工 17 个项目，实际有中科院浦东科技园二期项目、大治河西枢纽工程、洋山四期工程、虹桥机场 T1 航站楼改造工程、轨道交通 17 号工程等 24 个项目实现开工建设。

计划建成或基本建成项目全面实现。2014 年，重大工程计划 16 个项目建成或基本建成，实际有上海西站地下南北通道及配套工程、第一轮大型居住社区外围市政配套项目、中国博览会会展综合体项目、上海横沙渔港核心功能区建设项目等 21 个项目建成投入使用。

表4 2014年重大工程开工项目一栏

序号	项目名称	开工时间（年月）
1	上海市第一人民医院改扩建工程	2014.03
2	浦东机场第四跑道	2014.03
3	华山医院临床医学中心	2014.04
4	新虹桥国际医学中心	2014.04
5	浦东机场第五跑道	2014.04
6	上海天马5.5代AMOLED项目	2014.05
7	西虹桥冷链物流园项目	2014.05
8	中科院浦东科技园二期	2014.06
9	5 号沟LNG事故备用站扩建工程二期	2014.06
10	淮南–上海西特高压交流工程	2014.09
11	轨道交通17号线工程	2014.09
12	黄浦江上游水源地闵奉支线	2014.09
13	轨道交通14号线（东西通道合建段）	2014.11
14	沿江通道	2014.12
15	大治河西枢纽新建二线船闸工程	2014.12
16	虹桥机场T1航站楼改造工程	2014.12
17	洋山深水港区四期工程	2014.12
18	北横通道新建工程	2014.12
19	轨道交通10号线二期工程	2014.12
20	黄浦江上游水源地连通管工程	2014.12
21	黄浦江上游水源地金泽水库	2014.12
22	轨道交通5号线南延伸工程	2014.12
23	赵家沟东段航道整治工程	2014.12
24	瑞金医院肿瘤（质子）中心	2014.12

表5 2014年重大工程基本建成项目一栏

序号	项目名称	建成时间（年月）
1	上海自然博物馆	2014.05
2	崇明岛东风西沙水库及泵闸	2014.05
3	崇明原水输水项目一期	2014.05
4	全市燃煤电厂脱硝改造工程	2014.06
5	S6公路（S20—G15）	2014.07
6	上海和辉4.5代AMOLED项目	2014.09

序号	项目名称	建成时间（年月）
7	上海横沙渔港核心功能区项目	2014.09
8	国家肝癌科学中心	2014.09
9	崇明岛天然气管道工程	2014.09
10	石洞口燃气生产和能源储备项目	2014.09
11	崇明燃气电厂一期工程	2014.11
12	浦东机场第四跑道项目	2014.11
13	国药集团奉贤生物产业基地项目	2014.12
14	徐工集团临港奉贤基地项目	2014.12
15	中国（上海）网络视听产业基地	2014.12
16	东海大桥风电二期	2014.12
17	中国博览会会展综合体	2014.12
18	上海中心大厦	2014.12
19	上海西站地下南北通道及配套	2014.12
20	第一轮大居外围市政配套项目	2014.12
21	嘉闵高架北延伸（北翟路–G2）	2014.12

节点计划全面受控。一是产业结构优化重大项目加快推进。加快了中航发动机、集成电路、中船造船、上汽汽车研发中心、紫竹新兴产业技术研究院、上海中心大厦等一批项目的建设。二是重点区域项目顺利推进。强化重点区域支撑作用，黄浦江两岸进入功能开发和基础开发并重阶段；世博区域央企总部地下空间和世博绿谷地下空间工程顺利推进，首幢央企总部大楼中国商飞总部大楼基本建成；前滩地区主要路网构建完成；虹桥商务区公共绿地、能源管沟等政府投资项目全面实施，社会投资项目全面开工；国际旅游度假区核心区主体乐园结构工程完工，外围配套建设接近尾声；临港地区基本形成汽车、大型船舶、发电及输变电、海洋工程以及航空等各类设备和零部件产业制造基地。三是社会民生项目重点推进。保障性住房、大型居住区配套道路全面推进，大学校区、医院、文化设施等社会事业项目全面开展。四是生态环保和节能减排类项目稳步推进。全市燃煤电厂脱硝改造工程基本完成，白龙港污水南干线东段建成投用，崇明天然气管道工程等项目稳步推进。五是城市运行保障及交通基础设施体系项目有序推进。电力、天然气配套工程和轨道交通、越江工程、道路等项目全面推进。

（二）重大交通基础设施建设

【概况】 2014 年，交通基础设施建设，坚持枢纽完善、功能辐射、网络集成，区域交通条件进一步改善，促进城乡发展一体化，安排建设项目 35 个，占项目总数的 38%，年计划投资 403.06 亿元，占年计划总投资的 34.1%，实际完成投资 402.4 亿元。主要有浦东机场 T1 航站楼、虹桥国际机场扩建工程东航基地（西区）二期配套工程、S26 公路东延伸、大芦线航道整治二期工程等对外交通设施项目，轨道交通 5 号线南延伸、轨道交通 9 号线三期、10 号线二期、11 号线北段、12 号线、13 号线、14 号线、17 号线工程等轨道交通项目，嘉闵高架南北延伸、虹梅南路 - 金海路通道新建工程、沪宜公路（S6 公路 - 叶城路）、北翟路快速化改建工程、周家路越江工程、虹梅南路 - 金海路越江工程、长江西路越江工程、中环线浦东段等市域交通设施项目。

对外交通设施建设。沪通铁路（南通－安亭）上海段前期工作全面展开，浦东机场第四跑道建成运营，第五跑道、虹桥机场T1航站楼改造工程、大治河西枢纽新建二线船闸工程、赵家沟东段航道整治工程、洋山深水港区四期工程一批项目落地启动；浦东机场T1航站楼、虹桥国际机场扩建工程东航基地（西区）二期配套工程加快推进建设；S6公路建成运行；杭申线航道整治工程航道工程完成，铁路和公路桥改建正在积极推进，大芦线航道整治二期工程全面实施；上海西站地下南北通道及配套工程基本完成、上海城市交通辐射能力将进一步加强。

轨道交通设施建设。轨道交通9号线三期工程、11号线北段工程（罗山路－迪士尼乐园）、12号线工程和13号线一、二期工程全面推进；轨道交通5号线南延伸、10号线二期工程、14号线、17号线工程开工建设，规模不断扩大；13号线一期和16号线等部分区段建成通车，新增运营线里程10公里，增强了郊区与中心城区的联系能力。

市域交通设施建设。沪宜公路（S6公路－叶城路）、北翟路快速化改建工程（外环－中环）前期工作加快推进，北横通道实现开工；嘉闵高架北北延伸、虹梅南路－金海路通道新建工程、周家路越江工程、嘉闵高架南和北延伸、虹梅南路－金海路越江工程、长江西路越江工程、中环线浦东段项目建设加快推进，虹桥商务区会展中心外围配套道路、崇明东滩基础设施开发项目市政道路建设全面实施，进一步完善城市路网布局、改善区域交通条件。

【浦东机场第四跑道开工】 3月，浦东机场第四跑道开工建设并于11建成。该工程在上海市浦东机场内第二跑道东侧，按飞行区指标4F标准，平行建设一条3800米×60米的第四跑道及滑行道系统，跑道双向均设Ⅰ类精密进近灯光系统和仪表着陆系统，新建气象风温廓线雷达2套，扩容航管设备等，配套建设助航灯光、消防、安保、排水等设施。本项目建设后满足远期目标年的使用要求，旅客吞吐量8000万人次，货邮吞吐量570万吨。本工程的实施，有助于推进国家航空产业发展战略，保障国产飞机试飞需要；满足上海地区航空业务量持续快速增长的需要；能够提高浦东机场的服务保障能力，促进上海国际航空枢纽建设，促进对外开发和经济社会发展。

【浦东机场第五跑道开工建设】 4月，浦东机场第五跑道开工建设。本工程在上海市浦东机场内第四跑道东侧，建设3400米×45米的第五跑道及滑行道系统和拖机道，跑道双向均设Ⅰ类精密进近灯光系统和仪表着陆系统，新建第二塔台和1800平方米的空管业务楼，改造老航管楼及塔台，配套建设助航灯光、消防、安保、排水和其他空管设施等。本工程是为配合大型客机总装试飞基地建设、满足国产飞机试飞需要而实施，也是保障浦东机场高峰时段运行，实现枢纽战略及远期规划目标的重要条件。本项目建设后满足远期目标年的使用要求，旅客吞吐量8000万人次，货邮吞吐量570万吨。

【轨道交通17号线工程启动】 9月，轨道交通17号线工程启动。上海轨道交通17号线工程主要位于青浦区，由沪青平公路至虹桥枢纽，线路走向为沪青平公路—淀山湖大道—盈港路—崧泽大道—诸陆东路，全长35.30公里，其中，高架线18.28公里，地下线16.13公里，过渡段0.89公里；共设站13座，其中高架站6座、地下站7座（1座地下站虹桥火车站站已建成），平均站间距2.897公里。设徐泾车辆段1座，朱家角停车场1座。设主变电所2座，分别位于漕盈路站附近和徐泾车辆段内。设控制中心1座，位于既有的新闸路控制中心内。17号线在已建的虹桥火车站站与2号线、10号线和原规划17号线形成换乘。采用钢轮钢轨A型车。初、近、远期均采用6辆编组列车运行。初期配属车辆28列/168辆。

【沿江通道越江工程启动建设】 12月，沿江通道越江工程启动建设。该工程涉及宝山区和浦东新区，工程西起宝山牡丹江路，东至浦东外环线双江路口以东，全长8.7公里。主要包括越江隧道、浦东和浦西接线道路、出入口匝道、配套道路以及相关辅助设施工程。道路等级为高速公路，按双向6车道规模设计。

【大治河西枢纽新建二线船闸工程开始建设】 12月，大治河西枢纽新建二线船闸工程开始建设。该工程位于闵行区浦江镇、大治河西节制闸中心线南侧约127米，与老船闸呈南北对称布置，建设规模为1000吨级。工程主要内容包括新建二线船闸一座，新建金鲁公路桥一座。

【虹桥机场T1航站楼改造工程开始实施】 12月，虹桥机场T1航站楼改造工程开始实施。本工程位于上海市虹桥机场内，建筑面积12.6万平方米，主要包括1）航站楼改造：主要包括拆除现T1航站楼A、B楼部分建筑及虹港大酒店，新建、改造候机楼及安装配套设施设备。2）空侧改造：改造登机桥固定端和服务车道，拓展候机楼A楼空侧服务车道至10米双车道；改造登机桥活动端，A楼5座登机桥活动端由单桥更换为双桥，B楼8座登机桥增加空调和400HZ电源；T1航站楼前机坪翻修及部分机坪照明、消防设施改造。

【洋山深水港区四期工程开工】 12月，洋山深水港区四期工程开工。该工程位于浙江省舟山市嵊泗县小洋山岛链西端，小乌龟岛－颗珠山岛南侧海域。工程主要包括：建设5个5万吨级和2个7万吨级集装箱泊位、工作船码头及配套设施，泊位岸线长度2800米，港区陆域面积223.16公顷，设计年通过能力630万标准箱，近期400万标准箱。

【北横通道新建工程启动】 12月，北横通道新建工程启动。该工程涉及长宁、普陀、静安、闸北、虹口、杨浦六个区，全长19.1公里。其中南段在北翟路立交衔接段采用高架形式，采用盾构形式穿越苏州河、长宁路、新会路等路段；中段采用高架形式实现与南北高架的硬连接；东段在虹口港以西采用明挖地道形式，虹口港以东采用地道＋节点下立交布置形式。主线道路等级为城市主干路，设计速度60公里／小时。全线设置5对出入匝道，4处节点下立交。

【轨道交通5号线南延伸工程开工建设】 12月，轨道交通5号线南延伸工程开工建设。该工程位于闵行区（东川路站）、奉贤区（南桥新城站），全线共设9座车站（5座高架车站、4座地下车站），线路总长约16.63公里，其中地下线长7.75公里，敞开段0.73公里，高架段长0.32公里。设平庄公路车辆段和莘庄停车场各一处。

【轨道交通10号线二期工程启动建设】 12月，轨道交通10号线二期工程启动建设。该工程线路起自一期工程东端终点站新江湾城站——淞沪路——过黄浦江——港城路——外高桥保税区基隆路站。轨道交通10号线二期工程线路全长约10.080公里，其中地下线（盾构）长度3.155公里，明挖段长度0.228公里，过渡段长度0.337公里，高架段长度6.36公里。共设6座车站，其中地下车站1座，高架车站5座。10号线二期工程与已建6号线在港城路站形成一岛两侧式站台换乘。

10号线二期工程线路敷设方式为：新江湾城站～黄浦江东岸采用地下线敷设，后逐渐抬升转为高架线，双江路站为高架车站，之后至基隆路站段均为高架线。10号线二期工程设港城路停车场1座，选址于江东路、和龙路之间，占地约18.15公顷，接轨于高桥西站。采用钢轮钢轨A型车。初、近、远期均采用6辆编组列车运行。初期配属车辆30列/180辆。

【赵家沟东段航道整治工程开工建设】12月，赵家沟东段航道整治工程开工建设。赵家沟东段航道西起浦东运河与在建赵家沟航道交叉口，东至外高桥粮库内河港区，全长约3.08公里，是上海市“一环十射”高等级航道之一，规划等级为Ⅳ级，主要目的为提高地方粮食储运效率、保证城市正常运转、提升浦东地区环境质量和防汛能力、支持浦东地区发展。主要工程内容包括航道开挖、护岸、支流桥、防汛通道、绿化及助航设施等。

【S6公路（S20—G15）建成运营】7月，S6公路（S20—G15）建成运营。本工程位于嘉定和宝山区，主线道路东起外环线，向西穿过沪嘉高速公路，在宝安公路与蕴藻浜间接嘉金公路，全长11.68公里。地面辅路由两端组成：西段由永盛路至沪宜路，约1.6公里，东段由嘉新公路至科福路约4.2公里。

【上海西站地下南北通道及配套建成投用】12月，上海西站地下南北通道及配套建成投用。工程包括、南北通道D区、地铁15号线车站、11号线上海西站站二期结构改造，以及南广场及地下空间工程。（一）南北通道D区、地铁15号线车站、11号线上海西站站二期结构改造工程。该工程位于铁路上海西站地下，南至已建的轨道交通11号线车站，北至交通路。工程总建筑面积约2.7万平方米，主要由地下南北综合换乘通道1.0万平方米，预留轨道交通15号线地下车站及相关工程1.7万平方米。（二）南广场及地下空间工程。该工程位于上海西站地区G1-04地块内，南至桃浦路、西至规划商办用地、北至在建轨道交通11号线上海西站，东至规划轨道交通15号线上海西站。工程内容包括新建上海西站地面站前广场和地下空间两部分，其中地面广场出入口等附属设施建筑面积约1570平方米，地下空间建筑面积约33327平方米。

【嘉闵高架北延伸（北翟路-G2）工程建成】12月，嘉闵高架北延伸（北翟路-G2）工程建成。本工程高架快速路南起北翟路立交北端，与已建的嘉闵高架（徐泾中路～北翟路）北翟路立交相接，北至曹安路南侧，全长约4.67公里；地面道路南起北翟路立交北端，北至曹安路，全长约5.13公里。主线设计规模为G2（京沪）立交以南双向八车道，G2（京沪）立交以北（含立交）双向六车道。地面道路设计规模以金沙江西路为分界，以南为双向六快二慢，以北为双向四快二慢。

（三）重大社会事业项目建设

【概况】2014年，社会事业项目建设，坚持政府主导、民生优先、协调发展，人民物质文化生活水平进一步提升，促进民生持续改善，安排建设项目16个，占项目总数的17.4%，年计划投资270.31亿元，占年计划总投资的22.8%，实际完成投资275.92亿元。主要有上海国际舞蹈中心和刘海粟美术馆迁建工程、上海自然博物馆、中国（上海）网络视听产业基地、国家数字出版基地、上海世博会博物馆、等文化设施项目，保障性住房建设、大型居住社区外围市政配套项目、等生活保障设施项目，上海市第一人民医院改扩建工程、华山医院临床医学中心、新虹桥国际医学中心等医疗卫生设施项目，上海科技大学一期工程、市属高校内涵建设项目、上海体育学院中国乒乓球学院等一批教育事业项目。

生活保障设施项目建设。郊区垃圾无害化处理设施项目有序推进，保障性住房建设完成全年指标，第二轮大型居住社区外围市政配套项目全面实施，第一轮大型居住社区外围市政配套项目基本建成使用，满足入住居民的基本需要。

教育卫生设施项目建设。上海科技大学一期工程、市属高校内涵建设项目和复旦大学内涵能力提升项目、上海体育学院中国乒乓球学院顺利推进；瑞金医院肿瘤（质子）中心、上海市第一人民医院改扩建工程、华山医院临床医学中心、新虹桥国际医学中心开工建设，为培养人才、改善医疗条件进一步夯实基础。

文化设施项目建设。上海世博会博物馆、上海国际舞蹈中心、国家数字出版基地、郊区下一代广播电视网建设及有线电视数字化整体转换项目加快推进。上海自然博物馆、中国（上海）网络视听产业基地和刘海粟美术馆迁建工程基本建成，投入使用，为满足人民群众文化生活需求起到重要作用。

【上海市第一人民医院改扩建工程实施建设】 3月，上海市第一人民医院改扩建工程启动建设。该工程地处上海市虹口区武进路86号，原虹口中学校区，南面为武进路、北面为哈尔滨路，东面为九龙路，西面为吴淞路，近临消防站（历史保护建筑）。项目用地面积8320平方米，主要建设内容包括：原虹口中学教学楼（B楼，地上4层）加固改建为医疗后勤办公楼，新建1幢15层（裙房5层、地下3层）集急诊、医技、病房等功能为一体的综合医疗楼（A楼）41340平方米，（地上27840平方米、地下13500平方米）；本项目总建筑面积48852平方米，地上建筑35352平方米，地下建筑面积13500平方米，项目建成后急诊中心设计日均就诊量达1000人次，新增床位300张、手术室25间。

【华山医院临床医学中心开工建设】 4月，华山医院临床医学中心开工建设。该工程位于闵行区华漕镇北青公路纪谭路。总建筑面积为128920平方米（其中地上建筑面积97170平方米，地下建筑面积31750平方米）。项目主要由以下部分组成：门急诊及病房楼121378平方米，地上主体11层，地下1层，建筑高度53.2米；后勤楼6549平方米，地上6层，建筑高度25.2米；另有35KV开关站360平方米，垃圾房317平方米，危险品库103平方米，地埋式污水处理池102平方米，门卫建筑面积111平方米。

【新虹桥国际医学中心启动建设】 4月，新虹桥国际医学中心启动建设。项目选址于上海虹桥商务区拓展区，紧邻市中心，贴近虹桥综合交通枢纽区域，处于长三角区域和上海市中心之间，与江浙及周边地区的交通十分便利，项目选址区位优势明显。项目基地东至联友路，南至北青公路，西至纪谭路，北至罗家港，规划总用地面积约为42.38公顷(以实测为准)。另在本项目地块周边预留二期产业项目用地约60公顷(暂定)。一期净地约为463亩，建设1个医技中心、1个国际性综合医院、6个国际性专科医院及1个分布式能源站、市政配套设施及商业配套设施。

【瑞金医院肿瘤（质子）中心开工建设】 12月，瑞金医院肿瘤（质子）中心开工建设。爱工程位于嘉定新城中心地带，用地面积约26280平方米，总建筑面积为26075平方米（其中地上建筑面积13415平方米，地下建筑面积 12660 平方米）。主要建设项目：新建 1 幢地下 1 层、地上 3 层的质子中心楼，1 幢地下 1 层、地上 2 层的能源中心楼，以及污水处理等配套设施工程。

【上海自然博物馆建成】 5 月，上海自然博物馆建成。本工程位于上海市静安区（东至大田路，西至慈溪路，南至静安雕塑公园，北至山海关路）。工程建筑面积为 45086 平方米，地下两层，建筑面积 32958 平方米，地上三层，建筑面积 12128 平方米。项目的建成将在市民文化生活中发挥重要作用，成为世界自然历史文化交流的平台以及科普活动的舞台。

【全市燃煤电厂脱硝改造工程完成】 6 月，全市燃煤电厂脱硝改造工程完成。工程主要对上海外高桥发电厂、华能上海石洞口第一电厂和上海吴泾发电厂实施脱硝改造。（一）上海外高桥发电有限责任公司脱硝工程。上海外高桥发电有限责任公司对电厂 4 台 320 兆瓦燃煤机组进行空气分级燃烧改造并加装 SCR 脱硝装置及其配套设施。（二）华能上海石洞口第一电厂脱硝工程。华能上海石洞口第一电厂进行 4 × 325 兆瓦机组脱硝改造工程建设（含 4 × 325 兆瓦机组公用尿素区），工程采用选择性催化还原法（SCR）脱硝装置。（三）上海吴泾发电有限责任公司脱硝工程。上海吴泾发电有限责任公司对 2 × 300 兆瓦机组进行烟气脱硝工程。工程建成后将大幅减少氮氧化物的排放，满足《火电厂大气污染物排放标准》的要求，脱硝效率不小于 80%，氮氧化物排放浓度小于 100 毫克 / 立方米。

（四）重大生态环境项目建设

【概况】 2014 年，环保和节能减排项目建设，坚持专项投入、标本兼治、技术创新，环境保护进一步加强，促进生态城市建设发展，安排建设项目 18 个，占项目总数的 19.6%，年计划投资 122.33 亿元，占年计划总投资的 10.3%，实际完成投资 120.0 亿元。主要是长兴岛水系整治工程、重点河道和泵闸工程、白龙港片区南线输送干线完善工程、中心城区排水系统改造、崇明原水输水系统一期工程、郊区垃圾无害化处理等生态环境设施项目，500 千伏输变电工程虹杨站、上海华电产业及能源配套项目、5 号沟 LNG 事故备用站扩建二期工程、全市燃煤电厂脱硝改造工程、崇明燃气电厂一期工程、崇明天然气管道工程、石洞口燃气生产和能源储备项目、东海大桥风电二期等清洁能源节能减排设施项目。

生态环境设施项目建设进一步完善。长兴岛水系整治工程、重点河道和泵闸工程、白龙港片区南线输送干线完善工程、中心城区排水系统改造全面推进；崇明原水输水系统一期工程、崇明岛东风西沙水库及取水泵闸工程基本建成，投入试运行，崇明本岛原水供应更加优质安全，生态环境进一步改善。黄浦江上游水源地项目开工建设，完善了全市四大水源地建构格局。

清洁能源设施建设进一步加强。500 千伏输变电工程虹杨站、220 千伏输变电工程、上海华电产业及能源配套项目全面展开；淮南－南京－泰州－苏州－上海西特高压交流工程、5 号沟 LNG 事故备用站扩建二期工程开工建设，全市燃煤电厂脱硝改造工程、崇明燃气电厂一期工程、崇明天然气管道工程、石洞口燃气生产和能源储备项目、东海大桥风电二期基本建成，为全面实现上海节能减排目标作出贡献。

【5 号沟 LNG 事故备用站扩建工程二期工程开工】 6 月，5 号沟 LNG 事故备用站扩建工

程二期工程开工。项目位于上海市浦东新区曹路镇人民塘路485号现有五号沟LNG站预留空地内。主要建设内容包括：新建2座10万立方米的地上架空式全包容LNG储罐及罐内泵和高压泵系统；2套高压气化器(HP-SCV)；2台蒸发气体（BOG）压缩机；2套LNG槽车装/卸车撬;1套出站高压气体橇装式计量单元，1座调压计量站；同步建设空气压缩站、供电、自动控制和消防等相关配套附属设施。

【淮南－上海(上海段)特高压交流工程启动】 9月，淮南－上海（上海段）特高压交流工程启动。整体工程起于安徽淮南变电站，经南京、泰州和苏州变电站，止于上海沪西变电站，跨越淮河和长江，线路全长759.4公里。上海段线路起自江苏省昆山市1000千伏变电站，途经嘉定、青浦、松江三个区，止于沪西1000千伏变电站。线路总长为60公里，共149基。

【黄浦江上游水源地闵奉支线开工建设】 9月，黄浦江上游水源地闵奉支线开工建设。该工程位于闵行区、奉贤区。工程主要内容为敷设原水输水管线12196米，其中敷设闵奉分水点至松浦泵站过江管，闵行方向原水管，奉贤方向原水管，新建闵行、奉贤受水点调节池及调流、稳压等辅助设施。闵行受水点占地7447平方米，新建11300立方米调节池1座，配电仪表用房建筑面积279.42平方米；奉贤受水点占地5789.87平方米，新建10200立方米调节池1座，配电仪表用房建筑面积248.56平方米。

【黄浦江上游水源地连通管工程开工】 12月，黄浦江上游水源地连通管工程开工。该工程位于松江区、青浦区、金山区、闵行区、奉贤区，全长40.86公里。工程主要内容为新建由金泽输水泵站经青浦分水点、松江中途泵站（含松江分水点）、金山分水点、至闵至闵行分点的原水管线，管径DN3600-DN4000，总长0.86公里；新建松江中途泵站（含松江分水点）、建设调节池、增压泵房、变电所、辅助用房等，建筑面积8014平方米；新建青浦、金山、闵奉分水点，分别新建控制设备间、配电间仓库、补压塔等，三个分水点总建筑面积516平方米。

【黄浦江上游水源地金泽水库开工】 12月，黄浦江上游水源地金泽水库开工建设。该工程位于青浦区金泽镇太浦河北岸，西距太浦闸约57公里，总用地面积2.7平方公里。工程主要内容包括：新建总库容910万立方米水库库区；新建长1500米、宽100米、底宽55米、占地480亩引水河道；在引水河道处新建三孔取水闸；在库区乌家荡南侧近太浦河处新建1座输水泵站；沿水库堤线外延50米保护范围内新建环库河；设置244平方米水文气象测报及水质监测站等配套工程。

【崇明岛东风西沙水库及泵闸建成】 5月，崇明岛东风西沙水库及泵闸建成。该工程位于上海市崇明县，地处长江口南支上段的北侧、崇明岛西南部，利用崇明岛和东风西沙岛之间的夹泓建设水库。工程建设内容为：（1）新建东风西沙水库环库大堤，其中新建东堤、西堤长约3572米；加高加固东风西沙海塘和崇明岛海塘大堤约8436米；（2）新建上游取水泵闸，取水泵站近期取水规模16立方米/秒，远期取水规模40立方米/秒；水闸闸门净宽14米；（3）新建下游排水闸，闸门净宽8米；（4）新建输水泵站，近期供水规模21.5万立方米/天，远期供水规模40万立方米/天；（5）配套建设管理用建筑物及辅助设施等。工程建成投用有利于提高崇明岛的饮用水安全和供水的集约化管理程度，是保障城市供水安全的需要；是建设稳定、可靠水源地的需要；工程的建设在应对咸潮入侵、提高崇明岛供水保障程度方面具有重大意义。

【崇明原水输水项目一期建成投用】 5月，崇明原水输水项目一期建成投用。该工程位于上海市崇明县，工程自东风西沙水库输水泵站的出站管起，至岛域规划崇西水厂、城桥水厂、规划堡镇水厂和陈家镇水厂止。工程内容包括原水输水管道、沿线的2座增压泵站。其中原水输水管道约59.3公里；城桥原水泵站用地面积4963平方米，建筑面积1447平方米，土建规模20万立方米/日；堡镇原水泵站用地面积3895平方米，建筑面积824平方米，土建规模12万立方米/日。工程建设为配合东风西沙水源地和水厂建设，推进崇明供水集约化改造，落实供水专业规划，满足崇明生态岛建设和经济社会发展对供水水质和水量的需要，规避咸潮和内河污染的影响，保障区域供水安全。

【崇明岛天然气管道工程建成运营】 9月，崇明岛天然气管道工程建成运营。该工程位于上海市崇明县境内，建设项目内容：天然气埋地管线和天然气首站、天然气高压站、天然气清管站等。

崇明岛管道工程线路。天然气主干管线自崇明门站出站后沿规划新北沿公路北侧道路绿化带布置至陈海公路口，再沿陈海公路西（南）侧道路隔离带敷设至小竖河。为避让中双港220KV变电站、110KV高压走廊及鸿华度假酒店，天然气管线向南绕道敷设沿小竖河西侧至南横引河，再沿南横引河北侧陆域控制带向东至三沙洪河，再沿三沙洪东侧陆域向北敷设至陈海公路。再继续沿陈海公路西（南）侧道路隔离带向东至G40沪陕高速（长江隧桥），沿G40沪陕高速（长江隧桥）的西侧道路隔离带向南至江边，然后折向东过G40沪陕高速最后到达崇明清管站（过江管处）。该段天然气管压力等级为6.0MPa，管径为DN800，长度约78.1公里。全线设置阀室12座。

崇明岛管道工程场站。（1）崇明门站（预留加压系统）：位于沪崇苏西部大通道的东侧农田内，距自江苏省现状220KV高压走廊200米处。场地形状为梯形，长为200米，宽为150米，总用地面积约为30000平方米。（2）崇明清管站：位于G40高速公路以东，长江隧桥北侧大堤内，距G40高速公路200米处。总用地面积约为6000平方米。

崇明燃气电厂专线工程。（1）崇明燃气电厂专线线路：电厂专线自陈海公路天然气主干管上位于东平河西侧规划双阀室接出，沿电厂规划220千伏高压走廊西侧向南至崇明电厂。在管线进电厂前预留接口，设DN800阀井一座。该段天然气管压力等级为6.0兆帕，管径为DN800，长度约4.1公里。（2）崇明电厂站：位于崇明岛推虾港北侧崇明燃气电厂厂区内西北角。总用地面积约为3285平方米。

项目的建成，支持了崇明三岛可持续发展的需要，落实了崇明燃机电厂气源的需要，完善了上海市天然气主干管网，为实现长三角区域主干管网“互连互通”，保障长三角地区天然气安全供应提供了重要通道。

【石洞口燃气生产和能源储备项目建成】 9月，石洞口燃气生产和能源储备项目建成。项目建设地点在石煤公司界内（上海宝山区盛桥镇煤电路1号），位于上海市宝山区，长江口南支河段南岸，西侧为石洞口污水处理厂用地，东南为华能二电厂。项目利用石煤公司现有290米岸线和自有土地，建设总储量18.3万立方米的23座储罐和扩建一座3万吨级危险品码头。

【崇明燃气电厂一期工程建成发电】 11月，崇明燃气电厂一期工程建成发电。项目厂址位于崇明县城桥镇推虾港村，东靠东平河，西临华润大东船务公司，南依长江南支北岸大堤，北距崇明县主干道团城公路约 1.7 公里、距陈海公路约 3.5 公里。项目规划建设四台 9F 级燃气 – 蒸汽联合循环机组，规划占地面积约 16 公顷。本期工程建设二台，厂区占地面积 9.28 公顷。

【东海大桥风电二期建成】 12 月，东海大桥风电二期建成。工程位于东海大桥西侧 4 号通航孔和 2 号通航孔之间的海域，海域平均水深在 11m 左右。本期工程装机容量 102.2 兆瓦，采用的 27 台上海电气生产的 W3600M–116 风机和 1 台华锐风电生产的 SL5000 风机。年等效满负荷小时数为 2333 小时，年上网电量为 23845.8 万千瓦小时。项目建设内容：新建一座 35kV 陆上开关站，场址位于原 110 千伏升压站东北侧，占地面积约 3150 立方米。电能通过一回 110 千伏线路送往上海电网。本项目是东海大桥风电一期项目的延续，二期项目是大容量风机海上应用的示范，提高我国海上大容量风机自主研发能力，促进上海市节能减排、优化区域能源结构等具有十分重要的意义。

（五）重大产业项目建设

【概况】 2014 年，重大产业项目建设，坚持高端化、集约化、服务化，产业结构进一步优化，促进新技术、新模式、新业态、新产业“四新”经济发展，安排项目 23 个，占项目总数的 25%，年计划投资 387.87 亿元，占年计划投资 32.8%，实际完成投资 400.75 亿元。主要有中航发动机、上海天马 5.5 代 AMOLED 项目等战略性新兴产业项目，上海通用设计技术中心金桥基地暨金桥扩能项目、中船长兴造船基地二期工程等先进制造业项目，紫竹新兴产业技术研究院、中科院浦东科技园二期等科技创新平台项目，上海中心大厦、中国博览会综合会展综合体项目等现代服务产业项目。

科技创新产业项目取得新成就。紫竹新兴产业技术研究院、上海烟草科技创新园建设项目推进顺利；中科院浦东科技园二期启动建设，国家肝癌科学中心、国药集团奉贤生物医药产业基地建成投入使用，强化了科技创新能力。

战略性新兴产业项目取得新成果。中航商用航空发动机产业基地、中国商飞公司能力建设项目建设取得阶段性成果；上海天马 5.5 代 AMOLED 项目开工建设，上海和辉光电有限公司 4.5 代 AMOLED 项目基本建成，加快了战略性新兴产业的培育。

先进制造业项目取得新发展。上海通用设计技术中心金桥基地暨金桥扩能项目、上汽集团技术中心自主品牌研发中心扩建二期工程、中船长兴造船基地二期工程进一步推进，徐工集团临港奉贤基地基本建成，提升了先进制造业能级。

现代服务产业项目取得新进展。世博 AB 片区地下空间开发及配套、上海国际金融中心、上海国际航运服务中心、迪士尼项目一期工程及市政配套、虹桥商务区核心区基础设施配套项目取得重大进展；西虹桥冷链物流园项目开工建设，中国博览会综合会展综合体项目、上海横沙渔港核心功能区建设项目、上海中心大厦项目基本建成，推进了现代服务业重大载体的建设。

【上海天马 5.5 代 AMOLED 项目工程开工】 5 月，上海天马 5.5 代 AMOLED 项目工程开工。本项目建设地点位于浦东新区原上海天马微电子有限公司剩余地块（凌空路以东、汇庆路以西、龙东大道以南、小湾浜以北的地块）。计划建筑面积约为 57574.69 平方米，主要由 OLED 蒸镀封装主厂房、动力配套厂房和办公楼等组成。本项目将充分利用上海天马4.5代AM-OLED中试线的技术基础，规划建设一条5.5代AM-OLED生产线，主要包括：OLED蒸镀、OLED封装和后段相关生产能力。产品主要应用在移动终端、娱乐显示等中高端中小尺寸领域。相关产品技术指标达到同类产品市场应用水平，填补国内技术与产业空白。

【西虹桥冷链物流园项目开工】 5月，西虹桥冷链物流园项目开工。项目位于青浦区华新镇华徐路西侧，占地面积83925.8平方米。工程建筑面积141529平方米，主要由1#–12#楼、商办楼地下室、14#–18#楼组成。项目以“冷链物流”为主要特色和核心功能，赋予“产业+商务”驱动模式，合理开发利用有关空间，打造国内领先的“冷链物流产业集聚区”，将建设大型集中式冷库四座，配置冷藏冷冻货位92000个，常温仓库二座，货位7600个。项目以“冷链物流”为核心，以“冷链”和“物流”关联产业为基本载体，以其他生产性服务业为辅助配套，以现代信息技术和互联网为支撑，打造核心突出、功能复合、布局合理、低碳环保、面向未来的示范性“冷链物流园”。

【中科院浦东科技园二期开工建设】 6月，中科院浦东科技园二期开工建设。本项目位于张江高科技园区中区，北至海科路，南至环科路，西至集慧路，东至向阳河。总建筑面积113950平方米，包括音视频研究中心及太阳能研究与发展中心；低碳能源转化技术研究中心；清洁动力技术研究中心；微纳器件研究中心；新媒体无线技术研究中心；免疫化学研究中心；高新技术转移综合服务中心和云计算中心；城市公共安全研究测试平台；35千伏电业站等9幢单体。

【上海和辉4.5代AMOLED项目建成投产】 9月，上海和辉4.5代AMOLED项目建成投产。该工程位于上海市金山区金山工业区，东至自然地块，南至九工路，西至春丽路，北至规划河道。项目规划建设12.8万平方米面积的厂房，主要由主厂房、研发栋、动力站、废水站等组成。项目的建成将带动玻璃基板、靶材、有机蒸镀材料、液晶材料、背光源组件、偏光片、驱动IC、控制IC等上游产业发展，同时促进自主电子装备产业的应用，拉动下游终端产品制造商在其周围聚集，形成互补联动的产业发展格局。

【上海横沙渔港核心功能区项目基本建成】 9月，上海横沙渔港核心功能区项目基本建成。该工程位于上海市崇明县（东至横沙通道，南至规划绿化分隔带，西至渔港路，北至三岛渔业工业地块）。该工程建筑面积180861平方米，主要由预加工车间、发运平台、加工车间、冷藏库、综合楼、宿舍楼以及裙房组成。项目建成将实现进港产品标准化和会员制拍卖并扭转目前进沪水产品的迂回现象进一步强化菜篮子市长负责制，实现经济、社会和环境效益综合优化下的港、景、游协调发展，有利于长兴岛整体开发集聚人气，推进现代渔港小镇建设。

【国药集团奉贤生物产业基地项目建成投入使用】 12月，国药集团奉贤生物产业基地项目建成投入使用。工程位于上海市奉贤区，东至金海公路，南至广丰路，西至茂园路，北至高丰路。工程建筑面积312778平方米，主要由血液制品厂房、疫苗制品厂房、生物工程产品厂房、医用实验动物楼、研发中心、工程大楼及相关配套设施。项目建成后，将是目前中国最大的生物医药基地之一，达到国内一流水准，世界先进水平。从而国药上海所、上生品牌产品将全面与国际接轨，走向世界。

【徐工集团临港奉贤基地项目基本建成】 12月，徐工集团临港奉贤基地项目基本建成。项目总占地面积约2330亩，分三期建设，一期830亩，二期500亩，三期1000亩+580米海岸线，主要生产制造推土机、挖掘机、大型起重机械以及面对海外的主机和关键结构件，还将建设研发和销售服务中心，后续发展港口机械、海工装备等战略性产业主机和核心零部件。基本建成的一期项目，位于上海临港奉贤园区内，地块位于两港大道以北，新四平公路以东，G2路以南，F9路以西。项目占土约830亩（约55万平方米），新建建筑面积30万平方米以上。主要建设挖掘机主要结构件的焊接、机械加工、涂装，部件装配、整机装配、整机找补涂装精饰、调试、试验等的车间，挖掘机的下料车间，研发中心、倒班楼、食堂、浴室、门卫、动力站房及产业配套房等。

【中国博览会会展综合体建成运行】 12月，中国博览会会展综合体建成运行。该工程位于上海市青浦区，北至崧泽高架路，南至盈港东路，西至诸光路，东至规划涞港路。工程地上建筑面积124万平米，地下建筑面积不少于15万平米，室外展场10万平米（不计入建筑面积），主要由展览场馆、展馆辅助设施和综合配套设施三部分组成。中国博览会会展综合体项目是我国会展业战略布局和上海“十二五”规划的重点项目。按照“一流场馆、一流配套、一流建设”的目标，项目立足长三角，服务全国，面向世界，将建设成为最具规模、最具水平、最具竞争力的国际一流的会展综合体，以此带动上海、长三角乃至全国的会展经济实现新的发展。

【上海中心大厦项目建成】 12月，上海中心大厦项目建成。项目位于浦东新区东泰路以西、花园石桥路以南、银城路以东、陆家嘴环路以北的陆家嘴中心区Z3地块，建设集商务办公、酒店、商业等功能为一体的综合性大厦——“上海中心”。项目于2008年11月29日，项目正式开工。总的用地面积30,368.3平方米，总的建筑面积574,058平方米，包括地上面积410,139平方米（其中计容积率380,000平方米，绿化率33%），地下面积163,919平方米。建筑主体为118层，建筑层数128层(地上118层、5层裙楼和5层地下室)，总高为632米，结构高度为580米（目前位于世界第二高楼）。地上120层+4层，地下5层。地下3–5层：机动车停车场、自行车停车场。地下1–2层：全配套商业。地面1—4层（裙房）：多功能会议中心、全配套商业。第2–6区段：24小时的甲A级办公(含交易层)。第7—8区段：超五星级酒店+酒店式公寓。第9区段：观光平台。项目建成为加快陆家嘴金融贸易区建设，优化完善地区功能区布局，推进黄浦江两岸综合开发有重要意义。（王国君）

相关资料：2014 年世界十大高楼排行榜

第一名：阿联酋迪拜塔（高 828 米）

“迪拜塔”始建于 2004 年 9 月，于 2010 年 1 月 4 日正式竣工。2010 年 1 月 4 日晚，历时 5 年、耗资 15 亿美元的全球最高大楼迪拜塔举行盛大落成典礼。这座 160 层的摩天大楼高达 828 米，耗材大约 33 万立方米混凝土和大约 3.14 万吨钢材。高楼内设有住宅、办公室和豪华酒店，49 层为办公场所，可容纳 1.2 万人，内设 57 部世界最快的电梯。

迪拜塔发展商希望将塔塑造成“自给自足”的群体，让住户足不出塔，仍可解决一切生活需要。人们可到 122 楼的餐厅，边欣赏海拔 440 米的壮丽景色，边享受世界各地中西美食。123 层的高层大堂设有健身室和室内泳池，没有恐高症的人还可以挑战露天泳池。

第二名：台北 101 大厦（高 508 米）

被称为“台北新地标”的 101 大楼于 1998 年 1 月动工，主体工程于 2003 年 10 月完工。有世界最大且最重的“风阻尼器”，还有两台世界最高速的电梯，从一楼到 89 楼，只要 39 秒的时间。

在世界高楼协会颁发的证书里，台北 101 大楼拿下了“世界高楼”四项指标中的三项世界之最，即“最高建筑物”（508 米）、“最高使用楼层”（438 米）和“最高屋顶高度”（448 米）。

第三名：上海环球金融中心(高 492 米)

上海环球金融中心 Shanghai global financial hub 是以日本的森大厦株式会社(Mori Building Corporation)为中心，联合日本、美国等 40 多家企业投资兴建的项目，总投资额超过 1050 亿日元(逾 10 亿美元)。原设计高 460 米，工程地块面积为 3 万平方米，总建筑面积达 38.16 万平方米，比邻金茂大厦。

1997 年年初开工后，因受亚洲金融危机影响，工程曾一度停工。2003 年 2 月工程复工。但由于当时中国台北和香港都已在建 480 米高的摩天大厦，超过环球金融中心的原设计高度。由于日本方面兴建世界第一高楼的初衷不变，对原设计方案进行了修改。修改后的环球金融中心比原来增加 7 层，即达到地上 101 层，地下 3 层，楼层总面积约 377,300 平方米。建筑主体高度达到 492 米，工程于 2008 年竣工落成。

第四名：双峰塔 (Petronas Twin Towers，或称佩重纳斯大厦、马来西亚国家石油大厦、国家石油双塔、双子塔，高 452 米)

曾经是世界最高的摩天大楼，直到 2003 年 10 月 17 日被台北 101 超越，但仍是目前世界最高的双塔楼，也是世界第三高的大楼。楼高 452 米，共地上 88 层，由美国建筑设计师西萨・佩里 (Cesar Pelli) 所设计的大楼表面大量使用了不锈钢与玻璃等材质，并辅以伊斯兰艺术风格的造型，反映出马来西亚的伊斯兰文化传统。

第五名：芝加哥西尔斯大厦 (高度超过 450 米)

西尔斯大厦是美国芝加哥的一幢办公楼，由 SOM 建筑设计事务所设计，于 1974 年建成，高 443 米，美国西尔斯大厦，最终高度超过 450 米。总建筑面积 418000 平方米，地上 110 层，地下 3 层。底部平面 68.7×68.7 米，由 9 个 22.9 米见方的正方形组成。在这些正方形的范围内都不另设支柱，租用者可按需要分隔。整个大厦平面随层数增加而分段收缩。在 51 层以上切去两个对角正方形，67 层以上切去另外两个对角正方形，91 层以上又切去三个正方形，只剩下两个正方形到顶。直至 2004 年台北 101 塔建成以前，西尔斯大厦一直保持着“世界最高屋顶”和“世界最高居住层”的桂冠。

第六名：南京紫峰大厦（高 450 米）

绿地集团在南京投资开发建设的世界第七高楼、江苏第一高楼 -- 高达 450 米的绿地广场·紫峰大厦正式结构封顶。该项目位于南京中心城区被誉为“心脏地段”的鼓楼广场，集高档办公、顶级酒店和商业等于一体，建成后将成为南京档次最高、影响力最大的城市新地标和现代服务业集聚区。

由专业设计公司美国 SOM 建筑事务所设计的紫峰大厦地下 4 层、地上到灯塔是 381 米、89 层，而从灯塔底部到塔尖则有 69 米。楼顶下月树起 69 米的灯塔，将一举攀上 450 米的最高点。这是江苏第一高楼，也是世界第六高楼。

第七名：金茂大厦（高 420.5 米）

金茂大厦 (Jinmao Tower) 坐落在浦东延安东路隧道口，世纪大道旁，地处浦东核心地区——陆家嘴金融贸易区中心，东临浦东新区的繁华景象，西眺上海市及黄浦江的幽雅景致，南向浦东张杨路商业贸易区，北临 10 万平方米的中央绿地。

这幢集现代办公楼、豪华五星级酒店、商业会展、高档宴会、观光、娱乐、商场等综合设施于一体，深富中华民族文化内涵，溶汇西方建筑艺术的智慧型摩天大楼，已成为当今沪上最方便舒适、最灵活安全的办公、金融、商贸、娱乐和餐饮的理想活动场所。

金茂大厦于 1992 年 12 月 17 日被批准立项，1994 年 5 月 10 日动工，1997 年 8 月 28 日结构封顶，至 1999 年 3 月 18 日开张营业，当年 8 月 28 日全面营业。金茂大厦占地 2.3 公顷，塔楼高 420.5 米，总建筑面积 29 万平方米。金茂大厦是由美国最大的建筑师－工程师事务所之一的 SOM 建筑设计事务所建造的。

第八名：香港国际金融中心二期（高 420 米）

金融中心二期（简称“国金二期”），是一项商业建设工程项目，是总投资共 30 亿美元的国际金融中心发展计划的重要工程项目之一。

1996 年香港地铁公司将项目发展权授予由多家建设及项目投资单位所组成的建设联合体，并随即开展设计优化工作。项目的原设计是两座 46 层建筑物，经过设计优化后的国金二期是一座楼高 420 米，总层数 88 层，位列世界第四高的建筑物，另设 6 层地下室，埋深 38 米。

国金二期的施工期仅三年半，2003 年下半年投入使用。国金二期已成为香港的新地标、新象征性建筑物，在香港中环心脏地区又出现一个新的金融财经基地。

第九名：中信广场大厦（高 391 米）

广州中信大厦，楼高 83 层，391 米，在全球十大高楼之中排名第九。位于广州天河区天河北路，地处市区东面商业、金融、文化、娱乐、高档办公楼新发展集中地。其北为广州火车站东站，南与天河体育中心相对，并毗邻广州地铁总站，交通便利，位置优越。

中信大厦为现今世界上最高的钢筋混凝土结构的高层建筑群，造型具有强烈的雕塑感，周围以绿化园林衬托成为天河区的标志性建筑。

第十名：信兴广场大厦（高 384 米）

深圳市地标建筑信兴广场地王大厦高 384 米，于 1993 年兴建，耗时 3 年完工。信兴广场大厦，384 米，位于中国深圳。

三、市政建设

（一）综述

稳步推进重大工程项目。启动或完成诸光路地道新建工程等 13 项市政道路重点推进项目前期工作；北翟快速路（外环～中环段）、G204 沪宜公路（嘉定新城段）工可已批复；完成北横通道拓宽工程可行性研究报告上报、延安东路隧道大修工程一体化施工及监理招标工作；G1501 绕城高速大修（北段、东南段）部分路段工程开工；沪嘉高速二期工程基本完工。

完成农村经济薄弱村道路、桥梁改造。农村桥梁改造项目投资 7.11 亿元，改造桥梁 883 座，农村经济薄弱村村道改造项目投资 6.21 亿元，改造 2968 条村道，总长 1195 公里。圆满完成农村危桥改造 400 座、薄弱村道路改造 800 公里的市府实事项目建设任务。

积极推进养护市场化改革。走访区县，将条件成熟的区作试点，总结经验，逐步推进。分析道路养护标准化合同及推广体系，分类、分批编制标准化合同文本。完善道路设施和养护作业考核办法，建立养护企业诚信评价机制。

完善高速公路电子不停车收费系统。落实新一轮ETC通行费95折优惠政策，推进ETC在大型停车场的应用，制定ETC用户发展目标，研究ETC一揽子解决方案。ETC用户数量超过43万，高速公路网ETC日均流量超总流量1/4。推进ETC标准化服务网点的建设和运营，开通杨浦大桥、卢浦大桥、共和新路、颛桥、长兴岛、江桥等6个客服网点，运行效果良好。

加强桥梁检测与管理。开展常规定期检测评价和分析，梳理总结桥梁检测工作，不断加强桥梁结构的精细化管理。积极探索制度创新，建立了桥梁检测日志制度、检测单位互查制度、桥梁检测速报制度及桥梁检测报告的反馈制度等。

实施下立交积水专项整治。完成对全市563座下立交设施基本情况的梳理，逐步建立公安、路政、排水“横向三合一”的应急处置机制，针对汛期暴露的问题，对泵站、电路、管道、阻隔等进行了集中改造。

深化道路检查井盖托底管理。制定《上海市管线检查井盖管理和应急处置试行办法》，将道路检查井盖管理纳入区县道路管理机构年度考核重要内容，初步形成道路井盖托底管理工作制度，权属单位推诿扯皮的现象得到有效克制。

探索完善桥下空间管理模式。协调相关部门进一步规范桥孔管理，完善桥孔管理模式、经费补偿机制，制定了《上海市市管公路桥梁桥下空间管理暂行规定》及使用技术准则。为确保年内完成属地化管理，与各区县主管部门开展桥下空间管理移交对接，落实后续管理工作，形成市区两级紧密配合、条块结合、有效监督的桥孔管理新机制。

开展隐患排查和专项整治。开展井盖设施和桥梁结构安全隐患排查和整治工作，针对G50入城段及与虹桥机场连通的相关地面道路等重点保障路段进行集中整治。对长宁、静安和黄浦等8个区47项道路管线工程进行全面排查，确保了亚信峰会前恢复道路交通。制定了亚信峰会管制信息情报板发布预案，优化细化了信息发布。

完善运行监测和交通诱导。梳理常发性拥堵区域，进一步完善专项通行保障方案，细化完善保障措施，设置小型客车快速通道，通过联网信息诱导组织拥堵路径绕行信息发布，进一步均衡路网流量，圆满完成重大节假日高速公路免费通行、亚信峰会、F1大赛等运行保障工作，全力确保路网运行安全。

开展道路设施专项整治。建立“六打六治”领导小组，明确部门分工，结合在建工地的施工安全、道路设施安全、管线监察、桥孔整治、治超站点布控、应急处置等中心工作，普及安全生产规范标准，完善安全诚信体系建设，落实隐患治理各项措施。

基本完成燃气隐患改造工程。细化施工方案，加大文明施工投入和管理，提高施工效率、减少扰民，年内实现338公里三年改造任务，为实现“全天然气化”奠定了坚实基础。

不断加强路政执法。开展全员军事训练与业务培训；清理整治桥下空间，清除各类非公路标志；办理路产设施赔补偿、行政许可及涉路处罚案件；开展超限运输整治。

提高立法民主化水平。在《上海市收费高速公路运行管理规定（试行）》、《上海市黄浦江大桥管理办法》等修订过程中，组织实地调查、深入调研，结合实际情况，细化上位法；通过公开征求意见、专家咨询论证等方式，充分听取各方面意见，了解人民群众的意愿和要求，积极推行“开门立法”。

开展公共服务进社区活动。制定完成上海市政道路（公路）服务行业“公共服务进社区”活动指导意见，在普陀、黄浦等区先试先行的基础上，拓展到浦东、闸北等八个区县，升级“惠民热线”服务品牌，打造“阿汤说路”宣传品牌，活动初显成效。

（二）市政工程建设

【概况】城市道路新、改建 74.53 公里，道路面积 318.69 万平方米，累计完成投资 209.6 亿元，当年完成投资 44.77 亿元。推进市属项目虹梅路越江、虹梅路高架、长江路隧道、真光路桥、中环 WS 匝道建设工程；中环线（浦西段）涂装工程竣工。G1501 上海绕城高速东南环试验段、S5 沪嘉高速大修（二期）、宝安公路二期、虹桥综合交通枢纽嘉闵高架北延伸段工程竣工，上海绕城高速北环嘉定段工程开工；实施上海绕城高速大修和市补贴市政道路大修工程；完成农村桥梁改造及薄弱村道路建设市府实事工程。

【中环线（浦西段）涂装工程竣工】中环线全线长 70 公里，设置双向八车道。其中，中环线浦西段长 40 公里，于 2006 年主体部分通车。随着时间的推移，浦西段大部分高架道路混凝土结构表面的污染相当严重。因此，高架道路的表面防腐涂装防护越来越显现出它的重要性。中环线（浦西段）涂装工程于 2012 年初开工 ,2014 年 10 月竣工。总涂装面积约 200 万平方米 , 费用 1.4 亿元。

【出省通道、省道网规划修编完成】市路政局完成《上海市出省通道规划修编》、《上海市省道网规划修编》，结合新增路网对出省通道进行相关优化，为市总体规划修编服务。在交通部批复国道网修编的基础上，上海市对国省干线网进行优化级配，为后续发展提供了支撑。

【完成农村桥梁改造及经济相对薄弱村道路建设市府实事工程】“十二五”期间开展了新一轮农村桥梁改造及经济相对薄弱村村内道路改造工作。2014 年市政府将这项工作列入市府实事工程，并提出改造农村桥梁 400 座、改造经济相对薄弱村村内道路 800 公里的建设目标。截止 2014 年底，共完成改造农村桥梁 740 座、改造经济相对薄弱村村内道路 1130 公里，全面完成市府实事工程建设目标。累计完成的农村路桥改造总量约占“十二五”总计需改造设施量的 65% ~ 70%。

【虹桥综合交通枢纽嘉闵高架北延伸段正式通车】12 月 28 日，虹桥综合交通枢纽嘉闵高架北延伸段建成通车。嘉闵高架为虹桥综合交通枢纽配套道路“一纵二横”中的“一纵”。嘉闵高架北延伸段全长 4 公里，南起北翟路高架，北至 G2 京沪高速公路，采用城市快速路标准，设计车速为每小时 80 公里。该工程于 2012 年 7 月开工，建设单位为公路投资建设发展有限公司，工程投资为 38.76 亿元。嘉闵高架北延伸段建成后，将承担 S20 外环高速公路西段客运分流，起到缓解上海中心城西部地区交通矛盾的作用。

（三）市政设施管理

【概况】2014 年底，上海市城市道路总里程为 4852 公里，面积 10550 万平方米，其中桥梁 2439 座，152 公里，面积 435 万平方米。按功能分：快速路 187 公里，面积 509 万平方米；主干路 666 公里，面积 2411 万平方米；次干路 973 公里，面积 2769 万平方米；支路 3025 公里，面积 4860 万平方米。按数量分：道路 5080 条，其中市属 21 条（快速路 10 条、黄浦江越江隧道 11 条）、区属 5059 条；桥梁 2439 座，其中市属 56 座（黄浦江大桥 3 座、外滩隧道 1 座、苏州河桥梁 29 座、铁路桥梁 9 座、其他桥梁 2 座、人行天桥 12 座）、区属 2383 座。根据 2014 年《上海市城市桥梁技术状况分析总报告》，全市无E级桥，D级桥共23座，比2013年减少2座。2014年底，公路总里程为12944.519公里（比上年增加311.183公里），公路桥梁10865座（比上年增加399座）。公路密度为204.2公里/百平方公里（按6340平方公里计算）、5.36公里/万人（按2415万常住人口计算）。按行政等级分：国道643.631公里（其中国道高速公路476.944公里）、省道1055.305公里（其中省道高速公路348.521公里）、县道2799.842公里、乡道7053.215公里、村道1392.526公里。国省干线公路里程占总里程的13.12%，县道里程占总里程的21.63%，乡村公路里程占总里程的65.25%。按技术等级分：高速公路825.465公里（比上年增加10.17公里）、一级公路448.927公里、二级公路3395.369公里、三级公路2722.07公里、四级公路5552.688公里。二级及二级以上公路里程占总里程的36.08%。公路桥梁中四、五类桥共74座（比上年减少25座），其中国道2座、省道9座、县道6座、乡村道57座。今年共检测城市道路1300公里，公路4000公里。城市道路平均路面使用性能指数RQI为3.5，路面行驶质量达到良好水平；路面破损情况较少，PCI为90.23，达到优级水平。87.16%的道路结构承载能力处于临界水平以上。全市管养公路平均路面使用性能指数PQI为89.34，优良率为91.1%;平均公路技术状况指数MQI为90.95，优良率为94.7%。乡村公路PQI为87.08，优良率为85.61%;乡村公路MQI为87.80，优良率为87.13%。

【编制并施行《城市桥梁养护技术规程》】 由市路政局主编，同济大学参编的上海市工程建设规范《城市桥梁养护技术规程》（DG/TJ08-2145-2014）已由市城乡建设和管理委员会批准颁发，并自2014年7月1日起施行。该规程适用于全市已竣工验收后交付使用的一般城镇道路上桥梁的养护。主要内容包括总则、术语和符号、基本规定、检测与评估、混凝土结构、钢结构、梁式结构、拱式结构的养护、索的养护、桥面系统的养护、支座的养护、墩台基础的养护、人行天桥和人行通道的养护、附属设施的养护，以及超重车辆过桥措施、桥梁灾害防治与突发事件的处理、养护作业的安全、桥梁信息管理、养护工程的验收等19章和5个附录。《城市桥梁养护技术规程》的编制与施行，进一步完善了道路养护技术标准体系，为市路政行业发展提供了技术保障。

【完善养护市场管理体系】 为引导专业化的养护公司积极参与道路设施养护作业市场竞争，市路政局修订完善各类养护考核办法和评分标准，编制完成《上海市道路工程标准体系表》，列标准491项，完成《公路养护工程质量检验评定标准》、《城市桥梁养护技术规程》等7个新编标准的颁布实施。完成《上海市道路设施养护维修从业单位登记管理办法》、《上海市道路设施养护维修从业单位信用评价办法》等初稿。制定日常养护运行合同示范文本，三大类（养护类、咨询类、其他类）26项合同纳入“养护标准化合同体系”。编制完成大修工程、大修工程（勘察设计施工一体化）、大修监理、日常养护、中修工程以及中修和养护监理等八个招标模板。编制完成《上海市道路管理（路政行业）绩效考核（评价）办法》。开展《管线综合管沟养护定额》和《上海市市政工程预算定额》等修编工作。

【实施行政审批制度改革】 2014年4月，根据市政府《关于公布本市第七批取消和调整行政审批事项目录的通知》精神，市路政局组织有关部门落实相关衔接工作。增编了《管线紧急抢修告知承诺管理规定》、《公路两侧建筑控制区内埋设管线电缆许可办事指南》与《业务手册》、《公路用地范围内树木砍伐、迁移审批办事指南》与《业务手册》。同时，从梳理行政许可工作流程和主要内容着手，查找和分析审批环节中存在的廉政风险点、风险内容和表现形式，评估风险等级，提出相应防范措施，完成全部审批项目的《廉政防控报告》。同年10月，上报《关于上报第七批部分调整行政审批事项标准化文本的请示》（沪路政路〔2014〕300号），申请将相关审批指南予以公示。同年12月26日，市交通委门户网站发布以路政局为审批主体的全部办事指南。

【开展道路下立交专项整治】 市路政局与市公安应急指挥中心、市水务部门对接，形成由公安、路政、排水“横向三合一”的应急处置机制。完成全市563座下立交设施基本情况的梳理，研发了下立交信息管理系统，将下立交设施的基本数据、地理位置、责任主体、应急联系方式、实时积水情况等信息纳入其中，为日常数据管理、汛期应急指挥和数据报送提供便捷的信息化管理平台。探索全方位下立交预警体系，以曹安路封浜下立交为试点，增设了积水警示系统、阻拦系统、视频监控系统、防汛值班岗亭、交通信号灯预警系统等各项措施。40座市属下立交增设阻拦、视频监控系统、LED三色显示屏等设施。市属公路管养单位针对每处下立交地道情况编制专项应急“一处一预案”。该局制定并实施了《市属公路设施下立交防汛防台应急响应程序（试行版）》，将蓝色预警发布到预警结束的整个过程细分为七个阶段，明确每阶段下立交管养单位程序措施，规范信息上报流程、格式。修订完善泵站管理六项制度，确保在汛期前与晴雨表、泵站平面图等统一上墙。入汛以来，嘉定、松江、青浦、闵行、普陀等区经历了多场暴雨实战检验，凸显了联动机制在极端气候条件下的功能效应。市路政局完成全市下立交设施现有状况排摸，分析薄弱环节，提出改进意见，制作分区“分阶段改造”整治计划，以提供行业指导意见。

【全面完成桥梁检测任务】 市路政局完成全市城市桥梁技术状况评价工作。对全市2171座城市桥梁开展了常规定期检测评价和分析（同比去年增加165座），BCI平均分为91分，保持A级水平。此外，对去年发现的危桥和部分不合格桥梁采取有效措施，桥梁检测中没有出现E级桥梁。已完成编制并发布《城市桥梁技术状况分析评价报告》。在公路桥梁检测方面，完成842座（立交桥匝道桥）市管公路、高速公路、区管公路（含农村公路）桥梁技术状况评价工作。市管城市桥梁检测方面，完成了内环线高架、沪闵高架全线、南北高架（中山南一路～灵石路）段、跨苏州河桥梁等在内的常规检测；完成了城市桥梁（4座）、延安路高架（外滩～外环）段、十线公路桥梁特殊检查（12座）；完成了南浦、杨浦大桥和闵浦二桥声屏障等检测任务。建立了桥梁检测日志制度、检测单位互查制度、桥梁检测速报制度、桥梁检测报告反馈制度等，通过对检测单位的抽查和各检测单位相互抽查、比较检测结果，验证和确保了桥梁技术状况评价标准的准确性和有效性；完成了南浦、杨浦大桥首次进行荷载试验方案；完成槽型梁桥的专项检测，针对该类型桥梁提出了更为精细的养护要点。

【市道路网交通运行平稳】 2014年，高速公路全路网日均交通量83.89万辆，较2013年增长12.5%。其中收费高速公路日均交通量81.74万辆，同比增长10.7%。每自然车平均行驶里程27.22公里，同比减少3.6%。高速公路平均拥挤度为0.68，服务水平B级，与2013年基本相当。中心城浦西快速路日均吸引254.7万车次，较2013年的248.3万车次增长2.6%。中心城快速路网饱和度早、晚高峰分别为0.87、0.83，同比增加0.05。浦西快速路系统早、晚高峰车速为36和42.3公里/小时，同比分别下降1.9和1.6公里/小时。周六晚高峰时段射线高架道路和中心区内的高架道路拥堵状况与工作日相当。周日高架道路的交通运行基本顺畅。普通干道工作日早高峰中心城地面干道平均行程车速浦西为13～14公里/小时，浦东为15～19公里/小时，较2013年下降6～7%左右。其中放射性干道车速同比下降6%-16%。普通国道干线与2013年相比，流量及服务水平差异不大，日均流量变化除沪宜公路增长25%外，其他干线增幅均在10%以下，总体交通运行状况平稳，除曹安公路以外均维持在C级服务水平以上。中心城外环线以内越江桥隧工作日日流量93.5万辆，同比增长1.2%。中心城跨苏州河交通总量124.3万pcu（标准车当量数），较2013年增长1.2%。郊区跨黄浦江道路流量62.7万pcu/日，同比增长0.9%，道路平均拥挤度为0.86。

【道路交通服务系统获市“十大人气应用奖”】 2014年11月24日，由新华社上海分社主办的“智慧城市建设十大优秀应用奖”评选结果正式揭晓，共评选出“十大优秀项目奖”、和“十大创新应用奖”、“十大人气应用奖”。市路政局道路交通服务系统获“十大人气应用奖”。该系统从2003年起建设，至今已形成包括中心城区快速路、越江设施、高速公路及干线公路的道路交通出行服务系统。该系统主要通过车检器和视频等方式采集道路交通状况，通过设置在道路沿线的可变信息标志，为驾驶员发布实时交通状况信息，从而使驾驶员避免拥堵路段。近年来，该系统还通过微博、网站、电视、电台和手机终端等手段，进一步丰富发布方式。“乐行上海”手机App于2013年完成开发，至今已更新32版。目前正在研制路况定制、路况播报和个性化定制等功能项目。

【持续推进道路井盖托底管理】 市路政局开展检查道路井盖托底管理工作。局管线处点清全市各类窨井约650万个，理清市、区道路管理机构管理相应的设施、市对区、区对街（镇）行业管理责任以及管理标准。起草了《上海市管线检查井盖管理和应急处置试行办法》，经市政府办公厅转发，确定了检查井盖权属单位管理维护与相关管理部门监督相结合的原则。理顺了道路井盖托底管理范围、管线单位和路政行业的职责边界、工作流程；修编了《城市道路检查井盖技术规范》，编制了《上海市道路检查井统一标识方案》、《上海市道路检查井通用图集》和《上海市道路检查井质量与安全关键技术研究》。建立了高速公路、市管公路井盖数据库。委托专业公司制造应急井盖300套，通过组织三期道路应急井盖培训发放下去。出台了《“十二五”中心城区道路检查井盖整治项目市级补贴资金管理办法》实施细则，确保外环线以内中心城区道路检查井盖3万多个，优先整治主干路及次干路的井盖、同期道路大修的井盖和内环线地面道路及肇嘉浜路、徐家汇路、陆家浜路的井盖。同年9月4日，市路政局组织召开上海市管线检查井盖管理办法宣贯和工作推进会，宣贯《上海市管线检查井盖管理和应急处置试行办法》，与管线权属单位签订《上海市道路管线检查井盖管理责任书》。

【推进市管公路桥下空间属地化管理】 路政局针对上海特大型城市管理特性，探索建立桥下空间属地化管理新模式。制定出台了《上海市市管公路桥梁桥下空间管理暂行规定》和《上海市公路桥梁桥下空间使用技术准则》规范性文件，明确了市管公路桥梁桥下空间的管理范围、原则、职责、内容等。2014年12月始，市路政局陆续与各区（县）建设交通行政主管部门签署桥下空间相关移交协议，建立了上海市市管公路桥梁桥下空间属地化长效管理的基本模式。

【管线管理处于受控状态】 市路政局管线监察处加强管线管理，完成年度综合掘路指导计划的编制与调整，使管线掘路基本得到控制。其中大型掘路计划为1331项，小型掘路计划为2089项，中心城区月计划掘路施工占路面积指标为0.5%~1.67%，年度掘路施工占路面积指标为7.6%，比去年略有升高，但仍控制在每月计划面积指标1.5%-2%，全年面积指标10%范围内。重复掘路和申报的审批率同比略有下降。实施计划与规划许可证信息联动功能软件一阶段开发，初步实现规划与计划联动，将规划许可证作为计划审批前置参考条件，予以优先考虑，提高了掘路计划执行率。每月计划执行率保持在70%以上，相比去年同期有较大幅度提高。当年7月，小型掘路计划审批权正式下放各区县。调整修改了小型掘路计划管理系统，并组织相关区县管理人员进行技术培训。下放区县后，总体执行率基本持平。同年，完成了融城市道路地理信息系统、掘路计划申请、征询、审核、发证和掘路监管为一体的城市道路掘路综合管理系统软件第一阶段开发工作。安排燃气隐患工程和电网电源改造（串供）工程掘路计划136、167项。检查管线工程310余项，市政管线工程文明施工处于受控状态。理顺管线监察行政处罚工作程序，开出监察建议书3份，处罚案例14起，累计罚款8.32万元。“亚信峰会”道路保障期间，共检查8个区47项道路管线工程；“十一”期间，共检查工程42项；“国际马拉松”道路保障期间，共检查工程25项。完成场中路、康宁路道路工程同步实施架空线入地、茅台路（遵义路至古北路）和遵义路（茅台路至兴义路）通信架空线入地、对安远路（长寿路至西苏州河）和海防路（余姚路至西苏州河）道路上杂乱线缆的梳理和成山路、浦东南路、耀华路架空线清理整治，使道路环境得到显著改变。

【加强路政管理】 市路政总队完成为期两个月的全员封闭式军事训练和执法证审证培训工作。当年7月，开展自查自纠、案卷评查以及“三基三化”建设现场检查，共制作《交通运输基层执法站行政执法评议考核表》9份、《稽查考核工作意见反馈书》4份，整改问题37项，建立了即知即改管理新模式。截止年底，路政巡查出动执法人员12200人次；巡查里程1153451公里；清除各类非公路（道路）标志4810块（幅）；办理路产设施赔（补）偿案件877件，收取赔（补）偿费566.64万元。办理各种涉路处罚案件95件，罚款27.56万元，全面启动行政许可标准化工作，办理各类行政许可153项。组织召开区县公路与市政许可审批部门工作例会，完成两期共80余人次的行业审批标准化业务培训。节假日期间加强执勤布岗。对峰会期间重点区域的S20沿线四座跨线桥上违规设置的跨线桥广告进行整治拆除。开展专项桥孔整治194孔，清理356孔，圆满完成年度计划。开展“超限”整治37次。共检查车辆536辆，查处擅自超限运输车辆77辆，卸载985.54吨，处罚21.61万元。处理信访、投诉、违纪案件267起。回复率100%。完成《上海市车辆超限治限第一阶段实施方案研究》、《上海市道路路产损坏赔补偿标准修订研究》课题。总队直属大队与区（县）公路署建立市区联勤共建机制。为解决路政巡查力量不足问题，创建数字化网格化路政管理新模式，提高了路政管理水平。截止11月底，市政专业网格化平台城市道路立案21161起，结案20347起；结案率96.15%。公路立案18918起，结案15556起，结案率82.23%。

【全力推进跨线桥广告整治】 为保证上海APEC峰会期间重点区域面貌焕然一新，市路政局于5月6～17日，全力开展跨线桥广告整治工作。该局路政总队会同相关单位，连续昼夜对在保障区域内的S20外环高速公路沿线金华路、金沙江西路、仙霞西路、天山西路四座跨线桥上违规设置的广告进行整治拆除。共出动执法人员约50人次，12余车次，32吨吊车2辆，8吨吊车2辆，专业封交车2辆。共计拆除违规设置非公路标志(广告牌)4座，面积约1440平方米。

【完成三年燃气隐患管网改造工程】 随着上海市“十二五”人工煤气的平稳退出，中心城区燃气隐患管网已制约天然气置换进程，为此，上海市制定2012～2014年完成338公里燃气隐患工程改造工作目标。燃气隐患管网大多处于中心城区和交通繁重地段，施工难度大。市路政局积极做好燃气隐患管网改造推动工作，加强掘路前期工程协调，将改造工程列入掘路专项计划，制定了年度分解目标，督办改造工程实施进度。2014年底，全部完成338公里燃气隐患改造工程。

【修订发布《上海市收费高速公路运行管理规定》】 根据2013年11月颁布的《上海市高速公路管理办法》，市路政局对2010年12月制定的《上海市收费高速公路运行管理规定（试行）》进行修订：调整行政主管部门、变更养护工程分类、调整相关资质的表述、调整大修工程前期审批程序、细化“未履行有关养护义务的行政处罚”自由裁量权、增加公路安全运行保障制度、细化《上海市高速公路管理办法》相关条款。修订后的《上海市收费高速公路运行管理规定》（沪交设[2014]805号）经市交通委2014年第11次主任办公会议通过，于2014年11月20日发布，原《上海市收费高速公路运行管理规定（试行）》（沪建交[2010]1111号）同时废止。

【编制并施行《公路机电系统维护质量评定标准》】 由市路政局主编，同济大学等单位参编的上海市工程建设规范《公路机电系统维护质量评定标准》已由市城乡建设和交通委员会批准颁发，并自2014年3月起施行。该规程适用于上海市公路机电系统（包括收费系统、交通监控系统、通信系统、供配电系统和照明系统）维护质量的检查、考核、评定。主要内容包括总则、术语与符号、维护质量评价指标、评定等级、检查与评分、评定方法等6章及2个附录。该《标准》的编制施行，进一步完善了公路机电系统工程技术标准体系，为规范公路机电系统工程建设与维护提供了技术保障。

【编制并施行《公路养护工程质量检验评定标准（土建工程）》】 由市路政局主编，市公路学会、浦东新区公路管理署、松江区公路（市政）管理署、奉贤区公路管理署、上海长江隧桥建设发展有限公司参编的上海市工程建设规范《公路养护工程质量检验评定标准（土建工程）》（DG/TJ08-2144-2014），已由市城乡建设和管理委员会批准颁发，并自2014年8月1日起施行。该标准的主要内容包括总则、术语、验收程序及评定方法、路基、排水养护、支挡防护及其他砌筑养护、路面、桥梁、涵洞、隧道养护、交通安全设施及沿线设施养护、绿化养护、收费及监控设施土建部分养护工程等13个章节和14个附录。该标准的编制施行，进一步完善了公路养护技术标准体系，为市路政行业发展提供了技术保障。

【编制并施行《桥梁结构检测技术规程》】 由市路政局主编，市市政规划设计研究院、市建筑科学研究（集团）有限公司、市交通工程学会参编的上海市工程建设规范《桥梁结构检测技术规程》（DG/TJ08-2149-2014），已由市城乡建设和管理委员会批准颁发，并自2014年11月1日起施行。该技术规程主要内容包括总则，一般规定，城市桥梁结构检测的阈值（触发条件），检测程序及内容，桥梁上部结构检测要点，下部结构检测要点，检测的仪器、设备和人员，桥梁结构检算，检测成果。该规程的编制施行，促进了公路桥梁养护管理科学化、规范化。

【上海长江隧桥建成通车运营正常】 10月30日，上海长江隧桥建成通车五周年之际，交通运输部杨传堂部长考察长江隧桥管控中心工程建设和运营情况，听取了长江隧桥五年来运营情况和监控系统的介绍，对通过预埋在隧桥结构内部二万多个各类传感器对隧桥健康状况实时采集监控，发现偏差及时报警，并将采集到的数据提供运行养护单位的“长江隧桥健康监测系统”给予高度肯定，认为长江隧桥实时健康监控为工程和运行提供了安全保障。该桥是目前世界上规模最大的隧桥结合工程。通车五年来，车辆通行量平均以每年10%速度递增，通行总流量已达4762.52万辆次。日均流量达3.09万辆次；最高小时流量达4981辆次，超过设计流量标准38%，改变了上海陆域与崇明岛之间的交通阻隔，加速了长三角地区的经济一体化进程。

【嘉浏高速公路交通监控分中心建成】 嘉浏高速公路建成之初，其交通监控隶属于沪嘉浏高速公路分中心，由于沪嘉高速公路已改建为城市快速路，市路政局要求嘉浏高速公路必须设立独立的交通监控分中心，其地位也从原二级分中心，上升为一级分中心。嘉浏高速公路交通监控分中心工程于当年8月26日开工，11月18日试运行。该分中心建成后，完善了嘉浏高速公路运行管理体系，更好地为广大道路使用者提供信息服务。在应急救援和联动机制方面，为创造集中、统一、高效的指挥体系打下了良好的基础。

【实现全国14个省市ETC联网运营】 根据交通运输部ETC全国联网要求，市路政局在组织实施收费车道升级改造的基础上，对收费清分结算系统进行升级改造，实现与交通部路网中心互联，开设ETC跨省结算专用账户。制定ETC用户发展目标。2014年底，上海市ETC用户数量已达到45万，高速公路网ETC日均流量已超总流量的25%。在杨浦大桥浦东侧管理用房、卢浦大桥浦西侧管理用房、共和新路高架桥下空间（江场路北）、颛桥服务区、江桥收费站、长兴岛服务区内新建完成6处ETC标准化客服网点。同年12月26日，交通运输部召开电视会议，宣布北京、天津、河北、山西、辽宁、上海、江苏、浙江、安徽、江西、湖南、福建、山东、陕西14省市高速公路电子不停车收费（ETC）正式联网运行。

【完成重大节假日小型客车免费通行运行保障】 市路政局根据历年重大节假日小型客车免费通行保障取得的经验，继续深化重大节假日小型客车免费通行保障工作。完善了各项保障措施，针对春节、清明节、劳动节及国庆节期间高速公路运行特征，制定下发了专项通行保障方案，并组织各项目公司制定和落实路段分预案，顺利完成重大节假日小型客车免费通行保障工作。四个重大节假日期间，高速公路网共计免费通行车辆1621.1万辆次，免收通行费3.11亿元。

【完成安全管理目标】 市路政局加强市道路运行管理，完成亚信峰会保障工作、六打六治专项活动、防汛防台等安全重点工作，自有职工及自管工程实现安全零事故。组织召开全市路政行业安全、防汛工作视频会，全面部署安全工作和夏季防汛防台工作。与各部门及行业养护、维修、运行单位签订安全责任书；指导行业各单位推进“安全进班组，作业保平安”、工程开工“三先三清”（先检查、先教育、先交底；人员设备清、施工方案清、管理组织清）工作。对同济路高架、大叶公路、沪宜公路、宝安公路等12个项目进行专项检查，对各项目共计56名管理人员进行安全知识考试。针对查出的问题和薄弱环节，督促监理单位跟踪复查与监督，使各项隐患得到排除。市区联动，对于外环隧道等重要养护维修工程，通过隐患排查，列入重点安全治理，实现安全动态监管；开展安全诚信考核试点工作，印发《上海市道路养护维修安全诚信考核办法（试行）》。截止年底，诚信手册用户344家，录入考核维修养护项目433个，成为强化行业监管的重要手段；组织行业开展立功竞赛、安全管理等活动，自管工程获得市级文明工地12个。

【市公共换乘（P+R）停车点增至10家】 8月1日起，在轨道交通7号线美兰湖站、11号线南翔站及安亭站新增3家公共换乘（P+R）停车库，共计新增835个停车换乘（P+R）泊位向社会车辆开放。其中：美兰湖站P+R停车库位于罗芬路1088号，靠近七号线美兰湖站1号出入口，拥有455个停车换乘（P+R）泊位；南翔站P+R停车库位于南翔镇佳通路31弄2号，靠近11号线南翔站1号出入口，拥有180个停车换乘（P+R）泊位；安亭站P+R停车库位于安亭镇墨玉南路1033号，靠近11号线安亭站2、3号出入口，拥有200个停车换乘（P+R）泊位。形成了覆盖轨道交通1、2、7、8、9、11号线及金山铁路共7条线路、10个站点，服务城市北、西、南3个方向，共计拥有3500多个停车换乘（P+R）泊位的停车换乘（P+R）系统，为城市外围居民提供了更为便利、多样化的交通出行服务，并将对节能减排及排堵保畅产生积极作用。

【公共停车行业规范化、专业化建设项目通过评审】 5月份，市停车行业协会开展了《公共停车行业规范化、专业化建设项目》的研究。该项目包括：修编和完善《公共停车场（库）从业人员培训教材》、完成专业停车经营企业评价工作、道路停车场协管单位年度综合考评、调研道路停车协管员的装备配备现状并提出统一装备配备标准、参与公共停车行业文明创建、交通管理部门管理人员专项培训和进一步完善公共停车场（库）从业人员任职资格条件等。如期完成以上项目。11月14日，在市交通委公共停车行业规范化、专业化建设项目终期成果评审会上，得到由市交通科技委、市交通港航发展研究中心、长宁区建交委、上海城市交通规划研究所、国家统计局上海调查总队、虹口停车管理公司等单位专家组成的评审小组一致好评，顺利通过终期评审。

【市停车行业加快推进信息化工作】 市交通委加快推进停车信息化工作。基本建成全市统一的道路停车场电子收费后台管理系统，逐步切换接入静安、徐汇、黄浦区道路停车电子收费路段交易数据；启动编制了公共停车信息系统技术方案，在杨浦、长宁等区选择实施了智能化管理示范项目的公共停车场（库）；与市税务部门会商了推进公共停车场（库）安装使用电子收费系统打印停车发票相关工作。

【《上海市公共停车场从业人员培训教材》（试用本）问世】 受市交通委委托，市停车行业协会完成《上海市公共停车场从业人员培训教材》编写工作。该教材由公共停车场概述、经营资格条件、从业人员职业资格条件、运行管理与服务、事故防范及应急处置、信息系统等6章和附录组成，篇幅约13万字。突出法规规章、标准规范对公共停车场经营、服务的要求，也包含了业务知识和服务技能等相关内容，为市首部对公共停车场从业人员开展系统培训教材。该教材的问世，将有助于满足快速发展的公共停车行业对不断提高从业人员职业素养的需要。

【召开“停车管理多种监管合一模式”现场会】 3月10日，市运输管理处召集9个区县运管机构、市中心8个交通行政主管部门召开“停车管理多种监管合一模式”现场会。处综合法规科介绍“多效合一监管模式”的内容、目的及适用法律文书的制作要求；随后在上海电影制片厂停车库进行现场辅导检查。会议要求，建立“多效合一监管模式”必须做到四个结合，即与年度重点工作相结合；与日常监管、质量信誉考核、安全检查相结合；与行业文明建设相结合；与年度评议相结合。该处制定并下发《多种监管合一模式管理规定（试行）》，从法律文书、监管计划、监管方式、程序、台账制作、执法数量统计、材料归档及信息公开六个方面，对“多效合一监管模式”的功能、操作要求做了详细规定。“多效合一监管模式”成为完善行政审批制度改革，加强批后监管的重要手段。

【完成2013年公共停车场（库）质量信誉考核工作】 今年，市停车行业完成2013年公共停车场（库）质量信誉考核工作。全市共1296家公共停车场（库）参加质量信誉考核。市运输管理处赴市停车场（库）实地检查，按照规范经营、安全生产、优质服务、社会责任、社会评价等五个方面的考核指标进行评分。针对检查中发现的问题，如部分停车场（库）存在堆放杂物、安全警示标志标识不全、管理制度不健全、应急预案操作性不强等问题，已责令其整改。经评分考核，最终确定市停车行业AAA级场（库）59家，AA级1133家，A级104家。

【市专业停车经营企业评价结果出台】 根据《上海市停车场（库）管理办法》和《上海市人民政府办公厅转发市建设交通委等三部门关于进一步加强本市停车规划建设和管理若干意见的通知》的规定和要求，市运输管理处委托市停车协会组织开展市专业停车经营企业试评价工作。评价结果在“上海停车网”和“市运输管理处网站”予以公示。评价结果为：一级专业停车经营企业2家，二级专业停车经营企业1家，三级专业停车经营企业4家，基本级专业停车经营企业13家。

【完成停车场协管单位服务管理效能评价工作】 由市运输管理处牵头，会同市交通执法总队、市停车行业协会完成了2013年度道路停车场协管单位服务管理效能评价工作。共检查协管单位23家，道路停车场64个，抽查协管员89名。评价结果总体较好，大部分协管单位管理意识和责任意识都有提高，贯彻落实各项制度的力度有所加强。在市中心区交通主管部门委托的协管单位中，鸣晨机动车停放管理有限公司、宏圣车辆管理有限公司、上海长宁交通服务有限公司评价结果为优秀；在区县运管机构委托的协管单位中，陆家嘴城建配套服务有限公司评价结果为优秀。

（四）市政科技

【概况】 科研课题方面，《上海地区梁桥横向稳定安全性评估及养护管理对策研究》、《基于全寿命管理的桥隧检修设计关键技术》等项科研项目完成验收，研究成果在相应领域开展应用；新技术推广应用方面，组织开展“路政行业科技研发及新技术应用成果征集”活动，组织开展“2014年上海市路政行业道路新技术论坛暨冰雪恶劣天气应急处置新技术专题”等新技术交流活动，编制完成《上海市旧沥青混合料再生利用管理规定》、

《上海市旧沥青混合料回收利用管理办法》。节能减排方面，配合市交通委《上海市绿色交通发展三年行动计划（2015-2017）》编制工作，科普工作方面，隧道科技馆成功组织多次特色活动，在全市科普教育基地2014年度考核中取得佳绩。

【《上海地区梁桥横向稳定安全性评估及养护管理对策研究》通过验收】 10月27日，市路政局科研课题《上海地区梁桥横向稳定安全性评估及养护管理对策研究》成果通过验收。该课题对上海地区梁桥结构进行了广泛调研，对桥梁的横向稳定安全性，尤其是抗倾覆稳定特性进行了系统、深入、细致的研究。首次提出可考虑几何非线性效应的梁桥倾覆破坏机理，以及支座反力重分布、墩梁水平力对结构横向稳定的影响，系统地明确了梁桥倾覆破坏的历程、特点和倾覆破坏过程中的不利构件，并形成了梁桥横向稳定验算标准、具有工程实用性的梁桥预警和管理养护手册。该课题形成的梁桥横向稳定判别准则可作为横向稳定验算标准，为梁桥横向稳定设计提供指导。

【《基于全寿命管理的桥隧检修设计关键技术》通过验收】 1月26日，市路政局科研课题“基于全寿命管理的桥隧检修设计关键技术”成果通过验收。该课题从全寿命管理的角度出发，解决了桥梁与隧道工程检修设计中的关键技术问题，包括在设计阶段，为结构规划巡检通道、预留非永久构件更换条件、设置结构安全永久性观测点的方法及技术要求等。同步编制完成了《上海市桥梁检修设计指导意见》以及《上海市隧道检修附属设施优化建议》。该成果提升了桥隧设计理念和水平，并为上海市桥隧检修设计规程编制奠定了基础。

【《上海高速公路网交通诱导体系完善研究》通过验收】 12月26日，市路政局科研课题《上海高速公路网交通诱导体系完善研究》成果通过验收。该课题通过对高速公路诱导体系分析，建立诱导体系的评价要素和评价指标，基于干线公路网和快速路网，提出了高速公路网路边可变信息标志布设规划。该课题通过诱导效果的综合评价问题，找出现状中存在的薄弱环节，并有针对性地提出完善意见，为提升高速公路诱导和服务水平的高速公路网运行管理信息化改造工程提供了建设指导依据。

【《路网多元化交通数据集成及评价应用体系研究》通过验收】 12月4日，市路政局科研课题《路网多元化交通数据集成及评价应用体系研究》成果通过验收。该课题通过对外环线以外区域高速公路网以及干线公路网的道路交通采集数据结构、应用现状进行调研，建立了一整套全过程多元数据融合及挖掘分析技术方法，将交通信息分析技术与交通模型模拟技术有机结合起来，弥补了单纯依靠目前信息数据在路网整体评价和交通流路径分析方面的不足，进一步优化了路网交通运行评价指标体系，评价指标更加合理，计算方法更加科学，能够对路网交通运行从整体到局部进行系统性评价。

【开展科技研发及新技术应用成果征集活动】 为切实掌握路政行业科技研发及新技术应用动态，促进行业科研成果转化及新技术推广应用，上海市路政局组织了行业科技研发及新技术应用成果征集活动的成果征集、评选活动。经专家评审组审核评定，评选出上海地区排水性沥青路面养护标准和综合养护技术研究等6项科技成果优胜奖、道路注浆加固技术研究与应用示范等6项科技成果入围奖，浦东新区公路管理署等4家单位被评为路政行业科技创新集体奖。

（市路政局供稿）

四、绿化市容

（一）综述

2014年，全行业贯彻落实党的十八届三中全会、四中全会精神，围绕全市大局，着眼于系统谋划、重点突破、创新发展，全面完成了既定的37项任务。“亚信峰会”保障出色完成，林业建设力度持续加大，城市管理难题顽症治理能力增强，上海花城多姿多彩，垃圾分类减量创造特色，城管执法推进改革，规划发展再谋新篇，法制保障力度不断加强，科技人才建设持续巩固，行业发展进入新的阶段。

生态环境质量持续提升。围绕“十二五”末实现森林覆盖率15%目标，落实造林地块18.25万亩。完成绿地建设1105公顷，其中公共绿地552公顷。外环生态专项完成腾地100公顷。通过国家林业局组织的上海市保护发展森林资源责任制与有害生物预防“双线”责任制考核，结果均为优秀。完成上海市全国第9次森林资源连续清查，在全国率先开展森林资源一体化监测，实现“一盘棋、一套数、一张图”目标。充分发挥城维项目助推行业发展作用，行业基础设施维护水平不断提升。

城市管理水平明显加强。落实“亚信峰会”市容环境保障方案，完成绿化整治、景点优化、中俄军演期间市容环境保障等各项任务。全面加强无序设摊、道路保洁、渣土运输、违建拆除等城市管理难题顽症治理。共拆除、整改违规固定户外广告设施784块，临时广告7800余处，整治店招店牌3300处。

生活垃圾管理成效凸显。生活垃圾处理“减量化、资源化、无害化”能力不断增强，“一主多点”生活垃圾处置设施布局逐渐形成。贯彻落实《上海市促进生活垃圾分类减量办法》，启动绿色帐户区县试点工作。制定《上海市湿垃圾处理实施规划(2014～2020年)》。

城管执法水平不断提高。深入贯彻落实十八届三中全会精神，理顺城管执法体制，提高执法和服务水平。开展城管执法队伍作风纪律整，改善队伍精神面貌。推动标准化大队、规范化中队创建及复验。开展城管执法教育培训规划研究，加大教育培训力度。制定《关于进一步规范本市城管执法勤务模式的指导意见》，以及《关于加快推进本市城管执法系统信息化建设和应用的工作意见》。

行业发展基础愈加扎实。完成绿化市容行业“十三五”规划思路研究。配合开展上海市新一轮总体规划修编与生态保护红线划示工作。会同市政府法制办完成《上海市促进生活垃圾分类减量办法》、《上海市市容环境责任区管理办法》颁布。国家级城市生态定位研究站项目获国家林业局批准。湿垃圾处置产品资源化中试获得阶段性成果，初步形成产业化配套标准。打造“上海花城”，举办各类公园主题活动。组织地产优质果品“进公园、进社区、进楼宇”直销活动。荣获国家林业局“全国林业十佳网站”称号。积极对接“12345”市民服务热线，加强政风行风建设。加强行业安全管理，完善应急管理工作预案。

（二）生态环境建设

【概况】 围绕“系统化、精细化、功能化”要求，全力推动《上海市基本生态网络规划》和林地保护利用规划落地，实现生态空间规模品质俱进。完成绿地建设1105公顷，其中公共绿地552公顷;年内完成新造林3.3万亩，划示固化未成造林地7.2万亩。全年完成项目作业设计评审工作68项，其中，评审生态公益林造林项目64个、疏林地改造项目3个、经济果林项目1个。重点推进主体功能区、重点区域、新城新镇和大居等绿地建设，如国际旅游度假区配套绿地、南大绿地、虹桥商务区绿地、黄浦江滨江绿地、大场公园等。外环生态专项完成腾地100公顷。着力推进生态堤防、河道防护林和农田林网建设，实行农、林、水联动。积极推进5个郊野公园试点建设，推动郊野公园功能定位和政策聚焦。

【森林资源监管体系建设】 完成上海市全国第9次森林资源连续清查，在全国率先开展森林资源一体化监测，实现“一盘棋、一套数、一张图”目标。加强林业“三防”体系建设，进一步落实森林防火工作责任制，通过《国际卫生条例》核心能力水平建设成果审查。

【分解落实森林目标责任】 上海市政府与相关区县政府、有关市属国有企业签定森林目标责任书，分解落实2014年和2015年林业建设与森林资源管理任务。浦东新区作为本市代表，接受国家林业局对保护和发展森林资源责任制的检查考核，考核结果为“优”。国家级城市生态定位研究站项目申请获国家林业局批准成立。

【林业有害生物监测防控】通过国家林业局组织的上海市保护发展森林资源责任制与有害生物预防“双线”责任制考核，结果均为优秀。林业有害生物产地检疫率达到100%，调运检疫26万份，核发木材运输证12万份；受理审批国外引进植物436批次。复检绿化工程698个，实施行政处罚7起。查获检疫性有害生物红棕象甲2批次共5株，查获危险性有害生物27批次，共3.7万余株。

【建立林政稽查队伍】首次组建林政稽查队伍，查处国家林业局督办、局领导批示、信访举报和媒体监督等各类林业行政违法案件11起，林政处罚3人次，林政罚款115.9万元，责成违法当事人补种树木9824株；查处宝山区美兰湖、崇明县北沿公路等11起违法案件。

【基层林业工作体系建设】全年50个乡镇林业站完成挂牌，占应挂牌乡镇数量的49%，其中崇明县、金山区、嘉定区、松江浦南地区、浦东新区书院镇的林业站实现全部挂牌。5家林业养护社（嘉定区菊园养护社、浦东新区南汇养护社、奉贤区奉城养护社和金山区大禹林业养护社、青浦华新）完成标准化建设。编制《上海市林业养护企业养护能力认定办法》，调研松江区“家庭林场”养护模式和崇明县市场化养护模式，为全市开展林业养护模式改革积累经验。

【推进林业产业发展】一是继续实施经济果林“双增双减”和套袋扶持政策。全年共推广有机肥面积27万亩、无公害农药面积21万亩，累计推广面积48万亩次；推广果树套袋折合面积近12万亩；落实财政补贴资金0.9亿元。二是深化“信得过果园”创建评选。

对2014年申请创建的果园进行综合评分，评出15家合格果园（上海圣雨蔬果专业合作社、上海润堡生态蔬果专业合作社、上海奉叶蜜梨种植专业合作社、上海祥鑫柑桔专业合作社、上海嘉定文兴葡萄园艺场、上海市嘉定区马陆镇阿康葡萄园、上海生宝葡萄种植园、上海明新农场、上海南汇瓜果有限公司、上海生清果蔬种植专业合作社、上海润庄农业科技有限公司、上海双张果业种植专业合作社、上海瑾雄果树种植专业合作社、上海崇林果树种植专业合作社、上海闵优果蔬种植专业合作社）并授牌。对全市信得过果园的安全监督员进行培训，考核并新加入20名安全监督员。委托专业机构对70家果园的76个样品进行农残检测，抽样结果均为合格。新添加32家果园二维码信息，共打印下发二维码115.5万个，实现全市55家“信得过果园”二维码全覆盖。三是会同市农委、市商务委、市妇联等部门，组织郊区经济果林专业合作社开展桃、梨、葡萄等地产优质果品“进公园、进商场、进社区、进楼宇”活动，帮助果农对接市场需求。

上海市“安全优质信得过果园”名单

序号	果园编码及名称	序号	果园编码及名称
1	001 上海侨嘉葡萄园发展有限公司	21	028 上海金源果蔬种植专业合作社
2	002 上海安亭炬阳葡萄生产合作社星光基地	22	029 上海申亚农业科技有限公司
3	003 上海马陆葡萄公园有限公司	23	030 上海市奉贤区金汇镇圣奇果园
4	004 上海农家苑葡萄有限公司	24	031 上海仓桥水晶梨发展有限公司
5	005 上海嘉定维高蔬果专业合作社	25	032 上海立益桃林园艺有限公司
6	006 上海安亭千年银杏园艺发展有限公司	26	033 上海星晟现代农业有限公司
7	007 上海中田水果专业合作社	27	034 上海田旺农业科技发展有限公司
8	008 上海平棋葡萄专业种植合作社	28	035 上海筱伟瓜果种植专业合作社
9	009 上海桃源科技发展有限公司	29	036 上海金玉兰葡萄种植专业合作社
10	012 上海金杏香果业专业合作社	30	037 上海根福果业种植专业合作社
11	013 上海农夫果园	31	038 上海敏蓝蓝莓种植专业合作社
12	014 上海纯绿果蔬专业合作社	32	039 上海施泉葡萄专业合作社
13	016 上海鹿其果蔬种植专业合作社	33	044 上海皇母蟠桃种植专业合作社芳心园
14	017 上海桃咏桃业专业合作社	34	045 上海皇母蟠桃种植专业合作社海英果园
15	018 上海依欣瓜果专业合作社	35	046 上海皇母蟠桃种植专业合作社板扎果园
16	020 上海思甜家禽养殖专业合作社	36	050 上海春意果蔬专业合作社
17	021 上海奉禾特色果业有限公司	37	051 上海丰艺果蔬专业合作社
18	024 上海口之缘蜜桃种植专业合作社小荡基地	38	052 上海前卫柑桔公司
19	026 上海花厅果林发展有限公司	39	054 上海市农工商现代农业园区开发有限公司
20	027 上海奉贤金冠蜜梨种植园	40	055 上海市瑞华实业公司
41	015 上海圣雨蔬果专业合作社	49	063 上海南汇瓜果有限公司
42	019 上海润堡生态蔬果专业合作社	50	065 上海生清果蔬种植专业合作
43	023 上海奉叶蜜梨种植专业合作社	51	067 上海润庄农业科技有限公司
44	048 上海祥鑫柑桔专业合作社	52	068 上海双张果业种植专业合作社
45	056 上海嘉定文兴葡萄园艺场	53	071 上海瑾雄果树种植专业合作社
46	057 上海嘉定区马陆镇阿康葡萄园	54	073 上海崇林果树种植专业合作社
47	058 上海生宝葡萄种植园	55	075 上海闵优果蔬种植专业合作社
48	060 上海明新农场		

【完善造林苗木准入制度】 通过上海林业技术网、国家种苗网等网络，依托“农科热线”发布苗木供需信息，引导种苗市场健康发展。2014年，共受理6家花卉生产企业进口林木种子苗木免税申请432份，引进花卉种球6777.37万只，苗木（含插穗）37.46万株（根），林木种子2040584.78公斤，免税进口执行率分别达到72.18%、93.57%、99.11%，实际进口总额达13442.56万元，林木种苗进口免税金额共计1808.58万元。

【上海花城建设】 上海形成一批公园花展品牌，成功举办上海辰山植物园国际兰展、静安雕塑公园国际雕塑展、上海古猗园上海国际睡莲暨上海荷花展、上海海湾国家森林公园上海梅花节、顾村公园上海樱花节、上海植物园上海花展、上海滨江森林公园上海杜鹃花展、共青森林公园上海菊花展、上海动物园第二届蝴蝶展、莘庄梅展、世纪公园双梅展、桂林公园“唐韵中秋”活动等一系列公园主题活动，丰富市民文化生活，为打造“上海花城”奠定了基础。

【2014青岛世界园艺博览会获殊荣】 2014青岛世界园艺博览会上，上海园荣获“2014青岛世界园艺博览会室外展园竞赛大奖”。由上海市绿化和市容管理局代表上海市政府参建的上海园占地面积1350平米，主题为“快城市．慢生活”。上海园贯彻文化创意、科技创意、自然创造理念，以竹为线索展开，立意为“竹席上的悠闲时光”，结合人的不同感官体验，将场地分成若干与竹及园林造景要素相融合的场所，反映当代上海在城市高速发展过程中对生活品质及生活环境的思考，意在向人们提供一个感受美好、享受自我、放慢脚步、品位生活的空间意境。

【优化常态花卉景观布置】 完成“五一”、“十一”常态花卉景观布置，地栽花坛花境面积保持10公顷以上，布置组合花卉和悬吊花球约1万组，主题绿化景点60余个。落实市级储备草花的监管与配送，共采购一二生草花和多年生地被68种、花卉总量190万盆，较好地发挥了市级储备草花的应急保障作用。

【继续推进林荫道建设】 根据《上海市林荫道三年（2013–2015年）实施计划》，2014年，全市共创建命名20条林荫道，改建提升林荫道51条，新建储备林荫道30条。

【加强老公园改造】 积极推进43座老公园改造。完成虹桥、古钟、高桥、鲁迅、曲阳、莘城中央、凯桥、古华、祥和等9座公园改造；爱思儿童、淞南、衡山、莘庄、古藤、枫溪、金沙、泾东、泗泾等9座公园处于改造阶段；江浦、霍山、三泉、南浦广场、金桥、西康、黄兴，周浦、新桥、泖港、滨河文化、静安、真光、人民等14座公园改造项目进入前期协调阶段；大宁灵石（原广中公园部分）、华漕、闵行、亭林、古松、襄阳、水霞、珠溪、凉城、古银杏、昆山等11座公园进入改造方案制定阶段。

【鲁迅公园完成整体改造】2014年8月28日，鲁迅公园完成整体改造工程，正式对游客开放。主要改造内容包括：基础设施改造，公园布局完善，绿化调整与提升，道路地坪调整与改造，部分水体驳岸改造与修复、水体清淤，应急避灾设施设置，以及电气、供排水、标识标牌、厕所和建筑小品改造等。本轮改造具有五大特色：1、挖掘恢复文化历史，展现“历史厚重感”。恢复历史景点北大山瀑布、水边长廊涌泉，恢复建于1929年的英式风格沙滤水饮水器功能；按照老照片“原位复刻”修缮了园内的铜雕塑、南部英式风格的建筑和大门。铸铁路灯、门头、指示牌等都体现“英伦”风格。2、充分挖掘保护园内古树资源，打造鲁迅公园“古树群”。以保留、保护大树为原则，进行定位包扎围栏，最大程度减少对大树生长的影响。公园原有古树名木5株、古树名木后续资源21株，改造中新挖掘古树后续资源12株，打造成为鲁迅公园新的“古树群”特色。3、营造区域绿化特色，提升公园绿化面貌。梅园新增20余个品种300株梅花；樱花林的钟座及北大山前，新增20余种共计300余株樱花，大部分为染井吉野樱花；甜爱湖边种植200株桃树，营造“桃红柳绿”、春景秋色之美景。松竹梅园新建一小型竹园，以云片石作隔断，分区块种植了17种2500根竹子，包括毛竹、黄金嵌碧玉、佛肚竹、紫竹等等，堪称小型“竹博览园”。4、新增人性化服务设施，为市民休闲娱乐提供便利。在公园南门林荫道尽头设置一座弧形舞台，为群众文化活动开展提供展示空间。舞台背景是一座集中反映公园文化历史、自然风光的景墙，体现公园重要历史事件。利用南门广场原有旧石材，加入适量新石材，拼铺各色图案，形成南门广场特色地坪，解决原广场地坪高低不平引起的安全隐患。环绕公园百鸟山建设一条长430米的塑胶健身步道。5、建设应急避难设施，完善应急避难功能。根据二类应急避难场所设置要求，建设应急供电（含柴油发电系统）、应急供水等，并设立应急避难场所标志。

【66座公园夏季延长开放时间】 2014年7月1日至9月30日，全市66座公园延长开放时间。其中，长宁区延虹绿地、虹桥公园、华山绿地、虹桥河滨公园、新泾公园、中山公园、天原公园、水霞公园、华山儿童公园、天山公园（9月28日起）等11座公园实行全年延长开放时间。

【新增3座城市公园】 建成滨河文化公园、桃浦公园、堡镇市民公园并纳入全市公园管理体系，上海城市公园从158座增至161座，镇级公园为30座。

【继续推进植物群落结构调整与功能提升】 通过实施以调整植物群落密度、新优品种引种、土壤改良、设施完善为重点的绿地群落结构调整与功能提升市级示范项目，推动全市绿地调整优化工作的开展，截止2014年底，完成闵行黄道婆绿地、黄浦延中H1绿地和杨浦嫩江路沿线绿地3个市级示范点绿化改造工程，全市绿地调整优化近50公顷。

【松江区方松街道成功创建本市首个“上海市园林街镇”】 2012年10月住建部（建城〔2012〕148号）下发《关于印发国家园林县城城镇标准和申报评审办法的通知》，要求各省、自治区和直辖市要制订标准和创建办法，推进本地区园林城镇创建工作。2013年，市绿化市容局和市建设管理委经研究，选定松江区方松街道作为上海市园林街镇创建试点单位。根据《上海市园林街镇创建办法（试行）》（沪绿容〔2014〕192号）要求，方松街道于2014年10月向松江区绿化市容局提出申报申请。经过松江区绿化市容局初审，市园林街镇评定小组组织验收、现场评定，方松街道达到验收标准，并经公示无异议，2014年12月19日，松江区方松街道正式被授予“上海市园林街镇”称号，成为全市第一个园林街镇。

【整治公园会所、高档餐厅】 2014年1月，根据中纪委和中央党的群众路线教育实践活动领导小组《关于在党的群众路线教育实践活动中严肃整治“会所中的歪风”的通知》，以及住房城乡建设部住房城乡建设部《关于进一步加强公园建设管理的意见》（建城〔2013〕73号）等相关文件要求，上海市政府专题部署公园内会所治理工作。经梳理，在全市158座城市公园中共有茶室、咖吧、餐厅等230余处，其中有会所3处，高档餐厅

8处。针对上述梳理现状情况，市绿化市容局立即对3家会所发出整改单，对8家餐厅提出具体整改目标和要求，同时印发《关于进一步规范本市公园内经营消费场所管理的通知》（沪绿容〔2014〕28号），委托上海市公园管理事务中心、公园行业协会等单位，每月对上述3家会所、8处高档餐厅进行定期暗访和巡查，督促所在公园及区管理部门予以整改。至2014年底，部分会所已关停，尚在经营的部分会所也已扩大开放面积，延长开放时间。涉及餐饮的会所已取消最低消费，提供大众化服务，下调菜品价格，降低人均消费价格，为游客提供价格较低的早茶及午市套餐，体现公园的公益功能。

【开展国家园林城市复查】 国家园林城市每5年复查一次，2003年上海成功创建“国家园林城市”， 2009年上海市经复查合格。2014年3月，住房城乡建设部下发《关于开展国家园林城市复查工作的通知》（建办城函〔2014〕147号），要求相关城市8月底前完成自查，年底前住建部组织开展重点抽查。上海市绿化市容局会同上海市建设管理委制定《本市迎接国家园林城市复查工作方案》，并于8月底完成自查工作，形成《上海市国家园林城市复查自查报告》上报住房城乡建设部。

【开展园林城区复查】 根据住房城乡建设部和《上海市园林城区复查办法》（沪建交联〔2011〕820号）有关规定，园林城区每3年复查一次，2014年为园林城区复查年，上海市涉及浦东新区、闵行、金山（国家园林城区）和嘉定、松江、宝山、青浦、奉贤（上海市园林城区）等8个区。此次复查注重简化程序，将申报材料由6项减为2项，增加专家暗访评估和材料审核环节以减少相关区工作量，同时对上一次（2011年）复查提出的整改项目落实情况进行考核。经综合评定，所涉区均已通过复查。

【完成2013—2014年度“上海市花园单位”评定】 新命名42家“上海市花园单位”，并利用《绿委特刊》、《新民晚报》生态专版、市绿化市容局网站等进行宣传。

【市领导参加2014年全民义务植树活动】 3月18日上午，中共中央政治局委员、市委书记韩正，市委副书记、市长杨雄，市人大常委会主任殷一璀，市政协主席吴志明，市委副书记李希等带领市四套班子领导来到普陀同普绿地，参加2014年全民义务植树活动。市绿化市容局党组书记、局长陆月星等局党政班子成员陪同市领导参加了今天的植树活动。同普绿地位于普陀区长风街道长风生态商务区以西，地块西临木渎港，南至同普路北到金沙江路，东靠丹巴路，规划绿地面积近27300平方米。该公共绿地是河道防护绿地和社区集中绿地合并一起规划建设，主要服务周边社区居民，定位为满足社区居民休闲、游憩、健身需求，同时也是普陀区以及长风生态商务区环境建设项目的重要组成部分。

【全民义务植树】 围绕“同追绿色梦想、共建生态上海”的主题，2014年，共设立义务植树点116处，总面积约592059平方米，参与人次202270人，可供认建认养地块126块，绿地面积约150万平方米。参与认养单位225个，认养个人2708人，认养金额3982008元。

相关资料：

2013~2014年度“上海市花园单位”

黄浦区 上海师范大学附属卢湾实验小学

静安区 中国福利会儿童艺术剧院

徐汇区 上海市漕河泾新兴技术开发区发展总公司（总部一期）

徐汇区 上海漕河泾开发区现代服务业集聚区（W19 地块）
长宁区 上海市长宁区妇幼保健院
闸北区 上海行健职业学院
虹口区 上海市虹口区水电路幼儿园
普陀区 上海市长征中学
杨浦区 上海市杨浦区工农新村小学
杨浦区 上海市杨浦区教师进修学院
浦东新区 上海市浦东新区南门幼儿园（华夏部）
浦东新区 上海市浦东新区中市街幼儿园（新德部）
浦东新区 上海浦东国际机场（场区、航站区、飞行区）
浦东新区 上海市浦东新区周东幼儿园
浦东新区 上海市浦东新区蒲公英幼儿园彩虹岛分部
浦东新区 上海市浦东新区凌桥镇中心小学
浦东新区 中国浦东干部学院
浦东新区 上海市浦明师范学校附属小学（东城校区）
闵行区 上海市日新实验小学
闵行区 上海市闵行区龙茗中学
闵行区 闵行区北桥中心小学
闵行区 上海市闵行区万源城幼儿园
闵行区 闵行区莘庄镇小学（南校区）
宝山区 上海宝山美兰金苑养老院
宝山区 上海市宝山区宝虹小学
嘉定区 日加满饮品（上海）有限公司
嘉定区 上海市嘉定区南苑中学
嘉定区 上海合璧电子电器有限公司
嘉定区 上海市嘉定区徐行镇人民政府机关
奉贤区 上海市奉贤区金水苑小学
奉贤区 上海市奉贤区星火学校
奉贤区 上海市奉贤区塘外中学
金山区 上海市金山区亭林幼儿园（总部）
金山区 上海金山区漕泾镇敬老院
青浦区 上海中福会养老院
青浦区 上海至尊园实业发展有限公司
松江区 上海松申水环境净化有限公司
松江区 上海地铁维护保障有限公司（九亭基地）
松江区 上海市松江区古松学校
松江区 上海市松江区九亭第二小学
崇明县 崇明县民本中学
崇明县 中国电信实业（集团）有限公司怡沁园度假村

【上海公厕立体绿化试点启动】 市绿化市容局积极试点探索公厕立体绿化，让公厕变身为城市的景观小品，起到既吸附二氧化碳等有害气体、降低公厕异味，又遮阴降温、美化环境的作用，分体现节能、环保、低碳的理念。目前，公厕立体绿化主要采用两种建设模式，一是选择易于养护的藤本植物如凌霄、月季、爬山虎、紫藤等种植在公厕外墙、屋顶上，在设置上注重错落有致，例如长宁的中山公园广场公厕，该公厕立体绿化无论从水能耗、养护人工能耗等方面，均低于采取传统种植方式的绿化工程项目，并精心挑选抗性强、表现好的植物，在常态长效的保持上有不俗表现；二是在公厕外立面悬挂盆栽，并对悬挂盆栽定时、定量浇水，及时进行养护，例如松江的文汇路龙城路口公厕，该公厕立体绿化充分结合公厕充满立体感的玻璃幕墙与不锈钢网格，使公厕成为大学城一道美丽的风景。（秦磊）

【重要湿地试点申报】 根据《湿地保护管理规定》（国家林业局第 32 号令），2014 年 2 月，上海市绿化和市容管理局研究制定并下发《关于做好上海市重要湿地（试点）申报工作的意见》[沪绿容（2014）72]。3 月，经组织专家评估，批复同意松江区泖港湿地为首个上海市重要湿地（试点）。

（薛程）

【更新国际重要湿地数据】2014年7月，根据中华人民共和国国际湿地公约履约办公室《关于更新三江国家级自然保护区等20处“国际重要湿地数据信息表”的通知》〔林履湿字（2014）25号〕要求，组织更新2处国际重要湿地数据并上报。国际重要湿地数据更新是我国履行《关于特别是作为水禽栖息地的国际重要湿地公约》的重要工作，也是国际重要湿地保护管理的基础。经调查，崇明东滩国际重要湿地面积32600公顷，包含上海崇明东滩鸟类国家级自然保护区及其东南侧水深不超过6米的约8445公顷水域。长江口中华鲟国际重要湿地面积3760公顷，起始边界由崇明东滩国际重要湿地的南—东—北外部边界向东扩展至上海市长江口中华鲟自然保护区的部分区域。

【崇明生态岛陈家镇郊野公园建设已启动】上海首个集休闲娱乐与运动于一体的自行车主题公园——陈家镇郊野公园，现已具备绿化设计招标条件，进入公开招标阶段。自行车公园位于崇明陈家镇，公园充分按照自行车运动的要求设置，通过理水堆坡，营造优美的景观环境，同时满足多样化自行车运动对坡度和难度的要求。设计综合考虑专业运动员、专业自行车运动爱好者的要求，设置了公路赛赛段、小轮车极限运动的比赛和训练场地。公园同时考虑业余爱好者和普通游客的需求，设置了滨水自行车专用道、景观自行车游览道、趣味自行车场地。园区内主要公共建筑包括游客服务中心、自行车用品商业街区等。远期还拟建一座室内比赛场馆和自行车培训学校。陈家镇郊野公园将是崇明体育旅游的新亮点，其景观设计体现地域风貌，符合生态城镇的特色要素，充分体现了崇明的水文化、自然和岛屿文化特色。

【启动第二次全国重点野生植物资源调查工作】2014年1月至3月，编制完成《第二次全国重点保护野生植物调查上海市工作方案》和《第二次全国重点保护野生植物调查上海市实施细则》，上报国家林业局保护司并获国家林业局陆生野生动物与植物监测中心批复[林植监函（2014）3号]；4月，上海市绿化和市容管理局（上海市林业局）正式印发[沪绿容（2014）112号]；6月24日，上海市第二次全国重点保护野生植物资源调查启动会在上海市动物园召开。上海市第二次全国重点野生植物资源调查分为重点调查及补充调查专项、滨海植物、外来物种、人工栽培植物和GIS数据库构建5个专项调查和各区县人工种群调查。2014年3月，各专项组完成计划任务书编制并通过专家评审；8月，调查领导小组办公室召开第二次全国重点野生植物资源调查试点经验推广现场会，全面推进各区县人工种群调查工作。12月，调查领导小组办公室完成第一次外业调查质量检查并召开年度总结会。

【推进全国第二次陆生野生动物资源调查工作】全年完成全年4次外业调查；同时，结合常规调查和其他专项调查结果，开展蛙蛇类补充调查。共出动调查人员1000多人次，对112条调查样线开展1-4次野外实地调查，在调查中共完成调查表格2433套。开展两次质量检查并形成检查报告。出版8期《上海市第二次陆生野生动物资源调查简报》。

【推进野生动物栖息地及极小种群恢复和野放工程】2014年1月，完成嘉定浏岛、崇明西沙、宝山陈行－宝钢水库、浦东金海4个野生动物重要栖息地项目，以及崇明东滩扬子鳄、奉贤狗獾、崇明明珠湖獐、松江新浜獐4个极小种群恢复和野放项目的批复工作，推进区县项目单位开展项目前期、施工招投标和工程实施；11月，完成青浦区大莲湖蛙类、闵行区浦江蛙类和松江区泖港鸟类3个野生动物重要栖息地项目实施方案批复。

全年11个项目批复资金总额5369万元，已下拨资金1320万元，落实率达到70%，项目面积达1194.6公顷。

【对接自贸区审批事项】2014年5月9日，在自贸区举行"支持中国'上海'自由贸易试验区建设、简化野生动植物管理工作程序现场委托仪式"，国家林业局副局长陈凤学与上海市林业局局长陆月星共同签署《野生动植物行政许可事项实施委托协议》，正式委托上海市林业局和国家濒管办上海办事处实施部分野生动植物行政许可和进出口管理事项，简化自贸区注册企业进出口野生动植物及其产品的管理程序。委托上海市林业局直接审批的事项涉及动物皮革奢侈品经营、钟表贸易、科研医药、木材贸易等5大行业的16家企业，具体内容为：进口"中国野生动物经营利用管理专用标识"管理范围的野生动物皮革制品；进口实验用猕猴、食蟹猴血清等衍生物实验材料等两项行政许可事项；明确"中国野生动物专用标识"发放时间由事后申领发放简化为提前制作、与许可决定书同时发放。此次下放委托许可事项。

【野生动植物行政许可审批】2014年，审核或审批各类野生动物驯养繁殖与野生动植物资源经营利用、猎捕等行政许可176份，比上年度增长18.9%，经营利用野生动物及其制品贸易金额10261.16万元。濒危野生动植物进出口许可1411份（其中国家林业局委托下放审批1147件），比上年度增长11%，进出口贸易额达82119万元。上报本市野生动植物种源免税进口5批，免税动物53头，免税金额453万元。开展2014年度行政许可后续监管检查，实地检查26家申请单位（个人）、共涉及128项行政许可的后续实施情况。宣传国家林业局2013年10月发布的委托审批事项，组织开展2014年上海市梅花鹿、鳄鱼驯养繁殖和经营利用企业巡查。

【下放一项野保行政审批权力】2014年1月，根据《上海市人民政府关于本市第七批取消和调整行政审批事项目录的通知》，"对本市重点保护野生动物驯养繁殖许可证的核发"下放至区（县）林业行政主管部门审批。下发《关于下放本市重点保护野生动物驯养繁殖审批的有关事项通知》，规范下放事项有关细节。

（三）市容环境管理

【概况】围绕"社会化、法治化、长效化"要求，深入推进突出问题整治，全面完成亚信峰会重点区域市容环境保障工作，并抓住亚信峰会契机，推动城市治理现代化水平进一步提升，城市常态长效管理机制更加健全，城市环境保持整洁有序。市政府办公厅出台《关于本市进一步加强城市无序设摊综合治理工作实施意见》，进一步加强无序设摊管理；完善道路保洁应急体系，建立"一路一策"工作机制；渣土管理形成综合治理方案，落实渣土严管严惩措施；推进第三轮违法建筑普查，与相关部门共同出台《关于进一步加强本市违法建筑治理工作的实施意见》。市容环境责任区管理达标率保持在90%以上。户外广告设施设置更加规范。全年共拆除、整改违规固定户外广告设施784块，临时广告7800余处，整治店招店牌3300处。新建改建楼宇（建筑）灯光、绿地景观灯光等70余处，维护提升各类建筑物灯光330余处，形成夜景新亮点。

【无序设摊综合治理】市绿化市容局会同市商务委、市建设管理委、市交通委、市公安局、市工商局、市食品药品监管局颁布《关于本市进一步加强城市无序设摊综合治理工作的实施意见》，坚决以综合整治遏制城市无序设摊蔓延势头；同时制定《无序设摊综合治理（2014–2017）工作计划任务书》，明确三年治理任务：即2014年完成全市200个无序设摊聚集点（包括中心城区104个无序设摊聚集点）10%–20%、2015年完成30%–40%、2016年完成30%–40%、2017年完成10%–20%，2016年底或2017年上半年基本完成治理任务。按照目标，加强与无序设摊综合治理专项工作推进小组各成员单位沟通协调，就全市200个设摊聚集点、212个管控点和177个疏导点协同治理进行商讨。定期召开各成员单位联络员会议，交流工作推进情况，研究探讨项目对接、工作协同、源头布局、完善机制等工作。会同市教委、市商务委，重点研究推进菜场和高校周边治理工作。

市绿化市容局委托社会第三方机构对2014年无序设摊管控实效进行评估。结果显示，2014年全市共完成56个无序设摊聚集点（包括中心城区28个）的综合治理，超额完成年度计划。中心城区105个街镇，较2013年同期，街面无序设摊总数减少26.2%，跨门营业总数减少了56%。

【加强道路保洁】通过文明班组创建、人员培训、专项检查、督促整改等措施，推动道路保洁文明行业创建工作。2014年下半年度，道路保洁和垃圾清运行业社会公众满意度测评结果为81.89分，比2014年上半年度提高0.51分。建立道路保洁“一路一档”工作，主动接受市民监督，推进中小道路保洁“一路一策”，有效提高保洁质量。加强门责环境保洁管理，增加垃圾上门收集频次，及时清理门责垃圾。道路保洁避让高峰（上午7点至9点，下午5点至7点）逐步落实，受到市民欢迎。全市道路保洁质量跃居世博会期间水平，道路整洁优良率达到92%。做好防汛、空气重度污染、冰雪天气等突发情况或恶劣天气的路面保洁工作。

【治理非法小广告取得新成果】加大“停机”力度，全市共依法实施“停机”4893起，奉贤、闸北、徐汇、浦东、青浦等区城管执法部门加强对商业街区、公交站点、主要道路的执法管控力度，对非法小广告做到“及时巡查发现、及时调查取证、及时报送停机”，有效遏制“五乱”现象发生。加大处罚力度，针对大量的“教育培训”、“房产中介”、“机票代理”等非法小广告，加大对其发布单位的处罚力度，全市共实施行政处罚2455余起，闸北、奉贤、黄浦、长宁等区城管执法部门从严从重查处了14家非法小广告发布单位，增强执法威慑力。加大源头治理力度，松江、浦东、徐汇、虹口、宝山、闵行、青浦等区城管执法部门主动加强与公安、工商等部门的沟通协作、联动执法，组织开展打击非法小广告地下窝点专项行动，从源头上防范小广告流入市场、污染环境，全市共依法取缔非法小广告制作、藏匿窝点410余处，收缴“刻章办证”等非法小广告29万余张，以及大量制作印刷工具。

【市容环境达标区域扩大】2014年，继续开展“市容环境综合管理示范街镇”、“市容环境卫生责任区管理达标街镇”的创建活动，全年新增21个达标街镇。截至2014年底，全市共53个街镇成功创建达标街镇、168个街镇成功创建示范街镇。

相关资料：

2014年市容环境卫生责任区达标镇（工业区）一览表

序号	镇（工业区）
1	嘉定工业区（嘉定区）
2	嘉定新城（嘉定区）
3	安亭镇（嘉定区）
4	华亭镇（嘉定区）
5	东平镇（崇明县）
6	新河镇（崇明县）

7　新海镇（崇明县）
8　竖新镇（崇明县）
9　向化镇（崇明县）
10　建设镇（崇明县）
11　川沙新镇（浦东新区）
12　唐镇（浦东新区）
13　张江镇（浦东新区）
14　金汇镇（奉贤区）
15　四团镇（奉贤区）
16　奉城镇（奉贤区）
17　小昆山镇（松江区）
18　车墩镇（松江区）
19　石湖荡镇（松江区）
20　白鹤镇（青浦区）
21　华新镇（青浦区）

【5个区域市容环境建设形成示范效应】2014年，市绿化市容局组织各区县，通过专项整治、改造建设、保护维修等方式，开展世博地区、小陆家嘴地区、豫园地区、吴淞码头周边、朱家角古镇区等5个区域的市容环境建设工作，形成良好的辐射和示范效应。

【“特定区域”治理工作成效明显】2014年，继续推进以菜市场、地铁出入口、学校、医院周边以及旧式小区内为主要内容的“特定区域”市容环境治理工作，虹口、杨浦、长宁、徐汇等四区借助文明城区、卫生城区创建契机，进步明显。据统计，全市跨门营业与2013年相比下降了12%，机动车无序停放、菜场过道堆物、乱停放等问题也有所减少。

【“亚信峰会”期间户外公益广告宣传】市绿化市容局协调相关行业管理部门与企业，在浦东、虹桥机场出入口布置11块大型户外宣传广告牌，在延安、南北高架道路和国际会议中心、世博中心等主要场馆地面道路灯电杆上悬挂峰会宣传招风旗3000余面。

【“亚信峰会”期间景观灯光开放时间调整】根据峰会保障工作整体安排，市绿化市容局调整中心城区景观灯光开放时间，从5月16日至5月22日连续七天亮灯，其中峰会召开的20日、21日两天亮灯时间为每晚18:30--24：00，其余时间为每晚18:30--23:00。

【“亚信峰会”期间景观灯光应急保障】落实景观灯光应急保障队伍和设备，及时处置各类突发问题。截至2014年5月22日，参加灯光值班人数共计达到5600人次，待命抢修人数达到2.3万人次，确保本市中心城区亮灯率达到98%以上。

【展示景观灯光发展成果】完成本市景观灯光发展绩效评估研究，根据评估成果，组织开展了“我最喜爱的灯光夜景”作品征集活动和集中时间媒体宣传，征集到夜景照片700余幅，上海电视台、解放日报、新民晚报、新闻晨报等多家媒体对此进行宣传报道。

【完成本市景观灯光规划编制】完成全市景观灯光总体规划，完成了浦江两岸、延安路高架、苏州河两岸、世博地区、人民广场地区等重点地区专项规划。完成景观照明立法研究，形成《上海市景观灯光管理办法》初稿。

【加强水域保洁】开展直管水域防浪堤、特定码头等垃圾易聚集部位和区县水域桥堍垃圾污染点专项整治，2014年3月1日至5月31日，共清除滩涂垃圾308吨，清理水面漂浮废弃物1545吨。实施“春季水环境综合整治专项行动”，加强市区联动、跨省合作，完成黄浦江死猪应急防范工作。推进水面环境整洁影响源治理、水域保洁服务规划、水生植物处置场地规划等专项工作。完善内河水域船舶生活垃圾定时收集和定点收集方式，丰富作业手段，提高服务质量。

【水葫芦整治】与往年相比，2014年水葫芦呈现出“出现早、转换快、持续长”的特点：6月下旬，金山、青浦等区水域，相继出现水葫芦；7月中下旬，本市干流水域出现水葫芦，较往年提早近一个月；10月中旬前，干流水域水葫芦来量平缓，日均打捞量不足200吨；10月16日开始，水葫芦来量猛增，日均打捞量近2000吨；10月24日至11月29日，干流水葫芦日均打捞量连续35天突破4000吨。基于此，8月初，市绿化市容局水上市容环境卫生管理处启动水生植物预警监控工作，每周巡查1次本市上游地区水域、每两周巡查1次嘉兴地区水域；国庆长假后，进一步提高巡查频率，本市及周边地区做到每周覆盖1次；进入高峰期后，在原先巡查频率的基础上，黄浦江、苏州河景观水域实行一日两报，及时掌握水生植物污染动态信息。同时，指导市环境实业公司采取“抓两头、控中间”的作业方式，即抓好上游干流水域集约化拦捞和下游景观水域精细化打捞，控制中游闵奉水域水葫芦下移；针对滨江滩涂有水葫芦及漂浮废弃物沉积的现象，根据日照时间进行作业，全面加强水葫芦拦捞，并辅以人工捡拾。此外，联合水务、公安、海事、部队等单位，在10月底和11月上旬，分别在东港口和杨子军港等处设置临时拦截设施，防止黄浦江水葫芦倒灌进苏州河景观水域。

（四）生活垃圾治理

【概况】坚持“减量化、资源化、无害化”要求，完善处置体系，创新激励机制，加快末端处置设施建设，促进资源利用能力提升，完善科学监管体系。生活垃圾无害化处理率达到95%。城市化地区垃圾分类减量处理体系基本建立，全市实现人均生活垃圾处理量以2010年为基数再减少5%。“一主多点、就近消纳、区域共享”生活垃圾处置设施规划建设加快推进。“市级大型设施集中处置和区（县）中小型设施分散处置相结合、分散处置为主”的湿垃圾处置格局逐步形成。

【推进末端处置设施建设】生活垃圾处理“减量化、资源化、无害化”能力不断增强，“一主多点、就近消纳、区域共享”生活垃圾处置设施规划建设加快推进。浦东黎明项目基本建成，开始点火试运行；崇明、嘉定、闵行、奉贤、松江等区（县）处置设施建设也已顺利完成节点目标。

【生活垃圾分类标准再次调整】2014年2月22日，《上海市促进生活垃圾分类减量办法》由上海市政府颁布，同年5月1日开始施行。《办法》确立了垃圾“四分法”基本分类标准，即可回收物、有害垃圾、湿垃圾、干垃圾四类，并设分拣员辅助分类。这是上海继上世纪末以填埋为主、本世纪初以焚烧为主、2007年在居住区实行“有害垃圾、玻璃、可回收物、其他垃圾”分类方式、2011年在居住区推进以“干湿分类”为基础的“2+X”模式后，生活垃圾分类标准第5次发生变化，是由垃圾末端处置和资源化利用的途径和能力决定的，体现了“末端处置决定前端分类”的理念。与此同时，上海市还将重点推进电子废弃物、废旧衣物、玻璃、废旧荧光灯管等废旧物资的回收体系建设，人均生活垃圾处理量争取减量5%，控制在每日0.66公斤以下。

【《上海市促进生活垃圾分类减量办法》召开市政府新闻发布会】2014年2月11日，市政府第39次常务会议审议通过了《上海市促进生活垃圾分类减量办法》，2月22日，市政府第14号令正式发布，并将于5月1日起施行。4月10日，市政府新闻办举行市政府新闻发布会，介绍《办法》主要内容及工作安排，市政府法制办副主任顾长浩、市绿化和市容管理局局长陆月星、市绿化和市容管理局总工程师唐家富出席会议。

《办法》旨在通过法治方式改变和规范垃圾收集行为，提高本市垃圾处理水平，其实施标志着上海垃圾分类减量工作从试验性探索到确定性的法制化迈上了新起点；有助于促进和提升作为国际化大都市的上海的国际形象，有助于党的十八大报告关于生态文明建设目标在上海的落实；通过立法明确生活垃圾分类减量工作所涉各方权利、义务和责任，能够更好地促进上海市民良好行为习惯的尽快形成，提高上海城市文明的整体水平。

《办法》在法律适用空间和制度约束上，适用“分步推进”特点，渐进实施、逐步规范；明确垃圾分类减量监督管理和推进落实职责，确立“条块结合，以块为主”的推进模式；确立垃圾“四分法”基本分类标准，确定“可回收物、有害垃圾、湿垃圾、干垃圾”分类名称；明确垃圾收集容器设置要求，采取“因地制宜”原则，在住宅小区、单位办公生产场所以及公共场所等三类区域，设定差异化收集容器；建立垃圾分类投放管理责任人制度，根据场所区域差异、实行物业管理情况、出租及委托经营情况等因素，区分道路等公共场所、客运站等公共场所、住宅小区、单位办公生产场所等四类，确定不同责任人及其职责；明确垃圾分类减量促进措施，加强市民、政府、媒体、社会组织合力推动。

市绿化市容局明确，将通过发挥市生活垃圾分类减量联席会议统筹协调作用、组织制定实施《办法》配套政策标准、加快推进分类收运和处理体系建设、积极探索分类减量社会促进措施、广泛开展《办法》宣传培训活动等措施推进工作进一步开展。

【深化拓展生活垃圾分类减量】贯彻落实《上海市促进生活垃圾分类减量办法》。启动静安、松江等8区绿色帐户试点工作，开通上海市绿色帐户管理信息平台，初步形成绿色帐户生活垃圾分类上海模式基本框架。全市分类区域已覆盖280万户，生活垃圾日均处置量17093吨，较2010年日均降低1811吨，连续四年实现人均生活垃圾末端处理量每年减少5%，无害化处理率达到95%。

【强化生活垃圾资源化利用】制定《上海市湿垃圾处理实施规划（2014～2020年）》，“市级大型设施集中处置和区县中小型设施分散处置相结合、分散处置为主”的湿垃圾处置格局逐步形成，湿垃圾日均末端处置能力达到1900吨以上。湿垃圾处理后加工产物用于绿化林业土壤改良试点研究取得进展。拓展餐厨废弃油脂资源化利用渠道，推进餐厨废弃油脂制生物柴油公交车应用试验六方合作课题，并在老港及部分焚烧厂试点应用。

（五）城管执法

【概况】根据市委市政府提出的完善城管执法体制机制改革思路，市城管执法局参与市委一号课题调研、区县城管执法体制机制改革实施方案编制，梳理城管执法事项清单，研究调整城管执法职能，提出“做实区县城管执法机构，下沉执法权限，赋予街镇更大的执法管理权，健全公安部门对城管综合执法机构的保障机制，整合城管综合执法资源，充实城管综合执法力量”等意见和建议，推动本市区县城管综合执法体制机制改革，加快执法力量下沉，完善保障机制。围绕“规范、文明、有效”的执法要求，坚持执法为民、勤政廉政，城管队伍建设不断加强，依法履职能力不断提高，执法效能不断提升，城市管理主力军作用进一步发挥。城管执法队伍的规范化中队建设达标率达到92%，新增5个标准化大队。

【加强队伍纪律作风管理】 在全市城管执法系统开展以“廉政勤政、积极作为、执法为民”为主题的百日作风纪律教育整顿活动，进一步解决队伍中存在的“四不”（执法不公正、行政不作为、行为不规范、服务不到位）问题，改进工作作风，改善队伍形象。

【强化队伍文化建设】 2014年6月至9月，市城管执法局组织开展全市城管执法系统第一届运动会。本次运动会共有1300余人参加了篮球、羽毛球、长跑等8个竞技项目的比赛，展示了城管执法人员积极参与、团结拼搏、重视荣誉的精神面貌。

【推进标准化大队和规范化中队建设】 市城管执法局进一步加大标准化大队、规范化中队创建力度，推动闵行、崇明、长宁、普陀、松江等5个大队创建为“标准化大队”，黄浦、松江等区县大队11家基层中队创建为“规范化中队”，并完成22家基层“规范化中队”复验工作。目前，全市17个区县234个基层中队中已有215个成功创建“规范化中队”，创建达标率为92%。

【完善执法规范标准】 市城管执法局清理行政处罚、行政强制、行政指导、行政奖励以及其他权利共5大类共计237项行政权力事项。制定《上海市城管执法系统执法装备配置管理规定》（征求意见稿），初步明确通讯器材、取证器材、辅助器材、防护器材和交通设施等执法装备设备的配备标准和管理要求。编订《上海市城市管理相对集中行政处罚权文件汇编》、《城管执法系统教育培训三年规划（2014年-2016年）》、《上海市城管执法行政处罚事项汇总明细》、《上海市城管执法案例汇编》、《上海市城管执法系统教育培训大纲》等5套工作材料。

【实施分层分级培训】 全年共组织新进执法人员岗前培训班、2013年新进执法人员复训班、督察人员培训班、机关人员文书制作培训班、法制干部培训班、勤务干部培训班、新闻发言人培训班、执法业务骨干陪训班、基层中队干部培训班、大队领导研讨班等培训活动14期2689人次。

【加强执法内部监督】 建立健全重大事件督办制度和信访事件抄告制度，完善“分类处置”的信访投诉处理工作机制，采取实地调查、电话沟通等动态调查方式，提高应对信访投诉、网络舆情和议案提案的能力，促进依法行政和公正执法。杨浦区开鲁新村夜排档乱设摊、浦东金杨社区擅自砍伐树案件办理缓慢等群众反映强烈的问题得以迅速解决。2014年，共主办议案提案2件，协办议案提案1件，办结各类信访投诉及网络舆情事件42件，制发督察单19份、告知单6份。

【执法实效提升】 各级城管执法部门坚持探索优化勤务模式、执法方式和管理机制，提高城市管理精细化、科学化、法治化水平。全年共出动城管执法人员230.8万余人次，开展行政执法检查201.3万余次，教育劝阻相对人188.1万余人次，实施行政处罚14.08万余起，改善城市环境秩序。

【违规处置建筑渣土严格执法】 贯彻落实《关于进一步加强建筑渣土管理的实施意见》，加强源头监管，杨浦、静安、宝山、黄浦等区城管执法部门会同相关部门，深入辖区每个在建工地，实施法律法规宣传，督促建设单位规范处置建筑渣土，从源头上减少和避免了渣土偷乱倒现象。加强集中整治，在全市集中开展“雷霆行动”，加强建筑渣土专项执法，严厉打击违规运输处置渣土行为，全年依法从严查处违规运输处置渣土案件4000余起，查扣违规土方车1500余辆，有效遏制偷乱倒渣土等违法行为；徐汇区城管执法部门针对市民群众反映集中的龙吴路渣土扬尘问题，会同环保、交警等部门组建联合执法队，持续开展为期三个月的集中执法整治行动，道路沿线环境面貌得到明显改善；市水管处加大渣土（泥浆）码头执法整治力度，查处偷排泥浆、偷到渣土、无证运输等违法案件77起，会同相关部门取缔非法渣土码头1座，有力维护了水域环境秩序。加强联动执法，奉贤、虹口、青浦、普陀、嘉定、金山等区城管执法部门加强与交警等部门的联勤联动，通过视频监控、设卡盘查、守候伏击等方式，及时有效查处土方车泄漏散落、偷乱倒渣土等违法行为，取得良好成效。

【治理非法小广告取得新成果】加大“停机”力度，全市共依法实施“停机”4893起，奉贤、闸北、徐汇、浦东、青浦等区城管执法部门加强对商业街区、公交站点、主要道路的执法管控力度，对非法小广告做到“及时巡查发现、及时调查取证、及时报送停机”，有效遏制“五乱”现象发生。加大处罚力度，针对大量的“教育培训”、“房产中介”、“机票代理”等非法小广告，加大对其发布单位的处罚力度，全市共实施行政处罚2455余起，闸北、奉贤、黄浦、长宁等区城管执法部门从严从重查处了14家非法小广告发布单位，增强执法威慑力。加大源头治理力度，松江、浦东、徐汇、虹口、宝山、闵行、青浦等区城管执法部门主动加强与公安、工商等部门的沟通协作、联动执法，组织开展打击非法小广告地下窝点专项行动，从源头上防范小广告流入市场、污染环境，全市共依法取缔非法小广告制作、藏匿窝点410余处，收缴“刻章办证”等非法小广告29万余张，以及大量制作印刷工具。

【提高街面执法管控效能】制定《关于进一步规范本市城管执法勤务模式的指导意见》，推动各级城管执法部门加快构建差别化、精细化、信息化勤务管理机制，黄浦、静安、杨浦、闸北、闵行、崇明、浦东等区县城管执法部门灵活机动运用分类设岗、人盯车巡、网格巡查、视频监控、联勤联动有机结合的勤务模式，用有限的执法力量发挥最大的执法效能。深入开展“市容环境秩序无违示范街”创建活动，徐家汇路等18条道路实现创建达标，浦东、静安、虹口、奉贤、徐汇、长宁、嘉定等区城管执法部门以创建活动为载体，建立健全“管理、执法、作业、商家”四位一体门责管理机制，加强商业街区、主要道路、景观区域的日常执法管控力度，优化街面环境秩序。加大区际结合部市容环境治理力度，建立健全指定管辖、联动执法等工作机制，闵行、嘉定、闸北、虹口、静安、普陀、长宁等区城管执法部门加强联勤联动，强化华江路桥猪内脏黑市、东宝兴路烧烤摊、七浦路天桥流动摊贩、曹家渡地区夜排档等区域执法整治，改善结合部市容环境脏乱差现状。

【城管为民服务】针对当前社会管理领域存在的矛盾问题，市城管执法部门加强与相关部门的沟通协作和联勤联动，促进社会和谐安定。加大社会救助力度，会同民政、公安部门加强对流浪乞讨人员的救助服务，重点做好严寒季节、节假日期间的救助服务，全年告知、引导、护送流浪乞讨人员4.1万余人次。黄浦、静安、普陀、闸北、浦东、徐汇、奉贤等区城管执法部门重点加强对车站码头、商业中心、地下通道、桥梁涵洞等巡查频率和力度，增强了救助工作的时效性。加大人口调控服务力度，浦东、闵行、青浦、奉贤、徐汇、虹口、普陀、杨浦等区城管执法部门开展城乡结合部和农村区域危棚简屋、田间窝棚、黑工厂、黑市场等违法建筑专项治理工作，保障区域人口和经济社会可持续发展；虹口、普陀、闸北、徐汇、长宁、宝山等区城管执法部门积极配合相关部门加大群租整治力度，改善市民群众的生活环境。加大“扫黄打非”力度，深入开展“清源、净网、秋风”三大专项整治行动，全市共依法查处占道设摊销售、兜售非法出版物违法行为3400余起，查扣非法音像制品、盗版图书等4.3万余件。徐汇、杨浦、宝山、奉贤、松江、静安等区城管执法部门聚焦文化市场、学校、居住区周边区域，严厉打击占道设摊销售、兜售非法出版物违法行为，净化社会文化环境。

（六）行业发展

【概况】坚持规划引领。组织编制上海市生态空间专项规划、上海市环卫专项规划。完成《立体绿化实施规划纲要》、《景观灯光规划》、《国际度假区绿地系统规划》、《产业园区专项规划》、《上海市湿垃圾规划》等专项规划。完成新城基础设施（绿化、环卫）建设实施评估和规划建设导则。编制下发《郊野公园建设设计导则》，配合市发展改革委完成《本市郊野公园建设和管理若干指导意见》。加大法制保障力度。修订完成《上海市绿化市容、林业行政许可程序规定》、《上海市绿化行政许可审核若干规定》等规范性文件。制定《局行政处罚裁量适用规定（试行）》，细化野生动植物保护、城管执法领域行政处罚裁量基准。深化科技信息工作。完成《上海市建设工程标准体系2000》（修订）分项生态环境工程标准分项目编制。《华东重要资源植物迁地保育与生境营建关键技术研究及应用》荣获上海市科技进步三等奖。《医废高温焚烧系统关键技术与示范工程》获得国家环境保护科学技术奖二等奖。加强政府自身建设，重点推进效能建设和养护作业市场化改革。加强社会宣传和文明行业创建，不断提高市民诉求处置能力，从严开展安全稳定工作。

【科技工作成效显著】古树名木养护管理项目被列为国标委第一批标准化试点。上海迪士尼农田表土保护等3项节能减排标准化示范项目高分通过考评。《绿化用表土保护再利用技术规程》首获市级标准化成果二等奖。开展上海市“打击侵犯和假冒林业植物新品种权专项行动”。全年共获得植物新品种权19个；行业企事业单位获得授权专利48项，软件著作权登记5项，出版专著11部。

【环城绿带水体现状调查分析与对策研究】环城绿带是上海市重要的城市绿色通道和生态防护屏障，沿外环线道路外侧布置，全长约98公里，规划总面积6208公顷。包括已建100米绿带、400米绿带以及生态专项工程新建部分。已建环城绿带涉及外环道路沿线宝山、普陀、嘉定、长宁、闵行、徐汇和浦东新区（含原南汇）等七个区段，水体面积占绿带总面积的10%左右，其中，浦东新区的水体面积约占七个区域总水面积的80%。在承担“城市绿肺”重要角色的同时，环城绿带的污染情况也日益严重。本课题经过近9个月的现状踏勘、调查和实验室分析等紧密协作，对已建外环绿带沿线各区的河道水体状况及周边环境存在的污染影响状况进行调查梳理，将林带水系分布情况制成CAD图纸，根据水体自身特点和污染情况进行分类，并选取代表性水体样点进行采样分析，在此基础上分析污染程度和原因，并提出绿带水体治理和维护的有效对策，对区县绿带养护管理部门给予已建绿带水体保护的技术指导。

【垃圾填埋场土壤修复与植被景观营建研究】 该课题在对上海市典型垃圾填埋场植被调查和生境监测基础上，分析了不同封场工艺填埋场的小气候、土壤、污染物等特征及其与植被的关系，提出了有机质、总孔隙度等是主要生境限制因子。

课题组建立了滩涂型垃圾填埋场适生功能型植物评价筛选方法和标准，并筛选出女贞、乌桕等20余种适用于上海垃圾填埋场的功能性植物，具有自然更新良好的地带性树种、耐旱抗风植物、高抗性和高吸污植物、低维护芳香植物等功能性植物。课题组创新研发形成利用了深层客土与绿化废弃物、污泥等生物质垃圾材料的垃圾填埋场封场土壤预制综合改良技术。集成研发形成了包含保水剂、滴灌在内的垃圾填埋场景观营建综合技术。课题相关研究结果形成专利《一种用于垃圾填埋场绿化种植的环形节水滴灌装置》和《城镇垃圾填埋场生态修复技术导则》，对垃圾填埋场土壤改良和植被营建具有指导作用，为垃圾填埋场土壤改良和植被营建等技术研究提供数据支撑。

课题组依托课题垃圾填埋场生境特征、土壤预制改良和适生植物筛选等研究成果，完成封场垃圾填埋环境修复示范区2处，老港示范区5000平方米，黎明示范区2000平方米，应用植物种类20余种。老港示范区主要示范垃圾封场土适宜厚度地形营建、填埋场土壤综合改良技术、功能型植物应用、植物种植和养护技术，而黎明示范区主要示范封场土预制技术。

【湿垃圾分类处理模式研究】 该课题在分析上海市湿垃圾分类处理能力及技术现状的基础上，结合借鉴国内外湿垃圾处理技术经验，确定今后湿垃圾处理技术发展方向以及全市整体规划方向，并对湿垃圾处理模式提出合理的建议，对进一步开展的湿垃圾处理工作有一定的借鉴指导意义。

该研究主要创新点为：（1）系统地梳理国内外湿垃圾处理技术及应用现状情况；（2）根据区县报送情况及现场勘察情况，对上海市湿垃圾处理能力及处理技术现状（包括成本）进行全面分析，总结当前湿垃圾处理现状及存在问题；（3）在现状分析的基础上，确定上海市湿垃圾处理技术发展方向以及全市湿垃圾整体规划方向；（4）分析研究上述研究结果得出主要结论，并对湿垃圾处理模式提出有针对性的建议。

该研究主要成果有：本市湿垃圾处理能力建设可采取以下几种模式：（1）中心城区跨区县处理湿垃圾，郊区加强处理技术发展。中心城区湿垃圾处理设施选址困难，可利用已建成的湿垃圾处理设施，进行跨区县处理湿垃圾，政府部门则可以制定相关政策鼓励跨区县处理湿垃圾，提高输出方和接收方的积极性；郊区则要充分利用湿垃圾处理能力相对充足、布局较为合理的优势，重点提高湿垃圾处理技术，制定相关标准及规范化管理要求，改变过多选用堆肥、技术水平不高、产品收益较低的现状。（2）中心城区集中规模处置，郊区城镇地区就近处置，郊区农村地区就地处置。中心城区湿垃圾处理设施较少，新设施建设也较为困难，中心城区湿垃圾适宜实施集中规模处置。郊区城镇地区湿垃圾处理能力相对充足，集中、分散设施布局较为合理，物流便捷，郊区城镇地区适宜采取就近处置的方式。郊区农村地区湿垃圾产生较为分散且产生量较小，不宜集中处理，郊区农村地区适宜采用设置专用堆点进行简易堆肥的就地处置方式。

【上海生活垃圾分类减量模式建设研究】 该课题结合垃圾分类三年实事项目，总结上海生活垃圾分类减量工作的现状和“大分流、小分类”工作取得的成效，在正确评估“绿色帐户”激励机制，分析上海生活垃圾分类减量工作面临的主要矛盾、存在的突出问题，对比研究国内外城市相关案例基础上，研究提出了完善垃圾分类减量的技术体系和管理体系。

该课题对“上海模式”构建及其有效运行的运作机制和配套政策以及实施“上海模式”的近期、远期一系列措施进行了较为深入的分析和研究，具有一定的针对性、前瞻性和创新性，对加强垃圾分类减量工作具有较强的参考意义和实际价值，为进一步推进生活垃圾分类减量工作提供了决策参考。

【开展环卫作业新能源车辆推进工作】制定并发布“新能源环卫作业车辆推进计划”，明确2014–2015年的工作重点及各区县的任务指标，并加以协调推进。截至2014年底，共完成新能源环卫车推进指标60辆。

【开展“湿垃圾”处置产品资源化中试工作】一是对连续施用情况下的环境承载能力进行测试。对不同施用量的试验样地的地下水、地表水和病虫害、微生物等变化情况进行监测和测试，根据环境承载能力的变化，以获取连续的最大施用量。二是模拟淋溶试验。即在模拟自然降雨、模拟自然土壤情况下，分别施用不同的处置产品，检测土壤吸收处置产品能力及其渗透的水的氮、磷、钾含量的变化情况。并与试验样地检测数据相印证，旨在获取在不造成地表水、地下水富营养的情况下，处置产品的最大施用量和施用频率。三是开展自然堆放试验。通过将现有工艺生产的处置产品堆放在塑料大棚内，观察检测其碳氮比、温度、臭味等随堆放时间的变化情况，力求得出相关规律，为今后在林地二次发酵堆放提供技术依据。全年共消纳利用处置产品达5200余吨（即消纳利用湿垃圾1.5万余吨）。

【“2014上海产业园区绿化土壤改良与修复论坛”召开】11月26日，由上海市绿化和市容管理局、上海临港经济发展（集团）有限公司共同举办的“2014上海产业园区绿化土壤改良与修复论坛”在漕河泾开发区举行。上海市绿化和市容管理局局长、党组书记陆月星，副局长夏颖彪，总工程师唐家富，上海临港经济发展集团有限公司董事长刘家平，副总裁桂恩亮等出席了本次论坛。市园科所、市绿化和市容工程管理站和各区县绿化市容局等单位近150人参会。

本次论坛邀请了中科院南京土壤研究所赵其国院士、吴龙华研究员、世界著名主题乐园景观建筑设计总监Joe Parinella以及上海市绿化市容行业的专家学者，临港集团产业园区及上海市绿化施工企业代表，共同为产业园区绿化土壤治理出谋划策。

市绿化和市容管理局党组书记、局长陆月星指出，改革开放30多年来，生态园林理念已成为上海绿化建设的一张名片。但随着土壤问题日趋严重，土壤质量已成为制约绿化发展和城市生态环境建设的障碍因子之一。希望通过政府、科研院所、产业园区的共同努力，探索出一些实践经验，在城市绿化土壤改良和修复方面形成可复制、可推广的实施管理标准。

临港集团董事长刘家平表示，希望以此次论坛为契机，以产业园区土壤改良与修复为起点，共同搭建所企合作、院企合作、企企合作的平台，加快上海产业区朝着国际现代生态型园区转化的步伐。

会上，上海临港漕河泾生态环境建设有限公司、上海市园林科学研究所、上海市绿化和市容工程管理站共同签署了“土壤治理改良”战略合作协议。三方以临港集团产业园区为案例，合作研究产业园区绿化土壤的改良、新优品种应用、生态服务价值评估、有机废弃物利用等技术服务，提升园区绿化品质；联合开展科研攻关和技术推广，提升园林科技水平；共同推动园林绿化工程新技术、新工艺、新材料的应用。

本次论坛对国际及国内土壤科学发展现状、景观理念及技术应用，土壤修复技术，绿化土壤生态功能及质量管理等方面开展探讨，并就产业园区生态环境维护的需求及思路进行交流。

【“行政事务受理系统”网络平台延伸建设】 完成市、区、街道（城管大队）以及处置单位（城管中队）“行政事务受理系统”受理处置网络平台的四级延伸建设，实现了投诉受理管理全覆盖，提升工作效率。

【行政审批系统信息化建设】 实现全行业41项行政许可事项的全流程管理与效能监控。完成与自贸区受理中心网上对接，开展张江高新区、陆家嘴等四个分园委托审批事项的前期调研以及网上审批的接入工作，进一步扩大网上审批的覆盖范围。

【启动“上海生态园林移动互联网APP应用系统”建设】 按照“政府指导、市场化运作”的原则，探索“政府搭台，市场运作、百姓受益”的信息资源开发利用新模式，在原有“公厕指南”移动APP、微信“绿博士”和“上海花讯”移动应用的基础上，充分整合行业公园绿地、信得过果园、古树名木等政府信息资源，启动“上海生态园林”移动互联网APP项目建设工作。

【制定市绿化市容局数据资源向社会开放工作计划】 完成公厕绿地、古树名木、机构情况等9项数据的整理公开和40%的信息化资源目录编制，逐步推进行业公共信息平台建设。

【完成绿色账户门户网站平台建设】 梳理绿色帐户建设技术方案，利用物联网、移动技术等各类信息技术，突破垃圾分类前端数据采集、后台积分消纳等瓶颈问题，完成“绿色账户门户网站平台”建设与上线运行，为全市生活垃圾分类减量推进提供信息技术保障。

【构建渣土综合监管服务信息系统】 2014年5月，市绿化市容局启动建筑渣土综合监管服务信息系统的建设工作；12月17日，系统正式开通。该系统包含渣土相关数据的共享管理平台、信息服务平台及渣土信息服务APP等平台，主要实现三方面功能：一是整合原有渣土申报、车辆监控、投诉受理等信息系统并加以提升；二是定期汇总分析城管执法、公安交警等执法部门信息，作为严管严惩措施的有力依据；三是构建渣土运输企业诚信档案体系。

【上海绿化市容门户网站开启无障碍阅读时代】 2014年初，上海绿化市容门户网站启动全网站无障碍改造项目，解决特殊人群信息无障碍浏览方式，构建人人都能平等享有信息的无障碍服务体系，营造文明和谐的无障碍信息交流环境。12月上旬，该项目全部完成，并通过了专家组的验收，同时获得了上海市盲人协会的相关专家测试。 专家组一致认可该项目，认为其已达到中国通信标准化协会（CCSA）发布的《信息无障碍——身体机能差异人群网站设计无障碍技术要求》（标准编号为：YD/T 1761-2012）三级无障碍规范要求，使特殊人群能够通过特殊键盘和读屏软件的辅助，阅读理解政府网站信息

【上海市绿化市容服务热线管理应用系统正式上线试运行】 近一年的研究设计、开发推进，上海市绿化市容服务热线管理应用系统现已基本开发完毕，并且初步通过测试。12月1日起，市绿化市容局行政服务中心正式

启动对新系统为期一个月的试运行。一是选定参与试运行的区县诉求处置平台。行政服务中心根据区县平台特点，选取了宝山绿化、宝山城管、浦东投诉中心、闵行投诉中心、长宁投诉中心等区县部门共同参与系统试运行工作。二是确定试运行方案流程。市、区两级参与试运行的部门从工单的接收、处置、下发、反馈等操作流程验证诉求处理业务流程、督办流程，12345 热线、12319 热线、浦东环境热线等数据接口，系统分析统计、坐席系统等业务模块功能是否符合设计要求和使用状态，检验软件使用的正确性。三是全程进行跟踪监控。行政服务中心成立了系统试运行测试小组，每天模拟诉求工单进行流程试运行，并通过即时通信等方式快速发现问题、解决问题。通过试运行的有效管理应用，为新系统 2015 年 1 月 1 日正式上线打好基础。

【举办"上海国际固体废弃物、清洁专用设备与技术展览会暨 2014 上海园林机械装备与技术展览会"】 2014 年 4 月 9 日至 11 日，第七届上海国际固体废弃物、清洁专用设备与技术展览会暨 2014 上海园林机械装备与技术展览会在上海展览中心举办，该展览会由上海市绿化和市容管理局、上海市市容环境卫生行业协会、上海市园林绿化行业协会、上海展览中心主办，上海市环境工程设计科学研究院、上海市园林绿化行业协会协办。本届展览会汇聚了 40 余家国外知名企业和国内技术先进的一流企业积极参展，展出固体废弃物收集、运输、中转车辆和设备设施、垃圾处理技术和设备设施、道路清扫保洁车辆、公厕设施、园林施工工程和养护机械新装备与新技术，其中南汽、东风、江淮、奥新、长安等国内纯电动汽车生产企业生产的新能源汽车，以及由改装企业生产的微小型纯电动垃圾收集车、道路保洁车、厢式货车等新能源专用车辆在本次展览会上的同时亮相，在国内尚属首次，也是本届展会的一大亮点。最新投产的国五排放标准的环卫车，车厢美观、密闭性能好的新型渣土运输车也是本届展览会的亮点。

本届展览活动期间，还举办了以"创新减排 资源"为主题的"2014 环卫、园林装备技术与应用论坛"。论坛邀请国内外有关专家深入探讨交流城市环卫、园林装备技术发展与应用需求，新能源汽车产业发展和新能源环卫车辆技术及应用，垃圾处理资源化利用，环卫作业市场化运作等行业发展中的热点和难点，以推进环卫、园林装备技术的创新和发展，促进节能减排等新能源环卫车辆的推广应用。

【国外交流访问学者研究上海环城绿带】 华东师大资源与环境学院环境科学系对外交流项目来沪交流访问的学者和博士生组成工作小组，深入已建 100 米绿带沿线的闵行区和浦东新区等几个防护林带现场，对已建绿带的群落结构、树种选择、养护模式等作了详细的实地考察和深入了解，对沿外环高速道路外侧具有生态防护功能的已建林带产生的降噪防尘、固碳释氧、缓解热岛效应等生态作用进行了情况调查和现场体验。其中，来自德国的两位生态学博士对上海市为防止城市无限制扩张、保护城市生态宜居环境而花费十多年时间建成的近自然城市森林产生了浓厚的兴趣；同时，国外学者对环城绿带每年产生的生态效益和社会效益也表示肯定。

【上海市餐厨废弃油脂收运、处置行业自律公约正式签署履行】 2014 年 12 月 19 日上午，上海市市容环境卫生行业协会召开"上海市餐厨废弃油脂收运、处置行业自律公约签约大会"，建立上海市餐厨废弃油脂收运、处置行业自律性管理约束机制，促进行业的健康发展，推动行业诚信体系建设。上海市废弃物管理处处长邹华、上海市市容环卫行业协会副会长兼秘书长吴仁勇、上海市绿化和市容管理局环卫处等相关负责人出席了签约仪式，本市20家收运、处置企业负责人参加了此次活动。

上海市市容环境卫生行业协会组织起草了“上海市餐厨废弃油脂收运、处置行业自律公约”，经过多次讨论反复修改，并征求行政管理部门以及全市收运、处置企业的意见后定稿。“上海市餐厨废弃油脂收运、处置行业自律公约”共有九项条款，倡议在行业开展“守法、诚信、规范、有序”的基本原则。20家企业负责人现场在“上海市餐厨废弃油脂收运、处置行业自律公约”上签字，郑重承诺严格履行《公约》的各项规定。行业自律公约将在协会网上向社会公布。各签约企业将自觉接受社会各界对本行业的监督和批评。

上海市市容环卫行业协会副会长兼秘书长吴仁勇提出，餐厨废弃油脂收运、处置行业要认真学习党的十八届四中全会精神，依法自律发展，不断完善企业的管理水平；自觉遵守《公约》条款，维护行业的运营秩序。

上海市废弃物管理处处长邹华对《上海市餐厨废弃油脂收运、处置行业自律公约》的签署表示热烈祝贺。他指出，签订行业自律公约，说明该行业已步入了由“他制”到“自制”的阶段，是行业进步的象征。他还对餐厨废弃油脂收运、处置企业提出以下几点要求：一是要强化企业信息化管理，借助科技手段提升管理水平；二是要重视评议工作，营建规范有序的收运处置市场运行环境；三是要规范内部管理，争取每年上一个台阶；四是要提升末端企业的运行稳定性。

【“古木春秋”生态文化列车正式上线运行】 上海市绿化委员会办公室、上海市古树名木保护工程办公室与申通地铁，围绕“同追绿色梦想，共建生态上海”的主题，携手推出“古木春秋”主题的绿化生态文化列车。此列文化列车是继“十大名花”“荷风雅韵”之后，上海市绿委办和申通地铁合作推出的第三列生态文化列车，旨在展示上海古树名木的古韵风采，倡导爱绿护绿理念。

此次“古木春秋”生态文化列车在全部6节车厢共制作36幅车壁贴画、240个列车拉手和120张车门（单透），每幅车壁贴画展示了古树名木的名人字画和现场照片，同时配以简要介绍，体现了上海古树名木奇、拙、秀、美的古朴神韵。在7号线实现整列车宣传的同时，还在1号、2号、3号、4号、5号、6号、7号、8号、9号、10号、11号、12号、13号、14号等共计14条线路，各选择一列车推出整列拉手贴画，扩展了生态文化列车宣传的覆盖面。

（古树：指树龄在100年以上的树木，名木是指树种珍贵稀有、具有重要历史价值或者纪念意义的和重要科研价值的树木，是大自然留给人类的宝贵遗产，更是历史的见证和重要的自然资源，历来备受人们的关注和厚爱。上海由于建城历史较短，又历经战乱的洗礼，古树种类和数量相对较少，目前古树名木总数为1581株，古树后续资源1024株，平均1万人还不到1株古树，因而显得弥足珍贵。）

【市文明办、市绿化市容局联合开展“世界厕所日”系列宣传活动】 市文明办和市绿化市容局联合开展“世界厕所日”系列宣传活动，旨在让上海公厕成为展示公厕文化和城市文明的重要窗口，以及打造“国内领先、国际一流”的上海公厕行业的新起点。2014年11月19日，市文明办和市绿化市容局在徐汇区青少年活动中心举办了“弘扬公厕文化，构筑美好家园——‘世界厕所日’主题活动”，为整个系列宣传活动划上了一个圆满的句号。市委宣传部副部长、市文明办主任燕爽、市文明办副主任宋慧、市建设交通工作党委副书记田赛男、市绿化市容局党组书记、局长陆月星、市绿化市容局总工程师唐家富等领导出席了活动，并为在系列宣传活动中评选出的“市民最满意十佳公厕”和“十佳最美公厕保洁员”颁奖。申通集团党委副书记徐建群和市商务委相关领导也应邀出席了主题活动。

上海公厕行业经过多年的建设和发展，硬件建设和服务水平都得到了大幅度的提升。目前上海共有2600余座城区公厕、3600余座农村公厕、以及对市民开放的社会公厕，形成了较为完善的公厕服务体系。2010年，全市环卫公厕全部免费开放，并在公厕服务中推行“四心”、“三服务”、“四个一”的服务方式，确保公厕免费以后服务质量不下降。同时，上海的公厕又不断推出便民服务举措：开发了“上海公厕指南”APP导厕软件；在公厕内安装报警系统、用厕告知信息系统；在公厕内配置无障碍通道、无障碍厕间及“方便凳”、便民服务箱、洗手用品、应急卫生纸等，并试点推进第三卫生间配置工作；全市配备16组拖动式应急厕所和58组拉臂式应急厕所，满足重大节日和活动的应急需求。

【上海市2014年度市民“最满意公厕”和“最美保洁员”评选结果出炉】2014年11月7日，市市容环境质量监测中心召开上海市2014年度“市民最满意公厕”和“最美保洁员”评选活动专家评审会，由7位专家组成专家评审组，评选出多伦路25号公厕、武胜路10号公厕等10座公厕为2014年度“市民最满意公厕”，曹锦、朱文娟等10名公厕保洁员为2014年度公厕“最美保洁员”。专家组一致认为，评选出的10座公厕，硬件设施齐全、便民服务到位，能充分展示上海公厕设施先进、便民利民、科技环保的特点，是上海环卫公厕中的典型代表；评选出的10名公厕保洁员，秉承全国道德模范李影同志人性化服务的宗旨，工作认真负责、服务周到热情，能充分体现公厕保洁员吃苦耐劳、乐于助人、人性化服务的特点，是上海环卫公厕保洁员中的杰出代表。

相关资料：

2014年度上海市“市民最满意公厕”的公厕（排名不分先后）

序号	公厕地址	所属区县
1	多伦路25号公厕	虹口
2	武胜路10号	黄浦
3	邯郸路446弄	杨浦
4	共和新路大统路	闸北
5	长宁路820号	长宁
6	延安中路840号	静安
7	浦东南路3493号	浦东
8	大慈路社区文广中心对面	金山
9	民主东街12号东侧	嘉定
10	旧校场路43号	黄浦

2014年度上海市公厕"最美保洁员"的保洁员（排名不分先后）

序号	保洁员姓名	保洁公厕地址	所属区县
1	曹　锦	多伦路25号公厕	虹口
2	朱文娟	世纪广场3号廊道公厕	浦东
3	丁云萍	肇嘉浜路439号公厕	徐汇
4	韩惠丽	城桥镇富民街公厕	崇明
5	张惠庆	淮海中路670弄公厕	黄浦
6	张卫英	方塔公园北大门公厕	松江
7	新丽平	邯郸路446弄	杨浦
8	李小萍	宁虹路申滨路公厕	闵行
9	陈　芸	场中路3332弄公厕	闸北
10	周志勇	志丹路210号公厕	普陀

【崇明东滩鸟类自然保护区开展以鸟类为主题的亲子体验活动】 11月8日，上海崇明东滩鸟类国家级自然保护区开展了名为"灵动生命自然体验"的以鸟类为主题的亲子科普活动。来自5个家庭的共13位市民参加了此次活动。活动为期一天，围绕东滩保护区最主要的保护对象——鸟类展开，通过湿地观鸟、展馆参观、观影、讨论等环节，引导群众学习鸟类和湿地的知识，体验东滩湿地美丽的风光和精彩的鸟类，了解野生鸟类所面临的自然界和人类的威胁，进一步认识鸟类和湿地保护工作的重要意义。

【上海市野生动物保护特色学校建成"生态图书馆"】 截至目前，全市范围内建成166所野生动物保护特色学校，在推动上海生态文明工作方面发挥了积极的作用。各个特色学校充分运用自身资源开展各类野生动物保护教育，有效提升学生生态道德素养。闵行区颛桥中心小学在上海市野生动植物保护协会、闵行区科学技术协会等单位的指导下，历经半年多的筹备，于2014年11月份正式建成开放"生态图书馆"，推进学校生态道德教育和野生动物保护科普教育，鼓励学生关注身边的自然生态环境。"生态图书馆"以生态类科普图书的阅览为主，结合新书介绍、活动推广、科普演讲、互动交流、好书漂流等功能，以学生自主管理为主，比传统图书馆更加活泼、开放，既是校内的一个科普教育基地，也是一个学生展现自我的舞台、一个自我锻炼的平台。"生态图书馆"结合学校少年宫项目还在双休日和寒暑假向家庭、社区开放，以点带面拓宽科普工作广度，把生态知识进行多方位传播和辐射，不断提高未成年人和公众的生态保护意识。

【上海市成立首个青少年生物多样性探究体验基地】 上海市青少年科学研究院沪东分院（杨浦区青少年科技站）、复旦科技园小学、上海市野生动植物保护协会联合建立上海市首个青少年生物多样性探究体验基地。现已建成湿地体验馆和湿地图书馆，未来还将建设湿地实验室和多功能探究工作室，可以接待学校及社团的学生进行生物标本的采集、观察、制作、保存等，形成生活多样性调查活动的大本营。

该基地还聘请上海市野生动植物保护协会鸟类专业委员会会长唐思贤副教授、上海植物学会理事长周秀佳教授指导开展活动，由专业教师参与策划活动设计与实施，不定期在基地整合湿地实验室及高校资源开展各类主题活动。

生物多样性探究体验基地的建成，已成为青少年自然教育的重要平台，不仅能激发学生对自然科学兴趣，还能让青少年了解生物多样性对于自然的重要性，是科学研究生物多样性的良好载体。

【加强政府效能建设】 推进行政审批改革和行政审批标准化建设。跟踪已调整的11项行政审批事项，完成张江高新园区第二批试点分园委托审批相关工作。全面完成市级39项行政审批事项的业务手册和办事指南编制，组织区县42项审批事项的实体性规范编制。组织推进政府效能试点工作，取得“六化”试点成果。完成17类600余项行政权力清单梳理，公布《市、区县两级绿化市容、林业、城管执法部门行政审批、行政处罚、行政强制权力清单（2014年版）》。配合市政府督查室开展林业专项督查调研。开展公益林生态补偿政策绩效评估。

【加快养护作业市场化改革】 制定《关于进一步促进保障直属公园市场化改革的若干意见》。形成《上海市规范公共绿地和行道树养护作业管理暂行办法》和《上海市园林绿化养护合同》配套文件，更新发布环卫作业养护预算定额经费标准，初步形成《绿化市容行业大型机械设备管理办法》。基本形成直属公园“一园一策”改革方案，区县改革取得不同程度进展。

【提高市民诉求处置能力】 受理各类投诉194139件，同比下降3.64%。在“12345”市民服务热线绩效考核中，综合满意度测评在城建类7部门中位居第三。开展夏令专项行动，受理诉件30630件，同比上升11.2%。受理行政许可申请2163件，信息公开43件，办结率均为100%，未发生行政复议被撤销、行政诉讼败诉案件。

【维护行业安全稳定】 完善应急管理工作预案，有效应对“7.15”局部特大暴雨和“9.23”热带风暴，完成H7N9禽流感联防联控。全年受理1409余件次信访诉求，办结率100%，未发生进京集体上访事件。完善《上海市公园游乐设施管理办法》，有效加强公园游乐设施安全管理。开展上海环卫行业第四次集体协商，下发《2014年上海环卫行业工资福利待遇工作指导意见》，完善环卫职工收入正常增长机制。开展绿化建设“千万农民工同上一堂课”安全培训活动，创新培训方式，通过口袋书、扑克牌、光盘等教材开发和小教师培训等形式，培训农民工超2000余人次。

（秦磊）

五、环境保护

（一）综述

2014年全市环保投入资金约699.89亿元，相当于同年上海市生产总值（GDP）的3.0%。其中，城市环境基础设施建设投资为271.79亿元，污染源防治投资为260.14亿元，生态保护和建设投资为5.29亿元，农村环境保护投资为42.45亿元，环境管理能力建设投资为4.56亿元，环保设施运转费为88.83亿元，循环经济及其他方面投资为26.85亿元：分别占投资的38.8%、37.2%、0.8%、6.1%、0.7%、12.7%和3.8%。

2014年，是国家全面深化改革、完善生态文明制度建设的启动年，也是本市落实清洁空气行动计划，完成第五轮环保三年行动计划，加快改善环境质量的关键年。本市环保工作坚持以生态文明建设和改革引领，深化“四风”整治，巩固和拓展党的群众路线教育实践活动成果，改革创新、攻坚克难，全面完成了各项年度目标任务。

环境质量保持稳中趋好的态势。环境空气中PM2.5平均浓度为52微克/立方米，较上年下降了16.1%；水环境质量较上年有所改善；区域环境噪声达到标准要求；辐射环境质量保持正常。

（二）环境质量

【概况】2014 年全市主要河流断面水质达到 III 类的占 24.7%，IV 类和 V 类占 26%，其余为劣 V 类，主要污染指标为氨氮和总磷。长江流域河流水质明显优于太湖流域。全市主要河流高锰酸盐指数和氨氮平均浓度分别为 4.55 毫克 / 升和 2.40 毫克 / 升，分别较 2013 年下降 4.2% 和 5.0%；总磷平均浓度为 0.313 毫克 / 升，与 2013 年基本持平。2014 年全市河流水质较 2013 年有所改善。淀山湖处于轻度富营养状态，与 2013 年基本持平。（图 1）

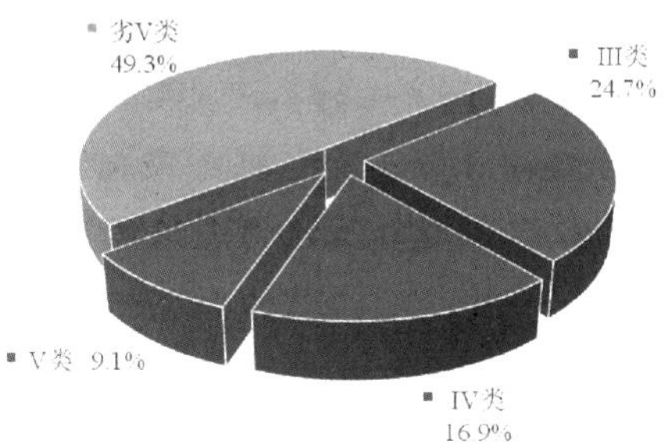

图 1 2014 年上海市主要河流断面水质类别比例
（详见 P32 彩页图 6）

全市环境空气质量指数（AQI）优良天数为 281 天，较 2013 年增加 40 天；AQI 优良率为 77.0%，较 2013 年上升 11.0 个百分点。其中，优 48 天，良 233 天，轻度污染 58 天，中度污染 22 天，重度污染 4 天，未出现严重污染日；重度以上污染天数比 2013 年减少 19 天。

全年 84 个污染日中，首要污染物为细颗粒物（PM2.5）的有 58 天，占 69.0%；首要污染物为臭氧的有 19 天，占 22.6%；首要污染物为可吸入颗粒物（PM10）的有 2 天，占 2.4%；首要污染物为二氧化氮的有 4 天，占 4.8%；PM2.5 与臭氧同为首要污染物的有 1 天，占 1.2%。

全市区域环境噪声为一般水平；道路交通噪声昼间时段达到较好水平，但夜间时段为差。

全市辐射环境质量总体情况良好。

【主要河流】黄浦江。黄浦江 6 个断面水质，1 个为 III 类，5 个为 IV 类，主要污染指标为总磷、氨氮和溶解氧。与 2013 年相比水质略有改善，总磷和氨氮浓度分别下降 20.2% 和 6.3%。苏州河 7 个断面水质均为劣 V 类，主要污染指标为氨氮、总磷和溶解氧。与 2013 年相比水质略有改善，高锰酸盐指数和氨氮浓度分别下降 25.6% 和 10.7%。长江口。长江口 7 个断面水质均达到 III 类。与 2013 年相比水质轻微改善，氨氮浓度下降 41.7%。其他骨干河道。其他骨干河道 57 个断面水质，III 类占 19.3%，IV 类占 14.0%，V 类占 12.3%，劣 V 类占 54.4%，主要污染指标为氨氮、总磷和溶解氧。与 2013 年相比，水质基本持平。（图 2、图 3）

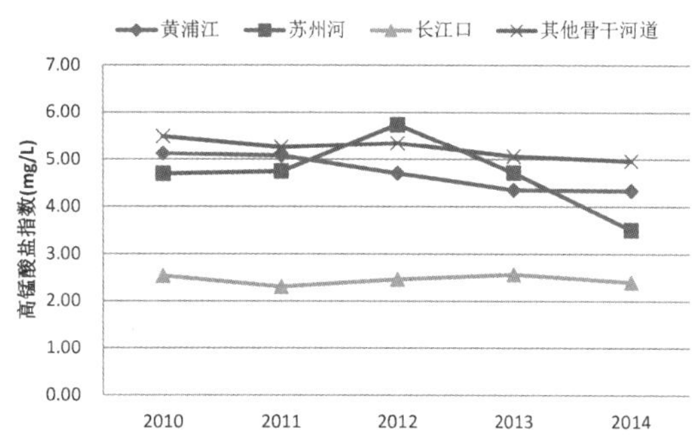

图 2 上海市主要河流高锰酸盐指数变化趋势

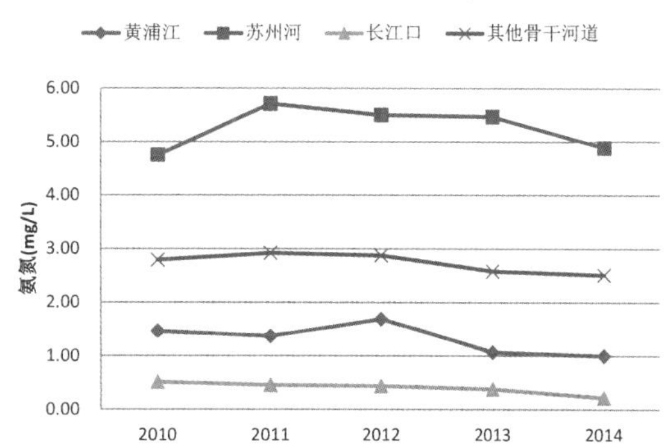

图 3 上海市主要河流氨氮浓度变化趋势

【细颗粒物（PM2.5）】2014 年，上海市 PM2.5 年均浓度为 52 微克 / 立方米，超出国家环境空气质量二级标准 17 微克 / 立方米，较 2013 年下降 16.1%。冬季 1 月和 12 月季节性污染问题仍较突出，月均浓度分别达 76 和 72 微克 / 立方米。冬春秋季月均浓度低于 2013 年，夏季浓度高于 2013 年。2014 年 6 月，各区县空气质量分区评价点基本建成。6 ~ 12 月的监测情况表明，各区县 PM2.5 浓度空间分布总体呈西高东低的趋势。（图 4、图 5）

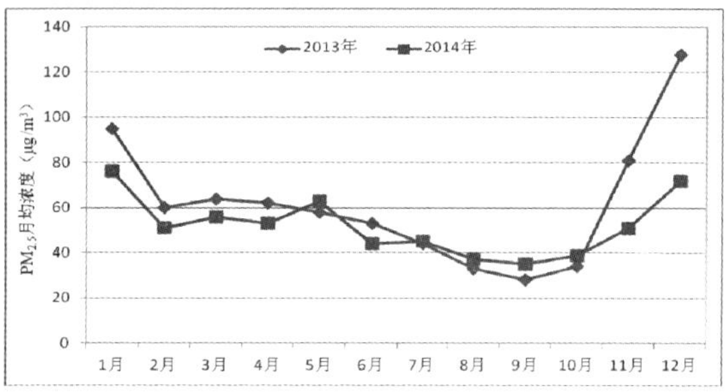

图 4 2013 年与 2014 年各月 PM2.5 月均浓度比较

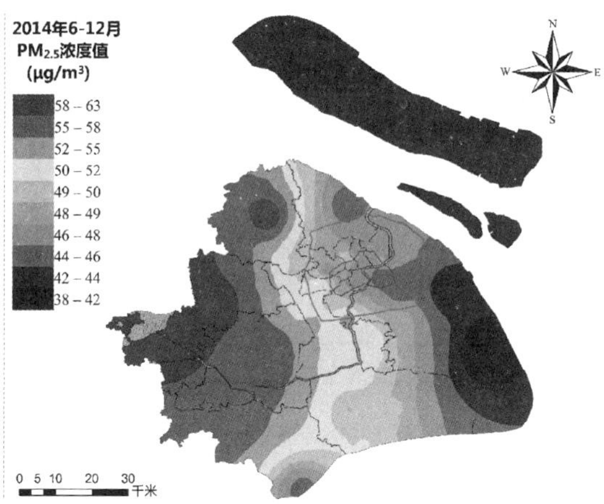

图 5 2014 年 6 ~ 12 月上海市各区县 PM2.5 浓度空间分布示意图（详见 P32 彩页图 1）

【可吸入颗粒物（PM10）】2014 年，上海市 PM10 年均浓度为 71 微克 / 立方米，超出国家环境空气质量二级标准 1 微克 / 立方米，较 2013 年下降 13.4%。近 5 年的监测数据表明，上海市 PM10 年均浓度均未达到国家环境空气质量二级标准，除 2012 年和 2014 年接近达标外，其余年份的年均浓度基本维持在 80 微克 / 立方米左右。（图 6）2014 年，各区县 PM10 浓度空间分布总体呈西高东低的态势。（图 7）

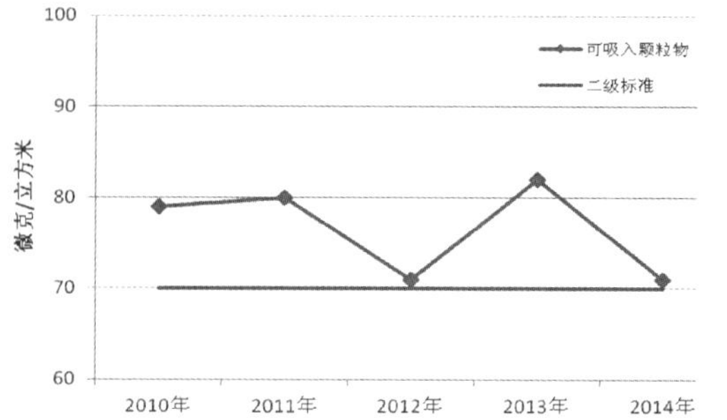

图 6 2010 ~ 2014 年上海市可吸入颗粒物年均浓度变化趋势图

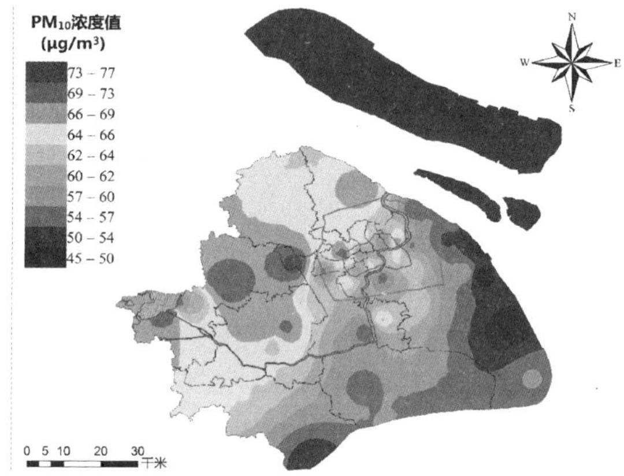

图 7 2014 年上海市各区县可吸入颗粒物浓度空间分布示意图

【二氧化硫】2014 年，上海市二氧化硫年均浓度为 18 微克 / 立方米，达到国家环境空气质量二级标准，较 2013 年下降 25.0%。近 5 年的监测数据表明，上海市二氧化硫年均浓度均达到国家环境空气质量二级标准，且总体呈下降趋势。（图 8）2014 年，各区县二氧化硫浓度总体较低，空间分布呈现东部和西部高于中部的态势。（图 9）

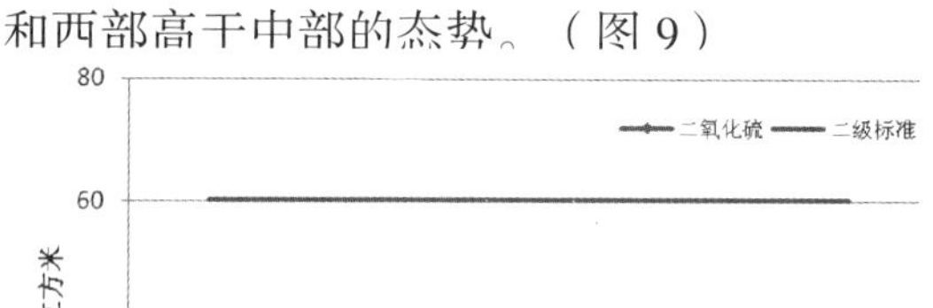

图 8 2010 ~ 2014 年上海市二氧化硫年均浓度变化趋势图

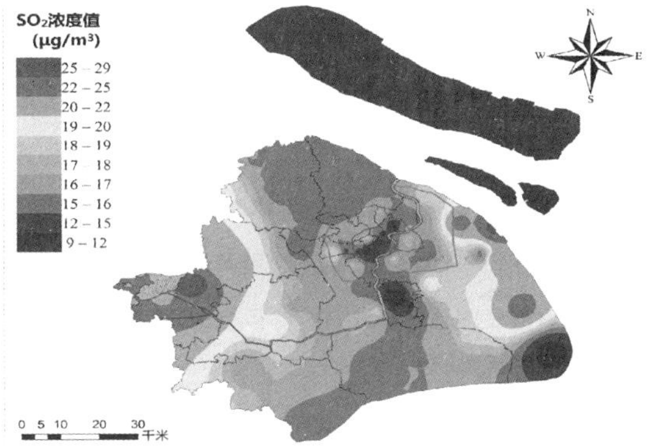

图 9 2014 年上海市各区县二氧化硫浓度空间分布示意图（详见 P32 彩页图 2)

【二氧化氮】2014 年，上海市二氧化氮年均浓度为 45 微克 / 立方米，超出国家环境空气质量二级标准 5 微克 / 立方米，较 2013 年下降 6.3%。近 5 年的监测数据表明，上海市二氧化氮年均浓度均未达到国家环境空气质量二级标准，但总体呈下降趋势。（图 10）2014 年，各区县二氧化氮浓度空间分布总体呈市中心向周边区域递减的趋势，浦西地区二氧化氮浓度总体高于浦东地区。（图 11）

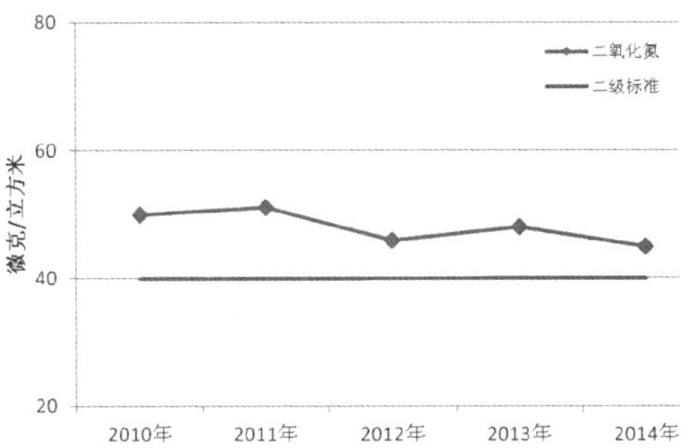

图 10 2010 ~ 2014 年上海市二氧化氮年均浓度变化趋势图

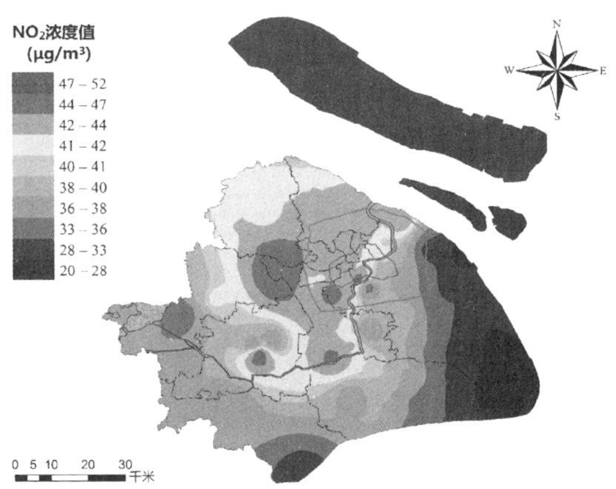

图 11 2014 年上海市各区县二氧化氮浓度空间分布示意图

【臭氧】2014 年，上海市臭氧日最大 8 小时平均第 90 百分位数浓度为 149 微克 / 立方米，达到国家环境空气质量二级标准，较 2013 年下降 8.6%。各国控点臭氧日最大 8 小时平均值的达标率为 89.6% ~ 94.5%，较 2013 年均有不同程度的提升。

【一氧化碳】2014 年，上海市一氧化碳日均浓度范围在 0.36 ~ 1.8 毫克 / 立方米之间，全部达到国家环境空气质量二级标准。全市年均浓度为 0.77 毫克 / 立方米，较 2013 年下降 9.4%。近 5 年的监测数据表明，上海市一氧化碳日均浓度达标率均为 100%，年均浓度呈下降趋势。（图 12）

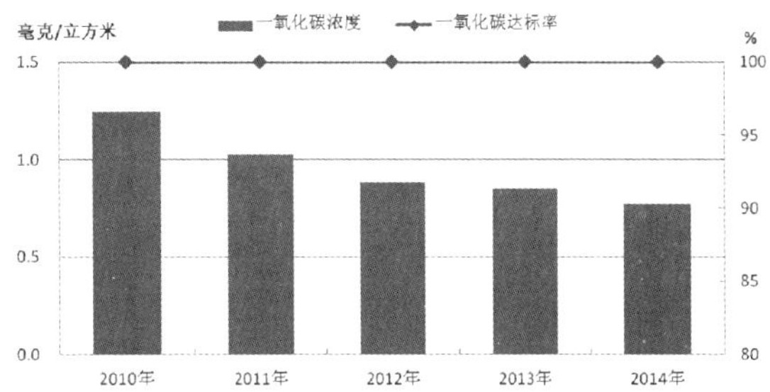

图 12 2010 ~ 2014 年上海市一氧化碳浓度变化趋势图

【酸雨】2014 年，全市降水 pH 平均值为 4.90，酸雨频率为 72.4%，较 2013 年下降 2.7 个百分点。近 5 年的监测数据表明，上海市酸雨污染基本持平。（图 13）

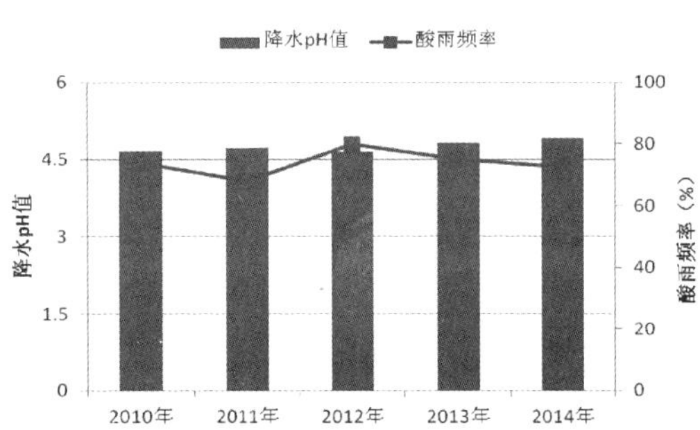

图 13 2010 ~ 2014 年上海市酸雨频率和降水 pH 值变化趋势图

【降尘】2014 年，全市平均区域降尘量为 5.4 吨 / 平方公里 · 月，道路降尘量为 9.6 吨 / 平方公里·月。与 2013 年相比，区域降尘量下降 0.4 吨 / 平方公里·月，道路降尘量下降 0.6 吨 / 平方公里·月。近 5 年的监测数据表明，上海市降尘污染总体呈下降趋势。（图 14）

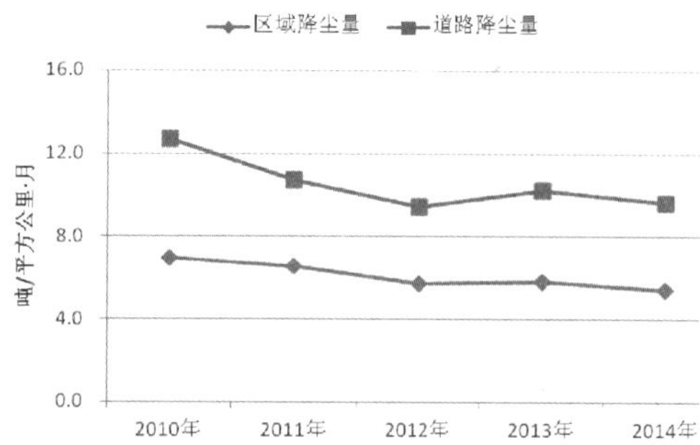

图 14　2010 ~ 2014 年上海市降尘量变化趋势图

【区域环境噪声】2014 年，上海市区域环境噪声昼间时段的平均等效声级为 55.6dB（A），较 2013 年上升 0.1dB（A）；夜间时段的平均等效声级为 48.1dB（A），较 2013 年下降 0.1 dB（A）。昼间时段有 94.4% 的测点达到好、较好和一般水平，夜间时段有 80.3% 的测点达到较好和一般水平（图 15，图 16）。近 5 年的监测数据表明，上海市区域环境噪声昼间时段平均在 55dB（A）左右，夜间时段平均在 48dB（A）左右，总体保持稳定（图 17）。

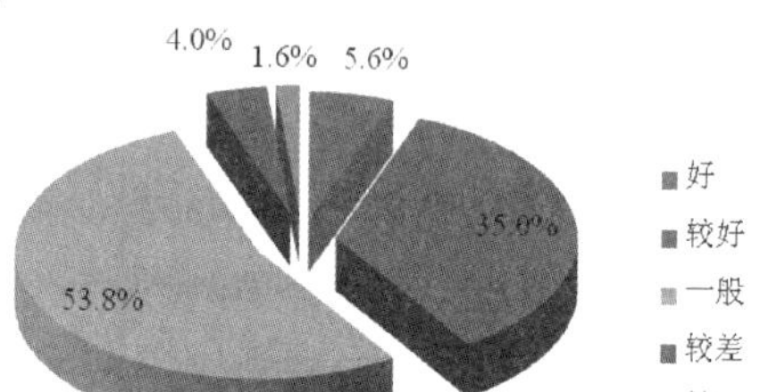

图 15 2014 年上海市昼间时段区域环境噪声等级分布（详见 P32 彩页图 3）

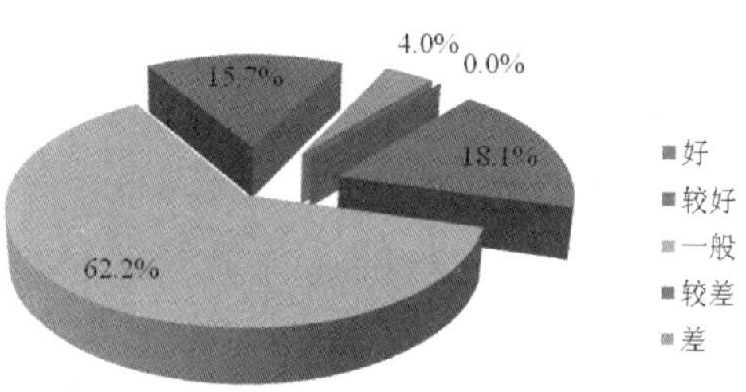

图 16 2014 年上海市夜间时段区域环境噪声等级分布（详见 P32 彩页图 4）

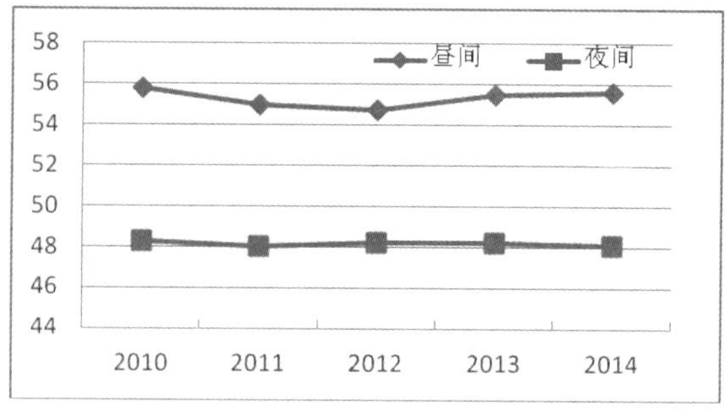

图 17　2010 ~ 2014 年上海市区域环境噪声变化趋势图

【道路交通噪声】2014 年，上海市道路交通噪声昼间时段的平均等效声级为 69.8dB（A），较 2013 年上升 0.2dB（A）；夜间时段的平均等效声级为 65.6dB（A），较 2013 年上升 1.0dB（A）。昼间时段评价为好、较好和一般水平的路段占监测总路长的 76.8%，夜间时段评价为好、较好和一般水平的路段占监测总路长的 26.6%（图 18，图 19）。近 5 年的监测数据表明，上海市道路交通噪声昼间时段总体稳定在 69.0 ~ 70.0 dB（A）之间，夜间时段总体呈现上升趋势（图 20）。

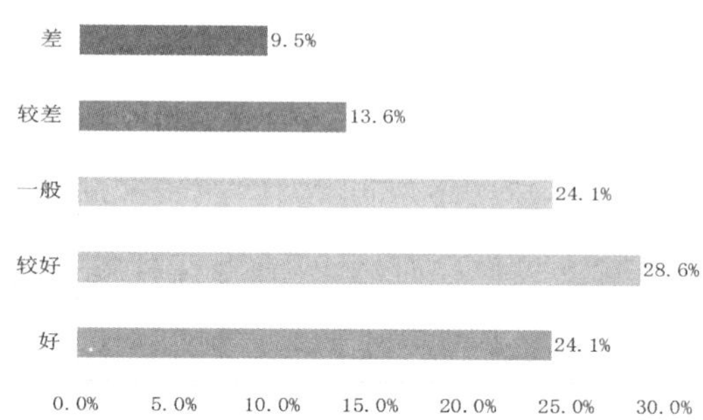

图 18　2014 年上海市昼间时段道路交通噪声等级分布

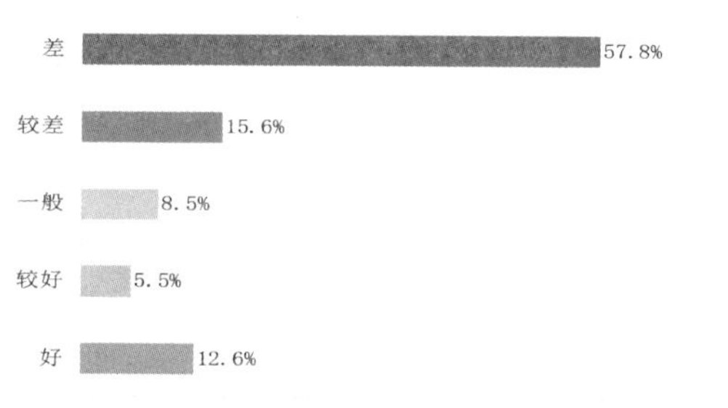

图 19 2014 年上海市夜间时段道路交通噪声等级分布

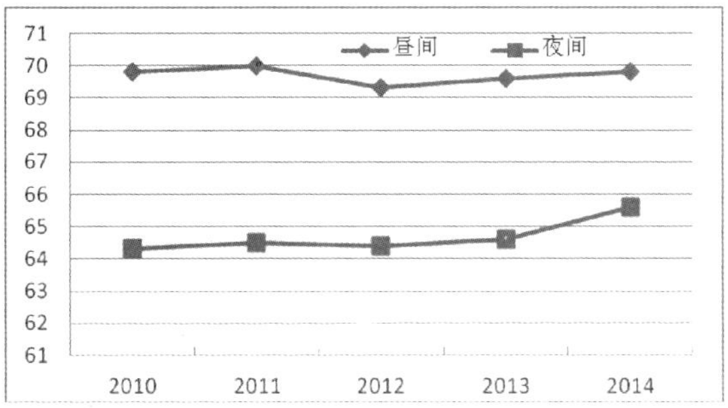

图 20　2010 ~ 2014 年上海市道路交通噪声变化趋势图

【电离辐射】 环境天然放射性水平方面，通过对辐射空气吸收剂量率、辐射累积剂量的监测及气溶胶、雨水沉降物、水汽、地表水、地下水、海水、土壤等样品的分析可知，本市大气、水体、土壤等介质中的放射性核素浓度处于正常水平，全市各监测点的 γ 辐射空气吸收剂量率与历年的监测结果相当。(图 21)

核技术应用方面，通过对全市 Ⅰ ~ Ⅴ类放射源及 Ⅰ ~ Ⅲ类射线装置使用场所周围环境辐射水平的监测，结果表明，核技术应用场所周围环境中的年累积辐射剂量满足国家标准《电离辐射防护与辐射源安全基本标准》(GB 18871-2002) 中规定的对公众和职业人员受照剂量的限制要求。

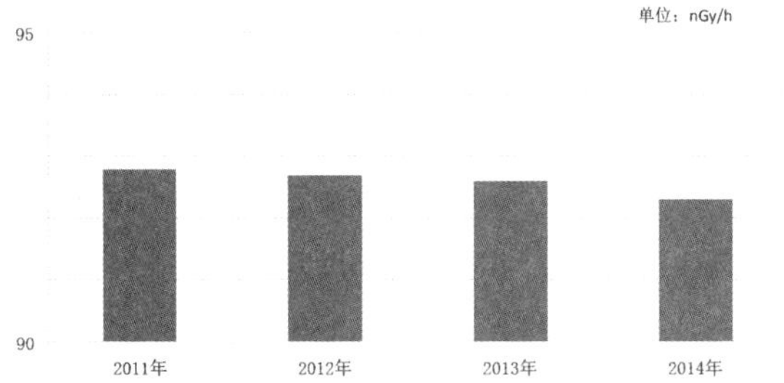

图 21　γ 辐射空气吸收剂量率年均变化趋势图

【电磁辐射】全市 12 个背景点 (上海动物园、共青森林公园、龙华烈士陵园、世纪公园、上海滨海森林公园、人民公园、奉贤古华园、嘉定孔庙、人民广场、青浦工业区、中远两湾城及轨道交通三号线) 的电磁辐射水平监测结果为工频电场强度 0.115 ~ 0.262 伏特 / 米，工频磁感应强度 0.0168 ~ 0.0749 微特斯拉，综合电场强度 0.14 ~ 0.61 伏特 / 米。与历年相比，本市电磁辐射环境背景水平无明显变化。

对东方明珠等广播发射塔、500kV 南桥变电站等 4 个变电站、500kV 桥行输电线等 4 条高压送电线、卫星地球站、浦东机场雷达站、移动通信基站、磁悬浮列车及电气化铁路周围环境电磁辐射水平进行了监测，结果表明主要伴有电磁场或产生电磁辐射 (非电离部分) 的设施周围环境中的工频电场强度、工频磁感应强度和综合电场强度均符合《500 千伏超高压送变电工程电磁辐射环境影响评价技术规范》(HJ/T 24-1998) 的推荐限值规定和《电磁辐射防护规定》(GB 8702-1988) 中的相关规定。

(三) 环境治理

【概况】顺利完成第五轮环保三年行动计划，第五轮环保三年行动计划 268 项任务完成率达到 96% 以上，组织编制第六轮环保三年行动计划。根据市政府 2014 年节能减排和应对气候变化重点工作安排，完善“各司其职、协同推进”工作机制，圆满完成 2014 年度污染减排各项目标任务。按节点全面启动《清洁空气行动计划》所明确的 187 项治理任务，近三成项目已完成。建立长三角区域大气污染防治协作机制，区域大气污染联防联控取得良好的开端。黄浦江上游水源湖工程于年底开工建设，重点推进污水处理厂建设、直排污染源截污纳管、污泥处理处置能力建设等工作。

【完成第五轮环保三年行动计划】 环境基础设施进一步完善。建成白龙港污水厂扩建二期、白龙港片区南线输送干管完善工程、竹园污泥处理工程、老港再生能源利用中心一期、老港一二三期封场及生态修复二期工程等重点项目。重点区域污染整治工作进一步加强。金山卫化工集中区、宝山南大地区综合整治和高化地区污染治理完成本轮既定任务。生态保护与建设取得成效。完成357个村庄改造，外环生态专项工程完成建绿约300公顷，累计创建命名林荫道111条，东滩互花米草生态控制主体工程全面建成。

【编制第六轮环保三年行动计划】 在全面总结前五轮行动计划经验的基础上，以“提升环境质量、促进转型发展”为目标，编制了第六轮环保三年行动计划，突出环境优先、底线约束、问题导向和创新驱动，聚焦水、大气、土壤、固废、工业、农业农村、生态和循环经济8个专项领域，共安排项目232个，以更高的要求、更严的标准、更大的力度持续推进环境保护和生态建设。

【强化工程减排措施】 依托环保三年行动计划，稳步推进燃煤电厂、污水处理厂、工业企业和农业源等减排工程建设，加快建成投运并发挥减排效益。

【继续推进三大体系建设】 建立统计数据预警机制，科学核算污染物新增量和排放量；完善减排监测体系建设，进一步落实企业责任和政府监管职责，规范企业自行监测内容，加大污染源监测信息公开力度；强化污染减排考核体系建设，落实污染减排日常督查、定期考核、通报等制度。

【加强和规范减排设施运行管理】 拓展“清洁发电、绿色调度”新内涵，深化污水输送优化调度机制，不断拓宽管理减排的新道路。编制减排现场核查手册，继续加大对重点减排企业检查指导力度，确保污染减排设施高效运行。组织推进全负荷脱硝技术科技攻关和石膏雨污染防治试点工作，取得积极进展和初步成效。

【落实减排激励政策】 市政府相关部门密切配合，全年共落实电厂脱硫脱硝超量减排奖励1.9亿元、污水处理厂超量减排奖励1.3亿元、燃煤电厂环保电费12.6亿元、脱硝工程建设补贴0.6亿元、清洁能源替代补贴1.9亿元、黄标车和老旧车淘汰补贴8.4亿元、农业减排工程补贴0.5亿元。

经环境保护部核定，本市化学需氧量、氨氮、二氧化硫和氮氧化物排放量在2013年基础上分别削减了4.78%、2.57%、12.81%和12.52%，顺利完成年度减排目标，并提前一年完成国家下达给上海的“十二五”减排目标。

【清洁空气行动计划】 2014年，市政府将大气污染防治作为年度工作重点，将燃煤锅炉清洁能源替代等事项列入政府实事项目。通过聚焦能源、产业、交通、建设、农业、生活六大领域。能源领域完成13台487万千瓦机组燃煤电厂高效除尘改造和10台214万千瓦机组脱硝改造，实现燃煤机组脱硫和高效除尘全覆盖，脱硝改造基本完成；全年完成1675台燃煤（重油）锅炉和窑炉的清洁能源替代或关停，超额完成年度目标。产业领域实施结构调整项目644项；聚焦石化、化工、汽车、造船、医药、电子等行业，推进150家重点企业挥发性有机物污染治理。交通领域2014年5月起提前实施了新车国五排放标准；全年淘汰黄标车和老旧车17.16万辆，超额完成国家下达的年度任务；制定推广新能源汽车推广应用实施方案和配套政策，全年推广新能源汽车10886辆。建设领域落实了400万平方米公共建筑节能改造项目，完成了150万平方米装配式建筑；建设工程累计安装了109套扬尘污染在线监控系统，完成60家混凝土搅拌站的环保改造。农业领域进一步优化补贴政策和落实机制，秸秆综合利用率达到89%以上，保持卫星核查“零火点”。生活领域在黄浦、长宁、闸北、松江等区探索开展了餐饮油烟的第三方治理和实时监控，推进了干洗行业的整治等工作。

【长三角区域大气污染防治协作机制】 根据党中央、国务院部署，按照充分协商、强化共识、共同推进的原则，2014年1月建立了韩正书记牵头、长三角三省一市政府主要领导和环保部等八部委共同参加的长三角区域大气污染防治协作机制，落实会议协商、分工协作、共享联动、科技协作、跟踪评估等工作机制，共同制定《长三角区域落实大气污染防治行动计划实施细则》，2014年重点协调推动十方面的协作和联合行动，圆满完成南京青奥会、上海亚信峰会等重要国际赛会的环境质量保障任务，区域大气污染联防联控取得良好的开端。

【饮用水源地保护】 黄浦江上游水源湖工程于2014年年底开工建设，为2017年本市形成青草沙、黄浦江上游、陈行、崇明东风西沙4大封闭式水源地奠定基础，届时不仅原水水质可达到国家要求，还能显著提升防御突发性污染事故的能力。继续实施饮用水源保护区生态补偿制度，自2009年起5年累计补偿资金29亿元；2014年3月底市政府批复同意本市一级水源保护区清拆整治补贴政策，有力推动了一级水源保护区的清拆整治。

【水环境治理】 2014年，重点推进了污水处理厂建设、直排污染源截污纳管、污泥处理处置能力建设等工作。其中，污水处理厂提标改造工作已全面启动，全市建成区未纳管污染源截污纳管改造工程累计完成总任务的65.8%，全市城镇污水处理率达到89%以上。松东、松西、新江等一批污水处理厂建成污泥应急深度脱水设施，竹园污泥焚烧系统建成并开始设备调试，青浦区污泥干化设施基本建成。全面完成《长江中下游流域水污染防治规划》和《太湖流域水环境综合治理总体方案（修编）》中的年度计划任务目标。

【固体废物管理】 2014年，本市共有29家危险废物综合经营许可证单位，包括填埋处置、焚烧处置、物化处理、综合利用和废桶清洗等5个大类，总核准年利用处置规模为53.65万吨，清洗废桶121万只。其中危险废物焚烧（不含医疗废物）年核准经营规模12.94万吨，填埋年核准经营规模10.34万吨。

2014年，本市危险废物（不含医疗废物）市内转移处置38.78万吨，清洗废桶97.28万只，危险废物跨省市转移8.03万吨。全年医疗废物焚烧处置3.45万吨，医疗废物无害化集中处置率达到100%。

2014年，本市共有5家企业获得了废弃电器电子产品处理资格许可，总核准年处理“四机一脑”能力为377.17万台。全年本市拆解企业合计接收废弃电器电子产品200.30万台，已拆解198.62万台（折合5.16万吨），其中拆解电视机169.66万台，冰箱0.88万台，洗衣机4.76万台，空调0.76万台，电脑22.56万台。

【辐射安全管理】 2014年全市共办理延续、重新申请、新增辐射安全许可证279家次、转让审批292家次、豁免审批53家次。加快推进区县辐射监管能力标准化建设，除个别区县外，绝大部分区县环保部门均已取得辐射项目监测计量认证资质。

为确保上海亚信峰会期间本市放射性同位素的安全，全市环保部门共计出动约1500多人次，对全市总计364家放射性同位素单位开展了现场检查，对检查中发现的9家单位近60枚历史遗留放射源进行了收贮，消除了辐射安全隐患。

为加强对医疗单位报废或闲置的历史放

射源的管理，市环保局与市卫生计生委联合部署开展了对本市医疗卫生机构报废或闲置放射源专项清查行动，对使用场所、搬迁后原来的场所、废旧设备存放仓库等进行重点清查，共查出5家单位存在17枚放射源未在许可登记范围内，进行了妥善处置。

（四）环保行业建设

【概况】2014年全市环保投入资金约699.89亿元，相当于同年上海市生产总值（GDP）的3.0%。

其中，城市环境基础设施建设投资为271.79亿元，污染源防治投资为260.14亿元，生态保护和建设投资为5.29亿元，农村环境保护投资为42.45亿元，环境管理能力建设投资为4.56亿元，环保设施运转费为88.83亿元，循环经济及其他方面投资为26.85亿元：分别占投资的38.8%、37.2%、0.8%、6.1%、0.7%、12.7%和3.8%。近5年来，全市环保投入不断加大，占全市GDP比例保持在3%左右（图22）。

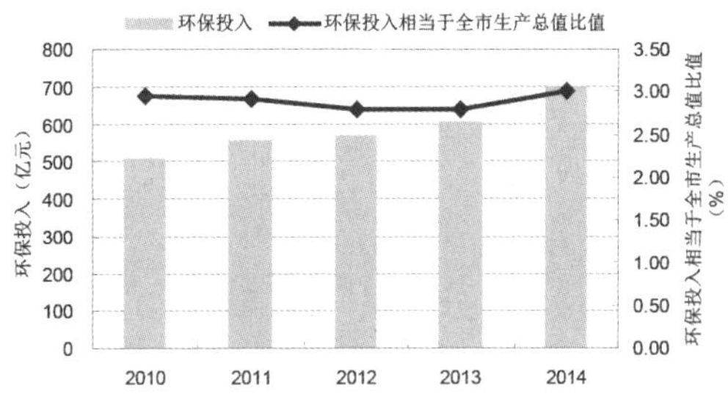

图22 2010～2014年上海市环保投入变化趋势图

【环境法制】2014年7月25日，市人大常委会审议通过了《上海市大气污染防治条例》（以下简称《大气条例》），自2014年10月1日起正式开始实施。《大气条例》充分体现了社会共治的要求，明确了政府、企业、公众各自的权力和义务；设置了"最严格"的法律责任，大幅度提高了罚款限额，规定了按日连续处罚制度，规定了"双罚制"，对大气污染追究个人责任等；多种手段推动大气污染综合防治，引进第三方治理，引入经济制裁，规定排污许可并探索排污交易，规定公用企业配合执法义务等。

在完善法律法规的同时，不断加大环境执法力度。2014年，全市对污染源现场执法共出动执法人员22080批次、69420人次，现场检查企事业单位51643户次。检查废水处理设施11830套，废气烟尘治理设施20900套，噪声治理设施3422套，固废治理装置5520套。处罚违法单位1942户次，处罚金额10300余万元，较2013年分别增长41%和52%。全市共开征排污费22330户次，开征排污费17105万元。此外，2014年涉嫌环境污染犯罪移送司法部门处理的案件为20起，涉案人员80余人。

【推进本市环境污染第三方治理】2014年10月，市政府出台了《关于加快推进本市环境污染第三方治理工作的指导意见》，市环保局印发了试点工作方案。重点强化排污治污责任，强化环境监管机制，制定扶持引导政策，培育市场主体，推动行业规范自律，引逼结合推进实施环境污染第三方治理。在电厂脱硫脱硝除尘、市政污水处理、工业废水治理、有机废气治理、餐饮油烟治理、扬尘污染防治、污染源在线监测等七个领域推进试点，推动环境治理由"谁污染、谁治理"向"谁污染、谁付费、第三方治理"的市场化机制转变。

【调整完善本市排污收费政策】为进一步发挥排污收费对促进污染治理的促进作用，改善环境质量，根据国家要求和本市全面深化改革工作需要，本市出台了排污费征收标准调整方案，对二氧化硫、氮氧化物、化学需氧量和氨氮等4个主要污染物分三步将排污收费标准提高至8、9、5、6元/千克，并对污水中的铅、汞、铬、镉、类金属砷等5个重金属污染物全部实施收费；同时，按照不同排放浓度、排放总量和行业实施差别化收费政策。调整方案自2015年1月1日起实施。

【环评管理】2014年本市严格实施“批项目、核总量”制度，将主要污染物排放总量作为环评前置条件，并推进以新带老、改善工艺、中水回用等总量削减措施。全面推进“104产业区块”规划环评，洋山港保税区、金山二工区等17个区块完成了规划环评审查。深入推进行政审批改革，发布了农林牧渔、社会事业与服务业等7个大类23小类的环评豁免名录，在闵行、金山、奉贤等7个区开展部分社会服务设施环评审批事权下放到乡镇的试点工作，初步形成了“建设项目中后期管理办法”。市区两级环保部门共审批环评文件9052个，其中环境影响报告书517个，报告表3701个，登记表4834个；共审批试生产项目2169个，竣工验收项目2812个。

【环境监测】全市环境监测系统通过了环境保护部组织的标准化建设整体验收，17个区县监测站全部通过国家标准验收。覆盖全市的环境空气质量分区评价点建成投运，所有区县实现空气质量分区实时发布。长三角区域空气质量预测预报中心部分功能启动试运行，2014年年底前与京津冀、珠三角区域同步向公众发布区域空气质量预报信息。重点产业园区空气特征污染监控网建设任务完成超过七成。启动在用车环保检测监管平台网络体系建设，基本完成年检站简易工况法检测线的扩建工作。完成新一轮大气细颗粒物来源解析工作，为进一步加强污染治理提供了科学依据。（图23）

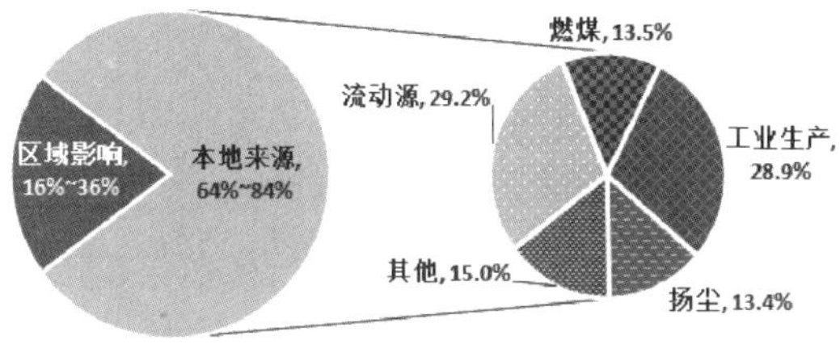

图23 上海市PM2.5来源综合解析结果
（详见P32彩页图5）

【环境科技与标准】2014年，围绕本市“十二五”环保规划、污染减排任务和第五轮环保三年行动计划，继续开展“上海市大气污染物协同减排、空气质量改善技术与控制方案研究”，着重研究重点污染源对复合型大气污染的贡献，提出空气质量持续改善的多污染协同减排的途径。市环科院承担的“长三角大气复合污染前体物排放清单与空气质量保障关键技术研究”和“平原河网地区畜禽规模养殖污染减排技术与管理体系研究及其应用”分别获得2014年度环境保护科学技术奖二等奖和三等奖。

环境保护部批准上海市环境科学研究院建设“国家环境保护城市大气复合污染成因与防治重点实验室”，将针对我国东部沿海城市尤其是长三角区域突出的复合型大气污染问题，开展气溶胶物理化学特征、臭氧污染形成机制、大气污染来源和防控对策等方面研究。

市环保局发布了《锅炉大气污染物排放标准》（DB31/ 387-2014）、《餐饮业油烟排放标准》（DB31/844-2014）两项地方标准，对加强本市大气污染物排放控制和管理，改善大气环境质量具有积极作用。

【国际合作】2014年本市推进“国合会绿色供应链上海政策示范项目”、执行“中意环保合作培训交流项目”、“日本的川崎市和北九州市环境技术交流项目”。

上海市辐射环境监督站与香港天文台签署合作协议，上海市环境科学学会和台湾土水协会共同签署“合作意向框架协议”。全年共接待28批次、191人次的外国代表团的访问，共组织11个引智项目，邀请18人次外籍（港澳台）专家来沪技术交流。

【意见提案办理】2014年，市环保局共收到人大书面意见、政协提案141件，同比上升43.8%，全部按时、按质完成办理任务，办理率、满意率均为100%。“两会”人大代表、政协委员重点关注的环保议题包括：深入研究大气污染成因，加大污染治理力度，实现长三角地区联防联动；加强土壤研究监测和污染治理修复；提升饮用水安全和江浙沪三省市合作治理黄浦江上游水源地污染；建设大宗固体废物综合利用信息化管理平台，加速固体废弃物综合利用的产业升级；加快淘汰“黄标车”进程；加大对环保违法行为的处罚力度等。其中，涉及PM2.5和雾霾治理的书面意见和提案有50件。

【投诉受理与应急处置】2014年，全市环保系统共受理环境污染投诉28613件，同比上升6.4%。投诉内容主要集中在大气污染（14010件）、噪声污染（7198件）、水污染（3072件）和油烟气污染（2747件），占环境污染投诉总量的94.5%。

2014年市环保局共接到各类突发环境报警366件，经现场核实后共处置各类报警事件309件，其中造成环境影响的有108件，全部为IV级事件。2014年接到的突发环境事件信息数量较上年有所下降，各类突发环境事件发生数量也有所减少，未发生较大以上或社会影响程度较大的突发环境事件。

【环保创建】2014年，松江区泖港镇被授予国家级生态镇称号。经市环保局审核，并报经环境保护部备案，浦东新区张江镇、高行镇、曹路镇、航头镇、闵行区莘庄镇、七宝镇、浦江镇、宝山区顾村镇、庙行镇、嘉定区马陆镇、安亭镇、松江区泗泾镇、青浦区徐泾镇、赵巷镇、奉贤区南桥镇15个镇更名为“国家级生态镇”。嘉定区南翔镇创建国家级生态镇通过了市级验收，报环保部审批。

市北高新技术服务业园区建成国家生态工业示范园区。上海东方绿舟旅游景区、上海海湾国家森林公园通过国家生态旅游示范区“技术评估和考核验收”，报国家旅游局和环保部审批。

青浦区金泽镇、奉贤区海湾镇、浦东新区泥城镇被命名为“上海市生态镇”。

上海儿童博物馆等10家单位评为第二批“上海市环境教育基地”。

全市创建了15个安静居住小区，复查了46个安静居住小区。至此，全市共有179个安静居住小区，约有47.5万群众受益。

青浦区赵巷镇创建为扬尘污染控制镇，创建面积2平方公里。至此，全市累计创建扬尘污染控制区971.5平方公里。

【环保宣传】围绕2014年世界环境日中国主题“向污染宣战”，“六五”环境日主会场活动“绿色环保，我们在行动”（暨金桥生态文化节主题活动）在金桥开发区特斯拉广场举行。会上向全国中小学环境教育社会实践基地进行授牌；为国际生态学校进行授旗；颁发全国“母亲河奖”；表彰“上海市青年环保示范团队”等，并安排了低碳集市、“低碳自行车”启动、“金桥环保妈妈”亮相等丰富的绿色互动环节。

“绿色生活，美丽上海”——2014年上海中华环保世纪行公益书法作品展。以“六五”世界环境日为契机，历时三个月，面向全社会征集书法作品，并得到社会各界人士的积极响应和热情参与。

继续承办“清洁节水中国行，一家一年一万升”上海站宣传活动。举办“千名巾帼环境友好使者行动”、“I DO环保公益幸福林”植树活动、“上海环保卡通形象设计大

赛”、“我眼中的绿色上海”青少年DV创作大赛等活动。

“上海环境”网站推进与上海市政府门户网站行政审批的联动，已有3项行政许可审批事项可直接通过上海市门户网站网上政务大厅进行统一用户登录。完成改造上海市“建设项目环境影响评价审批系统”流程，拓展“污染源环境监管信息公开”栏目，建成“环境影响评价公众服务系统”。优化整合环境空气质量（AQI）信息发布平台，完成在线访谈6期，各类民意征集8期。此外，完成制作总量减排及监测体系、清洁空气行动计划、长三角环境保护协作等栏目。“上海环境热线”网站，完成环境影响评价报告全本发布的服务器及网络升级改造工作，制作发布“六五”世界环境日、实时空气质量指数、空气污染预警等专题或栏目；发布环境影响评价网上公众调查、环评公众参与公示、环评报批前公示及玻璃幕墙技术分析报告2726项。2014年，“上海环境”和“上海环境热线”网站访问量为4763650人次。

“@上海环境”政务微博全年在新浪、腾讯、新民、东方四个平台共发布微博19000余条，拥有粉丝数量合计超过26万。

（市环保局供稿）

六、水务管理

（一）综述

2014年，上海市各级水务部门贯彻落实党的十八大、十八届三中、四中全会精神，围绕创新驱动发展、经济转型升级的全市大局，统筹推进水务海洋各项工作，较好完成了年度目标任务。

水务基础设施建设取得新突破。水源地建设取得重大进展，黄浦江上游金泽水库和联通管工程实现当年立项、当年开工，崇明东风西沙水库顺利建成通水，两江并举、多元互补的水源地格局进一步完善。水利重大工程前期工作明显加快，虹口港泵闸、大泖港、南横引河等一批重大工程相继开工，西部泄洪通道防洪堤防达标工程建设全面启动，金汇港南闸、外环西河等工程完成主体工程施工。大定海、新宛平等排水系统工程积极推进，中心城区排水系统盲点和低标状况得到进一步改善。加强建设管理，推进水务建筑市场诚信体系建设，全市约800项在建水务工程安全、质量、进度、投资总体受控。

防汛防台工作取得新胜利。坚持问题导

向、项目化推进，基本完成2013年“菲特”台风期间暴露出的防汛隐患突出问题整改工作，进一步完善了预警预报和道路、小区、下立交积水处理处置等20多项工作机制。全市各级防汛部门履职尽责，加强防汛检查，及时消除隐患，妥善处置汛情、灾情，有效应对“凤凰”台风的正面袭击、“娜基莉”台风的外围影响，以及18场局部暴雨和大暴雨的侵袭，实现了“无伤亡、少损失”，确保了城乡防汛安全和人民群众生产生活平稳有序。

公共供水服务取得新提升。落实城市管理领域“8+2”突出问题整改要求，出台了新一轮中心城区二次供水设施改造的实施意见、管理办法、技术标准，首批2000万平方米二次供水设施正式移交供水企业，实现“管水到表”。新建崇西、堡镇水厂，关闭2家小水厂，完成600公里小口径管网改造，郊区供水集约化收尾工作有序推进；实施完成闵行、青浦、松江、金山等黄浦江上游原水系统水厂深度处理工艺改造，供水水质进一步改善；全力做好“亚信峰会”和夏季高峰供水保障，成功抵御长江口历时23天的特大咸潮入侵影响，全市供水服务保持平稳有序，供水行业连续第八年在“夏令热线”中获得“最满意行业”称号。

城乡水环境面貌得到新改善。完成第五轮环保三年行动计划水环境治理专项，白龙港污水扩建二期、白龙港污泥深度脱水工程建成投运，竹园污泥处理工程投入试运行，白龙港南线输送干线东段总管建成通水，城镇污水处理厂提标改造加快推进，截污纳管攻坚战全面铺开并累计完成任务总量的60%，全市城镇污水处理率达到89%以上，提前并超额实现“十二五”规划目标。深入推进城乡河道治理，加强政策引导，制定并颁布《上海市河道整治工程项目和资金管理办法》、《关于进一步加强本市河道管理养护工作的实施意见》，加大市对区县、乡镇政策扶持力度，强化镇村级河道轮疏工作，完成100公里河道整治、4万户农村生活污水处理设施建设，以及100公里河道整治新开项目准备工作，金山郊野公园等一批水生态亮点受到社会各界充分肯定。

最严格水资源管理制度试点阶段性工作取得新成绩。以节水减排管理为目标，以饮用水安全保障为重点、以涉水事务的过程监管为抓手，在市、区两级层面全面建立起“三条红线”、“四项制度”，并首次完成了对区县政府和特大型取用水户的考核工作，区县政府进一步重视水资源管理日常工作。试点阶段工作受到好评，在水利部等10部委的考核中被评为优秀。节水型社会建设继续深化，万元GDP用水量为33立方米、万元工业增加值用水量为53立方米，分别比去年下降19.5%、17.2%；全市地下水开采量572万立方米，同比下降28.5%，回灌量2101万立方米，同比上升近4.1%，地下水采灌比达到1:3.7。

水务管理和服务水平有新提高。取消和调整行政审批事项7项，推进行政审批标准化，编制完成57项行政审批事项业务手册和办事指南。进一步提高办理效率，平均办理时间普遍比法定时间提前四分之一左右，并探索建立了批后监管机制。推进立法工作，《上海市防汛条例》修订出台。进一步加大执法力度，规范执法行为，全年开展执法巡查、巡航1770次，受理举报371件，立案464件，结案469件，有力维护了水务海洋管理秩序。深化政府信息公开工作，全年无投诉、无行政复议、无有责行政诉讼。同时，进一步加强行业管理和服务指导，规划、水文、科技、信息化等各方面工作都取得了明显成效。

（二）防汛防台

【概况】2014年汛期（6-9月），上海市出现18次局部暴雨到大暴雨，8月份出现8次强对流天气，汛期共有“凤凰”和“娜基莉”2个台风影响，虽然强热带风暴“凤凰”正面登陆奉贤，但强度上总体偏弱，未给上海带来大的影响。汛期累计降水量为927.4毫米，比常年同期（684.5毫米）偏多35%，较近5年同期（647.8毫米）偏多43%，其中，6、7、8月较常年同期均偏多近4成，9月偏多3成。上海中心气象台先后发布暴雨蓝色预警信号3次、黄色预警信号15次、橙色预警信号1次。市防汛指挥部发布防汛防台蓝色预警信号7次、黄色预警信号13次、橙色预警信号1次。最大降雨发生在7月27日，松江区、闵行区、青浦区等地普降大雨局部大暴雨，雨量最大的米市渡站达165.5毫米。汛期共有9次天文大潮汛，潮位普遍不高，其中黄浦江苏州河口潮位最高为4.59米，略超警戒水位0.04米，整个汛期仅2潮次超警戒。

【汛情特点】汛期降水总量明显偏多。汛期累计降水量为927.4毫米，比常年同期（684.5毫米）偏多35%，较近5年同期（647.8毫米）偏多43%，其中，6、7、8月较常年同期均偏多近4成，9月偏多3成。

汛期强对流天气偏多。2014年汛期本市共出现18场局部暴雨到大暴雨，特别是8月份就出现8次强对流天气。上海中心气象台先后发布暴雨蓝色预警信号3次、黄色预警信号15次、橙色预警信号1次。市防汛指挥部发布防汛防台蓝色预警信号7次、黄色预警信号13次、橙色预警信号1次。最大降雨发生在7月27日，松江区、闵行区、青浦区等地普降大雨局部大暴雨，雨量最大的米市渡站达165.5毫米。

汛期潮位不高。2014年汛期共有9次天文大潮汛，潮位普遍不高。黄浦江苏州河口潮位最高为4.59米，略超警戒水位0.04米，整个汛期仅2潮次超警戒。

汛期台风影响程度不大。2014年8月份没有台风生成，这在历史上实属罕见。整个汛期共有2个台风影响本市，数量上与往年基本持平，虽然强热带风暴“凤凰”正面登陆奉贤，但强度上总体偏弱，未给本市带来大的影响。

【新版《上海市防汛条例》施行】7月25日，上海市十四届人大常委会第十四次会议表决通过了关于修改《上海市防汛条例》的决定，新版《上海市防汛条例》自2014年8月1日起施行。新版《条例》针对一些乡镇、街道工作重点仅放在汛期应急上，存在“汛前搭班子，汛后散摊子”的现象作出了“明确负责防汛工作部门和人员”的规定。并主要作了四方面的修改：一是关于防汛预案的演练，由于进行应急演练和评估，是完善防汛预案，有效提升全社会防汛应急能力的有效途径，因此，新版《条例》明确各级防汛指挥机构、有防汛任务的部门和单位应当定期组织应急演练和评估。二是关于地下公共工程防汛影响专项论证，由于水行政主管部门审查意见的落实，直接关系到地下公共工程防汛影响专项论证的实际效果，因此，新版《条例》规定，建设单位在地下公共工程的施工图设计和施工过程中，应当落实防汛影响专项论证报告及其审查意见中提出的预防和减轻防汛安全影响的对策和措施。三是关于台风、暴雨红色预警应急措施，新版《条例》明确发布台风、暴雨红色预警时，中小学校和幼托机构应当做好安全保护工作。举办户外活动以及进行除应急抢险外的户外作业的，应当立即停止。工厂、各类交易市场、公园等可以根据实际情况，采取停工、停市、闭园等措施。四是关于紧急情况时的人员撤离，新版《条例》明确，区、县人民政府组织撤离时，应当告知灾害的危害性及具体的撤离地点和撤离方式，提供必要的交通工具，妥善安排被撤离人员的基本生活。对人身安全受到严重威胁经劝导仍拒绝撤离的人员，组织撤离的区、县人民政府可以实施强制性撤离。此外，新版《条例》对其他条款也作了相应的修改。

（三）供水排水

【概况】 2014年底，上海市共有自来水厂67座，与上年持平。全市自来水厂供水能力为1137万立方米/日，比上年增加13万立方米/日。年供水总量为31.73亿立方米，比上年下降0.6%。售水总量为24.82亿立方米，比上年下降0.4%。其中工业用水5.16亿立方米，比上年下降1.4%；城镇公共用水9.05亿立方米，比上年增长1.8%；居民生活用水10.02亿立方米，比上年下降2.2%，生态环境用水0.60亿立方米，比上年增长5.7%。2014年全市最高日供水量达962万立方米。

2014年，上海市城镇污水总量23.17亿立方米（其中工业污水量5.82亿立方米，生活污水量17.35亿立方米），折合日均城镇污水量634.75万立方米，其中，中心城区433.72万立方米/日，郊区201.03万立方米/日。

【《上海市公共供水水质信息公开管理办法》施行】《上海市公共供水水质信息公开管理办法》于2014年4月1日起施行。该管理办法明确：一是市、区县水务部门和供水企业在供水水质信息公开工作上的职责分工；二是借鉴国内外城市并结合本市实际，供水水质信息公开采用公布供水水质最大值、最小值和平均值的方式；三是由于部分郊区县供水水质监测和检测能力不足，郊区县最迟应在2014年12月31日前达到本办法公开水质信息的要求。该管理办法的出台，使本市供水水质信息公开工作有法可依，为加强本市公共供水水质管理，更加规范地接受公众监督与查询，具有十分重要的作用。

【集约化供水建设有序推进】 2014年，加快建设崇西、堡镇水厂，关闭2家小水厂，完成约600公里小口径管网改造，郊区供水集约化收尾工作有序推进。实施完成闵行、青浦、松江、金山等黄浦江上游原水系统水厂深度处理工艺改造，供水水质进一步改善。

【节水型社会建设】 建成第七批16家节约用水示范小区、2家节约用水示范学校（校区）、3家节约用水示范单位、3家节水型工业园区、188家节水型小区、40家节水型学校（校区）和22家节水型企业。积极推进闵行区、嘉定区、奉贤区市级节水型社会建设试点，浦东新区、青浦区、金山区顺利通过水利部组织的国家级节水型社会建设验收。万元GDP用水量为33立方米、万元工业增加值用水量为53立方米，分别比去年下降19.5%、17.2%；全市地下水开采量572万立方米，同比下降28.5%，回灌量2101万立方米，同比上升近4.1%，地下水采灌比达到1:3.7。

【上海在全国率先发布供水企业成本规制管理办法】 6月11日，市水务局、市发改委、市财政局联合印发了《上海市供水企业成本规制管理办法（试行）》（沪水务〔2014〕463号），这是全国第一个关于供水企业成本规制的管理办法，标志着本市供水企业成本监管正在走向制度化、规范化、程序化和公开化。该管理办法规定了供水企业成本费用的核算科目和对应的支出内容，支出内容与核算科目名称不符的不得列支，列入“其他”科目的费用必须符合国家或者本市相关规定，特别对社会关注度比较高的人员工资、动力费、材料费、折旧、修理费、业务招待费、借款利息等7项重点内容在开支标准上作了具体的定量规定，突出了成本监管的严肃性，同时也兼顾了贯彻上的可操作性。

【崇明东风西沙水库完成通水切换】6月10日上午，崇明东风西沙水库正式完成原水切换，优质长江原水经输水泵站被输送到城桥水厂。东风西沙水库于2014年春节期间实现基本通水，此后对取输水泵闸设备进行了整体调试，对库区水体进行了置换。经检测，置换后的原水在水库停留一段时间后，水质各项指标全部符合相应标准。在此基础上，东风西沙水库已正式移交崇明县原水公司接收管理。

【黄浦江上游水源地闵奉原水支线工程开工】9月30日上午，黄浦江上游水源地管线暨闵奉支线工程正式开工，标志着上海市四大水源地之一的黄浦江上游水源地工程建设正式拉开序幕。工程建设指挥部副总指挥、市水务局局长顾金山宣布开工，市水务局副局长、指挥部办公室主任陈远鸣主持开工仪式，市水务局副局长王华杰、总工程师周建国参加了仪式。闵奉支线工程供水规模215万立方米/日，工程主要内容包括：敷设原水输送管道约12公里，新建闵行调节池、奉贤调节池和调流、稳压等附属设施，以及调节池到各取水泵房吸水井的连接管道。闵奉原水支线工程是黄浦江上游水源地工程的重要组成部分，工程与后期即将陆续建设的金泽水库工程、连通管工程以及各区支线工程相衔接，并与青草沙原水系统互连互通，最终形成集中统一、安全可靠的黄浦江上游水源地格局。

【城镇污水处理厂污水处理量】 到2014年底，上海市共有城镇污水处理厂53座（2014年完成扩建3座），总处理规模为787.7万立方米/日。全年平均实际污水处理量570.26万立方米/日，全市城镇污水处理率89.8%，比上年增加2.1个百分点。其中，中心城区污水处理率93.3%，郊区城镇污水处理率82.5%。

【COD、NH4-N、TP减排】2014年全市城镇污水处理厂共削减COD 65.09万吨、NH4-N 4.74万吨、TP0.85万吨。

（四）水利建设

【概况】 深入推进城乡河道治理，加强政策引导，制定并颁布《上海市河道整治工程项目和资金管理办法》、《关于进一步加强本市河道管理养护工作的实施意见》，加大市对区县、乡镇政策扶持力度，强化镇村级河道轮疏工作，完成100公里河道整治、4万户农村生活污水处理设施建设，以及100公里河道整治新开项目准备工作，金山郊野公园等一批水生态亮点受到社会各界充分肯定。

【市政府批复同意《上海市农田水利规划（2012-2020）》】3月17日，《上海市农田水利规划（2012-2020）》获市政府批复同意（沪府〔2014〕21号）。批复明确：一要在满足《上海市农业布局规划》和《上海市土地整治规划（2011-2015）》相关要求的基础上，进一步发挥农田水利设施在开展现代农业建设、抵御自然灾害、改善农村生态环境中的重要作用，构建由“市内5片区，域外农场1片区”组成的农田水利总体规划布局；二要围绕农田水利外围设施、田间设施、田间配套工程、灌溉清洁水源工程以及信息化等五个方面开展建设，并根据各片区农业发展需求和农田水利现状，确定50个重点乡镇（项目区）作为农田水利项目重点建设区域。

【推进小型农田水利设施建设】2014年，实施以高水平粮田、设施菜田水利设施完善为重点，以圩区达标治理和面上小农水设施建设为主要内容的小型农田水利基础设施建设。推进1400公里排灌沟渠优化配套，更新改造灌溉泵站232座、圩区51个，进一步巩固提升24万亩农田的灌排保障能力。

【开展中央财政高效节水灌溉项目建设】2014年度中央财政高效节水灌溉项目涉及金山区，共更新改造灌溉泵站21座、喷灌滴灌泵站6座、倒虹吸22座、穿路管2座，低压管道26.13公里，建设高效节水灌溉面积1225亩等。

【实施拆坝建桥沟通水系工程】2014年，拆坝建桥沟通水系工程涉及闵行、嘉定、奉贤、松江、金山、青浦、崇明等7个区，共拆除阻水坝基73座，建造桥梁54座，开挖土方26.5204万立方米，新建闸10座、涵洞16座。

【持续推进农村生活污水处理工作】2014年，推进农村生活污水处理工作，工程涉及闵行、宝山、浦东、奉贤、松江、金山、青浦等7个区，完成4万户农村生活污水处理设施建设的计划任务。

【出台农村水利建设管理新政策】2014年，印发农田排涝设施维修养护技术规程，围绕“六个到位”（设施改造到位、绿化配套到位、通讯防盗到位、公告公示到位、台账资料到位和制度建设到位）的目标，制订统一的标识标牌、制度和运行、养护、维修、检查台账等，完成松江、金山、青浦等三区六镇圩区泵闸设施规范管理试点工作。出台《关于开展农田排涝设施规范管理工作的实施细则》，开展农田灌溉设施长效管理研究工作，调研全市农田灌溉设施长效管理养护现状，编制灌溉设施养护规程，谋划确定在松江、青浦、崇明三个区县开展灌溉设施长效养护试点工作。

（五）水政管理

【概况】水务管理和服务水平有新提高。取消和调整行政审批事项7项，推进行政审批标准化，编制完成57项行政审批事项业务手册和办事指南。进一步提高办理效率，平均办理时间普遍比法定时间提前四分之一左右，并探索建立了批后监管机制。

【水务规划】3月17日，上海市政府批复同意《上海市农田水利规划（2012–2020）》。年内，配合上海新一轮城市总体规划编制，启动新一轮水务海洋专项规划编制；根据水利部和市政府有关要求，启动上海水务“十三五”规划编制；组织开展全市排水防涝规划和全市内涝防治规划编制，通过规划确定解决未来内涝水患的路径措施，建设完善的排水除涝体系；继续推进本市水中长期发展规划、水资源保护规划、水土保持规划和灌溉发展总体规划的编制工作，同时启动《全国海堤实施方案》上海部分研究工作。

【政策与法规】 2014年，上海市水务局积极推进水务法规的修订和制定工作。一是顺利完成《上海市防汛条例》修订工作，上海市十四届人大常委会第十四次会议表决通过了关于修改《上海市防汛条例》的决定。二是制定并出台了《上海市供水水质信息公开管理办法》、《上海市水平衡测试管理规定》等规范性文件，同步开展《上海市供水管理条例》和《上海市排水管理条例》的修订调研和论证工作。三是制定并出台了《关于进一步加强黄浦江和苏州河堤防设施管理的意见》，将原来由市堤防处统一管理“一江一河”堤防设施的模式调整为委托各区管理黄浦江中下游和苏州河堤防设施工作；四是修订出台《上海市海塘运行管理规定》，进一步厘清了市和区县在海塘运行管理方面的责任分工。

【《上海市水务局（上海市海洋局）行政处罚裁量基准》施行】《上海市水务局（上海市海洋局）行政处罚裁量基准》于2014年3月1日起施行。该办法对水务、海洋行业常见的18项违法行为行政处罚裁量基准作了细化规定，进一步明确了从轻、从重等裁量的具体情形，有利于进一步严格规范水务、海洋行政处罚裁量权行使，提高行政处罚裁量基准科学合理化水平，依法合理适用行政处罚裁量权，促进行政执法水平。

【《上海市水平衡测试管理规定》施行】《上海市水平衡测试管理规定》于2014年5月1日起施行。水平衡测试是摸清企业用水现状，挖掘节水潜力、提高用水效率的有效手段，也是制定用水定额的可靠依据。该《规定》适用于本市市属供水企业自来水管网到达区域内从事水平衡测试工作的活动以及相关管理活动；明确了水平衡测试的范围、周期、方式和具体内容；规范了水平衡测试的事后备案的具体程序；并强化对专业测试机构的监管，建立诚信档案制度。

【加强水质水环境监测】推进长江口水文专项工作，完成两次长江口13个流量断面，10条水质垂线的水文综合调查，共计获取流量数据2340组、水质数据1200个、氯化物数据3800个、含沙量数据11360个，为区域经济社会可持续发展及长江河口的综合治理、资源开发和环境保护积累科学数据。完成黄浦江上游水源地项目暨2014调水试验水文调查，监测太浦河干流断面6个、支流断面13个、黄浦江干支流断面5个，获取流量数据8万多组，水位数据20余万组；完成黄浦江上游水文综合调查，共获取流量数据4000

组。加强本市重要水功能区的监测考核，在全市设置52个考核点，监测高锰酸盐指数和氨氮两个项目。组织实施引江济太调水，涉及浦东片、浦南东片、蕴南片3个水利控制片，共监测数据约6700个。全市实现国控站、重要水功能区、饮用水源地、全市骨干河道以及水利控制片常态化重点监测，完成347个断面10.4万个监测数据，达到100%。全市现有11个水质在线自动监测站与水利部信息网实现对接。分别在湖区布设拦路港、湖中心、省界水体断面等浮游生物监测点，共监测7200多个数据。积极应对并较好处置1月17日长江口氧氯化锆危险品集装箱落水、5月9日长江靖江段水质异常等应急监测任务。

【科技与教育】2014年，市水务局（市海洋局）围绕黄浦江上游水源地、高标准城市排水防涝治涝体系、新一轮防汛海塘达标建设等重大需求，全年启动科研项目24项（其中水务15项、海洋9项），中间检查20项（其中水务13项、海洋7项），结题22项（水务13项、海洋9项），完成科技成果登记23项。深入推进防汛风险动态预警应急指挥系统、防汛代表站警戒潮（水）位评估、长江口水文系统监测技术、黄浦江建闸吴淞口河势形态优化等研究，取得了20项成果。在饮用水安全保障、区域除涝与城镇排水标准、水势河势及河口形态优化利用、水文监测与共享、防汛应急预警等关键领域、关键技术上实现了新突破，获得省部级科技奖3项。协调推进上海水资源监控管理能力建设、"数字海洋"等重大项目建设，组织协调政府数据公开和信用平台建设工作，初步开放了一批社会关注度高的水务海洋数据，"上海防汛"、"阿拉自来水"等一批APP应用受到广大社会公众的欢迎。颁布实施了《上海市河道维修养护技术规程》、《上海市排水检查井塑料防坠格板技术规程》、《水利工程施工质量检验与评定标准》、《上海市工业产品用水定额及其计算方法第13–15部分》等4项技术规范。

（谷鸿鹄）

七、房屋管理

（一）综述

2014年，全市房地产开发投资3206.48亿元，同比增长13.7%，其中住宅投资1724.65亿元，同比增长6.8%；商品房施工面积14690.18万平方米，同比增长8.7%，其中商品住宅施工面积8525.85万平方米，同比增长4.9%；商品房竣工面积2313.29万平方米，同比增长2.6%，其中商品住宅竣工面积1535.55万平方米，同比增长8.3%；商品房新开工面积2782.02万平方米，同比增长2.8%，其中商品住宅新开工面积1547.29万平方米，同比下降5.8%。2014年，房屋征收补偿政策不断完善，征收行为不断规范。共作出房屋征收决定50个，完成房屋征收补偿1.625万户。全年，共完成拆迁基地收尾

139块，存量拆迁基地减少到325块。2014年，继续实施推进各类旧住房修缮改造工程，多渠道多途径地改善市民群众居住质量，全年实施2200余万平方米。自“十二五”开始，已累计实施5900余万平方米，完成“十二五”规划目标任务。同时，重点实施推进作为保障性安居工程任务的，完善房屋安全和使用功能的成套改造、厨卫等综合改造、屋面及相关设施改造等三类旧住房综合改造工程项目，进一步扩大居民群众受益面。2014年，实施三类旧住房综合改造项目463万平方米，涉及受益居民8.27万户。2014年，本市进一步扩大廉租住房受益家庭规模。对符合条件的申请家庭“应保尽保”，全年共新增廉租租金配租家庭0.6万户，新增实物配租选房入住家庭0.3万户。截至2014年底，廉租住房累计受益家庭已达10.4万户。

（二）住宅建设

【概况】2014年，全市房地产开发投资3206.48亿元，同比增长13.7%，其中住宅投资1724.65亿元，同比增长6.8%；商品房施工面积14690.18万平方米，同比增长8.7%，其中商品住宅施工面积8525.85万平方米，同比增长4.9%；商品房竣工面积2313.29万平方米，同比增长2.6%，其中商品住宅竣工面积1535.55万平方米，同比增长8.3%；商品房新开工面积2782.02万平方米，同比增长2.8%，其中商品住宅新开工面积1547.29万平方米，同比下降5.8%。

新建筹措各类保障性住房和实施旧住房综合改造13.9万套、约969万平方米，基本建成17.4万套、约1170万平方米，新增可供应16.6万套（户）、约1147万平方米，全面超额完成国家和本市下达的各项年度任务目标。

全年完成创建上海市节能省地型“四高”优秀小区项目46个，共计709万平方米。其中，保障性住房创建项目21个；通过了住建部住宅性能认定的预审项目14个，超额完成了年初确定的2014年推进40个创建工作计划和10个住宅性能认定项目的工作目标。

【新建住宅节能省地和住宅产业化工作】2014年，以“节能、节地、节水、节材和环保”为工作重点，明确目标任务和责任主体，全面完成各项任务。大力推进装配式住宅发展。推进和完善装配式住宅发展的相关制度建设，会同相关部门制订《关于推进本市装配式建筑发展的实施意见》《关于落实本市装配式建筑项目的指导意见》《关于下达2014年装配式建筑年度实施计划的通知》等文件，落实目标任务，并开展抽查、稽查。注重产业链培育，组织装配式住宅发展论坛，开展已落实装配式住宅项目的住宅开发企业与设计、施工、监理和构配件生产等上下游企业的互动与合作。积极开展本市装配式住宅技术培训，指导推进装配式住宅项目的实施。积极申报国家住宅产业化试点城市，编制完成《上海市建立国家住宅产业现代化综合试点城市可行性研究报告》。2014年，本市推广落实装配式住宅项目202万平方米。加大全装修住宅推进管理力度。继续抓住土地出让源头，按外环以内60%，外环以内30%的比例要求落实全装修住宅。开展以区县为主的全装修在建项目检查，形成检查情况报告。委托第三方开展全市全装修住宅满意度测评，形成年度上海市全装修住宅发展报告，并在此基础上开展有针对性的业务培训。编制《全装修住宅室内装修标准》。截至2014年底，本市全装修住宅在建项目约872万平方米，竣工308万平方米。继续利用“建筑节能项目专项扶持资金”鼓励政策，新增7个、约42万平方米示范面积的新建住宅项目列入市建筑节能专项扶持范围。

【“四高”优秀小区创建和住宅性能认定情况】全年完成创建上海市节能省地型“四高”优秀小区项目46个，共计709万平方米。其中，保障性住房创建项目21个；通过了住建部住宅性能认定的预审项目14个，超额完成了年初确定的2014年推进40个创建工作计划和10个住宅性能认定项目的工作目标。同时，制定推进本市住宅产业化宣传的工作方案，通过局网站、《房地产时报》等媒体，做好本市“四高”小区和推进住宅产业化工作的媒体宣传。各区县积极开展“四高”优秀小区项目储备和引导。

【新建住宅交付使用许可和质量管理】全市累计审核发放新建住宅交付使用许可证434件，2406万平方米。严格交付把关。有效落实交付使用许可规定和实施细则，保证交付住宅满足基本入住条件。尤其关注大型居住社区的配套设施同步建设情况，确保满足百姓基本生活需求。落实审改要求。按照审改及群众路线整改要求，对交付使用许可行政审批事项进行优化调整，简化审批手续，缩短审批时间，加强人员培训，编制出台了《关于进一步做好本市新建住宅交付使用许可工作的通知》。修订实施细则。根据中央依法治国的指示精神，并结合近年来交付使用许可管理工作中呈现的一些新情况、新问题、新要求，启动《上海市新建住宅交付使用许可实施细则》的修订工作。聚焦保障房质量。在保障性住房建设过程中，开展专项抽查和个案跟踪相结合的工作方式。对保障性住房相关质量问题的信访投诉，积极协调责任单位，及时了解和跟踪情况，妥善落实相关工作。继续落实好《新建住宅质量保证书》和《新建住宅使用说明书》，明确界定住宅质量保修范围、质量保修期限及质量保修要求，规范住宅售后服务保修行为，更好地保护住户权益。

【保障性住房建设】本市确立的总体目标为新开工建设和筹措各类保障性住房（含旧住房综合改造）5.5万套（户），基本建成保障性住房（含旧住房综合改造）11万套（户），可供应保障性住房7.8万套的目标任务。至2014年年底，本市全面完成了年初制定的新开工筹措、基本建成和可供应目标任务。新建筹措各类保障性住房和实施旧住房综合改造13.9万套、约969万平方米，基本建成17.4万套、约1170万平方米，新增可供应16.6万套（户）、约1147万平方米，全面超额完成国家和本市下达的各项年度任务目标。

在大力推进保障性住房建设进度的同时，2014年作为大力推进大型居住社区配套设施完善的“配套年”和落实本市党的群众路线教育实践活动重点整改工作之年，市住房保障房屋管理局组织市和各相关区县职能部门，对已入住和即将入住的保障性住房大型居住社区基地，进一步完善了市政基础设施、交通、教育、医疗卫生、商业、邮政、银行等配套设施。据统计，2014年，大型居住社区内配套建设任务累计完成652个项目，涉及党的群众路线教育实践活动整改内容的225个项目全部完成，大型居住社区内配套条件明显改善。

（三）房地产市场管理

【概况】2014年，继续严格执行差别化住房信贷、税收政策和住房限购措施，抑制投资投机性需求，支持居民合理购房需求，积极配合房产税试点工作，房地产市场运行总体平稳。与2013年相比，商品住房交易量、交易价格出现回落，与往年市场情况相比，仍处于正常区间。

11月13日，经市政府同意，会同市财政、地税、规土局印发《关于调整本市普通住房标准的通知》（沪房管规范市〔2014〕6号），自2014年11月20日起，本市执行普通住房新标准，可以享受优惠政策的普通住房实际成交价格调整为坐落于内环线以内的低于450万元/套，内环线与外环线之间的低于310万元/套，外环线以外的低于230万元/套。自新标准实施以来，全市普通住房成交套数占比从调整前58%上升至73%。

【房地产开发投资情况】 据市统计局统计，2014年1–12月，全市完成房地产开发投资3206亿元，同比增长13.7%。其中住房投资共完成1725亿元，同比增长6.8%。房地产开发投资占全社会固定资产投资比例为53.3%，比上年增长3.4个百分点。房地产业继续对上海市经济社会发展发挥重要支撑作用。

2014年1–12月，全市新建住房新开工面积1547万平方米，同比减少5.8%；竣工面积1536万平方米，同比增加8.3%。

【商品房成交情况】 据市统计局统计，2014年1–12月新建商品房销售面积2085万平方米，同比减少12.5%；其中新建商品住房销售面积1781万平方米，同比减少11.7%。二手存量房买卖登记面积1586万平方米，同比减少38.4%。

【商品住房价格情况】 2014年，上海市商品住房价格指数前涨中跌后稳。国家统计局数据显示，前四个月，本市新建商品住房和二手存量住房价格指数环比、同比均上涨；5月，价格指数环比开始下跌；9月，新建商品住房价格指数环比跌幅开始收窄，12月，指数环比下降0.3%；10月二手存量住房价格指数环比开始止跌，年末上涨，12月，指数环比上涨0.4%；12月新建商品住房和二手存量住房价格指数同比分别下降4.4%和1.8%。

【房地产市场监测分析】 建立了日报、周报和月报监测报告制度，由上海房地产监测中心定期报告市场监测数据。每月会同发改、金融、财税、建设等相关部门对房地产市场运行情况进行分析，对当前调控政策的贯彻执行、市场走势以及需要关注的问题进行研判，提出对策建议报市委、市政府领导决策参考。

【贯彻执行各项调控政策】 继续严格执行住房限购措施和差别化住房信贷、税收政策，加强监督和检查力度，完善与地税、民政、社保等部门的信息联网共享机制。积极推进与社保部门的数据交换，2月中旬开展网络部署、接口设置、系统建设和模拟测试等工作，10月20日，在全市房地产交易中心进行社保联网数据试运行，11月20日正式运行，有效解决了社保窗口终端无法打印“三年内累计缴费”信息问题，防止提供虚假社保缴费证明骗购的违规行为。

【房屋租赁管理】 2014年，以“群租”综合治理工作为重点，会同市综治办、市高法院、市公安局、市工商局、市地税局、市规土局、市城管执法局、市卫生计生委、市司法局等10部门，联合制定了《关于加强本市住宅小区出租房屋综合管理的实施意见》（沪房管〔2014〕135号）；在市政府法制办指导下，同步修订了《上海市居住房屋租赁管理办法》。通过各方共同努力，全年共排摸（已发现）“群租”房4.67万户，整治3.72万户，整治率接近80%，“群租”蔓延势头得到有效遏制，“群租”治理取得阶段性成效。同时，继续做好居住房屋租赁合同登记备案工作，2014年，全市共办理47.64万件，自

2011年10月1日起已累计办理73.05万件；在徐家汇街道开展居住房屋租赁合同登记备案系统升级试点工作，研究租赁合同登记备案与居住登记的信息共享和有效衔接。

【房地产估价管理】 2014年底，本市共有房地产估价机构77家，其中一级33家、二级13家、三级19家、暂定三级3家、分支机构9家；注册房地产估价师1035名。为规范本市房屋征收评估和专家鉴定收费，2014年1月16日，联合市物价局等部门下发《关于规范本市房屋征收、补偿工作中评估和专家鉴定收费的通知》（沪价督〔2014〕1号）；为更好地维护房屋征收当事人的合法权益，进一步规范房屋征收评估报告鉴定工作，保障鉴定质量，促进本市房屋征收工作的推进，2014年9月28日颁布施行《上海市国有土地上房屋征收评估报告鉴定若干规定》（沪房管规范市〔2014〕2号）；为做好住房城乡建设部房地产估价机构一级资质审批下放后的承接工作，进一步规范房地产估价机构管理，加强房地产估价活动监管，2014年9月28日印发《关于贯彻<住房城乡建设部关于进一步规范房地产估价机构管理工作的通知>的实施意见》（沪房管规范市〔2014〕3号）；开展2014年本市房地产估价机构检查，以及本市房地产估价报告网上备案模板、房地产估价行业社会信用体系建设和房地产估价机构、从业人员失信行为与记录标准等研究。

（四）物业管理

【概况】 2014年，着力提升“962121”热线服务水平和“12345”市民服务热线转办件处置质量，完善热线功能，优化工作机制，制定“12345”市民服务热线转办件承办工作管理办法和考核办法，有效解决居民合理诉求。加大白蚁防治工作覆盖面和工作力度，开展直管公房全项目修缮中的白蚁防治工作。“夏令热线”期间，组织开展市民“文明居住”大讨论，广泛征集不文明居住行为治理“金点子”，制定印发《上海市民文明居住行为规范》，物业行业连续第五年被评为“夏令热线市民满意行业”。

【继续调整公有住宅售后物业服务收费标准】 按照“平稳有序、三年到位”的工作要求，继续深入做好公有住宅售后物业服务收费调整工作，会同市物价局，对600个住宅小区物业服务收费情况进行了抽样调查，并对调查数据进行汇总统计分析，出台了《关于调整公有住宅售后小区物业服务收费标准的通知》（沪房管物〔2014〕377号）。文件明确了公有住宅售后房屋的管理费、保洁费和保安费按照房屋建筑面积计费及2015年9月1日起公有住宅售后维修资金不再列支物业服务费相关费用等管理制度。

【制定推行《上海市文明居住行为规范》】 为进一步提升市民文明居住意识，提升文明小区创建水平，助力住宅小区综合治理工作，市文明办、市建设交通工作党委、市住房保障房屋管理局于2014年11月正式印发了《上海市文明居住行为规范》。《上海市文明居住行为规范》共10条，内容包括违法建筑不搭建、身居高处不抛物、房屋外借不群租、生活垃圾不乱丢、房屋结构不破坏、公共楼道不占用等，对规范本市业主（使用人）居住行为提出了引导性要求。为推动《上海市文明居住行为规范》的贯彻施行，与上海市精神文明建设委员会办公室、中共上海市城乡建设和交通工作党委联合专门印发了《关于倡导推行<上海市民文明居住行为规范>的实施意见》（沪文明办〔2014〕42号），明确了实施目标、实施步骤、职责分工和工作要求，引导业主将《上海市文明居住行为规范》纳入《管理规约》、《临时管理规约》，将违反《上海市文明居住行为规范》的行为逐步纳入业主（使用人）的个人征信体系，提高规范执行的约束力。

【规范业主大会、业主委员会建设管理】 根据《关于进一步加强业主委员会成员及相关管理人员培训工作的实施方案》（沪房管物〔2014〕395 号）的要求，针对业主委员会成员和相关管理人员的不同业务需求，编写了相应的培训项目、培训大纲和培训教材，建立了全市统一的培训师资队伍。开展了《临时管理规约》《管理规约》《业主大会议事规则》和《专项维修资金管理规约》等示范文本的修订完善工作。

【加强住宅专项维修资金和公共收益的管理】 开展了全市住宅小区业主大会账户中住宅专项维修资金和公共收益的情况专项检查，开具整改单 30 多张，累计归集 2.2 亿元公共收益并划入业主大会银行账户。完成售后公房维修资金系统升级改造，进一步提高本市售后公房维修资金信息化管理水平。开展了维修资金操作员实名制管理及培训工作，共培训 2500 人次，进一步提高了物业企业从业人员的业务水平。在 20 多个小区试点开展业主大会维修资金代理记账，进一步推进社会中介组织参与维修资金管理工作。

【加强本市住宅小区安全运行】 市住房保障房屋管理局印发了《关于切实做好住宅小区安全运行工作的通知》（沪房管物〔2014〕76 号），要求对地下空间、居民水箱、电梯等重点部位进行全面排查整治隐患，确保各项设施设备安全运行。还印发了《关于开展本市易积水小区排摸整改工作的实施方案》（沪房管物〔2014〕55 号）和《关于进一步加强本市住宅小区防汛防台物业管理工作的通知》（沪房管物〔2014〕134 号），对本市三年来多次暴雨积水的住宅小区进行彻底排查摸底，分析积水原因，明确责任主体，细化节点安排，抓紧推进整改，确保汛期前各项整改措施落实到位，切实提高住宅小区防汛安全管理水平。

（姚卫萱）

（五）旧区改造

【概况】 2014 年，中心城区共拆除二级旧里以下房屋 64 万平方米（受益居民 2.81 万户），占全年计划 116.4%；完成在拆基地收尾 41 块，占全年计划 102.5%。郊区城镇共拆除二级旧里以下房屋约 13.79 万平方米（受益居民约 2244 户），占全年计划 125%。

【加快推进在拆基地收尾】 按照市政府要求，2014 年各区都将在拆基地收尾作为推进旧改工作的重中之重。通过采取第三方公信平台协调和疏导、法院调解等措施，在拆基地收尾呈现良好的发展态势，全年完成在拆基地收尾 41 块。

【加大“毛地出让”地块处置力度】 市区有关部门按照《关于本市旧区改造中“毛地出让”地块处置若干政策口径的意见》（沪规土资地〔2012〕652 号）的有关精神，综合运用融资和房源支持等政策措施，通过采取支持原开发企业启动改造、引进大企业集团接盘改造等措施，加快旧改“毛地出让”地块改造。全年已有 13 块“毛地出让”地块完成第一轮征询，11 块启动第二轮征询。

【拓宽旧改资金筹措渠道】 市旧改办召开旧区改造银行贷款专题会议，争取各银行业金融机构降低融资成本及自有资金比例，支持旧改融资。研究创新保险资金股权投资计划，为旧改项目提供启动资金支持，在虹口区11街坊旧改地块开展试点。2014年，根据棚户区改造新形势，国开行又研究提出了棚户区改造专项贷款方案，市旧改办牵头，会同市财政局、市发展改革委和国开行上海分行等研究本市细化操作方案。

【动迁安置房建设、供应、使用和管理】按照“供需提前对接、房源按需建设”的要求，人口导入区和人口导出区签订2014-2017年市属动迁安置房供需框架协议。全面排摸今年房源需求情况，提前对接各区市属动迁安置房供应计划，截至2014年底，已批复市属动迁安置房5万多套。将大型居住社区外围配套建设纳入市政府重点工作和市重大工程建设范畴，加快推进基础设施和公共服务设施建设，加快引进教育、卫生、商业等市区优质资源。

【合理控制旧改房屋征收成本】加强房屋征收补偿方案指导，市旧改办会同市房管局对各区2014年新启动旧改项目的房屋征收补偿方案进行指导和检查，要求各区按照现行政策规定制定补偿方案，合理设置奖励项目和标准，合理设置托底保障折算价格等，避免区与区之间相互攀比而引起成本上升。市旧改办下发《关于加强市区合作旧改项目房屋征收管理的通知》，以市区合作旧改项目为切入点，加强房屋征收成本管理，以点带面，合理控制旧区改造房屋征收成本。另外，市房管局制定下发《关于进一步加强本市房屋征收监督管理工作的通知》，通过进一步重申政策，列出负面清单，要求各区严格执行现行房屋征收与补偿政策有关规定。

（孙斌）

（六）房屋征收（拆迁）管理

【概况】2014年，房屋征收补偿政策不断完善，征收行为不断规范。坚持阳光征收、规范征收，完善企事业单位房屋征收补偿政策，加强房屋征收监管和成本控制，加快存量拆迁基地收尾。全年，共作出房屋征收决定50个，完成房屋征收补偿1.625万户。共完成拆迁基地收尾139块，存量拆迁基地减少到325块。

【完善房屋征收相关政策】出台《关于推进本市房屋土地征收中企事业单位房屋补偿工作的若干意见》，建立工作协调机制、细化补偿方式、增强强制执行的可操作性，推动解决企事业单位动迁难问题。印发《关于进一步规范本市房屋征收补偿工作的通知》，进一步重申和明确房屋征收补偿中严格执行建筑面积认定标准、加强居住困难审核管理、科学合理设置奖励补贴费用、加强市属征收安置住房使用管理、强化征收人员监督管理等政策规定及工作要求，规范房屋征收补偿工作，合理控制征收成本。

【存量拆迁基地加快收尾】围绕年度工作目标，加大分类处置力度，对3户以下基地，加强与法院沟通，加大司法强制执行力度；对符合条件的地块，改用房屋征收程序实施或按照“两轮征询”方式实施拆迁，用新政策、新机制加快存量拆迁基地收尾。加强征收安置房源保障，以协议方式确定征收安置房源供应计划及各区县用房的时间、基地、数量和套型等，强化供需提前对接和房源按需建设，优化房源供应结构，做好房源供应和房款催缴。全年，共完成拆迁基地收尾139块，存量拆迁基地减少到325块。

【开展房屋征收（拆迁）专项检查】为了对71号令实施以来本市房屋征收（拆迁）政策执行、行为规范、人员管理、存量拆迁基地收尾等工作情况进行全面检查，进一步加强本市房屋征收（拆迁）工作，市住房保障房屋管理局牵头成立了市房屋征收（拆迁）专项检查工作组，由局业务主管处室、区县房管局相关人员组成，并通过市人大、市政、市律协推荐人大代表、政协委员、律师参加，组织开展了房屋征收（拆迁）专项检查。对每个区县形成了《房屋征收（拆迁）专项检查反馈意见》，在肯定其工作成效的同时，也提出了其存在的问题，并提出明确的整改要求和建议，切实将专项检查效果落到实处。

（七）旧住房修缮改造

【概况】2014年，继续实施推进各类旧住房修缮改造工程，全年实施2200余万平方米。重点实施推进作为保障性安居工程任务的，完善房屋安全和使用功能的成套改造、厨卫等综合改造、屋面及相关设施改造等三类旧住房综合改造工程项目，进一步扩大居民群众受益面。全年，实施三类旧住房综合改造项目463万平方米，涉及受益居民8.27万户。同时，组织开展全市旧住房安全排查工作，按照排查范围共排查各类老旧住房1.73亿平方米，发现1675万平方米、共计10999幢房屋存在各类安全隐患，包括1356万平方米疑似一般损坏房屋、310万平方米疑似严重损坏房屋、9.6万平方米疑似危险房屋或局部危险房屋。

【实施推进各类旧住房修缮改造工程】2014年，根据本市住房建设发展“十二五”规划，按照“十二五”期间每年1000万旧住房修缮改造计划任务量，实施推进各类旧住房修缮改造工程，坚持以百姓需求为导向，不断拓展修缮改造内涵，多渠道多途径地改善市民群众居住质量，全年实施2200余万平方米。自“十二五”开始，已累计实施5900余万平方米，完成“十二五”规划目标任务。

重点实施推进作为保障性安居工程任务的，完善房屋安全和使用功能的成套改造、厨卫等综合改造、屋面及相关设施改造等三类旧住房综合改造工程项目，进一步扩大居民群众受益面。2014年，实施三类旧住房综合改造项目463万平方米，涉及受益居民8.27万户。受到了居民群众的普遍欢迎。

创新探索旧住房修缮改造新模式，结合本市实际情况和群众要求，积极研究推进拆除重建、郊县区棚户简屋改造和多层既有住宅增设电梯等试点工作。同时，结合旧住房修缮对二次供水、表前供水设施、积水点改造、截污纳管等工作推动结合起来一并实施。

【加强工程项目政府监管，确保安全质量】加强市、区两级房管部门对住宅修缮工程的监督检查、项目监管和工程现场质量安全检查，强化属地化管理，将工作督查、项目抽查和现场巡查相结合，结合打非治违专项行动、防台防汛检查等活动，落实施工自查、监理复查、区修缮管理部门巡查、市修缮管理部门督查抽查、相关对口管理部门互查的“五查”制度，对检查中发现的问题，务必督促整改到位。

贯彻落实住宅修缮工程群众工作相关要求，通过建立“三会”（实施前“征询会”、实施中“协调会”、实施后“评议会”）、“十公开”、市民监督员、后评估等各项群众参与机制，鼓励市民参与工程监督管理，形成了“专业监督、社会监督、群众监督”三位一体的监督机制，取得了良好的成效。

【开展老旧住房安全排查和隐患处置】2014

年，组织开展全市旧住房安全排查工作，按照排查范围共排查各类老旧住房1.73亿平方米，发现1675万平方米、共计10999幢房屋存在各类安全隐患，包括1356万平方米疑似一般损坏房屋、310万平方米疑似严重损坏房屋、9.6万平方米疑似危险房屋或局部危险房屋。

建立后续处置工作机制。牵头建立老旧住房安全隐患处置工作制度，成立了上海市危险老旧住房处置工作小组，加强对老旧住房安全隐患处置工作的指导。编制老旧住房安全隐患处置工作指导性文件，形成《关于加强本市老旧住房安全隐患处置工作的实施意见》和《上海市老旧住房安全处置技术导则》，为安全隐患处置提供依据。全面启动处置工作。牵头督促做好危险老旧住房的具体处置整改工作，根据房屋损坏情况，分级分类处置，逐一制定整改方案，确定整改期限，明确整改责任。

（八）住房保障

【概况】2014年，本市确立的总体目标为新开工建设和筹措各类保障性住房（含旧住房综合改造）5.5万套（户），基本建成保障性住房（含旧住房综合改造）11万套（户），可供应保障性住房7.8万套的目标任务。至2014年年底，本市全面完成了年初制定的新开工筹措、基本建成和可供应目标任务。新建筹措各类保障性住房和实施旧住房综合改造13.9万套、约969万平方米，基本建成17.4万套、约1170万平方米，新增可供应16.6万套（户）、约1147万平方米，全面超额完成国家和本市下达的各项年度任务目标。2014年，本市进一步扩大廉租住房受益家庭规模。对符合条件的申请家庭“应保尽保”，全年共新增廉租租金配租家庭0.6万户，新增实物配租选房入住家庭0.3万户。截至2014年底，廉租住房累计受益家庭已达10.4万户。

【廉租住房工作】2014年，本市按照住房保障体系建设的总体要求，继续深化完善廉租住房政策，积极有序开展申请供应工作，进一步扩大廉租住房受益家庭规模。继续放宽收入和财产准入标准。根据经济社会发展情况，将3人及以上申请家庭的人均月可支配收入标准，从2100元（含）以下调整为2500元（含）以下，家庭财产准入标准从人均8万元（含）以下调整为9万元（含）以下；将1人、2人申请家庭的人均月可支配收入标准，从2310元（含）以下调整为2750元（含）以下，家庭财产准入标准从人均8.8万元（含）以下调整为9.9万元（含）以下。准入标准的放宽，进一步推进了廉租住房与共有产权保障住房政策的有效衔接，有效解决了“下夹心层”群体的住房保障矛盾。进一步优化完善租金配租政策。根据近年来房屋租赁市场变化情况，将租金配租家庭的家庭最低配租面积从原有的居住面积10平方米提高到居住面积12平方米，解决部分家庭保障不足问题；同时按照廉租住房保基本的特点，允许区县政府将租金配租家庭的家庭最高配租面积限定为居住面积30平方米，避免对部分廉租家庭形成过度保障。此外，根据收入准入标准的放宽情况，按照“梯度递减”原则，对租金配租家庭的补贴标准进行了调整完善，对100%、70%、40%三类补贴标准的家庭范围均进行了扩大。优化实物配租自付租金承担机制。为强化政策导向，更合理分配廉租实物配租房源，对实物配租自付租金承担机制进行了适当优化调整。对在规定选房面积标准内选房的自付租金，全额补贴家庭继续按其家庭月可支配收入的5%收取；70%差额补贴家庭按其家庭

月可支配收入的 7% 收取（原标准为 6%），40% 差额补贴家庭按其家庭月可支配收入的 9% 收取（原标准为 7%）。超过规定面积标准选房的，超面积部分的自付租金，由现行的均按超面积部分租金的 30% 收取，调整为对不同档次收入家庭分别按超面积部分租金的 50%、60% 和 70% 收取。统筹调配一批市级房源供区收购使用。为支持房源紧缺区实物配租工作开展，从市属大型居住社区中统筹调配 5690 套房源供 13 个廉租实物配租房源紧缺区收购使用，合计安排和下拨市级专项补贴资金 9.5 亿元。对符合条件的申请家庭"应保尽保"。继续做好廉租住房日常申请受理工作，对符合条件的申请家庭在租金配租上继续予以"应保尽保"，全年共新增廉租租金配租家庭 0.6 万户。同时，根据房源筹措情况，积极开展实物配租工作，全年新增实物配租选房入住家庭 0.3 万户。截至 2014 年底，廉租住房累计受益家庭已达 10.4 万户。认真做好资格复核收尾工作。在 2012 年探索建立廉租住房复核制度、2013 年全面启动复核的基础上，认真做好集中复核的收尾工作。截至 2014 年底，累计对 4.16 万余户家庭进行了资格复核，其中近 1.68 万户家庭因各种原因不再符合条件而退出保障。资格复核工作已由集中复核转为常态化复核。

【共有产权保障住房（经济适用住房）工作】 积极推进申请供应工作。2014 年，本市根据经济社会发展情况和"四位一体"、租售并举住房保障体系的衔接要求，继续放宽共有产权保障住房准入标准，扩大保障性住房政策的覆盖面和受益面。将 3 人及以上家庭的人均月可支配收入限额从 5000 元调整为 6000 元、人均财产限额从 15 万元调整为 18 万元；2 人及以下家庭，还可以在前述标准基础上上浮 20%。按照 2014 年准入标准，自 2014 年 10 月 15 日起在全市范围内开展共有产权保障住房的申请受理工作，并统筹做好 2013 年批次申请家庭购房签约的收尾工作。截至 2014 年底，全市共累计接受市民群众政策咨询超过 22 万人次，受理 3.04 万户；

在购房签约方面，2013年批次结转至2014年签约的约为1.38万户，历年批次累计完成购房签约6.58万户。

【公共租赁住房工作】 2014年，市财政向各区县下达市级公共租赁住房运营机构资本金补助13亿元，用于廉租实物配租房源收储和公租房项目建设筹措；向部分区县下达中央补助公共租赁住房专项资金2633万元。根据国家下达本市的公共租赁住房建设筹措任务目标，全市建设筹措公共租赁住房8047套、竣工14673套。

截至2014年底，全市6处市筹公共租赁住房项目累计供应房源12671套，已签约出租11365套（出租率89.7%），其中2014年净增加签约出租3375套；全市已有12个区县33处区筹公共租赁住房项目面向社会供应，累计供应房源5680套，已签约出租3143套（出租率55.3%），其中2014年净增加签约出租1978套。截至2014年12月，全市公共租赁住房（含单位租赁房）累计供应房源6.92万套，已签约出租5.34万套（出租率77.2%），入住14.54万人，其中2014年净增加签约出租1.55万套。

【住房制度改革工作】 2014年，市住房保障房屋管理局会同相关部门继续推进本市公有住房出售工作。据统计，全年共出售公有住房1.78万套，建筑面积94.2万平方米，回收购房款约3亿元，扣除维修基金后净归集额1.6亿元。全市自公有住房出售政策实施以来，已累计出售公有住房190.11万套，建筑面积约10242万平方米。

针对本市公房租金十余年未作调整，与同期公房管理维修成本上涨较多形成的突出矛盾，市住房保障房屋管理局与市物价部门共同成立“公房租金调整政策研究”课题组，研究本市居住及非居住类公房租金调整：通过开展政策梳理、基础资料搜集、房地集团座谈、专家意见咨询、成本租金测算、外省市调研等工作，提出完善公房租金调整政策的基本思路、方法和步骤，为下一步公房租金调整做好理论准备。

进一步推进本市住房分配制度改革。按《关于进一步深化本市城镇住房制度改革的若干意见》（沪府发〔1999〕38号）的要求，推进企事业单位的住房分配制度改革；配合市政府机管局等部门深化、完善本市公务员住房解困的有关思路。

支持配合外省市住房分配制度改革。配合外省市住房分配制度改革和经济适用住房、动拆迁货币安置等工作的开展，做好外地职工及其配偶在沪住房情况申报确认工作，2014年共确认458户，自2003年此项工作开展以来，累计确认4762户。

继续解决未确权公有住房的出售问题。2014年，根据《关于进一步推进本市公有住房出售若干规定的通知》（沪府发〔1999〕44号）的精神，继续对投资单位未申领房地产权证的住房进行梳理，将符合出售条件的住房出售给承租的职工家庭。各区县房改部门出售的这类住房共764套，建筑面积4.26万平方米；已累计代售49940套，建筑面积约295万平方米。

解决各区县有限产权接轨工作的疑难问题。市和区县房改部门经过调研和协调，研究解决各类疑难问题，推动有限产权住房接轨工作顺利推进，全年有限产权住房接轨1794套，累计接轨70488套。

（姚卫萱）

八、城市交通

（一）综述

2014年，市委、市政府从整个交通大局出发，按照大部制改革的要求和“一城一交”的构想，组建交通委。在市委、市政府的坚强领导下，市交通委着力加强综合交通管理，着力构建综合交通体系，全市交通总体保持平稳发展态势，圆满完成全年目标任务。

一是以满足特大型城市发展需求为目标，综合交通基础设施规划和建设进一步完善。积极开展新一轮城市总体规划交通专项规划编制，“十三五”规划编制前期工作启动。大力协调和推进沪通等铁路通道建设，洋山港区四期和北横通道工程全面开工。稳步推进一批轨道交通、道路交通配套设施建设项目，轨道交通12号线西段曲阜路站开通运营，13号线一期中段、16号线龙阳路站～罗山路站开通，9、17、13号线若干车站按计划开工，嘉闵高架南北延伸主线高架实现通车，虹梅南路—金海路越江通道、周家嘴路越江工程建设有序推进，北翟路快速路、沪宜公路新城段按期开工。实施“农村经济相对薄弱村路桥改造”市政府实事项目，改造村内道路800公里、桥梁400座。全年新受理监督工程65项，质量安全风险防控机制不断完善。

二是以创建国家“公交都市”为平台，公共交通优先发展战略进一步深化。国家“公交都市”创建工作有序推进，组织各区（县）同步开展“公交城区”创建工作。公共交通客运总量达65.8亿人次，日均客运量1804万人次，其中轨道交通客运量占42.9%，轨道网络规模进一步扩容；地面公交客运量占40.5%，公交网络继续向远郊区、边远小区和农村地区延伸。优化调整公交线路205条。推进轨道交通与地面公交两网衔接融合，加强运营时间衔接，进一步满足市民出行需求。实施中心城区公交候车亭建设，浦西730个站点889座候车亭建设全部完成。有序推进中运量公交建设，有轨电车规划、审批、运营等方案获市政府通过，松江有轨电车项目完成车辆及设计勘察一体化招标，南桥新城—东方体育中心快速公交专项规划项目建议书获批。在杨浦区江湾—五角场地区、延安路沿线，开展典型地区公共交通体系优化试点。加强公交行业专项扶持资金使用管理，安排5大板块、10多类项目的公交专项预算资金约101亿元。促进出租服务方式转变，推进站点建设，引导单一扬招向扬招、电话预约和站点候客相结合的运营方式转变。制定下发《关于规范出租汽车手机软件召车等网络预约服务管理的通知》，进一步规范网络叫车服务。完成出租车运价调整相关准备工作。

三是以绿色和智慧交通发展为引领，交通行业转型升级推进有力。加快新能源公交车发展，配套基础设施建设推进有力。建成33座充换电站、2700余个充电桩，投放节能和新能源公交车2011辆。全力推进黄标车和老旧车辆环保治理，出台实施一揽子政策措施，累计淘汰黄标车和老旧汽车17.16万辆。持续深化道路货运管理，完成道路货物吞吐量4.28亿吨。推广驾培计时培训模式，推进汽修、牵引等行业管理。着力发展智慧交通，完成公交行业信息化示范工程建设，顺利推出“上海公交”APP信息服务系统、基于站点设施的公交信息发布服务，初步形成“交通行业数据中心（一期）”工程可行性报告。

四是以深化改革和创新机制为抓手，交通综合治理能力和服务水平明显提升。深化公交行业改革，完成松江区公交场站资产划转工作，制订崇明巴士资产转让方案，推动形成重点企业深化改革方案。实施在用客车额度纳入新增额度拍卖平台统一拍卖，平稳实现一二手车额度并轨。积极推动查处车辆非法客运的地方性法规和政府规章出台，取证难、执法难瓶颈得到突破，共查处各类违法违章运营车辆5631辆，同比增加120.3%，其中出租汽车5280辆，同比增加1.6倍。圆满完成“亚信”峰会交通安全保障任务，重点区域、重大活动、重要时期应急指挥交通保障切实加强，共完成交通保障任务266次，调派出租车14.9万辆次、大巴138辆次，增开轨交6列次，疏运乘客22.6万人次。修订完善轨道交通安全、服务等规范性文件，完成6、8、9号线安全评价。建成下立交信息管理系统，推动道路下立交积水改造。开展第三方安全监测试点，省际客运行业同期车辆超速车次下降50%，禁行时段行驶车次下降39%，客运承运人责任险事故报案率下降27%，初步取得了三方共赢的良好效果。完成标志、标线等道路交通设施管理职责交接。研究形成停车规划建设管理等一揽子政策措施，静态交通管理进一步加强。推进高速公路ETC建设，实现高速路网108个收费站点全覆盖。深化行政审批制度改革，编制深入推进行政审批制度改革的实施意见，全年受理行政审批事项9.7万件，当场办结批准率达82.6%，其中有1.7万件纳入“既受又理”审批。依托互联网、手机等平台创新服务举措，公共交通卡服务领域和区域不断拓展。

五是以党建和行业精神文明建设为重点，交通事业发展保障不断完善。推进教育实践活动和基层服务型党组织建设有机融合，“8+2+2”工作中“改进公交和出租车服务”、“检查井盖管理”和“遏制‘黑车’猖獗势头”三项重点整改工作成效明显。推进服务型党组织建设，搭建“百个支部建百个服务站”平台。深入推进“同心共筑中国梦，服务满意在交通”主题实践活动，以文明行业创建为抓手，推动重点行业深化创建工作，行业精神文明和核心价值理念宣传成效明显。组织开展机关读书活动、书法摄影知识讲座，开展“逐梦的力量”征文、龙舟赛等活动，交通系统干部职工文化道德修养和团结协作精神进一步增强。严格执行中央八项规定、严格落实党风廉政建设责任制，强化执纪监督问责，教育、制度、审计、惩处、纠风等各项工作扎实开展。组建上海大交通“畅行联盟”，“上海交通蓝丝带”系列活动获得首届中国青年志愿服务项目大赛银奖。切实加强行业培训机构质量信誉考核，职业技能鉴定工作深入推进。深化校企合作，全年为公交企业培训员工500多人次。顺利完成重点物资、紧急物资和特殊物资运输协调保障任务。

（二）交通管理

【概况】2014年，本市交通管理部门以“提升综合交通服务能级，落实公交优先发展战略，推进交通港航转型发展”为工作总目标，并主要围绕“优化地面公交线网”、“促进出租车行业健康发展”、“持续深化道路货运管理”三项工作稳步推进。

【2014年新增机动车额度】2014年，在实施个人和单位客车额度分场拍卖、在用客车额度纳入拍卖平台的情况下，本市中心城区新增客车额度实际投放98606辆，其中个人客车额度90986辆（不含个人在用客车额度委托拍卖47辆和弃标214辆），单位客车额度7620辆。2014年区域性（沪C号牌）客车保有量新增92040辆，合计新增客车额度19.06万辆，2014年试行年度警示价，即每月个人客车额度拍卖在报价阶段出价不得超过警示价72600元。单位客车额度实施有底价拍卖，底价为同月个人客车额度拍卖中标均价。2014年个人客车额度拍卖中标均价73913元，比上年私车额度拍卖均价减少5738元，下降7%；单位客车额度拍卖中标均价105933元，比上年公车额度拍卖均价增加26753元，上升近34%。

【2014年机动车额度管理的主要工作】（一）修订完善机动车额度拍卖管理规定。修订完善《上海市非营业性客车额度拍卖管理规定》，增设凭驾驶证、对非本市户籍凭居住证（不含临时居住证）等拍卖登记条件。（二）研究推出额度管理相关措施。为进一步规范二手车交易市场的客车额度转让方式，消除投机者在两个市场间套利空间，对不再使用的在用客车额度纳入统一拍卖平台。（三）推进机动车额度管理信息系统项目建设。年内已完成各额度审查点实现联网额度审查，并向市车管部门传递二维码额度信息，有效避免交换信息不对称的弊端。

【淘汰黄标车】根据国家有关要求，本市完成2014年16万辆黄标车和老旧车辆淘汰任务，共淘汰16.1万辆，其中淘汰黄标车12.4万辆，淘汰老旧车3.7万辆。同时，办理黄标车补贴4批2万余辆，共申请补贴3.9亿元。

【加强新能源租赁车管理】 按照国家及本市节能减排工作要求，市交通委在汽车租赁行业开展新能源汽车额度投放，并先后组织多次专家评审工作。确定新能源租赁汽车2014年发展计划，推进新能源汽车在汽车租赁行业的运用，完成1800辆纯电动新能源租赁车市场投放。2015年拟将相关评审要求固化，编制管理要求。

【考核出租汽车经营权】 自2014年起，市交通管理部门对本市出租汽车经营权实施年度考核，主要包括规范经营、安全生产、服务质量、社会责任、企业管理等方面。质量信誉考核结果为A级以上的企业，视为经营权考核合格；为B级的企业，视为经营权考核不合格。企业经营权年度考核不合格的，由市运输管理处或者区县运输管理机构责令其限期整改。同时规定出租汽车车辆营运周期统一调整为6年。

【实施高峰时段禁用打车软件措施】 2014年2月26日，上海交通管理部门发布《加强出租汽车运营服务管理相关措施》。措施规定，自3月1日起，实施早晚高峰时段（即每日7：30至9：30、16：30至18：30）本市出租汽车严禁使用“打车软件”提供约车服务，以缓解高峰时段打车难情况。

【规范出租汽车预约服务】 2014年9月11日，为贯彻落实交通运输部《关于促进手机软件召车等出租汽车电召服务有序发展的通知》和市政府《上海市查处车辆非法客运办法》，市交通委制定下发了《关于规范出租汽车手机软件召车等网络预约服务管理的通知》，进一步规范了出租汽车经营企业、第三方软件服务运营商、以及出租驾驶员的行为准则，明确要求第三方运营商不得向驾驶员提供具有加价功能的预约软件，并在规定时间内进行软件重新设置，取消加价功能；要求第三方运营商在规定时间内向管理部门提供已注册的驾驶员和车辆信息，不得为不具备客运资质的个人和车辆提供预约信息；要求驾驶员在机场、火车站等出租汽车营业站，不得通过手机软件等方式在排队候客区揽客，应当服从调度指挥，按顺序排队候客。

【发布《提高本市出租汽车行业服务质量的行动计划》】 2014年12月市交通委下发《提高本市出租汽车行业服务质量的行动计划》，提出争取用2年时间，进一步强化出租汽车企业的管理主体责任，进一步落实出租汽车驾驶员的服务规范，在营运行为、车容车貌、仪容仪表、文明举止等方面，努力实现本市出租汽车服务质量的明显提升。

【探索出租行业经营模式改革】 市交通委通过开展深化出租汽车行业改革调研，在完善传统经营模式的基础上，探索符合行业发展的新型经营模式，研究提出服务中心经营模式，并且不断健全企业批后监管制度。制定下发了《关于加强本市出租汽车经营权管理的通知》，全面实施企业经营权考核和营运车辆额度无偿有期限经营制度。

【促进出租服务方式转变】 为进一步提高电调服务质量，推进站点建设，引导单一扬招向扬招、电话预约和站点候客相结合的运营方式转变，市交通委制定下发《关于规范出租汽车手机软件召车等网络预约服务管理的通知》，推出高峰时段禁止出租汽车驾驶员承接手机叫车业务等管理措施，进一步规范网络叫车服务。同时，积极推动出租车车型不断适应市场需求。完成200无障碍出租汽车投放工作，方便乘坐轮椅和大件行李等乘客出租汽车出行。

【加强新能源租赁车管理】 按照国家及本市节能减排工作要求，市交通委在汽车租赁行业开展新能源汽车额度投放，并先后组织多次专家评审工作。确定新能源租赁汽车2014年发展计划，推进新能源汽车在汽车租赁行业的运用，完成1800辆纯电动新能源租赁车市场投放。2015年拟将相关评审要求固化，编制管理要求。

（三）交通执法

【概况】 2014年，市区两级交通执法队伍共实施日常和专项稽查28,749次，出动执法人员91,070人次，共查处各类交通违法案件24,400件。共对399名出租汽车驾驶员进行停业整顿15天，吊销156名驾驶员准营证。同时，共受理各类信访投诉56,168件，处理54,556件，满意率97.90%。

【立法加大处罚非法客运力度】 2014年6月19日，市人大常委会表决通过了《上海市查处车辆非法客运若干规定》（市人大13号公告），2014年7月14日，市政府修改发布了《上海市查处车辆非法客运办法》（市政府20号令）。两项规定均于2014年8月1日起正式实施。新规实施后，本市整治非法客运工作力度大幅增强，处罚力度进一步加大，形成较大执法威慑力。

【完成本市2014年度交通运输行业执法监管工作】 2014年，市区两级交通执法队伍共实施日常和专项稽查28,749次，出动执法人员91,070人次，共查处各类交通违法案件24,400件（其中：公交、出租、省际客运和危险品运输四大重点监管行业案件共计15,184件，占总立案数的52.82%；全年查处非法客运“四轮机动车”5817辆，同比2013年上升214%，查处“克隆出租车”649辆，同比2013年上升22%）。共对399名出租汽车驾驶员进行停业整顿15天，吊销156名驾驶员准营证。同时，共受理各类信访投诉56,168件，处理54,556件，满意率97.90%。

【加强对本市出租行业执法监管】 市交通执法总队围绕拒载、绕道多收费、计价器舞弊等行业顽症，进一步加强执法监管力度，思考创新执法模式、提升执法效率，努力提升出租行业服务质量，确保本市出租行业秩序平稳、有序。2014年，总队立案查处出租行业违法案件7791件（占案件总数约32%），同比去年案件数量上升47%。其中，拒载、绕道多收费、计价器舞弊及非法客运等重大案件查处数量占行业案件总数近80%。共对399名出租汽车驾驶员进行停业整顿15天，吊销156名驾驶员准营证。共受理出租行业信访投诉52800件，处理51260件，处理率97.08%，市民满意率达97.90%。

【解决客运违法行为取证难问题】 由于打车软件的兴起，本市出租行业执法监管面临更大挑战，市民投诉出租车“空车不停、停车拒载”等情况有所增加。为进一步加强监管力度，着力解决出租车拒载表现形式多样、隐蔽性强、取证困难等问题，交通执法部门试点推行“执法人员乘车执法”查拒载，由两名以上执法人员，着便衣实施跳车检查，并在检查过程中全程录音录像。检查中一旦发现出租车有拒载行为，执法人员可当即出示执法证件，表明身份，并对当事司机的违法行为开展调查取证工作。执法人员采用该模式相继在出租车拒载投诉较严重的陆家嘴、莘庄等区域查处拒载案件40余件，经由本市主流媒体对此进行追踪报道，取得较好社会反响，对行业违法人员造成一定威慑力。

【加强对“打车软件”相关违法行为整治力度】 市交通执法总队一是加强对出租车高峰

时段使用打车软件、扰乱机场候客秩序等违法行为开展系列执法检查；二是加强对网络“专车”非法客运整治，2014 年查处涉及滴滴、快的、UBER、易到、大黄蜂、至尊等打车软件平台的“专车”非法客运案件 24 件；三是加强对召车信息平台查处，总队先后多次约谈并上户检查“滴滴打车”开发商北京小桔科技有限公司和北京通达无限科技有限公司，并依法开具《行政处罚决定书》。

【加大停车行业监管力度】 2014 年，市交通执法总队对市管停车场进行全覆盖检查，全年对黄浦、静安等九个区的停车场（库）进行抽查。同时，总队会同市运输管理处、市停车协会、市中心区交通主管部门、区县运输管理管署（所）对全市 16 个区的 24 家道路停车协管单位进行了年度综合考评，并走访了黄浦、静安、普陀、长宁、虹口、杨浦、浦东七个区停车执法机构，进行沟通指导。2014 年共计查处停车行业违法案件 98 件。

【加大驾驶员培训行业监管力度】 2014 年 3 月 1 日起，本市机动车驾驶员培训行业正式使用 2014 新版培训合同。为减少新版合同在使用过程中发生的教学矛盾，市交通执法总队走访了本市 11 家训练基地及大型培训机构，针对发现的退费计算方式不合理、个别责任条款规定不明确这两方面问题，总队要求培训机构加强社会宣传，严禁教练员违规收费，以达到新版合同保护学员合法利益的目的。同时，总队对全市 192 家驾校进行检查，统计今年一年所有驾校的违章记录，对驾校作出评分。

【加强轨道交通行业执法监管】 2014 年下半年，上海地铁行政执法大队正式成立，根据《上海市轨道交通管理条例》规定，对本市的全网络各条轨道交通运营线路，包含地铁列车车厢及车站开展日常的执法工作。市交通执法总队积极指导、督促地铁行政执法大队做好重点区域人员现场值守，维护轨交站点运营秩序。同时，总队加强安全保护区执法工作，对取得行政许可的作业项目采取倒查，对未经许可先行建设的行为进行查处，帮助轨道交通企业与项目建设单位进行安全交底，2014 年共接举报处置保护区违规作业 15 起，发整改告知 17 份，处罚 7 起。

【加强汽修、搬场行业执法监管】 市交通执法总队于 11 月 13 日、14 日，在全市范围，组织开展“交安十一号”汽修、搬场行业的专项整治，期间，共计出动交通执法人员 324 人次。上户检查汽修、搬场企业 73 户次，检查各类车辆 528 辆次，查处汽修违法违章案件 20 件，其中，未在经营场所公示许可证，质量保证期等内容的案件有 3 件，未建立二级维护档案的案件 4 件，未建立配件台帐案件 2 件，不签发竣工出厂合格证案件 4 件，其他汽修案件 7 件。检查中，还查获其他行业违法违章案件 83 件。

【交通、公安部门明确克隆出租车及相关违法行为】 为进一步贯彻落实市领导关于严厉打击克隆出租车及相关违法犯罪行为的指示精神，提高克隆出租车案件办理的社会效果和法律效果，市交通部门和公安部门经过不断沟通协调，明确了 14 种克隆出租车案件涉及的违法犯罪行为的查处部门、处理依据及应追究的法律责任，包括扣留车辆、罚款、吊销证件等行政处罚以及拘役、管制、处以有期徒刑等刑事处罚。

【本市交通执法“案件证据中心”管理系统通过专家验收】 2014 年 11 月 12 日，本市交通执法“案件证据中心”管理系统正式通过专家验收。该系统可实现日常执法中各类音视频数据采集和统一管理功能，并提供执法查处、信息比对、统计分析、安全审计等各项业务功能，对加强交通运输行业市场执法、规范行政执法行为、打击非法客运、维护交通运输市场秩序提供了有效的现场执法和证据管理技术手段。

【试点推行本市执法案卷第三方评查机制】 为进一步提高交通执法案件质量、提升交通执法依法行政水平，制定《上海市交通执法总队行政处罚案卷第三方评查办法》（沪交执法〔2014〕62号），邀请本市法院系统、法制工作条线工作人员、法律专家、律师等社会各界人士组成第三方评审团，对本市交通行政执法案卷开展全面评查。执法部门将汇总相关意见建议进行改进，进一步提高交通执法案件质量，提升依法行政水平。2014年首次试点对100份案卷进行第三方评查。

【试点实施行政处罚分期（延期）缴纳罚款机制】 鉴于交通运输违法案件处理过程中，常见部分特殊群体因自身经济状况局限，无法实际履行相关行政处罚决定，一则易加深行政执法相对人与执法机构对抗性，再则易导致因行政处罚决定久悬未行而影响交通执法案件实际办结率。为体现预防与惩治相结合的立法目的，贯彻《行政处罚法》教育与处罚相结合原则，针对特殊困难群体严格依法行政的同时而不失人文关怀，市交通执法总队制定《上海市交通行政处罚分期（延期）缴纳罚款实施办法（试行）》，对部分履行相关行政处罚决定确实存在实际困难且符合其他条件的当事人，允许其进行分期（延期）缴纳罚款，一定程度上化解了行政执法相对人与执法机构对抗性，降低了社会矛盾，体现了预防与惩治相结合的立法目的。2014年有2名违法当事人成功申请分期付款。

（四）市内交通

【概况】 2014年，上海公共交通客运总量达65.8亿人次，日均客运量1804万人次，其中轨道交通客运量占42.9%，轨道网络规模进一步扩容；地面公交客运量占40.5%，全市共有公交行业运营企业32家，线路1377条，公交线路长度23896.879公里，公交运营车辆16128辆（不含团客），公交线路日均运营里程290.85万公里，日均客运量719.96万人次；出租汽车行业日均载客282.11万人次，日均运营156.73万车次。公交网络继续向远郊区、边远小区和农村地区延伸。优化调整公交线路205条。推进轨道交通与地面公交两网衔接融合，加强运营时间衔接，进一步满足市民出行需求。

【推进公交文明行业创建】 2014年6月，市交通管理部门召开上海地面公交文明行业创建推进大会，印发《上海地面公交深化创建市文明行业实施意见》。《意见》进一步明确了创建工作的总体目标、组织领导、重点工作、时间节点和工作要求，其中重点工作包括综合管理有新举措、行业服务有新品牌、人员素质有新提升、人文特色有新展示。大会同时印发了《2014年上海地面公交文明行业创建任务事项分解表》，将创建任务进行分解，明确具体任务事项的牵头部门和配合部门，推进创建工作深入实施。

【开展公交行业安全生产标准化建设】 按照《上海市关于开展企业安全生产标准化建设的实施意见》要求，在公交行业开展安全生产标准化工作。4月份，通过学习安全生产标准化文件，采取专家辅导、资料审核、现场检查、当场咨询等方式，开展安全生产标准化系统要素的自评工作，整改自评中存在的问题。至6月30日，全部完成公交行业申报安全生产标准化考评工作，共评出一级公交企业4家，二级公交企业15家和三级企业13家。

【继续优化公交线网】2014年本市进一步实施公交线网优化调整。一是围绕大型居住区、轨道新线配套和“最后一公里”公交线网的布设，编制《2014年～2015年公交线路新辟及调整计划》。全年共优化调整公交线路290条，其中新辟73条（包括“最后一公里”线路22条），调整183条，撤消34条。二是保障公交线路与轨道交通线路的衔接。落实《公交线路与轨道交通衔接配套的补贴操作办法（试行）》，48条公交线路已于2014年3月1日起延长末班车运营时间。

【提升公交出行信息服务水平】2014年，市交通管理部门大力提升公交出行信息服务水平：一是巩固优化基于站点设施的公交信息发布服务，更可靠地实现车辆到站动态预报功能。巴士集团在800余站点设置二维码标识，实现手机扫描即可知晓该站经停公交车的信息；在602个站点，利用1092块公交站亭LCD55寸屏实现了车辆预计到达信息的发布。浦东公交完成1500根具有实时动态信息发布的太阳能电子站牌，70余块具有中英文发布功能的首末站智能发车屏。二是推出基于智能手机的“上海公交”APP的个性化服务。该APP可实现912条公交线路、1.4万余辆公交车的实时到站信息发布，并新增了出行规划、换乘查询、线路站点查询以及计划发车时间显示等功能。截至2014年年底该APP通过各种途径的下载量达150万，每天访问量超过35万人次，在5分制的应用评价系统中，得分超过4.5分，被评为“上海智慧城市建设十大优秀应用”。

【轨道交通新线段开通试运营】一是2014年5月10日，12号线曲阜路站起正式开站试运营，12号线终点站变更为曲阜路站，12号线原有各站的首末班车时间及列车运行间隔均不变。二是2014年7月22日，7号线祁华路站正式开站试运营。同时，7号线小交路终点站从原来的上海大学站变更为祁华路站。7号线原有各站的首末班车时间及列车运行间隔均保持不变。三是2014年11月1日，13号线大渡河路站正式开站试运营。大渡河路站开通后，13号线路列车运行间隔及其他各站的首末班车均保持不变。四是2014年，上海轨道交通13号线金沙江路站～长寿路站、16号线罗山路站～龙阳路站完成工程建设施工，并经过设备综合调试、演练等一系列准备工作，顺利通过专家评审，投入通车试运营。

【轨道交通实施线路增能】2014年，上海轨道交通多条线路分别实施了增能措施。3月28日起，1、5、6、8、9、11号线六条线路启用新的列车运营图。其中1号线上海火车站～富锦路，在工作日平峰时段运营间隔由8分调整至约4分～8分，节假日高峰时段该区段运营间隔由8分调整至约4分；5号线工作日平峰及晚高峰时段运营间隔均有小幅缩短；6号线工作日平峰时段巨峰路～高青路行车间隔由6分调整至约4.5分，港城路～巨峰路、高青路～东方体育中心行车间隔由12分调整至9分左右，而节假日高峰小交路间隔也有所缩短；另外，8号线整体列车运营间隔均有一定程度的缩短；9号线工作日平峰时段、工作日晚高峰及节假日高峰时段的列车运营间隔均有数十秒缩短；11号线工作日早高峰时段嘉定新城～三林的运营间隔由5分调整至4分，嘉定北～嘉定新城、花桥～嘉定新城、三林～罗山路的运营间隔由10分钟调整到8分钟，同时工作日晚高峰及节假日高峰时段11号线运营间隔亦均有所缩短。

【磁浮线晚间增开班次输送机场客流】上海磁浮示范运营线连接磁浮浦东国际机场站与磁浮龙阳路站，目前浦东国际机场站的末班车时间是21:42。为缓解浦东国际机场晚间旅客疏散的压力，磁浮线从2014年9月29日起，在现有磁浮运营时间的基础上加开班次，即从浦东国际机场站增开22:15和22:40，单向往龙阳路站输送民航夜间抵沪旅客。单程运行时间约8分钟。

【公交车加装尾气后处理装置】根据本市《清洁空气行动计划》要求，2014年，市交通委组织本市巴士集团公司、浦东公交公司开展200辆国Ⅲ公交车加装尾气后处理装置试点工作。国Ⅲ柴油车车虽然未列入黄标车淘汰范围，由于技术原因，尾气排放依然十分严重，是本市PM2.5的重要来源之一。通过加装尾气后处理装置，能有效降低颗粒物排放80%以上，告别尾气冒黑烟"顽症"。

【增设公交车厢应急安全锤敲击点标识】杭州、长沙、广州接连发生公交车车厢纵火爆燃案件后，本市公交行业加强安全防范，对公交车车厢应急出口增设安全锤敲击点标识，进一步完善车厢安全逃生设施。从7月份开始，公交行业对在用的16000余辆公交车车厢标有"应急出口"的封闭侧窗增设安全锤敲击点位置标识，并于8月底全部完成。同时，规定今后新生产的公交车的封闭侧窗也按要求烧结安全锤敲击点标识。公交车车厢应急出口增设安全锤敲击点位置标识，方便乘客在发生火灾等突发情况时，提醒乘客正确运用安全锤迅速击碎侧窗玻璃，以最短时间逃生。

【百辆公交车试点用"地沟油"作燃料】巴士一汽公司利用餐厨废弃油脂（俗称"地沟油"）作为公交车的混合燃料，在公交960路、55路、147路、123路、47路等10条线路车上示范应用。11月下旬，专家评审鉴定显示，公交车使用"餐厨废弃油脂制生物柴油"作为燃料，动力基本不减，而颗粒排放有所降低。此举为节能减排作出了贡献。

【投放200辆无障碍出租汽车额度】2014年6月，通过招投标方式，向市场投放200辆无障碍出租汽车（小客车）额度，以提高出租汽车服务供应能力，满足残障人员出行需求。此次无障碍出租汽车（小客车）新增额度招投标工作，共有三家出租汽车企业参与竞标。经评标小组专家从投标企业连续3年企业质量信誉考核等级、长期运营管理经验、出租汽车电调能力等方面进行考量，并认真对各投标企业提交的投标文件进行审阅和评分，最终确定"上海强生出租汽车有限公司"为中标单位，获得200辆无障碍出租汽车（小客车）新增额度。

【"英伦"多功能出租车投入运营】2014年10月11日，首批50辆"英伦"多功能出租车正式在上海投入运营。此次50辆无障碍多功能出租车为英伦TX4车型，主要面向特殊人群，功能设计突出无障碍特点。它移植了英国TX4出租车的内外设计，车身通体呈"香槟金"，内部结构和设施人性化，该车型在功能设计上充分体现无障碍的特点：供乘客进出的后门可90度开启，车内可伸缩斜坡式（坡度20度）上下车辅助设施可以方便轮椅推进或推出车厢，轮椅固定装置能够保障轮椅乘坐者在车辆行驶中的平稳和安全，同时具备旋转功能的辅助座椅、轮椅安全带，便于年老体弱、行动不便者入坐及轮椅、童车的安全固定。

【在机场地区启用大型"出租车乘车提示屏"】针对机场出租车绕道及多收费等突出投诉问题，市交通执法总队在加大执法查处力度的同时，积极从源头上加强管控，经多次主动协调浦东、虹桥两大机场管理部门，于2014年1月15日在虹桥枢纽和浦东机场正式启用"出租汽车乘车提示屏"。该显示屏用中英文双语标明了机场至本市主要商圈、景点、交通枢纽、宾馆酒店的大致里程和车资费用，并标明了出租车计费标准。这一措施将从源头上提醒广大乘客，特别是让首次来沪的外国或外地乘客能够对大致车资一目了然，不给一些不法“黑车”司机或不良出租车驾驶员恶意宰客之机。

【推进2014年度公交行业“规范服务示范线”创建工作】 围绕“公交优先”战略，参照上海市公交行业示范线标准，结合地面公交行业的特点，和市民需求，执法总队开展规范服务示范线的创建工作。2014年共计114条公交“规范服务示范线”线路受命名，4家规范服务示范线创建工作优胜单位和6名创建工作优秀组织者受表彰。同时，对涉及到上海市行政区域内的享受市财政补贴的67条公交营运线路开展了多方位、多层次、全覆盖的现场监督检查。

（五）公路运输

【概况】 2014年，上海完成公路货运量4.28亿吨，比上年减少2.3%；货运周转量299.3亿吨公里，比上年增长5.0%。公路集装箱运输量1705.2万标准箱，比上年减少0.76%，约占全市港口吞吐量的48.3%。公路旅客发送量3754万人次，比上年增长0.9%。至年底，全市有道路货物运输营运车辆21.49万辆，车辆总吨位216.9万吨。全市共有省际客运行业共有长途客运站34个，从事长途客运班车、包车经营的业户共144家，营运客车9626辆（其中班线客车2123辆），经营线路3378条，日均发送旅客10.29万人次（含包车）。为推进集装箱行业健康发展，本市交通管理部门制定发布了集装箱运输车辆营运技术规范，修改经营许可及备案办事指南，将安全监控作为许可条件；建立集装箱第三方安全管理服务平台，到2014年年底实现全行业覆盖。同时，继续推进交通运输部甩挂运输试点，探索开展企业间甩挂联盟和汽车滚装内支线公水甩挂联运等。

【积极推进本市省际客运行业班线接驳运输工作】 《国务院关于加强道路交通安全工作的意见》规定，自2015年7月1日以后，800公里以上的长途客运线路，若不能避免凌晨2时至5时营运的，必须实施接驳运输方式。2014年，市运输管理处对本市800公里以上班线进行第三方安全评估，并逐条验收，按照“成熟一个、实施一个”的原则，批准企业开展接驳运输。同时，市运输管理处将督促企业落实安全生产责任主体，充分利用车辆动态监控平台，对接驳运输车辆进行重点监控。以推进接驳运输为契机，鼓励企业通过兼并、重组、联合经营等方式实施客运线路资源整合，促进长途客运企业集约化、规模化经营。

【上海省际客运车辆预年审系统上线运行】 2014年，市运输管理处开发了“上海市省际客运车辆预年审系统”并将该系统运用到当年的年审工作中。该系统的建立改变了原来人工年审工作量大、时间长、效率低的问题，大大提高了省际客运车辆的年审效率，给企业和管理部门之间提供了更便捷的交互界面，使原来车辆通过年审后传统的人工盖章的方式转变为打印年审标贴，这样不仅提高了效率，更能进一步利用信息化、科技化手段加强车辆的监管。

【加强省际客运行业监管】 2014年，市交通委制定了《关于强化省际道路旅客运输行业事中、事后监管，促进行业健康有序发展的实施意见》以及7个配套文件，一是与企业分批签订经营权合同，二是引入环亚保险经纪公司作为第三方加强监管，三是做好车辆凌晨2时至5时停运以及接驳运输工作，从公司化经营、安全监管、经营权合同制度、保险公司第三方监管以及行业明察暗访等方面进行了规范。

【及时淘汰货运“黄标车”】 根据《上海市大气污染防治条例》（上海市人民代表大会常务委员会公告第15号），自2014年10月1日起，无环保检验合格标志或被标识为高污染（即黄标车）的运输车辆不得在本市从事道路运输经营，条例颁布后，本市运管机构更加大了整治力度，至2014年12月年审结束，企业主动注销货运黄标车《道路运输证》23257辆，同时依法批量注销货运黄标车《道路运输证》15250辆，本市货运黄标车所占比例从44.23%下降到18.77%，有力推进了本市货运黄标车整治进程。

【本市第二批部级公路甩挂运输试点项目通过验收】 经历2年多的试运行，本市第二批部级公路甩挂运输试点项目按期接受项目验收，并取得预期效果。2014年6月，根据交通运输部关于《公路甩挂运输第二批试点工作方案》的精神，结合本市道路货物运输行业实际情况，在总结完善第一批甩挂运输试点工作经验的基础上，制订了本市第二批公路甩挂运输试点工作实施方案。

【做好集装箱货物运输行业维稳工作】 2014年8月18日，浙江省宁波港区集装箱货物运输驾驶员因运价过低而大规模停车集聚，对本市集装箱货物运输行业产生了负面影响。为维护本市集装箱货物运输行业稳定，市交通鼓励部门积极应对，加大维稳力度，迅速采取多项维稳措施：一是召开紧急会议，通报相关情况，开展维稳宣传工作；二是保持与行业维稳信息员的联系，及时了解宁波港区最新相关情况；三是密切关注集装箱货物运输行业网络QQ群的动态信息，加强正面引导；四是联系管理网络大组长单位，发挥管理网络的作用，及时掌握所属组员动向，加强正面宣传，有异常重大情况迅速反馈；五是与区（县）运管机构加强沟通联系，有异常情况及时报告。

【探索管理新模式促进行业节能减排】 由于集装箱空箱自重只有2.8到4.2吨左右，用载运重箱（20吨以上）的集卡运输，会造成企业成本增加，也不利于本市节能减排。为适应道路（集装箱）空箱运输市场需求，促进行业节能减排，降低企业经营成本，本市在道路集装箱运输行业开展空箱专业化运输试点工作。经企业申请、相关部门审核，上海建翔物流等4户企业率先被确定为本市道路集装箱空箱运输专业化试点企业，自2014年11月份开始实施，试点期限为一年。

【加强城市配送政策研究和管理】 市交通委为贯彻落实交通运输部、公安部、商务部《关于加强城市配送运输与车辆通行管理工作的通知》，研究本市加强城市配送管理政策，对城市配送企业给予小型货运额度的支持，配合草拟《上海市快递企业申请小型货运机动车额度和货运机动车通行证额度管理试行办法》，在本市开展并完成重点道路货运物流企业认定工作，认定45家2014–2016年度重点道路货运物流企业，并会同市运管处、行业协会研究落实相应的支持政策，推动本市城市配送行业的健康发展。

【开展本市成品油道路运输企业名录管理】 本年度，市交通委正式发布《关于进一步规范本市危险废物运输管理工作的意见》，部署开展危废专项安全评估工作，部署推进危废车辆信息复核和换标工作。并会同市安监局、市经信委，开展专项调研，形成了成品油专项运输管理研究报告。

【推进道路运输车辆动态监督管理工作】本年度道路运输处针对道路运输车辆动态监管开展以下工作：一是协调相关处室和部门，落实交通运输部《道路运输车辆动态监督管理办法》，要求审批准入时要看车辆是否入网。二是协调相关处室和部门，落实交通运输部《全国重点营运车辆联网联控系统平台考核管理办法》，对各委属单位提出具体工作要求和落实细则。

【安全生产标准化考评实现信息化】2014年5月15日，上海市交通委员会交通运输企业安全生产标准化考评管理系统上线试运行，标志着市交通委安全生产标准化考评工作由人工处理方式升级为信息化处理方式。该系统在部级平台实现企业用户管理、考评机构管理、考评员管理、主管机关管理等功能基础上，强化了流程审核验证、日志记录和综合查询等功能；横向完成了与委内受理中心、运管处、考试中心的信息互通，纵向实现了与交通运输部平台间的无缝衔接和信息共享。通过信息技术手段，实现考评过程操作痕迹化，形成了考评数据信息资源库，使考评流程更加严谨，提高了考评工作的效率，为今后综合安全监管提供了新的数据支撑。

【举行危化品运输泄漏事故应急处置演练】7月24日，2014年道路危险货物（液态）运输行业应急处置演练在上海新天原化工运输有限公司（元江路51号）举行，本市30余家相关液体运输企业负责人出席观摩。此次应急演练模拟装有浓盐酸的槽罐车在行驶途中，被装有甲醇的车辆追尾碰撞，发生浓盐酸泄漏和甲醇罐体起火事故，事发企业开展自救，公安、消防、安监、运管、医院等相关部门派员现场指挥救援，防止次生灾害的发生。

（六）交通服务

【概况】截至2014年底，全市小客车（包括外地牌照和沪C牌照）保有量为320万辆，比2013年增长29%。在外环线内的中心城区域，共有规范设置的小客车泊位约111.6万个，其中：配建泊位106.6万个（居住类64.1万个，非居住类42.5万个）、独立规划建设的公共泊位1.3万个、道路泊位约3.8万个，总体泊位供应量比2013年增长5%。另经测算：夜间居住区停车需求为133万个（比2013年增长20%），供需缺口数为68.9万个，缺口比例52%；白天非居住（商业、办公等）停车需求为58.6万个（比2013年增长7%），供需缺口数为11.2万个，缺口比例19%。在外环线外的浦东新区及其他郊区县的城镇化重点区域，共有各类规范设置的小客车泊位约151.55万个，其中：配建泊位148万个（居住类115万个，非居住类33万个）、独立规划建设的公共泊位0.25万个、道路泊位3.3万个。另经测算：夜间居住区停车需求为157万个，供需缺口数为42万个，缺口比例27%；白天非居住（商业、办公等）停车需求为41万个，供需缺口数为4.5万个，缺口比例11%。

截至2014年底，本市共计拥有备案登记的路外公共停车场（库）经营企业2250户，停车场（库）数量2359家，经营总泊位数46万个，年内累计停放车次约为2.38亿辆次，其中包括10家公共换乘（P+R）停车场（库）、3564个P+R泊位。另外，本市共设置1676处道路停车场，停车泊位约7.1万个，其中：实行收费管理的道路停车泊位约3.1万个，停车协管员2304人，年内累计停放车次约1522万辆次。

【完成2013年公共停车场（库）质量信誉考核工作】 2014年，市停车行业完成2013年公共停车场（库）质量信誉考核工作。全市共1296家公共停车场（库）参加质量信誉考核。市运输管理处赴市停车场（库）实地检查，按照规范经营、安全生产、优质服务、社会责任、社会评价等五个方面的考核指标进行评分。针对检查中发现的问题，如部分停车场（库）存在堆放杂物、安全警示标志标识不全、管理制度不健全、应急预案操作性不强等问题，已责令其整改。经评分考核，最终确定市停车行业AAA级场（库）59家，AA级1133家，A级104家。

【市专业停车经营企业评价结果出台】 根据《上海市停车场（库）管理办法》和《上海市人民政府办公厅转发市建设交通委等三部门关于进一步加强本市停车规划建设和管理若干意见的通知》的规定和要求，市运输管理处委托市停车协会组织开展市专业停车经营企业试评价工作。评价结果为：一级专业停车经营企业2家，二级专业停车经营企业1家，三级专业停车经营企业4家，基本级专业停车经营企业13家。评价结果已在"上海停车网"和"市运输管理处网站"予以公示。

【编写完成《上海市公共停车场从业人员培训教材》（试用本）】 2014年，市停车行业协会完成《上海市公共停车场从业人员培训教材》编写工作。该教材由公共停车场概述、经营资格条件、从业人员职业资格条件、运行管理与服务、事故防范及应急处置、信息系统等6章和附录组成，篇幅约13万字。突出了法规规章、标准规范对公共停车场经营、服务的要求，也包含业务知识和服务技能等相关内容，为市首部对公共停车场从业人员开展系统培训教材。该教材的问世，将有助于满足快速发展的公共停车行业对进一步提高从业人员职业素养的需要。

【召开"停车管理多种监管合一模式"现场会】 2014年3月10日，市交通主管部门召开"停车管理多种监管合一模式"现场会。会议要求，建立"多效合一监管模式"必须做到四个结合，即与年度重点工作相结合；与日常监管、质量信誉考核、安全检查相结合；与行业文明建设相结合；与年度评议相结合。会后制定并下发《多种监管合一模式管理规定（试行）》，从法律文书、监管计划、监管方式、程序、台账制作、执法数量统计、材料归档及信息公开六个方面，对"多效合一监管模式"的功能、操作要求做了详细规定。"多效合一监管模式"是完善行政审批制度改革，加强批后监管的重要手段。

【市公共换乘（P+R）停车点增至10家】 2014年8月1日起，在轨道交通7号线美兰湖站、11号线南翔站及安亭站新增3家公共换乘（P+R）停车库，共计新增835个停车换乘（P+R）泊位向社会车辆开放。目前，本市形成了覆盖轨道交通1、2、7、8、9、11号线及金山铁路共7条线路、10个站点，服务城市北、西、南3个方向，共计拥有3500多个停车换乘（P+R）泊位的停车换乘（P+R）系统，为城市外围居民提供了更为便利、多样化的交通出行服务，并将对促进节能减排及排堵保畅工作产生积极作用。

【推进市停车行业信息化工作】 2014年，市交通委加快推进停车信息化工作。一是基本建成全市统一的道路停车场电子收费后台管理系统，逐步切换接入静安、徐汇、黄浦区道路停车电子收费路段交易数据；二是启动编制了公共停车信息系统技术方案，在杨浦、长宁等区选择实施了智能化管理示范项目的公共停车场（库）；三是与市税务部门会商了推进公共停车场（库）安装使用电子收费系统打印停车发票相关工作。

【完成停车场协管单位服务管理效能评价工作】 由市运输管理处牵头，会同市交通执法总队、市停车行业协会完成了2013年度道路停车场协管单位服务管理效能评价工作。共检查23家协管单位，检查道路停车场64个，抽查协管员89名。评价结果总体较好，大部分协管单位管理意识和责任意识都有提高，贯彻落实各项制度的力度有所加强。

【2015年版机动车维修竣工出厂合格证和检测报告启用】 为了进一步加强机动车维修行业的监管，本市机动车维修行业从2014年12月1日起启用2015版机动车维修竣工出厂合格证和检测报告。2014年版机动车维修竣工出厂合格证和检测报告使用有效截止日期为2014年12月31日。2015年版所使用的桔色防伪标志采用彩色热敏防伪。在辨别真伪时，只要用打火机对防伪标志正面轻轻一烤，便可显出"2015"字样和一辆蓝色汽车图案，且不再消失。

【宣贯国家十部门汽修行业指导意见】 2014年，市交通委对上海汽修行业现状和问题进行了调研，并在此基础上，制定《关于贯彻国家十部门"关于促进汽车维修业转型升级，提升服务质量的指导意见"的实施意见》，下发至区县行业主管部门和行业单位，强化行业管理，并从加强事前的审批转到加强事中和事后的监管上来，做到"批前指导、批中协调、批后监管"，清理注销行业中行政许可到期没有申请延期的企业346家。

【推广使用《上海市汽车租赁合同示范文本》】 为规范汽车租赁经营行为和租车市场秩序，促进汽车租赁行业健康发展，市运输管理处会同市出租汽车暨汽车租赁行业协会与市工商行政管理局，根据《中华人民共和国合同法》等有关规定，联合制定了《上海市汽车租赁合同示范文本（2014版）》，自2014年10月8日起在全市推行使用。合同从租赁标的及租期、租金及支付方式、甲方的权利义务、乙方的权利义务、车辆保险及理赔、违约责任、其他约定、争议解决方式、附则九方面制定了详细的条款，明确了出租方和承租方双方应尽的权利义务，条款涵盖了车辆设施设备、维修保养、燃油费结算、事故处置、保险理赔等方面的内容，维护了合同双方当事人的合法权益。

【开展驾驶员电子从业资格证换发工作】 根据交通运输部关于推进电子证件工作的相关安排，结合本市出租汽车驾驶员在职在岗网上报备等管理工作，市运输管理处于2014年9月启动了出租汽车驾驶员电子从业资格证换发工作。为确保工作的顺利开展，先组织个别企业在小范围内开展了试点。然后，在试点的基础上，总结完善全行业电子证件的制作、发放和应用管理流程，制定了全行业换发和管理的工作方案，在全市范围内实施，最终于年底前完成了全市96000多名在职在岗驾驶员电子证件的换发工作。

【全面推进驾培计时系统】 跟踪计时培训数据对接交换机制，道路运输处发布计时培训指导手册，试点工作在翔茂、朱泾荣安、安亭等驾校完成，并在成达、广源、大众等驾校逐步推开。到2014年，正式经营的4家计时培训驾校平均学费约为7000元(传统驾校均超过8500元)；实车操作训练学时平均达到约45学时(远多于传统培训实际训练时间，也多于交通运输部《教学大纲》规定的实车操作为41学时)；实车操作训练公里数平均约为360公里；平均毕业周期为120天；科目二平均考试合格率约为74.1%，科目三平均约为77%。计时培训管理模式达到预期效果，取得了初步成功。

【做好道路排堵保畅和安保防范工作，牵引

行业圆满完成“亚信峰会”交通保障任务】在“亚信峰会”期间，本市牵引行业共27家企业参与交通保障工作，布点车辆约945辆次，投入人力约1553人次，牵引车次约1648辆次，营运里程约38679公里。确保了“亚信峰会”期间本市道路畅通。在整个保障工作过程中，参与保障任务的27家企业根据“亚信峰会”的道路排堵保畅和安全防范工作要求，召开交通保障工作动员会，根据各自实际情况制订完善的“亚信峰会”期间交通保畅方案以及应急预案，并且开展了有针对性的操作演练。这些企业还根据保障要求安排24小时值班、抢险人员，同时，各企业对相关的车辆和设备开展专项运营安全保障检查活动，配合公安交警部门做好道路排堵保畅和安保防范工作。各企业还加强了现场巡查工作，排查安全隐患，确保道路清障施救设施设备安全受控，营运状态良好，确保“亚信峰会”期间相关区域道路的安全畅通。

【本市牵引行业完成2014年度车辆年审工作】根据《上海市道路运输管理条例》和《关于加强本市道路清障施救牵引行业管理的意见》的相关规定，市运输管理处在道路清障施救牵引行业开展2014年度车辆审验工作。截止2014年11月底，有67户企业及735辆清障车辆通过了年度审验。另有3户企业丧失经营条件歇业，14户因黄标车等原因不参加年审。

【建立牵引行业第三方监管服务平台】为充分实现发挥道路清障施救牵引监管服务平台的功能和作用，减少投诉，提升服务质量，通过市场和行业的调研，道路运输处制定了牵引行业第三方监管服务平台方案，并由第三方环亚保险经纪公司承担建设任务，目前，平台建设已基本完成，正在接入调试中，全部正常运行后将会进一步提高行业的监管，提升行业的服务质量。近阶段，对第三方监管服务平台筹建工作的可行性进行研究。

（严振伟）

九、港口航运

（一）综述

2014年，上海市海港港区主要包括黄浦江上游、中游、下游港区、杭州湾港区、宝山罗泾港区、外高桥港区、崇明港区和上海洋山深水港区八个港区，内河港区主要包括市区内河港区、浦东内河港区及其他区县内河港区。上海市海港共有码头251个，其中公用码头22个，专用码头229个，总长度126044米；拥有泊位1220个，其中万吨级泊位253个。上海市内河港区共有泊位数2027个，岸线长度129091.9米。在连续保持了15年的增长之后，2014年，上海港累计完成吞吐量75552.89万吨，同比下降2.64%，速率下滑了8.1个百分点，成为上海港16年来首个负增长年。其中，全港进出港货物吞吐量基本延续了去年"进弱出强"的局面，进港44662.49万吨，同比下降4.93%；出港30866.4万吨，同比增长0.88%。沿海港小幅下滑，内河港跌幅扩大。海港码头66953.94万吨，同比下降1.93%；内河码头8574.95万吨（不含市内短驳），同比下降7.81%，其中进港作业量6924.2565万吨，占81%，出港作业量1650.6961万吨，占19%，进港作业量依然占绝对主导地位。全年全港完成集装箱吞吐量3528.5万TEU，比上年增长

5.0%，再创历史新高，继续保持全球第一。箱源结构合理，重箱占比 74.9%，水水中转比例保持在 45.8%，其中国际箱中转比例稳步攀升达 7.1%。2014 年，上海港完成旅客吞吐量 178.1 万人次。其中，国际航线随着邮轮业的发展迅速增长，完成 122.4 万人次；国内航线完成 55.7 万人次，吞吐量逐年萎缩。上海城市轮渡完成客运量 5793.74 万人次，日均客运量同比下降 9.01%；完成车运量 57.96 万辆次，日均车运量同比下降 22.8%；三岛轮渡完成客运量 370.83 万人次，日均客运量同比增长 2.1%；完成车运量 77.14 万辆次，日均车运量同比增长 0.27%。黄浦江游览共运营航班 1.77 万班次，接待游客 298.02 万人次，客流同比增长 12.2%。苏州河游览共运营航班 738 班次，接待游客 8435 人次，客流同比增长 72.04%。2014 年，

（二）港口管理

【概况】 2014 年，上海港积极克服外贸出口形势严峻和航运市场低迷带来的不利影响，进一步发掘潜能，提高港口综合服务能力和效率，保持港口生产总体良好的运行态势。全年，上海港累计完成货物吞吐量 75552.89 万吨，受国际大环境影响，同比下降 2.64%；完成集装箱吞吐量 3528.5 万标准箱，同比增长 5.0%，集装箱吞吐量连续 5 年位居世界第一。全年完成旅客吞吐量 178.1 万人次，其中，国际航线随着邮轮业的发展迅速增长，完成 122.4 万人次；国内航线完成 55.7 万人次，吞吐量逐年萎缩。

【保证亚信峰会期间上海港公共场所清洁保洁】 为迎接亚信峰会召开，2014 年，上海港口管理部门从三方面全力推进上海港公共场所清洁保洁行动，保障亚信峰会期间港区公共场所整洁有序。一是要求各相关单位提高认识，落实主体责任，健全制度预案，加强内部管理，认真开展自查，及时做好整改。二是对辖区内候船室和客运游船开展现场监督检查，重点对候船室内环境、集中空调通风系统、二次供水、公共卫生应急预案等落实情况进行检查，及时将检查结果反馈给企业。三是增加回访检查频次，对前期发现的问题进行重点检查，督促企业做好整改落实，做到港区公共场所卫生不留死角。

【引领参加“海上联合 2014”军事演习的俄罗斯军舰】 2014 年 5 月 18 日至 5 月 27 日，中俄两国海军进行了代号为“海上联合 2014”的军事演习。上海港引航站挑选 12 名技能等级高、业务水平精、政治素养好的引航员执行军舰引航任务，同时制定了详细的引航方案及应急预案。在引领俄罗斯军舰的当天，引航站主要领导在调度科及海事局 VTS 中心现场指挥，利用各种监控和通讯手段与 6 条军舰上的引航员保持有效沟通，提供信息等岸基支持，确保六艘俄舰安全、准时靠泊；同时，加强与海事等相关部门的合作，做好军事演习结束后的疏港工作，保障集装箱装卸及其他港口生产的恢复。

【完成 2014 年上海港岸线水深监测项目】 为摸清上海港岸线自然状况，及时掌握岸线资源的动态信息，上海航道管理中心对杭州湾北岸临港港区岸线进行监测工作，并完成《杭州湾北岸临港港区岸线水深测图》、《2014 年上海港岸线水深监测区域冲淤分析》。该项目通过科学设定范围，合理布置测线，规范测量方法，获取可靠准确的测量结果。同时监测单位根据监测成果及近几年地形测图，分析了监测区域近期河势演变特征，评价了测区岸段的水深资源状况，研究资料翔实，内容较为全面，研究成果可信，可为上

海港的岸线管理及今后港区规划和建设提供重要参考。

【解决超期集装箱处置难题】由于上海港历年积压的超期集装箱多达上千 TEU，长期以来未有明确处理意见，长期困扰港口码头。2014 年，上海市交通委在调研的基础上，参考原国家经委《关于港口、车站无法交付货物的处理办法》（经交 [1986]727 号）的规定，针对该难题提出了及时处置滞留港口的超期集装箱的意见，为强制处置超期集装箱和今后管理提供了依据。

【启动黄浦江水域通航环境（外港码头）专项治理】2014 年 4 月，上海港口管理部门成立了黄浦江水域通航环境（外港码头）专项治理办公室，并制定外港码头专项治理活动方案，与上海海事局、水上公安等部门开展专项联合整治活动，共同查处无证经营靠岸浮吊、打击违法违规作业行为，并加强渣土（泥浆）码头管理、推动浮吊整治工作，确保黄浦江水域码头安全有序。

【深化港口经营企业质量信誉考核体系建设】到 2014 年为止，上海港口行业诚信体系覆盖范围已扩大到了危险品、客运、一般装卸、船舶物料供应四大类共计 392 家港口经营单位（含作业点）。评出 3 A类 44 家，占总数 11%；2A 类 294 家，占总数 75%；A 类 39 家，占总数 10%；B 类 15 家，占总数 4%。

【强化港口环保综合治理】2014 年，市码头中心根据市交通委落实《上海市环境空气质量重度污染应急预案》的要求，成立了应急工作小组，负责组织、指挥和协调易扬尘污染码头港区堆场的应急响应工作，并制定了《上海港码头管理中心中心 < 上海市环境空气质量重度污染应急预案 > 实施细则》，加强对易产生扬尘污染的物料码头、港区堆场的监督管理，切实采取有效措施，减少扬尘污染，及时发现问题并落实整改；同时加强空气污染防控治理措施力度，明确了值班室和各站在空气污染防控中的分工职责，并通过中心短信群发平台，建立了向开放性水域有关易产生扬尘污染的物料码头业务主管或负责人发送停止装卸作业短信通知的机制。

【完善危险货物申报审批系统建设】随着《上海港进口包装危险货物港口作业申报及港区在线监管系统》、《出口包装危险货物作业申报审批系统》及散装危险货物申报作业审批的相继建成及投入使用，上海港危险货物作业申报工作已进入全面电子化时代。在此基础上，市码头中心 2014 年对各系统进行了升级和完善。完成了《上海港出口包装危险货物港口作业申报审核信息系统拓展应用》，实现了出口包装危险货物以自然箱“一箱一单”的申报受理、审批模式以及与港区的实时联网查核及放行，支持了出口危险货物集装箱的电子追踪，使出口包装危险货物实时“有迹可循”，提升了危险货物的安全管理能级，同时，堵住了申报单造假的漏洞，为上海港危险货物水上运输的安全提供了有力保障。同时通过应急管理系统船舶预警模块的相关功能，将船舶 AIS 动态与危险货物申报数据进行结合和匹配，及时提供危险品作业的相关信息，通过应急管理系统的视频展示模块提供相关危险品码头的实时监控数据及录像回放数据、历时截图数据，为一线检查提供相关依据。

【洋山港套泊作业全天候运行】2014 年 1 月 21 日，上海港引航站洋山分站对“芮塔”轮和“中远拿波利”轮首次实施洋山港夜间套泊作业试验，此举标志着洋山港套泊作业实现全天候运行。

【继续推进“阳光引航”建设工作】 2014年全年上海港引航站继续开展“阳光引航”建设系列工作，包括在保障引航生产安全、符合引航操作技术规范要求的前提下，船公司和代理可以自主选择拖轮公司；向全社会公开上海港引航作业计划，接受公众监督。

【开发上海港引航费收模拟计算器软件】 2014年，上海港引航站自主斥资开发上海港引航费收模拟计算器软件，公开在站网站供航运相关单位使用，接受全社会对引航收费标准的监督。

【制定《上海港引航站安全生产标准化建设实施方案》】 上海港引航站与CCS（中国船级社）合作，全面深入推进安全生产标准化建设。6月，上海港引航站以975分顺利通过了“一级水路普通货物运输企业”安全生产标准化考评。

（三）航运管理

【概况】 2014年，市交通委围绕“服务国际航运中心建设、服务水上交通运营安全、服务水上旅游业可持续发展”这“三个服务”，优化航运服务业政策，大力发展现代航运服务业，不断完善上海国际航运服务功能，加强水上危险货物安全监管，确保水上交通安全，同时进一步将管理职能转变为服务职能，大力提高服务水平，切实推动邮轮、游艇和游船产业发展。

【“新华－波罗的海国际航运中心发展指数”在沪发布】 由新华社国家金融信息中心指数研究院联合波罗的海交易所编制的“新华－波罗的海国际航运中心发展指数”于2014年6月26日上午在上海虹口北外滩发布，首次面向全球公布国际航运中心排名：新加坡、伦敦、香港位列三甲，上海名列第七，力压东京、纽约和釜山，后发优势明显。该指数还通过对国际航运中心进行定义和评价，系统总结世界知名国际航运中心的发展经验，揭示国际航运中心的发展规律，有利于引导和促进航运产业转型升级，明确国际航运中心的发展方向，对于推动上海国际航运中心建设意义重大。另外，指数的发布对于推动中国海洋强国战略，建设21世纪海上丝绸之路，提升国家航运综合竞争力都具有非常重要的意义。

【洋山深水港区四期工程开建】 2014年12月23日，上海洋山深水港区四期工程正式开工，它是国内首个全自动化集装箱码头，设计年通过能力为630万标箱，该项工程预计2017年建成。洋山深水港区四期工程的开建，将进一步夯实上海国际航运中心的硬件基础，增强上海服务长江流域、连接世界和通达全球的能力。

【一系列国家级和国际性航运专业功能性机构落沪】 2014年，国际海上人命救助联盟亚太中心、上海国际航空仲裁院等重点航运服务机构相继落户，中国贸促会上海海损理算中心、中国船舶动态监控中心、中国船舶油污损害理赔事务中心等相继获批或成立。一系列国家级和国际性航运专业功能性机构的落户，不仅拓宽了上海国际航运中心服务半径，还大大提升了上海配置国际航运资源的底气。

【海空国际中转集拼业务齐头并进】 2014年，上海洋山保税港区和外高桥保税物流园区分别有一家试点企业完成海运国际中转集拼业务试点。机场货邮国际中转业务规模逐步拓展，DHL新增两条国际中转集拼航线。这项试点有利于上海吸引更多国际中转货源，也标志着上海国际航运中心监管和服务能力的提高。

【首批外商独资国际船舶管理公司在沪成立】 2014年，上海自贸区国际船舶代理、国际海运集装箱站和堆场等业务进一步扩大对外开放，5家外商投资船管公司相继在自贸区成立。这既展现中国不断扩大服务业对外开放的趋势，也为提升上海现代航运服务水平注入新的活力。

【标准船舶融资租赁合同、航运保险协会条款相继推出】 2014年7月，以船舶融资租赁为主要内容的《航运标准合同系列（上海格式）》第二分册在沪顺利首发；9月，上海航运保险协会开发完成首个协会条款——无船承运经营者保证金责任保险条款。借助自贸区优势，上海在融资租赁、航运保险和航运运价衍生品等航运金融领域大胆创新、加速发展。

【邮轮旅游持续井喷式增长】 2014年，邮轮公司进一步加大中国运力投放，上海港共接待国际邮轮靠泊269艘次，同比增长35.18%；邮轮旅客吞吐量达到121.52万人次，同比增长60.61%，全国占比超过七成。吴淞邮轮码头二期工程获批，建成后有望成为亚太区域规模最大的专业邮轮码头。两大邮轮母港错位竞争，吴淞邮轮港覆盖全市主要母港邮轮班期，承接九成邮轮旅客运输量和八成邮轮靠泊次数；国客中心注重精品邮轮及线路，主打产业衍生发展，形成较好的发展势头。国内第一家邮轮票务服务平台上线，第一次承修大型国际邮轮等，在上海建造豪华邮轮，未来也值得期待。

【落实无船承运业务管理权限下放试点工作】 根据交通运输部《关于在上海市试点下放无船承运业务管理权限有关事项的公告》（2014年第16号）的要求，上海航运管理部门及时修改完善办事指南，优化内部工作流程，将工作分解到岗位，并及时完成指定银行专户的设立工作，协调指导有关保险、银行等金融机构做好责任保险和保函相关工作；同时及时做好已通过审核发证企业的网上备案工作信息报送工作，确保试点工作顺利进行。

【上海航交所协助中日航线运价备案执行情况检查】 根据交通运输部统一部署，上海航交所启动海运运价精细化备案模式功能，强化运价备案管理制度，在部水运局的领导下协助山东、辽宁和天津港口管理部门，分别在青岛，天津、大连口岸对经营中日航线集装箱班轮企业进行运价备案执行情况检查。进一步规范中日航线市场竞争秩序，加强国际集装箱班轮精细化运价备案制度查处力度。

【首次实践"国客码头大型国际邮轮'双窗口'开靠关键技术"】 2014年4月30日，首次实践"国客码头大型国际邮轮'双窗口'开靠关键技术"，安全引领长223米、吃水7.8米的"海娜"轮经3号调头区倒航靠泊国客码头。

【优化水路运力结构】 2014年，市交通委会同市财政局、市经信委、上海船级社、上海海事局等部门共同商定并下发了《上海市老旧船及单壳油轮拆解补贴办法的实施细则》，让广大船东充分认识老旧船报废更新和船型标准化工作的意义，熟悉了解相关政策的补贴范围、标准和程序，使老旧船报废更新和船型标准化工作得到了广大船东的配合与支持。并采取座谈会、宣讲会等形式，做好船型标准化的宣传工作，全年共计拆解沿海老旧船舶9艘，新建1艘，为航运企业申请财政补贴资金 10033.608 万元。

【市航务处积极推进船型标准化工作】2014年，市航务处认真做好老旧船舶拆解前期工作，商讨沿海老旧船舶拆解工作方案，拟写了《上海市老旧运输船舶和单壳油轮报废更新中央财政补助专项资金管理办法》，并梳理并完成《2014 年全国内河船型标准化中央补贴资金申请表》。配合市交通委召开老旧船舶拆解政策宣贯会，就相关政策对企业进行宣贯和解答。2014 年已受理申请拆解船舶 9 艘 /154628 总吨，核发补贴资金 10033 万元。

【推进国内水路集装箱班轮运输备案管理】根据交通运输部《关于国内水路集装箱班轮运输实施备案管理的通知》精神，市交通委积极推进本市国内水路集装箱班轮运输由登记改为告知性备案，进一步转变政府职能，创新管理服务方式，充分发挥企业主体作用。目前，本市水路运输经营者可自主决定开辟或调整国内水路集装箱班轮运输航线，集装箱班轮运价实行市场调节价。

【开展 2014 年本市国内水路运输业核查工作】根据交通运输部《关于开展 2014 年国内水路运输及水路运输服务业核查工作的通知》有关要求，市交通委结合本市国内水路运输行业实际情况，对本市水路运输（服务）经营者组织开展了年度核查。2014 年我市应纳入核查范围的对象共为 667 户，其中水路运输企业 254 户、个体运输户 52 户；水运服务企业 361 户（船舶管理企业 39 户）。通过核查，对规范从业者的经营行为和提高安全管理水平起到了积极的作用。

【市航务处建立批后监管制度】随着行政审批制度改革的推进，市航务处在制度设定层面，建立了运输、代理和船舶管理三个经营项目的批后监管制度，将专职运政检查队伍的工作重心由重现场查验向重市场规范转变，建立与企业的互通渠道，定期沟通，以捕捉行业动态；制定企业经营“负面清单”，以提示规范经营；设立企业动态档案，以掌控企业运行。同时，树立“监管与服务并举”的理念，将服务寓于监管之中，研究制定了《批后监管和服务指导手册》。这些措施，有效地提高了行政效能，使运政工作模式真正从事前审批逐步向事后监管转变。

【加强水运管理区域联动】第二十一次全国沿海省、直辖市、自治区港航局（处）长联席会暨全国水路运政管理工作座谈会于 2014 年 6 月 12 日至 13 日在上海召开，辽宁、天津、河北、山东、江苏、浙江、福建、广东、广西、海南和上海等省、自治区、直辖市港航局（处）的分管领导和运管部门负责人 30 余人出席会议。会议围绕“探索转型发展，推进绿色航运”主题，从转变行政管理方式，强化事中事后监管、促进航运业转型升级及节能减排等内容进行了交流并提出建议。

【苏州河航线延伸至外滩】2014 年 5 月 31 日起，苏州河游览开通了 2 条新航线，为市民游客提供了更多的游玩选择，一条是“昌化路码头——外白渡桥（北苏州路码头）”的往返航线，单程票价 80 元 / 人，往返票价 130 元 / 人；另一条是“丹巴路码头——外白渡桥（北苏州路码头）”的往返航线，单程票价 130 元 / 人，往返票价 180 元 / 人。

（四）合作交流

【概况】2014 年，上海市港口管理部门紧密围绕“推进国际航运中心建设”的中心任务开展对外交流与合作，全年共接待来访外宾

64批次，交通系统自组出访团22个。外事工作重点推进了与美国洛杉矶港务局的“港口岸电”、与瑞典沃尔沃集团及哥德堡市政府间的“城市移动”、“无目的地公海游”调研等项目，并与瑞士巴塞尔港务局、比利时安特卫普港、瑞典哥德堡港缔结或续签了友好港合作备忘录。通过参与“国际公共交通联合会第十三届亚太地区大会”、“2014更优空气质量综合大会暨第八届亚洲政府间环境可持续交通运输论坛”等国际会议和论坛，增加了上海交通港航业的参与度和话语权，扩大了国际影响力。

【与瑞士巴塞尔港务局签署两港友好合作意向书】 2014年2月，瑞士巴塞尔市经济部长ChristophBrutschin先生和巴塞尔港务局局长Hans-PeterHadorn先生一行来访，巴塞尔港务局与市交港局签署了两港友好合作意向书，今后双方将在港区建设、内河航运、物流运输及信息化技术等方面开展深入合作。

【市交通委就“无目的地公海游”项目进行专项调研】 2014年6月，市交通委向市外办申请，联合交通运输部水运局、上海海事局、上海边检总站、市口岸办等多家单位，访问新加坡旅游局、新加坡国际邮轮码头、香港国际邮轮码头以及丽星邮轮公司等，就无目的地国际邮轮航线的设置、运营和发展，邮轮码头投资、设计和管理，港口服务标准和邮轮市场游客需求分析等问题进行详细调研，为推进本市公海游发展做好服务保障。

【与美国洛杉矶港务局签约港口岸电绿色合作伙伴项目】 2014年7月，国务委员杨洁篪和美国国务卿约翰·克里在北京签署“2014年中美绿色合作伙伴计划”协议。市交通委与美国洛杉矶港务局间的“港口岸电项目”经申报被纳入六个绿色合作伙伴项目之一，签约后，双方将开始制定新的3年工作计划，确保一致的岸电设施和操作守则将加快两港的减排成效，统一的技术标准和相匹配的基础设施将允许远洋船公司最大化投资于清洁船只，共同推进建设中美绿色航线，加强两港贸易合作。

【与安特卫普港续签《关于继续发展友好港关系的备忘录》】 2014年10月，上海市市长杨雄会见了安特卫普市市长巴特·德威福及副市长马克·范佩尔访沪代表团一行，双方就两市建立友好关系30周年纪念进行了交流。会后，双方举行了多领域签约，其中市交通委与安特卫普港续签了《关于继续发展友好港关系的备忘录》，双方将在航运、贸易、物流、人员互访等交换意见，开展进一步交流。

【与瑞典哥德堡港签署友好港20周年备忘录】 今年是上海港与哥德堡港缔结友好港关系20周年，12月，瑞典哥德堡港务局主席SvenHulterstrom、副主席及港务局长等一行访问市交通委，双方签署《关于继续发展友好港关系的备忘录》，将在港口环保、规划、贸易支持、联运等方面继续加强交流与合作。

【召开长江四中心城市第28次水运协调会议】 2014年10月21日，长江沿岸中心城市地方水运协调委员会第二十八次会议在沪召开。南京、武汉、重庆和上海四地航务管理部门，以“携手合作，探寻黄金水道联合发展之策”为主题，就长江水域经济走势、江海直达、传统企业转型升级、新能源船型开发利用等方向进行研讨。并就共同推进水运行业诚信建设等工作达成合作共识。

（严振伟）

十、铁路运输

（一）综述

2014 年，上海铁路局按照中国铁路总公司党组全面深化铁路改革的部署，深入落实企业市场主体责任，凝心聚力，创新实干，在破解安全、运输、经营、建设等工作难题中，推动全局改革发展迈上新的台阶。2014 年 3 月 20 日，上海铁路局被中国物流与采购联合会评为国家 5A 级综合服务型物流企业，是全国首家以铁路局为主体的 5A 级物流企业。运输业务辐射全国各地，全局日均图定开行客货列车 1915.5 对，其中客车 679.5 对（动车组列车 429 对），货车 1236 对（特快、快速货物班列 13 对）。至年末，全局资产总量 6100 亿元，多元化经营总收入 1101 亿元。营业里程 8960 公里，其中高铁里程 2628 公里。配属和谐型大功率机车 547 台、动车组 433 标准组。完成旅客发送量 4.57 亿人，为全国铁路首个突破 4 亿人的铁路局，日均超过 125 万人。其中上海市境内完成旅客发送 9194 万人，同比增长 15.3%，铁路客发量占上海市客流总量的 52.4%。

运输安全。全局以深化安全风险管理为主线，确立并落实“两手抓”思路，全面加强安全工作。以新机制为抓手稳控现实安全，制订安全管理岗位职责及工作标准8307个、重点项目流程3003个、安全风险问题库项点5971个，推动安全管理规范化。各级安全管理人员月均对标检查8.8万人次、发现问题3.7万个，实现检查整治常态化。以班组建设为载体强化安全基础，6453个班组开展标准化创建，编制岗位作业指导书14610个，促进现场作业标准化。加大安全投入和关键控制力度，全年安全设施更改投入6.2亿元，同比增长49.7%；完成各类施工1.3万项、LKJ数据换装1.9万台次，创历年新高。推动道口平改立252处，完成拆除60处，封堵非法通道44处，道口事故同比减少81.8%。确保高铁、客车安全及上海亚信峰会、南京青奥会等重要时段安全，全年杜绝行车一般B类及以上事故，事故件数同比下降16.2%，设备故障同比下降32.2%。11月20日，全国铁路安全风险管理现场会在上海局召开。

旅客运输。持续推进客运高峰组织常态化、站车安保常态化和旅客乘车诚信化管理，以良好秩序确保旅客安全出行。全年以市场为导向动态调图20次，列车客座率达80.5%、同比提高1.6个百分点，互联网、自助机售票比例达58.3%、同比提高10.4个百分点，旅客购票乘车更加方便。全局建立41个“上铁雷锋服务站”，30个大客站开通免费WiFi服务，对2.3万名旅客进行服务质量回访，根据旅客体验改进服务，营造了温馨出行环境。通过落实“三个出行”要求，全局客运服务质量迈上新台阶，旅客发送量大幅增长，全年发送旅客同比增长16.7%，成为全路第一个年客发量突破4亿人的铁路局。其中动车组发送2.73亿人，占全局客发比重达到60%，同比提高5个百分点。

货运改革。坚持物流化方向，以敞开受理、实货运输为核心，深入推进货运组织改革。开办货物快运业务，有货就装、随到随运，年内完成运量57万吨，新增货源达50%以上。完善货运产品体系，推出80、120、160公里3种速度6种班列产品，中欧、中亚和铁水联运集装箱班列新产品全年增运1.9万车。畅通受理渠道，客户“不见面”办理量达40%，并搭建局受理配送中心，畅通服务“最后一公里”，全年完成接取送达收入1.6亿元。加强市场营销，建立155个区域性营销网格、58个板块化营销团队。用好“一口价新直通、一口价新管内”政策，到年底实施项目31个，日均增运300多车。但受经济增速放缓、结构调整等因素影响，全年完成货物发送2.06亿吨，同比下降11.2%。

经营质量效益。全年完成运输总收入773亿元、同比增长13.9%，客货收入率同比分别增长4%和12.8%，客运查堵收入同比增长28.8%。完成换算周转量3190亿吨公里、同比增长2.2%，实现运输营业收入794亿元、同口径增长17.5%。非运输企业完成营业收入293亿元，考核利润14.4亿元、同比增长35.8%，经营质量大幅提升。强化节支提效，货车周时同比压缩0.01天、日均运用车压缩4416辆，移动设备自主检修节支2.29亿元，物资公开招标采购节支2.14亿元，“三公”经费同比减少20%，局机关业务招待费同比减少57.4%。用工总量在新线开通、工作量增加情况下压缩0.6%，按价值量计算的劳动生产率同比增长8.9%。经过努力，全局完成盈亏指标并减亏8.6亿元，取得较好经营结果。

铁路建设。杭长高铁、合肥枢纽南环线暨合肥南站、南京站北站房、宁波北站及货场迁建、丹阳货场迁建、宁波枢纽北环线（宝幢至洪塘）6个项目建成投产。杭黄、沪通、衢宁、青连、连镇铁路，商合杭客专（芜湖长江大桥）、宁启铁路二期、合芜电化、符夹扩能、青阜电化10个项目开工建设。合福高铁开始静态验收，宁安城际等在建工程有序推进，一批前期项目取得积极进展。全年完成基建投资512亿元、同比增长32.9%，更改投资 34 亿元、同比增长 75.8%。

列车运行图调整。为适应市场变化，满足客货运输、施工改造等需求，2014 年完成列车运行图调整 37 次。完成新线开行列车运行图 4 次：海洋线自 1 月 16 日起开行旅客列车 1 对，阜六线自 1 月 8 日起开行货物列车 4 对，宿淮线自 1 月 15 日起开行货物列车 1 对，合肥南环线自 11 月 12 日起开行动车组列车 7 对。完成假日临客图 8 次：（1）春游临客图（3 月 11 日至 4 月 19 日），安排管内动车组临时旅客列车 12 对。（2）清明临客图（4 月 4~7 日），安排管内临时旅客列车 48.5 对（其中动车组临时旅客列车 31.5 对、普速临时旅客列车 17 对）。（3）五一临客图（4 月 30 日至 5 月 3 日），安排直通临时旅客列车 4 对、管内临时旅客列车 55 对（其中动车组临时旅客列车 38 对、普速临时旅客列车 17 对）。（4）端午临客图（5 月 30 日至 6 月 2 日），安排直通临时旅客列车 5 对、管内临时旅客列车 60 对（其中动车组临时旅客列车 41 对、普速临时旅客列车 19 对）。（5）暑期临客图（7 月 1 日至 8 月 31 日），安排增开直通旅客列车 13 对（其中高峰线 2 对、图定长期临客 3 对、暑期临客 8 对，另安排图定旅客列车延伸区段 2 对）。（6）中秋临客图（9 月 5~8 日），安排临客 64 对，其中直通 8 对、管内 56 对（动车组 41 对、普速 15 对）。（7）国庆临客图（9 月 28 日至 10 月 7 日），安排临客 64 对，其中直通 8 对、管内 56 对（动车组 41 对、普速 15 对）。（8）2015 年春（运）图共加开旅客列车 184 对，其中直通 145 对（高铁天窗内列车 31 对）、管内 39 对（高铁天窗内列车 7 对）。配合施工调整列车运行图 5 次：（1）京沪、陇海线一阶段集中修期间（京沪线 2 月 24 日至 3 月 26 日、陇海线 3 月 2 日至 4 月 5 日）列车运行调整，利国口停运货物列车 17 对，虞城县口停运货物列车 6 对，调整列车运行时刻 44 列。（2）衢州站施工期间（4 月 1 日至 6 月 30 日）列车运行调整，衢州站停办客运业务 60 列、增加江山站办客 9 列、增加龙游站办客 1 列，调整列车运行时刻 39 列。（3）京九线集中修期间（5 月 4~29 日）列车运行调整，王楼口停运货物列车 12 对、淮滨口停运货物列车 10 对、虞城县口停运货物列车 3 对，调整列车运行时刻 28 列。（4）安庆站场改造期间（5 月 15 日起）列车运行调整，停运安庆—合肥客车 1 对，调整列车运行时刻 11 列。（5）沪昆绕行线萧山西至白鹿塘间线路集中修施工期间列车运行调整（7 月 22 日至 9 月 18 日），K348/5/8/5、K1247/6/7 次在杭州地区的运行经由改为萧萧联络线运行，并调整运行时刻。配合客运运输组织调整列车运行图 5 次：（1）自 3 月 1 日起增开、停运动车组列车各 3 对，调整列车列车运行时刻 170 列。（2）自 4 月 1 日起增开动车组列车 3 对、停运 0.5 对，管内 3 对普速临客纳入图定，并将上海地区职工通勤列车改为上海站始发终到，调整列车列车运行时刻 69 列。（3）自 4 月 26 日起京九线增开直通特快 1 对，同时南京地区职工通勤列车由 8 辆改为 6 辆，调整列车列车运行时刻 44 列。（4）优化“12.10”调整图，自 2015 年 1 月 1 日起，调整列车运行区段 1 对。（5）增开高铁动卧列车，自 2015 年 1 月 1 日起，上海虹桥—广州南、上海虹桥—深圳北开行夕发朝至动卧列车各 2 对（逢周三停运），并对开行日安排 180 分及其以上施工天窗、非开行日安排区间不少于 300 分施工天窗。配合货运运输组织调整列车运行图 11 次：（1）自 1 月 10 日起增开绩溪县—水东间循环车底列车 1 对，调整列车运行时刻 10 列。（2）自 1 月 20 日起对连云站旗台作业区运输组织进行调整，增加徐州北—连云、云台山—连云间货物列车各 2 对；（3）自 5 月 1 日起增开大宗货物五定直达班列 5 列（其中始发 4 列、终到 1 列）。（4）自 8 月 1 日起增开电商班列 2 对、快速班列 1 对，并调整旅客列车办客停站、动车组列车编组及交路、货物列车开行等。（5）自7月20日18:00起开行管内零担捷运列车，增开金华至合肥北、南翔至合肥北间零担捷运货物列车2对。（6）自8月18日起开行望峰岗至南京北循环快运货物列车1对，并自10月26日起将望峰岗至南京北循环快运货物列车调整为望峰岗至殷庄间运行，满足淮化集团液态化肥运输需求。（7）自9月9日18:00起在现行管内零担捷运列车基础上，增开长三角货物快运（摘挂）列车8对，货物快运（摘挂）列车合计10对。（8）自9月9日18:00起开行长三角货物快运（环线）列车2对，北环（X702/3、X704/1次）、南环（X601/2、X603/4次）各1对。（9）自9月19日18:00将长三角货物快运（环线）列车中南环列车车次改为X691/2、X693/4次，并按照作业站重新调整南、北环列车运行时刻。（10）自9月17日18:00起增开南京东至南仓跨局货物快运列车X2692、X2481次1对，实现上海局与济南、北京、太原、呼和、哈尔滨、沈阳6局间货物快运车辆的快速运输。（11）自10月10日18:00起增开南京东至株洲北（X2693、X2772次）、南京东至乌西（X2696/7、X2958/5次）跨局货物快运列车各1对，实现上海局与南昌、广铁、南宁、昆明、成都、武汉、郑州、西安、兰州、乌鲁木齐10局间货物快运车辆的快速运输。完成旅游列车调整图2次：自3月1日起安排旅游列车基本运行线68列。自7月1日起安排旅游列车基本运行线62列。完成全局范围调整图2次：（1）“7.1”调整图，全局开行旅客列车629对，比2013年年底图增加13.5对。开行货物列车1250对，比2013年年底图增加24对。（2）“12.10”调整图，全局开行旅客列车682.5对，比“7.1”调整图增加53.5对。开行货物列车1236对，比2013年年底图减少14对。

【上海铁路局】 上海铁路局地处东南沿海长江中下游（长三角）地区，区域经济发达，文化底蕴丰厚。铁道线路主要分布在安徽、江苏、浙江省和上海市，是全国客货运输最繁忙的铁路局之一，国家5A级综合服务型物流企业。2014年，上海铁路局固定资产原值5173亿元，职工15.8万人。全局下辖72个运输站段、5个运输辅助单位、17个局属非运输企业，设徐州、合肥、南京、杭州铁路办事处4个，沪宁、沪杭、上海浦东、上海金山等28个合资铁路公司。管辖范围：与南昌铁路局在杭深线苍南站、沪昆线新塘边站、皖赣线倒湖站、铜九线香隅站、合九线孔垄站分界。与武汉铁路局在沪蓉线墩义堂站、宁西线叶集站、京九线淮滨站、漯阜线阜阳北站分界。与郑州铁路局在京九线王楼站、陇海线虞城县站分界。与济南铁路局在京沪线利国站、胶新线新沂西站分界。营业里程及国铁主要干支线：全局营业里程8960.2公里，占全国铁路总量8%。其中国铁4092.9公里，合资铁路4867.4公里。全局线路延展长度为20689.0公里，其中国铁11532.6公里，合资铁路9156.5公里。全局跨省市的线路有京沪线、沪昆线、陇海线、符夹线、宁芜线、新长线、皖赣线、宣杭线等既有线和京沪、沪宁、沪杭、杭深、沪蓉等高速铁路和城际铁路，有青阜、淮南、金千、萧甬、宁启等省内线。全局复线营业里程5617.1公里，复线率62.7%，其中国铁2722.2公里，合资铁路2894.9公里。全局电气化营业里程4991.2公里，电化率55.7%，其中国铁1977.5公里，合资铁路3013.6公里。主要技术设备：车站615个，其中特等站7个，一等站29个，二等站61个。配属机车1643台，其中内燃机车1086台，电力机车557台，分别占总配属台数的66.1%和33.9%。全局配属普速客车3838辆，同比减少59辆。其中国铁配属3274辆，同比减少71辆，空调车2951辆，同比增加49辆。合资配属564辆，同比增加12辆，空调车555辆，同比增加

15 辆。全局配属动车组 309 组（其中长编组 124 组），共 3464 辆，同比增加 664 辆，增长 23.7%。合资铁路公司：全局管内有合资铁路公司 28 家，分别为合九、金温、萧甬、新长、浦东、衢常、合武、沿海、沪宁、沪杭、金山、京福、宁杭、杭甬、杭州枢纽、阜六、宿淮、芜湖大桥、海洋、丰沛、沪昆、金丽温、宁安、皖赣、苏北、九景衢、庐铜、杭黄公司。这些公司由上海铁路局与安徽、江苏、上海、浙江省市人民政府出资人代表和有关企业合资组建。至 2014 年末，全局已运营合资铁路总资产 3455.53 亿元，资本金 2357.37 亿元，其中铁路方出资 1289.86 亿元。

28.9%。投资项目数和投资完成额在全路各铁路局（集团公司）中分列第二和第三位。主要实物量完成新线铺轨 616.2 公里、复线 805.2 公里、站线 152.3 公里，土石方 2369.7 万立方米、特大中桥 14.93 万延长米、隧道 3.19 万延长米，电气化铁路接触网 2324.6 条公里。征地、拆迁各完成 19243.6 亩和 75.5 万平方米。竣工房屋面积 18.70 万平方米。

【铁路建设项目有序推进】 2014 年，上海铁路局落实国务院和中国铁路总公司关于加快铁路建设的部署，围绕“保开通、保开工、保在建、保质量安全”目标，建立路地协调

2014年上海铁路局运输经济主要指标完成情况表

项目	单位	实绩
换算周转量	百万换算吨公里	319005
旅客发送	万人	45694
货物发送	万吨	20564
煤炭发送	万吨	10760
日均装车	日/车	9283
日均卸空车	日/车	10782
货车静载重	吨	60.7
货车周转时间	天	2.64
机车日产量	万吨公里	130.5
客发正点率	%	100.0
客运正点率	%	100.0
货发正点率	%	98.3
货运正点率	%	97.5
内燃机车万吨公里耗油	千克	24.4
电力机车万吨公里单耗	千瓦/时	165.2
运输全员劳动生产率	万换算吨公里 / 人	209.4
行车责任重大、大事故	件	
运输总收入	亿元	772.92
运输营业收入	亿元	637.37

数据来源：《上海铁路局年鉴（2015）》

（二）铁路建设

【概况】 2014 年，上海铁路局大中型基建项目 44 个，实际完成投资 496.22 亿元（未含上海局代建的郑徐客专 17.22 亿元），占年计划 103.4%。比上年完成投资增加

常态化、项目管理标准化等工作制度，44 个投资项目有序推进。其中：合肥至福州铁路、宁启铁路海安至南通段复线电气化、合肥铁路枢纽南环线等 26 个续建项目完成年投资 282.53 亿元，共超计划 12.34 亿元。九景衢、连云港至盐城、上海至南通、杭州至黄山铁路等 14 个项目开工建设，完成年投资 211.84 亿元。正在施工准备的符夹铁路符离集至新

河段扩能、青阜线电气化改造、南京东编组站综合自动化改造、衢州至宁德铁路等4个项目，完成征地拆迁等前期投资1.85亿元。11个项目完成概算清理，分别为南京至杭州铁路客运专线、宁波站改造、杭州东站改扩建工程、淮北站改扩建、萧甬铁路绍兴县城区段改造、上海（南翔）和谐型大功率机车检修基地、宁波北站及货场搬迁、丰县至沛县铁路、杭州至宁波铁路客运专线、阜阳至六安铁路和宿州至淮安铁路。3个项目建成投产。9月，宁波北站及货场搬迁项目建成投产。11月，合肥铁路枢纽南环线建成通车，投产里程39.6公里。12月，杭州至长沙铁路客运专线建成通车，投产里程303.4公里。此外，宁波铁路枢纽北环线部分区段单独开通运行。

【国铁更新改造投资】 2014年，上海铁路局完成国铁运输设备更新改造投资29.3亿元，为年计划的99.8%，同比增加12.79亿元。其中中国铁路总公司管理项目完成投资8.94亿元，为年度计划的99.8%。局管项目完成投资20.37亿元，为年度计划的99.8%。

【合资铁路更新改造投资】 2014年，上海铁路局完成合资铁路更新改造投资4.71亿元，为年计划的98.2%，同比增加1.91亿元。

【安全设施投资】 2014年，上海铁路局确保行车安全投入。全年安全设施完成投资6.21亿元，占全局更改完成总投资的21.2%。重点包括道口平改立和线路全封闭，货运计量安全检测设备，LKJ2000型机车运行监控装置更新，沪昆线盈宁至新塘边段信号微机监测系统设备升级改造，GSM-R区段CIR设备更新，客运车站新增和补充安检设备，车站信号微机监测系统补强改造，南京东等车站货检安全与管理系统改造等。

【客运设施投资】 2014年，上海铁路局完成客运设施投资2.35亿元，占全局更改完成总投资的8%。重点包括合肥、苏州站改造工程，南京站增建北站房工程，上海南等车站增设吸污设施，车站增设自助售（取）票机，上海、南京站增设实名制验证设施，嘉兴站5号站台及站台雨棚改造工程，杭州站基本站台加高工程等。

【货运设施投资】 2014年，上海铁路局大力补强货运设施。全年货运设施完成投资8.26亿元，占全局更改完成总投资的28.2%。重点包括金华货场搬迁工程，义乌西站等货场扩能改造工程，浙赣线临浦货场搬迁至白鹿塘站工程，新浦东站货场改造工程，无锡南站整车货场改造工程，建德货场迁建工程，虞城县等站增建雨棚工程，装卸机械设备购置等。

【技术装备投资】 2014年，上海铁路局提高技术装备水平。全年机务、车辆、供电、工务、电务设施完成投资7.36亿元，占全局更改完成总投资的25.1%。其中机务设施主要有上海等机务段增配不落轮镟车床，上海机务段上南整备场扩能改造等。车辆设施主要有杭州北车辆段乔司检修车间厂修改造和增加存车线工程，新增车辆检修专用设备和动车组高级检修工装设备等。供电设施主要有增配牵引供电维修工机具、电力维修工器具，合肥南10KV配电所迁移改造工程等。工务设施主要有工务小型线桥养修、检测及安全防护设备，芜湖工务段岩寺工务轨料基地工程等。电务设施主要有铁路通信传输骨干网改造工程，增配维修机械化设备，车站信号联锁设备改造工程等。

【信息化设施投资】 2014年，上海铁路局强化信息系统建设。全年信息化设施完成投资1.62亿元，占全局更改完成总投资的5.5%。

重点包括铁路局 TMIS 调度系统数据库服务器更新，全局 TMIS 网络平台设备更新，货运电子商务全流程试点设备，杭州北车辆段生产综合管理信息系统工程等。

【文教生活设施投资】 2014 年，上海铁路局增加文教生活设施。全年文教生活设施完成投资 1.28 亿元，占全局更改完成总投资的 4.4%。重点包括金华铁路行车公寓扩建工程，虹桥动车所增建生产生活设施，职培基地配置实训设施设备，新建上海动车段职工体育运动设施工程，杭州货运中心机关食堂改造工程等。

【建设前期工作开展】 2014 年，上海铁路局按照国务院和中国铁路总公司关于加快铁路建设工作部署，与地方政府开展多层次沟通，先后与安徽、江苏、浙江省和上海市有关单位、部门进行商谈，争取地方政府在项目征地拆迁、环评水保、规划选址等方面给予协调和支持，确保按时完成前置性手续报批。推进沪通铁路、合芜电化 2 个年初确定开工项目，对年内新增加的杭黄、连淮扬镇、商合杭、衢宁、宁启二期（南通东至启东段）、符夹扩能、青阜电化、青岛至连云港铁路等 8 个项目加快推进。此外，有序推进宁芜扩能、徐宿淮盐、金台铁路等 10 个储备项目及 38 个运输急需配套项目。至年末，10 个新开工项目均完成可研、初步设计批复，并全部下达投资计划。

【路网规划编制】 2014 年，上海铁路局根据中国铁路总公司开展“十三五”铁路路网发展规划研究的要求，组织编制局 2014-2020 年路网规划，多次召开会议，反复研究修改，经局党政联席会议通过并印刷分发。会同铁四院全面开展规划研究工作，并组织相关业务部门进行研讨，经多轮次审查修改，完成《上海铁路局“十三五”铁路网发展规划》并报送中国铁路总公司计统部。

（三）客运服务

【概况】 2014 年（末），上海铁路局日开行图定旅客列车 679.5 对。其中直通 434 对：高速动车组列车 150 对、动车组列车 75 对、直达特快列车 33 对、特快列车 23 对、快速列车 142 对、普快列车 11 对。管内 245.5 对：高速动车组列车 162 对、城际列车 36 对、动车组列车 6 对、特快列车 2 对、快速列车 38.5 对、普客列车 1 对。上海铁路局自局担当旅客列车 399 对。其中直通 150.5 对：高速动车组列车 68 对、直通动车组列车 39 对、直达特快列车 8 对、特快列车 5 对、快速列车 28.5 对、普快列车 2 对。管内 245.5 对：高速动车组列车 162 对、城际列车 36 对、动车组列车 6 对、特快列车 2 对、快速列车 38.5 对、普客列车 1 对。上海铁路局车底在外局套跑 3 对：管内特快列车 1 对、管内快速列车 1 对、管内普客 1 对。全年完成旅客发送量 4.57 亿人，为全国铁路首个突破 4 亿人的铁路局，日均超过 125 万人。节假日运输和重点运输完成情况良好。其中元旦运输（2014 年元旦未连休，仅 1 天 2014 年 1 月 1 日），发送旅客 107 万人。春节运输（1 月 16 日～2 月 24 日），发送旅客 4752.4 万人，同比增幅 15.5%。最高日发送旅客 145 万人。重点运输，全局完成专包车任务 439 趟次。其中 3 月 1 日～3 月 15 日，共安全输送安徽、江苏、浙江等省市及南京军区出席十二届全国人大二次会议、全国政协十二届二次会议代表、委员和工作人员共 73 批 509 人次。清明节旅客运输（4 月 4 日～4 月 7 日），发送旅客 709 万人，同比增长 26%。最高日发送旅客 201.9 万人。“五一”节旅客运输（4

月30日～5月3日），发送旅客767.6万人，同比增长26.9%。最高日发送旅客224.2万人。端午节旅客运输（5月30日～6月2日），发送旅客647.7万人，同比增长22.4%。最高日发送旅客180.2万人。暑期旅客运输（7月1日～8月31日），发送旅客8574.3人，同比增长18.6%，日均发送旅客138.3万人。最高日发送旅客157.2万人。中秋节旅客运输（9月5日至8日），发送旅客636.1万，同比增长14.2%。最高日发送旅客180.6万人。国庆节旅客运输（9月28日～10月7日），发送旅客1767.4万，同比增长10.4%，最高日发送旅客235.5万人。

1. 南京南—徐州东G7172次0.5对，经京沪高铁运行，由上海客运段、上海动车段担当。

2. 徐州东—上海虹桥G7171次0.5对，经京沪高铁运行，由上海客运段、上海动车段担当。

3. 徐州东—上海G7291/G7292次1对，经京沪、沪宁高铁运行，由上海客运段、上海动车段担当。

4. 杭州—南京南G7388次0.5对，经沪杭、沪宁高铁运行，由上海客运段、上海动车段担当。

5. 苍南—上海虹桥G7540次0.5对，经杭深线、杭甬高铁、沪杭高铁运行，由杭州客运段、上海动车段担当。

2014上海铁路局客运任务完成情况表

项目	单位	实绩
旅客发送	万人	45694
旅客周转量	百万人公里	179932

【年旅客发送量首破4亿人】 2014年，上海铁路局完成旅客发送量4.57亿人，日均超过125万人，为全国铁路年客发量第一个突破4亿人的铁路局。

【旅客列车运行图优化调整】 2014年，赣韶线、沪昆高铁杭州东至新晃西段开通运营，宜万铁路具备开行动车组列车条件，海洋铁路开行旅客列车，根据中国铁路总公司部署，结合上海铁路局客流变化，共对旅客列车运行图进行12次优化调整，围绕新线开通、设备设施变化，挖掘运输潜力，通过对列车运行图进行调整，优化全局运输产品结构，运能安排进一步贴近市场，提高运输效率。

自1月16日起，增开南京—如东K8462/3 K8464/1次列车1对，海洋铁路首次开行旅客列车。

自3月1日起，根据宁西线、厦门站施工要求，并结合管内客流需要，实行调整列车运行图。

（一）增开旅客列车3对

（二）停运旅客列车3对

1. 宁波—徐州东G7694/G7695次1对。

2. 南京南—宁波G7633/G7642次1对。

3. 宁波—上海虹桥G7526次0.5对。

4. 杭州—上海虹桥G7330次0.5对。

（三）旅客列车延伸运行区段0.5对

上海虹桥—宁波G7521次0.5对经杭深线延伸至温州南终到。

（四）徐州—厦门K177/K178次、北京西—厦门K307/6/7 K308/5/8次、上海南—厦门K1209/K1210次3对旅客列车，由厦门站调整为厦门高崎站终到始发，取消厦门站办理客运业务

自4月1日起，为发挥苏州站存车场新设备开通启用作用，提高旅客列车开行质量，对部分旅客列车开行方案等进行调整：

（一）增开上海—苏州管内高速动车组列车G7218、G7220/G7219次1.5对，经沪宁高铁运行，由南京客运段、上海动车段担

当。

（二）停运上海—苏州管内高速动车组列车 G7212 次 0.5 对。

（三）管内临时旅客列车上海—池州 T7606/7 T7608/5 次 1 对，南京—盐城 K8626/7/6 K8625/8/5 次 1 对，阜阳—上海 K8361/4/1 K8362/3/2 次 1 对纳入图定。

（四）管内周末旅客列车改为日常开行 2.5 对

1. 南京南—淮南东 G7223/2 次 0.5 对。

2. 淮南东—上海 G7221/4/1 次 0.5 对。

3. 上海—合肥 G7248/9 G7250/47 次 1 对。

4. 上海—南京南 G7096 次 0.5 对。

（五）上海—南京 G7032/G7081 次 1 对改由苏州始发、终到。

自 4 月 1 日起至 6 月 30 日止，为配合杭长客专项目衢州站改造施工，对衢州站施工期间部分旅客列车运行时刻及办客停站进行调整，实行施工分号图。

下行取消衢州办理客运业务 40 列，上行取消衢州办理客运业务 10 列，增加江山、龙游办理客运业务 10 列，调整运行及办客时刻 2 列。

自 4 月 21 日起，实行哈大高铁夏季运行图，上海虹桥—沈阳北 G1258/5 G1256/7 次经由哈大高铁、长西联络线延伸至长春，同时调整部分列车停站及时刻。

自 4 月 26 日起，实行 2014 年“4.26”调整列车运行图。

（一）增开旅客列车 1 对

分别自 4 月 26 日、4 月 27 日始发站起，增开北京—三明北 T91 次、三明北—北京 T92 次特快旅客列车 1 对，经由京九、昌九城际、昌福线，北京局担当。

（二）变更运行区段 1 对

自 4 月 26 日始发站起，上海虹桥—深圳北 D2281/D2282 次经由沪宁高铁延长至南京，由南京客运段、上海动车段担当。

（三）调整旅客列车经由 3 对

1. 南宁—上海南 K538/K537 次桂林至永州间改经由衡柳线运行。

2. 南宁—宁波 K582/3 K584/1 次桂林至永州间改经由衡柳线运行。

3. 青岛—南宁 K1136/7 K1138/5 次桂林至永州间改经由衡柳线运行。

自 7 月 1 日起，为配合宜万线开行动车组列车，提高客货运输经营质量和效益，实行调整运行图：

（一）直通旅客列车调整方案

1. 增开直通旅客列车 9 对

（1）北京南—厦门北 G165/G166 次高速动车组列车 1 对，经由京沪、宁杭、杭甬高铁、杭深线运行，由北京局担当。

（2）宁波—北京南 G168/G167 次高速动车组列车 1 对，经由杭甬、宁杭、京沪高铁运行，由南京客运段、上海动车段担当。

（3）青岛—杭州东 G284/1 G282/3 次高速动车组列车 1 对，经由胶济客专，京沪、宁杭高铁运行，由济南局担当。

（4）济南西—武汉 G285/G286 次高速动车组列车 1 对，经由京沪、合蚌高铁，合武线运行，由济南局担当。

（5）青岛—长沙南 G290/87 G288/9 次高速动车组列车 1 对，经由胶济客专、京沪、合蚌高铁，合武线，京广高铁运行，由济南局担当。

（6）天津—长沙南 G292/3 G294/1 次高速动车组列车 1 对，经由京沪、合蚌高铁，合武线，京广高铁运行，由北京局担当。

（7）沈阳北—武汉 G1272/3 G1274/1 次高速动车组列车 1 对，经由京哈线，津秦、京沪、合蚌高铁，合武线运行，由沈阳局担当。

（8）周口—上海 K1505/8/5 K1506/7/6 次快速旅客列车 1 对，经由漯阜、阜淮、水蚌、京沪线运行，由武汉局担当。

（9）深圳—青岛 K1688/5 K1686/7 次快速旅客列车 1 对，经由广深、京九、新石、京沪、胶济线运行，由广铁（集团）公司担当。

2．停运直通旅客列车 5 对

（1）北京南—上海虹桥 D315/D318 次 1 对。

（2）上海虹桥—宜昌东 D2202/3 D2204/1 次 1 对。

（3）成都—上海 Z124/1 Z122/3 次 1 对。

（4）合肥—商丘 2040/2039 次 1 对。

（5）绩溪县—景德镇 6091/6092 次 1 对。

3．调整直通旅客列车运行区段 9 对

（1）沈阳—上海虹桥 G1234/5 次 0.5 对运行区段改为长春—上海虹桥，在天津西断开，车次贯通，同台整列换乘。上海虹桥—沈阳 G1236/3 次 0.5 对在天津西断开，改为上海虹桥—天津西 G220 次 0.5 对，天津西—长春 G375 次 0.5 对。G1234/5 次长春至天津西段和 G375 次改由沈阳局担当；G1234/5 次天津西至上海虹桥段和 G220 次改由上海客运段、上海动车段担当。

（2）上海虹桥—宜昌东 D2206/7 D2208/5 次 1 对经由宜万、渝利、遂渝、成遂线延伸至成都东终到、始发。

（3）上海虹桥—汉口 D2216/7 D2218/5 次 1 对经由汉宜、宜万、渝利线延伸至重庆北终到、始发。

（4）杭州东—宜昌东 D2222/3 D2224/1 次 1 对经由宜万、渝利、遂渝、成遂线延伸至成都东终到、始发；改由杭州客运段担当。

（5）南京南—宜昌东 D2255/D2256 次 1 对经由宜万、渝利、遂渝、成渝线延伸至成都终到始发，同时改由成都局担当。

（6）徐州—湛江 K161/K162 次 1 对运行区段改为徐州～南宁，并改经由京沪、宁铜、铜九、京九、吉衡、衡柳、湘桂线运行。

（7）温州—石家庄北 K1396/7/6/7 K1398/5/8/5 次 1 对经由石太客专延伸至太原终到、始发。

（8）北京西—南昌 1453/1454 次 1 对经由京九线延伸至赣州终到、始发；改为快速旅客列车，车次改为 K1453/K1454 次；同时 K1454 次九江至南昌间改经由京九线运行。

（9）南宁—武昌 K1562/K1561 次 1 对改经由吉衡、京九、合九线延伸至合肥终到、始发。

4．调整直通旅客列车运行经由 8.5 对

（1）杭州—兰州 T112/3 T114/1 次 1 对在上海枢纽改经由沪昆、黄封线运行。

（2）呼和浩特东—上海 T267/70/67 T268/9/8 次 1 对在太原至太原南间改经由石太客专运行。

（3）青岛—西宁西 T372/3 T374/1 次 1 对在即墨至济南东间改经由胶济客专运行。

（4）昆明—上海南 K182/K181 次 1 对衡阳至向塘间改经由吉衡、京九线运行，改使用 25K 型车底，改为特快旅客列车 T382/T381 次。

（5）福州—合肥 K322 次 0.5 对在南昌至九江间改经由昌九城际运行。

（6）南宁—上海南 K538/K537 次 1 对衡阳至向塘间改经由吉衡、京九线运行。

（7）厦门高崎—郑州 K744/1/4/1 次 0.5 对在南昌至九江间改经由京九线运行。

（8）青岛—南宁 K1136/7 K1138/5 次 1 对向塘至南宁间改经由京九、吉衡、衡柳线、柳南客专运行。

（9）上海—银川 K1332/3/2 K1331/4/1 次 1 对在太原～太原南间改经由石太客专运行。

（10）杭州—九江 2185/8 次 0.5 对南昌至九江间改经由昌九城际运行。

5．直通旅客列车提高等级 5 对

（1）杭州—哈尔滨 1470/1 1472/69 次 1 对改为特快旅客列车 T386/7 T388/5 次，列车使用 3 组 25TDC600V 集便车底，同时 T388/5 次在桥南至党家庄改经由京沪线运行，T386/7 次在桥南至党家庄改经由京沪线运行、山海关至沈阳北间改经由京哈线运行。

（2）上海南—深圳东 K1515/K1516 次

1对改为特快旅客列车T105/T106次，使用2组25TDC600V集便车底，同时在杭州枢纽由沪昆绕行、笕杭线改经由沪昆线运行，乘务改由上海客运段、上海车辆段担当。

（3）济南—乌鲁木齐1085/1086次1对改为快速旅客列车K185/K186次。

（4）郑州—温州2194/1/4/1 2192/3/2/3次1对改为快速旅客列车K1240/37/40/37 K1238/9/8/9次，列车改为使用25G型车底。

（5）南昌—温州2208/5 2206/7次1对改为快速旅客列车K1672/69 K1670/1次。

6. 直通旅客列车其他调整

（1）上海虹桥—北京南G124/G155次（原车次G122/G153次）、G136/G103次2对改为周末线。

（2）北京南—上海虹桥G157次0.5对改为日常线。

（3）上海—北京1461/1462次客运乘务改由南京客运段担当。

7. 新增高峰运行线2对

（1）济南西—上海虹桥G2527/G2528次高速动车组列车1对，经由京沪高铁运行，济南局担当。

（2）上海虹桥—汉口D326/7 D328/5次动车组列车1对，经由京沪高铁、合宁、合武线运行，由上海客运段、上海动车段担当。

8. 调整及取消为长期临时旅客列车2对

（1）东莞东—阜阳K562/K561次快速旅客列车1对改为长期临时旅客列车，同时，运行区段改为深圳—阜阳，广铁（集团）公司担当。

（2）取消深圳—青岛K2020/17 K2018/9次长期临时旅客列车1对。

（二）管内旅客列车开行方案

1. 增开管内旅客列车5对

（1）上海—南京G7084次高速动车组列车0.5对，经由沪宁高铁运行，由南京客运段、上海动车段担当。

（2）上海—无锡G7210/G7209次高速动车组列车1对，经由沪宁高铁运行，周末线，由南京客运段、上海动车段担当。

（3）南京南—宁波G7633/G7642次高速动车组列车1对，经由宁杭、杭甬高铁运行，由南京客运段、上海动车段担当。

（4）杭州东—温州南G7567/G7568次高速动车组列车1对，经由杭甬高铁、杭深线运行，由杭州客运段、上海动车段担当。

（5）阜阳—合肥K8393次快速旅客列车0.5对，经由淮南线运行，由合肥客运、车辆段担当。

（6）连云港东—芜湖K8414/1 K8412/3次快速旅客列车1对，经由陇海、符夹、青阜、阜淮、淮南线运行，由合肥客运段、车辆段担当。

2. 停运管内旅客列车4对

（1）南京—上海G7093/G7094次1对

（2）南京南—上海虹桥G7195/G7196次1对

（3）上海虹桥—杭州D5693次0.5对。

（4）合肥—阜阳K8394次0.5对。

（5）徐州—芜湖K8439/K8440次1对。

3. 调整管内旅客列车运行区段6.5对

（1）上海—南京G7062、G7078次1对运行区段调整为上海—南京南。

（2）上海—南京南G7064次0.5对运行区段调整为上海—南京。

（3）上海—无锡G7206/G7205次1对经由沪宁高铁延伸至常州终到、始发。

（4）徐州东—上海虹桥G7171次0.5对运行区段改为徐州东—上海，车次改为G7293次，同时改由南京客运段担当。

（5）上海虹桥—杭州G7305次0.5对经京沪高铁延伸至南京南始发，同时改由南京客运段担当。

（6）上海虹桥—温州南G7521次0.5对经由杭深线延伸至苍南终到。

（7）南京—温州南D5451/D5456次1

对改由南京南始发、终到。

（8）阜阳—宿松 K8391 次 0.5 对缩短至合肥始发。

（9）宿松—合肥 K8392 次 0.5 对经由淮南、阜淮线延伸至阜阳终到。

（10）黄山—阜阳 K8410/07 次 0.5 对运行区段改为黄山—徐州，车次改为 K8410 次，客运乘务改由南京客运段担当。同时淮北—黄山 K8409 次 0.5 对客运乘务改由南京客运段担当。

4. 调整管内旅客列车运行经由 1 对

阜阳—上海 K8361/4/1 K8362/3/2 次 1 对在阜阳至合肥间改经由阜六、合武线运行。

自 8 月 1 日起，为配合增开电商班列、快速班列，实行调整列车运行图：

（一）自 7 月 31 日兰州开 K132/3 次起，九江至南昌间改经由京九线，兰州局担当

（二）53 列旅客列车调整办客停站、时刻。

自 9 月 1 日起，沪昆高铁南昌西至长沙南段开通，涉及上海铁路局 14 列旅客列车调整办客停站、时刻，南昌西至宁波 D3303/2 D3301/4 次 1 对调整车底交路。

自 10 月 20 日起，赣韶线开通，调整部分旅客列车运行径由、编组及办客时刻：

（一）调整旅客列车径由 2 对

1. 广州—上海南 T170/169 次 1 对在韶关东至向塘站间改经由赣韶、京九线运行。

2. 海口—上海南 K512/K511 次 1 对在韶关东至向塘站间改经由赣韶、京九线运行，广铁（集团）公司担当。

（二）调整 27 列旅客列车办客停站及运行时刻

自 11 月 12 日起，合肥南站开通启用，宁蓉线肥东至长安集段开办旅客运输，部分旅客列车调整运行：

1. 上海—合肥 G7244/5、G7246/3、G7236/7、G7238/5、G7248/9、G7250/47 次 3 对改为合肥南终到、始发。

2. 温州南—合肥 G7662/3、G7664/1、G7680/77、G7674/5 次 2 对改为合肥南终到、始发。

3. 宁波—合肥 G7678/9、G7676/3 次 1 对改为合肥南终到、始发。

4. 上海—合肥 G7226/7 次 0.5 对改为合肥南终到。

5. 合肥—宁波 G7684/1 次 0.5 对改由合肥南始发。

自 12 月 10 日零时起，杭长高铁开通，合肥南站沪蓉场全面启用，宿淮线开行旅客列车，调整列车运行图：

（一）直通旅客列车调整方案

1. 增开直通旅客列车 62.5 对

（1）江山—北京南 G46/G45 次列车 1 对，经由沪昆、宁杭、京沪高铁运行，由杭州客运段、上海动车段担当。

（2）南宁东—济南西 G434/G433 次列车 1 对，经由柳南客专、衡柳线、京广高铁、合武线、合蚌、京沪高铁运行，由南宁局担当。

（3）荣成—上海虹桥 G458/5 G456/7 次列车 1 对，经由青荣城际、胶济客专、京沪高铁运行，由济南局担当。

（4）哈尔滨西—武汉 G1276/7 G1278/5 次列车 1 对，经由京哈高速、京哈线、津秦高速、京沪、合蚌高铁、合武线运行，由哈尔滨局担当。

（5）徐州东—沈阳北 G1244/1 次列车 0.5 对，经由京沪高铁、津秦客专、京哈线运行，由济南局担当。

（6）上海虹桥—广州南 G85/G1306、G1303/G1302 次列车 2 对，经由沪昆、京广高铁运行，由上海客运段、上海动车段担当。

（7）广州南—上海虹桥 G86/G1305、G1304/G1301 次列车 2 对，经由京广、沪昆高铁运行，由广铁（集团）公司担当。

（8）上海虹桥—长沙南 G1341/G1356 次列车 1 对，经由沪昆高铁运行，由杭州客运段、上海动车段担当。

（9）上海虹桥—长沙南 G1343/G1358、G1345/G1360、G1347/G1362、G1349/G1364、G1351/G1366 次列车 5 对，经由沪昆高铁运行，由上海客运段、上海动车段担当。

(10) 长沙南—上海虹桥 G1342/G1363、G1344/G1353、G1346/G1355、G1348/G1357、G1350/G1359、G1352/G1361、G1354/G1365 次列车 7 对，经由沪昆高铁运行，由广铁（集团）公司担当。

(11) 上海虹桥—怀化南 G1371/G1376 次列车 1 对，经由沪昆高铁运行，由杭州客运段、上海动车段担当。

(12) 上海虹桥—怀化南 G1375/G1372 次列车 1 对，经由沪昆高铁运行，由上海客运段、上海动车段担当。

(13) 怀化南—上海虹桥 G1374/G1373 次列车 1 对，经由沪昆高铁运行，由广铁（集团）公司担当。

(14) 上海虹桥—南昌西 G1385/G1392 次列车 1 对，经由沪昆高铁运行，由上海客运段、上海动车段担当。

(15) 上海虹桥—南昌西 G1393/G1388 次列车 1 对，经由沪昆高铁运行，由南京客运段、上海动车段担当。

(16) 南昌西—上海虹桥 G1382/G1387 次列车 1 对，经由沪昆高铁运行，由南昌局担当。

(17) 南昌西—上海虹桥 G1384/G1389 次列车 1 对，经由沪昆高铁运行，由南昌局担当。

(18) 南昌西—上海虹桥 G1386/G1391、G1390/G1395、G1394/G1381、G1396/G1383 次列车 4 对，经由沪昆高铁运行，由南昌局担当。

(19) 杭州东—广州南 G1403/G1404 次列车 1 对，经由沪昆、京广高铁运行，由杭州客运段、上海动车段担当。

(20) 杭州东—长沙南 G1411/G1414 次列车 1 对，经由沪昆高铁运行，由杭州客运段、上海动车段担当。

(21) 长沙南—杭州东 G1412/G1413 次列车 1 对，经由沪昆高铁运行，由广铁（集团）公司担当。

(22) 杭州东—怀化南 G1421/G1422 次列车 1 对，经由沪昆高铁运行，由杭州客运段、上海动车段担当。

(23) 杭州东—南昌西 G1451/G1452 次列车 1 对，经由沪昆高铁运行，由南京客运段、上海动车段担当。

(24) 南昌西—杭州东 G1454/G1453、G1456/G1455 次列车 2 对，经由沪昆高铁运行，由南昌局担当。

(25) 南京南—长沙南 G1481/G1484 次列车 1 对，经由宁杭、沪昆高铁运行，由杭州客运段、上海动车段担当。

(26) 长沙南—南京南 G1482/G1483 次列车 1 对，经由沪昆、宁杭高铁运行，由广铁（集团）公司担当。

(27) 南京南—南昌西 G1491/G1494 次列车 1 对，经由宁杭、沪昆高铁运行，由南京客运段、上海动车段担当。

(28) 南昌西—南京南 G1492/G1493 次列车 1 对，经由沪昆、宁杭高铁运行，由南昌局担当。

(29) 南宁东—上海虹桥 G1502/G1501 次列车 1 对，经由柳南客专、衡柳线、京广、沪昆高铁运行，由南宁局担当。

(30) 南京南—南宁东 G1503/G1504 次列车 1 对，经由宁杭、沪昆、京广高铁、衡柳线、柳南客专运行，由南京客运段、上海动车段担当。

(31) 南宁东—杭州东 G1506/G1505 次列车 1 对，经由柳南客专、衡柳线、京广、沪昆高铁运行，由南宁局担当。

(32) 九江—杭州东 D83/2 D81/4 次列车 1 对，经由昌九城际、沪昆高铁运行，由南昌局担当。

(33) 成都（成都东）—上海虹桥 D304/1 D302/3、D638/5 D636/7 次列车 2 对，经由沪

蓉线、沪宁高铁运行，由成都局担当。

(34) 重庆北—宁波 D658/5 D656/7 次列车 1 对，经由沪蓉线、宁杭、杭甬高铁运行，由成都局担当。

(35) 杭州东—重庆北 D2246/7 D2248/5 次列车 1 对，经由宁杭高铁、沪蓉线运行，由杭州客运段、上海动车段担当。

(36) 杭州东—成都东 D2262/3 D2264/1 次列车 1 对，经由宁杭高铁、沪蓉线运行，由杭州客运段、上海动车段担当。

(37) 厦门高崎—长春 Z104/1 Z102/3 次列车 1 对，经由杭深、永莆线、昌福线、昌九城际、京九、津霸、津山、京哈线运行，由南昌局担当。

(38) 北京—南通 Z139/Z140 次列车 1 对，经由京沪、宿淮、新长、宁启线运行，由北京局担当。

(39) 哈尔滨—汉口 T184/1 T182/3 次列车 1 对，经由京哈、津山、津霸、京九、麻武线运行，由哈尔滨局担当。

(40) 伊宁—上海 T206/3 T204/5 次列车 1 对，经由精霍、兰新线、陇海、京沪线运行，由乌鲁木齐局担当。

(41) 信阳—天津 K632/3/2 K631/4/1 次列车 1 对，经由京广、漯阜、京九、邯济、京沪线运行，由武汉局担当。

(42) 哈尔滨—桂林北 K728/5 K726/7 次列车 1 对，经由京哈、津山、津霸、京九、吉衡、衡柳线、柳南客专运行，由哈尔滨局担当。

(43) 兰州—上海 K1608/5 K1606/7 次列车 1 对，经由陇海、京沪线运行，由兰州局担当。

(44) 上海—西宁西 K2186/7 K2188/5 次列车 1 对，经由京沪、陇海、兰青线运行，由上海客运段、上海车辆段担当。

(45) 长春—南宁 K2388/5 K2386/7 次列车 1 对，经由京哈、沈山、津山、津霸、京九、吉衡、衡柳、湘桂线运行，由沈阳局担当。

(46) 临汾—苏州 K2665/8/5 K2666/7/6 次列车 1 对，经由南同蒲、陇海、京沪线运行，由太原局担当。

2. 停运直通旅客列车 12.5 对

（1）杭州东—宜昌东 G586/7 G588/5 次 1 对。

（2）南昌—上海虹桥 D92/D91、D94/D93、D98/D97 次 3 对。

（3）上海虹桥—长沙 D105/8 D107/6 次 1 对。

（4）九江（南昌）—杭州东 D113/2 D111 次 1 对。

（5）上海虹桥—汉口 D326/7 D328/5 次 1 对（高峰线）。

（6）上海虹桥—济南西 D362 次 0.5 对。

（7）深圳北—杭州东 D2292/D2291 次 1 对。

（8）杭州—重庆北 K425/8 K427/6 次 1 对。

（9）成都—上海 K698/5 K696/7 次 1 对。

（10）南昌（九江）—杭州 2186 2185/8 次 1 对。

（11）重庆北—北京西 K620/K619 次 1 对。

3. 高铁、客运专线安排直通高峰线 4 对

（1）保留济南西—上海虹桥高速动车组列车线 1 对，车次由 G2527/G2528 次改为 G4527/G4528 次，由济南局担当。

（2）新增北京南—杭州东 G4201/G4202、G4203/G4204 次高速动车组列车 2 对，经由京沪、宁杭高铁运行，由北京局担当。

（3）新增北京南—杭州东 D4301/D4302 次动车组列车 1 对，经由京沪、宁杭高铁运行，由北京局担当。

4. 调整直通旅客列车运行区段 20.5 对

（1）北京南—杭州 G31/G40、G41/G44 次 2 对改为杭州东终到、始发。

（3）北京南—杭州东 G33/G38 次 1 对

经由沪昆高铁延伸至南昌西终到、始发。

（4）济南西—杭州东 G61/G62 次 1 对经由沪昆高铁延伸至南昌西终到、始发。

（5）北京南—宁波 G167/G168 次 1 对经由杭深线延伸至温州南终到、始发。

（6）北京南—合肥 G261 次 0.5 对经由合武线延伸至六安终到。

（7）济南西—武汉 G285/G286 次 1 对经由京广、沪昆高铁延伸至怀化南终到、始发。

（8）上海虹桥—天津西 G220 次 0.5 对经由津秦高铁、京哈线、京哈高速延伸至长春终到，车次改为 G1236/3 次，同时改为沈阳局担当。

（9）宁波—武汉 G590/1 次 0.5 对经由杭深线改由温州南始发、汉口—宁波 G592/89 次 0.5 对经由杭深线延伸至温州南终到，同时在合肥枢纽改经由沪蓉线（经合肥南站）运行，不进合肥站。

（10）上海虹桥—汉口 D2212/3 D2214/1 次 1 对经由沪蓉线延伸至重庆北终到、始发，同时在合肥枢纽改经由沪蓉线（经合肥南站）运行，不进合肥站。

（11）南京南～深圳北 D2289/D2290 次 1 对经由沪蓉线延伸至合肥南始发、终到，同时车次改为 D3128/5 D3127/6 次。

（12）上海虹桥～福州南 D3107/D3108 次 1 对经由杭深线延伸至深圳北终到、始发。

（13）杭州东—福州南 D3111/D3112 次 1 对经由杭深线延伸至深圳北终到、始发。

（14）桂林—上海南 T78/T77 次 1 对改为桂林北始发、终到。

（15）济南—广州 T179/T180 次 1 对改为广州东终到、始发。

（16）哈尔滨—温州 K554/1/4/1 K552/3/2/3 次 1 对经由滨绥线延伸至牡丹江始发、终到。

（17）南京—成都东 K722/3 K724/1 次 1 对运行区段改为南通～昆明，经由宁启、宁芜、芜铜、铜九、京九、沪昆线运行。

（18）烟台—九江 K878/5 K876/7 次 1 对运行区段改为烟台～昆明，经由蓝烟线、胶济客专、邯济、京九、沪昆线运行。

（19）石家庄—上海 K1014/1/4/1 K1012/3/2/3 次 1 对改为石家庄北始发、终到。

（20）芜湖—北京西 K1110/K1109 次 1 对经由皖赣线延伸至黄山始发、终到。

（21）上海南—南昌 K1185 次 0.5 对经由京九线延伸至九江终到，车次改为 K1185/8 次。

（22）汉口—青岛 1114/1 1112/3 次 1 对运行区段改为襄阳—青岛北，经由汉丹、京广、漯阜、青阜、符夹、京沪线、胶济客专运行，同时改为快速旅客列车，车次改为 K1198/5 K1196/7 次。

5．调整直通旅客列车运行经由 13 对

（1）上海虹桥—成都东 D2206/7 次 0.5 对在上海虹桥至南京南间由京沪高铁改为沪宁高铁运行，同时在合肥枢纽改经由沪蓉线（经合肥南站）运行，不进合肥站。

（2）乌鲁木齐南—上海 T54/1 T52/3 次 1 对由兰新线改经由兰新高铁运行，同时列车改为 25T 型 DC600V 集便车底，改为直达特快旅客列车，车次改为 Z42/39 Z40/1 次。

（3）合肥—北京 Z74/Z73 次 1 对由水蚌、京沪线改经由合武、阜六、京九线运行，车次改为 Z227/6、Z225/8 次。

（4）济南—乌鲁木齐南 K185/K186 次 1 对由兰新线改经由兰新高铁运行，同时列车改为使用 25T 型 DC600V 集便车底，改为直达特快旅客列车，车次改为 Z105/Z106 次。

（5）青岛—广州东 T162/59/62 T161/0/1 次 1 对由符夹、濉阜、京九、广深线改经由陇海、京广线运行，同时改为广州终到、始发，车次改为 T162/59 T160/1 次。

（6）昆明—上海南 T382/T381 次 1 对在柳州至桂林间由湘桂线改经由衡柳线运行。

（7）宁波—广州 K212/09 K210/1 次 1 对在鹰潭至韶关东间由沪昆、京广线改经由京九、赣韶线运行。

（8）宜昌东—上海南 K254/1/4 K253/2/3 次 1 对由小历、宁西线改经由汉丹、麻武线运行，同时列车改为 25G 型 DC600V 车底。

（9）南昌—青岛 K342/3 K344/1 次 1 对由胶济客专改经由胶济线运行。

（10）南宁—上海南 K538/K537 次 1 对在南宁至桂林间由湘桂线改经由柳南客专、衡柳线运行，同时列车改为使用 25K 型集便车底，改为特快旅客列车，车次改为 T26/T25 次。

（11）北京西—龙岩 K571 次 0.5 对在九江至南昌间由昌九城际改经由京九线运行。

（12）重庆北—南通 T294/1 T292/3 次 1 对改经由襄渝、焦柳、孟平、漯阜、青阜、宿淮、新长、宁启线运行，同时调整为快速旅客列车，车次改为 K664/1 K662/3 次。

（13）石家庄—杭州 K1266/3 K1264/5 次 1 对由石德、京九线改经由京广、邯济线运行，车次改为 K1263/6/3 K1264/5/4 次。

（14）济南—深圳东 K1281/K1282 次 1 对在济南至菏泽间由京沪、新石、京九线改经由邯济、京九线运行，车次改为 K1284/1 K1282/3 次。

6. 直通旅客列车提高等级 20.5 对

（1）上海虹桥—北京南 D316/D319 次 1 对，列车改为使用 CRH380B 型车底，改为直通高速动车组列车，车次改为 G412/G411 次。

（2）徐州东—北京南 D352/D351 次 1 对，列车改为使用 CRH380B 型车底，改为直通高速动车组列车，车次改为 G208/G207 次。

（3）济南西—上海虹桥 D361 次 0.5 对，列车改为使用 CRH380B 型车底，改为直通高速动车组列车，车次改为 G299 次，同时由上海虹桥改为上海终到。

（4）北京—三明北 T91/T92 次 1 对改为直达特快旅客列车，车次改为 Z71/Z72 次。

（5）上海—九龙（广州东）T99/T100 次 1 对改为直达特快旅客列车，车次改为 Z99/Z100 次。

（6）深圳—北京西 T108/T107 次 1 对，列车改为使用 25T 型 DC600V 集便车底，改为直达特快旅客列车，车次改为 Z108/Z107 次。

（7）哈尔滨—海口 K1124/1 K1122/3 次 1 对，列车改为使用 25T 型 DC600V 集便车底，改为直达特快旅客列车，车次改为 Z114/1 Z112/3 次，同时 Z112/3 次沈阳北至山海关间改经由京哈线，赣州至广州间改经由赣韶、京广线运行。Z114/1 次在山海关至秦皇岛间改经由京哈线运行。

（8）上海南—深圳东 T105/T106 次 1 对改为直达特快旅客列车，车次改为 Z115/Z116 次。

（9）郑州—深圳 K1038/9 K1040/37 次 1 对，列车改为使用 25T 型 DC600V 集便车底，改为直达特快旅客列车，车次改为 Z146/7 Z148/5 次，Z146/7 Z148/5 次九江至乐化间改经由京九线运行，乐化至向塘间由京九线在南昌枢纽改经由西环线运行，不进南昌，同时由深圳改为深圳东终到、始发。

（10）泰州—哈尔滨 T157/6/7 T158/5/8 次 1 对改为直达特快旅客列车，车次改为 Z157/6/7 Z158/5/8 次。

（11）上海—拉萨 T164/5 T166/3 次 1 对改为直达特快旅客列车，车次改为 Z164/5 Z166/3 次，同时增加兰州站吸污。

（12）哈尔滨—上海 T74/1 T72/3 次 1 对改为直达特快旅客列车，车次改为 Z174/1 Z172/3 次。

（13）杭州—哈尔滨 T386/7 T388/5 次 1 对改为直达特快旅客列车，车次改为 Z176/7 Z178/5 次。

（14）长春—广州东 T84/5/4 T83/6/3 次 1 对改为直达特快旅客列车，车次改为 Z384/5/4 Z383/6/3 次。

（15）沈阳北—深圳 T188/5 T186/7 次 1 对改为直达特快旅客列车，车次改为 Z188/5 Z186/7 次。

（16）呼和浩特东—上海 T267/70/67 T268/9/8 次 1 对改为直达特快旅客列车，车次改为 Z267/70/67 Z268/9/8 次。

（17）青岛—西宁西 T372/3 T374/1 次 1 对改为直达特快旅客列车，车次改为 Z272/3 Z274/1 次。

（18）包头—杭州 T284/1 T282/3 次 1 对改为直达特快旅客列车，车次改为 Z284/1 Z282/3 次。

（19）郑州—宁波 K658/5 K656/7 次 1 对，列车改为使用 25K 型车底，改为特快旅客列车，车次改为 T328/5 T326/7 次。

（20）深圳—青岛 K1688/5 K1686/7 次 1 对，列车改为使用 25K 型车底，改为特快旅客列车，车次改为 T398/5 T396/7 次，同时在济南东至即墨间改经由胶济客专运行。

（21）齐齐哈尔—杭州 1344/1 1342/3 次 1 对改为快速旅客列车，车次改为 K50/47 K48/9 次。

7. 29.5 对直通动车组列车改经由沪蓉线（经合肥南站）运行，不进合肥站

（1）上海虹桥—长沙南 G576/7 G578/5 次 1 对。

（2）南京南—长沙南 G579/G580 次 1 对。

（3）武汉—宁波 G584/1 G582/3 次 1 对。

（4）杭州东—武汉 G594/5 G596/3 次 1 对。

（5）上海虹桥—汉口 G598/9 次、武汉～上海虹桥 G600/57 次 1 对。

（6）上海虹桥—武汉 G676/7 G678/5、D3002/3 D3004/1 次 2 对。

（7）成都东—上海虹桥 D2208/5 次 0.5 对。

（8）上海虹桥—重庆北 D2216/7 D2218/5 次 1 对。

（9）杭州东—成都东 D2222/3 D2224/1 次 1 对。

（10）成都东—南京南 D2256/D2255 次 1 对。

（11）宜昌东—上海虹桥 D3008/5 D3006/7 次 1 对。

（12）武昌—上海虹桥 D3012/09 次 0.5 对、上海虹桥～汉口 D3010/1 次 0.5 对。

（13）上海虹桥—汉口 D3056/7 D3058/5、D3060/1 D3062/59、D3064/5 D3066/3、D3090/1 D3092/89、D3016/3 D3014/5、D3028/5 D3026/7、D3034/1 D3032/3、D3054/1 D3052/3、D3088/5 D3086/7、D3096/3 D3094/5 次 10 对。

（14）上海虹桥—武昌 D3022/3 D3024/1、D3068/5 D3070/67 次 2 对。

（15）武昌—上海虹桥 D3044/1 次、上海虹桥～汉口 D3042/3 次 1 对。

（16）武昌—上海虹桥 D3048/5 次 0.5 对、上海虹桥～汉口 D3046/7 次 0.5 对。

（17）上海虹桥—宜昌东 D3072/3 D3074/1 次 1 对。

（18）南京南—宜昌东 D3077/D3078、D3081/D3082 次 2 对。

8. 直通旅客列车其他调整

（1）长春—上海虹桥 G1234/5 次贯通开行，改为沈阳局担当。

（2）上海虹桥—长春 G1258/5 G1256/7 次 1 对改为沈阳局担当。

（3）取消长春—上海 K2082/3 K2084/1 次 1 对运行线。

（4）太原—上海 Z98/5 Z96/7 次车次改为 Z198/5 Z196/7 次。

（5）济南西—上海虹桥 G177/G178 次车次改为 G297/G298 次。

（6）连云港东—乌鲁木齐南 K1354/1 K1352/3 次改为使用 25G 型 DC600V 集便车

底。

（7）取消普速旅客列车运转车长席位。

（二）管内旅客列车变化调整方案

1. 增开管内旅客列车31对

（1）上海虹桥—六安G7162/3 G7164/1次高速动车组列车1对，经由沪宁高铁、沪蓉线运行，由上海客运段、上海动车段担当。

（2）上海—合肥南G7260/1、G7228/5、G7264/5 、G7266/3次高速动车组列车2对，经由沪宁高铁、沪蓉线运行，由合肥客运段、上海动车段担当。

（3）上海—淮南东G7268/9/8 G7267/70/67次高速动车组列车1对，经由沪宁高铁、沪蓉线、合宁绕行线、合蚌高铁运行，由南京客运段、上海动车段担当。

（4）上海—合肥南G7276/7 G7278/5次高速动车组列车1对，经由沪宁、沪蓉线运行，由南京客运段、上海动车段担当。

（5）合肥—淮南东G7282次高速动车组列车0.5对，经由合蚌高铁运行，由合肥客运段、上海动车段担当。

（6）合肥—蚌埠南G7290/G7289次高速动车组列车1对，经由合蚌高铁运行，由合肥客运段、上海动车段担当。

（7）上海—徐州东G7294、G7296、G7298/G7297次高速动车组列车2对，经由京沪高铁运行，由合肥客运段、上海动车段担当。

（8）上海—徐州东G7300/G7299次高速动车组列车1对，经由京沪高铁运行，由上海客运段、上海动车段担当。

（9）上海虹桥—杭州G7331次高速动车组列车0.5对，经由沪昆高铁运行，由上海客运段、上海动车段担当。

（10）南京—衢州G7359次高速动车组列车0.5对，经由沪宁、沪昆高铁运行，由南京客运段、上海动车段担当。

（11）衢州—常州G7360次高速动车组列车0.5对，经由沪昆、沪宁高铁运行，由南京客运段、上海动车段担当。

（12）杭州东—江山G7365次高速动车组列车0.5对、经由沪昆高铁运行，由上海客运段、上海动车段担当。

（13）上海虹桥—江山G7367/G7368、G7366次高速动车组列车1.5对，经由沪昆高铁运行，由上海客运段、上海动车段担当。

（14）杭州东—衢州G7369次高速动车组列车0.5对，经由沪昆高铁运行，由杭州客运段、上海动车段担当。

（15）江山—合肥南G7372/3 G7374/1次高速动车组列车1对，经由沪昆、沪宁高铁、沪蓉线运行，由杭州客运段、上海动车段担当

（16）江山—合肥南G7376/7 G7378/5次高速动车组列车1对，经由沪蓉线、沪宁、沪杭、杭长高铁运行，由合肥客运段、上海动车段担当。

（17）杭州东—衢州G7379/G7380次高速动车组列车1对，经沪昆高铁运行，由杭州客运段、上海动车段担当。

（18）上海虹桥—温州南G7535/G7536次高速动车组列车1对，经由沪昆、杭甬高铁、杭深线运行，由上海客运段、上海动车段担当。

（19）杭州东—合肥南G7564/5 G7566/3次高速动车组列车1对，经由沪杭、沪宁高铁、沪蓉线运行，由杭州客运段、上海动车段担当。

（20）温州南—淮南东G7572/3 G7574/1次高速动车组列车1对，经由杭深线、杭甬、沪昆、沪宁高铁、沪蓉线、合宁绕行线、合蚌高铁运行，由南京客运段、上海动车段担当。

（21）苍南—六安G7576/7 G7578/5次高速动车组列车1对，经由杭深线、杭甬、沪昆、沪宁高铁、沪蓉线运行，由上海客运段、上海动车段担当。

（22）南京南—温州南G7587次高速动

车组列车 0.5 对，经由沪宁、沪昆、杭甬高铁、杭深线运行，由南京客运段、上海动车段担当。

（23）苍南—南京南 G7588 次高速动车组列车 0.5 对，经由杭深线、杭甬、沪昆、沪宁高铁运行，由南京客运段、上海动车段担当。

（24）衢州—合肥南 G7640/1 次高速动车组列车 0.5 对，经由沪昆、宁杭高铁、沪蓉线运行，由杭州客运段、上海动车段担当。

（25）合肥南—杭州东 G7658/5 次高速动车组列车 0.5 对，经由沪蓉线、宁杭高铁运行，由杭州客运段、上海动车段担当。

（26）合肥南—江山 G7694/1 G7692/3 次高速动车组 1 对，经由沪蓉线、宁杭、沪昆高铁运行，由杭州客运段、上海动车段担当。

（27）徐州东—江山 G7697/G7698 次高速动车组列车 1 对，经由京沪、宁杭、沪昆高铁运行，由合肥客运段、上海动车段担当。

（28）杭州东—温州南 D5585/D5586、D5587/D5588 次动车组列车 2 对，经由杭甬高铁、杭深线运行，由杭州客运段、上海动车段担当。

（29）合肥—黄山 K8381/K8382 次快速旅客列车 1 对，经由阜淮、淮南、皖赣线运行，由合肥客运段、合肥车辆段担当。

（30）阜阳—芜湖 K8421 次快速旅客列车 0.5 对，经由阜淮、淮南线运行，由合肥客运段、合肥车辆段担当。

（31）合肥—阜阳 K8422 次快速旅客列车 0.5 对，经由淮南、阜淮线运行，由合肥客运段、合肥车辆段担当。

（32）芜湖—合肥 K8424 次快速旅客列车 0.5 对，经由淮南线运行，由合肥客运段、合肥车辆段担当。

（33）阜阳—合肥 K8425/K8426 次快速旅客列车 1 对，经由阜淮、淮南线运行，由合肥客运段、上海车辆段担当。

（34）南京—南通 K8466/7 K8468/5 次快速旅客列车 1 对，经由宁启线运行，由南京客运段、合肥车辆段担当。

2．重新公布沪宁高铁本线高速动车组列车开行方案

沪宁高铁本线高速动车组列车变化：增开南京南—上海 0.5 对、上海虹桥—南京南 0.5 对；停运南京—上海 2 对、南京—苏州 1 对、南京—上海虹桥 1 对、无锡—上海 2 对。沪宁高铁合计安排本线高速动车组列车 62.5 对，具体车次范围如下：

（1）南京（南）—上海 40.5 对，车次 G7001 ~ G7078、G7080、G7091/G7092 次，其中 G7033/G7064、G7045/G7074、G7043/G7080 次 3 对运行区段为南京南—上海，G7091/G7092 次 1 对逢周五、周六、周日开行。

（2）南京（南）—上海虹桥 15 对，车次 G7121 ~ G7150 次，其中 G7146 次 0.5 对运行区段为上海虹桥 ~ 南京南。

（3）常州—上海 G7205/G7206 次 1 对。

（4）无锡—上海 G7203/G7204、G7209/G7210 次 2 对，其中 G7209/G7210 次 1 对逢周五、周六、周日开行。

（5）苏州—上海 G7213 ~ G7220 次 4 对。

3．停运管内旅客列车 27.5 对

（1）南京南—徐州东 G7172 次 0.5 对。

（2）上海虹桥—淮南东 G7186/7/6 次 0.5 对。

（3）南京南—淮南东 G7223/2 次 0.5 对。

（4）上海—合肥南 G7226/7 次 0.5 对。

（5）合肥—上海 G7262/59 次 0.5 对。

（6）上海虹桥—杭州东 G7551/G7554 次 1 对。

（7）南京—宁波 G7581 次 0.5 对。

（8）宁波—常州 G7584 次 0.5 对。

（9）南京南—杭州东 G7603/G7620、G7621/G7622 次 2 对。

（10）南京南—宁波 G7631/G7640、G7633、G7641 次 2 对。

（11）宁波—南京南 G7642 次 0.5 对。

（12）南京南—温州南 D5451/D5456 次 1 对。

（13）上海—淮南东 D5452/3/2 D5465/8/5 次 1 对。

（14）淮南东—温州南 D5455/8/5 D5466/7/6 次 1 对。

（15）上海虹桥—六安 D5478/9 D5488/5 次 1 对。

（16）六安—温州南（苍南）D5484/1 D5482/3 次 1 对。

（17）南京南—合肥 D5491/D5494 次 1 对。

（18）合肥—南京南 D5492 次 0.5 对。

（19）上海虹桥—温州南 D5559/D5560 次 1 对。

（20）宁波—杭州东 D5592 次 0.5 对。

（21）上海虹桥—义乌 D5651/D5652、D5653/D5654 次 2 对。

（22）上海虹桥—金华 D5663/D5664 次 1 对。

（23）上海虹桥—衢州 D5689/D5690 次 1 对。

（24）江山—上海虹桥 D5682 次 0.5 对。

（25）南京—金华 D5661 次 0.5 对。

（26）金华—合肥 D5678/9 次 0.5 对。

（27）合肥—江山 D5680/77 次 0.5 对。

（28）杭州—江山 D5691 次 0.5 对。

（29）江山—南京 D5692 次 0.5 对。

（30）合肥—芜湖 K8385/K8386 次 1 对。

（31）阜阳—合肥 K8393 次 0.5 对。

（32）徐州—江山 K8457/K8458 次 1 对。

（33）合肥—安庆 K8589/K8590 次 1 对。

4．调整管内旅客列车运行区段 20 对

（1）上海—合肥 G7232/3 G7234/1 次 1 对经由沪蓉线延伸至六安终到、始发，同时在合肥枢纽由合肥改合肥南办客。

（2）上海—合肥 G7252/3 G7254/1、G7256/7 G7258/5 次 2 对改为合肥南终到、始发。

（3）上海—六安 G7240/1 G7242/39 次 1 对肥东至长安集间改经由沪蓉线（经合肥南站）运行，不进合肥站。

（4）合肥—蚌埠南 G7284 次 0.5 对运行区段改为六安至蚌埠南，经沪蓉线、合武绕行线、合蚌高铁运行，合肥调向。

（5）上海虹桥—宁波 G7505 次 0.5 对京沪高铁延伸至南京南始发。

（6）宁波—上海虹桥 G7520 次 0.5 对经沪宁高铁延伸至南京南终到。

（7）上海虹桥—杭州 G7325 次 0.5 对改杭州东终到，同时车次改为 G7553 次。

（8）常州—宁波 G7585/G7586 次 1 对经杭深线延伸至温州南终到、始发。

（9）上海虹桥—宁波 G7513 次 0.5 对经京沪高铁、沪蓉线延伸合肥南始发，车次改为 G7598/5 次。

（10）温州南—上海虹桥 G7542 次 0.5 对经京沪高铁、沪蓉线延伸至合肥南终到，车次改为 G7596/7 次。

（11）南京南—杭州 G7351 次 0.5 对改为杭州东终到，车次改为 G7605 次。

（12）苍南—南京南 G7638 次 0.5 对缩短至杭州东终到，同时车次改为 G7538 次。

（13）淮南东—杭州东 G7689/92/89 次 0.5 对运行区段改为合肥南—杭州东，经沪蓉线、宁杭高铁运行，同时车次改为 G7642/39 次。

（14）南京南—温州南 G7649 次 0.5 对运行区段改为合肥南～苍南，经由沪蓉线、宁杭、杭甬高铁、杭深线运行，车次改为 G7650/47 次。

（15）温州南—南京南 G7650 次 0.5 对经由沪蓉线延伸至合肥南终到，车次改为 G7648/9 次。

（16）杭州东—南京南 G7612 次 0.5 对经沪蓉线延伸至合肥南终到，车次改为 G7652/3 次。

（17）杭州东—合肥 G7656/7 次 0.5 对改为合肥南终到。

（18）温州南—合肥 G7666/7 G7668/5 次 1 对改为合肥南终到、始发。

（19）杭州—淮南东 G7352/3/2 次 0.5 对改由杭州东始发，车次改为 G7686/7/6 次。

（20）合肥南—宁波 G7684/1 G7682/3 次 1 对经由杭深线延伸至温州南终到始发。

（21）温州南—徐州 D5432 次 0.5 对缩短至徐州东终到。

（22）合肥—六安 D5497 次 0.5 对改为合肥南始发。

（23）南京南—温州南 D5589/D5590 次 1 对改为南京始发、终到。

（24）上海—池州 T7606/7 T7608/5 次 1 对经由铜九线延伸至东至终到、始发。

（25）淮北—江山 K8371/K8372 次 1 对经由符夹线延伸至徐州始发、终到，同时由合肥客运段改为南京客运段担当。

（26）宿松—阜阳 K8392 次 0.5 对缩短至合肥终到。

（27）宁波—阜阳 K8500 次 0.5 对经由京九线延伸至亳州。

（28）南通—淮安 K8600/K8599 次 1 对经由宿淮、符夹、陇海线延伸至徐州终到、始发。

【客运站、车劳动竞赛获表彰】 2014 年，根据《关于公布 2013 年度进京进沪进穗直通旅客快车和较大车站客运工作竞赛评比结果的通知》（铁总运函[2014]1340 号），上海虹桥站、杭州站、上海站、南京站、上海南站、合肥站、徐州站获中国铁路总公司“文明车站”称号，G12/G3 等 10 对动车组、G32/G43 等 6 对动车组、G130/G203 等 6 对动车组、D314/D313 等 3 对动车组、D3001/2 等 3 对动车组、G222/G228 等 2 对动车组、D378/D379 等 3 对动车组、D105/D108 等 2 对动车组、D3119/D3120 等 5 对动车组、D3060/D3059 等 2 对动车组、Z30/Z29、T32/T31、Z74/Z73、Z52/Z51、T66/T65、T99/T100、T164/5T166/3、T112/3/T114/1、T157/6T158/5、T64/T63、1462/1461、K527/K528、K1110/K1109、1504/1/1503/2、K1072/K1071、K304/1/K302 次列车获中国铁路总公司“红旗列车”称号。

【客运职业技能竞赛】 2014 年，上海铁路局组织开展客运系统岗位职业技能竞赛，全局 26 个（客运）站段的 98 名选手分工种进行业务竞赛。客运值班员工种竞赛成绩：第一名杭州站章兰、第二名杭州站张红芳、第三名南京站许慧玲。客运员工种竞赛成绩：第一名杭州站王蕾，第二名上海站董雯雯，第三名南京站丁洁。售票员工种竞赛成绩：第一名杭州站朱昊旦，第二名杭州站施丽越，第三名芜湖车务段刘惠。列车值班员工种竞赛成绩：第一名杭州客运段郑巧红，第二名南京客运段张蒙蒙，第三名南京客运段吴浩。列车员工种竞赛成绩：第一名上海客运段利莉，第二名杭州客运段辜承高，第三名杭州客运段陈超。

【新建合肥南站启用】 2014 年 11 月 12 日，新建合肥南站开通启用。合肥枢纽南环线工程始于合宁铁路肥东站，下穿合宁下行线，上跨淮南线、老淮南线，经合肥市南郊城区后，上跨合九线、西宁下行线，终至合武铁路长安集站，将合宁、合武铁路在枢纽内以高标准线路贯通，建筑长度 39.626 公里，运营长度 36.94 公里。改建肥东站、长安集站，新建合肥南站，合肥南站场采用分场设计方案（沪汉蓉场 7 台 14 线，合福场 5 台 12 线），同时纵列式设置动车运用所一处。主要工程数量包括正线桥梁 25.163 公里 /17 座、正线路基 14.463 公里、正线铺轨 76.07 公里、站线铺轨 44.1 公里、铺岔 154 组、生产生活房屋 32000 平方米及全线四电工程等。

合肥南站为合肥枢纽特大型客运站，主体结构为到达层、站台层、高架层、商业夹层以及设备夹层。铁路站房建筑面积约10万平方米（不包括站台雨棚），设沪汉蓉场、京福场，共设基本站台2座、中间站台10座。车站采取“上进下出”模式。2014年11月12日起，合肥南站开通启用。

合肥南站客运设施齐全。车站设站台12座，人工售票窗口28个，自动售票机54台，进站闸机92台，出站闸机61台。

【杭长高铁开通】 2014年12月10日，杭长高铁开通启用。新建杭州至长沙铁路客运专线（简称杭长高铁）东起浙江杭州，西至湖南长沙，线路横贯浙江、江西、湖南三省，浙江段线路自杭州东站（不含）引出，经既有杭州南站、诸暨站、义乌站、金华站、龙游站、衢州站和江山站至浙赣省界，正线长度295.185公里(不含越江隧道工程)。另外，杭长与杭甬联络线18.699公里。杭长与金温联络线13.044公里。沪昆线改造工程6.664公里。全线设杭州南、诸暨、义乌、金华、龙游、衢州、江山等7个车站。

杭长客专浙江段杭州南（暂未建设，本次工程不开通）、诸暨、义乌、金华、龙游、衢州、江山站均引入既有站，其中金华站新建北站房及高架候车室，其他车站利用既有站房。2014年12月10日，杭长高铁诸暨、义乌、金华、龙游、衢州、江山站开通启用。

诸暨站为线侧平式车站，客运设施齐全。杭长高速场新设站台2座，新建天桥1座与既有天桥接通，新建出站地道1座与既有地道接通，人工售票设备6台，自动售票机6台，进站检票闸机6台，出站检票闸机4台。

义乌站为线侧平式车站，客运设施齐全。杭长高速场新设站台3座，新建天桥1座与既有天桥接通，新建出站地道1座，人工售票设备利旧，自动售票机14台，进站检票闸机8台，出站检票闸机6台。

金华站为高架车站，面积10000平方米，客运设施齐全。杭长高速场新设站台3座，新建出站地道1座，人工售票设备5台，自动售票机12台，进站检票闸机18台，出站检票闸机4台。

龙游站为线侧下式车站，客运设施齐全。杭长高速场新设站台1座，新建进出站地道1座与既有地道接通，人工售票设备4台，自动售票机4台，进站检票闸机4台，出站检票闸机3台。

衢州站为线侧平式车站，客运设施齐全。杭长高速场新设站台3座，新建天桥1座与既有天桥接通，新建出站地道1座，人工售票设备利旧，自动售票机8台，进站检票闸机8台，出站检票闸机6台。

江山站为线侧平式车站，客运设施齐全。杭长高速场新设站台2座，新建进出站地道1座与既有地道接通，人工售票设备利旧，自动售票机4台，进站检票闸机6台，出站检票闸机4台。

【淮北站扩建、启用】 2014年1月26日，淮北站新站舍开通启用。淮北站扩建工程位于安徽省淮北市相山区，是既有符夹线上的二等中间站，淮北站铁路客运站场规模3台3线。淮北站既有站场到发线6条、货物线1条。车站采取“进出站分开”模式。站房为地上2层结构，为2层候车室、商业夹层和天桥层，一层为基本站台候车区，二层为2、3站台候车区，设有地下道出站。1月26日，新站舍启用，同日开办客运业务。淮北站站房面积9772平方米，为普通车站，客运设施齐全。车站设站台3座，天桥1座，地道1座。人工售票窗口13个，出站口1个。

【宿淮铁路开行客车】 2014年12月10日，宿淮铁路开行旅客列车。新建宿州至淮安铁路正线总长223.5公里，其中新建正线总长218.727公里，工程总投资55.73亿元。全线近期有车站15个。分别为符离集站、朱庄站、蒿沟站、王集站、灵璧站、长沟站、泗县站、黑塔站、泗洪站、归仁站、洋河站、郑楼站、泗阳站、韩圩站、袁北站，其中符离集站、袁北站为接轨站，灵璧站、泗县站、泗洪站、洋河站、泗阳站5个站为客货运站（办理客货运业务），其余均为会让站。宿淮铁路朱庄、蒿沟、王集、灵璧、长沟、泗县、黑塔站的行车、客运等工作由淮北车务段管理，泗洪、归仁、洋河、郑楼、泗阳、韩圩站的行车、客运等工作由新长车务段管理。

【阜六铁路开行客车】 2014年7月1日，阜六铁路开行旅客列车。新建铁路阜阳至六安线位于安徽省境内西北部。北起阜阳市，南到六安市，途径阜阳市颍上县和六安市霍邱县。线路北端通过阜阳枢纽与京九、漯阜、阜淮、青阜四线相连，南端通过六安地区与宁西线、沪汉蓉通道相接，并将向安庆、景德镇方向延伸，是华北地区与华东南地区联系的又一条重要通道。线路大致呈正南北走向，线路自阜阳地区袁寨站（含）至宁西线六安站（含）。其中阜淮线袁寨站至宁西线分路口站新建线路138.549公里，宁西线分路口至六安增建二线18.911公里，新建袁寨疏解线4.545公里，新建正线总长157.46公里。全线近期有车站13个，既有车站4个，分别为袁寨站、分路口站、十里桥站和六安站，其中宁西线既有十里桥站封闭。新设车站10个，分别为六十里铺、南照、临水、冯井、吴集、白莲、河口集、霍邱、曹庙和清凉寺站。霍邱站为客运办理站，霍邱站站房面积2000平方米，客运设施齐全，车站设站台2座，地道1座，人工售票窗口5个。

【客服中心功能拓展】 2014年，上海铁路局客服中心努力建设“机制创新、管理科学、服务标准、功能拓展”的综合性一流客服平台，为铁路客货运输改进服务、拓展市场提供有力支撑。以“行业最优、同业领先”为目标，立足服务、信息和营销三大核心职能，增设遗失物品查找、动车组列车订餐、重点旅客预约服务，传递铁路人文关怀。开展客运服务质量回访，实时掌握旅客需求，针对性提高服务水平。在上海、杭州、南京站等30个较大车站建成无线WiFi系统，为旅客提供列车信息、失物招领、站区交通、购票指南、商业指南等综合服务。至年末，客服中心电话呼入总数1963万个，日均5.37万个。其中人工呼入数572万个，日均1.57万个。人工接听数563万个，日均1.54万个。电话接通率98.5%。获全路“客货运输窗口用户满意单位”称号。

【空铁联运】 2014年，上海铁路局共发售“空铁联运”车票6.4万张，实现票款收入646.2万元，服务费70.3万元。联运产品经过多次优化加密和调整，截止2014年“12.20”图起，已实现合肥南、南京、镇江、丹阳、常州、无锡、苏州、昆山南、上海虹桥、嘉兴南、桐乡、义乌、杭州、绍兴北、宁波、台州、温岭等17个车站、160余趟列车与三家航空公司的双向联运服务。

（四）货运服务

【概况】 2014年，上海铁路局货运系统坚持“规范管理、强化基础、盯控关键”思路，以推进货运改革为抓手，强化货运安全风险管理，提高货运服务质量，实施多元化经营。至年末，全局有货运站283个，其中仅办理路料运输的6个，仅办理专用线货物发到业务的95个，有货场的182个。集装箱办理站67个，危险货物站内办理站3个。全局货运未发生货运责任一般C类及以上铁路交通事故，未发生责任货运重大事故、货运从业人员责任死亡事故、责任火灾事故。全局货物保价运输收入11082.6万元，为年度任务的83.3%。

增运1.9万车。

【货运受理渠道畅通】 2014年，上海铁路局适应物流市场发展变化，简化货运办理流程，向社会公布12306网站、电话、微信等6种业务办理方式。目前客户“不见面”办理比重达40%左右。畅通“门到门”服务“最后一公里”，构建对所有货运站和物流产品全面覆盖、统一指挥调度的物流配送平台，全年接取送达业务收入同比增长186%。

2014年上海铁路局货运任务指标完成情况表

项目	单位	实绩
货物发送	万吨	20564
其中：		
集装箱	万TEU	55
货物运输收入	亿元	2030527
货物保价收入	万元	11083.5
装卸作业量	万吨	11760
其中：路工	万吨	3421
装卸机械化比重	%	85.6

【铁路货物快运业务开办】 2014年，上海铁路局为提升铁路货运市场竞争力和物流服务能力，改变过去铁路货运只办理大宗和整车运输业务的状况，为生产生活零散货物和小批量货物提供全程物流服务，自7月起开办铁路零散货物快运业务，逐步开行局管内24列、跨局6列“长三角货物快运列车”，采取直接受理、敞开收货、客车化开行、市场化定价的方式，构建管内、管外贯通的货物快运网络，有效降低社会物流成本，为区域经济社会发展和长三角经济一体化发展提供安全便捷、节约环保的绿色通道。全年货物快运完成运量57万吨，新增货源达50%以上。

【多品种货运班列首次开行】 2014年，上海铁路局坚持以物流化转型发展为方向，以敞开受理、实货运输为核心，完善货运产品体系。实施货车提速，推出80、120、160公里3种速度，特快、快速、普快、中欧、中亚、铁水联运6种班列产品。7月1和8月1日，首次开行上海至北京、深圳的电商（特快）班列。11月18日，首次开行义乌至西班牙首都马德里的中欧国际集装箱班列。此外，还先后开行上海、义乌、合肥、南京至中亚，合肥、蚌埠至上海芦潮港，义乌、金华至宁波北仑港等国际联运和铁水联运班列，扩大苏州至欧洲班列开行频次，各类新产品全年

【货运运价管理】 2014年2月15日起，国家铁路货物统一运价平均每吨公里由13.01分提高到14.51分。

【货物装载加固及货检工作】 2014年，共批复铁路局暂行装载加固方案360个，军运装载加固方案67个，清理站段上报铁路局审批的装载加固方案和车站常运方案765个，公布有效货物转向架128副。继续推进卷钢钢座架的运用，扩大使用范围，在何家湾、杨行、马鞍山等站使用的基础上，增加萧山西、铜山等站，发送去向除局管内，增加南宁、成都、沈阳局等。使用卷钢座架共计装车6218车。2014年，徐州北、南翔站被中国铁路总公司评定为路网性标准化货检站。

【集装箱运输】 截至2014年底，全局集装箱办理站共67个，其中集装箱中心站1个（芦潮港）。2014年上海局完成集装箱发送

54.7万TEU，发送吨867.9万吨。全年共完成海铁联运发到93725TEU，较2013年增加7815TEU，增幅9.1%。

【危险货物运输】 2014年底，上海局有危险货物办理站100个，其中站内危险货物办理站3个，办理危险货物运输业务的专用线137条，有危险货物托运企业51家。

【超限超重货物运输】 2014年底，上海铁路局现已开办超限超重货物运输的线路50条，已开办超限超重货物运输的直属站、段（包括合资公司）24个、营业站94个（其中货场作业76个，专用线、专用铁路40家）。至年末，上海铁路局共装运超限货物9966辆，其中客专建设超限预制梁6420辆，接运超限货物2957辆。开行超限专列5列，接运超限专列13列，全部做到安全运输。

【货物保价运输】 2014年，上海铁路局共办理货物保价运输287.6万批，占货物总发送批的72.2%，同比减少7.3个百分点。共发送保价货物15451.6万吨，占货物总发送吨的76.8 %，同比减少0.7个百分点。全局货物保价运输收入11082.6万元，为年度任务的83.3%。全局保价货运事故赔付率1.18%，同比下降1.03个百分点。

【保价货物事故处理】 2014年，上海铁路局共办理货运保价赔偿案件789件（其中铁路局办理5000元以上赔偿案件128件），赔款155.4万元。办理站段赔款清算1062件；办理局间赔款转帐331批，款额136.4万元。

【货运设备设施投资】 2014年，上海铁路局实施装卸设备设施更新改造及大修共234项，总投资额10116.9万元。其中更新改造90项，投资额8539.9万元；大修144项，投资额1577万元。至年末，全局共有装卸机械1667台，其中桥吊43台、门吊259台、正面吊8台、电动轨道吊及固定吊19台、轮胎（履带）吊13台、汽车吊3台、抓（扒）料机24台、卸煤机29台、装载机258台、内燃叉车693台、电瓶叉车216台、行包牵引车1台、皮带输送机81台、堆垛机14台、其它机械6台。

【专用线运输管理】 截止2014年底，上海铁路局共有专用线（专用铁路）合计596条，其中开展共用的专用线84条，共用单位655家。全局货运办理站中，有专用线接轨231个。全年专用线发送16331万吨，占总发送量的82.7%。专用线到达18555万吨，占总到达量的76.3%。合计专用线发到量占全局货物发到量的79.2%。

【第三方满意度测评】 2014年，上海铁路局货运的总体满意度为86.68，较2013年的88.18下降1.50。（由于2013年货运测评内容较往年有较大优化，故此年度比较结果仅供参考）。常州、徐州北货运站继续被中国铁道企协评为“全路客货运窗口用户满意单位”。

【装卸工作】 2014年，上海铁路局共有装卸从业人员9523人，其中铁路职工2091人，委外7432人。至年末，全局站内装卸作业总量1.176亿吨，其中路工作业量3420.9万吨，委外作业量8338.6万吨。装卸机械化作业比重85.6%，委外作业比重70.9%。

【抑尘作业】 截止2014年底，上海铁路局共有27个煤炭抑尘站（其中，固定抑尘站18个，流动抑尘站9个），全年共实施煤炭抑尘喷洒作业1608662车，覆盖率99.2%。

（五）综合经营

【概况】 2014年，上海铁路局非运输企业系统围绕“创新理念、发展实业、优化管理、转型升级”工作主线，加快转型发展，进一步做优资产、做实利润、做大市场、做强企业。开展基础管理规范化建设，落实规范管理30条措施。构建制度体系框架，编制重点管理工作标准和流程，梳理规章制度274项。完善对外投资管理，批准完成14个投资开发项目。加强经营风险防控，开展经济活动分析和“三重一大”、财务管理等专项检查，加大审计问题整改和债权清理，审查签订经济合同2.13万份。完善五项费用节支措施，非生产性成本支出同比减少38%。至年末，实现经营收入293亿元、报表利润5.4亿元、考核利润14.4亿元。

【客运配套服务完善】 2014年，上海铁路局非运输企业系统优化商业广告、旅游票务、动车餐服等经营方式，构建客站大物业运营管理模式，放大资源效益，南京站北站房、合肥南站、金华站北站房等配套项目同步开通运营，车站WIFI系统、动车组冠名权等新增项目落地见效，产业收入比重上升至18%左右。

【客票代售点调整】 2014年，上海铁路局非运输企业系统新增客票代售点29个，调整移址112个，关停56个，转变经营模式17个，直接核减职工岗位53个，增效34.1万元。

【乘意险销售】 2014年，上海铁路局非运输企业系统乘意险销售点从年初的733个扩大到829个，净增96个，增幅13%。至年末，累计销售乘意险603.01万份，销售收入1447.21万元，日均销售1.65万份，销售总量较2013年增加17.31%。

【旅游专列开行组织】 2014年，上海铁路局非运输企业系统加大旅游产品推介和市场推广、客源组织力度，保证各趟专列顺利开行。先后推出“新东方快车”东欧六国出境游产品和“四大佛山朝圣组合游”“拉萨”“恩施、宜昌、神农架”“海参崴”“大庆”等专线产品，取得较好反响。全年计划开行专列122趟，实际开行132趟。

【实业项目开发】 2014年，上海铁路局非运输企业系统有序开展实业项目开发。加快物流项目向实体化、特色化发展，56项存续物流业务得到巩固，合肥城市配送中心等4个物流基地建成使用，伊利牛奶等6个物流总包项目相继实施，高铁快件、第四方物流等开发实现突破，产业收入比重保持在33%左右。发挥工程建设骨干企业拉动作用，提升联动企业自主施工、标准化监理和物资安全保供能力，先后签署202项地方涉铁工程，实施40项局内改造工程，推进17项安居工程，承接10项超亿元工程，产业链拉动规模21.9亿元，产业收入比重上升至34%左右。着力构建路用工业产品研发储备、生产创效梯次推进的发展格局，开发新项目10项，完成门吊集中制造35台、产值1.6亿元，与铁科院、铁三院签订合作协议11项，17个项目产值千万元以上，产业收入比重上升至12%左右。按照“统一组织、科学规划、分类实施、综合开发”的思路，主动加强与建设、设计单位和政府部门的合作对接，推进铁路土地综合开发。全年启动“短平快”项目94个，推进25个高架桥下项目及21个重点开发项目前期工作。

【高铁服务项目拓展】 2014年，上海铁路局非运输企业系统围绕服务创新，拓展服务项目。优化一等车点餐服务项目，销售12.8万份、收益64.5万元。开发团餐供应项目，销售0.94万份、收益28.2万元。拓展早餐项目，销售早餐包子29.5万份、收益295.5万元，销售早餐面条62.5万份、收益125万元。改良果蔬类商品销售项目，销售61万份、收益913万元。扩大“哈根达斯”冷饮销售项目，销售63.9万份、收益2235.5万元。优化高铁列车商品展示架项目、收益460万元。提炼形成库内保洁“十字作业法”，研制高铁1号、2号、3号清洗剂，引进注水式拖把、背包式吸尘器等新设备，减少综合成本近40%。

【非运输企业安全管理】 2014年，上海铁路局非运输企业系统有效落实26项年度安全重点措施，推进安全管理规范化、岗位作业标准化、检查监督常态化。先后组织召开4次安全规范化建设推进会，开展标准化项目部、标准化班组创建活动，建立岗位安全作业标准645个、安全工作流程190项。实施安全管理新机制，完善安全质量考评工作，梳理1547条安全风险纳入问题库管理。落实干部安全履职评价和考核制度，调整检查量化指标，243名参控干部检查现场9516人次，发现问题7319个，问题整改率99%以上。加强安全教育，组织180名专职安全管理人员培训，开展36场实战演练。突出高铁、施工、消防、劳动、特种设备、食品卫生、道路交通等安全重点，加强现场作业控制，开展安全专项诊断，实施“六打六治”等4个专题集中整治，发现并整治安全问题513个。

（六）大事记

【1月~3月】 1月16日，海洋铁路开行旅客列车。海洋铁路位于江苏省东部，从如东县洋口港北渔站至海安站，全长76.8公里。1月16日，官方微信“上海铁路局”上线。1月20日，由上海铁路局、浙江义乌市和中铁快运公司联手开发的“义新欧”国际集装箱专列运输新产品开始运营。

1月22日，上海局通过中国物流与采购联合会“5A级综合服务型物流企业”现场评估，成为全路首家以铁路局为主体申报并通过现场评估的铁路局。

1月22日，九景衢铁路浙江有限公司在衢州挂牌。同日，九景衢铁路浙江段开工建设。九景衢铁路是由铁路总公司与浙江省、江西省人民政府共同出资建设的国家中长期铁路网规划项目，该线自江西九江起，终至浙江衢州，浙江段正线全长88. 4公里，沿途设4个车站。

2月28日，在上海市信访工作暨2012~2013年度先进表彰会议上，上海局信访办公室被授予“文明信访室”称号。

3月1日，沪通铁路长江大桥开工建设。沪通长江大桥，北岸为南通市，南岸为张家港市，全长5.8公里，大桥按铁路四线、公路六车道设计，主航道桥为双塔五跨斜拉桥，主跨1092米。

3月10日，上海铁路局货运营销中心与中铁集装箱上海分公司、中铁特货上海分公司、中铁快运上海分公司实行合署办公。

3月20日，上海局被中国物流与采购联合会评为国家5A级综合服务型物流企业，是全国首家以铁路局为主体的5A级物流企业。

【4月~6月】 4月1日，上海铁路局下发（上铁劳卫〔2014〕153号）文件，公布杭长高铁运营维修管理机构和管界。

4月9日，上海铁路局被授予“2012~2013年度上海市劳动关系和谐职工满意企事业单位”称号。

4月11日，连淮扬镇铁路项目通过国家发改委批准立项。该铁路全长312公里，途经江苏连云港、淮安、扬州、镇江市。由中国铁路总公司和江苏省共同筹资建设，计划建设工期5年。

4月12日，香港特首梁振英率香港特区立法会议员团一行98人参观上海虹桥站，现场查看基础设施、运输组织、高铁运行等情况。

4月15日，中央政治局委员、中央政法委书记孟建柱到上海虹桥站检查"亚信峰会"安保工作。孟建柱与最高人民法院院长周强，最高人民检察院检察长曹建明，公安部副部长黄明、刘彦平等实地检查上海虹桥站"亚信峰会"安保措施落实情况。上海市市长、市委副书记杨雄，市委常委、市政法委书记姜平，市委常委、市委秘书长尹弘及上海局副局长赵峻、上铁公安局政委史岩等陪同检查。

4月17~18日，国家交通战备办公室在上海铁路局召开全国国防交通储备物资规范化管理现场会。国家交通战备办公室第一副主任、总后军交运输部副部长孙凤乐少将等200余人现场观摩上海铁路局450库。上海铁路局以多媒体形式介绍运用全寿命周期管理法的做法。

4月30日，蚌埠（皖北）铁路无水港开通启用。蚌埠（皖北）铁路无水港由上海局与蚌埠市政府联合投资建设，建有集装箱专用线2条、专用堆场2.9万平方米。

5月6日，公安部副部长刘彦平先后到上海、苏州、上海虹桥站检查指导反恐防暴工作，现场察看"亚信峰会"安保措施落实情况。上海市副市长、公安局局长白少康，上海市公安局常务副局长陈臻、副局长朱伟明，上海铁路局副局长赵峻，上铁公安局局长沈忠新、政委史岩等陪同检查。

5月13日，上海铁路局召开专题会议研究部署亚信峰会安保工作。

5月14日，上海市委常委、政法委书记姜平到上海站督导检查亚信峰会安保工作。

5月18~21日，中国铁路总公司副总经理胡亚东到上海虹桥站、上海南站和上海站检查指导亚信峰会安保工作。

5月21日，中共中央政治局委员、中央政法委书记孟建柱到上海站视察亚信峰会安保工作。实地察看上海站进出站要道和广场，检查安检操作流程、武警巡逻等工作情况，并就加强路地公安部门及相关单位间的协作配合机制，认真落实各项安保措施，确保亚信峰会期间安全稳定等提出要求。中国铁路总公司副总经理胡亚东、铁路公安局党组书记张庆和，上海铁路局局长郭竹学、局党委书记黄殿辉，局党委副书记、纪委书记蒋辉，上铁公安局局长沈忠新、政委史岩等陪同检查。

5月22日，中国工程院院士、铁路总公司总工程师何华武到金山铁路检查调研。

5月22日，杭长客专上海铁路局管段静态验收工作启动。

5月31日，在第八届中国国际物流科技博览会上，上海铁路局高铁快递、铁水联运、国际联运、特货专运与快运、直达货物班列等特色货运产品及集装箱偏载检测仪、铁道车辆智能轮重仪、温湿度记录仪等科研产品首次参展，并获好评。

6月3日，上海铁路局与安徽省合肥市政府举行战略合作协议签约仪式。

6月10~12日，中国铁路总公司、上海铁路局与江苏、浙江、安徽省协商推进铁路建设工作。10日，中国铁路总公司副总经理卢春房在上海铁路局局长郭竹学、局党委书记黄殿辉陪同下，拜会江苏省省长李学勇、副省长史和平，就铁路建设项目安排、配套资金、征地拆迁等问题进行协商并达成共识。11日，上海铁路局局长郭竹学拜会浙江省领导。浙江省省长李强添乘轨道车现场察看杭长客专建设情况，并协商解决建设项目安排、征地拆迁及地方配套资金等问题，确保杭长客专高标准、高质量开通运营。12日，上海铁路局领导拜会安徽省领导。局长郭竹学、局党委书记黄殿辉向安徽省常务副省长詹夏来专题汇报安徽省铁路建设发展情况，并协调解决地方配套资金、征地拆迁补偿费用等问题。

6月12日，上海市节能减排（JJ）小组经验推广会在上海铁路局召开。上海机务段、上海动车段分别交流节能减排工作经验。

6月16日，第十七届粤、港、京、沪铁道学会学术年会在上海召开。全国各省级铁道学会派员参加。

6月18~19日，上海铁路局完成合福高铁引入合肥枢纽改建合武绕行线Ⅰ级施工任务。中央电视台《新闻联播》、人民日报、新华网、新浪网、光明网、《合肥日报》等多家媒体对此次大施工进行集中报道。

6月20~21日，全路车务系统应急管理暨安全生产标准化现场会在上海局召开。

6月28日，上海南车轨道交通科技有限公司在上海和谐型大功率机车检修基地揭牌开业。该公司由上海铁路局与株洲南车电力机车时代电气股份有限公司共同出资组建。

6月30日，杭黄铁路分别在浙江省淳安县和安徽省黄山市徽州区进点开工建设。杭黄铁路从杭州东站至黄山北站，全长265公里。全线共设10个车站，线路设计时速250公里，工程总投资338.3亿元，建设工期四年，预计2018年开通，由铁路总公司、浙江省、安徽省共同投资建设。

【7月～9月】7月1日，上海铁路局管内杭州、杭州东、上海、上海虹桥、上海南、南京、南京南、合肥8大客站为旅客提供免费WiFi服务。

7月2日，上海交通行业节能减排小组活动推进工作会议在上海铁路局上海动车段召开，介绍上海铁路局推广群众性节能减排小组活动经验做法，现场展示上海动车段《降低动车组高级修在除尘工序中的粉尘排放》活动成果。

7月20日，上海铁路局开行金华至合肥北、南翔至合肥北城际捷运货物列车，标志着局管内正式推出“城际捷运物流”业务。

7月27日，杭长高铁上海铁路局管段联调联试工作启动。杭长高铁东起浙江杭州，西至湖南长沙，全长933公里，共分为上海局、南昌局、广铁集团公司3个管段，其中上海局管段295.2公里。

8月12日，上海铁路局与上海市杨浦区在上海举行杨浦车站地块开发战略合作座谈签约仪式。上海铁路局局长郭竹学、杨浦区区委书记陈寅分别致辞。上海铁路局副局长何元庆与杨浦区副区长唐海东分别代表双方签定战略合作协议，双方以上海建设自贸试验区为契机，依托杨浦车站的优势，共同建设跨境电子商务创新基地、进口商品保税直销中心、保税寄售维修中心和大宗商品贸易集散地。

8月28日，新铁路宁波北货场开通运营。新铁路宁波北货场于2011年4月开工建设，总占地面积1400余亩，主要办理国内铁路整车、集装箱、零担和国际整车、集装箱到发业务。货场设计运量及规模近期为815万吨/年，远期将超过1000万吨/年。

9月5~12日，中央政治局委员、上海市市委书记韩正，上海市市长杨雄，江苏省省委书记罗志军、省长李学勇，浙江省省委书记夏宝龙、省长李强，安徽省省委书记张宝顺、省长王学军等三省一市党政主要领导，均对上海局报送的《关于开办长三角货物快运业务的报告》作出批示，对铁路系统落实国务院总理李克强重要讲话精神、深化货运组织改革、大力拓展长三角货物快运业务工作给予肯定和支持。

9月9日，长三角货物快运环线列车开行。实现长三角地区主要城市间零散货物的快捷运输，最长距离城市间实现隔日达，提供门到门全程物流服务。

9月18日，上海局首趟跨局货物快运列车开行，标志着长三角、华北地区快速货运圈实现相通相融。

【10月~12月】10月13日，上海局开通至兰州、乌鲁木齐、成都、昆明局和青藏公司5局间的跨局货物快运列车。至此，上海局跨局快运产品可覆盖全国各大城市。

10月15日，合肥枢纽新建南环线工程及合肥南站通过局初步验收。合肥枢纽新建南环线始于肥东站，止于长安集站，线路总长39.62公里，设计速度200公里/小时以上。新建合肥南站规模为9.93万平方米，共12台26线。工程于2009年12月开工建设，9月建成。

10月30日，上海市文明办领导检查调研上海铁路文明行业创建工作。

11月12日，新建合肥南站开通运营。该站共有22个站台、22条到发线和4条正线，站房总建筑面积9.92万平方米，是集城市轨道、市内公交、区域长途、出租车交通一体化，实现零换乘的现代化特大型高铁枢纽客站。

11月18日，首趟中欧班列——浙江义乌—西班牙马德里班列开行。为义乌小商品出口欧洲开辟一条安全、高效、便捷的绿色物流通道。

11月20日，全局年累计发送旅客首次突破4亿人，成为全路第一个年客发量突破4亿人的铁路局，达40062万人，同比增加5363万人、增长15.5%。

11月20日，中国铁路总公司在上海召开全路安全风险管理现场会。铁路总公司党组书记、总经理盛光祖参加会议并讲话。铁路总公司党组成员、副总经理杨宇栋主持会议。与会人员现场观摩上海机务段工作情况，观看上海、北京、西安、沈阳、呼和局安全管理规范化建设成果视频。

11月21日，中国铁路总公司党组书记、总经理盛光祖到上海机务段、上海动车段检查调研。现场了解和谐型大功率机车、动车组检修工作情况。铁路总公司党组成员、副总经理杨宇栋及有关司局领导、上海局党政有关领导参加。

11月26日，杭长高铁上海铁路局管段通过铁路总公司安全评估。

11月26日，上海铁路局在全国铁道行业第四届职业技能竞赛中获团体一等奖。

11月29日，上海铁路局实现无责任一般A类及以上铁路交通事故200天。

12月10日，杭长高铁杭州东至南昌西段开通运营，标志着杭长高铁全线投入运营。杭长高铁是沪昆高铁的重要组成部分，东起浙江杭州，西至湖南长沙，全长933公里，设计最高运营时速350公里，初期运营时速300公里。上海铁路局管内沿线设杭州东、杭州南（在建）、诸暨、义乌、金华、龙游、衢州和江山8个站，全长295.2公里。

12月21~22日，全路车辆系统深化安全风险管理现场会在上海召开。

12月23日，浙江衢州至福建宁德铁路浙江段开工建设。衢宁铁路浙江段全长382.5公里，设计时速为160公里，计划2020年竣工。

12月26日，江苏连云港至镇江铁路客运专线开工建设。连镇铁路全长305公里，设计时速约250公里，项目总投资465亿元，计划2019年下半年建成通车。

12月29日，上海铁路局发文（上铁劳卫〔2014〕595号）成立设备监造处。同时成立常州、南京、铜陵机车车辆监造项目部，为局派出机构，隶属设备监造处。

12月29日，上海铁路局党政联合发文（上铁劳卫〔2014〕596号），成立上海机车检修段，按运输站段管理，同步成立上海机车检修段党委、纪委、工会、团委。

（孔令贵）

十一、民用航空

（一）综述

2014年，上海民航2个机场（虹桥国际机场、浦东国际机场）共完成旅客吞吐量8965.9万人次（含过站人数），同比增长8.3%，其中虹桥国际机场完成旅客吞吐量3797.1万人次，浦东国际机场完成旅客吞吐量5168.8万人次；全年两场完成货邮吞吐量361.4万吨，同比增长7.4%，其中虹桥国际机场完成货邮吞吐量43.2万吨，浦东国际机场完成货邮吞吐量318.2万吨；2014年两场共起降飞机65.5万架次，同比增长6.6%，其中在虹桥国际机场起降25.3万架次，在浦东国际机场起降40.2万架次。分航线看，2014年两场共完成国内航线旅客吞吐量（不含地区航线，下同）6073.6万人次，占全年旅客吞吐量67.7%，同比增长7.0%，其中虹桥国际机场为3511.1万人次，浦东国际机场为2562.4万人次；完成国际航线旅客吞吐量2118.7万人次，占全年旅客吞吐量的23.6%，同比增长10.0%，其中虹桥国际机场为124.2万人次，浦东国际机场为1994.5万人次；完成地区航线旅客吞吐量773.7万人次，占全年旅客吞吐量的8.6%，同比增长13.7%，其中虹桥国际机场为161.8万人次，浦东国际机场为611.9万人次。分航线看，2014年两场共完成国内航线货邮吞吐量76.7万吨，占全年货邮吞吐量的21.2%，同比减少0.3%，其中虹桥国际机场为40.8万吨，浦东国际机场为35.9万吨；完成国际航线货邮吞吐量239.2万吨，占全年货邮吞吐量的66.2%，同比增长8.3%，其中虹桥国际机场为0.83万吨，浦东国际机场为238.4万吨；完成地区航线货邮吞吐量45.4万吨，占全年货邮吞吐量的12.6%，同比增长18.1%，其中虹桥国际机场为1.6万吨，浦东国际机场为43.9万吨。截至2014年底，有46个国家和地区的114个通航点（含香港、澳门、台湾）和国内的125个通航点与上海通航。有27家国内航空公司和67家国际及地区航空公司开通了上海的定期航班。

（二）行业管理

【概况】 年内，民航华东地区管理局启动了对辖区运输航空公司和空管单位的安全管理体系（SMS）效能评审；开展《民航机长读本》等安全宣教活动，推进安全诚信文化建设；开展华东地区维修单位“一证多地”审定，完成东航、春秋航试点审定工作；开展上海地区航空公司、机场和维修单位（MRO）残损航空器应急搬移能力专项调研；完成浦东、虹桥等机场运行保障能力综合评估工作；完成虹桥机场作为主降场运行B747-8型飞机的评估，以及浦东机场新增A380机型航班的评估工作。开展隐患治理排查，抓好飞行安全、机场管理、危险品航空运输、航油保障等6个重点领域的整治工作。完成东航A330、中货航B777F机型的电子飞行包（EFB）补充审定工作，东航成为中国民航首家正式运行EFB的航空公司；完成东航引进B777-300ER机型补充审定等。ARJ21-700飞机获颁型号合格证，成为我国民机发展史上的一个里程碑；经预投产检查的两架交付飞机成功下线；C919飞机符合性计划制定阶段工作获得阶段性成果；蛟龙600飞机审定工作进入确定阶段。

组织开展上海自贸区和长三角世界级城市群相关民航战略发展研究。组建长三角机场群空域优化研究课题小组，从空域规划、管制运行、导航新技术、空中交通流量管理和信息平台建设入手，研究高空区域管制、终端管制中心建设及长三角地区各机场的空域和进离场航线规划方案；重点开展周边空海军机场搬迁对上海两场运行环境的研究评估工作。根据先行先试、可推广、可复制的要求，配合上海市完成自贸区负面清单修订工作。

深化航班延误治理，在继续抓好国内始发航班正常性工作的基础上，把提高过站航班运行保障能力作为航班延误治理的新重点，组织对上海两场560个过站航班全部作业流程进行检查，并形成评估报告。有序开展机场容量评估，实施扩容增效，有效缓解了航空公司对时刻资源的需求。优化航班时刻配置，尽力缓解航班时刻紧张局面。继续在虹桥机场开展“削峰填谷”的航班优化试点，大幅度减少了早高峰时间段内出港延误航班的数量。建立航班延误预警信息发布机制，并在辖区机场逐步推广。

【上海民航圆满完成春运保障工作】 2月24日，2014年春运工作落下帷幕。春运期间，上海地区起降7.01万架次，同比增长6.6%；运送旅客954.5万人次，同比增长10.3%。

【民航华东局在浦东机场组织开展消费维权宣传活动】 3月15日，民航华东地区管理局联合上海市工商行政管理局机场分局、上海市消保委空港办，在上海浦东国际机场共同组织开展以“新消法、新权益、新责任”为主题的消费维权宣传活动，东航、上航、春秋航、吉祥航、国航上海分公司、南航上海分公司、上海机场集团、工商机场分局、消保委空港办、机场海关、机场出入境检验检疫局、中航协华东代表处等驻场单位参加了此次活动。

【2014亚洲商务航空会议及展览会在上海举行】 2014年4月15日–17日，亚洲商务航空会议及展览会（ABACE）在上海虹桥国际机场的上海霍克太平洋商务航空中心举行。ABACE是亚洲最重要的商务航空盛会，由美国国家商务航空协会（NBAA）、亚洲商务航空协会（AsBAA）和上海展览中心（SEC）联合举办，并与上海机场管理局（SAA）合作。空客、波音、巴航工业、庞巴迪、皮拉图斯等182家参展商参与此次展会，为历年规模最大。参展飞机包括皮拉图斯PC–12、空中客车ACJ319公务机、庞巴迪挑战者300、庞巴迪挑战者605和庞巴迪环球6000、湾流G150/G650等。

【华东民航各运行单位圆满完成亚信峰会的专机保障任务】 5月20日–21日，亚洲相互协作与信任措施会议第四次峰会在上海举行。在民航局督察组的指导和上海市政府相关部门的协同配合下，至5月25日，华东民航各运行单位克服低云复杂天气、计划变更频繁、保障人员设施等困难，圆满完成了此次亚信峰会28架次专机的保障任务。

【民航华东局办证大厅正式揭牌】 7月18日，民航华东地区管理局在上海举行办证大厅揭牌仪式。设立办证大厅是民航华东局借鉴地方政府的社会服务经验，深化行政审批制度改革、规范行政行为、优化发展环境、方便群众办事的一项重大改革措施。目前，已进驻大厅的职能部门包括飞行标准处、航空卫生处和适航审定处。其它有行政审批服务职能的处室，将根据实际运行情况择机入驻。

【C919研制项目全面进入结构总装攻坚阶段】 9月19日，C919大型客机首架机在中国商飞公司总装制造中心正式开始机体对接。这标志着C919研制项目全面进入结构总装攻坚阶段。C919大型客机机体结构主要包含机头、前机身、中机身/中央翼、外翼、副翼、中后机身、后机身、垂尾、平尾、活动面等部段和相关部件，由中国商飞设计研发中心设计，中航工业成飞、洪都、西飞、沈飞、哈飞、航天特种材料及工艺技术研究所和浙江西子航空工业有限公司等单位参与制造，中国商飞总装制造中心负责总装。

【民航华东局与上海市邮政管理局签订邮政与民航安全管理协议仪式】 为进一步确保邮件、快件航空运输安全，经多次协商和沟通，民航华东地区管理局与上海市邮政管理局决定开展安全管理合作，共同落实安全规定，形成监管合力。10月8日，华东局与上海市邮政管理局在上海举行邮政与民航安全管理协议签订仪式。邮政与民航安全管理协议的签订，将是双方优势互补、信息共享、互利双赢的开始，民航华东局和上海市邮政管理局将努力构建安全合作与发展的新平台、新机制，不断深化资源利用、业务衔接、全程互动等全方位的安全合作与交流，提升合作层次和水平，增强安全监管创新能力，实现两个行业安全、科学、可持续发展。

【中国商飞第二架ARJ21–700交付机在沪首飞】 10月27日，中国商用飞机有限责任公司第二架即将交付成都航空的ARJ21–700飞机（第106架）于当天下午进行了首飞，情况良好。在此之前，根据中国商飞的申请，民航华东地区管理局会同ARJ21–700飞机预投产检查组对该架飞机进行了颁发特许飞行证前适航检查。

【华东局成功组织上海浦东国际机场第四跑道试飞】 11月18日03:30–05:30，民航华东地区管理局组织协调上海监管局、东航、上海机场集团、华东空管局等单位，使用东航A330/B-6122号飞机，成功实施了对上海浦东国际机场第四跑道的试飞。第四跑道投入使用后，浦东机场将成为中国民航第一个拥有4条跑道、且实施同时仪表运行的机场。浦东机场运行保障能力将得到大幅提升，同时也将为国产大飞机试飞提供有力保障。

【国产新支线ARJ21-700飞机获颁型号合格证】 12月30日，中国民用航空局在北京向中国商用飞机有限责任公司颁发了ARJ21-700飞机型号合格证。这标志着我国首款喷气支线客机通过了中国民用航空局型号合格审定，飞机设计满足保证安全的基本要求，获得了参与民用航空运输活动的“入场券”。

（三）机场运营管理

【概况】 2014年，上海机场三大生产指标完成量均位居全国城市民航机场第一，旅客吞吐量位居全球城市第六，浦东机场货邮吞吐量连续第七年保持全球机场第三。上海两场航空口岸出入境旅客量保持国内航空口岸第一的地位，占到全国国际和地区旅客吞吐量的30%，完成2892.33万人次，同比增长11.04%，其中，国际旅客出入境完成2118.67人次，同比增长10.08%，地区旅客完成773.66万人次，同比增长13.76%。其中，浦东机场口岸出入境旅客2606.37万人次，同比增长11.29，其中国际旅客1994.46万人次，同比增长9.81%，地区旅客611.91万人次，同比增长16.38%。虹桥机场日韩包机航线出入境旅客124.21万人次，同比增长14.58%，地区包机航线旅客161.75万人次，同比增长4.72%。上海两场航空口岸国际航线货邮吞吐量239.23万吨，同比增长8.27%，地区货邮完成45.43万吨，同比增长18.18%。其中，浦东机场国际货邮吞吐量238.4万吨，占全国国际货邮吞吐量约50%。服务品质持续提升。浦东机场首度获评为“全球最佳货运机场”。虹桥机场、浦东机场在今年前三季度民航资源网机场服务评测“国内最佳机场”分别位列前两名。强化服务品质全方位提升。通过对实体服务资源有效整合和策划，推出了浦东机场“绎精彩·心飞扬”旅客文化体验、虹桥机场“礼在虹桥、精致虹桥”系列主题服务活动，惠及广大旅客；通过以浦东机场现场问询“翔音组”朱慧慧为代表的服务明星，以虹桥机场“手推车”、“出租车”站点为代表的服务品牌的引领，带动基层员工和班组立足岗位创新特色服务；通过推进上海机场旅客服务APP、“航旅直通车—上海机场”官方微博、微信等移动互联应用，9月份开展“我们身边的互联网”为主题的服务质量月活动，加大服务信息化建设，提升旅客服务体验。

（熊巍）

【上海机场实现第十五个安全年】 浦东、虹桥机场分别持续实现了第15、第27个安全年，圆满完成了亚信峰会、南京青奥会、2014亚洲商务航空暨展览会等重大保障任务。

【圆满完成“亚信”峰会等重大任务保障】 亚信峰会期间，上海两大机场进一步完善了重大保障任务管理机制，提升了空防安全和反恐防暴工作的总体水平，密集保障了各类专机28架次以及包机、要客航班、公务机144架次，实现了机场空防和安保“零案件”、接待服务“零投诉”、生产运营“零事故”的目标。

【浦东、虹桥机场重大基础设施建设项目有效推进】 2014年，建设任务极其繁重，共有14项重大建设任务同时在两场推进，全年完成建设投资19.16亿元。浦东机场三期扩建工程（含南卫星厅、捷运系统、机坪扩建等项目）已上报项目申请报告并完成评审工作，方案设计工作基本完成；T1航站楼改造18米层以下基本完成施工；第四跑道工程完成竣工验收和行业验收；第五跑道工程取得工可批复，年底取得设计批复。虹桥机场T1航站楼改造已取得初步设计批复，正式开工建设。

【上海航空口岸服务品质持续提升】 上海机场服务水平日益得到国内外旅客的认可，服务质量全球排名同步创新高。在国际机场协会（ACI）公布的全球机场旅客满意度测评排名中，全年浦东机场在全球机场中排名第6；虹桥机场全球排名第14位，比2013年上升8位。在《亚洲货运物流资讯》组织筹办“亚洲货运及供应链大奖”活动中，浦东机场首度获评为“全球最佳货运机场”。虹桥、浦东机场在前四季度民航资源网机场服务评测“国内最佳机场”分别位列前两名。航空港窗口行业服务文明指数测评位于上海市窗口行业前列。

【浦东机场新增和加密多条国际长航线】 全年浦东机场新增10家国内外航空公司、6个境内外通航点，虹桥机场新增3个航点。加大国际长航线营销力度，浦东机场新增、加密多条国际长航线。埃塞俄比亚航空开通亚的斯亚贝巴至上海航线，美国航空开通上海直飞达拉斯航线。此外，还加密了莫斯科、洛杉矶、慕尼黑、多伦多、纽约、夏威夷等多条欧美重要国际长航线。

【浦东机场客货运中转业务稳步发展】 东航拓展通程航班，国航、吉祥、春秋等航空公司拓展中转业务，浦东机场中转旅客达到500万人次，旅客中转率达9.71%。加快推进浦东机场货运枢纽建设，扩大货邮中转集拼业务范围。11月，DHL按分运单模式开展国际中转集拼，转运通关时间进一步压缩；机坪直转模式由DHL扩展到UPS，国际快件中转量同比增长29.0%。推进顺丰国内快件分拨中心建设工作，机场集团与顺丰签订了合作备忘录。加快布局长三角区域城市航站楼和远程值机网点，增强上海机场地面辐射能力。无锡城航楼7月9日投运，海门城航楼和虹桥新天地远程值机两个项目土建及装潢工程均已完工，正在进行设备安装。

（徐志忠）

（四）航空运输和通用航空

【概况】 至2014年底，基地设在上海的运输航空公司有6家：中国东方航空股份有限公司、上海航空有限公司、春秋航空股份有限公司、上海吉祥航空股份有限公司、中国货运航空有限公司、扬子江快运航空有限公司；小型航空器商业运输运营人有3家：东方公务航空服务有限公司，上海金鹿公务航空有限公司，星联商务航空有限公司。

（熊巍）

【东航完成贝鲁特维和部队包机运输任务】 1月15日–16日，东航运送贝鲁特维和部队赶赴贝鲁特执行联合国维和任务，同时把在一线战地奋战了十个月的工兵团迎接回国。

【东航与迪士尼目的地牵手合作】 1月24日，东航与迪士尼目的地国际部在上海正式签署合作谅解备忘录，此举标志着东航与迪士尼目的地正式牵手合作。

【东航完成全国“两会”上海代表团进京航班服务保障任务】 3月2日，东航圆满完成全国“两会”上海代表团航班运输保障任务，125名全国政协委员和120名全国人大代表分别搭乘MU7239和MU7241航班从上海前往北京参会。

【东航与中国航信签署新一轮战略合作协议】 3月3日，东航与中国航信在北京签署2014年战略合作协议，此举标志着双方在巩固和发展战略伙伴关系上再次迈出重要一步，双方的合作领域进一步扩大，合作层次和水平再上新台阶。

【东航成功试飞青海德令哈机场】 3月5日，东航A319-115飞机飞达青海海西德令哈机场，按计划执行该机场各项试飞任务，该机也是德令哈机场迎来的第一架民航客机。

【中联航获京华旅游新榜样“最佳品牌推广”大奖】 3月7日，由京华时报、京华旅游周刊主办的第三届京华旅游新榜样颁奖盛典在北京举行，东航中联航获得“最佳品牌推广”大奖。

【东方通航待命执行马航失联飞机搜救任务】 3月8日，东方通航接上海海事局通知，舟山基地国王B-3552号飞机进入对马航MH370失联航班应急搜救的随时待命状态。

【东航集团获中央企业法制工作考评A级】 3月，国务院国资委公布中央企业落实法制工作第三个三年目标第二年度的考评结果，东航集团连续两年获得A级评价，也成为唯一一家获得A级评价的公共航空运输企业。

【东航与通用电气公司签署战略合作框架协议】 3月24日，东航与通用电气公司在上海签署战略合作框架协议，双方在飞机分析应用、发动机管理分析应用、燃油管理项目、SEC运行支持等领域开展全方位合作。

【东航连续五年持续盈利】 3月26日，东航对外公布2013年度财务会计报告，2013年东航实现净利润23.76亿元，连续五年实现盈利，资产负债率持续下降，资产质量不断改善，竞争能力显著增强，品牌形象全面提升。

【东航物流承接在韩志愿军遗骸运输任务】 3月28日，在两架战斗机的护航下，CK256航班搭载着437具志愿军遗骸、38个遗物箱降落在沈阳桃仙机场，东航物流公司整合后圆满完成首次国家任务。

【刘绍勇出席2014世界旅游旅行大会】 4月24日～25日，东航集团公司总经理、股份公司董事长刘绍勇应邀出席2014世界旅游旅行大会（WTTC2014），并发表了《信息时代的旅游与航空业发展》主旨演讲。

【东航集团与港中旅集团签署战略合作协议】 4月29日，东航集团与港中旅集团签署战略合作协议，双方在航空票务、航空客运、货运物流、旅游综合产品服务、金融投资以及客户资源共享等领域开展全面深入合作。

【东航获2014年樟宜航空大奖“最佳合作伙伴奖”】 4月29日，第九届樟宜航空大奖颁奖仪式落幕，东航获得其中最大的奖项“最佳合作伙伴奖”，这也是自该奖开办以来，中国大陆的航空企业首次获得该奖项。

【东航集团与招商银行签署战略合作协议】 5月5日，东航集团与招商银行签署战略合作协议，双方将在金融服务、商业银行、航空客运等业务领域开展合作。

【上航举行品牌建设推进大会】5月23日，上航在上海机场国际宾馆举行品牌建设推进大会，揭幕上航服务文化理念，并正式上线上航微信公众平台。

【空客A300机型退出东航运营】5月31日，由深圳飞往上海虹桥的MU5320航班安全降落，标志着服役25年的空客A300机型完全退出东航运营。

【东航举行首次反劫机实战综合演练】6月19日，东航在上海虹桥国际机场举办反劫、防炸机实战综合演练，进一步检验东航处置机上突发事件的综合能力和处置劫机、炸机事件的实战能力。

【东航开通上海至多伦多直飞航线】6月25日，东航使用A340-600机型开通上海至加拿大多伦多定期往返航线，这也是东航首次运营加拿大多伦多航线。

【中联航正式转型为低成本航空公司】7月2日，中联航正式转型成为低成本航空公司，此举标着东航全面建立起“多层次、差异化”的航空产品，成为中央企业中首家集“传统的全服务经营模式”和“低成本经营模式”于一体的“混合经营制”大型航空运输集团。

【东航保障“同心·共铸中国心云南行”大型医疗公益活动】7月7日-15日，东航投入三架飞机运力，支援“同心·共铸中国心云南行”大型医疗公益活动，运送近300名医疗专家和志愿者奔赴云南迪庆开展为期一周的医疗公益活动。

【东航联合中国电信完成国内首个通信卫星宽带空地互联商业航班飞行】7月23日，东航联合中国电信顺利完成中国大陆首个卫星宽带空地互联商业测试航班飞行任务，开创了旅客在万米高空实现上网商业应用的先河。

【东航向云南昭通地震灾区捐款2000万元】8月5日，东航向云南昭通地震灾区捐款2000万元，其中现金600万元，运力投入和免费运送人员、物资折合1400万元。

【东航实业集团有限公司正式挂牌成立】8月18日，由东航实业、东航旅业、杭州疗养院、东航物业四家单位整合组建的东航实业集团有限公司正式成立，这是继东航集团新传媒产业后东航非航产业改革第二家挂牌成立的公司。

【东航正式发布全新VI体系】9月9日，东航举行全新视觉识别系统VIS发布会，东航新LOGO、基准品牌色、辅助图形和各类延展应用组成的东航VIS正式亮相，这标志着东航在品牌建设道路上迈出了突破性的一步。

【东航引进首架B777~300ER飞机】9月26日，东航引进的首架波音777~300ER飞机从美国西雅图顺利飞抵上海虹桥机场，随后该机开启了上海、北京、广州三地的静态展示之旅。

【东航2架飞机驰援云南景谷地震灾区】10月7日，云南省普洱市景谷傣族彝族自治县发生地震，东航克服国庆黄金周返程运力紧张困难，紧急调配飞机第一时间运送工作组和救援部队飞赴灾区。

【全球首个“空地互联云支付平台”上线】11月6日，东航和中国银联在万米高空联合发布全球首个“空地互联云支付平台”，该平台被誉为“全球海拔最高的在线收银台”，在航空业与金融业均实现了多个历史性突破。

【东航与银联签署营销合作协议】 11月11日，东航与中国银联在珠海航展期间签署营销合作协议，双方将在联合营销、用户推广、联名信用卡、积分兑换等方面开展全方位合作，该协议的成功签订也标志着双方的战略合作迈向专项领域。

【东航展台亮相中国航空航天博览会】 11月11日，第十届中国国际航空航天博览会在珠海开幕，东航展台位于一号馆中心位置，每天循环推出客运、物流、航空保障、通用和公务航空专场等主题日活动，并通过3D投影对东航新LOGO和波音777-300ER新机型进行展示。

【东航B777-300ER首飞上海纽约直达航线】 11月15日，东航启用全球顶级配置的新一代波音777-300ER飞机执行上海往返纽约航班，这也是该机型在东航国际远程航线上的首次商业载客飞行。

【习主席出席东航与澳航签署合作协议】 11月17日，国家主席习近平与澳大利亚总理阿博特在堪培拉出席并见证东航集团与澳航签署联合营销合作协议，东航集团总经理刘绍勇和澳航董事长AlanJoyce分别代表双方签字。

【东航援非抗疫包机返沪】 11月19日，29名执行援非抗疫紧急包机运输任务的东航机组及工作人员顺利返回上海，此次运输任务空中飞行时间达46小时，飞越20个国家领空，航程4万多公里，承运了219名传染病专家和军队医护人员前往西非疫区。

【东航执行首架民航救援客机飞赴康定地震灾区】 11月22日，四川省甘孜藏族自治州康定县发生地震，东航第一时间启动应急救援机制，并于次日执行了首架民航救援客机任务。

【东航飞行安全技术应用研究院揭牌】 11月28日，中国民航首家企业研究院——东航飞行安全技术应用研究院在上海揭牌，开创了中国民航企业自主研究的先河。该研究院是中国民航第一家企业性质的研究院，也是继中国民航科学技术研究院后，中国第二家从事专业航空安全研究的科研机构。

【东方航空电子商务有限公司成立】 12月7日，东方航空电子商务有限公司在上海正式成立，这也是东航转型发展、谋求创新突破的重要举措。

【东方航空技术有限公司正式挂牌成立】 12月7日，东方航空技术有限公司在上海正式挂牌成立，开创了国内航空公司独立运营民航维修企业的先河，为打造新的价值创造中心、降低航空主业经营风险、促进民航维修企业真正走向市场奠定了基础。

（郭晓静）

【春秋模拟机培训中心建成正式启用】 春秋飞行培训有限公司坐落于中国（上海）自由贸易试验区（浦东机场）美兰路79号，现拥有两台‘Reality7’系列全动飞行模拟器，用于A320客机驾驶员的飞行训练。2014年8月，两台模拟机正式投入运行，除承接春秋航空公司飞行员的训练，还外接其它航空公司的飞行员训练业务。培训中心共预留了6台模拟机机位，落成后可以达到中国民航局规定的各种飞行训练要求。未来还会投建乘务员培训中心，包括动态舱，应急训练，机组人员的训练，将涵盖所有的飞行机组基本训练功能。

【春秋航空成立首个海外基地】7月18日春秋航空成立了首个海外基地—大阪基地，开辟大阪至天津、武汉、重庆航线。

【春秋航空日本株式会社首航】8月1日，春秋航空日本株式会社的首个航班从成田国际机场始发，准时抵达目的地广岛机场。春秋航空日本株式会社于2012年10月开始筹备，2014年8月1日正式开通成田至高松、广岛、佐贺3地航线。春秋航空股份有限公司成为中国大陆第一家在海外营运的低成本航空公司。

（史纪萍）

【吉祥航空与上海机场集团签订战略协议】3月28日，吉祥航空与上海机场集团在均瑶国际广场32层会议厅正式签订了《战略合作框架协议》，未来双方将在自贸区开展多领域、多层次的战略合作，共同推进上海国际枢纽港建设。根据协议，双方将通过六个方面合作重点、两大合作机制和六项合作实施方案，构建共赢、可持续发展的战略合作伙伴关系，为将上海打造成为世界级大型航空复合枢纽共同努力。同时，双方将针对发展中的困难及需要协商解决的问题定期举行战略沟通会。

【吉祥航空获“上海市著名商标”称号】12月25日，上海市工商行政管理局网正式发布《上海市著名商标评审委员会关于认定第18批上海市著名商标的公告》，根据《上海市著名商标认定和保护办法》，经上海市著名商标评审委员会评审会议通过，吉祥航空商标被评为上海市著名商标。

（五）行业统计

2014年基地设在上海的航空运输公司年度基本情况

航空公司	东方航空、上海航空	春秋航空	吉祥航空	中货航	扬子江快运
旅客运输量(万人次)	8381.15	1144.70	816.25	—	—
比上年增长(%)	6	8.49	16	—	—
在上海地区(万人次)	3591.05	851.15	720.13	—	—
占上海民航两个机场旅客运输量(%)	40.05	9.49	8.03	—	—
货邮运输量(万吨)	78.25	3.3	4.86	58.08	21.96
比上年增长(%)	0.9	-32.65	-7	-8.5	10.18
在上海地区(万吨)	42.36	3.07	4.49	44.72	6.85
占上海民航两个机场货邮运输量(%)	11.72	0.85	1.24	12.37	1.9
航线	826	120	78	21	27
拥有飞机(架)	485	46	38	12	23
年平均客座率(%)	79.55	95.4	83.99	—	—

注:根据东方航空、上海航空、春秋航空、吉祥航空、中货航、扬子江快运报送资料整理。

2014年上海新开通的部分国内航线

航空公司	航线	开通日期	航班号	机型	出发机场	班期
春秋航空	上海—长沙—西双版纳	10月27日	9C8851/2	A320	虹桥机场	周一、三、五、日
春秋航空	上海—庆阳—银川	10月28日	9C8781/2	A320	虹桥机场	周二、四、六
春秋航空	上海—北海	10月26日	9C8967/8	A320	浦东机场	周一、二、三、四、五、六、日
吉祥航空	浦东—襄阳—浦东	3月13日	HO1331/2	A320	浦东机场	周一、二、三、四、五、六、日
吉祥航空	浦东—武汉—丽江—武汉—浦东	3月30日	HO1233/4	A320	浦东机场	周三、五、日
吉祥航空	浦东—贵阳—丽江—贵阳—浦东	7月1日	HO1075/6	A320	浦东机场	周一、二、三、四、五、六、日
吉祥航空	虹桥—郑州—虹桥	12月29日	HO1069/70	A320	虹桥机场	周一、二、三、四、五、六、日
扬子江快运	重庆—浦东—青岛—浦东—重庆	10月30日	Y8 7987/8	B737	重庆江北机场	周一、二、三、四、五

注:根据春秋航空、吉祥航空、扬子江快运报送的资料整理。

2014年上海新开通的部分国际及港澳台地区航线

航空公司	航线	开通日期	航班号	机型	出发机场	班期
东方航空	上海浦东—清迈—上海浦东	3月30日	MU205/206	A320	浦东机场	每周2班
东方航空	上海浦东—多伦多—上海浦东	6月25日	MU207/208	A346	浦东机场	每周3班
东方航空	上海浦东—奥克兰—上海浦东	10月26日	MU779/780	A33E	浦东机场	每周7班
东方航空	上海浦东—迪拜—上海浦东	10月26日	MU705/706	A332	浦东机场	每周2班
东方航空	上海浦东—西安—莫斯科—西安—上海浦东	10月26日	MU 5009/5010	B76E	浦东机场	每周2班
东方航空	上海浦东—旭川—上海浦东	10月26日	MU 283/284	A320	浦东机场	每周3班
春秋航空	上海浦东—大阪—上海浦东	3月15日	9C8589/90	A320	浦东机场	周一、二、三、四、五、六、日
春秋航空	上海浦东—岘港—上海浦东	3月30日	9C8909/10	A320	浦东机场	每周2班（已暂停）
春秋航空	上海浦东—清迈—上海浦东	3月30日	9C8979/80	A320	浦东机场	周一、二、三、四、五、六、日
春秋航空	上海浦东—新加坡—上海浦东	4月25日	9C8549/50	A320	浦东机场	周一、二、三、四、五、六、日
春秋航空	上海浦东—首尔—上海浦东	9月23日	9C8559/60	A320	浦东机场	周二、四、五、日

春秋航空	上海浦东—札幌—上海浦东	10月26日	9C8791/2	A320	浦东机场	周二、三、五、六、日
吉祥航空	上海浦东—冲绳—上海浦东	1月31日	HO1331/2	A320	浦东机场	周二、四、五、日
吉祥航空	上海浦东—冲绳—上海浦东	4月15日	HO1337/8	A320	浦东机场	周一、二、三、四、五、六、日
吉祥航空	上海浦东—冲绳—上海浦东	6月21日	HO1329/30	A320	浦东机场	周二、四、六
吉祥航空	上海浦东—冲绳—上海浦东	8月1日	HO1369/70	A320	浦东机场	周一、二、三、四、五、六、日
中货航	郑州—上海浦东—洛杉矶—郑州	3月30日	CK	B777F	郑州新郑机场	周一、二、三、四、五、六、日
扬子江快运	郑州—无锡—香港—上海浦东—首尔—郑州	2月17日	Y8 7925/7984/7421/7440	B737	郑州新郑机场	周一、二、三、四、五
扬子江快运	上海浦东-大阪	2月25日	Y8 7437/8	B737	浦东机场	周二、三、四、五、六、日
扬子江快运	上海浦东—安克雷奇—芝加哥—哈恩—天津—上海浦东	3月3日	Y8 7467/8	B747	浦东机场	周一、二、三、四、五、六、日
扬子江快运	青岛—上海浦东—大阪—青岛	3月30日	Y8 7427/8	B737	青岛流亭机场	周二、三、四、五、日
扬子江快运	上海浦东—郑州—新西伯利亚—阿姆斯特丹—哈恩—天津—上海浦东	3月4日	Y8 7475/6	B747	浦东机场	周二、四、六
扬子江快运	上海浦东—首尔—郑州	3月30日	Y8 7421/40	B737	浦东机场	周一、二、三、四、五

注:根据东方航空、春秋航空、吉祥航空、扬子江快运报送的资料整理。

2014年上海取消的部分国内航线

航空公司	航线	取消日期	航班号	出发机场
春秋航空	上海—福州	3月31日	9C8851/2	虹桥机场
吉祥航空	上海—石家庄—上海	3月30日	HO1231/2	浦东机场
吉祥航空	上海—呼和浩特—上海	9月1日	HO1131/2	浦东机场

注:根据春秋航空、吉祥航空报送的资料整理。

2014年上海取消的部分国际及港澳台地区航线

航空公司	航线	取消日期	航班号	出发机场
吉祥航空	上海浦东—韩国泗川—上海浦东	4月4日	HO1379/80	浦东机场
扬子江快运	浦东—重庆—曼谷—新加坡—浦东	3月29日	Y8 7425/6	浦东机场
扬子江快运	浦东—新西伯利亚—伊斯坦布尔—浦东	3月29日	Y8 7445/6	浦东机场
扬子江快运	浦东—首尔—安克雷奇—洛杉矶—浦东	3月29日	Y8 7469/70	浦东机场
扬子江快运	浦东—新加坡—曼谷—浦东	3月29日	Y8 7423/4	浦东机场

注:根据吉祥航空、扬子江快运报送的资料整理。

十二、邮政事业

（一）综述

2014年，在国家邮政局和上海市委、市政府的坚强领导下，在上海市交通委的指导帮助下，上海市邮政业紧紧围绕国家邮政局、上海市委、市政府和上海市交通委的年度工作部署，按照“稳中求进”的工作总基调，坚持安全为基、发展为要、服务为上的总方针，坚持抓总、总抓，着眼于思想建业、法制建业、行动建业、组织建业和文化建业，重点抓了基调建树、基线建制、基础建扩、基准建立、基点建筑、基本建设、基石建造，全年完成40余项工作任务，取得明显工作成效。

2014年全行业业务总量完成310.5亿元，同比增长20.1%；业务收入完成410.7亿元，同比增长32.8%。其中，快递完成快递业务量12.8亿件，同比增长35.1%，占全国快递业务量的9.2%，业务收入完成361.3亿元，同比增长40.3%，占全国快递业务收入的17.7%；2014年“双11”期间，仅本市9家规模以上快递企业的日件量就达到1187万件峰值；邮政普遍服务和特殊服务寄递时限达到国家规定标准，服务满意度保持稳定。全市邮政业收入在全国邮政业、上海地区生产总值和第三产业增加值中的占比分别跃升到12.8%、1.8%、2.8%，贡献了上海市超30亿元税费和30万人的直接间接就业。

2014年上海市同城、异地、国际及港澳台、其他快递业务收入分别占全部快递收入的10.4%、27.7%、11.6%和50.3%；同城、异地、国际及港澳台快递业务量分别占全部快递业务量的36.4%、59.9%和3.7%。

（二）规划和政策

【概况】2014年一开年，上海市邮政管理局提出了2014–2020年抓好"五条主线"下的四性契合、四维空间与四大战役的总体战略，即：增进市场自发性、企业自觉性、行业自律性、政府调控性的高度契合，拓展以工促市、以农拓市、以商旺市、以技兴市的发展空间，打好改革创新、转型升级、增效提质、开放融入四大战役，总的着眼点是稳中求进，保持上海邮政业在全国的影响和地位，当好全国邮政业改革开放和科学发展的先行者和排头兵，探索建立具有国际大都市特点的邮政业监管体系。

基调建树、谋定战略规划。积极推动规划融入，在《上海市新一轮城市总体规划专项规划一览表》的28个专项规划中，首次列入"上海市邮政专项规划"。在"上海市物流货运发展规划"中，把"快递行业发展相关要求"列入了规划重点内容。积极推动2014年上海市"9+1"邮政配套设施项目建设任务，参与并主持了上海青浦新城、浦东新区临港地区、上海金融产业服务基地邮政系统专业规划评审。组织开展"上海快递业发展"主题征文活动，启动"上海快递总部企业评测指标体系"研究。

基线建制、落实法律规范。上海市邮政管理局积极推动上海市人大就《上海市实施 < 中华人民共和国邮政法 > 办法》落实情况开展执法检查。组织对《上海市实施 < 中华人民共和国邮政法 > 办法》贯彻落实情况进行评估，形成的评估报告受到国家邮政局领导的充分肯定。联合上海市公安局出台《关于加强邮政市场行政执法与刑事司法衔接配合工作若干问题的实施意见》，在全国邮政管理系统率先建立邮政市场行刑衔接机制。配合上海市公安局制定《重点单位重要部位安全技术防范系统要求第19部分：寄递单位》（DB31/329.19–2014），联合发文予以贯彻落实。联合上海市公安局、上海市国安局下发《寄递企业安全防范工作规定（试行）》。制定《上海市邮政业服务与安全监督管理办法》，并同步开展制定地方条例和政府规章的相关工作。建立规范性文件审查机制，局里聘请常年法律顾问，编制《上海市邮政管理行政执法手册》。

基础建扩、强化政策帮扶。上海市邮政管理局主动向上海市委、市政府汇报工作，广泛走访地方政府职能部门，实现了行业发展帮扶政策诸多零的突破：首次将邮政业纳入上海市服务业发展引导资金申报范围，首次将邮件、快件寄递安全管理工作纳入上海市综治工作考评体系，首次将快递服务纳入政府采购项目，首次颁布实施快递经营场所安全技术防范上海市地方标准，首次将快递业信息化建设和新技术应用纳入上海市信息化发展专项资金申报范围和上海市智慧城市建设范畴，首次将快递指标纳入了上海国际航运中心建设指标体系、上海市综合货运指标体系和上海市楼宇经济评价指标体系。首次公布上海快递车辆专用标识，集中采购欧IV排放快递车辆693辆，实现快递车辆凭标识进入限制通行区域。首次将快递业相关内容纳入上海市《关于促进本市生活性服务业发展的若干意见》、《关于加快上海商业转型升级提高商业综合竞争力的若干意见》。联合上海市商务委等9部门出台了《促进本市生活性服务业重点行业规范提升发展的实施意见》。上海市快递行业协会获评为市人力资源和社会保障局命名的市高技能人才培养基地，在培训费补贴、项目开发经费以及实训设施设备配套等方面收获更多扶持。

基点建筑、构建聚合平台。经上海市政府批准，2014年7月正式建立"上海市促进邮政业发展联席会议"。上海市邮政管理局主要负责人实现了在上海市交通委党、政双兼职，交邮双方在规划互编、政策互补、资源共享、执法互动、企业互联、信息互通等六大方面联署会议纪要，联发《关于上海市交通运输业和邮政业深化战略合作、促进融合发展的意见》，与民航华东管理局签署《邮政与民航安全管理协议》。联合上海市青浦区召开"上海市快递总部会议暨青浦区'全国快递行业转型发展示范区'建设推进会议"，青浦区出台高含金量的支持快递业发展的文件，上海市邮政管理局印发《促进上海快递总部企业改革创新、转型升级、增效提质、开放融入的实施意见》，双方签署加快青浦区"全国快递行业转型发展示范区"建设的合作协议。上海市邮政管理局增补为"上海市电子商务联席会议机制"成员单位、"上海新一轮城市总体规划编制工作领导小组"成员单位，与上海自贸区管委会就邮政业加入自贸区监管信息共享平台达成对接，国际快件中转集拼政策松绑。

【上海市邮政管理局纳入市电子商务联席会议成员】2014年3月11日，由市商务委主持召开2014年上海市电子商务联席会议筹备会上，上海市邮政管理局等单位被新纳入成为上海市电子商务联席会议成员单位。

【国家邮政局政策法规司来沪开展《快递条例》立法调研】2014年3月12至14日，国家邮政局政策法规司来沪开展《快递条例》立法调研工作，上海市邮政管理局政策法规处陪同到申通、圆通以及来两公司下属加盟网点进行了调研和座谈。本次立法调研的重点是快递公司总部和加盟网点之间的相关法律关系。通过现场座谈，国家邮政局政策法规处对快递公司总部与加盟网点的责任分担、费用收取、用户投诉、赔偿标准、安全保障等方面进行了全方面的了解，取得了大量的一手资料，为《快递条例》立法工作打下良好的基础。

【邮政业专项规划首次纳入新一轮城市总体规划】2014年5月初，上海市第六次规划土地工作会议全面部署了上海新一轮城市总体规划编制工作和国土资源管理工作。新一轮城市总体规划明确了市级层面认可的28个专项规划，并首次明确将专项规划编制与城市总体规划编制同步部署、同步推进、无缝衔接。该总体规划首次将"上海市邮政专项规划"作为市级28个专项规划之一，纳入《上海市新一轮城市总体规划专项规划一览表》。同时明确上海市邮政管理局作为该专项规划的行政牵头单位。在另一个市级专项规划"上海市物流货运发展规划"中，"快递行业发展相关要求"作为规划重点内容被列入其中，上海市邮政管理局被列为该专项规划的行政参加单位之一，确保"上海市物流货运发展规划"与"上海市邮政专项规划"内容衔接，协调发展。

【杨雄市长要求邮政业不断提升产业附加值】2014年6月5日，上海市委副书记、市长杨雄调研市交通委员会，并听取了上海市交委副主任、市邮政管理局局长曾军山关于上海邮政业基本情况的汇报。杨雄充分肯定了上海邮政业的发展成就和邮政管理工作，要求邮政业在改革创新、转型升级中，认真加强结构研究，大力发展高端服务，提升产

业附加值，严格加强行业管理。同时表示，市政府将继续支持市邮政管理局的工作，支持全市邮政业加快发展。

【**推进青浦“全国快递行业转型发展示范区”建设**】2014年6月5日，上海市邮政管理局和青浦区政府召开“上海市快递总部会议暨青浦区‘全国快递行业转型发展示范区’建设推进会议”专题协调会，市邮政管理局党组书记、局长曾军山和青浦区副区长孙萍出席会议并讲话。夏颐副局长及市局相关部门负责人，青浦区经委、建交委、机管局等有关部门负责人参加会议。

【**市交通运输业和邮政业融合发展首次举行工作对接会**】2014年6月6日，上海市交通运输业和邮政业融合发展首次工作对接会在上海市邮政管理局举行。会上，上海市邮政管理局与市交通委相关部门就规划衔接、政策支持、信息共享、联合执法、课题调研、快递车专用额度调整、搭建协调平台加强统筹协调工作方面达成了初步共识。

【**上海快递行业启动精神文明创建**】2014年6月16日，上海市文明办、上海市建交党委、上海市交通委、上海市邮政管理局联合召开全市快递行业精神文明创建工作动员大会，在全市快递行业启动开展精神文明创建活动。上海市邮政管理局党组书记、局长曾军山在动员报告中阐述了创建活动在促进科学发展、服务小康社会、实现战略目标、保障服务安全、促进快递业转型升级等方面的意义，部署了上海市快递行业精神文明创建的各阶段目标任务。市建交党委副书记田赛男，市委宣传部副部长、市文明办主任燕爽出席会议并讲话。市文明办、市建交党委、市交通委、市邮政管理局有关负责人，以及市消费者保护协会、市快递协会负责人，本市各大品牌快递企业负责人及员工代表、市民巡访团代表等出席了会议。市快递行业协会负责人、快递企业代表分别作了表态发言，顺丰速运上海公司的员工代表在会上宣读了本市快递业“诚信服务”倡议书。

【快递行业“诚信服务”专项活动召开新闻发布会】2014年6月16日，上海市政府新闻办举行了“上海市快递行业‘诚信服务’专项活动”新闻发布会。上海市委宣传部副部长、市文明办主任燕爽和上海市交通委副主任、市邮政管理局局长曾军山介绍了上海快递行业开展精神文明创建工作和“诚信服务”专项活动的情况，并回答了记者提问。

【上海国际航运中心建设年度报告专题介绍邮政业发展成果】2014年6月发布的上海市交通委编制的《上海国际航运中心建设年度报告（2013）》中专题报道了上海市邮政快递发展情况，以详实的数据展现了快递市场高速发展态势，重点介绍了上海市在保障邮政通信和信息安全、规范市场经营秩序、维护用户合法权益、优化行业发展环境、促进行业科学发展方面采取的重大措施和取得的良好效果。

【市交通委和市邮政管理局专题部署交邮融合发展工作】2014年7月15日，上海市交通委员会、上海市邮政管理局召开专题会议，研究部署交通邮政融合发展工作。上海市邮政管理局就交邮融合发展提出了措施建议，市交通委各相关部门都表示了支持融合发展的意见。

【黄融副秘书长对上海邮政业工作作出指示】2014年7月21日，上海市政府副秘书长黄融在听取了上海市邮政管理局局长曾军山对有关情况的汇报后，对上海邮政业工作作出重要指示。黄融表示，上海市政府将继续加大支持力度，积极帮助上海邮政管理局推动落实部市战略合作协议，建立促进快递业发展的合作机制，加快推进上海快递总部经济建设，共同促进上海邮政业持续快速健康发展。

【市邮政业专项规划（2014-2040）编制工作启动】7月24日上午，上海市邮政管理局组织召开了上海市新一轮城市总体规划下市邮政业专项规划（2014-2040）编制工作启动会，上海市城市规划设计研究院介绍了《上海新一轮城市总体规划——上海市邮政系统专项规划》工作方案的主要内容，与会人员围绕工作方案展开讨论。

【促进邮政业发展联席会议机制成立】上海市人民政府办公厅于2014年7月31日印发《上海市人民政府办公厅关于成立上海市促进邮政业发展联席会议的通知》，通知明确上海市促进邮政业发展联席会议的总召集人为副市长蒋卓庆，召集人为市政府副秘书长黄融、市交通委主任孙建平及市交通委副主任、市邮政管理局局长曾军山，成员为市发展改革委、市交通委、市经济信息化委等31家委办局分管负责人，办公室设在上海市邮政管理局。

【快递业首次纳入上海市“智慧城市”建设】2014年9月10日，《上海市推进智慧城市建设2014—2016年行动计划》正式对外发布。正式发布的行动计划中将快递业作为“智慧商务”的重要组成部分，明确提出：深化电子商务产业园区和示范基地建设，推动电子商务与物流、快递业的协调发展。构建快递业服务安全评估预警监管综合信息平台，创新行业服务方式和监管模式；鼓励规模快递企业创新应用，提升本市快递业信息化水平和快件末端投递智能化水平。快递业首次纳入上海市“智慧城市”建设范畴。

【市政府《关于促进本市生活性服务业发展的若干意见》扶持快递行业】9月19日，上海市政府下发了《关于促进本市生活性服务业发展的若干意见》(沪府发〔2014〕59号)，将快递行业作为生活性服务业中的重要组成部分，从优化规划、落实财税扶持、加强统筹协调推进、拓宽完善投融资渠道、深化改革等方面提供了政策支持。

【与民航华东管理局签署安全管理协议】10月9日，上海市邮政管理局与民航华东管理局签署了《邮政与民航安全管理协议》，协议形成了管理部门的责任共同体，是切实保证航空货邮安全和提高运能的重要举措，标志着邮政与民航的协同发展又迈出了坚实的一步。

(三)普遍服务

【概况】2014年，上海市邮政管理局积极开展邮政普遍服务基础设施普查，在局门户网站上公布了上海市邮政普遍服务营业场所名录，并按季度及时更新相关内容。对外公布2013年上海市邮政普遍服务用户满意度调查情况。截至年底，市邮政公司在全市共设置邮政综合网点543个，其中邮政支局239个、邮政所301个，含投递功能的网点225个；金融网点478个。投递服务面积约为6340.5平方公里，服务人口按常住人口计算约2347.46万人。共计投递道段4029条。全年通信服务质量、安全生产均有序受控，用户满意度征询综合得分为88.8分，较上年又有提升。

推进大型居住社区邮政设施配套建设工作，协调布宜诺项目核心区邮政规划落地，积极推动2014年全市住宅保障工作会议，提出“9+1”个邮政配套设施项目的建设任务。印发《关于加大对本市大型居住社区配套邮政服务网点建设支持力度的请示》。宝山顾村新选址一号邮政所、嘉定江桥拓展邮政所、浦东三林基地邮政所和浦东航头基地邮政所签订了租赁协议。

邮政企业自律增强，市邮政公司按照十八届三中全会“三个进一步”要求，部署全年30项重点工作任务，锁定目标，有序推进。重新设计企业经营模式，确立“一机两翼”的转型导向，清晰勾勒出具有中国特色、上海特点的大都市邮政的发展路径。以代理金融和一体化物流为重点发展的“两翼”；以普遍服务，即法律赋予邮政的重要职责为“头等舱”；以文化传媒为机身，整合自有资源，关注行业趋势，激活传统业务创新转型；以电子商务为“机尾”，发挥强大的后座力。在提升经济效益的同时，确保通信质量，实现连续23年无失密丢损通信质量事故和连续29年无重大安全生产事故。对邮件封发、运输方式和投递模式进行改革，提高网络运行效率。进一步发挥网络优势，提供更为高效便捷的服务。

社会监督体系不断完善。上海共有特邀社会监督员26名，区县覆盖率达到100%。2014年共开展社会监督活动490人次，反馈监督报告574份，走访用户497人，监督邮政服务网点346个，提出建议和意见4条，反馈各类存在问题26个。配合做好涉及普遍服务方面的信访工作，2014年共受理并解决各类来信来访118件，所有来信来访均得到妥善解决。

积极做好上海邮政行业的“扫黄打非”工作。将“扫黄打非”工作纳入了邮政普遍服务日常检查，纳入了快递安全检查，纳入了安全教育工作。上海市6个邮政监管派出机构全部加入了派出机构所在地所属区县“扫黄打非”工作办公室或领导小组。

积极探索普遍服务监管方式，普遍服务监管体系更加完善。2014年全年共出检509

人次，检查邮政营业场所252个，占全部局所的46.4%，向邮政企业下发责令改正通知书6份。委托中国邮政集团上海研究院启动上海市内邮件时限监测工作。组织上海16区1县之间及区（县）内互寄普遍服务邮件，最终形成《2014年上海普遍服务邮件时限测试数据分析报告》，并将该报告报送国家邮政局、通报邮政企业、通过局网站向社会公告。

依据《中华人民共和国邮政法》和《邮票发行监督管理办法》赋予的职责，认真开展2014年纪特邮票发行监督管理工作，特别是对重大题材纪特邮票发行的监督管理，组织开展了《甲午年》、《邓小平同志诞生一百一十周年》等纪特邮票销售服务情况的监督检查。

【市管理局获市“扫黄打非”工作先进集体称号】 1月，上海市“扫黄打非”工作领导小组对在2011–2013年度“扫黄打非”工作中涌现出的先进集体和先进个人进行了表彰。其中，上海市邮政管理局普遍服务处荣获上海市“扫黄打非”工作先进集体称号；上海市邮政管理局王晓挺同志荣获上海市“扫黄打非”工作先进个人称号。

【区县邮政企业正式更名】 3月初，根据交通运输部、国家邮政局、中国邮政集团公司在全国范围进行市（地）邮政企业更名工作的统一要求，本市应更名的16个区邮政企业已全部完成更名和挂牌工作。

【开展邮政普遍服务基础设施普查】 年中，上海市邮政管理局组织六个邮政监管派出机构集中开展邮政营业场所基础信息实地核查工作和邮政信息系统资料的录入工作，完成543条录入信息的审核工作，完成核对确认543个邮政营业场所名录图册基础信息的工作。

【参加上海人民广播电台“政风行风热线”上线直播】 7月12日，上海市邮政管理局刘宪民副局长参加了上海人民广播电台“政风行风热线”上线直播活动，相关业务处室负责人及市邮政公司相关部门人员陪同参加。

【召开华东六省一市2015年邮政普遍服务工作座谈会】 10月16日，国家邮政局赵晓光副局长出席在沪召开的华东六省一市2015年邮政普遍服务工作座谈会，对邮政普遍服务面临的新形势、新问题和创新发展情况进行调研。

【首推“U印象”个性化明信片打印服务】 1月5日，马年生肖邮票首发，上海市邮政公司借此推出“U印象”个性化明信片打印服务。市民可以通过扫描微信二维码，对“U印象”进行关注，在与“U印象”的微信对话界面中，将手机里选中的照片进行上传，按照提示进行编辑并输入现场提供的“体验码”，便可制作出世上独一无二的明信片。“U印象”个性化打印服务结合O2O模式，增加互动性和趣味性，彰显用户个性，符合时下部分年轻群体的兴趣取向及消费习惯。

【投送电费账单】 1月27日，上海市邮政公司与国网上海市电力公司举行电费账单委托服务合作协议签约仪式。以往水、电、煤（燃气）账单均由各相关单位自行投递，这是上海邮政与市公用企业在全市型账单投送业务上的首次合作。2月，投递工作在市区供电公司所辖黄浦、静安、长宁、虹口和杨浦区的翔殷路、政修路以南共约149万客户中进行试点，其中居民客户约137万户，100千瓦以下非居民客户近12万户。4月，实现全市范围的账单投递，每月的寄递量约为800万件左右。

【开办同城小包业务】 3月1日起，上海市邮政公司开办同城小包业务，面向电商大客户及居民用户提供 BtoB、BtoC 仓储、收寄、封发、运输、投送、配送等综合性的同城便递服务。同城小包业务是国内小包业务功能的拓展和补充，与国内小包业务实施差异化定位，满足社会需求。同城小包业务的通达范围为上海市全境，价格贴近市场，时限为大宗邮件收寄点于当天 22 点前收寄的，次日投递（崇明岛、横沙岛、长兴岛顺延一天）。客户可以通过上海邮政官网、“邮上海”网站、11185 客服热线等多个渠道查询跟踪邮件信息。

【智能包裹柜“入住”居民小区、商务楼宇】 7 月 24 日，首批“邮政智能包裹柜”正式“入住”虹口区多个住宅小区和商务楼宇，收件人凭手机短信密码和身份证号，即可自助领取包裹、信件，不受投递工作时间的约束，实现 24 小时自助服务。截至年底，有 395 家单位确认布点意向，近半数完成安装。

【开办同城“快寄”业务】 8 月 20 日，上海市邮政公司正式开办同城“快寄”业务，此项业务是根据市场需求打造的“传统邮务 + 移动互联网”的现代邮政新模式。客户可通过全市 500 余家邮政网点和 700 余个东方书报亭，预先购买带有邮资的“快寄”封套（箱）或通过微信预约购买，邮政工作人员会送货上门。“快寄”邮资封套（箱）分为文件型和物品型两类，有不同大小 5 种规格，其价格分为 6 元、7 元、12 元、15 元和 20 元。邮件限体积，不限重，只要客户将物品放入邮资封套（箱）后，保证邮资封套（箱）完整，即可发寄。11 月 27 日起，全市近 3000 个邮筒装上二维码，用户可根据操作提示，直接把“快寄”投入全市任何一个邮筒，实现 24 小时全天收寄。

（四）市场监管

【概况】 2014 年，上海市邮政管理局规范审批、依法监管三大市场。快递市场依法经营快递业务的企业有 1455 家，经快递企业分支机构备案有 551 家，协助国家局进行许可核查 38 家；对 1201 家企业提交的年度报告材料进行审核；依法注销许可证 75 家；依法注销备案 51 家；针对集邮市场，依法向上海市邮币卡交易中心核发了《集邮票品集中交易市场开办许可证》。针对邮政用品用具市场，依法对 2 家信封生产企业进行了换证，对 3 家信报箱企业进行了备案。

2014 年全年执法检查 1474 次，出检 2148 人次，检查单位 888 家，查处违法违规行为 343 起，下达整改通知 304 份，做出行政处罚 39 起，吊销许可证 2 份，处罚金 21.2 万元。根据国家局要求，对本市 23 家信报箱生产厂家进行样品抽检，并已按照要求将样品发往北京。

加强邮政行业安全防范能力建设。印发《2014 年 –2016 年上海市邮政业“安全为基”三年行动计划》、《关于进一步加强上海邮政业安全监管工作的意见》、《关于上海市邮政业服务安全信用体系建设的若干意见》、《上海市邮政业安全监管工作责任分工方案》、《上海邮政业安全事故吊销快递业务经营许可证处置基准》、《寄递企业安全防范工作规定（试行）》、《上海市邮政业安全事故报告和调查处理办法（试行）》和《上海市邮政业安全培训大纲》，制定《上海市邮政行业安全专项整治行动方案》。修订《上海市邮政业突发事件应急预案》，制定《上海市邮政管理局邮政业服务安全事件防范处置规程》。

做好重大活动期间的邮路安全监管。为做好亚信峰会、南京青奥会期间和国庆、

APEC 等重大活动期间的邮路安保工作，制定下发《2014 年亚信峰会邮路安保工作实施方案》、《关于做好亚信峰会期间邮路安保工作的通知》、《上海市邮政管理局关于做好青奥会期间邮政服务和寄递安全工作实施方案》、《关于做好南京青奥会期间邮政服务与寄递安全工作的通知》、《亚信峰会邮路安保工作手册》和《关于做好国庆节等重大活动期间邮政行业安全保障工作的通知》。

强化服务质量管理。做好“12345”市民热线受理以及消费者申诉工作，每月将各企业申诉情况在局网站进行公示。“12305”申诉受理中心共受理邮政业消费者申诉46864 件，为用户挽回经济损失约 177 万元。组织本市邮政企业、快递企业召开全市邮政业纪念“3.15 国际消费者权益日”培训座谈会。召集工商、公安、集邮协会、集邮市场负责人召开“3.15 提高消费者维权意识，共建和谐集邮市场”座谈会。

【首批上海快递专用车交付使用】 2013 年 12 月 31 日，上海市邮政管理局和上汽集团共同举办“上海快递专用车首批交车仪式”，并宣布自 2014 年 1 月 6 日起，标有“上海快递专用车辆”标识的上海快递专用车辆可上路行驶营运。“上海快递专用车辆”标识为一车一证，不得租借、涂改和转让，并统一贴于车辆前挡风玻璃右上方。符合要求的快递专用车辆具备该标识，可直接进入本市货运机动车限制通行区域，但不得在高架等禁止货运车通行的道路或路段行驶。

【开展突击安全大检查行动】 根据《上海市邮政管理局关于开展 2014 年春节前邮政行业服务保障和安全生产工作大检查实施方案》的要求，1 月 13 日深夜，上海市邮政管理局采取“不发通知、不打招呼、不听汇报、不用陪同和接待、直奔基层、直插现场”方式，组织各派出邮政管理部门的三十余人，兵分多路前往上海市大型快递企业处理场所开展安全大检查，并依照本上海市邮政行业安全检查表对企业各项安全防范措施执行情况进行逐项核查。

【商务部调研组赴顺丰速运（上海）调研】 1 月 20 日，由商务部各省市商务厅、商务处有关领导 80 人组成的商务部调研组，对作为全国现代服务业首批综合试点项目的顺丰速运上海区开展调研。调研组对顺丰速运（上海）浦东中转场全自动分拣项目进行了重点了解，并给出了较高评价。

【民营快递企业总部负责人就低价竞争进行座谈】 3 月 5 日，上海邮政管理局党组书记、局长曾军山与上海“通达系”民营快递企业总部负责人进行座谈，就遏制快递市场恶性低价格竞争行为以及上海市邮政管理局服务快递总部经济发展等方面的问题听取意见。

【上海市邮政管理局吊销上海浦东金桥申通公司快递经营许可证】 3 月 13 日，上海市邮政管理局约谈上海申通快递有限公司负责人，宣布了对上海浦东金桥申通快递有限公司违法收寄危险化学品事件的处理决定：按照《中华人民共和国邮政法》第七十五条规定，吊销上海浦东金桥申通快递有限公司的快递业务经营许可证，并要求申通公司做好该事件的善后处理和全网安全问题的整改工作。

【上海市邮政管理局开展为期三个月的上海市邮政业安全专项整治行动】 3 月 28 日，上海市邮政管理局召开上海市邮政业安全专项整治行动动员大会。会议以“全覆盖、严管控、零容忍”为主题，就下一步加强安全监管措施、严格执法基准作了动员和部署，并宣讲了为期三个月的上海市邮政业安全专项整治行动方案。曾军山局长出席会议并讲话。

【上海市快递行业协会被授予全市高技能人才培养基地称号】4月2日，上海市人力资源和社会保障局召开全市行业企业职业培训工作座谈会。会上举行了市高技能人才培养基地授牌仪式，上海市快递行业协会等9家单位被命名为第三批上海市高技能人才培养基地。未来，上海市快递行业职业技能鉴定工作将在培训费补贴、项目开发经费以及实训设施设备配套等方面获得更多的扶持。

【上海市邮政管理局发文促进快递总部企业发展】4月18日，上海市邮政管理局召开了《关于促进上海快递总部企业改革创新、转型升级、增效提质、开放融入的实施意见》意见征求暨行业文明创建工作会议。曾军山局长、刘宪民副局长、夏颐副局长、政法处和市场处负责人、局创建办、快递协会负责人以及15家规模快递企业负责人、联络员参加了会议。后经多方修改，该文于7月22日发文，文号为沪邮管[2014]105号。

【上海市邮政公司代理交通卡业务】4月24日，上海邮政网点办理交通卡业务启动仪式暨上海邮政与上海市交通卡公司战略合作签约仪式在上海邮政大楼举行。全市首批30个邮政网点全面代理交通卡业务，为市民提供交通卡售卡、充值、退卡、坏卡维修等综合服务。此外，针对交通卡服务点较少的郊区县服务盲区特别增设服务网点，方便市民就近办理业务。此次合作是上海邮政积极发挥自身网络优势，打造综合性公共服务平台的重要举措之一。

【市邮政管理局规范快递企业利用地铁运输快件】4月25日，市邮政管理局联合市交通委客运处（轨道交通处）、市公安局轨交总队治安支队召开“快递企业利用地铁运输快件”安全专题会议，本市主要利用地铁运输快件经营同城快递业务的全成、东方万邦、众通等十余家快递企业负责人参加会议。

【上海市邮政管理局部署“亚信峰会”期间邮路安保工作】5月，亚洲相互协作与信任措施会议第四次峰会在上海举行，为确保峰会期间邮政速递物流寄递渠道安全畅通，4月21日，上海市邮政管理局启动寄递渠道安全监管联席会议机制，邀请市公安局治安总队、反恐总队、市安监局、寄递物品安全监管办公室等单位在市局召开寄递渠道安全监管联席会议，研究和部署“亚信峰会”期间邮路安保工作。5月5日，上海局联合上海市寄递渠道安全监管领导小组共同召开亚信峰会邮路安保动员大会。会议就亚信峰会前以及会议期间的邮路安保工作进行了动员，并具体部署了《2014年亚信峰会邮路安保工作实施方案》。本市网络型规模以上快递企业相关责任人参会，会上举行了《亚信峰会寄递物品安全承诺书》签约仪式。

上海市邮政公司提前制定安全工作方案，全面启动各项防范工作措施。成立安全工作领导小组，层层签订安全承诺书，将安全责任落实到每个营业部、每个岗位和每名员工。开展严把收寄验视关等安全培训教育，印制《邮件安全收寄验视手册》，统一制作成口袋书下发至每一位一线揽投人员和营销员，方便相关人员在收寄邮件时查阅禁限寄物品范围。峰会前夕，组织各类安全检查156次，发出整改书9份，查出各类安全隐患77条，全部予以整改。5月15–23日，上海邮政速递物流进出口邮件处理量达250余万件，实现安全生产零事故。

【“全国快递行业转型发展示范区”建设推进会召开】7月25日，上海市邮政管理局和上海市青浦区人民政府联合召开“上海市快递总部会议暨青浦区‘全国快递行业转型发展示范区’建设推进会议”。会议旨在贯彻落实国家邮政局“改革创新、转型升级”

要求和《关于加快推进上海快递总部经济建设与发展合作协议》。会上，上海市邮政管理局与青浦区人民政府签订了《关于加快建设青浦区“全国快递行业转型发展示范区”的合作协议》，下发了《上海市邮政管理局关于促进上海快递总部企业改革创新、转型升级、增效提质、开放融入的指导意见》《青浦区关于促进快递业健康发展的若干意见》。国家邮政局副局长刘君、上海市政府副秘书长黄融出席会议并发表讲话。

【上海4家快递企业被认定为重点物流企业】 8月初，经上海市交通委认定，45家企业被授予2014-2016年度上海市重点物流企业称号，其中圆通速递有限公司、顺丰速运集团（上海）速运有限公司、中外运—敦豪国际航空快件有限公司上海分公司、中铁快运有限公司上海分公司等4家快递企业名列其中。

【品牌快递企业均建立专职安全机构】 上海市邮政管理局在为期三个月的安全专项整治行动的基础上，下发了《关于部分品牌快递企业设立专责安全机构的情况通报》，明确要求上海市规模以上品牌快递企业必须建立专职安全机构，全力做好本企业的安全管理工作。

【实行国内EMS邮件大件分类投递】 8月，EMS启动大件分类投递工作。第一阶段覆盖中心城区22个营业部，20公斤（含）以上国内EMS邮件由电商与物流业务分公司集中投递，运作情况良好，日均投递量约200件，工作日当日妥投率95%以上。第二阶段投递范围增加至中心城区36个营业部，并增加丰功路850号场地作为电商与物流业务另一大件配送集散场地，日均邮件投递量500件。“双十一”旺季生产高峰期间，大件投递峰值量达1205件，大件投递妥投率保持在80%以上。

【上海邮币卡交易中心开业】 9月1日，上海邮币卡交易中心正式开业，这是全国第一家由中国邮政集团公司发起设立的邮币卡电子交易服务平台。交易中心成立前，全国有线下邮币卡交易市场62个，网络市场21个，由于交易平台、交易手段、交易保障体系等方面存在的缺陷，导致秩序混乱、市场萎缩。交易中心的成立，旨在有效整合线下资源与线上优势，建设一个权威、安全、便捷的交易平台，为广大投资者和收藏者提供一个公开、公正、公平的交易环境。交易中心有四种交易模式——现货挂牌交易、现货竞价交易、现货订单交易和现货托管交易。11月21日，根据交易规则，《建国35周年纪念币》、《三轮龙大版》、《金铜佛造像小版》3种托管商品在交易市场上市交易。

【部署“双十一”旺季服务和安全保障工作】 10月28日，上海市邮政管理局召开快递业务旺季服务与安全保障工作动员大会，部署“双十一”旺季服务和安全保障工作。曾军山局长作了书面讲话，夏颐副局长作了部署安排，局内各处室、管理局全体人员，沪上25家主要品牌的快递企业负责人及200多个加盟网点负责人出席了会议。

【率先建立邮政市场行刑衔接机制】 11月3日，上海市邮政管理局、上海市公安局联合下发了《关于加强上海市邮政市场行政执法与刑事司法衔接配合工作若干问题的实施意见》，着力构建行政执法和刑事司法“无缝对接”体系，严厉打击邮政市场违法犯罪行为，在全国邮政管理系统率先建立了邮政市场行刑衔接机制。

【上海市邮政管理局督导旺季快递服务与安全保障工作】 11月9日，国家邮政局副局长刘君率领工作组赴上海检查督导“双11”快递服务保障工作筹备情况，并组织召开在沪主要品牌快递企业督导会。11 月 10 日，上海市邮政管理局局长曾军山深入快递企业中心城区网点，检查督导“双 11”旺季备战情况。11 月 11 日深夜，上海市邮政管理局局长曾军山率队先后巡查了韵达、中通、圆通等快递企业，现场检查督导上海市各大快递企业旺季生产情况。

【各大媒体集中关注“双 11”快递服务情况】为促进社会各界了解上海市“双 11”业务旺季快递服务与安全保障情况，上海市邮政管理局组织了“双 11”媒体一线行活动．国家邮政局新闻宣传中心组织的《人民日报》、新华社、《经济日报》、中央电视台、《中国交通报》等中央媒体，《中国邮政快递报》《快递》杂志等行业媒体，以及上海电视台、上海广播电台、新华社上海分社、《解放日报》等地方媒体近 20 名记者参加了此次活动。

【“上海快递总部企业评测指标体系”研究项目启动】12 月 3 日，上海局召开“上海快递总部企业评测指标体系”研究项目启动会议。市政府研究中心和市交委港航发展研究中心专家、“四通一达”快递总部企业相关负责同志以及课题项目组成员参加了会议。

（五）科技、文化和社会责任

【概况】上海市邮政管理局年内制定并印发《党员领导干部密切联系群众工作制度》，建立局党组成员联系点和班子成员联系企业制度、专题调研制度、谈心交心制度、征求意见制度。加强党的基层组织建设，建立退休干部党支部，成立局团委，凝聚青年干部力量，服务青年干部成长。组织快递企业党组织建设情况问卷调查，制定印发《关于加强上海非公快递企业党群工作的指导意见》。

开展 2014 年度上海市快递行业精神文明建设“十佳”好人好事评选活动，各快递企业筛选上报救死扶伤、拾金不昧、助人为乐、乐善好施、爱岗敬业等典型性好人好事共 45 件。开展“奋战双十一·争当五最佳”服务竞赛活动，各企业推荐“最佳受理”、“最佳窗口”、“最佳揽投”、“最佳分拣”、“最佳售后”共 60 多个。在上海市快递行业开展青年文明号创建活动，与团市委联合开展快递行业青年文明号“创建示范集体”命名授牌仪式，与建设交通团工委联合开展青年文明号 20 周年纪念活动，2014 年度共有 3 家单位获评全国青年文明号。组织市公务员六项技能大赛和开展学习“最美快递员”座谈会。

上海市邮政管理局协助国家局人事司在上海召开邮政行业职业教育工作专题调研会，研讨制定加快发展现代邮政职业教育的指导意见。参与制定并印发《关于加强上海市邮政行业人才工作的意见》。

2014 年，上海市快递行业协会被市人社局正式命名为上海市高技能人才培养基地，享受相关政策扶持。组织开展 11 批快递业务员职业技能培训，为企业送教上门 8 次，培训人数达 1982 人。组织了 23 场鉴定考试，参加鉴定考试人数达 4455（其中初级工 2504 人，中级工 1193 人，高级工 758 人），鉴定成绩合格人数为 3934 人。

年内，上海市邮政公司加大科技信息化建设力度，发挥技术引领作用。大力开发业务应用软件，全年完成 27 项软件开发项目，使信息技术贯穿生产管理各个环节，为企业内部管理和经营发展提供技术支撑。继续通过上海邮政博物馆展示企业形象，全年累计开馆 287 天，共接待参观者 10.19 万人次。积极参加市委宣传部、市教委、市科委、市体育局等组织的活动，发挥博物馆科普教育基地的作用。

【上海快递业学习“最美快递员”】4月3日，“中国梦·邮政情寻找最美快递员”50名入围候选人在国家邮政局网站和《中国邮政快递报》同步公示。其中，上海有5名候选人入围，分别是百世汇通的李元明、中通的刘鹏、国通的蒲菲飞、中通的王路路、全峰的赵宏。

5月4日，上海局召开全市邮政业学习“最美快递员”暨“五四青年节”座谈会。上海局党组书记、局长曾军山，纪检组长、副局长刘宪民，副局长、局工会主席夏颐，局快递企业精神文明创建工作领导小组，局团委（筹），局机关各处室、管理局青年干部，全国十佳“最美快递员”代表、“最美快递员”入围者代表，市邮政公司、各大快递企业精神文明创建负责人出席会议。会上，全国十佳“最美快递员”百世汇通的李元明、速尔物流的雷娟娟、国通快递的石头蛋、圆通速递的张锦及“最美快递员”入围者国通快递的蒲菲飞、全峰快递的赵宏、中通快递刘鹏分别介绍了自己的事迹。局机关各处室、管理局部分青年代表和部分企业负责人畅谈了学习“最美快递员”的心得体会。

【上海市邮政管理局成立团委】2014年6月，在局党组领导高度重视下，正式召开了共青团上海市邮政管理局第一次团员大会，成立局团委，选举产生了第一届团委班子成员。

【上海邮政业全力做好云南鲁甸抗震救灾工作】8月3日16时30分，云南省昭通市鲁甸县发生6.5级地震，按照上海市邮政挂管理局要求，各快递企业立即采取有力措施，纷纷开通云南鲁甸抗震救灾绿色通道，全力保障抗震救灾物资及时安全运输，全力支援云南鲁甸抗震救灾工作，全力帮助灾区人民渡过难关。

【开展快递行业青年文明号创建示范集体命名仪式】11月中旬，上海市邮政管理局团委联合上海团市委青工部、市交通团工委组织开展了上海市快递行业青年文明号创建示范集体命名仪式。上海市交通委党组副书记、纪检组长蔡军及团市委相关领导向上海市邮政速递物流有限公司、上海圆通速递有限公司、中通快递股份有限公司等3家快递企业的青年文明号创建集体负责人颁发了快递行业青年文明号创建示范集体公示牌匾。

【“上海快递客户端”项目验收】12月23日，上海市邮政管理局组织召开了“上海快递客户端”项目验收会。经过讨论，验收专家组一致认为：该系统实现了邮政管理局内部信息发送的移动政务应用和邮政快递行业相关的新闻资讯、行业舆情等信息发布，功能基本满足邮政管理内部业务工作需求，达到项目合同规定的内容，同意通过验收。

【信函分拣机配备工程通过初验】该工程于2013年5月25日开始施工，9月下旬完成信函分拣机、信盒输送设备及电源设备的安装和调试，2014 年 3 月 27 日通过初步验收。工程包含 3 台信函分拣机，均采用模块化设计。整个系统由供信分离、非标检测、图像采集、延迟翻转、分配整合、集堆器等六大模块组成，通过识别中文地址及邮编，根据用户需求进行按址或按码方式分拣，具有出口分拣、进口分拣及道段分拣三种工作模式；同时还有集中监控、信息统计管理等多种功能。此项工程的建设，提升了上海邮政信函分拣现代化水平，减轻劳动强度，加快邮件传递速度。

【邮储逻辑集中工程顺利切换上线】 邮政储蓄逻辑集中工程是邮储银行一项重大金融信息化建设项目，是中国邮政集团公司根据 IT 总体规划目标蓝图演进路线建设的一套以客户服务为中心、以产品管理平台为框架，整合本外币储汇业务功能为一体的数据全国逻辑集中的业务系统。6 月，上海邮政进行两轮切换预演，顺利完成标准数据验证、移植数据核对、演练案例测试等工作。7 月 4–5 日，逻辑集中工程成功切换上线，经 4000 余名储蓄柜员和管理人员的通力协作，全市 400 多家邮政金融网点顺利完成切换工作。

【设计亚信峰会集邮礼品】 5 月 20–21 日，亚洲相互协作与信任措施会议第四次峰会在上海举行。会议主办方与上海邮政联手策划设计多款集邮品，用于馈赠各国贵宾。峰会集邮礼品分为邮册（A、B 两款）和邮折两大类，其中 A 款邮册为峰会专用册 200 册，仅供会议使用。邮册结合中华传统与现代设计，融入中国特色的京剧脸谱、中国传统灯彩、丝绸之路、中国古典小说——西游记及郑和下西洋等传统文化元素，以及世博中心、皇家园林、颐和园、海上名园、豫园与上海民居——石库门等京沪著名景点，展现中华民族的璀璨历史和文化瑰宝。

【开办上海集邮品集市】 3 月 8 日，上海集邮品集市首次于上海邮政大楼中庭举行，为集邮爱好者提供一个集邮品交易平台。上海邮政认真审核设摊人员资质，现场共设摊位 42 个，其中邮政内部设摊 3 个，公司设摊 8 个，邮商设摊 4 个，其余为个人设摊销售。销售品种包括个性化邮票、外国邮票、各类封、片、卡、钱币等商品，特别是价格低廉的封片纸币、年册以及一些原创个性化邮票、浴马图等题材较好和有特色的产品受到广大集邮爱好者和市民的热捧。集市于每月第二个星期六定期举办，为更多集邮爱好者提供交流平台。。

【邮政博物馆参展上海科技周】 5 月 17–23 日，由市委宣传部、市科委、市科协共同主办的 2014 年上海科技周活动在上海跨国采购中心举行，上海邮政博物馆受邀参展。展项分两部分内容，一是实物展品，包括邮政各个时期使用的实寄封和 50、60 年代的明信片等；二是邮政互动体验展项——新型个性化明信片制作机，只需微信扫一扫，便可打印出科技周活动的个性化明信片，提升展览的科技含量和趣味性、互动性。

（汤琳）

十三、海洋海事

（一）综述

2014年，海洋综合管理工作取得新进展。发挥海洋经济发展联席会议的机制平台作用，加强海洋发展战略研究，基本形成本市海洋发展总体目标和发展思路。《上海市海洋战略性新兴产业发展指导目录》向社会发布，“上海市海洋局海洋生物医药工程技术研究中心”挂牌成立，海洋经济运行监测与评估系统投入运行，海洋经济调查前期工作有序推进。加强海洋基础性工作，完成海域海岛普查和大陆岸线修测、佘山岛领海基点保护区选划工作，海洋综合保障基地项目进入立项阶段，中央分成海域使用金项目加快推进。加强杭州湾用海规划审批协调，完成金山新城东部区域用海规划环评、海域论证申报工作。编制发布海洋环境质量公报，启动海洋灾害风险评估与区划项目，修订完成处置海洋灾害专项应急预案，海洋生态环境监测和海洋观测预报工作进一步加强。此外，协调推进长江口滩涂资源与杭州湾海域资源开发利用与保护，实施滩涂促淤15.50万亩，圈围5.55万亩，为上海经济社会发展拓展了新空间。

上海海事局以海事“革命化、正规化、现代化”建设为主线，以水上安全监管为中心，全面履行海事职责，持续“打造责任链、编织安全网”，推动海事职能转变，有效服务经济社会改革发展。

（二）海洋管理

【概况】2014 年，海洋综合管理工作取得新进展。发挥海洋经济发展联席会议的机制平台作用，加强海洋发展战略研究，基本形成本市海洋发展总体目标和发展思路。《上海市海洋战略性新兴产业发展指导目录》向社会发布，“上海市海洋局海洋生物医药工程技术研究中心”挂牌成立，海洋经济运行监测与评估系统投入运行，海洋经济调查前期工作有序推进。加强海洋基础性工作，完成海域海岛普查和大陆岸线修测、佘山岛领海基点保护区选划工作，海洋综合保障基地项目进入立项阶段，中央分成海域使用金项目加快推进。加强杭州湾用海规划审批协调，完成金山新城东部区域用海规划环评、海域论证申报工作。编制发布海洋环境质量公报，启动海洋灾害风险评估与区划项目，修订完成处置海洋灾害专项应急预案，海洋生态环境监测和海洋观测预报工作进一步加强。此外，协调推进长江口滩涂资源与杭州湾海域资源开发利用与保护，实施滩涂促淤 15.50 万亩，圈围 5.55 万亩，为上海经济社会发展拓展了新空间。

【海洋环境监测与质量概况】2014 年，海洋环境质量监测要素涉及水文气象、海水、沉积物、生物等百余项。监测海域覆盖上海市及邻近海域，面积逾 1.72 万平方公里，共布设水质站位 307 个，沉积物、生物站位各 186 个，共采集样品约 6,000 个，获得监测数据约 74,000 个。

监测结果表明，2014 年监测海域海水水质状况基本保持稳定，超过第四类海水水质标准的要素仍为无机氮和活性磷酸盐；沉积物环境质量状况良好；海洋生物种类变化不大，群落结构基本稳定。水源地邻近水域多数监测要素符合Ⅲ类地表水环境质量标准，总磷等个别要素超标。海洋自然保护区水体除无机氮和活性磷酸盐外，其他监测要素符合第一类海水水质标准，沉积物环境质量满足其功能区要求。金山城市沙滩滨海旅游度假区和奉贤碧海金沙滨海旅游度假区适宜开展休闲（观光）活动。除水体中无机氮和活性磷酸盐外，海洋（涉海）工程区和倾倒区环境质量状况满足相应功能区要求。

2014 年本市海域未发现赤潮。长江口陈行和青草沙水库邻近水域上半年冬春季出现 4 次咸潮入侵过程。崇明岛东部未出现海水入侵，土壤盐渍化程度有所增加。崇明东滩南部部分岸段受侵蚀。本市海域海水环境中放射性水平未见异常。

【海洋环境放射性监测】 2014 年，对青草沙水库邻近水域、佘山岛邻近海域开展海洋环境放射性监测的结果显示，监测海域海水中总 β、131I、137Cs、90Sr 放射性水平均在近海海洋天然本底范围内，其中，131I、137Cs 均未检出，90Sr 远低于海水水质标准的标准值。

【海域使用管理】2014 年，上海市海洋局共完成审批海域使用项目 4 个，共登记发证 4 宗用海，确权面积 489.2 公顷。全年我市共完成征收市批项目的海域使用金 998.1 万元；受国家海洋局委托，征收国批项目的海域使用金 298.6 万元。统筹利用滩涂与海域资源，实施滩涂促淤 15.50 万亩、圈围 7.29 万亩。

【海洋倾废管理】 2014 年，上海市海洋局共签批海洋倾废许可证正本 207 份，批准疏浚物倾倒总量 743.58 万立方米，骨灰撒海

3760盒，涉及使用了长江口1#、2#、3#疏浚物海洋倾倒区、长江口骨灰撒海倾倒区以及金山疏浚物临时海洋倾倒区。

【世界海洋日暨全国海洋宣传日宣传活动】 6月8日，“上海市2014年世界海洋日暨全国海洋宣传日启动仪式”在金山区城市沙滩举行。启动仪式由上海市海洋局副局长杨健主持，金山区区长李跃旗致辞，市海洋局副局长沈依云作主旨讲话并宣布开幕，市海洋局、市发改委、中国极地研究中心、第二军医大学和金山区政府领导共同为第二军医大学“上海市海洋生物研究中心”授牌，为上海市首支海洋环境保护志愿者服务队授旗，同时还举行了第29届上海市青少年科技兴海专项奖颁奖仪式。此次纪念活动由金山区人民政府和上海市海洋局共同主办。由金山区海洋局、上海市海洋管理事务中心承办。整个活动紧紧围绕“保护海洋环境，发展海洋事业”这一主题，精心设计了“启动仪式”、“金山海洋事业发展专题研讨会”、“雪龙号”南北极考察报告会、上海海岛首次海陆空执法演练等系列活动，旨在通过这些精彩的活动弘扬海洋文化、保护海洋海岛环境，加强海洋知识和海洋意识的传播。除主场活动外，当天全市还开展了各类宣传、保护海洋知识的分场活动，有上海市保护海洋环境志愿者服务队清洁沙滩服务活动，“踏海寻洋、蔚蓝中国梦”的“海大人文”海洋节系列宣传活动，“携手看海去——上海青少年海洋知识传播行动”系列活动，海洋科普教育（实践）基地授牌、海洋文化创意作品展及《海洋科普资源手册》首发仪式；海峡两岸海洋文化论坛交流活动；世界海洋日海洋科普系列宣传活动等。

【向海洋“小科学家”颁发“科技兴海奖”】 为推动本市青少年海洋科技活动的蓬勃开展，培养青少年的创新精神、实践能力和海洋意识，培育优秀海洋科技创新后备人才，6月8日，上海市海洋局首次在上海市青少年科技创新大赛上资助设置了“科技兴海奖”专项奖，并向第29届上海市青少年科技创新大赛涌现出的小小海洋科学家颁发了“科技兴海奖”获奖证书。

此次创新大赛中共有58件涉海类作品同台竞争，既有“低成本自然热能海水淡化”的海洋新能源类成果，又有“仿章鱼多臂软体机器人”海洋生物仿生类成果，同时还包括海洋工程结构、海洋船舶动力、海洋生物医药、海洋环境保护等多个领域，展现了本市中小学生无拘无束的想象力和创造力。最终，来自七宝中学的万玉婷同学、上海中学的陈韵竹同学等10名选手凭借独特的创新理念脱颖而出。

（谷鸿鹄）

（三）海事管理

【概况】 2014年，上海海事局以海事“革命化、正规化、现代化”建设为主线，以水上安全监管为中心，全面履行海事职责，持续“打造责任链、编织安全网”，推动海事职能转变，有效服务经济社会改革发展。

上海海事局辖区共发生一般及以上等级事故32件，沉船19艘，运输船舶人员死亡/失踪15人，经济损失6933万元。与去年同期相比，事故件数持平，沉船艘数下降20.83%，运输船舶人员死亡/失踪人数上升36.36%，经济损失下降69.68%，辖区水上安全形势总体基本稳定。全年巡逻艇完成巡航15812次，海事空巡飞机共完成空巡190架次。协调搜救行动213次，出动海事巡逻艇273艘次，专业救助船舶49艘次，飞机77架次（其中海事空巡飞机15架次），社会船舶195艘次，渔船149艘次，军舰7艘次，过往船舶41艘次，成功救助船舶111艘次，人员1277人次（遇险1327人次），搜救成功率达96.23%。其中海事巡逻艇成功救起落水人员19名，巡航救助一体化工作初显成效。开展黄浦江电视监控全覆盖工作，组织完成黄浦江智能巡航系统升级，实施上海辖区水域三维实景开发，推进黄浦江水上综合信息平台（水中站）建设。全年发布航行通告672件。吴淞和洋山港船舶交管中心共提供信息服务313283次，提供助航服务805次，纠正处置违法行为71件次，实施交通组织2805次，实施重点船舶监控113580艘次，避免险情7896次。

了“MOLMOTIVATOR”轮与“中兴2”轮碰撞事故、“SilverPhoenix”轮和“浙嵊渔05885”轮碰撞事故电子证据数据分析，取得了良好的效果。通过开展《大型集装箱船舶能见度不良天气下进出上海洋山深水港通航安全可行性研究》、《船舶报告制编制及评估指南研究》、《海（水）上搜救成功率评价体系研究》等课题研究项目，通航搜救能力得到进一步提升。

定期开展辖区客运船舶和危险品船舶的安全大检查专项活动，落实东京备忘录新检查机制（NIR）实施，组织东京备忘录船员休息时间PSC集中检查会战。做好华东片船

2011–2014年搜救行动统计

年份	协调搜救行动	出动海事巡逻艇（艘次）	协调专业救助船（艘次）	社会船（艘次）	飞机（架次）	成功救助（人）	救助成功率（%）
2011年	205	193	88	224	86	1447	95.07
2012年	220	250	69	376	67	1126	96.57
2013年	243	309	63	323	91	2787	98.38
2014年	213	273	49	195	77	1277	96.23

制定出台《上海海事局桥区水域通航安全监督管理办法》和《上海海事局引航作业活动安全监督管理办法》，采取了规范管理长江口定线制A、B、C通航分道交通流向等一系列措施，使得长江口船舶碰撞风险和大桥船撞风险均有所降低。2014年，中国海事局海事调查实验室正式运行，承接

舶监督管理研讨工作，开展各类安检业务及特色培训，推进水上客运危险源研究课题成果转化与运用。全年实施港口国监督检查610艘次，船旗国监督检查4157艘次。开展了保“春运”集中整治，非法锚泊以及废油船、电焊船、非法采砂船舶专项治理，“治爆缉枪”行动等各类水上专项行动。

上海海事局2014年船舶安全检查情况统计表

项目		检查艘次	缺陷数量	滞留艘次	滞留率（%）
PSC检查		610	2242	10	1.63
FSC检查	海船	1411	9686	13	0.92
	内河船	2746	16880	31	1.12
	小计	4157	26566	44	1.05
合计		4767	28808	54	1.13

全面试行国内航行海船电子签证，截至 2014 年底，船籍港为上海的船舶电子签证注册共计 1002 艘。全年办理沿海船舶航次签证 96232 艘次，内河船舶航次签证 289710 艘次，定期签证 23223 艘。试行辖区非开放码头临时接靠审批制改为备案，对 352 艘次国际航行船舶实施非开放码头临时接靠备案。配合做好上海国际贸易“单一窗口”建设，实现出口岸联系单在各查验单位之间的电子化流转。全年实施国际航行船舶口岸查验 41045 艘次。开展“中国（上海）自由贸易试验区国际船舶登记制度推进与研究”工作，开展“高效率船舶登记（零待时）方案”研究。截至 2014 年底，上海海事局在册登记船舶 2290 艘，总吨位 18827190；其中国际航行船舶 415 艘，总吨位 11334979。

严把航运公司和船舶体系审核质量关，开展航运公司日常监督检查，出台《上海海事局安全与防污染诚信管理办法（试行）》，加强对辖区高风险、安全状况不稳定的航运公司的重点监控。对航运公司发生重大事故、船舶连续被滞留等情况，适时启动约谈机制，

上海海事局2014年在册登记船舶总体情况

船舶种类	船舶数（艘）	同比（%）	总吨	同比（%）	平均单船总吨	同比（%）
国际航行船舶	415	-4.16	11334979	-0.19	27313	4.14
国内航行海船	1092	-0.18	6458150	3.11	5914	3.3
国内航行河船	783	-3.21	1034061	1.41	1320	4.76
总计	2290	-1.97	18827190	1.01	8221	3.03

上海海事局2014年船舶签证和口岸查验数据统计

<table>
<tr><th colspan="2">项目</th><th>船舶艘次</th><th>与去年同比（%）</th><th>单船数</th><th>货物装卸量（亿吨）</th></tr>
<tr><td rowspan="3">国际航行船舶口岸查验</td><td>中国籍船舶</td><td>1952</td><td>-5.47</td><td>239</td><td>0.14</td></tr>
<tr><td>外国籍船舶</td><td>39093</td><td>-0.91</td><td>5278</td><td>3.05</td></tr>
<tr><td>小计</td><td>41045</td><td>-1.14</td><td>5517</td><td>3.19</td></tr>
<tr><td colspan="2">沿海船舶航次签证</td><td>96232</td><td>5.62</td><td>4161</td><td>2.32</td></tr>
<tr><td colspan="2">内河船舶航次签证</td><td>289710</td><td>-6.8</td><td>16402</td><td>1.79</td></tr>
<tr><td rowspan="6">定期签证</td><td rowspan="2">沿海船舶</td><td>2953 艘/</td><td rowspan="2">-10.96</td><td rowspan="2">201</td><td rowspan="2">0.2</td></tr>
<tr><td>76486 艘次</td></tr>
<tr><td rowspan="2">内河船舶</td><td>20277 艘/</td><td rowspan="2">-12.04</td><td rowspan="2">1267</td><td rowspan="2">0.16</td></tr>
<tr><td>1020266 艘次</td></tr>
<tr><td rowspan="2">小计</td><td>23223 艘/</td><td rowspan="2">-11.96</td><td rowspan="2">1468</td><td rowspan="2">0.36</td></tr>
<tr><td>1096752 艘次</td></tr>
<tr><td colspan="2">合计</td><td>1523739</td><td>-9.8</td><td>26454</td><td>7.66</td></tr>
</table>

引导和督促企业分析原因，落实整改，加强管理。截至 2014 年底，上海片区安全管理体系航运公司共 132 家，体系内船舶 938 艘。全年实施国内公司审核 82 次，国际及双证公司审核 60 次，船舶审核 204 艘次。

辖区全年共发生船舶污染事故 7 起，无重大等级船舶污染事故，溢污量共计约 88.531 吨。全年实施现场检查 15404 次，处罚危防违法案件 695 起。开展船舶污染事故（含险情）及船载危险货物事故险情应急处置工作 8 起，船舶污染事故处置率达到 100%。全年共开展集装箱检查 22243 标箱，查获危险品谎报瞒报案件 134 起，涉及 225 个集装箱。贯彻《上海市大气污染防治条例》，开展“船舶 PM2.5 减排研究”等课题研究，推进危防监管规范化，完善危防质量管理体系文件。指导东海巡在空巡工作中监控船舶排污行为。完成研究建立溢油应急设备库运行维护制度任务。

做好船员培训机构核验审核以及船员服

上海海事局2014年在册登记船舶总体情况

序号	时间	地点	辖区	船名	船籍	事故概况及应急处理情况
1	1月16日	上海振华重工长兴岛分公司码头前沿	吴淞	长航集运 8302	武汉	该轮在上海港51#灯浮上游与南京个体蔡邵武所属的“康瑞 1”轮发生碰撞，事故导致“长航集运 8302”轮沉没于上海振华重工长兴岛分公司码头前沿，船上 700 公斤燃油、170 公斤润滑油和 1.0 立方米机舱油污水泄漏入江。崇明海事局组织两家清污公司实施现场清污。
2	5月21日	长江口南报告线以南约 2.5 海里处	吴淞	中拓 66	温州	碰撞造成“REDDRAGON”轮左舷船艏水线以上有直径约 0.3 米*0.1 米的破洞；“中拓 66”轮右舷四舱水线附近有 5 米*2 米破洞。约有 0.062 立方米的腐蚀性货物丙烯酸丁酯的残余液进入长江口水域。吴淞海事局指挥现场监护。船东自行联系协议单位东安海上溢油应急中心所属“沪环货 501”轮赶往现场应急。
3	7月11日	高桥石油站 8 泊位	杨浦	博丰油供 19	上海	装货油过程中，货油从 3 号货油舱（右）的观察孔溢至甲板，0.113 吨溢油翻出甲板挡板沿船体外板落江，造成港口水域污染。“博丰油供 19”轮通知应急清污协议单位上海东安水上污染防治中心有限公司进行清污行动。
4	11月6日	外四期码头	浦东	海华麦德（MEDAEGEAN）	塞浦路斯	进行加装 380#燃料油作业时，因未开启通往 3 号燃油舱的阀门，至 1 号左右燃油舱溢满，燃料油继而溢至溢油舱并从该舱透气孔溢出至甲板，约 0.25 吨溢油落入江中，造成码头前沿水域轻微污染。浦东海事局协调现场警戒守护与监督清污，MEDAEGEAN 轮船员使用吸油棉和木屑等进行清污，11 月 7 日全部清除。

5	11月12日	国际客运码头	黄浦	申燃14	泰州	供油作业期间因供油泵出口至右舷污油舱管路截止阀松开，货油被泵入污油舱后由污油舱舱口溢出，导致约14公斤货油(380CST燃料油)落江，造成黄浦江上海港国际客运中心码头至金陵东路轮渡站浦西侧水域局部污染。船方自行开展清污，黄浦海事局指挥协调初始处置和污染监视监测。上海申燃船务有限公司协调上海水域环境发展有限公司保洁服务分公司参与清污行动。
6	11月22日	长江口北槽航道D43灯浮附近水域	崇明	海德油9	大连	“海德油9”轮在长江口北槽航道D43灯浮附近水域与浙江省海运集团温州海运有限公司所属的“浙海156”轮发生碰撞，事故导致“海德油9”轮右3号压载舱、右3号货油舱破损，舱内约77.53吨柴油泄漏入江。船舶协议清污单位上海夕阳环保科技有限公司7艘船舶到场清污，并调派上海晨扬1艘、上海晟敏2艘清污船现场参与清污。
7	12月16日	长兴岛303灯浮附近	崇明	鑫安8号	上海	"鑫安8号"在长兴岛南岸303灯浮附近因天气原因自沉，共造成约9.689吨燃料油、柴油泄漏。崇明海事局指派夕阳公司6艘船舶，鑫安公司"鑫安019"前往现场应急处置。2014年12月19日清污结束。

务机构和海员外派机构的监督检查，日常监督检查率5%。圆满承办2014年全国海事系统船员管理工作会议，完成航海模拟器培训标准研究、驾机合一高级船员培训机制研究、内河船舶配员研究，编制发布《船员培训、考试、发证指南》、《船员咨询常见问题汇编》、《船员操作性检查指南》，为船员办事提供指导和便利。全年发放船员适任证书17245本（张），引航员适任证书119本，培训合格证15074张，海员证9769本，船员服务簿2240本，专业技术资格证436本。

组织实施船舶重要建造日期确认24起，实施船舶临时吨位证书发证188艘，进行现场复核89艘，计算复核92艘。开展对国际海事组织海安会、船舶设备和系统分委会的议题跟踪任务，为我国参会提供预案、提案准备。开展极地船舶航行国际事务应对和谈判工作业务，完成《外国在华验船公司审核程序》和《外国在华验船公司审核标准》修订。承担全国注册验船师资格考试专家委员会秘书处工作。协助中国海事局，在上海召开外国在华验船公司年会。

认真开展清理规范涉企收费减轻企业负担专项整治工作，取消船舶证明签证费等6项海事行政事业性收费和免征强制性护航收费，推广船舶代理公司港务费托收和银行转帐支付方式，创新港建费电子舱单报送及电子支付等举措，便利相对人缴费。参与船舶签证许可取消后规费征稽模式改革研究工作，协助交通运输部海事局起草《船舶港务费征收管理办法》及《船舶港务费征管工作规程》。加强规费日常稽查和现场稽查，推进稽查工作的常态化。加强信息化支撑，开发并试运行“港口建设费货物信息申报及电子支付系统”，开展海事征稽管理平台建设。

在全国直属海事系统内推广行政处罚裁量基准制度，完成交通运输部海事局规范海事行政处罚裁量权研究，为164种常见海事违法行为制定了裁量基准。全年实施海事行政处罚4723件。为9个分支局的13个政务受理站点开发软件并安装了自助处罚终端，全年全局通过网上/自助处罚系统处理案件2293件，占上海海事局行政处罚案件总数的48.55%，其中通过自助终端处理案件1369件。提高执法督察的频率和有效性，全局共计开展定期、专项以及不定期督察2354次。对执法督察软件模块进行了升级改造，实现执法督察工作的信息化闭环管理。

截至2014年底，管理航标总数5799座，其中公用航标3369座，代管航标2430座。航标总数比去年底增加337座。全年共完成2055177航标维护座天，航标正常率为99.94%，维护正常率100.00%。实施E航海战略，加大科技和信息化建设应用。履行航标设置技术审查和专业管理工作，服务好地方经济建设，完成76项航标技术审查和专业管理工作和22项工程航标效能验收，完成接收地方航标47座。开展国际航标前沿学术跟踪研究，编写东海航保洋山港E-航海和温州实训基地宣传材料，并在国际航标协会（IALA）大会上展示。

开展“水文站网总体布局方案研究”、“海道测量生产数据库（HPD）应用服务研究”、“水面智能无人测量平台”、“航海图书序列之助航标志表制作”、“极地航海保障研究”、“电子海图云服务”等课题研究。服务上海自贸区和国际航运中心建设、江苏沿海大开发战略实施、浙江海洋经济发展示范区和福建海峡西岸经济区建设，江浙沪闽重要港口、水域的水运工程提供通航尺度核定测量服务66次。及时完成“兴泰5”轮沉船水域应急扫测等指令性应急测绘项目14项，累计测量面积1214.72换算平方公里。全年累计完成8802.93换算平方公里的测量任务，制作港口航道纸海图369幅、电子海图275幅，发行港口航道纸海图142755幅、电子海图442879幅次。测绘产品优良率100%。派员参加中国第31次南极科考队，首次跟随“雪龙号”科考船实施南极水域测绘工作，制作南极及其附近水域的中文版极地科考专用示意图十余幅。

2014年共播发海上安全信息31.4693万次，处理数字选择性呼叫（DSC）信息约84万条，处理遇险通信325次。通水上安全通信差错率为0，水上安全通信设施可用率99.9803%，水上安全通信设施恢复及时率98.7798%，全面达到预定目标。应急通信保障有力，在5月21日“大力20”轮在青岛水域撞沉渔船事故中，上海海岸电台第一时间听到遇险呼叫，确保搜救行动有效展开，遇难船上20名落水人员全部获救。2014年为107艘船舶办理电台执照，为4492艘船舶办理识别码证书。

【洋山港首次成功实现夜间“套泊”】 1月21日22时30分，洋山港盛东2泊位的德国籍大型集装箱船“中远拿波利”轮准时解缆离泊开航，与此同时等在泊位附近水域的伊朗籍大型集装箱船舶“芮塔”轮缓缓驶至该泊位，标志着洋山港首次成功实现大型船舶夜间“套泊”作业。

由于洋山港航道盘卧在岛礁区，由此产生的岸推岸吸效应会对大型船舶的正常操作产生不利影响。而夜间“套泊”作业，还要突破夜间码头背景亮光和附近助航参照物夜间受限等因素对船舶驾引人员的不利影响。为确保夜间“套泊”作业顺利实施，洋山港海事局在前期专门组织引航站、码头方等有关单位进行安全协调评估，制定了周密的操作计划和安全保障措施。作业期间洋山港海事局严格按照安全作业方案，充分利用船舶交通管理系统（VTS）、闭路电视监控系统

（CCTV）和专台专员监控，对参与试验的两艘船舶进行远程重点监管和交通组织，协调引航站派遣资深引航员操船，严格按各时间节点控制船位，并派遣海事巡逻艇进行现场监督指挥，保障首次夜间“套泊”作业万无一失。

洋山港夜间“套泊”作业的顺利进行，大大缩短了大型船舶在洋山港的侯泊时间，标志着洋山港成功实现全天候“套泊”作业，洋山港通航功能进一步提升，有助于增强洋山深水港的国际竞争力。

【保障邮轮“歌诗达大西洋”轮与“苏州号”轮雾航进港】 2月2日（农历正月初三），长江上海段能见度不足百米，邮轮“歌诗达大西洋号”（载旅客2300名）和“苏州号”（载旅客375名）不能按时进港，同时，本航次出港游客近3000人已抵达港口，无法上船。应船方需求，上海海事局经综合评估安全风险，协调各方力量，制定严密的安全引导措施，在各单位落实安全保障措施的前提下，在能见度不良情况下引导两艘邮轮雾航进港。“苏州号”轮于2日2342时在吴淞口锚地安全抛锚，“歌诗达大西洋”轮于3日0330时靠泊码头，并于3日0715时开航。此次成功处置“歌诗达大西洋号”航班延误，及时避免了春节期间旅客大面积滞留，保障了上海国际邮轮游客的安全顺利出行。

【上海海事局圆满完成亚信峰会和中俄军演水上交通管控工作】 2014年5月20日至27日，举世瞩目的亚洲相互协作与信任措施会议（简称亚信会）第四次峰会和“海上联合-2014”中俄军事演习在上海举行。在交通运输部的统一部署下，上海海事局圆满完成“亚信峰会”及“中俄军演”期间船舶水上辖区安全管控工作，实现了水上安保“零事故”，确保了水上安保形势平稳有序。

为保障亚信会及军演的顺利举行，上海海事局在前期开展黄浦江通航环境专项整治活动，同时与系统内外相关单位分工协作，对拟停泊、作业于特定水域或途经上海内河水域的国内航行船舶采取专项安全检查、船舶签证管理、船舶和船员信息报送、国际航行船舶保安检查等一系列管制措施。自4月10日至5月27日，上海海事局共实施船舶专项安全检查2130艘次，发现缺陷12340项，船舶信息报送10706艘次，船员信息报送584人。办理港内作业船舶备案385艘，其中亚信会专用船舶133艘。在交通管控方面采用世博模式，按照“分域管控、远端控制、进入核查、停泊控制”的工作原则，在上海港水域设置了核心管制区、周边控制区、外围防范区和预控区，把好船舶、人员和货物的安全关：一是周密部署维护保障方案，制定了临时交通管制、编队护航、靠泊后安全值守等保障方案，细化各项维护保障工作要求。二是提前做好宣传工作，通过短信平台、微博平台、张贴告示和政务中心等多种渠道对船舶进行告知，利用新媒体进行宣传并详细准确解答外部来电咨询，做好宣传解释工作。三是在黄浦江水域实施交通管制，发挥“智能巡航”优势，与现场轮艇有效联动，对黄浦江水域内各船舶进行疏导，为保障亚信会成功举办和中俄军舰编队进口创造安全畅通的通航环境。四是设置了11条检查线、7条报告线及3个海事、公安联合检查站，并部署37艘海巡艇和7艘应急拖轮开展现场管控。五是全局人员响应号召，参与一线巡航执法与应急值守，日夜兼顾补充一线管控力量，维护停泊水域通航秩序，保障靠泊期间的安全。

【海事空巡飞机首次开展对春晓、平湖油气田巡视活动】 5月7日1150时，海事空巡飞机B3552从舟山普陀山机场起飞，经过1个小时的飞行抵达春晓油气田后，对春晓油气田内建设的开采平台、附近水域环境以及途经和现场作业船舶等情况进行盘旋巡视，历时40分钟。1335时，飞抵平湖油气田，现场盘旋巡视近30分钟。本次巡航是上海海事局首次使用固定翼飞机开展春晓、平湖油气田巡视活动，通过本次巡航了解熟悉了春晓、平湖油气田附近水域的现场情况，油气田内开采平台的布设位置和作业情况，以及平台附近的通航环境，为应急处置边缘海区油气田水域内的突发事件、提高应对油气田水域内突发事件的应急处置能力，最大限度的保障海洋环境清洁，及时救助人员财产安全，有效维护国家海洋权益收集整理了第一手资料，同时也标志着我国海事部门开始对春晓、平湖油气田附近水域实施常态化巡视活动。

【开展水上交通安全“打非治违”专项整治活动】3月21日起，上海海事局按照交通运输部、国家安全监督总局关于开展水上交通安全“打非治违”专项整治活动以及交通运输部关于加强“平安交通”建设集中整治安全生产问题的要求，结合辖区水域特点，联合上海市相关涉水部门开展水上非法违法生产经营整治工作，形成整治合力，狠抓现场检查，取得良好效果。

整治活动的主要措施包括四个方面。一是全面治理黄浦江水域通航环境。联合上海市交通委员会、上海市公安局和上海市水务局开展黄浦江水域通航环境专项治理活动，对“三无”船舶，建筑渣土（泥浆）运输船舶偷排乱倒，浮吊船违规作业，船舶不按规定配备和使用AIS设备，违规接收油污水和垃圾，超载运输、超宽靠泊、超宽带浮筒等严重影响黄浦江水域通航环境的违法行为进行了全面梳理和整治。4月1日至5月22日，共检查船舶1392艘次，查处“三无”船179艘次，驱离长期闲置船舶58艘次，查处违法建筑渣土（泥浆）运输船舶6艘次、其他违法船舶147艘次。二是开展内河船从事海上运输整治，遏制船舶超航区生产经营活动。与江苏海事局、浙江海事局、上海市交通委协作，通过区域联动、源头治理、疏堵结合，保持对内河船舶违法参与海上运输的高压态势。在长江口南槽航道内河与海区交界水域附近设置了拦截检查线和违法船舶查扣区，安排巡逻艇和拖轮驻守，对出口内河船舶进行拦截和劝回，对进口内河船舶实施现场检查。5月28日至11月30日，共检查内河船舶5564艘次（其中拦截检查713艘次），检查码头、浮吊和宕口1726次，查处违法内河船舶131艘次，罚款337.975万元，拘留无证驾驶船员7人，有力震慑了违法船舶和人员，辖区内河船从事海上运输行为得到初步遏制。三是集中推进水上危化品运输安全整治。加大集装箱开箱检查、危险货物装箱检查、小型液货船的跟踪检查力度，严厉打击危险品瞒报谎报、装箱缺陷、防控措施不到位等行为。8月15日至10月15日，实施集装箱开箱检查108标箱，查处谎报瞒报案件24宗，检查油船和化学品船111艘次，发现和纠正缺陷434项；开展污染物接收船舶专项检查105次，发现安全隐患41项；对码头装卸作业安全和防污染措施落实情况检查52次，有效提升了辖区危险品运输的安全系数。四是加强涉水工程、浮吊的源头监管，严厉打击砂石船无证、超载、缺员等违法行为。对辖区涉水工程进行全面排查，整治期间共查处违法施工船、砂石船278艘次，违法作业浮吊12艘，责令涉水工程停业整顿7个，砂石船源头管理取得明显效果。

【开展海事行政审批事项取消和权限下放工作】2014年，上海海事局按照上级部门关于简政放权和行政审批制度改革要求，及时落实取消了6项行政审批事项，承接了2项上级部门下放的行政审批事项。同时，回应行政相对人迫切需求，将上海海事局本级机构承担的行政审批事项授权下放到局政务中心和部分分支局。5月26日，授权局政务中心开展14项行政审批事项的全过程业务办理和5项行政审批事项除审批以外环节的业务办理。6月10日，授权杨浦海事局源深路办事处开展2项行政审批事项的全过程业务办理和16项行政审批事项的受理、初审和送达业务。8月27日，授权崇明海事局开展4项行政审批事项的全过程业务和18项行政审批的受理、初审和送达业务，授权洋山港海事局在上海自贸区范围内开展14项行政审批的全过程业务办理和6项行政审批事项除审批外环节外的业务办理。一系列行政审批业务的下放，使得海事政务窗口布局得以完善，海事业务办理更加便利，政务受理效率大幅提升，有力支持了上海国际航运中心、上海自由贸易试验区和长兴海洋装备岛建设。

【中国海员发展战略研讨会在沪召开】 6月25日，中国海员发展战略研讨会在上海召开。会议提出加强海员发展战略研究，改善海员发展环境；扩大海员市场开放，助推中国海员走出去；深化船员管理模式改革，打造服务型海事船员管理范式，争取到2020年实现我国从船员大国到船员强国的目标。会议高度肯定了海员对我国经济社会发展所作出的贡献，发布了《中国海员信息公告》、《中华人民共和国海事局便利船员服务清单》和《中华人民共和国海事局2014年船员管理简政放权清单》。来自各直属海事局、中国海员建设工会、中国船东协会、虹口区人民政府以及各地船员服务机构、海员外派机构、航海院校、航运公司、行业协会的代表参加会议。交通运输部海事局局长陈爱平出席会议并讲话。

【全力服务上海自贸区建设】 7月14日，上海海事局驻自贸试验区办事处筹备组正式揭牌，成为第一家进驻自贸区管委会临港总部的中央驻沪单位和驻区职能部门。7月31日，上海海事局驻自贸试验区政务服务窗口正式运行。9月15日，上海海事局海事业务窗口正式进驻自贸试验区外高桥综合服务大厅并开始运行。2014年，上海海事局通过在国际贸易“单一窗口”平台实现船舶出口岸联网核放、国际航行船舶进出口岸动态审批和查验制度创新、海事集约登轮检查制度创新、国际航行船舶防污染作业远程监控以及船舶安全作业监管制度创新等方面加大力度，简化前置审批，建立更有效的事中事后监管模式，激发航运市场活力，为推动上海自贸区发展提供助力。

【联合主办2014年上海市水上交通安全知识进校园宣传周活动】 9月9日，由上海市交通委、上海海事局、上海市教育委主办，上海市航海学会承办的2014年上海市水上交通安全知识进校园宣传周活动在上海市北海中学启动。活动现场向12名来自上海海事局和上海市地方海事局专业人员组成的水上交通安全宣传志愿者颁发聘书，发布了水上交通安全知识宣传卡通人物“平平”、“安安”，发放了水上交通安全宣传扇，并由专业人员现场演示启用气胀式救生筏等形式，营造出“水上平安交通，安全伴我成长”的浓厚氛围。

本次专题活动以“知识教育、实践体验”为载体，普及水上交通安全知识，增强安全意识，提高应急求生技能。结合韩国“岁月号”客滚船沉没等事故开展警示教育，通过趣味性强的教学方式，让广大师生了解水上交通安全常识，掌握事故防范和求生自救的基本技能；传授紧急情况下应急部署及应变知识，救生设备的使用方法；结合学生乘渡，进行水上事故救助应急现场培训、演练等。除启动仪式外，宣传周内还举行了“海上求生”科普报告会，开展乐水上交通安全知识课堂教学；组织师生参加乘渡应急演练、水上交通安全参观体验活动等。

主办方旨在以此活动为契机，推动建立由教育部门主导，海事、学校、社区和家庭等联动，社会资源广泛参与的中小学生水上交通安全教育长效机制。

【上海海上搜救中心成功开展2014年海上人命搜救无预案演练】 11月11日，上海海上搜救中心在长江口以东领海基线以外海域成功开展无脚本海上人命搜救演练。本次演练模拟一艘大型客船被碰撞后进水倾斜，有大量旅客落水，客船待施救。演练在模拟实战的情况下进行，上海海事局、东海救助局、东海第一救助飞行队、东海渔政局、东海海洋局预报中心、中远集团、中海集团、上海晟敏海洋工程有限公司、航天部802所等单位参加演练。演练科目包括接警、指挥协调、人员落水、旅客转移、立体搜救和人员救助等。

演练于11日凌晨0455时开始，上海海上搜救中心中心启动海上人命搜救应急程序，安排专业搜救力量前往现场搜救，通知正在跨辖区巡航的“海巡01”轮前往搜救，通知海事空巡飞机前往现场搜寻，协调东海预报中心推算人员落水漂移轨迹，协调东海渔政局、中远集团、中海集团要求附近船舶协助搜救。上海海事局所属的“海巡01”轮担任搜救现场指挥。1100时，演练完成所有科目。

本次演练实战逼真，得到交通运输部充分肯定，对全国海上搜救有指导意义。

【成功处置“海德油9”轮与“浙海156”轮碰撞及货油泄漏事故】 11月22日，“海德油9”轮在长江口水域与“浙海156”轮发生碰撞，“海德油9”轮第三货油舱破损，造成约77.53吨柴油泄漏入海。交通运输部部长杨传堂、副部长何建中先后就事故处置作出批示。上海海上搜救中心克服能见度不良，长江口水域潮大流急，船舶通航密度较大等困难，迅速组织开展难船救援、大规模水上清污和应急卸载工作。22日，“海德油9”轮油舱破口处完成封堵。23日，该轮安全靠妥浦东外高桥海滨油库码头。25日，卸油作业结束，现场未发现油污，处置工作获得圆满成功。

本次事故处置工作中，上海海上搜救中心充分利用交通运输部及上海市各方资源，协调整合上海国际港务集团、中国船级社上海分社等交通部在沪单位专业资源，发挥整体优势共同开展应急、清污工作。专业救助和清污力量赴现场协助应急处置工作，中国船级社上海分社派遣船体结构专家对受损船舶进行安全性评估和卸货期间的船体损坏情况的监测等工作，确保了事故应急处置工作的迅速有效开展。因“海德油9”轮船体受损，为防止油污继续泄漏及难船断裂沉没，采取现场评估结合试航实测的方法，在对溢油污染情况进行严密监测的同时，密切关注船体破损和应力变化，对难船采取“边抢险、边防污、边移泊”的措施，同步实施应急抢险和清污工作，确保了难船安全，避免了事故周边水域受到进一步污染。

【交通运输部海事局党组选派海事青年骨干到陈维工作室强化培训】 2014年6月起，中共交通运输部海事局党组根据《关于在海事系统开展陈维式青年人才培养工作的指导意见》的相关要求，在直属海事系统挑选青年骨干到上海海事局陈维工作室开展强化培训。培训采取分期培训模式，以加入陈维工作室工作，参加现场执法、课题、项目研究的方式进行，学习集装箱开箱检查、积载隔离检查、装箱质量工作，开展危险品管理标准化研究、国际公约跟踪研究、危防管理技术现代化研究和危防管理制度的创新性研究。旨在充分发挥陈维工作室示范引领作用和典型培养模式的辐射带动作用，建设数量充足、结构合理、素质优良的海事专业人才队伍。

陈维工作室以陈维同志命名，全称为上

海海事局陈维海事危管防污创新工作室，先后获评上海市“劳模创新工作室”、“全国巾帼文明岗”和“全国示范性劳模创新工作室”。陈维同志在海事危防工作领域首创“三步开箱查验法”，为我国外贸危险品开箱查验第一人，曾先后获评上海十大杰出青年、全国五一劳动奖章、全国人民满意的公务员、感动交通年度十大人物等荣誉称号。

【推出长江口深水航道“均衡船舶流”管控措施】 5月1日起，吴淞海事局在长江口深水航道推行“均衡船舶流”管控措施。“均衡船舶流”旨在对长江口深水航道交通管制开始前一定时段内的进口交通流组织疏导。自长兴高潮前7.5小时至高潮前4小时内，对进口船舶作初步梳理，以信息广播的形式通知相关船舶，安排确认船舶的进槽时间，对能走南槽航道的船舶协调分流，对时间充裕的候泊、抛锚等船舶重新排序，以免同一时间段出现船舶过于拥挤的情况。同时，对船舶实行编队进口，控制该时段内的进口船舶总量为35艘，平均6分钟一艘，船速慢的船尽量安排在交管时段或以后顺流进口，引航站调度预先排好计划以便船舶交管部门现场监管。此外，过牛皮礁后到圆圆沙灯船水域，根据特殊船舶（如客班轮）的需要和船舶吃水不同，适时启用辅助航道，进行船舶位置调整，合理加快船舶流速度，使整个船舶流能保持10节以上的速度航行。

“均衡船舶流”管控措施的推出，实现了船舶的有序进口，船舶慢速滞航、时开时停的现象几乎绝迹，通航效率显著提高，有效缓解了长江口深水航道日益加大的船舶通航负荷，进而确保深水航道的畅通无阻，及时消除安全隐患。

【《北极东北航道航行指南（2014版）》正式出版发行】 9月18日上午，交通运输部例行新闻发布会宣布《北极东北航道航行指南（2014版）》正式出版发行。

《北极东北航道航行指南（2014版）》由交通运输部海事局组织，东海航海保障中心牵头，携手集美大学、中国极地研究中心，在搜集大量中、英、俄三种文字极地航区航行资料的基础上编撰而成，是全球首部中文版北极东北航道航行指南。全书共计20余万字，分为概述、极地航行相关国际公约与规则及沿岸国有关规定、北极地航区水文气象概况、北极海冰综述、北极东北航道相关水域通航环境及航行保障、北极东北航道习惯航线与航行方法等11章，基本涵盖了船舶航行北极的全部内容，能够满足大多数船舶航行北极的需要。

《北极东北航道航行指南》的出版发行，将为有志于航行北极东北航道的中国籍船舶提供一份内容丰富、资料翔实的航行参考资料，从而发挥北极航道的潜在商业价值，更为我国北极战略的实施提供有益的尝试。

目前，北极东北航道是北欧、东欧及西欧地区连接东亚的最短航线，比传统的马六甲海峡、苏伊士运河要缩短三分之一的航程，被称为连接亚欧的“黄金水道”。以我国上海港至荷兰鹿特丹港为例，船舶取道北极东北航道航程大约为3000海里，相比传统的经马六甲、苏伊士运河航线可缩短约2800海里，可节约9天时间。

【开展船舶大气污染防治工作】《上海市大气污染防治条例》施行后，上海海事局加强对船舶开展大气污染防治的现场检查，2014年11月起，依法对辖区水域违规排放有害废气的“黑烟船”予以限期改正、禁止离港、行政处罚等处理。黄浦海事局在官方微博上开展“随手拍打击黑烟船”活动，得到了广大市民的积极响应。

针对当前严峻的大气污染防治形势，上海海事局通过召开宣贯会、现场发放宣传材料等多种方式，广泛开展对船舶防污染的宣贯；联合上海市环境监测中心和同济大学开展“船舶PM2.5减排研究”，在全国率先开展了船舶PM2.5排放的实船测试工作；配合市政府有关部门和单位开展“上海港船舶大气污染物排放清单研究”、“上海地区靠港船舶使用低硫燃油等减排措施政策研究”等课题研究，有力推进上海港船舶大气污染防治。

【中印尼海上技术合作——龙目、巽他海峡VTS操作员能力建设项目培训班举行】 12月1日至12日，由中华人民共和国海事局主办、上海海事局和上海海事大学共同承办的“中印尼海上技术合作——龙目、巽他海峡VTS操作员值班能力建设”项目培训班顺利举行。本次培训分理论和实操两个模块，在为期两个星期的培训班上印尼VTS操作员接受了中国海事局、香港海事处、海事大学专家团队的联合授课，同时他们分别在12月8日、9日两天到吴淞海事局和洋山港海事局参加实操模拟训练和跟班体验，并与中国海事同行进行了技术交流。

该培训班是中国与印尼在海事领域人员交流与教育培训方面的首次合作，为中印尼海事机构加强区域合作搭建了良好平台，为我国加强与东盟国家海事交流合作开启了新的领域。

【《无线电指向标－差分北斗卫星定位系统研究与应用》项目获评2014年度中国航海学会科技进步一等奖】 12月25日，交通运输部东海航海保障中心承担的《无线电指向标－差分北斗卫星定位系统研究与应用》项目获评2014年度中国航海学会科技进步一等奖。经鉴定，该项目总体达到国际先进水平，其中差分北斗导航系统（DBDS）和差分全球定位系统（DGPS）双系统兼容技术达到国际领先水平。

基于差分北斗导航系统的大戢山北斗差分台站项目于2013年开始推进，2014年1月1日开始运行，项目组先后攻克了北斗二代高精度定位技术、伪距差分改正技术及双模高精度最小频移键控（MSK）调制解调技术等多项关键技术，使差分北斗导航系统实现同时兼容全球定位系统（GPS）信号，使用差分北斗船载终端的船舶实现既可以单独使用北斗导航，也可以北斗和全球定位系统（GPS）兼容进行导航。北斗连续运行卫星定位服务综合系统能够将动态精准度提升到厘米等级，并在2014年年初我国第一批建造的JU2000E自升式钻井平台从外高桥造船公司码头拖航至芦潮港临港海工基地水域中第一次实操应用。目前交通运输部东海航海保障中心已经在长江口选取横沙岛、大戢山、芦潮港、鸡骨礁四处架设了北斗连续运行参考站系统（BD-CORS）基准站，可以覆盖长江口黄金水道、上海自贸区大部分水域及洋山深水港部分水域。

（范锋）

（四）救助打捞

【概况】 全年共执行救助值班待命6672艘天，执行各类救助抢险任务622起，援救各类遇险人员748人，获救财产价值估算人民币19.577亿元。从数据分析，2014年海上人命救助的成效得到进一步凸显，专业救助船的救助数量明显上升，在7级海况气象条件下船舶出动救助30起，占船舶出动总量的24.4%，充分体现了专业救助队伍关键时刻的关键作用，为保障辖区海上安全形势稳定和经济社会发展做出了积极贡献。

【新型救助船“东海救202”轮进驻厦门】 1月15日，东海救助局新型高速救助船“东海救202”轮亮相厦门（如图），将正式在厦门海域执行海上救助值班待命，进一步加强厦门海域和台湾海峡的海上安全保障工作。“东海救202”轮是我国交通运输系统的近海新型快速救助船，最大航速达35节。该船采用全铝质全焊接穿浪双体船型结构，船长49.9米，船宽13.1米，型深4.5米，满载吃水1.9米，满载续航能力为500海里，最多可容纳安置获救人员200人，具有较强的适航性和抗风能力。该船配备两艘专业高速救助艇及两台液压折臂式吊机，两舷配有可翻出舷外的救生网架，并设有下沉式救生平台，更有利于在大风浪条件下执行人命救助任务。

【福建海域一货船遇险7人获救】1月19日凌晨，货船“利安118”轮在福建海域，由于货物移位导致船体倾斜，船上7名船员遇险，经过东海救助局专业救助船“东海救202”轮和“东海救116”轮全力营救，7名遇险人员全部安全获救。

【“海巡01”轮参与马航MH370客机搜寻工作】3月11日至10月12日，“海巡01”轮根据交通运输部指令参与MH370航班搜寻工作，历时216天，航程22371海里，航经东海、南海，穿越马六甲海峡、巽他海峡，横渡赤道，跨越66个纬度，转战印度尼西亚以西直至南印度洋海域，搜寻面积达24.5万平方公里。

3月11日，按照中国海上搜救中心指令，“海巡01”轮启航南下。3月14日，抵三沙永兴岛待命。3月16日，驶往新加坡补给待命。3月19日，前往南印度洋圣诞岛以南海域，与“南海救101”、海军“998”舰、“171”舰、“886”舰组成南下搜寻编队，并担任中方南下编队现场指挥船。3月21日，到达南印度洋圣诞岛以南海域，参与大规模海空搜寻。3月24日，驶往澳西水域，于3月30日抵达，与“雪龙号”完成现场指挥权交接，担任澳西搜寻区中方舰队现场指挥船，负责与中国海上搜救中心、驻澳工作组、澳方水下搜寻工作组的沟通联络工作以及中方10艘舰船搜寻分区的沟通协调工作。其间，“海巡01”轮于4月4日、5日两次侦听到疑似失联客机黑匣子信号声音。4月28日，澳大利亚马航搜寻联合协调中心宣布搜寻工作进入过渡阶段后，“海巡01”轮留守澳西水域，继续担任指挥协调船，协调沟通中方编队在搜寻水域开展扫测，并负责扫测数据转运工作。9月30日，“海巡01”轮完成阶段性搜寻任务起航回国。10月12日，顺利返回上海港。

执行搜寻任务期间，“海巡01”轮按照交通运输部杨传堂部长关于马航MH370搜救工作提出的“不间断、不停止、不松懈、不放弃”指示要求，始终秉承“风雨同舟、勇做先锋、为国争光、逐梦深蓝”的精神，基本出色完成了阶段性搜寻任务，开创了我国海上搜救力量赴远海参与国际搜救任务的先河，向世界展现了中国政府全力参与国际海上搜救的负责形象，扩大了中国海事在国内外的影响。本次搜寻任务也创下了中国大型公务执法船出航时间最长、航行距离最远，第一次到南半球高纬度海域参与搜救，第一次担任境外大规模搜救行动现场指挥等多项记录，所获得的经验为未来中国海事执行国际搜救任务打下了扎实基础。

相关资料：

“海巡01”轮是我国迄今规模最大、装备最先进、综合能力最强的大型巡航救助一体化船，具备良好的设备性能、信息收集处理和传输能力以及长达1万海里的续航能力，能够适应复杂的搜寻环境和任务要求，有效承担现场指挥职责。3月8日，从吉隆坡起飞前往北京的马来西亚航空公司MH370航班失去联系，机上239名乘客和机组人员下落不明，其中包括154名中国同胞。

【福建海域一危险品船触礁搁浅十名遇险船员全部获救】4月1日5时43分，东海救助局救助指挥值班室接福州基地转福州RCC信息：一艘装载750吨丙烯酸正丁酯的散装化学品船“云翔58”轮（总吨500、船长55米，吃水3.6米），在福建海坛海峡平潭大桥北侧约1.5海里处触礁搁浅，右倾8度，船上10人遇险，请求救助。接到信息后，东海救助局紧急派出专业救助船“东海救195”轮前往搜救，并指令东海第二救助飞行队直升机做好随时出动的准备。“东海救195”轮紧急出动，火速赶往事发现场。同时，东海救助局救助指挥值班室指导遇险船的船长，安排遇险船员穿好救生衣、做好待救准备工作。早晨7时16分，“东海救195”轮抵达现场，并立即释放救助艇救人，成功接救4名遇险人员，另6名人员被前来救援的海巡艇救起。随后，“东海救195”轮将4名被救人员移交海巡艇。至此，10名遇险人员全部安全获救。

【闽江一客渡船遇险8人全部获救】5月30日，闽江一客渡船傍晚遇险，船上8人全部获救。事发时，从闽江东岐至琅岐岛的客渡船“闽福州客0005”航行至琅岐大桥下时，因触到建桥时遗留的管桩，客渡船倾斜进水并慢慢下沉，船上8人遇险。接获求救信息后，东海救助局救助值班室立即指令福州基地施救，“华英393”救助艇紧急出动，全速航行，于傍晚17时30分抵达现场。由于正值天文大潮，现场还下起了大雨，水流湍急，客渡船在退潮的影响下还在不断的倾斜下沉，随时有倾覆的危险。在现场，救助队员及时安抚遇险人员的焦虑情绪，并克服现场风大流急，大桥下水域情况复杂等困难，顺利将遇险人员接至华英艇上。于17时53分，将8名遇险人员安全送至福州基地码头。

【台风“麦德姆”致一外籍货船遇险17人全部获救】7月24日电（沈文敏、刘鲁兴、李鑫健、丁志鸿）23日下午，受今年第10号台风“麦德姆”影响，一艘空载的外籍货船ANA轮在台风影响下发生侧翻，船上17名印度籍船员危在旦夕，经过交通运输部东海救助局“东海救113”轮和东海第二救助飞行队救助直升机的联合救助，17名遇险人员于24日上午全部转危为安。

【长江口水域两渔船先后遇险6名渔民成功获救】11月27日傍晚，浙江籍渔船“浙平湖渔00309”和“浙平湖渔00330”轮先后在长江口水域遇险，船体进水，随时有沉没危险，船上渔民急需救助，经交通运输部东海救助局“东海救101”轮和“东海救117”轮联合作战，6名遇险渔民全部获救。

【中国首次300米饱和潜水作业取得圆满成功】2014年1月25日09:00时，靠泊在深圳赤湾码头的中国首艘饱和潜水工作母船“深潜号”上，在高压环境暴露生活了380小时的6名饱和潜水员完成减压依序出舱，安全返回工作母船，潜水员身体状况良好。交通运输部上海打捞局局长沈灏宣布：中国首次300米饱和潜水作业取得圆满成功。

在世界饱和潜水史上，下潜深海300米是一道难以逾越的门槛，目前只有少数国家掌握并进行技术封锁。2014年1月12日凌晨，交通运输部上海打捞局胡建、管猛、董猛、谭辉、罗小明、李洪健6名饱和潜水员在南中国海海域成功跨越，完成出钟巡回潜水作业，潜水作业深度达到313.5米，标志着我国海上大深度饱和潜水作业能力实现了历史性的突破，深潜水作业能力进入了国际先进行列，对我国深海海洋资源开发、海上安全应急救助、海洋国防建设具有重大意义。

【成功解困“安洋河”轮】2月13日凌晨0020时，上海打捞局接到大连顺和船务公司救助委托。该公司一艘干货船“安洋河”轮在航行过程中因渔网等杂物缠绕螺旋桨车叶而失去动力，被困于崇明岛以东25海里水域锚泊，即北纬31度44分，东经122度21分。该船为柬埔寨籍货轮，空载状态，船长71m，宽11m，型深6.1m，船首吃水1.0m，尾吃水3.3m，船上有3名孟加拉籍船员和7名中国籍船员。接报后，上海打捞局组织2名潜水监督，4名潜水员及相关应急救助和潜水设备以“沪救18”轮为作业母船赶赴难船现场。14日0045时，“沪救18”轮顺利抵达事发水域，救助人员随即开始带缆工作。0215时，“沪救18”轮拖缆带妥难船，启拖“安洋河”轮驶往绿华山锚地。0935时，拖航船组平安抵达绿华山锚地，潜水员开始下潜作业为难船车叶割除缠绕杂物。经过近9个小时的作业，缠绕难船车叶的杂物最终被完全割除，“安洋河”轮成功脱困。

【德宏轮拖带海洋石油229安全抵达惠州工地】 3月25日，“德宏”轮拖带装载11000吨导管架的“海洋石油229”由青岛出发，历经10天航行，安全抵达南海惠州25-8工地，按照平台指令在现场巡航待命。“海洋石油229”驳船是目前世界上最大的无动力甲板驳船，由于装载导管架高度高，受风面积大，拖航中对稳性和气象要求都非常高，船队和“德宏”轮高度重视此次拖航任务，事先制定了详细的拖航计划书，为接拖做了大量的准备工作，带缆和起拖十分顺利。拖带航行中，“德宏”轮克服驳船左右严重偏荡和穿越密集的渔区等困难，始终把安全放在第一位，密切关注被拖物状态，收集航线气象信息，合理改变航线，保证航行安全。途中由于受冷空气影响，在航行至浙江沿海时，气象预报浙江南部、福建北部和台湾海峡将有东北大风7-8级，阵风9级，为此船舶制定详细的防大风航行应急预案，果断采取滞航措施，推迟进入台湾海峡，避开海峡大风浪时段，确保被拖物安全。

【德深轮首航向南海进军】 5月16日上午10时，国内最大的多用途远洋拖轮“德深”轮，离开上海打捞局外高桥码头，开赴南海开始首次实战海上作业。“德深”轮此次进入南海海工市场作业，将为海上油田开发和生产提供运输支持、守护、大深度起抛锚作业以及拖航等多功能服务。“德深”轮将在作业中，根据工况数据对信息进行汇总，进一步提高工作效率和挖掘船舶的作业能力。“德深”轮的投入使用将较大提升上海打捞局履行应急抢险打捞和服务海洋经济建设的能力。

【杉叶公司圆满完成FPSO南海奋进STP锚缆维修项目】 4至6月，杉叶公司组织实施了文昌相关油田FPSO南海奋进STP（水下转塔生产系统）锚缆维修项目中9条上锚缆的更换作业。作业期间，STP上部与FPSO脱离，STP底部与9条锚缆连接，呈自然张紧浮力状态悬浮于水中一定深度，在作业过程中STP深度随着9条锚缆更换作业带来的张紧变化而变化，STP底部水深最小时12米，最大达到41米。项目采用DP-II母船支持空潜作业模式，杉叶则完全按照IMCA国际潜水规范中对“在动力定位母船上进行潜水作业”的要求开展作业，配备了开式潜水钟及其吊放系统等潜水设备，与驾驶台、ROV作业控制室的双向有线通讯及视频监控系统，DP船状态警示系统等，作业实施过程中，遵照IMCA国际潜水规范要求，开钟水下配备钟人照料，水面配备应急潜水员待命。对于较大深度的作业，DP支持有其特有的优越性，但是对于STP水深较浅时仍以DP方式支持潜水作业，则需考虑水下众多的锚、缆、管线，受环境影响的FPSO与锚缆受力不均、连接咬合部位间隙不等，以及在极浅水深中受限的脐带长度与潜水员作业半径需求相矛盾等容易对潜水的现场程序制定和作业管理构成不安全因素的问题，采取必要的风险控制措施，以保证DP船以一定艏向切入工作位置。

针对上述在作业过程中可能遇到的问题，杉叶海上项目组与陆地办公室在作业过程中群策群力，不断挑战各种新状况、解决新问题，安全、顺利地于完成了本次工程项目。

【威力轮成功完成重大平台模块吊装】 墨西哥当地时间16时55分，北京时间6月23日早晨6时55分，威力轮成功完成EK-A2平台模块吊装。“威力”轮此次吊装静态吊重2843吨、动载2880吨，接近吊机设计的极限，也是我局有史以来最重的一个模块安装工程。

【大力号完成秦皇岛电缆铺设并创造埋深记录】 8月25日，“秦皇岛32-6项目CEPJ-WHPG电缆铺设工程”顺利完工，电缆埋设深度达到3.5米，一举创造了国内电缆铺设一次性埋深的新记录。工程中克服了单点外输、周边管线复杂、对流天气等不利因素对绞锚横向移船铺设电缆的影响，6.4公里的电缆路由铺设仅耗时3天即告完成，大幅缩短了工期，经过对各项数据的验证和比对，电缆埋设深度完全符合施工设计要求。

【联合正力顺利完成垦利挖沟作业】 历时一个多月的艰苦作业，“垦利10-1油田海管后挖沟项目”于8月初宣告作业完工，项目后挖沟总长约31公里，经验收挖沟质量全部达标，该项目是我局新建“II型非接触挖沟机”建成投产后参与的首个工程，也是通过绞锚移船方式进行非接触挖沟的首个案例。

【华和轮参加2014年深圳海上综合应急暨海底输气管道泄漏应急演习】 9月23日上午，深圳海上搜救中心联合多个部门在深圳西部海域举办应急演习，深圳华威公司“华和”轮作为救助单位的搜救船舶，应要求参加了此次演习。此次演习模拟一艘高速客船与砂船发生擦碰，客船破损，乘客受伤、落水，事故船抛锚导致西气东输输港海底管道破损泄漏。演习中，“华和”轮作为搜救船舶，针对演习中发生的西气东输海底管道泄漏事故与有人员受伤的情况，服从深圳海上搜救中心的指挥，严格执行相应的搜救程序，与相关参演单位、船舶紧密配合，经过2个小时的联合行动，成功扑灭了海上火情，并将所有遇险乘客安全转移到蛇口码头，演习取得预期成效。

【威力轮完成2395吨导管架吊装】 “威力”轮于墨西哥当地时间10月27日凌晨，采用DP HEAVY LIFT模式成功完成了2395T导管架吊装作业。此次作业中，“威力”轮首次采用纯DP模式将导管架调离驳船后直接放置入水的方法，同时也刷新了“威力”轮利用纯DP操作模式的吊重记录。

（王言）

十四、国际航运中心建设

（一）综述

2014年，中国经济发展进入“新常态”。在经历了艰苦的冰川期之后，2014年的航运业终于显露出复苏的迹象。据统计数据显示，2014年，9家航运业上市公司中，仅中海海盛一家公司报亏，另外8家公司皆在2014年实现盈利。在各方支持下，2014年上海国际航运中心建设取得了明显进展。航运集疏运体系不断优化，物流服务能力进一步提高，2014年，上海港完成货物吞吐量7.55亿吨，同比下降2.6%；集装箱吞吐量3528.5万标准箱，同比增长5.0%，集装箱水水中转比例达到45.8%。上海两场实现航班起降65.54万架次、旅客吞吐量8965.91万人次、货邮吞吐量361.38万吨，同比分别增长6.56%、8.30%和7.44%。2014年，上海港共靠泊邮轮269艘次，邮轮旅客吞吐量121.5万人次，首次突破百万人次大关，同比分别增长36.5%、60.6%。逐步完善航运服务体系，航运服务功能得到进一步创新，上海国际航空仲裁院等一批功能性机构落户。自贸试验区融资租赁资产交易平台揭牌，累计引进融资租赁母公司326家，SPV公司336家，注册资本1035.7亿元。依托自由贸易试验区，航运政策取得积极突破，探索航运衍生品交易业务，运力交易产品覆盖国际集装箱、国内沿海散货和进口散货三大领域。

（二）集疏运体系

【概况】 2014年，集疏运体系进一步优化，物流服务能力不断提高。洋山深水港四期工程开工；吴淞口邮轮港后续工程完成工程备案；全港约50个码头泊位完成结构加固改造工程。继续推进内河高等级航道建设，平申线一期、长湖申线、赵家沟东段（航道部分）前期工作进展顺利；大芦线二期部分区段开工；外高桥内河港区项目立项。完善陆路集疏运设施，郊环北部越江通道开工；沪通铁路（太仓－四团段）进入工可深化研究阶段。优化水上中转服务平台模式，长江上游地区外贸集装箱中转洋山港业务由外高桥港转移至太仓港。海事部门实施E航海战略，开展洋山港大型船舶夜间“套泊”及能见度500米时进出港实船试验。2014年，上海港完成货物吞吐量7.55亿吨，同比下降2.6%；集装箱吞吐量3528.5万标准箱，同比增长5.0%，集装箱水水中转比例达到45.8%。浦东机场第四跑道通过行业验收并试飞成功，第五跑道主体工程建设及南机坪、东机坪工程前期工作启动；虹桥国际机场T1航站楼改造项目开工。浦东机场高峰小时容量限制标准得到提升。《上海航空枢纽专项资金管理办法》出台。浦东机场年内新增10家国内外航空公司、6个通航点，年旅客吞吐量首次突破5000万人次，全年旅客中转率达9.7%。2014年，上海两场实现航班起降65.54万架次、旅客吞吐量8965.91万人次、货邮吞吐量361.38万吨，同比分别增长6.56%、8.30%和7.44%。

【洋山港区成功实施大型船舶夜间套泊作业】 1月21日，上港集团与上海海事局通力协作，确保夜航套泊中通讯联络、VTS监控、现场维护、应急处置等实施要求和安全保障措施到位，首次实现了大型集装箱船舶“中远拿波利”轮和“芮塔”轮的夜间套泊作业。夜间套泊作业的顺利开展，将进一步提高码头泊位的利用率和航道通航效率，减少干线船舶的候泊时间，提升洋山港通航功能和服务水平。

（上港集团供稿）

【浦东机场一号航站楼改造工程实现重大节点目标】 2013年，浦东机场T1改造工程确保了新建区域土建主体结构封顶等重大节点目标实现，行李机房具备进场条件，完成了行李系统设备、电梯和所有甲供设备采购招标工作，并开始行李系统设备安装施工。

【虹桥机场二号航站楼获评国内首座Skytrax“五星级航站楼”】 2月19日，国际著名航空服务测评机构Skytrax公布了世界机场最新服务测评结果，虹桥机场T2航站楼获评国内首座“五星级航站楼”，与新加坡机场T2、T3航站楼，韩国仁川机场航站楼和香港机场T1航站楼等，并列成为全球旅客服务最高水准的5座航站楼之一。

【全球港口领导人峰会联络人会议在沪召开】 3月21日，全球港口领导人峰会联络人会议在沪召开。本次联络员会议由上港集团主办，新加坡港务集团、APM码头公司、迪拜港务集团、和记港口集团和鹿特丹港的联络员参加了会议。会议通报了峰会休会期间需要沟通的事项和各专题小组的工作进展，并就深化峰会运行机制进行了深入探讨。

【上港集团2012年可持续发展报告获得AA-评级】3月24日，在“绿色经济、低碳中国”安永可持续发展高峰论坛暨上市公司社会责任报告评级发布典礼上，《上港集团2012年可持续发展报告》获得润灵环球责任评级给予的AA-级，在A股644家发布报告的上市公司中位列12名，排名较前一年度上升了一位。

【外高桥港区码头结构加固改造工程通航安全核查会议召开】3月，上海港外高桥港区二至六期工程码头结构加固改造工程通航安全核查会议在上港集团振东分公司举行。市交通委规划处、上海海事局、上港集团及相关码头公司、承建单位等专家、代表出席会议。与会专家在码头前沿实地调研工程建设情况的基础上，听取了相关单位代表关于各码头结构加固改造工程的通航安全报告，对改造工程完成情况给予了肯定，并针对今后运作过程中的通航安全保障工作提出建议。

【浦东机场南机坪、东机坪工程初步设计通过专家评审】3月26—27日，浦东机场南机坪扩建和东机坪工程初步设计及概算评审会议召开。专家组认为，本次提交的初步设计项目规模、总体布置基本符合有关技术规范和标准，设计深度基本达到审查的要求，原则同意通过审查。

【浦东机场开通埃塞航线】3月30日，非洲最大、运营最成功的枢纽航空公司之一，埃塞俄比亚航空公司开通了上海直飞亚的斯亚贝巴航线。航班由波音787机型执飞，设有24个公务舱和246个经济舱。该航线的开通填补了上海枢纽航线网络中非洲大陆地区的空白。

【合肥至上海芦潮港海铁联运启动】3月11日，7个目的地为中东地区的40英尺集装箱，在上海芦潮港吊装进海轮。这是间隔近10年后，首批从合肥走铁路转驳海轮外运的货物。上海铁路局合肥货运中心与海运公司历经2年接洽和准备，采取无缝对接的海铁联运方式，抢占外贸集装箱运输市场。

【2014亚洲公务航空会议及展览成功举办】4月15日至17日，2014亚洲公务航空会议及展览会在上海举行。自2012年起，亚洲公务航展连续5年落户上海，成为亚洲最受瞩目的公务航空盛会和上海的一个重要国际展览品牌。本届航展吸引了182家参展商参展，展示飞机38架，为历年规模最大。

【上海两场荣获大陆“最佳机场”前两位】4月3日，民航资源网发布2013年机场服务测评报告，上海虹桥、浦东两场位列大陆“最佳机场”综合评分前两位。测评报告调查样本限定为真实乘坐对应航空公司航班且对乘机前后机场服务项进行点评的旅客，出发地有效样本量为112085份，其中涉及测评的大陆机场44家，地区及国际机场16家。

【国际航空天合联盟总裁拜访上海】4月1日，国际航空天合联盟总裁MichaelWisbrun拜访了上海机场和东航，就天合联盟在浦东机场实施“天合港”、“天合优享”、“天合中转”三项优化服务项目及中转服务产品研发方面进行了意见交换和深入探讨。

【浦东机场东、南机坪扩建工程场地平整工程开工】4月，上海浦东国际机场东机坪工程及南机坪扩建工程场地平整工程完成招投标并正式开工，计划于2014年8月底完工。本次场地平整工程主要包括沟浜处理、南航站区双层围界瞭望哨安装、施工道路整修等，以解决浦东机场机位不足的问题。

（机场集团供稿）

【西货运区 3 号地块国际快件和货运中心工程获批】 4 月，浦东机场西货运区 3 号地块国际快件和货运中心工程获得市发展改革委核准批复。项目位于浦东机场西货运区 3 号地块，包括入口大楼、分拣大楼、发变电间、支持服务车间、待运车棚等，总建筑面积 8.5 万平方米，投资估算约 7 亿元。

【上港集团宜东分公司圆满完成 ARJ 飞机头特种货作业】 4 月，上港集团宜东分公司营运操作部承揽一项 ARJ 飞机头特种货驳到车吊运作业任务。该件货物尺寸为 5 米 *3.35 米 *4.14 米，重量 4.5 吨，货物价值昂贵。4 月 3 日，运载飞机头的“航旭 805”号驳船靠泊，在充分准备的前提下，宜东公司仅用时 20 分钟圆满完成特种货作业。

【上海铁路局针对铁水联运制定 28 项运价优惠】 4 月 2 日，上海铁路局副局长刘建堂表示，为更好发展铁水联运，上海铁路局目前已制定 28 项铁水联运运价优惠，最大优惠幅度将达 50%。

【浦东机场西货运区东航货站一期 I 阶段竣工】 5 月 28 日，浦东机场西货运区 3 号货运站项目一期 I 阶段完成竣工验收工作。该项目占地面积约 39.75 公顷，包括主体货站、配套办公用房、特运库等共计 25 个单体工程，总建筑面积约 14.07 万平方米。该货站将交付东方航空物流有限公司运营使用，年货物吞吐设计能力 150 万吨，预计 2015 年 6 月投运。

【圆满完成亚信峰会保障工作】 5 月 15 日至 23 日，上海浦东和虹桥两场共保障亚信峰会专机 26 架次，包机、要客航班、公务机 127 架次。

【浦东机场首获全球最佳货运机场】 6 月 17 日，第 28 届亚洲货运及供应链大奖（AFSCA）在沪揭晓，浦东机场获得全球最佳货运机场。全球最佳货运机场的评价指标主要包括货运基础设施能力、货运成本优势、未来货运设施建设、货运配套设施建设以及年货邮吞吐量等。浦东机场以突出表现，得到了行业内的广泛赞许，荣获全球最佳货运机场。

【上海外高桥集装箱中转集并至太仓港】 7 月 21 日，太仓港至洋山港水上穿梭巴士首航。自 7 月 21 日起，上海外高桥不再承接长江上游集装箱中转洋山港业务，长江 34 家支线船公司承运的重庆、武汉、长沙、九江等长江上游地区外贸集装箱全部转移集并至太仓港。这一举措缓解了外高桥港区的驳船中转压力，太仓港将作为上海港的延伸，进一步融入上海国际航运中心建设，发挥长江经济效益。

【浦东机场第四跑道工程通过竣工验收】 7 月 2 日至 7 月 4 日，机场建设指挥部组织了浦东机场第四跑道工程竣工验收。第四跑道工程项目本次提交验收的主要内容包括：飞行区道面工程、地基处理及土石方工程、飞行区排水及消防给水工程、助航灯光工程、安防工程、飞行区配套设施工程及档案资料等。验收各方在听取工作汇报、现场检查、分组讨论后，一致同意浦东机场第四跑道工程通过竣工验收。

【基于北斗 CORS 系统的“大型船舶高精度导航及靠泊仪”首次实船试验取得圆满成功】 8 月 5 日，基于北斗 CORS 系统的“大型船舶高精度导航及靠泊仪”首次实船试验取得圆满成功，为下一步大型集装箱船舶在不同等级能见度情况下进出洋山港提供了有力的技术支持和安全保障。此次实船试验对提高洋山港港口运营水平、提升服务能级具有重要意义，也标志着“E 航海发展战略”的实施启动，是海事航保服务上海国际航运中心和自贸区建设的又一有力举措。

【浦东机场第四跑道试飞成功】 11 月 18 日凌晨，民航华东局组织上海监管局、东航、上海机场集团、华东空管局等单位，成功实施东航 A330/B-6122 号飞机在浦东机场第四跑道试飞任务。此次试飞验证了第四跑道飞行程序和运行最低标准，检查了新增导航和目视助航等设备设施的配备运行情况、新建飞行区道面标志 / 标记牌的标绘 / 设置情况、滑行路线和停机位情况等。此次试飞成功标志着第四跑道已全面具备了飞行营运条件，预计明年一季度投入使用。届时，浦东机场将成为中国民航第一个拥有 4 条跑道、且实施同时仪表运行的机场，上海也将成为国内第一个拥有 6 条跑道的城市。上海机场运行保障能力将得到大幅提升，同时也将为国产大飞机试飞提供有力保障。

【洋山港区四期全自动化集装箱码头工程开工】 12 月 23 日，上海国际航运中心洋山深水港区四期工程正式开工。洋山四期工程泊位岸线长近 2800 米，总用地面积 223.16 万平方米，共建设 5 个 5 万吨级和 2 个 7 万吨级集装箱泊位、工作船码头及必要的配套设施。工程设计年通过能力为 630 万 TEU，近期为 400 万 TEU。该项工程采用国际上最新一代自动化集装箱装卸设备和自动化生产管理控制系统，预计 2017 年建成。

【浦东机场年旅客吞吐量首破 5000 万人次】 2014 年 12 月 19 日，浦东机场迎来通航 15 年来的重要里程碑——年旅客吞吐量首次突破 5000 万人次，浦东机场有此正式跨入 5000 万人次世界超大型枢纽机场“俱乐部”。15 年来，浦东机场累计接待中外旅客 4.2 亿人次，成为上海连接世界的空中纽带。

（三）航运服务业

【概况】 2014 年，航运服务功能不断健全。促进功能性机构集聚。上海船员评估示范中心进入初步设计阶段；中国船舶动态监控中心、中国船舶油污损害理赔事务中心相继获批在沪设立；国际海上人命救助亚太中心、上海国际航空仲裁院、中国贸促会上海海损理算中心、亚洲船级社协会常设秘书处、美国保赔协会、太平船务中国有限公司等重点航运服务机构、企业落户浦东。完善口岸服务环境。国际航行船舶进出口岸动态审批和查验、集装箱和空运口岸检验检疫提货单、空运出口货物通关实现无纸化。国际贸易单一窗口试点覆盖一般贸易进出口货物申报与结果反馈、船舶出口岸联网核放、船舶进出口岸手续办理等领域。关检合作“三个一”试点覆盖上海水运口岸、航空口岸及各特殊监管区。优化市场监管和信息服务。国内水路集装箱班轮运价备案实施，国际集装箱班轮运价实实行精细化备案。海峡两岸间集装箱运价指数正式发布，中国进口集装箱运价指数和东南亚航线集装箱运价指数试运行。推进航运中心门户网站建设。研究编制《长三角地区港口信息和服务指南》。

【全球第一大穿梭油轮公司 TEEKEY 集团进驻上海】 1 月，全球第一大穿梭油轮公司 TEEKEY 集团在沪注册成立帝凯海事服务（上海）有限公司。目前新公司已完成工商登记，专业从事国内新造船、海洋工程改装以及集团战略采购等方面事务。TEEKEY 集团是全球石油和天然气行业的海运物流解决方案领导者，控制着全世界超过50%的穿梭油轮船队，并运营世界第三大独立液化天然气运输船队，拥有6600名雇员、大约166艘船舶，合并总资产为110亿美元。

【**浦东机场荣获IATA“便捷出行”项目机场最佳合作伙伴奖**】3月，浦东机场荣获了2013年度国际航空运输协会（IATA）“便捷出行”项目北亚地区机场最佳合作伙伴奖。2013年机场股份公司各保障单位与东航通力合作，为旅客提供了符合IATA“FASTTRAVEL便捷出行”项目标准的旅客自助值机服务、旅客自助证件查验服务，以及旅客半自助行李托运服务，达到了绿色机场级别。

【**国客保税仓首批保税红酒入库**】2月8日，上港集团北外滩国客公用型保税仓（地下部分）迎来首批保税红酒入库。整个卸货流程进展顺利，各环节衔接有序，完成了1791箱、15684瓶红酒的分类堆装，标志着保税仓红酒业务进入运营轨道。

【**上海机场边检站ACI测评成绩稳步提升**】在2013年第四季度及年度全球机场协会（ACI）旅客满意度测评中，上海机场边检站在与边检相关的三项指标继续稳步提升，在测评分和排名方面均取得新的突破。其中，第四季度“护照身份证检查”、“护照身份证检查的等候时间”、“检察人员是否有礼貌和乐于助人”指标测评分分别为4.81、4.86、4.86，分列全球第三、第二和第三名，首次全部进入前三。上述指标的年度测评分分别为4.77、4.82、4.83，分列全球第三、第四和第四名，首次全部进入全球前五。

【**上海海事司法鉴定中心成立**】3月，作为沪上首家海事司法鉴定机构，上海海事司法鉴定中心在上海海事大学正式成立。上海海事司法鉴定中心是上海海事大学在整合学校航运特色学科、专业综合优势及多年来在航海科技咨询、技术鉴定领域积累的丰富经验的基础上设立并获得国家认可的海事司法鉴定机构。

【**上海船员评估示范中心项目土建可研报告获批**】5月份，上海船员评估示范中心项目土建可研报告获得批复，市交通委、市人社局、虹口区政府各委办等加紧推进土建动工前的各项准备工作，土建初步设计同步启动，并进入深化设计阶段。评估示范中心筹备组积极配合土建建设，与上海海事大学一起成立评估示范中心建设布局项目组，先后走访调研沪东重机、镇江中船动力有限公司、上海佳豪船舶设计公司等主机生产、设计及配套厂家，收集评估设备技术参数；多次召开专家研讨会，讨论评估示范中心的设备配置、环境需求、运输方案、安装方法，为土建工程设计提供可操作的设备参数。

【**“新华－波罗的海国际航运中心发展指数”在沪发布**】6月26日上午，由新华社国家金融信息中心指数研究院联合波罗的海交易所编制的“新华－波罗的海国际航运中心发展指数”在上海虹口北外滩发布，首次面向全球公布国际航运中心排名：新加坡、伦敦、香港位列三甲，鹿特丹、汉堡、迪拜紧随其后，上海名列第七，力压东京、纽约和釜山，后发优势明显。

【**一批国际船舶管理企业及航运功能性机构将落户浦东**】6月，泰昌祥轮船船舶管理公司、上海兰京船舶管理公司、海工船舶管理公司三家外资船舶管理公司明确表示将落户自贸区，目前正办理注册手续。亚洲船级社协会上海秘书处、中国贸促会上海理算中心两家重量级航运功能性机构正办理审批手续，近期将落户陆家嘴和洋泾地区。

【上海国际航空仲裁院成立】 8月28日，全球首个专门服务于民航业的国际仲裁机构——上海国际航空仲裁院挂牌成立。上海国际航空仲裁院由中国航空运输协会、国际航空运输协会、上海国际仲裁中心三方合作推动成立，将致力于推进航空领域争议解决机制多元化，向全球航空业主体提供公正、专业、便捷、高效的仲裁法律服务。上海国际航空仲裁院的成立有助于中国积极参与国际航空争议的解决，参与国际航空争议解决规则的制定，提升中国在国际航空市场的话语权，对建设上海国际航运中心、推进中国航空事业发展都具有重要意义。

【自贸试验区内第一家船务管理咨询公司成立】 7月底，全球第一大航运企业A.P.穆勒-马士基集团在自贸试验区内注册成立了第一家船务管理公司——马士基（上海）船务管理咨询有限公司。该公司为A.P.穆勒-马士基集团拥有或经营的船舶在大中华及远东地区提供运营方案、运营系统设计和管理咨询等服务。此外，马士基（中国）有限公司正积极研究在自贸试验区内设立双向资金池，管理国内外相关实体企业资金运转等事宜。

【上海船员评估示范中心工程获批】 7月10日，交通运输部下发《关于上海船员评估示范中心建设工程可行性研究报告的批复》（交规划函〔2014〕522号），批复同意建设上海船员评估示范中心工程，工程投资控制在15000万元以内。目前，中心土建工程初步确定2014年10月动工。

【标准船舶融资租赁合同（上海格式）在沪首发】 7月28日，以船舶融资租赁为主要内容的《航运标准合同系列（上海格式）》第二分册在沪首发。该合同格式由中国海事仲裁委员会上海分会主编，在浦东新区航运办、上海锦祺金融顾问有限公司支持下完成。标准船舶融资租赁合同的制定不仅可以为交易各方提供完善的交易文本，降低交易成本和风险，也对进一步完善中国船舶融资租赁的立法和配套政策研究具有重要意义。

【上海国际航运中心建设专家委员会成立】 9月28日，上海国际航运中心建设专家委员会（以下简称“专家委员会”）成立大会暨第一次工作会议在市政府会议室举行，会议由市政府副秘书长黄融主持，副市长、上海市国际航运中心建设工作推进小组副组长蒋卓庆出席会议并作讲话。市交通委主任孙建平，市交通委副主任张林，以及来自相关政府部门、研究机构、行业协会、企业高校的30余位专家委员、列席代表出席会议。会议审议通过《上海国际航运中心建设专家委员会工作规则》，并为当选的专家委员会主任委员徐祖远，副主任委员李绍德、许培星、黄有方同志颁发聘书。会上，蒋卓庆副市长充分肯定了专家委员会对于本市加快推进国际航运中心建设的重要意义，并对如何发挥好专家委员平台的作用提出了希望。这次成立的专家委员会共30余人，具有规格高、覆盖面广、专业全的特点，聚集了国内外航运领域的优秀人才，能够进一步加强本市国际航运中心推进工作决策的科学性，发挥专家的专业优势和智囊作用，促进上海国际航运中心建设的不断推进 .

【《上海国际航运中心建设蓝皮书（2014）》在沪首发】 10月17日，由新华社上海分社、中国金融信息中心主编的《上海国际航运中心建设蓝皮书（2014）》在北外滩举行首发式。《蓝皮书》以全媒体视角，从“上海国际航运中心建设概览”、“国际枢纽港建设”、“航运要素培养”、“功能区建设”和“现代航运服务业发展”等方面，全面梳理了上海国际航运中心建设情况和存在问题，并就“港口布局如何调整”、“航运东移如何承接”、

"综合营商环境如何优化"、"国家海运战略如何助推航运业回暖"以及"如何扩大邮轮产业的综合效益"等问题提出观点，引发读者思考。市交通委蔡军副书记出席首发式并致辞，张林副主任出席首发式并参加记者招待会。

【中国船舶油污损害理赔事务中心首次开展油污损害理赔服务】 10月份，中国船舶油污损害理赔事务中心筹备组提前介入福建海域发生的图瓦卢籍杂货船"ANA"轮油污事故，赴实地进行了前期调查和服务工作，并对动用油污基金理赔进行分析。这是中国船舶油污损害理赔事务中心筹备组自成立以来，首次为船舶污染事故处理提供理赔服务。

【中国海事调查实验室运行步入正轨】 10月份，受广东海事局委托，中国海事调查实验室开始对2014年5月5日发生在广东海事局辖区的"MOLMOTIVATOR"轮与"中兴2"轮碰撞事故电子证据进行数据分析。调查人员利用电子证据中的雷达图像、电子海图、船舶AIS数据、船舶操作等信息，通过MADAS软件系统进行数据分析，直观还原事故经过，为海事调查提供技术支持。这是中国海事调查实验室自建成以来处理的首个海事调查委托，标志着中国海事调查实验室运行步入正轨。

【《上海市调整优化航运集疏运结构项目资金管理实施细则（暂行）》发布】 为进一步优化上海航运集疏运体系，提高集装箱水水中转比例，鼓励航运企业集装箱运输"弃路走水"，缓解陆路运输给本市带来的交通和环境压力，市交通委、市财政局于11月24日发布《上海市调整优化航运集疏运结构项目资金管理实施细则（暂行）》。《实施细则》明确了集疏运项目资金的支持范围和支持方式，即对在上海港开展的长江支线集装箱班轮业务、长三角内河水运、江海联运等项目进行扶持，对港航企业在支持范围内实际发生的承运箱量或者装卸箱量予以资金支持。

【中国船舶动态监控中心和中国船舶油污损害理赔事务中心相继获批】 11月份，交通运输部和中央编办分别下发《交通运输部关于设立中华人民共和国上海海事局船舶动态监控中心等机构的批复》（交人教函〔2014〕826号）以及《中央编办关于交通运输部设立中国船舶油污损害理赔事务中心等事项的批复》，中国船舶动态监控中心和中国船舶油污损害理赔事务中心相继获批。

【中国贸促会上海海损理算中心正式落户】 11月下旬，中国贸促会上海海损理算中心完成工商登记注册手续，正式落户陆家嘴。落户后的上海海损理算中心将重点开展三方面业务：一是为国内外的航运、保险和外贸企业提供海损理算服务；二是为长三角地区提供海事法律、海事咨询、海事技术等服务；三是提供海损检验，财产损失理算、评估、定损，船舶评估咨询、海上运输方案设计。上海海损理算中心的落户将促进上海航运保险体系的进一步完善，提升海事法律等相关产业的配套支持能力。

【上海航运交易所发布台湾海峡两岸间集装箱运价指数】 2014年11月27日，上海航运交易所和厦门航运交易所在"2014年上海航运交易论坛"上联合发布了台湾海峡两岸间集装箱运价指数（TWFI），进一步丰富和完善了上海航运交易所集装箱运价指数系列。根据交通运输部《关于台湾海峡两岸间集装箱班轮运价备案实施的公告》要求，上海航运交易所和厦门航运交易所联合研发并经过半年多试运行后正式发布TWFI。TWFI包括了一个综合指数、两个成分指数（出口指数、进口指数）和6条分航线运价指数（北方—

台湾、华东—台湾、东南—台湾往返）。综合指数和成分指数全面表征了大陆各地区与台湾地区之间的集装箱班轮运输市场总体供需关系和市场景气程度，分航线运价指数则反映了航线平均单箱运费收入的变化趋势，为各类市场主体的经营和政府部门的宏观调控提供参考依据。

【上海亚洲船级社中心正式落沪】 2014年12月，上海亚洲船级社中心（即亚洲船级社协会上海秘书处）在沪完成注册登记手续。上海亚洲船级社中心负责亚洲船级社协会的技术管理工作，将为上海国际航运中心航运产业发展提供高标准的技术服务，同时促进国内海事技术研发。

（四）航运业务

【概况】 2014年，中国经济发展进入“新常态”。在经历了艰苦的冰川期之后，2014年的航运业终于显露出复苏的迹象。据统计数据显示，2014年，9家航运业上市公司中，仅中海海盛一家公司报亏，另外8家公司皆在2014年实现盈利。中国海运（集团）总公司：截至2014年底，中海集团运力规模达到537艘，3589万载重吨。集装箱船队总运力70.8万TEU；干散货船队总运力1814万载重吨；油轮船队总运力888万载重吨；三大主力船队规模均跻身世界前列，正积极发展液化天然气（LNG）运输业务。2014年，中海集团同50多家货主、港口、银行等单位建立了战略合作伙伴关系。不断推进与国内外大型石油公司、大型钢铁企业、大型电力企业、大型港口企业以及大型金融机构等大货主、大客户的战略合作，有效抵御了市场剧烈波动带来的冲击。。中远集装箱运输有限公司：2014年，中远集运完成集装箱重箱运输量943.75万TEU。截至2014年底，中远集运总船队规模180艘，合88.3万TEU，同比增长0.6%，其中实际控制船队（扣除出租船舶）175艘，合84.1万TEU，同比增长6.9%，中远集运运力规模在世界班轮公司中居第六位。截至2014年底，公司持有船舶订单10艘，合11.80万TEU，公司船队在全球约64个国家和地区的192个港口挂靠，经营101条国际航线、33条国际支线、23条中国沿海航线、83条珠江三角洲和长江支线，为全球客户提供集装箱运输服务。

【中远航运收购广州远洋获股东大会审议通过】 1月8日上午，中远航运2013年第一次临时股东大会审议通过了《中远航运收购广州远洋运输有限公司100%股权的关联交易议案》、《中远航运购买广州远洋大厦办公用房的关联交易议案》等三项议案，中远航运收购广州远洋正式宣告完成。两项收购一是中远航运以自有资金收购中国远洋运输（集团）总公司持有的广州远洋运输有限公司100%股权，收购价格为10.95亿元人民币；二是中远航运以现金购买广州远洋大厦部分物业，作为中远航运及其投控股公司办公用房，购买价格为5亿元人民币。收购完成后，中远航运将获得广州远洋培育成熟的木材船和沥青船船队资产和业务，拓展了公司业务范围和船队规模，并将发挥协同效应，有利于加快实现公司全球特种船运输领域最强综合竞争力的战略目标，提高股东回报，增加公司价值。

【中远航运中远腾飞轮开国际汽车滚装船航线】 3月3日11时35分，中远航运中远腾飞轮装载947辆奇瑞汽车从江苏张家港苏润码头缓缓驶出，目的地为巴西，这标志着张家港口岸首条国际汽车滚装船航线正式开通。中远腾飞轮此行，不仅是汽车船首次进入长江港口，还为张家港创下了几个“第一”：

张家港正式获得汽车进口资质后首次挂靠大型专业汽车船，张家港首次进行大批量滚装货物作业。

【中远和安特卫普港装卸公司 ZUIDNATIE 签署战略合作协议】3月8日，中远和比利时安特卫普港装卸公司ZUIDNATIEBREAKBULKNV在广州远洋大厦举行战略合作协议签署仪式。本次协议签署后，中远船舶将加大挂靠安特卫普港的力度，ZUIDNATIE公司也将为我司船舶提供优质的装卸服务。

【中远航运与德国不来梅港装卸公司签订合作协议】3月13日，我司与德国不来梅港的装卸公司SchultzeStevedoringGmbh&Co.KG签订合作协议，中远航运部总经理吴亮明和SCHULTZE公司总裁STEFANSCHULTZE代表双方在合约上签字。不来梅港是中远在欧洲的基本港，本次协议签订后，SCHULTZE将给中远提供优质服务并给予中远优惠费率支持。

【中远航运祥云口轮成功装载20万吨级油轮半船分段】4月3日，中远航运祥云口轮在大连港成功潜装VLCC半船分段，这创造了中远航运半潜船装载货物面积最大的纪录，还成为中远航运和中远船务发挥协同效应的一个成功案例。该VLCC半船分段是大连中远船务建造的一艘20万吨级油轮的前半段，长159.4米（不含1米突出），宽48米，型深23.2米，重量约14000吨。其长度已非常接近祥云口轮浮箱前装货长度（164.6米）。以最大尺度算，该半船体积达25万方，面积达7650平方米，比祥云口轮整个甲板的面积还大。由于货物体积肥大，装货难度非常大。中远航运派出3名资深半潜船船长现场指挥，经过精心计划，专业操作，装货作业顺利圆满完成。

【中远航运欧洲公司举行揭牌仪式】5月14日，中远航运欧洲公司揭牌仪式在公司所在地荷兰鹿特丹隆重举行。中远航运总经理韩国敏现场参加揭牌仪式并发表致辞。中远航运欧洲公司是中远航运布局全球特种船运输市场的重要一环，致力于半潜船及重吊船市场的开发，利用地缘优势，为广大客户提供更加优质的服务。中远航运部分客户及中远欧洲公司的领导等参加了揭牌仪式。

【中远航运新造2.8万吨多用途重吊船投入营运】5月28日上午，中远航运新造2.8万吨多用途重吊船首制船大安轮在南通中远川崎命名并投入营运。该船的顺利交付，标志着中远航运的船型进一步丰富，船队竞争力得到了进一步提升。中远航运党委书记李振宇、副总经理杜俊明，南通中远川崎中方总经理韩成敏、日方总经理饼田义典等出席了命名仪式。大安轮是中远航运在南通中远川崎建造的4艘2.8万吨多用途重吊船的第一艘，该型船采用艏驾驶台、大舱口围、克令吊边置、机舱烟囱边置、连续甲板等设计方式，长179.5米，宽28米，最大航速15.2节，两部克令并吊起重能力可达700吨，最大货舱舱口围尺寸为51.75米×23.2米。相比市场上的同类船型，该型船具有起吊能力强、装载能力多样化、航行速度快和环保、安全性能好等特点，适合装载特种运输市场中的超长、超大、超重型货物。

【中远航运与中远罗马尼亚公司签订揽货合作协议】6月24日，我司与中远罗马尼亚公司在广州远洋大厦举行揽货合作协议签约仪式，中远罗马尼亚公司成为我司在欧洲市场的第十个签约网点，我司的欧洲营销网络进一步完善。中远航运航运部总经理吴亮明和中远罗马尼亚公司总经理周群分别代表双方在协议上签字。根据协议，中远罗马尼亚公司将为我司开展欧洲市场营销和客户开发工作提供服务，这将有利于我司开发欧洲尤其是罗马尼亚市场，进一步扩大我司在该地区的市场份额。

【中远航运第二艘28000吨多用途重吊船投入营运】7月17日上午，中远航运新造28000吨多用途重吊船大康轮在南通中远川崎命名并投入营运。这是中远航运接收的第二艘该类型船舶，随着该轮投入营运，公司特种船队的实力得到了进一步增强，船队结构得到了进一步优化。

【中远航运700吨起吊能力多用途重吊船数量达4艘】10月31日上午，中远航运股份有限公司新造28000吨多用途重吊船大昌轮在南通中远川崎命名并投入营运。至此，中远航运该类型船舶达到4艘。该类型船并吊能力达700吨，是公司起吊能力最大的重吊船。

【中国海运实现境外直接融资新突破发行5亿美元中长期债券】1月下旬，中国海运（集团）总公司成功发行了5年期5亿美元中长期债券，实现在境外美元债市场直接融资的新突破。此次债券发行由中国银行提供担保，国际评级机构穆迪对债券的信用评级为“A1”，中国银行、德意志银行和美银美林为此次债券发行的联席全球协调人。美元债券发行受到了国际投资者的广泛认可和接受，发行认购倍数约4.5倍，投资者数量达195家，包含国际知名的基金管理人、银行、保险公司、政府基金等各种投资者类型，投资者分布的广度和深度均优于同类债券。集团顺利发行美元债券，进一步拓宽了集团在国际资本市场上的融资渠道，为集团实现转型发展、抵御航运市场波动提供了有力的资金保障。同时，目前美元利率仍处于历史相对低位，发行中长期债券有利于锁定利率风险，降低融资成本。

【集团APLNG银团融资和东方国际ABS项目荣获国际融资年度最佳交易奖项】3月，集团APLNG船舶融资和东方国际集装箱资产抵押证券（ABS）项目被知名杂志《MarineMoney》分别评选为项目融资和证券化融资2013年度最佳交易奖项，《MarineMoney》是国际航运金融界权威刊物，在航运业、银行业及资本市场各类投资者群体中有着广泛的影响力。

【中海集团先后已有24艘船舶配合参加马航MH370失联客机搜寻工作】自3月8日以来，集团先后有24艘船舶配合参与了在泰国湾、马六甲海峡、孟加拉湾、印度洋、澳大利亚西海域等地区的搜寻行动，3月21日30万吨的矿砂船“中海韶华”轮按照国家搜救中心的要求，调整航行计划、全速赶赴澳大利亚西海岸疑似物区域，计划25日抵达该区域，并正在沿途开展搜寻工作。

【中国海运（南美）控股有限公司在巴西开业】3月28日，中国海运（南美）控股有限公司在巴西圣保罗市举行开业仪式，此举意味着集团的全球战略得到进一步发展。中海南美控股有限公司将进一步完善网点建设，向产业链上下游延伸，并向内陆运输发展，努力打造成为优质综合物流服务供应商，为当地经济发展提供优质服务，为促进中国与南美贸易提供优质服务。

【习近平主席和比利时首相ElioDiRupo出席中海集团与马士基集团关于比利时泽布吕赫码头投资及相关合作协议签字仪式】3月31日，中海集团与马士基集团在布鲁塞尔签署了关于比利时泽布吕赫码头投资及相关合作协议。中海集团董事总经理张国发先生与马士基集团副总裁FrancoisDelenclos先生在协议上签字。作为中比双方经贸合作成果的重要组成部分，习近平主席和比利时首相

ElioDiRupo 出席仪式，并见证双方签字。根据协议规定，中海集团所属中海码头发展（香港）有限公司在收购马士基集团所属 APMT 持有的泽布吕赫码头公司 24% 股权的基础上，将进一步加强在码头产业方面的战略合作，探讨合资经营其他集装箱码头的可行性。

【中国海运牵手工商银行，成功启动自贸区自由贸易账户业务】6 月 18 日，中国海运下属中海发展股份有限公司与中国工商银行联手参加中国人民银行“自由贸易账户业务启动签约仪式”，成为首批开立自贸区自由贸易账户的企业之一，并在当天创下了多个“自贸区自由账户首单业务”纪录：成功开立了首个区内机构人民币自由贸易账户（FTE）；成为首家利用自贸区自由贸易账户获得银行人民币融资的自贸区企业；成为首家利用自由贸易账户人民币资金，通过国际市场购汇完成对外跨境资金支付的企业。这些业务的成功落地，标志着上海自贸试验区内金融创新中具有里程碑意义的一项政策——自由贸易账户、分账核算业务经过半年多的艰苦努力成功落地，中海发展也因此成为了全国首批利用自由贸易账户完成跨境资金交易的企业和政策受益者之一。

【中国海运首次参与国际性 LNG 运输项目投标获得成功】 7 月 8 日，集团副总经理刘锡汉在韩国首尔出席亚马尔 L N G 运输项目签字仪式，签署 3 艘 17.2 万方冰区（ARC7 型）L N G 船舶造船协议、期租协议等近十项系列协议。亚马尔 L N G 运输项目系列协议的签署，标志着中国海运第三个 L N G 运输项目全面进入实施阶段。

【中国海运承运的 2015 米兰世博会中国企业联合馆首批钢结构启运】 建造 2015 年米兰世博会中国企业联合馆的首批 101 吨钢结构 29 日在上海洋山深水港正式启运。这批钢结构由中国海运（集团）总公司负责全程运输，约 30 天后运抵意大利热那亚港后转运米兰世博园区，正式开始中国企业联合馆的实体建馆工作。作为 2015 年米兰世博会中国企业联合馆的全球合作伙伴、指定的唯一物流服务供应商，中国海运决定由其下属的中海集装箱运输有限公司和中海物流有限公司全面、全程承担中国企业联合馆展馆的建材、装饰以及展馆展项设备的海上运输工作。为此，中国海运成立了专门团队，实施专人服务和对接，为建设中国企业联合馆所需物资提供快速、通常的海上、陆上物流通道。

【中国海运举行租赁公司揭牌暨首单项目签约仪式】 11 月 10 日，中海集团租赁有限公司揭牌暨首单融资租赁项目签约仪式在集团总部一楼南大厅举行。作为商务部、国税总局审批通过的内资融资租赁试点企业，中海租赁将充分利用中国海运集团在产业链整合和融资方面的优势，不断开拓进取，积极发挥集团航运港口物流产业的“链”优势，深耕上下游客户群，以优质服务促产融结合，助力行业健康稳定发展，加快集团金融产业的转型升级。争取用三到五年时间把中海租赁打造成为集团具有较强盈利能力和行业竞争优势的金融支柱产业之一。

【世界最大港口迎来世界最大集装箱船“中海环球”轮首航上海】 12 月 8 日，中国海运集团与上海国际港务集团在洋山港联合举行“中海环球”轮首航仪式，庆祝当今世界最大最先进集装箱船 19100TEU 的“中海环球”轮首航世界最大港口——上海港。推动船舶进一步大型化、超大型化，是当前全球经济与航运市场“新常态”下国际班轮业出现的新趋势，也是中国海运集团落实“促进我国航运业健康发展”战略、优化船队结构、提升国际竞争力的重要举措。新交付的“中海环球”轮是 2013 年中海集运与韩国现代船厂订造的 5 艘 19100TEU 型集装箱船舶中首制船。

【中海集团与国家开发银行在沪签署战略合作备忘录】 5 月 16 日，中海集团与国家开发银行在上海签署战略合作备忘录，双方将进一步巩固产业集团与金融集团全方位深度合作的新型战略合作伙伴关系。根据合作备忘录，未来五年，国家开发银行对中国海运集团意向性融资总量为 500 亿元，将为中海集团业务和转型发展提供有力的资金支持；同时双方将在各类投资、金融业务方面开展进一步合作，提高各自竞争实力。

（五）航运金融

【概况】 2014 年，航运金融服务不断拓展，业务不断创新。华泰等 4 家财险公司相继在沪设立航运保险运营中心。上海航运保险协会推出首个协会条款。自贸试验区融资租赁资产交易平台揭牌，累计引进融资租赁母公司 326 家，SPV 公司 336 家，注册资本 1035.7 亿元。探索航运衍生品交易业务，运力交易产品覆盖国际集装箱、国内沿海散货和进口散货三大领域。

【上海银行携手上港集团拟开展自贸试验区金融业务】 1 月，上海国际港务（集团）股份有限公司拟斥资 46 亿元认购上海银行的定增股份，双方计划在上海自贸试验区内加强包括供应链融资在内的贸易融资业务合作，探索航运金融在上海自贸试验区内的业务创新。

【“2014 上海航运·金融高峰论坛”顺利举行】 2 月 26 日，由上海航运运价交易有限公司、中国集装箱协会、上海自贸试验区联合发展有限公司共同主办的“2014 上海航运 · 金融高峰论坛”成功举行。论坛以“2014 年国际航运面临的机遇与挑战 -- 航运交易改革与创新”为主题，吸引了船东、货主、船代、货代、航运衍生品、航运基金、航运保险，以及期货、证券等领域的 200 多家企业、行业协会参会。

【大地保险航运保险运营中心成立】 8 月 11 日，中国大地财产保险股份有限公司航运保险运营中心在上海成立。大地保险自 2003 年 10 月开业即开办航运保险业务，主要险种为船舶险、货运险，累计完成保费 43.7 亿元。2013 年，该公司实现船舶保险保费 2.8 亿元，在中国财产保险公司中排名第四位。目前，包括太保、人保、平安、永安、阳光、华泰、天安、国寿等近 10 家保险企业获批在沪设立航运保险运营中心，助推了上海航运保险业的发展。

【交银租赁自贸试验区专业子公司获批开业】 8 月 14 日，交银航空航运金融租赁有限责任公司获得上海银监局开业批复。该公司为交银金融租赁有限责任公司在自贸试验区设立的全资子公司，是首家获得开业批复的金融租赁公司专业子公司，也是首家在自贸试验区内设立的金融租赁公司。公司注册资本人民币 5 亿元，将开展航空、航运融资租赁专业化业务，并具备在境外设立项目公司开展融资租赁业务、发行债券等业务的资格。

【中国人寿财险航运保险运营中心获批开业】 在上海保监局的推动和支持下，上海的专业航运保险运营机构继续壮大。1 月 7 日，上海保监局正式批复同意中国人寿财产保险股份有限公司航运保险运营中心在上海自贸试验区基隆路开业，至此共有 9 家航运保险中心在沪正式运营，2 家（太平、美亚）获批筹建。

（六）国际航运发展综合试验区

【概况】 依托自贸试验区，探索航运政策突破。推动航运领域扩大开放，允许外商以独资形式从事国际海运货物装卸、国际海上集装箱站和堆场业务，公共国际船舶代理业务外方持股比例放宽至51%，有五家外商独资船舶管理企业落户自贸区。扩大启运港退税政策试点范围。适用启运地拓展至沿江、沿海8个口岸，并突破特定运输企业、特定运输工具限制，提高了上海港吸引力和辐射服务能力。推动机场货邮中转业务拓展。检验检疫部门实现国际中转快件货物“电子申报、无纸化核放”。成功试运行空运快件渠道首票总运单拆分模式下的国际中转集拼业务。启动海运中转集拼业务试点。洋山保税港区和外高桥保税物流园区先后开展国际中转集拼业务试点。开展国际船舶登记制度深化研究。着力于解决船舶注册成本高、登记流程复杂等问题。

【海关总署出台支持上海自贸试验区海关工作改革思路】 为了保证上海自贸试验区的顺利运行，近日海关总署出台了支持上海自由贸易区海关工作改革的思路，总体上可以概括为“五化三配套”，“五化”就是实行信息化、安全化、法制化、便利化和智能化的管理，“三配套”是在机构人员重组、海关科技设备更新和信息系统升级等方面予以配套支持。

【洋山保税港区完成扩区封关验收】 2月13日，受海关总署委托，上海海关会同上海出入境检验检疫局、国家外汇管理局上海分局及上海市发展改革委、原上海市建设交通委、上海市商务委、上海市规土局、上海市财政局、上海市国税局、上海市工商局组成联合验收组，对洋山保税港区岛域、陆域扩区范围内的隔离设施、卡口设施及相关配套设施进行了验收。目前，上海海关已将验收结果上报海关总署，等待海关总署批复。

【上海自贸试验区启动支付机构跨境人民币支付业务】 2月18日，人民银行上海总部宣布，在中国（上海）自由贸易试验区启动支付机构跨境人民币支付业务。遵循简政放权的改革思路，人民银行上海总部将对支付机构开展跨境人民币支付业务实行事后备案和负面清单管理。为促进支付机构跨境人民币支付业务的开展，人民银行上海总部制定了《关于上海市支付机构开展跨境人民币支付业务的实施意见》。

【交银租赁成功签约上海自贸试验区首单非银行金融机构境外借款】 2月21日，交银金融租赁有限责任公司通过自贸试验区子公司与交通银行新加坡分行签署了《跨境人民币融资合作协议》，由交行新加坡分行提供总计7亿元的跨境人民币境外借款。这使交银租赁继首家获批在上海自贸试验区筹建专业子公司后，又成为首家成功签约跨境人民币境外借款的非银行金融机构。同时，交通银行新加坡分行也成为首家为自贸试验区非银行金融机构提供跨境人民币贷款的境外银行。本次境外借款业务由交通银行新加坡分行安排境外人民币资金，直接向自贸试验区内的交银租赁提供跨境融资，用于支持航空航运等专项租赁业务的拓展。

【两岸贸易自由化进程中的机遇与挑战研讨会在沪举行】 3月，由上海市人民政府参事室和台湾《旺报》社主办的“两岸贸易自由化进程中的机遇与挑战”研讨会日前在上海国际会议中心举行，来自沪台两地的各界人士共180余人参加了研讨会。上海市副市长赵雯在致辞中介绍了上海自贸区的进展情况，并与台湾示范区作了对比。台湾经济建设主管部门代表詹方冠、台湾金融主管部门代表赖铭贤以及上海自贸区管委会副主任李兆杰，上海市政府参事黄泽民、吴大器等围绕“两岸自贸区之挑战”、“两岸物流业之合作”等主题进行了交流。

【开展浦东机场货邮集拼中转功能研究】 3月份，上海海关重点推进浦东国际机场西货运区快件国际中转及中转集拼功能建设和机场西货运区快件转运中心建设工作。截至3月底，上海海关在快件渠道共受理国际转运业务总运单167票，同比增长193.0%，分运单12.2万票，同比增长22.21%，总重量1001.6吨，同比增长62.14%。其中，机坪直转快件总运单141票，分运单10.8万票，共计938.3吨；中转集拼快件总运单26票，分运单1.4万票，共计63.3吨。

【洋山保税港区自贸区综合服务大厅启用】 3月，位于洋山保税港区深水港商务广场的中国（上海）自由贸易试验区综合服务大厅正式投入启用。这是继去年9月在外高桥保税区设立自贸试验区综合服务大厅后的第二家自贸试验区综合服务大厅。洋山保税港区综合服务大厅启用后，将直接为洋山和临港地区企业提供现场服务，无需企业再专程绕行到外高桥保税区办理。截至3月19日，中国（上海）自由贸易试验区新设企业7257家，占到整个自贸试验区企业七成以上。其中外资企业584家，增长迅速。

【上港集团罗矿公司首船保税货物安全入库】 3月16日，上港集团罗矿公司保税第一船“海洋光芒”轮顺利靠泊公司码头。罗矿公司事先召开船前分析会，按照海关保税货物监管规定，制订针对性的卸货流程和货物入库方案，最终安全优质完成了5万余吨非洲块矿的接卸与入库工作。

【完善“中国洋山港”国际船舶登记配套服务】 4月，上海海事局进一步完善自贸试验区国际船舶登记制度配套规定和国际船舶登记信息化需求；调整船舶国籍证书有效期的起始日期，实现船舶换发国籍证书“零等待”；启动船舶登记人员年度见习工作，提高船舶登记业务水平，为行政审批事项下放和自贸试验区国际船舶登记制度实施提供保障。

【市交通委进一步推动航运领域扩大开放】 7月1日，上海市政府发布了《中国（上海）自由贸易试验区外商投资准入特别管理措施（负面清单）(2014年修订)》。与2013版相比，新版“负面清单”进一步提高开放度、增加透明度、与国际通行规则相衔接，实现了大幅“瘦身”，其中特别管理措施由原来的190条调整为139条，调整率达到26.8%。其中涉及航运领域的主要有两项扩大开放措施：一是允许外商以独资形式从事国际海运货物装卸、国际海上集装箱站和堆场业务；二是允许外商以合资、合作形式从事公共国际船舶代理业务，外方持股比例放宽至51%。

【“国际贸易单一窗口”正式启动试运行】 6月18日，“国际贸易单一窗口”启动试运行。首期两个试点项目是一般贸易进口货物的申报与结果反馈、船舶出口岸联网核放。截止6月底，海关、检验检疫、海事、边检通过单一窗口平台共同办理船舶离港手续141票，企业通过单一窗口向海关和检验检疫共同申报一般贸易进口货物74票。

【自贸区国际船舶登记制度实施政策研究工作启动】 7月4日上午，由市交通委和上海海事局共同组织召开的《中国（上海）自由贸易试验区国际船舶登记制度实施政策研究》课题开题会，顺利通过专家评审。与会专家就自贸区国际船舶登记制度重要意义、模式、定位、配套政策等进行了探讨和交流，并为下一步研究工作统一了思想，明确了研究重点和方向。下午，课题组国务院发展研究中心和上海海事大学共同召开了航运企业和政府部门座谈会，深入了解航运企业的需求、境外成功做法以及我国现有国际船舶登记制度存在的不足及改进建议等。

【上海海关推动自贸试验区货物分类监管】 上半年，上海海关完成货物状态分类监管方案的制定，明确了“分账管理、标识区分、实时核注、联网监管、信息共享”的总体思路和作业流程、实施步骤，并向财政部、海关总署作了专题汇报，预计7月启动试点。

【海运集装箱国际中转集拼业务方案确定】 自贸试验区管委会和上海海关共同开展国际中转集拼业务研究。目前，方案起草工作基本完成，并确定在外高桥保税物流园区和洋山保税港区各选择1家仓储企业进行试点。新方案创新点主要包括：一是制定准入标准，满足海关监管要求并具备国际中转集拼监管仓库条件的自贸试验区第三方仓储企业都可申请开展国际中转集拼业务，海关实施开放式管理。二是简化国际中转集拼货物的进出境备案申报项目，实施账册管理、分类申报。三是拆拼箱业务在保税集拼监管仓库内拆拼箱作业专区完成，海关对国际中转集拼货物的存放区域、主要出入口及拆拼箱作业专区实施联网集中监管。

【国家三部委决定扩大启运港退税政策试点范围】 ）7月，财政部、海关总署和国家税务总局联合发布《关于扩大启运港退税政策试点范围的通知》（财税[2014]53号），决定扩大启运港退税政策试点，2014年9月1日起执行。适用政策的港口由2个扩大至8个，分别为南京市龙潭港、苏州市太仓港、连云港市连云港港、芜湖市朱家桥港、九江市城西港、青岛市前湾港、武汉市阳逻港、岳阳市城陵矶港。运输企业和运输工具由2家、4条船扩大至符合相关条件即可。启运港退税政策率先向沿海、长江流域复制、推广，是自贸试验区航运创新政策顺应“两路一带”战略需求的新鲜案例，对进一步提高企业资金周转效率，提升上海港服务能力，促进长江经济带协调发展具有重要意义。

【上海海关复制推广第一批自贸试验区海关监管服务创新制度】 为最大程度释放上海自贸试验区海关监管服务制度创新的改革红利，8月15日，上海海关发布《上海海关关于复制推广第一批中国（上海）自由贸易试验区海关监管服务创新制度的公告》，启动首批9项创新制度的复制推广工作，主要包括：“一线进境货物‘先进区、后报关’”、“区内企业货物流转自行运输”、“融资租赁”、“简化统一进出境备案清单”等内容。目前，各项复制推广工作正有序推进。

【上海自贸试验区海运国际中转集拼业务实质启动】 9月11日，同景国际物流公司通过自贸试验区洋山保税港区的保税仓库成功试点完成首单国际中转集拼创新业务，标志着自贸试验区海运国际中转集拼业务实质启动。当天，一批来自美国、目的地为香港的通讯设备零部件，与两批洋山保税港区的保税仓储货物在同景公司的集拼仓库内完成货物集拼后，通过洋山口岸出口至香港。而另一家在外高桥保税物流园区内试点的单位——太平名威物流有限公司，其首批国际中转货物也将于10月中旬运抵上海口岸。自贸试验区管委会表示，下一步，将在试点基础上，进一步扩大试点范围，推动该模式常态化、规模化运作。另外，上海海关目前已基本完成国际中转集拼海关操作规程的编制。

【市交通委探索自贸试验区国际船舶登记制度创新】 为进一步统一思想，争取国家有关部委对国际船舶登记制度创新工作的理解和支持，9月16日，国务院发展研究中心和上海市交通委在京组织召开座谈会，听取国家有关部委意见和建议。与会各方围绕实施自贸试验区国际船舶登记的背景、意义和目的，自贸试验区国际船舶登记制度内涵，该制度创新对我国造船工业和国家税收的影响，以及特案免税登记制度实施效果、存在问题等内容进行了深入沟通和讨论。下一步，市交通委将会同上海海事局等单位，加强与国家相关部委的沟通交流，在现有试点政策总结的基础上，分析评估制度创新的实施风险，提出优化管理流程和法规调整的具体意见。财政部关税司，海关总署加贸司、关税司，国税总局政策法规司，交通运输部水运局、海事局，工信部装备工业司，国家发改委综合运输所，上海市交通委、上海海事局、财政部财科所、上海海事大学等单位代表出席会议。

【洋山保税港区“区港直通道”正式启用】 9月1日，洋山保税港区“区港直通道”正式启用，标志着洋山保税港区“区港一体化”运作进入新阶段。“区港直通道”位于洋山保税港区海港大道同望路口，是连接洋山保税港区岛域和陆域的内部通道。“区港直通道”启用前，一线进出境车辆需先经二线卡口，再经口岸查验区上东海大桥，单程多绕行6公里，且需两次卡口验放。“区港直通道”启用后，一线进出境车辆通过“区港直通道”直接验放，降低了区内企业的物流成本、提高了物流时效；同时，“区港直通道”实施7×24小时验放模式，对进出境车辆过卡口实行自动比对、自动判别、自动验放等智能化管理，有效提高了企业承运车辆的通行效率，也完善了洋山保税港区的物流监控体系，为进一步探索贸易监管制度创新奠定了坚实的基础。

【首票总运单拆分模式下空运快件国际中转集拼业务运行成功】 11月14日，上海海关空运快件渠道首票总运单拆分模式下国际中转集拼货物运行成功。首票货物来自德国，分别拆分运至东京及大阪，该模式运作成功为逐步开展分运单模式国际转运打下基础，有助于进一步提升上海航空货邮国际中转集拼效能，提升上海国际航运中心的服务能级。

【中资方便旗船沿海捎带业务试点落地】 12月27日，中远泗水轮挂靠洋山港执行国内首批次“沿海捎带”运输任务，标志着中资方便旗船沿海捎带业务试点正式落地。中资方便旗船试点经营外贸进出口集装箱沿海捎带业务，对降低我国货主企业成本，吸引货物回国中转，提升我国港口综合竞争力具有重要意义，是上海自贸试验区管理制度创新的有益尝试。

（七）邮轮产业发展

【概况】 营造产业发展环境，推动邮轮母港建设。优化发展环境。市政府办公厅转发《关于本市加快中国邮轮旅游发展实验区建设的若干意见》。边检部门简化邮轮查验手续，旅客通关候检时间缩短30%。建立邮轮运营联席会议制度，保障邮轮运输服务水平。拓展航线产品。交通运输部原则同意北外滩开展无目的地邮轮航线试点。2014年，上海港共靠泊邮轮269艘次，邮轮旅客吞吐量121.5

万人次，同比分别增长36.5%、60.6%。发展配套服务。国内第一家邮轮票务渠道销售服务平台——邮游通上线。吴淞口国际邮轮港公司成功转运皇家加勒比邮轮船供物资，为上海邮轮物资转运业务的常态化运营积累了经验。

【吴淞口国际邮轮港正式启动口岸通行限制区域管理】 1月3日，吴淞边检站会同长江航运上海公安分局在吴淞口国际邮轮港码头正式启动口岸通行限制区域管理。根据2013年7月1日颁布施行的《中华人民共和国出境入境管理法》关于口岸限定区域管理的相关规定，吴淞边检站联合长江航运上海公安分局，在上海市口岸办和宝山区政府的协调下，结合吴淞口国际邮轮港的实际情况，科学合理划分口岸通行限制区域，确立了以区域明示、空间隔离、持卡通行、协作机制为主要内容的口岸通行限制区域管理制度，并在邮轮港码头现场制作相应口岸通行限制区域标识标牌50余块，口岸限定区域通行证1000余份。实行首日，各项工作运转正常。

【推动邮轮旅游发展实验区建设】 2月，上海市人民政府办公厅转发市旅游局、市交通港口局《关于本市加快中国邮轮旅游发展实验区建设若干意见》，从有序推进邮轮码头和基础设施建设、提升邮轮码头的综合服务管理水平、加快打造邮轮产业链、大力推进邮轮航线和旅游产品开发、引导邮轮旅游规范发展、营造邮轮旅游发展的良好环境、注重维护邮轮游客与企业的合法权益、完善邮轮旅游扶持政策、建立健全邮轮旅游安全管理与应急机制、加强对中国邮轮旅游发展实验区建设的领导等十个方面提出指导意见，推动上海邮轮产业发展。

【国客码头大型国际邮轮双窗口开靠关键技术研究取得实质性进展】 3月11日，全国优秀引航员蓝中引领巴哈马籍豪华邮轮“七海航海家”号，采用新的靠离模式安全靠泊国客码头，迈出了由科学论证转为实践操作的坚实一步。去年11月，上海港引航站启动“上海港国客码头大型国际邮轮双窗口开靠关键技术研究”课题，提出创新邮轮开靠的设想：即进口指定调头区掉头后倒航靠泊，出口直接离泊。此举可以打破以往大型邮轮靠离泊时间单一的瓶颈，满足邮轮对班期和安全的需求，提高码头运营效益。

【豪华邮轮“海洋水手”号抵沪】3月15日，海上巨无霸豪华邮轮“海洋水手”号自香港抵沪，这是该邮轮今年在沪运营的首个航次。本航次入境旅客船员共计4183人，出境旅客船员共计4419人。

【《中国邮轮旅游发展总体规划》编制工作在沪启动】3月2日，由国家旅游局委托中国交通运输协会邮轮游艇分会（CCYIA）牵头的《中国邮轮旅游发展总体规划》编制工作在沪启动。该规划是中国邮轮产业第一个国家级规划，最快将于今年10月份出台。

【上海国际航运服务中心西船闸首航游艇进出港池成功】4月2日，上港集团上海国际航运服务中心（汇山项目）西船闸首航63呎（19.2米长）游艇进出港池成功，为举办第十九届中国（上海）国际游艇展水上展区进行准备。新建成的西港池及西船闸率先实现了项目与黄浦江的水体联通，成为游艇基地和避风良港，港池水域面积达11500平方米、水深2.3米，可提供大小37艘游艇泊位。即将开工的东港池拥有33艘游艇泊位。

【上港集团地中海邮轮旅行社经营中国公民出境旅游业务资质获批】4月11日，上港集团地中海邮轮旅行社经营中国公民出境旅游业务资质获得国家旅游局批复，成为第一家受益于上海自由贸易试验区扩大开放政策的中外合资旅行社。

【上海国际客运中心迎来今年首艘母港邮轮“海娜号”】4月，“海娜号”邮轮驶抵上海港国际客运中心码头，随轮旅客、船员近1600人。此次为“海娜号”邮轮今年首次来沪，该轮将以上海为母港运营19航次，主要运营台湾、日本航线。

【上海中国邮轮旅游发展实验区联席会议第一次工作会议顺利召开】5月28日，上海中国邮轮旅游发展实验区联席会议召开第一次工作会议，审议并原则通过《2014年中国邮轮旅游发展实验区建设工作要点》。上海市副市长、上海中国邮轮旅游发展实验区联席会议第一召集人赵雯出席会议并讲话。下阶段，上海将聚焦邮轮码头建设、邮轮航线开发等7个方面25项任务，其中包括探索有条件开放无目的地邮轮航线，并探索建立全国统一的邮轮旅游服务信息平台等。（国际航运研究中心采编）

【上港邮轮旅行社获评上海市4A级旅行社】5月，根据上海市旅游局《关于评定上海市4A级旅行社的公示》，依据上海市地方标准《旅行社服务质量要求及等级划分》，上港邮轮旅行社通过审核，被评定为上海市4A级旅行社。

【“百艇汇”游艇驾校正式开班】5月，由上港集团国客中心和上海海事大学合作开办的国客中心首个游艇服务品牌“百艇汇”游艇驾校正式开班，首期学员15人。

【虹口区探索开发无目的地邮轮航线】根据《2014年中国邮轮旅游发展实验区建设工作要点》，上海将积极推进邮轮航线开发，争取国家有关部委的支持，探索有条件开放无目的地邮轮航线。目前，市交通委正在抓紧协调公安和口岸单位，争取10月份在北外滩率先开展邮轮无目的地航线试点。试点邮轮无目的航线不仅能充分利用上海国客中心码头资源，更能带动周边地区的旅游、休闲、商业发展，发挥邮轮经济效应。

【2014上海邮轮旅游节在宝山举办】 9月16日，以“缤纷邮轮行·欢乐宝山游”为主题的“2014上海邮轮旅游节”在吴淞口国际邮轮港拉开帷幕。在为期20天的邮轮旅游节中，举办了“2014中国邮轮经济发展高峰论坛”、“邮轮课题成果交流和发布”、“‘览浦江·游宝山·品邮轮’吴淞口江风海韵之旅”、“缤纷邮轮行·欢乐宝山游之亲子活动日”、“宝山旅游惠民季”、“邮轮旅游节环球港宣传日”、“长江邮票首发式暨‘乐邮游’吴淞口寻迹之旅体验日”等十余项活动，并通过网络、微博、微信等平台发起了征文、摄影、随手拍等互动活动。邮轮旅游节的举办进一步传播了邮轮文化，也让更多市民体验到了邮轮旅游的乐趣。

【首个邮轮、游艇电商综合平台发布】 2014上海市邮轮（游艇）旅游节上，上海港国际客运中心“邮游通”邮轮票务销售渠道服务平台、“百艇汇”游艇电商综合平台同时发布。“邮游通”邮轮票务销售渠道服务平台针对目前国内邮轮包船运营的特色，对票务销售渠道进行整合，是中国邮轮票务销售渠道服务的一大创举。通过资源整合，该服务平台可实现数据共享，方便中小型旅行社快速查询合适的邮轮产品，以产生更多交易机会；通过即时付款、在线签订旅游合同、购买保险并出具保单、在线出具船票，提高邮轮产品分销效率；通过提供邮轮控舱分舱模块，为旅客提供即时确认舱位的服务。“百艇汇”游艇电商综合平台由上海港国际客运中心开发有限公司和上海国富光启云计算科技有限公司合作开发。该平台一改以往资源分散、游艇俱乐部各自为营的松散局面，致力于打造一个覆盖游艇全产业链的综合线上交易平台，规划在五年内建成大陆首个游艇产业综合服务体系。

【“中华泰山”号首航上海邮轮母港航线】 11月23日，渤海轮渡旗下“中华泰山”号邮轮从北外滩国客中心起航至韩国仁川港，首航上海邮轮母港航线。“中华泰山”邮轮上配备了350多名船员，其中50多名甲板部、轮机部人员全部来自国内一流水平的专业技术人员，其余300多名的服务、演职人员来自中国、俄罗斯、泰国、香港等不同国家、地区。自今年8月投入营运以来，“中华泰山”邮轮已从烟台港出发至韩国仁川（首尔）、济州岛安全运营16个航次，运载游客近万人，11月起转入冬季南方航线。“中华泰山”号开设上海邮轮母港航线，将进一步助推邮轮的本土化运营，也标志着中国邮轮市场一直以来被国际邮轮巨头垄断局面将逐渐被打破。

【吴淞口邮轮码头将形成4个大型邮轮泊位】 2014年12月18日，市发展改革委出具了吴淞口国际邮轮码头后续工程项目的《企业投资项目备案意见》(沪发改设备[2014]16号)，吴淞口国际邮轮码头后续工程项目正式立项。该项目总投资11亿元，将新建22万吨级码头2座以及平台、引桥、客运大楼及廊道。扩建后，吴淞口国际邮轮港岸线总长度将在目前774米的基础上延伸至1600米，形成4个大型邮轮泊位，进一步提升上海大型邮轮靠泊能力，夯实上海在亚洲邮轮旅游市场中的重要节点和亚洲最大邮轮母港的行业地位。据悉，2015年吴淞口国际邮轮港将接靠邮轮近300艘次，两船同靠将达70余次。

（屠爱华）

十五、建筑建材业管理

（一）综述

2014年，建筑市场监管基本实现了政策法规不断完善、诚信体系逐步健全、市场监管水平显著提升的良好局面。

不断完善政策法规体系。按照年初制定的工作计划，主要开展了三个方面的工作：一是修订出台《上海市建筑市场管理条例》，上半年组织行业内相关单位和专家对条例进行深化研究，并充分听取市和区县相关管理部门、管理相对人的意见，条例已由上海市第十四届人民代表大会常务委员会第十四次会议于2014年7月25日修订通过，并于2014年10月1日起施行。二是积极开展《上海市建筑市场管理条例》的宣贯培训，9月开始全面启动条例的集中宣传工作，9月18日召开全市层面的宣贯动员大会，同时在建筑时报、市建设管理委网站及市建筑建材业网站主页设置宣贯专题，并充分利用专题会议、建筑市场管理BBS论坛等平台做好宣传工作。11月起组织市、区两级相关部门和企业开展专题培训，确保全行业深刻理解和准确把握条例的基本精神和主要内容，不断提高建筑市场依法行政能力和服务水平。三是深化建章立制工作，研究起草《招标投标管理办法》、《工程项目管理办法》等规章制度，进一步完善建筑建材业法规体系；出台《关于进一步完善本市燃气工程建设管理分工的通知》、《关于本市既有多层住宅加装电梯试点工作建设管理有关事项的通知》，完善不同类型建设工程的管理流程。研究起草《关于进一步加强本市重大工程建设管理的实施意见》，优化重大工程报建、招投标、竣工验收等管理环节，方便管理相对人。

切实加强招投标监管服务。主要从以下五个方面入手：一是修订施工评标办法，针对当前评标办法存在突出问题，确定了修订的基本原则：一要坚持鼓励竞争，客观分析投标综合单价，引导合理低价中标；二要适当还权业主，有限度放开资格预审，增加招标人代表人数，让业主权利在阳光下运行；三要区别不同工程类型，有针对性拟定评标办法。目前已形成征求意见稿，正在广泛听取相对人意见，争取年内出台。二是启用建设工程施工暂估价招投标服务系统，明确要求建设工程施工总承包招标时，以暂估价形式包括在总承包范围内的重要设备、材料以及专业工程，达到国家规定应当招标规模标准的，应使用该系统进行招标，进一步规范本市建设工程施工分包活动。三是结合本市正在推行的电子招投标办事信息系统，在使用电子招投标办事信息系统的施工公开招标项目中实施网上公正度评价。四是运行电子招投标办事信息系统，在2013年5月起市管监理招投标项目试点以及2013年12月起市管招投标项目试运行电子招投标办事信息系统的基础上，在全市面上建设工程招投标项目中启用电子招投标办事系统，进一步提高了招投标的效率，节省了招投标的成本，并且使招投标全过程留下痕迹，更加公开、透明。五是加强评标专家管理，进一步完善评标专家准入和清出的动态监管体系，对部分长期未参加评标的专家取消其评标专家资格并予以公示。进一步完善评标专家库，新认定372名市级资深评标专家和338名区级评标专家，完善评标专家语音通知系统，开发指纹门禁系统，同时还明确了评标专家抽取回避规则。

有序推进企业资质和人员资格管理工作。一是完成勘察设计、施工、监理等建设工程企业资质申报电子化审批试点工作，上海作为全国唯一的企业资质电子化审批试点地区，相关试点工作得到了建设部领导的肯定。通过跨部门多维数据比对和共享，可减少企业80%的提交材料，项目审批时间可缩短20%以上，极大提高审批效率和透明度。二是出台《关于明确本市建设工程企业资质管理若干问题的通知》，对区（县）建设管理部门负责受理、审核、管理的建设工程企业资质事项明确了办理口径和流程，通知中明确自2月1日起停止办理企业聘用小型项目负责人备案手续，同时为方便企业注册地变更后资质手续办理，明确跨区变更后由新注册地建设管理部门办理资质证书变更手续。三是出台《关于本市建设工程注册人员重复注册、人证分离等有关问题的处理通知》，加强对本市建筑行业各类注册人员的管理，规范注册人员的执业行为，杜绝本市注册人员重复注册、人证分离的情况。四是为方便企业各类申请事项的办理，保证企业基本数据的准备，集中开展在沪建设工程企业从业人员的信息采集工作，以及本市及外省市进沪建设工程企业2014年度《在沪建设工程企业诚信手册》自检工作。

建立健全建设市场信用体系。围绕信用信息采集管理、工程招投标应用等方面制度文件制定和试点，一是制定了《上海市建筑市场信用信息管理办法》，明确信用信息的记录内容、记录程序、申述渠道和相关管理职责，用于规范本市建筑市场各方主体信用信息的记录、公开和使用等活动。二是启动了浦东施工招标应用企业信用评价试点工作，从试点的效果和社会反馈来看，“信用分”的实施促进了企业信用意识的增强，一方面施工企业对存在违法违规行为的重视，开始积极采取措施，减少不良行为的发生，另一方面通过企业对违规行为认真对待，反过来规范管理部门执法行为。

推进施工现场作业工人实名制管理。出台《关于在本市建筑工程施工现场推行作业人员实名制管理的通知》，明确由我委负责实名制管理工作的综合协调和监督管理，并负责建立健全统一的实名制管理信息系统，同时，在中建八局、市建七公司部分项目实际应用，完成实名制管理办法和信息平台开发，进一步保证建设工程质量和安全，规范施工用工管理。9月起，在徐汇、长宁、黄浦、静安、宝山、松江等六个行政区和上海建工、中建八局、城建集团三家施工企业下属的所有在建项目进行扩大试点。据统计，目前全市已有107个工地，6万余名现场务工人员纳入信息系统，力争明年初在本市全面推开实名制管理，为建筑市场的规范化管理和建立建筑行业健康、有序的环境打下坚实基础。

积极推进建筑业科技创新转型。一是编制《关于在本市推进建筑信息模型技术应用的指导意见》，充分听取相关建设单位、设计单位、施工单位和BIM软件开发单位、咨询企业意见，结合本市BIM技术应用实际情况，启动了《指导意见》的编制工作，并于2014年4月形成了第一次征求意见稿征询市相关部门、企业意见，并根据反馈意见修改后上报市政府办公厅。2014年7月29日，蒋卓庆副市长主持召开专题会议，研究《指导意见》编制工作。会议原则同意出台《指导意见》，并对《指导意见》提出了进一步修改意见。根据7月29日会议精神，结合韩正书记8月20日来市建设交通工作党委、市建设管理委调研科技创新工作讲话精神，我委修改形成了《指导意见》第二次征求意见稿，再次征求市相关管理部门、企业意见，并根据反馈意见完善后形成了送审稿报送市政府办公厅。组织开展BIM技术应用推广宣传工作。召开全市《指导意见》实施大会，进一步统一各方思想，提高认识。通过政府网站、政务微博、平面媒体等渠道，开展各种形式的宣传，普及BIM基础知识、宣传《指导意见》内容以及其他推广应用政策措施、展示BIM技术应用成功案例等，为本市工程建设领域推广应用BIM技术营造良好氛围。二是推进数字化审图和白图替代蓝图工作，数字化审图已制定了电子图纸编码规则和数字审图流程，完成了电子图纸转换、存储电子图纸数据库和相关应用软件开发。目前，已经过55个项目试点，收集电子图纸4万余张，发现勘察设计问题7千余条次，达到了勘察设计问题及时发现、审图过程及时了解、审查意见直观反馈的效果。白图替代蓝图已完成建筑工程设计电子化的全流程设计和应用系统开发，并已经过测试了十几个实际工程项目。

（二）招标投标管理

【概况】 2014年，全市共完成建设工程招投标11174个（标段），其中：市管项目共2000个（标段），施工公开招标率为99.53%。全力保障北横通道、轨道交通12号线等一批重大工程项目顺利完成招标。

【以制度建设为先导，进一步夯实监管基础】

一是配合修订出台《上海市建筑市场管理条例》。对工程承发包的有关要求作了进一步细化，明确了工程总承包和“三价”公开等方面规定。二是修订施工评标办法。针对当前存在的突出问题，区别不同的工程类型，有针对性地拟定评标办法；引入合理最低价，引导理性竞争；由计算机进行回标分析，减少技术标分差，压缩招标代理和评标专家的人为操作空间。三是研究起草评标专家管理相关制度。包括评标专家和评标专家库管理办法、评标专家信用评价实施办法等。此外，针对中央巡视组和市委巡视组反馈的问题，配合起草了本市建设工程招投标监管整改工作方案。

【以科技手段为支撑，进一步优化监管流程】 一是全面启用电子招投标办事信息系统。进一步提高了办事效率，使招投标全过程留下痕迹，更加公开、透明。同时，在使用该系统的施工公开招标项目中实施了网上公正度评价。二是启用建设工程施工暂估价招投标服务系统。明确要求建设工程施工总承包招标时，以暂估价形式包括在总承包范围内的重要设备、材料以及专业工程，达到国家应当招标规模标准规定的，应使用该系统进行招标，进一步规范施工分包活动。三是完成开、评标场所功能改造。实现了区域全封闭、过程全监控，从硬件设施上为今后全面推进电子招投标和预防、遏制违法违规行为提供了保障。

【以指导服务和监督检查为抓手，进一步提高监管能效】 一是强化市区联动。抓好监管要点的落实和综合评价考核机制的完善，进一步推动市区两级招投标监管模式的规范、统一。二是严格规范招标代理机构行为。开展专项整治，建立招标代理诚信记录制度，试行一项目一记录。三是完善招投标社会监督员制度。组织社会监督员定期开展现场监督活动，听取反馈意见和建议。

【以动态监管为手段，进一步加强评标专家管理】 一是完善了评标专家库。主要针对部分紧缺专业及暂估价招标所需专业开展评标专家招聘，全年新认定701名评标专家。二是强化了评标专家动态管理。进一步完善评标专家准入清出制度，对部分长期未参加评标的专家取消其资格并予以公示。全年共对101个项目进行了评标评估。三是加强了评标专家信息化管理。完善了评标专家语音通知、指纹门禁、诚信管理等系统。

（三）资质资格管理

【概况】 截止2014年底，全市有建设工程资质企业总数14868家，其中本市建设工程资质企业9432家，外省市进沪建设工程资质企业5381家，部属企业52家，境外企业3家。在本市从事勘察设计的企业有1659家，其中本市企业750家，外省市进沪企业894家，部属企业15家。在本市从事施工的企业有12417家，其中本市企业8077家，外省市进沪企业4302家，部属企业35家，境外企业3家。在本市从事监理的企业有298家，其中本市企业181家，外省市进沪企业117家。在本市从事造价咨询的企业有187家，其中本市企业156家，外省市进沪企业29家，部属企业2家。在本市从事招标代理的企业有200家，其中本市企业161家，外省市进沪企业39家。在本市从事建设工程检测的机构有107家。

2014年共受理各类事项48814项。受理、办理各类企业资质29434项。其中安全生产许可证4685项；资质新申请245项；升级162项；增项316项；转正11项；全市企业信息变更 23352 项；外省市进沪企业诚信手册备案 663 项。各类人员资格受理 19380 人/次。其中注册建筑师 1998 项；注册结构工程师 1521 项；造价师 2329 项；监理师 3517 项；土木工程师（岩土）294 项；一级建造师 2062 项；二级建造师 7659 项。

【开展行政权力清理和行政审批标准化】 2014 年，市交通委成立后，原建交委的交通发展规划、道路公路管理、交通综合协调、国防交通战备等职责划入市交通委。根据市建设管理委和市交通委职责分工，开展所属行政权力的清理，现共清理行政权力 93 项，其中，行政处罚事项 83 项，行政检查事项 5 项，行政备案事项 4 项，行政收费事项 4 项。根据《上海市城乡建设和交通委员会关于全面按照标准要求实施行政审批事项》的要求，2014 年 2 月 1 日起进行行政审批工作的试运行，按照《行政审批办事指南》和《行政审批业务手册》明确的审批条件和审批流程完成审批工作。在试运行半年的基础上，进一步完善《行政审批办事指南》和《行政审批业务手册》，固化行政审批流程和条件，所有行政审批事项正式按照标准化要求实施上线运行。同时对涉及行政审批事项的 19 种规范性文书进行标准化确认，在网站醒目位置提供下载，方便办事相对人。

【精简业务办理流程】 对企业注册资金、注册地址、工商注册号变更事项的办理流程进行了简化了的，由窗口受理、后台审批转化为企业网上自助变更、领证章处当场打证。对企业安全生产许可证单位名称、主要负责人、单位地址、经济类型变更的办理流程进行简化，完成资质信息变更打印后，无需再次申请安全生产许可证变更，后台信息同步变更，直接在领证章处当场打证即可。企业申请安全生产许可证正常延期，在网上申报时，系统自动比对三类人员达标、资质状态等情况，符合条件的企业，可打印《安全生产许可证延期栏打印申请单》，并携带原安全生产许可证正、副本原件至领证（章）处直接打印，无须至窗口受理。

参与建设市场管理信息平台建设。2014 年初上海市建设市场管理信息平台建设进入实质启动，编制完成了《上海市建设市场管理信息平台应用软件系统开发流程规范》、各类软件系统文档模板、上海市建设市场管理信息平台应用软件系统确认表等一系列与软件开发相关的标准化文件。完成信息平台新机房建设并投入使用，网络交换及安全设施、服务及存储的基础设施安装到位，系统及数据库（包括原建筑建材业务管理系统的主要应用系统及数据）已迁入新设施，并正常运行。

【建立完善从业人员数据库】 2014 年 3 月，全市启动在沪建设工程企业从业人员信息采集暨 2014 年度电子版《在沪建设工程企业诚信手册》自检工作，电子版《诚信手册》自检系统同时上线。共采集了 50 余万从业人员信息，其中注册人员 6 万余人，为建立从业人员诚信档案、保证企业基本信息、实行电子化审批及批后监管打下了坚实的基础。

【开展电子化审批试点】 上海作为全国唯一的企业资质电子化审批试点地区，相关试点工作得到了住建部领导的肯定。2014 年 7 月完成《建设工程企业资质电子审批试点方案》的报批，9 月完成资质电子审批系统详细设计和原型开发。在已完成监理资质电子化申报和受理系统开发基础上，从本市监理企业开始试点。2015 年，本市将全面实行企业资质电子化审批。

【推进诚信体系建设】 通过近一年多浦东建筑行业诚信体系建设试点工作，做到平稳有序，效果明显。根据市建设管理委有关要求，对 2013 年度公路施工企业进行了信用评价评分和汇总，其中共涉及29个标段、22家企业；信用等级为AA的有8家，信用等级为A的有6家，信用等级为B的有8家。2014年6月18日，经专家评审，一致通过了《建筑市场企业和个人信用评价标准和应用模式的研究》课题报告。

【加强注册人员监管】在信息系统中增加二级建造师与社保联网核查的程序，基本杜绝了注册人员被恶意申报现象，减少相关信访投诉量和人证分离现象。在全市发出《关于本市建设工程注册人员重复注册、人证分离等有关问题的处理通知》，明确了本市部分执业资格人员存在的"重复注册"和"人证分离"的处理意见。配合住建部执业资格注册中心考试处完成2014年度一级注册建筑师、一级注册结构工程师和注册土木工程师（岩土）的资格考试评分。配合市职业能力考试院完成二级注册建筑师、二级注册结构工程师、注册建造师和注册造价工程师的评分阅卷。

（四）设计文件审查管理

【概况】2013年，本市建设工程设计文件审查改革工作基本落实到位，全市总体设计文件征询工作有序开展，市、区两级管理体制日趋完善，审查流程进一步优化，信息系统建设取得阶段性成果。施工图审查行业监管扎实开展，审图质量总体受控，市政工程施工图审查全面推开。2014年，在巩固完善上一年度设计文件审查管理工作的基础上，建设工程设计文件审查服务明显改善，勘察、设计、审图质量监管全面开展和加强，行业技术创新工作取得新进展。

【逐步健全审查管理制度】一是建立"超时"约谈通报制度，每月汇总统计各审查机构项目审查时间，对超时的审查机构、审查人员追究责任。二是建立"收费区间"提示制度，按不同结构类型建筑，对审图费用进行汇总统计分析，形成审图收费区间。三是建立投诉处理制度，制定《施工图审查投诉管理办法》，公开投诉电话、邮箱，接受社会监督，投诉处理结果记录审查机构诚信档案。四是建立用户满意度评价制度，开通施工图审查满意度网上调查功能，调查结果作为审查机构年度考核和任务比例确定的重要依据。五是建立施工图审查机构服务标准制度，编印《上海市建设工程施工图设计文件审查机构服务指南》，统一全市施工图审查服务标准。

【完善审查行业考核评价机制】一是审图任务承接引入适度竞争机制。修订审查机构抽取选定办法，将"抽2选1"改为"抽3-5选1"，将审查机构服务质量与任务比例挂钩。二是开展全市审查机构年终考评工作。编制《上海市建设工程施工图设计文件审查机构年度考评要求》，从基础管理、审查行为、审查质量、服务质量、行业建设、政府评价等方面对审查机构进行综合评价。三是开展总体设计文件审查年终检查工作。编制《区（县）、管委会设计文件审查部门年度工作评价标准》，设置15项具体指标，从基础建设、业务工作等方面对区（县）、管委会审查管理部门工作进行评价。

【提升审查服务水平】一是提高办事效率。开通了设计文件审查短信通知服务功能，将施工图审查合同备案由纸质备案调整为网上备案。截至12月31日，全市设计文件审查受理1163个，其中市级136个；完成征询1005个，其中市级151个。市审查中心完成征询的151个项目，平均征询用时为7.88个工作日，最短用时为1个工作日，总体设计文件征询满意率为97.58%。二是开展"提高总体设计文件征询工作效率”专项治理。明确抗震资料齐全后可提前征询，印发《关于调整本市建设工程设计文件审查部分事项的通知》，规范了相关管理部门的送审要求，减少了设计文件审查阶段的前置专项评审，简化了特殊项目设计文件审查阶段的征询手续。三是加强全市设计文件审查管理人员队伍建设。组织开展了总体设计文件审查管理业务培训，累计培训审查管理部门、审查机构、勘察设计、建设、审图单位专业技术及管理人员500余人次。

【初步开展勘察设计质量监管】 一是组织勘察设计质量监督抽查。全年共开展10次监督抽查，检查项目220个，涉及150余家勘察设计单位，对29个项目出具监督检查整改通知单，整改条数62条，平均每个项目违反0.28条次。二是开展本市设计文件审查系统“质量月”活动。组织开展了全市建筑幕墙设计、绿色建筑设计、节能设计、市政工程设计质量等专项检查。三是健全勘察设计质量监管工作机制。选取本市18家综合实力较强、市场占有率、行业知名度较高的勘察设计企业，组成了骨干企业联席会议，充分发挥行业骨干企业的先导作用，对本市勘察设计行业发展现状、前景、存在问题进行了座谈研究。

【施工图审查质量】 一是审图质量总体可控。严肃查处审查机构瞒报漏报违反强制性条文行为，开展审图行为检查10次，飞行检查15次；对5家违法违规企业实施了行政处罚，其中勘察设计单位4家，建设单位1家，罚款总金额43万元。本年度审图一次通过率55%，较去年的81.4%有了大幅下降。二是施工图审查对勘察设计质量把关作用有效发挥。在住房和城乡建设部组织的2014年全国建设工程勘察设计质量监督执法检查中，本市受检的项目均未发现违反强制性条文的问题，勘察和设计质量检查符合率为96.9%，荣获全国排名第一。三是强化施工图审查技术支持。搭建施工图审查疑难、争议问题解决平台，加强勘察设计、审图专家库管理，编印《上海市建设工程施工图设计文件审查专家管理办法》，聘任专家290余名。

【稳步推进数字化审图工作】 一是试点工作取得阶段性成果。今年4月起，稳步开展数字化审图实战试点，起草并以市建设管理委名义发布了《开展本市建设工程施工图数字化审查试点的通知》，进一步扩大试点范围。本年度，实施数字化审图试点项目266个，其中已完成项目129个；已完成项目发现勘察设计违反强制性条文1292条次，其他问题22683条次，明显高于纸面审图数据。全面开展数字化审图培训，组织培训21批次，累计培训专业技术和管理人员1165名。二是数字化审图技术条件进一步完善。针对试点中产生的问题和用户诉求，对数字化审图的终端软件功能进行了优化调整。配合市建设交通发展研究院完成了“上海市施工图数字化管理信息系统”立项工作。三是数字化审图向全国推广。住建部质量安全司在沪召开“全国勘察设计技术创新研讨会”，推广本市数字化审图、白图替代蓝图推进经验。

【标准规范体系日臻完善】 一是夯实本市绿色建筑、装配式建筑的设计、审图技术基础。编制了《绿色建筑施工图审查要点》、《上海市装配式混凝土建筑工程施工图审查指南》、《装配式建筑工程设计文件编制深度规定》等规范性文件。二是健全重点专业及项目的设计、审图技术标准。编制印发了《上海市房屋建筑工程施工图设计文件审查技术要点（建筑、结构篇）》。三是开展了《完善施工图审查机制研究》，对施工图审查法律、法规体系、管理体制、运行机制进行了深入全面研究，提出了下阶段改革发展建议。

（周怀芳）

（五）安全质量监督

【概况】2014年本市建设系统质量安全工作以贯彻十八届三中全会和习近平总书记、李克强总理关于安全生产工作的一系列批示精神为统领，按照国务院和市委市政府安全生产工作的总体部署，以“抓预防、强基础、降总量、上水平”为总要求，以“监管抓责任体系，企业抓履职尽责，现场抓管理体系，人员抓到岗履职”为重点，以实现城市运行安全和生产安全为目标，努力推动各项工作任务的落实，全面提升本市建设工程系统质量安全保障能力，确保城市运行安全和生产安全。2014年，本市建设系统共发生生产安全死亡事故25起，死亡27人。与2013年的23起，死亡28人相比，事故起数上升8.69%，死亡人数下降3.57%，占2014年市安委会下达的50个建设工程考核控制指标的54%，整体受控。未发生质量事故。

【设立市建设安全生产委员会】及时顺应本市建设交通机构改革的需要，调整设置了“上海市建设安全生产委员会”。安委会的设置强化了“重点突出、分兵把守、各司其职、齐抓共管”的格局，将属于市交通委监管职责的有关机构统一划归市交通委负责，将属于我委职责的燃气管理处充实到安委会平台。相关调整方案获得了市建设交通工作党委同意，并报市安委会办公室备案。

【管理制度进一步完善】为规范施工现场项目管理机构项目经理、总监理工程师等关键岗位的人员配备，规范项目经理履职行为，今年出台了《上海市建筑施工企业施工现场项目管理机构关键岗位人员配备指南》和《上海市建设工程项目经理质量安全管理履职规定》。

【城市顽症进一步治理】一是建筑渣土的管理。市建设管理委会同市绿化市容局，起草了《关于进一步加强建筑渣土管理的实施意见》，由市政府办公厅以沪府办【2014】51号文进行转发，蒋卓庆副市长于6月6日召开专题会议对治理工作进行动员部署。实施意见出台后，为进一步明确出土工地现场管理要求，市建设管理委会同市绿化市容局联合印发了《关于规范建筑渣土启运强化运输过程管理的通知》；二是着力减少施工扰民。强化文明施工管理是以规范建设工程夜间施工为重点，推进建设工程各参建方文明施工主体责任的落实。市建设管理委会同市环保局、市交通委、市城管局等部门，联合印发的《关于进一步减少夜间施工扰民强化文明施工管理的实施意见》。

【执法力度进一步增强】一是质量安全巡查全面推开。根据《上海市建设工程质量安全巡查实施方案（试行）》以来，市区两级建设管理部门深入开展巡查工作。其中，市建设管理委对全市17个区县的172个建筑工地开展质量安全巡查，针对巡查中发现的问题共开具132份整改指令书，9份停工单，41份处罚建议书。有效地查处了施工现场存在的违法违规行为；二是加强行政执法力度。2014年市区两级共实施行政处罚结案1436起，同比上升了1.27%；收缴罚款7208.45万元，同比上升了21.5%。共对12家单位暂扣安全生产许可证、11家暂停在沪承接工程。此外，市区两级监督机构共签发行政处理单4087份，其中安全质量隐患整改单3537份，局部暂缓施工指令单532份，停工单18份。

【全面开展施工现场“三个一”教育活动】组织观看一部以模板支撑坍塌事故为原型的建筑施工安全教育片《生命无价》；阅读一

本以建筑施工生产安全事故典型案例为主要内容的案例分析教材；学习一堂以预防模板支架、起重机械坍塌事故为主要内容的建筑施工安全管理视频教学课。通过“三个一”教育活动，有效地提高了施工现场作业人员的安全意识。

【启动质量治理两年行动】 根据住房城乡建设部的要求，开展了“上海市工程质量治理两年行动”。印发了两年行动的实施意见，组织区县主管建设管理部门开展治理工作专题培训，指导制定区域治理方案，有序推动了两年行动的顺利起步。

【探索质量管理新课题】 开展了“装配整体式住宅工程质量控制体系研究”、“上海市住宅工程质量投诉处理研究”两个课题研究，为装配式住宅的推广提供有力的指导。

（徐建福）

（六）建材和节能管理

【概况】 2014 年，本市获得绿色建筑标识建筑 67 个，总建筑面积 627.65 万平方米（二、三星高星级绿色建筑所占比例超过三分之二）；完成既有公共建筑节能改造 427.14 万平方米（超过 100 万平方米的既有公建节能改造单位面积降耗达到 20% 以上）；实现可再生能源建筑应用 392.26 万平方米；开展建筑能源审计 134 幢、能耗公示 75 幢；通过建筑能效测评，获得建筑能效星级标识 100 幢。

【发布实施《上海市绿色建筑三年行动计划 2014-2016》】 《上海市绿色建筑三年行动计划 2014-2016》明确了绿色建筑发展目标、重点任务和保障措施。全面推进新建建筑绿色化、大力推进建筑工业化和绿色施工、稳步推进既有建筑节能改造、加快适用技术和产品推广应用。力争通过三年努力，初步形成有效推进本市建筑绿色化的发展体系和技术路线，实现从建筑节能到绿色建筑的跨越式发展。

【优化绿建创建流程】 发布地方工程建设规范《住宅建筑绿色设计标准》和《公共建筑绿色设计标准》，从规划方案策划直至施工图设计提出了具体内容和指标，通过设计、施工图审查将绿色建筑措施逐一落实，建立了全新的绿色建筑创建流程。

【加强公共建筑能耗监测系统建设】 围绕 1+17+1 模式，对建筑能耗监测数据库和各功能模块进行了全面升级和完善，全面完成市级平台扩容建设任务。积极推进区县平台建设工作。全年配合完成了 10 个区级平台验收和数据联网工作。

【统一节能设计软件】 2014 年起，本市统一使用政府公益版本的《居住建筑节能设计软件》和《公共建筑节能设计软件》。从源头保证建设项目节能设计口径一致、水准一致。

【水泥散装率、预拌混凝土产量稳步增长】 2014 年，全市 9 家水泥生产企业共生产水泥 703.9 万吨，其中，散装水泥 672.73 万吨，散装率 95.57%。全市 197 家预拌混凝土生产企业共供应预拌混凝土 5866.93 万立方米，同比增加 37.06 万立方米，同比增长 0.64%。

【预拌砂浆推广使用量突破 400 万吨】 2014 年，全市 47 家预拌砂浆生产企业共供应预拌砂浆 408.29 万吨，同比增加 21.20 万吨，同比增长 5.48%，其中，散装干粉砂浆供应量 362.11 万吨，同比增加 21.48 万吨，同比增长 6.31%，干粉砂浆散装率 88.69%，同比提高 0.4 个百分点。

【调整预拌砂浆和新型建设工程材料认定、监管相关事项】 为贯彻落实《上海市人民政府关于公布本市第七批取消和调整行政审批事项目录的通知》（沪府发【2014】5 号）、《上海市城乡建设和管理委员会关于取消和调整部分行政审批事项的通知》（沪建管【2014】318 号）要求，起草印发了《关于调整本市新型建设工程材料认定和建设工程材料备案（商品砂浆）事项的通知》（沪建建材【2014】2 号），并召开全市预拌砂浆生产企业大会，部署相关工作，落实文件精神。

【新型墙体材料应用比例不断提高】 2014 年，全市 197 家墙材生产企业共生产墙体材料 61.65 亿标砖，其中，以混凝土小砌块、加气混凝土砌块、墙板等为主的非粘土类新型墙材为 60.95 亿标砖，非粘土类新型墙材占全部墙材总量的 98.86%，同比提高 6.93 个百分点。2014 年全市多孔（空心）粘土砖限产指标，指标为 6 亿块标砖（比 2013 年下降 2.9 亿标砖，降幅为 32.58%）。

【动态监管新型墙体材料认定企业】 为确保新型墙体材料产品质量和建筑工程质量，根据《关于加强对本市新型墙体材料认定企业动态监管的通知》文件精神，对获得新型墙体材料认定证书的 62 家企业开展了动态监管工作，并对 65 个产品进行了产品质量抽检，抽检总体合格率达到 92.31%。对抽检不合格产品企业提出整改要求，并进行了第二次产品质量抽检。各区县墙材革新管理部门也会同有关部门加强了对新型墙体材料认定生产企业的动态督察和产品质量抽检工作。

【加强新型墙体材料认定企业管理】 为进一步规范新型墙体材料认定企业的生产管理和质量控制，确保新型墙体材料产品质量，进一步促进新型墙体材料市场的有序健康发展，对新型墙体材料认定企业的原材料质量管理、产品质量管理等规范化管理工作提出了相关要求。同时，加强本市新型墙体材料认定企业的业务培训工作，组织市建材行业协会、市建筑科学研究院对 324 名新型墙体材料认定企业试验室相关人员进行了新型墙体材料专业知识培训。

【建筑废弃物资源化利用】 为进一步发展循环经济，深化环境友好城市建设，市建设管理委开展了建筑废弃物资源化利用试点示范工作，共有 3 个工程项目和 4 家再生建材产品企业通过了上海市建筑废弃物资源化利用试点示范企业（项目）验收，成为本市首批建筑废弃物资源化利用试点示范企业（项目）。同时，进一步调研本市建筑废弃物资源化利用情况，起草编制了《上海市建筑废弃混凝土资源化利用管理暂行规定》（送审稿），完善政策制度建设。

【粉煤灰、脱硫石膏综合利用】 2014 年度，本市 14 家燃煤电厂粉煤灰排放总量 409.18 万吨，综合利用量 414.36 万吨，综合利用率 101.27%。节约了堆放粉煤灰用地 1018 亩。

据统计，粉煤灰综合利用主要有墙体材料、水泥混合材、混凝土砂浆、筑路、回填、其他等六类途径。其中墙体材料 1.63 万吨，占 0.4%；水泥混合材 152 万吨，占 36.7%；混凝土砂浆 168.2 万吨，占 40.6%；筑路 74 万吨，占 17.9%；回填 0.74 万吨，占 0.18%；其他 17.79 万吨，占 4.3%。

经测算，用于混凝土砂浆的 168.2 万吨商品粉煤灰，可替代水泥约 140 万吨（约 120 多万吨水泥熟料），节约原材料成本约 2.1 亿元，可减少 156 万吨石灰石、36 万吨粘土、19 万吨标煤消耗，有效减排 120 万吨 CO2、0.24 万吨 SO2、0.48 万吨 NOx。

【印发《关于推进本市装配式建筑发展的实施意见》】 为贯彻落实《关于本市进一步推进装配式建筑发展的若干意见》〔沪府办(2013)52 号〕和《上海市绿色建筑发展三年行动计划(2014 — 2016)》〔沪府办发(2014)32 号〕,2014 年 11 月 12 日，市建管委会同市住房保障房屋管理局、市发展改革委、市规划国土资源局、市财政局联合印发《关于推进本市装配式建筑发展的实施意见》〔沪建管联(2014)901 号〕。《实施意见》首次明确了“两个强制比例”和“建筑规模”的双控推进机制，即延续控制土地供地面积落实装配式建筑，同时又对不同类型项目提出超过一定建设规模时必须全部实施装配式建筑，并提高了单体预制率要求，实现了双控，大大提升了装配式建筑落地的可操作性。同时，通过明确各阶段监管程序、内容、要求，规范各方行为，确保装配式建筑项目在土地出让、项目立项、报建、招投标、设计文件审查、施工许可、质量安全监督、项目验收等环节的有效落实。

目前，《装配整体式混凝土公共建筑设计文件规程》、《装配混凝土建筑工程设计文件审查指南》和《装配整体式混凝土结构建筑施工质量安全监管要点》已正式发布；《装配混凝土建筑工程设计文件编制深度规定》等已完成编制。装配式建筑标准、规范体系逐步完善，已基本能够满足目前本市装配式建筑推进发展的要求。此外，市建管委会同有关单位加强了对各区县落实装配式建筑情况的督促检查、积极组织宣传培训，促进产业链的加快形成。

【开展重大科研计划项目】 为建筑工业化发展提供重要技术支撑。开展启动重大科研计划项目《上海市建筑工业化核心技术研究与示范应用》，在系统总结国内外现有研究成果以及前期已完成的《上海市住宅产业化关键技术研究与示范应用》相关研究成果的基础上，针对上海市建筑工业化发展的现状，主要从建筑工业化推进机制与标准体系、新型结构体系与抗震性能、设计技术、自动化生产关键技术、施工技术与机具等 5 个方面开展研究，为上海市建筑工业化在公共建筑领域的发展提供重要技术支撑。

（王旭晨）

十六、城市综合管理

（一）综述

2014年，上海城市综合管理适应机构改革与职能调整后的新形势、新任务、新常态，聚焦专项任务、重大问题、难题顽症，坚持稳中求进、改革创新，各项工作取得新进展。城市管理的基层基础进一步夯实，相关研究不断深化。综合服务热线运行机制进一步理顺，城市网格化管理机构逐步配置到位，公共服务能力不断加强，城市管理信息化水平持续提升。综合交通发展进入新阶段。应急管理、开发区建设也取得新进展。

（刘臣）

（二）市政市容综合管理

【概况】 2014年是本市市政市容管理工作创新驱动、转型发展的重要一年。全市市政市容管理部门在市委、市政府正确领导下，围绕“安全、整洁、有序、高效、法治”的总要求，认真落实群众路线教育实践活动，聚焦市政市容管理领域的专项任务、重大问题、难题顽症，调整工作重心、改进工作方法，全面完成了年初确定的工作任务。

【发挥联办平台优势】 发挥联席会议制度优势，做好协调推进。在市市政市容联办协调推进下，本市市政市容管理相关部门按照《关于认真解决城市管理领域涉及群众利益若干问题的实施意见》和《2014 年度本市市政市容管理工作安排》等文件精神，围绕“安全、整洁、有序、高效、法治”的总要求，将“坚持世博标准，全面提升市容环境维护水平”作为市政市容管理工作的重点任务，加强工作组织领导，细化落实责任分工，畅通信息沟通渠道，强化难点顽症治理，完善政策支撑保障，确保了本市市政市容管理水平有效提升，市容环境面貌明显改善。

加强各类结合部协调，推动管理协同。落实市委、市政府领导指示，加大区际结合部市容环境的牵头协调，落实属地管理，加强联动协同。静安区结合区际结合部的路口房屋、道路、设施等实际情况，实行“增、减、移、改”整治，即增加景观小品、减少电杆设置、移动非机动车停放线和废物箱、改造各类公共设施。普陀、长宁、静安、黄浦、虹口、闸北等区建立区际结合部联合整治工作机制，保持对设摊治理的高压态势，对曹家渡地区、老成都路花鸟市场、轨交东宝兴路站周边等设摊集聚点，开展联合集中整治，有效解决了一批久拖不决的“老大难”问题。

开展面上市容巡查督办，推动疑难问题解决。依托市市政市容联席会议平台，做好相关任务分解、信息汇总、数据上报、简报发布等工作，发挥巡查督办作用。邀请市领导及相关委办局领导参加市容巡查，推动市政市容各类问题的督办。2014 年共发出 20 份巡查督办单，经跟踪落实，已全部整改到位。

开展立功竞赛评选表彰，发挥先进引领作用。市政市容管理各单位和部门围绕“亚信峰会”保障、“特定区域”环境治理和城市管理难题顽症治理等工作，涌现出了一批优秀单位、先进集体和先进个人，其中，2014 年上海市重大工程立功竞赛中，在市政市容赛区评选出了 13 个优秀集体、4 名建设功臣和 27 名优秀建设者。市市政市容联办同步组织了 2014 年度重点工程实事立功竞赛，评选出 25 个优秀单位、66 个优秀集体和 240 名优秀个人。相关集体和个人认真履职，建功奉献，成效显著，为本市市政市容环境保障工作作出贡献。

【突出重点保障】 围绕重大活动保障，改善市政市容环境面貌。亚信峰会期间，在市市政市容联办牵头下，完成了相关保障任务的责任分解、资金测算和指标细化工作；召开全市性的动员和推进会议，层层落实责任；按照时间节点及时完成进度汇总、分析统计上报等工作；落实紧逼督办机制，督促各项工作任务落实；各相关部门、各区县紧紧围绕“整洁、有序、美观”的工作目标，推进全市市容环境整体面貌上了一个新台阶，有力保障了亚信峰会顺利召开。峰会期间，重点打造世博中心周边、陆家嘴地区等 5 个市容环境示范点，累计粉刷建筑立面 16 万平方米、清洗建筑立面 3.3 万平方米、美化围墙 6.2 万平方米、屋顶整治 6100 平方米、整治空调外机 2391 台；新建改建楼宇（建筑）灯光、绿地景观灯光等 70 余处，维护提升各类建（构）筑物灯光 330 余处，中心城区亮灯率达到 98% 以上；10 个重点区域、12 条重要线路开展绿化景观优化与花卉提升工作，共完成绿化整治 114 万平方米，布置花坛花境 8 万多平方米、组合花卉和悬吊花球近 1.4 万组，制作主题绿化景点 62 个，更新行道树设施 2 万套，新建、改建立体绿化达 10 万多平方米；全市重要区域、主要路段实行全天 24 小时保洁，增加保洁班次；黄浦江重点水域增加巡回保洁频率，打捞水域漂浮垃圾和滩涂垃圾2513吨；拆除各类违规户外广告设施1300余处，整修各类户外广告设施103处，整治店招店牌3300余块；重点管控21处无序设摊集聚点，新建15个设摊疏导点。此外，完成了中俄军演市容环境保障工作。围绕首届世界城市日的庆典筹备，参与全球启动仪式，结合悬挂立体绿化造型、景观灯光秀等活动，展现良好的市容环境面貌。

结合重大节点保障，营造良好的市政市容环境氛围。结合“春节”、“五一”、“十一”等节假日，各级市政市容管理部门加大城市环境建设管理，保持市容环境面貌整洁有序。借助“夏令热线”活动，聚焦无序设摊、违法建筑等城市管理热点难点问题，专门部署，协调督促区县落实整改。

借助各类创建活动，助推市政市容环境水平提升。相关区县结合文明城区、卫生城区创建工作，多措并举，大力投入，社会动员，为市政市容管理工作提供强大助力，推动区域市政市容环境上新台阶。

【聚焦“特定区域”治理】 编制任务计划，抓好年度工作目标落实。按照市政府发布的《本市“特定区域”环境治理三年行动计划纲要（2013-2015）》，专题印发《关于做好2014年度“特定区域”环境治理工作的通知》，对照三年共完成3164个“特定区域单元”治理的总目标，编制2014年计划任务，加强组织协调，实际完成1735个“特定区域单元”治理，超额完成50%的年度目标。

实施销项管理，确保难点区域工作实效。会同市级牵头部门，建立每季度统计销项制度，实施项目化管理。各区县根据销项目标，加大工作力度，相关任务已基本完成。其中，虹口、松江、崇明等区县落实标准化菜市场配置，关闭不达标菜市场，取缔马路集市，成效明显；静安、徐汇、杨浦等区做好相关大型医院周边的环境治理工作，医院周边道路环境治理取得成效。

建立长效机制，巩固夯实治理工作成效。协调和指导各区县通过对“特定区域”的阶段性整治，落实“五有”机制建设（有计划、有方案、有投入、有机制、有实效），着眼建立长效机制，实现管理显成效和市民得实惠的融合，并持续推动城市管理向“法治、共治、自治”积极转变。浦东、徐汇、长宁、普陀、闸北、虹口、杨浦、嘉定、松江等9个区由街镇落实管理，黄浦、静安、宝山、青浦、奉贤等5个区聘请第三方开展测评，闵行区实施负面清单制度，崇明县建立市民巡访制度，金山区建立牵头部门审核制度。

市市政市容联办组织开展的“特定区域”治理实效专项测评结果显示，2014年上半年全市特定区域实效测评得分76.2分，比2013年同期75.3分有所提高，虹口、静安、徐汇等三区得分居前；2014年下半年得分79.7分，比2013年同期75.3分有所提高，静安、虹口、徐汇等三区得分居前。市绿化市容局组织开展的市容环境公众满意度测评结果显示，2014年，全市市容环境卫生状况公众满意度继续稳步上升，其中，上半年得分79.94分，比2013年同期79.56分明显提高，静安、徐汇、长宁等三区得分居前；下半年得分79.88分，比2013年同期79.72分有所提高，静安、徐汇、长宁等三区得分居前。

【协同推动难题顽症治理】 协同推进无序设摊综合治理。参与制定《关于本市进一步加强城市无序设摊综合治理工作实施意见》，明确综合治理无序设摊的工作目标、主要措施。外环线内各区核实锁定104个无序设摊集聚点，已完成28处整治；外环线外各区县梳理排摸出96个无序设摊集聚点，也完成28处整治。杨浦区“堵疏结合加强治理”，长宁区“专项执法加强管控”，浦东新区周浦镇“探索开放周浦夜市”，宝山区月浦镇“加强街镇市容综合管理”，奉贤区奉城镇“购买社会力量参与无序设摊治理”等，都取得较好效果。

助推违法建筑整治。参与制定《关于进一步加强本市违法建筑治理工作的实施意见》、《关于进一步加强本市农村地区违法建筑治理工作的通知》、《拆除违法建筑工作责任追究办法》。全年完成拆除违法建筑1007万平方米，拆除在建违法建筑105.6万平方米，在建违法建筑蔓延势头得到有效遏制，一批重点难点存量违法建筑被拆除。

助推建筑渣土管理。参与研究制定《关于进一步加强建筑渣土管理的实施意见》，针对两点一线和技术保障环节，提出了5个方面18条措施，并在全市开展了专项整治行动。2014年，中心城区的渣土运输车辆车容不洁现象明显改观，清除偷乱倒渣土约3万吨。

助推"群租"综合治理。市住房保障房屋管理局牵头，多部门发布《关于鼓励社会各类机构代理经租社会闲置存量住房试行意见的通知》。加大群租的整治查处，市综治办等部门共同制定了《关于加强本市住宅小区出租房屋综合管理工作的实施意见》。截至2014年底，完成群租整治3.72万户，完成率近80%。

助推非法客运整治。形成市、区、街镇三级管理格局，落实属地管理，完善公安和交通联勤联动执法机制，建立暂扣机动车驾驶证、"五类车"案件移送、假冒客运出租汽车案件移送、违规停车处置、安全隐患认定等各方面的查处衔接机制。全年公安部门查获"五类车"交通违法案件133.9万余件，暂扣车辆21.9万余辆；交通执法部门查处"四轮机动车"非法客运5228辆（同比上升256%）。

助推二次供水设施改造。按照市政府办公厅《关于继续推进本市中心城区居民住宅二次供水设施改造和理顺管理体制工作实施意见的通知》，建设、水务等部门出台改造标准、工程管理办法及改造的报建报监流程，下达了1490万平方米改造计划及第一批70%的补贴资金，各区启动了第一批二次供水设施的移交接管，积极研究管养方案与产权归属，形成初步方案。

【构建常态长效管理机制】 在各部门共同努力下，2014年城市综合管理工作全面推进，成效明显，部分领域取得重大突破，为市政市容管理工作提供巨大助力。

深化拓展城市网格化综合管理模式。加强体制机构调整，全市17个区县已成立区县城市网格化综合管理中心，人员配置基本到位；闵行、奉贤、宝山、徐汇、浦东、闸北、崇明等7个区县进一步拓展街镇分平台建设，延伸建立村居工作站；以城市网格化管理信息系统为核心，与"12345"市民服务热线相对接，与"12319"等热线相融合，与其他行业管理信息系统互联互通；初步完成《上海市城市网格化管理标准（2015版）》调整制定，在原120种部事件基础上，拟拓展为145种。

完成推动住宅小区综合治理调研。在2014年加强本市住宅小区综合治理调研基础上，参与研究制订《关于加强本市住宅小区综合治理的意见》及三年行动计划，就加强本市住宅小区综合治理提出了若干重大政策措施，努力构建政府监管、市场主导、社会参与、居民自治四位一体和良性互动的住宅小区综合治理格局。

实施城市管理综合执法改革研究。参与完善本市区县城市管理综合执法体制机制改革研究，市委办公厅、市政府办公厅已正式印发《关于进一步完善本市区县城市管理综合执法体制机制的实施意见》，构建"1+1+1+X"（一条热线、一个平台、一支队伍、X个行政管理部门）的区县城市综合管理工作体系，推动理顺街镇城管综合执法体制，整合城管综合执法资源，做实区县城管执法机构，健全公安部门对城管综合执法的保障机制。

制定实施市容环境责任区管理办法。配合市绿化市容局等部门，围绕加强市容环境卫生责任区管理，在市政府法制办支持下，出台《上海市市容环境卫生责任区管理办法》（沪府令 24 号）。通过对新申报创建“市容环境责任区管理达标街镇”的 21 个街镇的市容环境实效考评，推进了综合协调、日常巡查、监督考核和保障工作等一系列机制的完善。

（宗和）

（三）城市管理信息化

【概况】 2014 年，上海城市管理信息化紧紧围绕城市综合管理，进一步加强资源整合。12319 城建服务热线、城市网格化管理进一步对接“12345”市民服务热线，相关工作机制不断完善。城市遥感、地下空间等城市基础数据的综合应用及共享进一步深化。

（刘臣）

【12319 城建服务热线】 2014 年，12319 城建服务热线共接入市民来电 78.4 万个，接通 72.6 万个，接通率 92.5%，日均接电 1989 个。受理建设交通行业相关的市民诉求 65.1 万件，占总来电量的 83%，来电反馈率达 99.7%。全年 12319 热线与网格化平台互转信息 11863 件，12319 城建服务热线转网格化平台信息 530 件，网格化平台转 12319 城建服务热线 11333 件。

“夏令热线”开线当天，市委副书记、市长杨雄冒雨亲临 12319 城建服务热线话务区，出席启动仪式，慰问工作人员，随后亲自接听了市民关于群租、违法建筑等问题的来电，并当即要求相关部门及时快速处理，妥善处置市民诉求。副市长蒋卓庆同志出席“夏令热线”总结座谈会，强调用好“夏令热线”平台及第三方满意度调查报告，完善机制，破解上海城市管理顽症。活动 36 天共接听市民来电 10.9 万个，接通 9.7 万个，受理各类信息 9.3 万件。

“春运热线”春运期间共受理市民关于春运方面的电话诉求共计 1039 件，其中咨询 622 件、投诉 403 件、建议 13 件、表扬 1 件；长途客运信息占 95.3%，铁路、航空、水运信息占 4.7%。

“安居热线”受理涉及居住小区管理各类问题投诉及意见建议 1987 件。开通“拆违办主任接热线”，联合市拆违办、新民晚报举办“网诉直通—拆违办主任接热线”，9 个工作日接听市民来电 146 个，反映违法搭建 149 处。

“12328”全国交通运输服务监督电话开通。根据交通运输部要求，本市被列为春运前首批开通全国交通运输服务监督电话“12328”的城市。在完成平台调试对接、话务预估测评、人员配置培训等前期准备工作后，2014 年 1 月 15 日正式开通上海 12328 热线，建立了“两个特服号码（12319、12328）、一个受理平台”的运行模式。

（胡献华）

【城市网格化管理平台】 2014 年，本市城市网格化管理平台共计立案 290 万余件。其中，部件立案 15 万余件，年度平均结案率为 91.4%；事件立案 162 万余件，年度平均结案率为 98.7%。各区县自行拓展的其他案件立案 112 万余件。网格化管理市级督察继续深化，全年发现问题 4000 余件。

推进城市综合管理。2014 年 2 月 12 日，市政府常务会议审议通过《关于深化拓展城市网格化管理，积极探索和推进城市综合管理的若干意见》。明确要求，要用五年时间，基本建成城市综合管理信息平台和监督指挥体系；适当扩展现有城市网格化管理的管理领域、时段和内容，更好地发挥平台综合管理效能；在管理力量和资源的整合上下更大功夫，进一步加大信息共享和联勤联动工作力度，加大社会监督和市民参与力度，推动城市管理向法治、共治、自治积极转变。

系统升级改造。年内市级平台升级改造方案基本完成，浦东新区、徐汇区、闸北区、普陀区、宝山区、嘉定区、崇明县等7个区县级平台完成升级改造并投入试运行。同时，奉贤区、闵行区、杨浦区、宝山区、闸北区、徐汇区、崇明县、浦东新区8个区县网格化平台与“12345”热线平台完成对接融合。

管理机构建设。17个区县均已发文落实城市网格化综合管理机构，15个区县人员到位。同时，208个街镇中约有30%搭建了相关组织机构，调配了专职人员，并建立了居（村）委工作站。区县城市网格化综合管理的三级组织体系探索取得初步成效。

管理标准流程。结合各区县探索实践，在《上海市城市网格化管理规范》（2010版）的基础上，编制新的城市网格化综合管理标准规范，年内基本完成新版“规范”初稿。

宣传贯彻“三个文件”。年内，就政府规章《上海市城市网格化管理办法》、沪编发《关于完善本市区县城市网格化管理体制的意见》和沪府发《关于深化拓展城市网格化管理积极探索和推进城市综合管理的若干意见》三个文件，各区县开展了培训，其中集中培训三批500人次，分散培训八次500人次。

（刘贤明）

【城市基础数据建设及应用】 上海地下空间信息基础平台完成浦东新区、静安区的地下管线普查，以及虹口区、杨浦区、闵行区、宝山区地下管线普查立项和招投标工作；开展自来水、燃气、信息管线等专业地下管线数据核对工作；地下构筑物数据建设进展顺利，数据的收集数量比计划超额30%；地下管线建设管理综合应用系统等3个示范应用已部分开发完成，已开始试点利用平台现有数据，与相关单位合作开展北横通道和轨道交通项目规划选线和交叉施工风险点分析等应用。

全市航空遥感信息调查与城市管理应用方面，遥感信息调查在城市管理中的应用不断拓展，其中包括配合第五次综合交通调查开展的交通相关用地遥感分类解译与分析、全市绿化林地及绿化屋顶遥感调查、旧区改造地块认定等工作。

建设市场管理信息平台建设方面，项目软硬件环境建设、历史数据库迁移，以及与外部系统的数据交换接口等工作均已完成，平台应用软件开发按照年底基本完成的任务计划在进行，建设程序审批、工地现场监管和市场主体管理3个核心业务系统基本开发完成，部分已上线运行。

城市管理综合信息系统方面，两委六局签署共享交换服务协议与数据确认单，共确认106个图层（类）数据目录与元数据共享，85个图层（类）数据在线浏览与共享调用；初步完成共享交换平台界面设计工作、数据目录体系与数据编码设计工作、元数据结构设计工作。完成项目招投标，年内启动建设。

施工图数字化管理信息系统方面，工可报告已获批复，项目实施前的网络环境建设业已完成，确保设计单位顺利上传电子蓝图。

（潘强）

（四）综合交通管理

【概况】 2014年，全市常住人口2426万，全市注册机动车304.1万辆。中心城出行总量每日3168万人次，公共交通出行方式占31.3%，小客车（含摩托）占20.3%，非机动方式占15.9%，步行方式占25.0%。城市客运交通日均客运量1804万乘次，其中公共汽（电）车占40.0%，轨道交通占43.0%，出租车占16.0%。对外旅客年到发量3.3亿人次，同比增长9.9%，其中铁路16667万人次、航空8966万人次、公路7508万人次。“十三五”综合交通规划研究、智能交通建设取得进展。

【《上海市交通发展白皮书》（2013版）】 2014年3月5日，《上海市交通发展白皮书》（2013版）正式发布。该书提出上海交通发展的总体目标是构筑国际大都市一体化交通，努力实现安全、畅达、高效、绿色、文明五类具体发展指标。同时提出，为实现未来上海交通发展目标，应实施“强化交通与城乡空间统筹发展、强化公共交通优先发展、更加注重小客车需求调控、更加注重绿色发展、更加注重精细管理”五大战略。

【第五次综合交通调查】 本次综合交通调查覆盖上海全市域范围，覆盖全市所有17个区、216个乡、镇、街道，抽取1338个居（村）委会，并统筹考虑长三角对上海的交通要求。包括人员出行和货物流通两个方面，涵盖市内交通和对外交通等两大系统；涵盖交通设施、交通需求和交通运行等三个层次；涵盖公共交通、个体机动、非机动车、步行等四类交通方式；涉及交通设施普查及资料收集、人员出行调查、车辆使用调查、系统运行调查、信息数据挖掘五大类，包括居民出行调查、轨道客流特征调查、公共汽（电）车客流调查等24项分项调查。

【“十三五”综合交通规划研究】 年内，《上海综合交通承载力及开发研究》、《上海综合交通“十三五”规划前期重大问题的研究》、《“十三五”加快形成以公共交通为核心的综合交通体系重大政策研究》、《上海轨道交通网络评估分析研究》等重大课题相继开展并完成，《上海特大型城市综合交通体系建设和管理基本思路》为“十三五”综合交通规划编制提供支撑，《上海市绿色交通发展三年行动计划（2015–2017）》、《“十三五”

节能减排规划思路》、《上海低碳交通发展指标体系研究》等重大课题的完成为编制“十三五”节能减排规划奠定基础。

【综合交通模型】 完成了2013年综合交通模型宏观边界条件的研究；结合第五次综合交通调查获取的数据，将全市地带层面、功能区层面、1366个交通小区层面的常住人口以及分类岗位数据进行了更新与维护。此外，对2020年各类OD数据及路网进行了更新与维护。

【《城市交通大数据应用关键技术研究与示范》】 该课题于年内完成，首次定义了城市交通大数据概念，搭建了国内首个涵盖城市交通运管、相关领域导入和交通信息众筹3大类数据资源，包含3145个概念的城市交通大数据本体库概念集，为交通大数据的分类、数据描述和统一语义理解，建立了较为完善的交通大数据基础理论框架，为城市交通大数据研究与应用奠定了理论基础。

【交通综合信息平台】 新增中国电信上海公司手机信令历史数据的接入，并对这些数据用于交通状态判别、客流量统计等可行性进行了分析、研究。新增了闵行区公安地面道路卡口数据、市公安局交通总队交通事故处理系统数据、浦西公交公司和浦东公交公司公交车实时GPS数据等新增数据的接入，为进一步分析道路交通状态和公交运行情况分析创造了条件。

【交通综合数据挖掘应用】 加大对GPS数据，线圈数据、SCATS数据和手机数据的挖掘力度，完成了对交通综合信息平台GPS算法、线圈算法、SCATAS算法、手机数据算法、指数算法的更新，提高了各类算法的准确度和可靠性。完成了浦东115条公交线路站间段交通状态的实时处理，整合相关轨道交通客流数据和浦东驻留人口数据，为浦东公交集中、科学调度提供了精确的参考依据。

【智能交通服务】 一方面，完成交通信息服务硬件环境升级，包括完成升级交通服务平台数据接口，增加交通视频截图、交通指数提供接口等硬件环境完善工作，为丰富交通信息服务软件功能奠定基础。另一方面，完成升级智行者APP软件，包括增加了软件服务的交通指数发布、交通视频截图信息发布、长三角高速公路信息发布以及特殊交通信息的采编和发布等功能等，进一步提高了交通信息服务能力和水平。

（宗和　顾承华）

十七、科研工作

（一）综述

2014年“十二五”规划的落实到了关键期，以科技创新驱动行业转型发展成为本市建设管理行业一切工作的方向。

建设系统科技工作立足于为行业发展提供技术支撑，服务行业大局，聚焦政府和民生关注的重大问题，组织实施前瞻性课题研究，谋划“十三五”发展，继续组织服务于政府部门决策咨询的专项软课题研究，服务科技创新，履行政府智囊参谋之职。全年开展决策咨询课题研究13项，开题立项3项，完成4项，范围涉及市建设和管理“十三五”规划，轨道交通，绿色办公建筑，住宅小区设计等。组织软课题研究能力的同时，开始探索课题研究新机制，对历年结题验收的重大课题开展后续咨询工作。

今年 “专家建议”更注重针对性和可操作性，积极搭建跨专业跨领域学术交流平台，拓展专家们的综合性、融合性思路。紧贴市建设管理委的工作重心，结合开展“十二五”规划中期评估，组织专家研究行业热点课题，集聚委员专家智慧，积极为行业发展方向建言献策，对完善城乡建设和管理提出了具有更强针对性、操作性的“专家建议”。

2014 年纳入管理的科研项目 79 项，其中新开立项和完成验收的重要项目 13 项。科研管理对象包括市建设管理委和住房建设部科研项目。

2014 年度，经市建设管理委推荐，8 项获得上海市科技进步奖，其中，二等奖 3 项，三等奖 5 项。

（二）课题研究

【概况】 2014 年开展决策咨询课题研究 13 项，结题 4 项，新立 3 项。耗时半年准备，科技委组织政府机关、科研院所等多方力量，于 2014 年 6 月组织启动了《上海市城乡建设和管理“十三五”规划预研究》课题的立项、开题和全面研究工作，为 2015 年全面铺开的“十三五”规划研究做好基础服务工作。开展完成了《专项规划编制管理体制机制研究》，对行业发展规划的编制做了系统的总结和思考。

组织行业相关单位向市科委申报了矩形盾构、建筑工业化、深层地下空间规划等领域 3 个课题的立项工作。组织建筑设计和保护、轨道交通专业委员会等四个专业委员会开展了《上海城区适老住区设计指南》、《上海市轨道交通多网融合的规划研究》、《上海地区绿色办公建筑建设和运行情况调研》等课题研究

全年组稿《专家建议》10 余篇，上报出刊包括《关于加紧制定上海市地方性 BIM 标准体系的建议》和《关于进一步推进上海 PC 住宅产业化发展的对策建议》等 7 期，对提升城乡建设和管理水平提出了值得倾听的意见建议。

开展“上海市城乡建设和交通 2030 年发展研究”课题结题验收后的咨询工作。

案例简介

《上海市城乡建设和管理“十三五”规划预研究》

课题汇聚了市政府发展研究中心、市政府研究室、复旦大学及行业内各方专家，围绕本市基础设施、水务、环境、住房等问题进行研究，目的在为明年政府部门正式启动“十三五”规划研究提供参考和支撑。预研究工作计划于 2015 年完成。本预研究课题由 1 项总报告和市政基础设施建设、城市地下空间开发利用、城市供水和防汛排水、市容绿化环境、住房保障和房地产等 5 项分报告组成。研究旨在以专家的视角对“十三五”发展的指导思想、重点领域、重要任务、机制创新等重大问题提出建议，重点围绕“十三五”时期上海市城乡建设和管理中重

2014年软课题研究一览表

课题名称	承担单位
上海市城乡建设和交通2030年发展研究	上海市城乡建设和交通委员会科学技术委员会
《上海市城乡建设系统信息技术外包服务》	科教与信息化专业委员会
《上海绿色建筑发展报告》	绿色建筑与节能专业委员会
专项规划体制机制研究	
上海市城市建设和管理“十三五”规划预研究（6个）	上海市城乡建设和交通委员会科学技术委员会
上海市轨道交通多网融合的规划研究	轨道交通专业委员会
上海地区绿色办公建筑建设和运行情况	绿色建筑与节能专业委员会
上海城区适老住区设计指南	建筑设计、标准规范专业委员会

要领域以及一些关键环节的重要问题，提出思路性、框架性的研究意见，力求为深入贯彻“科技创新、转型发展”的战略，探索有效应对上海城市建设管理中存在问题的方法，为政府科学编制“十三五”规划提供技术支撑，也为上海市新一轮城市总体规划编制提供依据。

《上海市城乡建设和交通2030年发展研究》

该课题为2012年度上海市政府决策咨询专项课题，由上海市城乡建设和交通委员会科学技术委员会组织本市相关单位和专家，历时两年完成。

由总报告和规划空间、基础设施、综合交通、城市环境、城市管理信息化等5项分报告组成的课题研究成果，充分借鉴了纽约、伦敦等国际大都市2030年的发展研究，结合上海城市的特性，所提出的上海城市未来发展愿景，具有较强的前瞻性和创新性。

总报告结合上海城市未来发展趋势，对城市建设交通领域的重要战略和任务进行了阐述。5项分报告从不同的领域范畴对建设交通行业进行了深入的研究分析，并对总报告的形成提供了有力的支撑。

课题全面回顾了上海城乡建设和交通发展的历程，对发展过程中的主要问题进行了研判。梳理了上海城乡建设和交通发展的机遇和挑战。现状分析到位，问题和趋势把握准确。

课题根据发展的愿景和目标提出的2030城乡建设交通发展战略及重要举措，紧扣建设交通领域的主线和重要任务，定位清晰，内容全面，体现出了较强的针对性和指导性。为上海城市发展及城乡建设交通领域的发展提供了有益的借鉴和参考。

《上海绿色建筑发展报告200-2013》

本报告由市建设交通委科技委绿色建筑与节能专业委员会和上海建科建筑节能评估事务所共同承担完成，2014年7月通过结题验收评审。报告分6篇，包括政策法规、标准规范、技术研发、合作交流、工程应用和大事记等。总结梳理了过去若干年力求全面系统展现上海地区绿色建筑在“十二五”期间的发展全景。报告对未来上海市绿色建筑的发展提出了建设性意见，具有使用价值。

《上海市城乡建设系统信息技术外包服务》

课题对国内IT运维外包管理现状和上海城乡建设系统IT运维外包情况调研的基础上，分析研究形成《IT运维服务外包管理指南（送审稿）》，提出了管理要点，对行业IT运维外包管理具有指导意义和推广价值。课题吸取了本系统IT运维外包管理的成功经验和创新成果、设计的IT运维外包管理系统框架，具有实用性和先进性。

2014年专项规划体制机制研究

课题针对本市建设管理和交通系统职能涉及的燃气、交通、水务、绿化市容等市政和交通基础设施专项规划，通过梳理本市市政和交通基础设施专项规划编制管理的基本现状，分析其组织编制、横向协调、方案审核及与相应城乡规划的衔接过程中遇到的问题和矛盾，就上述流程提出优化和完善建议。

（三）科研项目管理和服务

【概况】2014年科研项目管理79项，验收各类科研项目30项。验收重要项目6个，重大立项7个。

【历史文化风貌区地下空间低碳化开发利用

2014年专家建议一览表

期数	名称	作者
第1期	关于尝试推行城市科学“拼车”的建议	王震国
第2期	关于加紧制定上海市地方性BIM标准体系的建议	张桦
第3期	关于进一步推进上海PC住宅产业化发展的对策建议	周文波
第4期	从青岛11.22漏油爆燃事故来看对上海城市基础设施安全防灾工作的警示	上海防灾救灾研究所、科技委防灾减灾与工程抗震专业委员会
第5期	从城市公园绿地建设中“以园养园”引发的思考与建议	杨军
第6期	关于开展深层地下空间利用政策法规研究的建议	俞明健
第7期	水务基础设施是城市发展的基础和根本	吴今明

2014年立项的比较重大科研项目一览表

序号	项目名称	牵头单位
1	机动车交通政策环境影响评价技术方法研究	上海市城乡建设和交通发展研究院
2	智能式地下立体车库规划设计技术与应用研究	上海市政工程设计研究总院（集团）有限公司
3	基于简约化、预制集成化的塔式起重机基础形式研究及管理	上海建工七建集团有限公司
4	上海市保障性住房装配式住宅适用建筑体系应用研究及试点	绿地控股集团有限公司
5	中国传统榫卯木结构维修加固方法研究	上海市建筑科学研究院（集团）有限公司
6	村镇低碳住宅产业化建设适宜技术体系研发	上海王兆国际化工技术工程有限公司
7	历史文化风貌区地下空间低碳化开发利用的规划理论与实用方法研究—以上海为例	同济大学

的规划理论与实用方法研究——以上海为例】通过对上海12个历史文化风貌区的深入调研，从理论与实践两方面探索地下空间在城市历史文化风貌区保护再生中的角色、作用与策略，找到历史文化风貌区地下空间利用的特点和技术难点，提出历史文化风貌区地下空间低碳化开发利用的规划理论及功能开发、环境营造等方面的实用方法，编制《历史文化风貌区地下空间利用关键技术导则》，实现历史文化风貌区与现代城市在空间、功能、业态上的过渡与衔接，为历史文化风貌区的保护更新和新型城市化的发展提供一条节地节能、行之有效的解决方案。

【大型固废基地垃圾渗滤液AOP处理关键

2014年验收的比较重大科研项目一览表

序号	项目名称	牵头单位
1	大型固废基地垃圾渗滤液AOP处理关键技术集成研究	上海市政工程设计研究总院(集团)有限公司
2	机动车交通排放和能耗数据采集和评价方法研究	上海市城乡建设和交通发展研究院
3	低碳环境下的城市综合交通规划创新技术与方法	中国科学院上海高等研究院
4	DN40.m超大口径长距离“S”型曲线顶管施工技术	中铁上海工程局集团有限公司
5	复合型轻质混凝土在世博轴综合利用改建项目中的研究与应用	上海城建物资有限公司
6	大面积高填土地面控制技术研究	上海建工七建集团有限公司

技术集成研究】该项目由上海市政工程设计研究总院（集团）有限公司完成，2014 年 10 月 31 日通过验收，成果总体水平达到国际先进。课题组针对垃圾渗滤液处理难度大、处理技术缺乏等问题，通过高效电极和电源制备、反应池构型优化以及光致臭氧技术等研究，突破高级氧化技术在渗滤液方面应用的瓶颈，结合成熟生化处理技术，开发 AOP 与生化处理相结合的耦合工艺及其智能控制系统，为垃圾渗沥液深度处理提供稳定高效的新技术。课题研究过程中发表多篇科技论文，形成多项专利，有力促进了垃圾渗滤液处理新技术的推广应用。

【机动车交通排放和能耗数据采集和评价方法研究】该项目由上海市城乡建设和交通发展研究院上海城市综合交通规划研究所负责完成,2014 年 7 月 23 日通过验收。课题对机动车交通能耗和排放的测算技术进行了系统分析，分宏观、中观和微观三个层面，建立了机动车交通的能耗、污染物排放和碳排放的测算方法体系，比较各类测算方法的优缺点，并推荐在目前的数据基础和使用需求的情况下，适合于政府决策研究使用的测算方法。课题对各类机动车能耗与排放的测算方法所需要的数据进行了系统梳理，提出了机动车能耗与排放的整体数据需求，并提出不同数据的采集方法。课题研究并提出了机动车能耗和排放的评价方法，提出各类评价指标，并对这些评价指标的适用性进行了评价。课题以上海作为案例开展技术方法的验证工作，对技术方法进行了技术验证和工作应用。在课题研究期间，在国内核心期刊和重要会议发表研究论文 4 篇，有两篇论文被中国城市规划学会评为优秀论文。项目成果已在上海市新一轮交通白皮书的编制和上海市十二五交通节能减排规划中得到了应用，并将持续为上海市交通节能减排工作提供技术支撑。

【低碳环境下的城市综合交通规划创新技术与方法】该项目由国家住房与城乡建设部立项，中国科学院上海高等研究院完成，2014 年 10 月 22 日通过验收。课题组研究内容集中于城市交通低碳发展模式研究，城市综合交通低碳规划技术研究和城市综合交通低碳规划技术的示范应用三个方面，提出了多维互补的低碳交通规划评价技术，并依托 TransCAD 等系统软件对相关技术的实际应用进行了展示，该技术与方法具有一定的探索性。研究形成多项技术导则与专利，并依托项目发表了多篇论文，有利促进了低碳交通新技术的推广应用。本研究的开展，将有利于今后城市综合交通规划中引入低碳要求的前提下，构建绿色、节能、生态的城市交通环境，营造健康舒适的出行条件和氛围，维护公共利益。

【DN40.m 超大口径长距离“S”型曲线顶管施工技术】该项目由中铁上海工程局集团有限公司完成，2014 年 7 月 16 日通过验收，成果总体水平达到国际先进。课题组开发研制了适用于不同地质的顶管掘进机、自动测量导向系统、新型可拆卸式钢 - 混组合中继间，并通过改良渣土特性，采用泵管内衬聚四氟乙烯减阻及接力泵送技术，实现了长距离干泥连续输送，体现了环保绿色施工，取得了良好的社会效益及经济效益。通过对超大直径土压平衡曲线顶管施工全套技术的研究，形成发明专利 3 项、实用新型专利 8 项、软件著作权 1 项，有利促进了大口径长距离顶管技术的推广应用。

【复合型轻质混凝土在世博轴综合利用改建项目中的研究与应用】该项目由上海城建物资有限公司和上海建工七建集团有限公司共同完成，2014 年 7 月 14 日通过验收。该项目实现了复合型轻质混凝土干密度小于 300kg/m3、抗压强度不低于 0.75MPa、导热系数小于0.08W/m.℃的指标，在世博轴综合利用改建项目中成功应用；申请相关发明专利1项，实用新型专利1项；在国内外期刊发表相关论文1篇；制订“复合型轻质混凝土（草案）”企业标准和“填充用复合型轻质混凝土应用技术规范”（草案）各1份，经济社会效益明显。

【大面积高填土地面控制技术研究】 该项目由上海建工七建集团有限公司完成，2014年10月24日通过验收，成果总体水平达到国际先进。课题组创造性地基于地基土体应力路径与历史分析的对地坪施工工序进行控制；针对不同的换填材料、不同的换填部位，采取不同的换填施工措施形成了一套分类换填综合应用技术；应用大面积回填土质量原位试验检测技术，通过现场堆载试验对试验段回填地基进行沉降观测；通过在素混凝土层和钢筋混凝土层之间，设置“滑动层”等措施，应用大面积钢筋混凝土地坪弱约束施工技术对裂缝进行控制；将大面积激光整平技术应用在实际工程中。研究形成多项技术指南、规范与专利，有利促进了地面整平、沉降等控制技术的推广应用。

（四）获奖成果

【概况】 2014年度，经市建设管理委推荐，8项获得上海市科技进步奖，其中，二等奖3项，三等奖5项。见下表。

2014年度上海市科技进步奖项目一览

奖项等级	项目名称	完成单位
科技进步二等奖	钢筋混凝土超高层建筑层间位移限值的研究	上海市建筑科学研究院 上海市城乡建设和管理委员会建设规划处 上海建筑设计研究院 华东建筑设计研究院 江苏省建筑科学研究院 顾宝根 忻鼎康 胡绍隆 严庆征 陈宗梁 蒋利学 邓景纹
	苏州河调水试验研究	上海市城乡建设和管理委员会 徐祖信 罗海林 屠鹤鸣 匡桂云 郑贤谷 徐辉忠 夏德祥
	浦东国际机场航站楼大跨度预应力钢屋盖的试验研究	华东建筑设计研究院有限公司 同济大学 汪大绥 沈祖炎 张富林 高承勇 周 健 李国强 陈以一
科技进步三等奖	上海地区住宅围护结构建筑节能技术研究	上海市建筑科学研究院 上海市发展新墙体材料办公室 上海中新房地产开发公司 上海复鑫房产开发有限公司 上海中星（集团）公司 陆善后 杨星虎 刘明明 李德荣 王宝海
	上海大剧院观众厅音质设计与可调混响技术研究	华东建筑设计研究院有限公司 上海大剧院 章奎生 杨志刚 乔伟 蒋国荣 应后捷
	上海市标准《民用建筑锅炉房设置规定》	华东建筑设计研究院有限公司 上海市劳动和社会保障局 上海市消防局 上海市城乡建设和管理委员会建设规划处
	浦东国际机场航站楼钢结构屋盖风工程试验研究	华东建筑设计研究院有限公司 上海市建筑科学研究院 复旦大学 汪大绥 张富林 叶倩 高承勇 徐有恒

（崔严慧）

十八、区县建设

编者按：本栏目选录各区城市建设和管理政府机构年终报告，按实际情况，略有删选。

（一）黄浦区
（二）静安区
（三）徐汇区
（四）长宁区
（五）普陀区
（六）闸北区
（七）虹口区
（八）杨浦区
（九）浦东新区
（十）宝山区
（十一）闵行区
（十二）金山区
（十三）松江区
（十四）嘉定区
（十五）青浦区
（十六）奉贤区
（十七）崇明县

（一）黄浦区

黄浦区建设和交通委员会

2014年，区建设交通委在区委、区政府的正确领导下，紧紧围绕第二批党的群众路线教育实践活动主线，聚焦旧区改造、重大项目建设、民生实事工程、建筑市场整治等重点任务，解放思想、真抓实干、攻坚克难，积极应对和克服各种不利因素影响，为促进区域经济社会平稳较快发展和维护社会和谐稳定作出了积极贡献。

（一）旧区改造持续推进

今年以来，区建交委根据区委、区政府关于旧区改造“两个优先”即“优先考虑居住条件、生活环境最差的地块，优先考虑与重点功能区建设直接相关地块”的总体原则，坚持战略性与紧迫性相结合，坚持征收总量与推进质量并重，坚持任务推进与社会稳定同步，按照确保完成“旧改签约5000户，收尾10个项目”的任务目标全面推进各项工作，目标全部完成。

1. 收尾项目紧抓不放。聚焦露香园路旧改地块等重点项目，通过推进征收补偿决定（裁决）全覆盖、强化司法执行、完善目标考核机制等多种途径，下定决心、花大力气推动地块收尾，实现了116街坊（东块）、同福里、申贝、52街坊等10个项目收尾。

2. 启动项目积极协调。今年启动征收的尚贤坊、123街坊和132街坊北块、轨道交通14号线豫园站（198、199、200街坊）等3个项目第二轮签约征询均在较短时间内提前生效。另外，21号地块，董家渡2号、3号地块，67街坊，高福里地块等项目正抓紧与相关建设单位协调，118街坊也已于2015年1月5日第二轮征询签约首日生效，首日签约居民1239证，签约率达86.89%。

3. 积极探索创新思路。经过两区“撤二建一”后这几年以来的探索和实践，我们已逐步形成了一系列契合黄浦实际、行之有效的旧改推进机制和操作办法。例如，在现有机制的基础上，努力实现旧改机制“四个统一”，即统一政策口径，全区新启动项目政策口径有机统一，确保前后平衡、阳光公开；统一管理模式，在司法执行、队伍配备和管理（包括考核、管理、培养、激励等）各方面进行统一管理，形成严格、高效的管理体制；统一资源配置，在资金流转、房源筹措和使用管理方面形成统一办法，在全区推行安置房源“统一调拨、统一配比、统一定价”的管理方式，进一步提升房源整体管理水平和使用效率；统一推进机制，在目前的组织体系基础上，进一步强化旧改领导小组的指挥决策作用，在旧改办的统筹协调下，职能部门配合指导、指挥部牵头推进、街道社区全面参与、征收事务所具体操作，深入构建层次分明、政令畅通、权责明确的全方位、立体化推进网络。目前，“四个统一”已经在尚贤坊、123街坊和132街坊北块、轨道交通14号线豫园站、118街坊四个项目中得以深化、贯彻和实施，并取得了确实成效。

4. 重点课题有序推进。今年，由区旧改办牵头，紧紧围绕本区旧区改造当前和长远发展的重大问题，坚持问题导向，在同步开展战略发展规划、征收管理机制、安置补偿政策、征收成本控制、征补决定执行、旧改党建联建（群众工作）、队伍建设管理等7个重点调研课题的同时，推进企事业单位征收、加强征收管理等2个规范文件的研究制定工作，10月底成立了黄浦区企事业单位房屋征收协调推进小组。认真梳理总结我区旧改征收的规律性经验，深入研究并优化完善适应黄浦实际的新办法、新机制。

（二）重大项目建设取得成效

1. 重大市政项目方面：轨交13号线淮海中路站建设项目4坑基坑，即该站全程施工可能出现4个危险节点的最后一个，已经开挖施工；中山南路地下通道工程已完成绿化搬迁和部分管线搬迁，已全面开挖；8.3公里滨江公共岸线贯通项目中，卢浦大桥断点贯通工程正在进行断点方案比选工作；滨江岸线贯通试验段正在进行方案深化；太仓路－吉安路拓路征收工作临近收尾，正在进行施工图审图以及施工招投标准备。

2.“三个一批”商业商务重大项目方面：全年开工商业商务楼宇面积35万平方米，竣工45万平方米。在“三个一批”重点项目中，“开工一批”项目，日月光中心二期在抓紧单位动迁收尾，龙凤地块目前正在进行规划方案审批，复兴地块施工图审图结束；“竣工一批”项目，127街坊和204街坊竣工，

163 地块正在进行外部装饰；“推进一批”项目，179 地块已全面开工，8-1 地块地上结构已封顶，65 街坊南块地下结构施工，北块进入上部结构施工阶段；南外滩 596 地块已经进入地下结构施工阶段，594 地块正在办理规划工程许可证。社会事业项目中，实验小学主体结构已封顶，区医疗中心一区开始机电安装，二区正在实施基坑开挖。2014 年全区商业商务楼宇开工面积 35 万平方米，竣工面积 45 万平方米。

（三）城区建设管理全面加强

1. 建筑市场管理进一步规范。积极构筑建筑市场常态长效机制，强化工地质量安全管理，推进文明施工建设，全力以赴抓好安全生产，确保我区建筑市场有序发展。今年，我区建筑工地在全市文明指标测评中始终处于全市领先地位，新民晚报分三次刊登了我区建筑工地在市文明指数测评中获得第一名，说明我区在整顿规范建筑市场、构建长效管理机制方面取得了成效。

一是深入开展建筑市场整治。整治过程中，将专业培训与联合执法检查相结合，一方面开展加强建筑市场监管专题讲座，邀请市安质监总站专家，区相关单位分管领导、区建管部门监管人员以及区在建工程项目负责人等 120 余人次参加；另一方面组织区相关单位和建筑行业专家参与的建筑市场联合执法大检查三次，重点针对我区在建建设工程的安全生产、文明施工、深基坑工程、防汛防台等 11 个方面，共检查房建工程 20 个，装修工程 5 个；出动检查人员 300 人次；发现质量安全问题 150 条，开具整改通知单 5 份，并于三季度召开全区建筑工地讲评会，通报大检查中发现的各项问题。

二是继续狠抓安全生产监督。细化工作目标，落实安全措施，构筑我区安全监管长效管理机制。首先，继续建立健全安全责任制度：制订实施了建筑工地施工现场安全监管联查工作机制，即工地建立安全管理大办公室制度，整合了参建各方的安全管理资源，督促企业全面落实安全生产主体意识，目前，全区 35 个土建工地已形成 128 人的班组兼职安全员队伍；其次，加强安全生产宣传和教育培训：对新进工地的 1647 名农民工开展安全教育培训，制作安全生产宣传教育图片展分送到各土建工地展览；再次，监管服务主动跨前一步：在高温季节来临向区内 473 幢玻璃幕墙建筑业主单位发放《2014 年既有玻璃幕墙建筑管理告知书》，提醒注意玻璃幕墙维护，预防玻璃爆裂，同时聘请专业单位开展 2014 年全区玻璃幕墙普查工作；最后，将文明施工工作纳入常态化管理：按照建设工程文明施工管理的实施意见，实施了文明施工互查、互评工作机制。加强了工地与社区居委的联建共建，每月 15 日向居委会征询文明施工意见等制度，形成工地围墙内外加强文明施工管理的联动、互动，每月 20 日的全区工地片区互查，促进工地互相学习、取长补短。

三是不断提升行政监管服务水平。加快建筑业建管力量的整合和融合，完成了建管署和受理中心撤并工作，以此为契机梳理整合管理流程，进一步提升行政效能。推行受理窗口“收件回执、缺件告知”制度，切实解决“最后一公里”问题。有效利用大堂 LED 屏，将项目进展情况予以主动公开，以一览表形式简单明了展示，提醒办事人项目的后续环节。积极做好在沪建设工程企业从业人员信息采集暨 2014 年度电子版《在沪建设工程企业诚信手册》自检工作。完成董家渡 13、15 地块出让新建公共建筑装配式工作咨询，继续推广绿色建筑建造，对处于土地出让阶段和规划设计阶段的项目开展绿色建筑设计咨询，指导项目低碳绿色建造。积极推行“阳光招标”，加强对政府投资项目的监管，提高对社会项目的服务，实现区立项国有资产主导地位项目的公开招投标覆盖率达 100%。

2. 市政设施日常管理持续完善。以“亚信峰会”、“国际马拉松比赛”保障工作为抓手，加强市政水务设施的日常养护维修，确保设施的安全运行，为市民百姓创造了一个良好的工作生活环境。

一是做好基础设施的日常养护维修。年内，共完成道路养护163099平方米，新装、调换隔离设施8936米，疏通下水管道667.724公里，清捞检查井63234只次，清捞进水口79091只次，清除管道污泥13390立方米，拆排下水管道147米。对区域内主次干道上易涝点、道路路口、十字交会处、人流量多地段的窨井、雨水检查井安装了131个防坠网。对原世博园内半淞园路和龙华东路两条主要道路以及部分配套成熟小区周边人行道彩板、下水管道实施了专项整治，共整治道路18000余平方米，翻排各类口径管道1500余米。对全区六个排水系统的18条（段)道路排水管道进行了预防性养护检测，总检测长度为6651米。配合燃气公司顺利完成燃气隐患管网改造和天然气转换工作，全年共改造隐患管网12.57公里，完成天然气转换79042户。

二是加强市政和管线工程安全检查与监管。以“强化红线意识、促进安全发展”为主题，开展了形式多样、注重实效的安全生产活动。抓好在建工程，特别是主干道大型管线掘路工程的监管督查，共进行安全生产、文明施工专项检查85次，发现安全隐患43处，及时整改43处，整改率为100%，同时抓好“区两会”和“亚信峰会”、“上海国际马拉松比赛”等重大活动期间安全生产应急值守。

三是深入开展各类专项整治工作。完成对豫园周边河南南路复兴中路人行天桥的油漆粉刷保养以及泰康路、二医大、南昌路等三座人行天桥以及人民路地道和徐家汇路车行下立交的专项整治。对原世博园内半淞园路和龙华东路两条主要道路以及部分配套成熟小区周边人行道彩板、下水管道实施了专项整治，共整治道路18000余平方米，翻排各类口径管道1500余米。完成对中心城区部分主干道路的道路检查井盖整治工作，配合做好菜场周边道路整治。

3. 防台防汛工作经受考验。今年共有效抵御了6场暴雨、2次台风和2次高潮位侵袭。汛期累积降水量为887.5mm，较常年值（642mm）偏多约3.5成，共实施防汛防台预警信号22次（其中蓝色预警7次、黄色预警14次、橙色预警1次）。由于各项防御工作准备充分，责任落实，响应到位，确保了城区平稳正常运行，确保了人民群众生命财产安全，实现了安全度汛的工作目标。

一是责任落实到位，组织有效。按时完成2014年《黄浦区防汛防台专项应急预案》修编上报工作，明确了防汛工作责任制；整合应急抢险队伍14支共2059人，落实了相应的抢险物资器材。协调了25所学校作为人员撤离转移场所。公示了防汛责任单位和责任人。组织召开了一系列防汛会议，对汛期工作进行了总结回顾，并部署非汛期工作。

二是加强防汛安全检查，及时消除隐患。组织并会同有关部门和单位，重点对在建工地、动迁地块、排水管网、易积水街坊、灯箱广告等开展了20余次检查，督促相关责任单位及时整改和完善防御措施。

三是做好人员、信息等各项保障工作。分期分批组织各街道分管领导、指挥部成员单位防汛工作人员及防汛责任部门联络员120余人次，参加新版《防汛条例》、防汛业务、三级视频会议系统等培训；组织街道、物业、市政公司、凌锐抢险队等队伍，重点围绕通信联络、信息报送、队伍集结、设备保养、积水抢排等内容进行现场演练；区域内10个街道、市政工程管理署防汛三级视频会议系统建设全部完成，汛期已投入使用。

4. 静态交通软实力不断提升。2014年是停车行业全面实施属地化后的第一个提升年，根据新形势、新任务、新要求的变化和需要，我委坚持以完善机制、规划优先、依法行政、科技领先为抓手，结合创建文明城区工作，认真履行静态交通行业管理职责，努力提升城区精细化管理水平。

一是编制黄浦区停车专项规划。2014年上半年我区召开了《黄浦区停车设施专项规划》终期评审会，在全市率先完成区域停车系统专业规划。专项规划聚焦新黄浦区的城区规划目标与功能定位，以动、静交通总体平衡发展为指导思路，提出了黄浦区停车系统发展战略、布局规划、信息化规划和政策建议，具有针对性强，调研充分、内容详实等特点，为黄浦区停车设施的建设和管理提供了决策依据。

二是切实推进公共停车设施建设。结合地块开发及项目建设，严格执行配建停车场库建设标准，从源头上缓解停车难。完成配建停车场库方案审核、扩初审核10件，完成验收5件。完成新增医院泊位30只，居住区泊位70只，公共停车泊位217只。道路停车费做到了应收尽收，全额上缴国库，全年共上缴3689万元，同比增长10. 39%。

三是优化公交线网方便市民出行。对1212路站点进行调整和增设，实现了与轨道交通4、8号线的方便换乘。对805路的走向和站点设置进行了多次调整，现805路双循环已改为单循环，运营时间从9时至22时整，线路非高峰时间到站间隔已缩短至15分钟内，在外滩地区设立若干805路公交线路指示牌。

四是以创建达标推进行业管理水平。加强辖区内公共停车场（库）和道路停车场管理的检查和考核，大力规范企业的经营行为，提升行业服务能级，提升公众满意度。黄浦区在全市范围内率先开展道路停车收费系统服务招标工作，使该项工作的属地化管理工作顺利进行。区域内被评为市级AAA级质量信誉企业有17户，占全市总数近30%。

五是积极推进道路停车场信息化建设。黄浦区道路停车电子收费系统（POS机、咪表）总量占全市51%，成为全市唯一一个在道路停车场全面实施电子收费的城区。

（四）各项民生实事工程顺利落实

1. 抓好区政府实事项目的推进工作。完成区政府实事项目之一的蓬莱路、人民路和九江路3条道路以及龙门邨、建国西路25弄、斜土路460弄、九江路218弄、打浦路303弄、瞿溪路1060弄和瞿溪路1145弄7处街坊弄堂的积水点改造。露香园路一期高区等道路大修工程、陕西南路道路重点养护工程竣工。完成了局门路、浙江路小改小革改善交通拥堵结点工程和松雪街、三牌楼、泰康路、二医大人行天桥、徐家汇路车行下立交以及人民路人行地道维修工程。

2. 着力解决居民急、难、愁、盼等民生问题。为确保汛期市民出行安全，在去年试点的基础上，对区域内主次干道上易涝点、道路路口、十字交会处、人流量多地段的窨井、雨水检查井等井口安装了131个防坠网。南部滨江地区公交与轨交换乘问题是多年来人大、政协的提案内容，经过努力协调，今年上半年1212路调整和增设站点，实现了与轨道交通4、8号线的方便换乘，方便了该地区市民的出行。

3. “两会”办理工作圆满完成。2014年我委共办理件区人大代表书面意见13件（主办10件，会办3件），区政协委员提案25件（主办19件，会办6件），市人大代表书面意见2件。我委坚持以问题为导向，多方主动协调，积极办理，实现了办复率、走访率、满意率三个100%工作目标。

4. 高效办理信息公开和市民热线答复工作。我委高效办理政府信息公开工作，全年全委主动公开政府信息125条，全文电子化率达100%，受理政府信息公开申请125条。密切关注12319、12345市民服务热线和门户网站网民留言等服务渠道，共处置12345

市民服务热线966件，网上咨询387件，做到了件件有落实，单单有反馈。

（五）信访维稳工作平稳有序

一是认真做好信访接待工作。努力将矛盾化解在萌芽状态，全年共处理信访2531件，其中信件666件，访件180件，网上信访285件，信访大厅接待1081批次，2513人次。做到了初信初访受理率、办结率均达100%，充分发挥信访工作在维护社会稳定和推进旧区改造中的作用。

二是积极协调化解各类矛盾。首先，毫不松懈努力化解历史遗留矛盾和突出信访矛盾，尤其做好轨交13号线淮海中路站过渡居民的接待来访、跟踪服务和未过渡居民的来访接待及资料整理等工作，做好地铁4号线鲁班路站瞿溪路1111弄、1145弄居民房屋损坏赔偿及大修的组织协调工作。其次，确保重要节点稳控工作不出疏漏。年初，区委区政府确定了2014年稳控工作目标；一是要做到重大节点进京访“防倒流”，出现“倒流”的单位全区通报批评。二是要“降非访”，下半年非访量要比上半年下降50%。在“亚信峰会”和十八届四中全会期间，我委相关工作人员多次约谈或主动上门与重点稳控对象沟通，取得了良好效果。“亚信峰会”和十八届四中全会期间，我委没有一个信访对象到峰会会场附近及敏感区域上访、缠访，没有一个信访对象进京上访，为“亚信峰会”和十八届四中全的顺得召开作出了积极贡献。

三是平稳推进房屋征收司法强制执行。一方面结合法院裁定加强沟通，促进被征收（拆迁）居民在司法强制执行前签约，取得良好效果。另一方面安全稳妥推进强制执行工作，未发生因强制执行而引发的群体性事件，有力推进了基地收尾工作。

黄浦区绿化和市容管理局

2014年，黄浦区绿化市容局在区委、区政府的正确领导下，在市局的有力指导下，聚焦“十二五”规划关键推进阶段，聚焦全面深化体制机制改革，聚焦城区经济社会发展，聚焦绿化市容景观面貌提升；坚持作业标准化引领市场，管理精细化扮靓市容，服务人性化惠及市民的工作思路；以“绿化版块做亮点、环卫版块打品牌、管理版块促创新、体制建设抓改革”为目标导向；以党的群众路线教育实践活动为契机，以“亚信峰会”保障工作为抓手，全局干部职工凝神聚力、开拓进取、攻坚克难、真抓实干，圆满完成了全年各项目标任务。

完成年度工作目标情况：

1. 全年计划新增绿地面积15500平方米，实际完成17934.3平方米，超计划15.7%；全年计划新增屋顶绿化面积10000平方米，实际完成10150平方米，超计划1.5%；按计划完成新建5000平方米其它立体绿化指标。

2. 提前3个月完成区政府实事项目“55座倒粪站除臭改造”工程。

3. 完成123个居民小区垃圾分类推进任务。

4. 生活垃圾减量工作有序推进。全年共收集运输生活垃圾258341吨，日均收集运输707.8吨，完成了市局下达日均708吨的减量指标。

一、立足区位优势，塑造保障品牌

黄浦区作为上海的中心城区，在举办重大活动方面具有项目多、周期长、影响大等特点，今年我局重点将塑造绿化市容保障“品牌”作为贯穿全年各项工作的一条主线，严格制定和实施各类重大活动保障预案，较好地完成了元旦、春节、五一、十一、“亚信峰会”、上海马拉松赛等各类保障活动。尤其是将“亚信峰会”重大活动保障作为推进各项工作的重中之重，作为提升全区绿化市容整体面貌的重要契机，作为检验工作能力和提升行业竞争力的重要舞台。

（一）抓点线面结合，绿化景观全面提

升。注重调整重点区域、重要道路、重点场所及周边区域花卉景观布置方案，在亚信峰会筹备保障阶段，以“世博标准、世博要求”开展绿化景观提升。外滩、人民广场等重点区域以花墙、大型主题景点、鲜花大道、中央隔离绿化等为特色，结合花坛、花箱、花境布置点缀，充分展示出黄浦绿化建设成果，营造绚丽优美的城区形象。延安东路、肇嘉浜路等6条重点道路及威斯汀酒店、半岛酒店、豫园周边等区域，除了进行常规绿化景观提升外，还充分考虑辐射延展效应，调整周边大型公共绿地、公园整体绿化格局，采用摆放特色花艺、添置栏杆花漕、建设立体绿化等方式，促进景观效果整体提升。共计完成绿化整治面积5745平方米，维护行道树设施2670套，更新调整花坛花境14613平方米、摆放组合花卉及悬吊花球860组、布置主题景点21组、建设立体绿化14256平方米，总计用花量达84万盆。

（二）梯度推进落实，市容面貌整洁有序。重点强化难点顽症集中治理、作业管理盲区梳理检查、暴露垃圾快速处置、紧逼速改问题解决、常态长效道路保洁等一些列工作举措，实施市容保障“零容忍”工作机制。围绕6大风景区、24条主干道及“五个周边”等区域，开展集中整治与长效管理相结合的保障措施。特别是在亚信峰会、上海马拉松赛等重大活动保障期间，积极探索重大活动环卫保障科学增效运作模式，按照“活动前、活动中、活动后”不同的保障工作性质，梯度调配人力、物力等保障资源，较好地完成了一系列重大活动保障。在“亚信峰会”保障期间（5月1日–5月21日），日平均增加保洁岗位748人次，出动各类作业车辆7079辆次（比平常增加了1036辆次），出动各类人员32025人次（比平常增加了15708人次），20余座环卫公厕延长服务时间，有效地保障了城区面貌提升。在今年的马拉松赛保障中，为了第一时间恢复道路整洁，尽快恢复交通畅通，我局还首次尝试运用了“雁行保洁”道路清扫法，进一步提高了道路保洁工作效率，为我局做好重大活动保障积累了工作经验，同时也得到领导和群众的高度评价，多家媒体作了报道。

（三）应急处置及时，重点保障有力高效。按照重大活动保障方案，落实突发情况应急措施，快速、专业、高效地处置各类突发事件。根据不同的保障要求和活动特点，有针对性的细化预案，落实措施，同时建立局重大活动领导小组及工作推进小组，全程监督和推进落实。在亚信峰会保障期间，局领导亲临一线靠前指挥，安排1名分管领导坐镇区指挥中心，1名分管领导带领应急保障突击队24小时待命，并启用“局电子政务指挥调度平台”实时监控，开通“紧逼速改微信群”等措施确保政令畅通。同时，提前做好花卉苗木、环卫设施、作业车辆、作业工具等储备，将20%左右的花卉作为应急预留；组建绿化、环卫、志愿者保障等5支专业应急队伍，抽调管理人员24小时待命守候，快速应对各类突发情况；圆满完成人民大道花箱防撞设施摆放，人民广场区域道路废物箱临时移除，豫园内园绿化植物优化调整，黄浦江封江限航期间全区粪便车辆驳运等应急工作，重大活动保障成效得到市行业主管部门和区领导的广泛好评。

二、坚持以民为本，创新工作亮点

（一）区府实事项目有效落实。一是除臭改造项目协调有力，工程提前完成。在施工改造启动前，积极走访街道、物业、居委等单位进行沟通协调，千方百计保证改造设施“通水通电”等硬性条件得到满足。在施工过程中，始终坚持施工不扰民、少扰民的原则，严格把控工程质量，尽最大努力加快施工进度，于8月底完成了“55座倒粪站除臭改造项目”，比原计划提前了近3个月，让市民群众提前感受到了实事项目的真正实惠。二是完成露香园路公共绿地建设项目。

该绿地总面积为2490平方米，其中：绿化面积2205平方米，球场面积94平方米，古城墙景观面积191平方米。工程建设于4月正式启动，在绿地建设的同时，还重点保护和修缮了上海明代古城墙遗址，强化老城厢绿化带的连接。在绿地设计和建设过程中，还充分运用了地形造坡、林间小径等园林造景手法，形成了独特的绿化景观，打造出豫园地区又一新亮点。

（二）年度重点任务有序推进。一是全力配合全区重大工程建设。按照区政府的要求，积极配合参与，做好中山南路地下通道及8.3公里滨江公共岸线波浪形岸线试验段建设等区内重大项目，搬迁行道树120棵、绿地内草坪、植物等6600平方米。同时对世博园区内行道树进行调整改造，范围包括龙华东路(西起鲁班路)及半淞园路(东至外码头路)沿线，苗江路沿线和西藏南路隧道周边道路，补植香樟、马褂木、重阳木、栾树等共173株，并对园区内的1678株行道树进行换土复壮和加铺树穴盖板。二是高质量完成“两会”书面意见、提案办理。全年共收到“两会”书面意见、提案20件（主办13件，会办7件），关于绿化方面的5件，环卫管理方面的15件。在办理过程中采取逐一落实分管领导和责任科室，并由局行政办公室督办催办，定期向局行政办公会汇报情况等措施，高质量的完成了办理工作。当面沟通答复及网上答复工作全部提前2周左右时间完成，“解决采纳”率达到100%。三是启动江滨路环卫临时停车场建设。为了解决我区环卫作业车辆停放困难及环卫作业缺乏临时场地等问题，在区领导和相关部门的大力支持下，我局启动了位于江滨路（开平路与打浦路之间）南侧的137D-3地块环卫临时停车场建设。该地块占地面积约5270平方米，场地建设完成后，将为黄浦区原卢湾地区约250余辆（其中机动车约100辆，电动车约150辆）环卫车辆停放及垃圾中转、集运等发挥巨大作用。

（三）分类减量取得新进展。一是不断巩固和拓展“大分流”渠道。进一步巩固试点小区湿垃圾、菜场垃圾、水果行、中药房等场所专项收运成效，发挥粉碎处置消纳、渗滤液排放等减量效果，探索拆包精细分拣举措，并拓展酒瓶、花泥、枯枝落叶、鞭炮垃圾等专项回收处置力度。日均排放渗滤液36.5吨、处置小区湿垃圾4.42吨、菜场垃圾8.6吨、中药渣3.2吨。二是有序推进“小分类”工作。完成年度推进123个居民小区（46767户家庭）实施垃圾分类的目标，发放宣传资料5万余份，绿色账户宣传手册5万余份，同步做好525个已推进场所的分类指导和监督管理工作。积极开展宣传活动，引导居民和单位参与垃圾分类并开通“绿色账户”、“绿色家园”，制作了宣传展板、分类标识标牌等宣传资料，在蓬莱公园、黄浦新苑等场所举办大规模的宣传活动30场，吸引了众多市民参与。在市联办组织的每月检查考评中，我区各街道区域内垃圾分类工作达标率均在99.5%以上，持续保持全市领先水平。三是严格开展餐厨废弃油脂申报管理。按照《黄浦区2014年餐厨废弃油脂管理工作实施办法》的要求，向全区1700余家大中型餐饮单位发放申报告知单，启动专项收运企业招投标程序，落实餐厨废弃油脂专项收运处置。全年共办理餐饮单位餐厨废弃油脂申报1670家，申报率达98.2%，专项处置收运厨余垃圾19760吨，废弃油脂1991.7吨。

三、完善体制机制，促进常态长效

（一）探索绿化养护作业市场化起步阶段管理新模式

一是绿化管理突出专业监督和多元服务。重点加强行道树修剪质量控制、公共绿地、公园、古树名木等管理养护，并引入第三方评价机制，聘请绿化行业协会专家参与绿地、行道树等管理养护项目考评，从根本上强化了修剪、施肥、病虫害防治等养护管理技术支持，避免产生市场化改革“起步期”的监管盲区和薄弱环节。二是持续以“植树节”等品牌活动打造绿化亮点。以建设“幸福林”为品牌的五年系列活动为载体，坚持倡导和培育全民植绿、护绿、爱绿意识。做好绿地树木认建认养、古树名木保护、园林式居住小区创建等工作，探索屋顶绿化、阳台绿化、立体绿化、桥柱绿化等长效措施。精心筹备“同追绿色梦想，共建生态黄浦”大型主题义务植树活动，区四套班子、市绿化市容局、区绿委等领导和广大市民群众共同参与，在苗江路、花园港路世博园内共建“文化林”。三是公园管理强化人性化服务理念。将全市公园满意度测评结果作为重要指标和考核依据，强化管理措施，提升园容园貌，加强公园园艺建设和绿化景观建设。在整治公园噪音等市民反映突出问题方面，采取志愿者劝导、安保巡逻、联合执法相结合的手段进行引导，针对不同的公园情况分类制定管理方案，及时回应群众需求，促进公园管理服务人性化理念。加大对人民公园“相亲角”的整治力度，成立由区民政局、工商局、公安局、区市政委（城管执法局）、区维稳办、南京东路街道及我局等单位共同参与的联合整治小组，开展集中整治，自8月份以来共组织开展了10次大规模集中整治行动。同时，在公园内增派安保力量维持秩序，设置宣传横幅等警示标志，提醒市民注意防范，谨防上当受骗，广泛关注媒体报道及社会舆情，及时将有关情况上报区领导，并积极探索常态长效管理措施。

（二）开展道路保洁常态长效试点，推进文明行业创建

一是试点开展道路保洁常态长效机制。按照道路保洁全覆盖、无盲区的工作要求，主动联手相关部门，积极向小区、交叉点、边界线等区域延伸，着力解决保洁养护失位、缺位和不到位现象，努力打造精品区域，树立黄浦环卫重大保障品牌意识，常态保洁精细理念。二是抓好文明行业创建。完成2014年道路保洁文明班组和文明公厕的申报工作，累计申报率分别达到73.5%和95.3%，完成环卫职工清道岗位培训和考核，培训率达到100%；完成283处文明行业创建宣传标语设置；完成2个文明班组典型事例上报，创建工作得到有序推进。完成公厕文明行业市民满意度测评工作，结合亚信峰会保障任务，开展公厕专项检查和突击抽查，强化公厕保洁、设施、服务、便民措施及保洁日志规范填写等情况检查，落实整改效果。

（三）深入推进行政审批制度改革，促进简政放权

一是减少审批项目。根据区委、区府推进行政审批改革的工作精神，结合市局对绿化市容行政审批项目的清单，我局按照区域特点和实际情况进行了梳理，主动减少了6个审批项目，保留31个审批项目。二是简化审批流程。为了加快行政审批流转速度，更好的解决审批办理“最后一公里”问题，我局建立了“一门、一表、一窗、一岗”工作机制和“门外一把抓、门内再分家”的工作举措，多渠道为群众办理审批提供方便，并结合局电子政务平台建设，积极推进绿化、环卫两大审批平台的整合统一，为实现项目“并联审批”提供技术支撑，同时也为避免市民群众重复奔波、重复递交材料等提供便利。三是公开办事制度。认真梳理审批清单、责任清单和权力清单，完善内部流程和监管制度，并主动向社会公开。制定和完善了《行政审批办事指南》、《行政审批工作流程》、《行政审批效能监督办法》等一系列服务手册和工作制度，明确把关依据、落实审批权限、透明办事制度，并按照审批期限再缩减1/3为目标，制定“承诺期限”，力争审批办理能在承诺期限内完成。四是廉洁高效服务。围绕廉洁勤政、主动服务、高效服务为目标，积极筹备“一门式”服务中心，从制度层面确保每一个审批环节得到有效监督，从而避

免行政审批当事人与审批工作人员“一对一”的工作模式，防止产生腐败现象。同时，进一步完善局电子政务平台功能，逐渐将纸质材料审批转向电子材料审批，从科技层面保障监督到位，执行有力。

（四）常规工作常抓不懈，继续保持行业领先

一是加强渣土运输治理。继续实施渣土运输专营管理，强化全程监管和制度约束，确保车容整洁、不超速、不超载、不跑冒滴漏、不偷倒乱倒；工地周边环境整洁，无积水、无扬尘，努力实现渣土运输处置合规、行业继续保持领先。二是促进行政收费规范有序。与收费工作人员建立目标责任签约和绩效考核评价机制，实现收费人员着装、证件、合同、标准、流程等八个方面的统一，结合廉洁风险防控和岗位教育培训等措施，防止“吃、拿、卡、要”等问题产生。三是局电子政务平台正式上线运行。局电子政务平台具有与市、区相关政务平台实现联网的功能。2014 年 5 月，“局电子政务基层建设工程”正式上线并投入使用，全局动态指挥协调与保障、业务信息统计分析、车载视频监控、网络、视频会议等功能基本实现，标志着我局的信息化建设迈上一个新台阶。目前，“车载二期”项目、“生活垃圾分类及生活垃圾减量数据采集分析系统”已完成申报并获批，项目建设正在加紧推进中。三是投诉受理稳中有降。共受理“12345”市民热线等市传案卷 1080 件，与去年同期相比下降 10.07%；受理区城管通案卷 11801 件；受理区内自主案卷 436 件，其中“阿字热线”232 件；接听处置“夏令热线”诉求 181 件，与去年同期相比投诉量下降 18.47%。四是安全稳定警钟长鸣。健全工作制度，落实安全生产责任，着力减少和预防各类事故发生，做好防汛防台各项工作，全力应对“麦德姆”、“凤凰”等台风来袭，组织应急人员、设备和抢险物资的准备；继续与各单位签订信访稳定责任书，强化对各类矛盾的排解，努力做好“延中三期”、“环卫历史遗留问题”等矛盾的化解工作，确保各类影响稳定的信访矛盾处于可控状态。

（二）静安区

静安区建设和交通委员会

2014 年，区建交委在区委、区政府的正确领导下，以十八届三中全会精神为引领，以建设国际静安为目标，牢固树立标杆意识，坚持开拓创新，围绕重点工作和实事项目，全力以赴抓推进、抓落实，确保高质量完成各项任务。

一、求真务实，深入开展党的群众路线教育实践活动

按照上级党委的统一部署，在扎实做好前期调研的基础上，成立教育实践活动领导小组、工作小组，制定方案，明确任务，落实分工，认真做好活动的各项准备工作。3 月初，系统动员大会后，在区委第四督导组的指导下，区建交委立足系统和行业特点，坚持教育与实践并重，纠“四风”与立制度并举，确保教育实践活动落实到位、不走过场。

一是认真查摆问题。委领导班子带头主动走访联系点、街道社区和服务对象，了解基层诉求。先后召开 4 场座谈会，向基层干部群众和机关干部发放征求意见表和调查问卷各 55 份，向街道和服务对象发放征求意见表 45 份，对近几年的来信来访件、两代表一委员提案和 12345 市民热线反映内容进行梳理归类、研究分析，深入查摆“四风”突出问题和关系群众切身利益问题。

二是深刻认识问题。一方面，专题研究教育实践活动 6 次，编撰活动简报 21 期。邀请街道同志介绍群众工作经验，加深了“以

群众观点做好群众工作”的体会。邀请援藏、援疆干部交流对口支援工作中的心得体会，引导激励党员干部敬业奉献履职尽责。组织观看《焦裕禄》等教育片，赴中共二大会址纪念馆及中国劳动组合书记部旧址陈列馆、上海中心在建工程、松江广富林文化遗址公园项目、“绿房子”修缮工程参观学习，借鉴城区建设如何实现从形态营建走向文化内涵的提升。另一方面，认真撰写对照检查材料，开展个别谈话、集体座谈、上门走访活动，召开高质量民主生活会，认真开展批评和自我批评，逐一回应群众反映强烈的不正之风和上级点明的问题，条目式列出问题清单，有针对性地提出具体改进措施和整改措施。

三是切实解决问题。将深入开展教育实践活动与推动建交工作相结合，落实边学边改、即知即改要求。通过内部聚焦和与市建管委对接，筛选出长丰公寓整修、加强井盖安全托底处置、静教附校改建工程等12项群众反映强烈的突出问题，并列为即知即改项目，实行一事一议、逐项制定方案、限定整改时限。在整改落实、建章立制环节，迅速制定“两方案一计划”，提出具体整改落实和制度建设责任，内容涉及加强班子建设、强化为人民服务、严格制度规范等方面，确保整改成效不空、不偏、不虚。

二、齐心协力，积极稳妥推进重大工程建设

1、加速重大工程建设

2014年需协调推进的重大工程、重点项目共24项，其中19项是2013年的接转项目，另新增95-C地块、78地块、60号地块地上部分、南西街道为老服务项目（长乐路524弄）、华山医院新建综合楼5项重点项目。

我委振奋精神，积极作为，努力克服开工项目多、前期审批难、居民矛盾突出等多重困难，牵头做好四方面工作。一是紧扣全年目标，强化工作节点。细化阶段性节点目标，积极协调各相关部门，努力解决问题和困难。顺利实现南京西路688、105地块、协和二期北块3个项目竣工。9项协调前期项目中，60号地块项目目前以4至5天一层的施工速度建造核心筒。区检察院大楼改建及装修项目已完成了结构加固与导墙砌筑，目前正在内部装修。区法院扩建审判庭大楼项目已获得扩初批复，准备10月底启动招标程序，力争年内开工。12项在建项目按计划节点顺利推进。二是强化责任主体意识，形成合力稳步推进。牢固树立建设单位作为项目建设“第一责任主体”的意识。在大中里、老干部活动中心等在建项目中，通过建设“文明施工、安全生产、工程质量、稳定工作”四个标杆，落实主体责任。明确并界定政府部门的职责和建设方的责任，为相互配合、共同推进项目建设和维稳工作创造有利的条件。三是深入研究代建制度，寻找问题优化改进。深入调研了我区文化馆改建工程、区老年健康中心等重大项目中政府财力项目试行代建制的情况，对我区代建制的现状、运作机制、存在的主要问题等作了充分的分析和思考，起草《关于我区重大项目中政府财力项目试行代建制情况的思考和建议》，提出了改进、优化代建机制的意见和建议。四是搭建矛盾协调平台，化解矛盾力求稳定。坚持“2+1+X”的维稳工作模式，重大办和街道共同牵头，相关部门积极支持，建设单位、施工单位主动配合，形成工作合力。积极开展建设单位与社区的“结对共建”，通过街道搭建平台，多为居民办实事，解决实际困难。同时引进社会力量，多渠道、多形式做好居民工作。

2、积极协助市北横通道建设

加强宏观建设研究，协助北横通道工程指挥部加快项目前期审批，配合完成了涉及我区范围的环评公众意见征询、社会稳定风险评估等工作，推动项目进入施工单位、监理单位准备阶段。

3、做好地铁14号线静安站点的前期工

作

统筹兼顾、服从大局，积极协调地铁14号线涉及我区“三站两区间”的前期研究及审批工作。一是明确了区重大办牵头协调、锦迪公司具体实施、区各有关部门积极配合的推进工作机制。二是进一步协调、优化涉及我区三个站点（武宁路站、武定路站、静安寺站）的设计方案。三是会同区发改委、区规土局商议站体建设项目立项、投资分工、土地征收等前期研究工作，为2015年三季度全面拉开房屋征收工作做好准备。

三、真抓实干，全力助推区域经济发展

1. 楼宇连通工作取得阶段性成效

按照“市场主导、政府支持、整体规划、分步实施、企业运作、社会参与、多方联动、有机统一”的原则，会同规土局、市政配套局等部门开展连通方案的选址、规划设计、资金筹措和管理机制等专项研究，同步推进曹家渡地区、梅泰恒地区（金三角）、静安寺地区（金五星）三大节点楼宇连通建设计划的实施。一是积极走访调研。先后走访了静安寺、1788、久光、交通枢纽等区域内重要场所和重点企业，征求企业主体对楼宇连通的意见建议。对久光、明园、交通枢纽、航站楼等区域进行了实地踏勘。同时，就立项审批方式与投资主体等主动征求市相关职能部门意见建议。二是完善工作架构。组建了由潘敏区长任组长，巢克俭副区长任副组长，周海鹰副区长任常务副组长的静安区楼宇连通工作领导小组。领导小组下设办公室，办公室设在区建交委。三是深化方案设计。曹家渡地块重点推进悦达889与芳汇广场楼宇的连通工作和金采广场的重新定位开发及与周边商业设施联动；静安寺地块重点研究静安寺后街（愚园路）久光与周边商业载体的连通；结合同济大学提出的“立体静安，活力南京西，精品梅泰恒”的工作目标，梅泰恒地区（金三角）重点开展“地下静安南京路”的方案深化研究以及梅泰恒“金三角”主体地下连通与地上连廊方案研究。四是落实资金保障。多次走访区财政局、采购办等部门，拟定了《楼宇连通专项资金使用管理办法》，明确了专项资金的来源、适用范围、操作程序和拨付途径。

静安寺地区和曹家渡地区的楼宇连通总体方案已完成公示并顺利通过专家论证会，目前节点方案已进行优化调整，总体方案进入实质审批阶段，《静安区城市立体化设计研究》已完成初步成果，对楼宇连通总体规划方案提出实施建议。分别与相关市级部门、普陀区相关部门沟通，梳理有关项目立项的各项手续和审批流程，与各相关单位全面对接，做好了静安寺和曹家渡地区楼宇连通一期工程的建设准备。

2. 制定《静安区商务楼宇物业管理办法（试行）》

在本市住宅及办公楼相关物业管理规范基础上，我委联合区房管局、区质监局等相关部门，并邀请中企物业、区地产集团等企业组建工作团队，通过政企合作、座谈交流、社会组织参与等多种途径，开展“静安区高端商务楼宇物业管理综合服务指导意见”的研究。完成《关于静安区高端商务楼宇物业管理服务现状调研及分析报告》，起草《静安区高端商务楼宇物业综合管理服务指导意见》以及《静安区商务楼宇物业管理条例》（草案）。

9月初，《静安区商务楼宇物业管理办法（试行）》正式出台，规范了辖区内商务楼宇物业活动，实现物业管理的标准化、专业化、精细化，形成静安区楼宇服务的“软名片”。此外，《静安商务楼宇服务规范》也已定稿并开展了全区商务楼宇企业宣贯工作。目前，我委联合区房管局等部门正在开展全面试点工作。

3. 积极做好服务企业工作

建立良性沟通机制，主动了解企业诉求，在日趋激烈的同质化竞争中营造良好的安商、留商软环境。一是思想上高度重视。我委班子高度重视企业服务工作，多次专题讨论研究，统一思想，达成共识，把服务企业工作纳入到年度重点工作之中。不断完善工作机制，研究制定《建交委机关处级领导干部联系基层工作实施办法》。二是行动上落细落实。主动走访企业，认真梳理分析企业提出的问题，研究制定不同的解决办法，同时落实相关责任人，限期完成。对其它部门在走访过程中涉及到的建设问题，积极予以回应，大力推进服务创新，提升服务水平。如在服务企业过程中，了解到上海市城市规划设计研究院希望能与我区开展合作，参与城区更新规划设计。我委迅速将企业需求专题呈报区领导，并协调区规土局，落实总体规划设想方案，进一步增强区域内重点企业对我区的归属感。三是跨前一步，主动服务。以改革思维和战略眼光，从区域发展整体考虑，跨前工作，敢于牵头，会同区规土局、区房管局等部门，为重大项目开通“绿色通道”，解决了一批建设过程中的疑难问题，为区域经济发展提供新的增长点。如PRADA修缮项目在新增的电梯和室外消防楼梯上，审批遇障碍。我委两次牵头区发改、规土、房管、文化等部门和建设单位、施工单位、设计单位、业主召开专题会议，研究具体措施，确定项目推进清单，全力帮助企业按节点完成项目建设。

4. 继续推动“张园”项目保护性开发

根据区领导“谋定后动、审慎推进”的批示精神，“张园”地区综合开发领导小组办公室结合“城市更新”理念，研究制定张园地区保护性开发工作设想，明确“形成工作体系、挖掘文化价值、确定产业定位、细化规划方案、落实开发模式、明确推进政策、启动引领项目、争取居民认同”八项工作目标。积极接洽开发单位，进一步深化方案论证，细化课题研究，稳步推进各项工作任务。12号线南京西路站点地块土地收储和出让“招、拍、挂”方案已制定，现已进入出让公告阶段。原元件四厂厂房包租项目修缮工程和招商工作已基本完成。海港宾馆设计方案已确定，将尽快启动置换装修工程。威海路550地块开发规划方案等工作也在有序推进。

（四）开拓创新，加快行政审批制度改革

1. 深化建设工程审批制度改革

以近年来建设工程管理领域行政审批改革的成果为基础，进一步解放思想、转变观念，深化建设工程行政审批制度改革。在现行基础上再压缩2/3审批时间为目标，一般项目第二、第三集装箱审批时间从60个工作日缩减为20个工作日，简易项目缩减为5个工作日。形成了简化设计方案审核和设计文件审查等两个“集装箱”的初步方案，梳理了外立面改造等六类性质模糊项目的审批标准。

一是继续深化“非国有投资项目”的行政审批改革，拟定报备方案，试行报备制度。通过“绿色通道”受理项目共计21个，完成竣工备案5个；受理报备项目1个。二是全面承接和对接市级部门下放事项和调整事项。合并建设工程安全质量报监与施工许可审批、合并直接发包和合同备案。三是简化工程竣工验收手续，取消规划、消防、环保等验收资料作为工程竣工验收前置条件（从80～120天缩减10～20天），合并办理项目报建和招标登记（当场办结），优化招投标时限（缩减5天）。5个环节累计减免收取材料21件，最高精简率达53%。四是以职能转变为核心，深入推进受理、监管工作改革优化。完成建设、规划、房管办事服务窗口集中受理的静安区建设受理服务中心建设，实行窗口值班长制度、窗口首问责任制等制度和措施，形成“形态上一门办公、业务上一口受理、管理上一头负责”的工作机制，试行一口受理新模式。

2. 完善社会稳定风险评估机制。（2014年静安区政府工作备忘录第88项）

针对目前风险评估程序复杂冗长的问题，通过研究梳理和学习调研，形成了《关于进一步优化静安区建设项目社会稳定风险分析和评估工作流程的建议方案》。建议突出重点，缩小稳评范围；简少环节，整合评估报告；创新机制，规范补偿经费。区维稳办已经将报告提出的建议吸纳进正在制定的区重大事项社会稳定风险评估办法。

（五）依法合规，加大建筑市场监管力度

截至10月，我区受监在建工程370个，建筑面积128.9103万平方米，其中土建类工程22个、市政类工程5个、装饰类工程343个。土建项目特点为高（建筑高度高）、大（建筑体量大）、精（专业技术精）、深（地下基坑深），建设监管难度大、要求高、责任重。我委坚持依法合规监管，深化监管制度措施，力求专项工作有突破，基础管理有提升，工程安全质量有保障，项目推进和矛盾化解有成果。

强化区域行业监管。今年安全质量监督共计到位工程1388次，对工地参建单位履职专项检查116次、消防专项检查145次、对深基坑工程专项检查23次。签发整改通知书12份、局部暂缓施工指令书159份、停止施工指令书7份。迎接国家级检查3次，开展重大节点专项检查3次（节前工程款支付检查、春节停复工检查、迎“亚信峰会”检查），与区安监局、商务委、绿化市容局、消防支队开展联合检查5次。全区在建工程质量安全形势总体可控。

调整监管工作机制和方法。根据受监工程的规模、重大危险源数量、参建各方管理能力和安全管理现状，启动差别化管理监督模式，有针对性地采取不同监督措施和监督力度，既确保受监工程的监督到位率，又加大对重点项目的重点监督力度。实行项目任务监督和全方位检查，安全质量检查、文明施工、信访、欠薪等相关责任落实专人负责，形成强大安全监管合力，提升建设工程安全质量监督有效性，真正实现市场与现场、质量与安全联动监管。

健全区域建筑市场诚信体系。研究制定了《静安区建筑市场信用信息使用管理办法》。依托全市统一的建筑建材业信息平台，结合我区建设工程远程监控信息系统建设，扩大运用范围，在招投标、安全质量监管、评优评先等环节积极运用企业信用信息。同时聚焦监管盲点，响应市级部门部署，着手针对工程招标代理行为，积极试点招标代理机构诚信记录管理，从源头防治围标串标等违法现象。多措并举，进一步规范市场秩序，营造“守信受益、失信惩戒”的良好氛围。

（六）坚持不懈，加快推动历史遗留问题解决

稳步推进广粤路地块开发。牵头会同区地产集团、中亚公司与警备区、市财政、市土地储备中心、市规土局、虹口区规土局等部门进行了多轮沟通，明确了土地收储、资金流转、出让参数、方案审批等相关工作流程，目前已经完成现场交接，并配合虹口区做好地块转性和招拍挂工作。

加快利星行补偿事宜推进。加大与利星行方面沟通会面的频率，及时上报开发商有关诉求，细化研究各种补偿方案的可能性，积极与市、区相关部门沟通，争取市相关部门的支持，协调推进补偿方案的最终确定。目前，补偿初步意向已基本达成。

有序推进118-3地块内110kv电站供地。会同区旧改办、区规土局、配套局和供电公司等单位，确保年内完成交地。目前已经完成电站用地范围内居民搬迁，用地范围边界和控详规划调整也均已完成。

做好72、73号“毛地出让”地块处置前期工作。与原开发单位进行了密切的沟通和谈判，摸清了其合作条件。接洽了嘉里集

团等若干实力雄厚的开发企业，积极推介72、73街坊，确保好中选优，为72、73街坊后续开发品质打下坚实基础。72、73街坊年底完成地块项目公司转让，做好明年征收准备。

抓好长丰公寓修缮工程。按照周海鹰副区长专题会要求，开展房屋检测和复检。建立以分管副主任为组长，相关科室负责同志为组员的长丰公寓修缮工程协调推进小组，与代建、施工、设计、招投标代理单位的联络协调以及前期手续办理等工作。目前，通过公开招投标确定上海建工四建集团为施工单位。小区和区税务局的居民停车等事宜已落实，基本实现清场。施工单位已进小区，作开工前的搭建临房、管线铺设等准备工作，即将开工，力争2015年2月15日前实现工程完工。

（七）精益求精，扎实推进基础设施建设

1.19条小市政道路路灯安装工程和华山路等商业街盲道设置工程圆满完成

路灯安装项目共涉及5个街道18个居委会，在各部门的大力支持和配合下，海防路429弄等19条小市政道路路灯安装工程经过前期准备和2个多月的施工，已于今年8月顺利完成。共计安装低压配电箱19套、路灯控制箱19套，LED灯具136套，得到了居民的一致好评。

按照孙建平书记“文明施工，用心筑路，精益求精，群众满意”的重要批示，华山路等3条商业街盲道设置在推进过程中坚持做到“三优”：斟酌研究，优选方案；广征意见，优化设计；精心组织，优质施工，经过3个月的前期准备和2个月的施工，于8月底顺利完工。

2.北京西路等道路大中修和积水点改造工程顺利推进

愚园支路（愚园路－乌鲁木齐北路）道路大修工程9月初实现竣工。北京西路（铜仁路－愚园路）道路中修工程8月初开工，9月底竣工。威海路（石门一路－茂名北路）道路大修和积水改善工程7月份开工，目前积水改善工程已经完成，道路大修工程完成60%，施工单位正在加紧实施，预计11月底工程可实现竣工。

3.重点区域非机动车停放治理成效显著

以嘉里中心为重点，科学设置非机动车停放疏导点，加强治理，优化周边环境。结合地铁换乘和楼宇工作人员的实际停车需求，制定了分步整治的实施计划。一方面通过完善场地划分，建立管理制度和加大宣传力度，实现了楼宇工作人员停车需求的内部消化；另一方面在延安高架常德路口东西两侧桥荫下设置了非机动车停放疏导点。同时，通过加派协管人员对新设非机动车疏导点进行整理，确保车辆停放整齐有序。

4.防台防汛和交通战备等工作有序开展

根据“快速反应、科学应对”的防台防汛应急处置机制建设，完成了本区防汛应急预案修订，对区内下水道、地下空间、高空广告牌、建筑工地等重要防汛场所部位进行了专项检查，成功抵御强热带风暴“凤凰”。通过各条战线团结协作、部门联动、共同努力，实现了安全度汛的目标。完成区交通保障大队专业保障队伍整组和编报工作，开展交通保障分队整组后的点名点验。

（八）凝心聚力，全面加强党的建设和内部管理

深化党风廉政建设。一是严格落实党风廉政建设责任制，紧密结合业务工作，明确班子成员及相关部门的党风廉政责任制分工，督促领导干部切实履行“一岗双责”。二是认真开展党性党风党纪教育、法律法规教育和警示教育，引导党员干部不断加强自身修养，筑牢思想道德防线。三是全面实施“三重一大”决策制度，完善各项规章制度，落实岗位风险防范措施。四是制定落实党风廉政建设监督责任实施办法，加强监督管理，

严肃执行纪律，严肃查办违纪违法案件及损害侵害群众切身利益的案件。

夯实干部队伍建设。完善党委中心组学习制度，强化班子学习，提高政治理论水平和思想认识。着眼干部队伍长远建设，制定中青年干部五年培养规划和教育管理办法，进一步加大中青年干部培养力度，努力建设高素质中青年干部队伍。以依法行政和勤政为民为重点，严格队伍管理，强化制度执行，推进工作作风的有效转变。

推进系统精神文明建设。把加强精神文明建设作为强化队伍素质、提升队伍形象的有效抓手，在系统内积极开展创建文明单位、创建学习型机关、践行社会主义核心价值观、节俭养德、建交青年学习会等系列活动，在行业内广泛开展关爱农民工、城市建设者庆七一等特色活动，在建交行业凝聚奋发有为、昂扬向上的精神状态。

探索党建联建新模式。在 49 号地块、60 号地块、大中里等项目，通过“党建联建”的形式，建立由建设方、施工方、监理方与重大办、社区街道共同签约的“3+2”党建联建新模式，打破条块分割，实现资源共享，进一步强化各参建单位之间、参建单位与职能部门、周边社区之间的互联、互补、互动，使党建工作更加具体、有效、实在，为打造安全、优质、文明、和谐工程保驾护航。

静安区绿化和市容管理局

围绕市、区发展定位，2014 年，区绿化市容局以区委区政府提出的“精细化管理”为工作主线，以“亚信峰会”保障工作、国庆 65 周年保障工作为抓手，抓基础试行痕迹管理，重协调推进重点工作，聚难点组织综合整治，突出管理前置、执法攻坚、作业托底、反馈衔接，使整个管理执法作业形成相当紧密的协作体系，使静安市容环境水平始终保持全市领先，在今年上半年的上海市市容环境卫生状况社会公众满意度测评中再次获得全市 17 个区县中唯一“优秀区”称号。

（一）全力以赴抓好区政府实事项目和重点工作

1. 区政府第 9 项实事项目：以新建商务楼宇为重点，科学设置非机动车停放疏导点，加强治理，优化周边环境。以完善配套功能、优化软环境为抓手，从嘉里中心、越洋广场周边环境治理入手，促进区域经济发展，重点加强对嘉里中心周边非机动车和机动车的管理，修补周边绿化，整治东方书报亭违规经营、乱设摊等违法违规行为，完善周边配套设施，积极推进我区商业服务业发展，于 9 月底完成该项实事项目。一是制定工作方案，明确职责分工。通过走访璞丽酒店、宏进物业公司和上海嘉里中心等单位，座谈了解实际需求，编制新建商务楼宇周边环境整治方案，明确时间节点、实施计划和责任分工，做好日常协调、服务、统筹、推进等工作。同时，将治理工作内容和时间节点告知商务楼宇，形成多方参与、共同治理的良好局面。二是加强日常巡查，开展专项整治。定期开展市容检查和执法整治，加大对门责单位行为文明的宣传引导力度，确保及时掌控新建商务楼宇周边情况。4 月 15 日起开展为期一个月集中整治，每周组织 2 至 3 次以街道为单位的市容环境集中整治行动；联合公安、工商、食药监、街道、城管等部门开展改装三轮车、门责情况、占道设摊、跨门经营、店招店牌、暴露垃圾等专项行动，共出动整治人员 889 人次、整治车 126 台次，共取缔违规点 158 处、教育整改 627 处。三是科学合理设置，满足社会需求。以“亚信峰会”为契机，确定重点整治范围为嘉里中心、越洋广场、会德丰广场和 1788 广场周边主要道路，通过取消一批、调整一批、整治一批，合理设置非机动车停放疏导点，消化转移原非机动车 1300 辆左右的停车需求，基本实现了嘉里中心和越洋广场周边人行道没有非机动车停放点的阶段性目标。一方面，上海嘉里中心周边常德路（南京西路—安义路）东侧、铜仁路（南京西路—安义路）西侧非机动车乱停放情况已基本清除。另一方面，通过实施延安路常德路口西侧桥荫下的工程性改造，增设非机动车疏导点约800平方米（可停车近600辆）、设置停车标志标线、加派人员引导管理等措施，取消越洋广场前（常德路安义路—常德路延安路）西侧非机动车停放点。

2. 区政府第22项重点工作：继续加大“特定区域”巡查整治力度，进一步提升市容环境面貌。我区根据市“特定区域”环境治理工作的安排，实施2处菜场及周边、1处地铁出入口、2处医院周边、7处旧式小区及周边，总计12处的“特定区域”整治工作，按要求完成了“特定区域”三年行动计划总量的80%。1、昌化菜场、武定菜场及周边。拟订整治方案，加强对市场管理人员的宣传，组建志愿者队伍，加强停车区域的巡查管理，加强对菜场周边的外立面的清理，清除周边乱招贴、小广告，确保集贸市场市容环境卫生基本达到整洁、有序。2、居民区及周边。对新丰小区、三乐小区等7个小区居民房屋外立面、小区道路、排污管道等设施实施整治；加强对小区周边环境的治理；清理小区内公共空间乱堆物和新违章搭建及乱停车；对新增违法搭建、楼道堆物等难点问题强化源头治理；对小区周边废品回收开展专项整治；将部分小区列入今年旧住宅小区全项目大修的实施范围，对小区建筑物本体内厨房、卫生设备、电线等公共部位进行改造。3、地铁7号线常德路出入口及周边。搭建同创共建工作平台，定期通报工作情况，组织管理执法联动，沟通活动信息。组织区市民巡防团早中晚三个时间段对地铁七号线昌平路站出入口周边环境进行专项测评，梳理公共环境秩序方面的薄弱环节。组织对地铁七号线昌平路站出入口周边环境进行两次专项整治，安排固守人员进行常态固守。4、医院周边。强化政府职能部门的监管职责，加强对医院周边及弄内设摊的规范化管理，增派固守人员，使流动设摊等现象得到遏制，市容环境面貌得到基本扭转。4月16日起连续整治医院周边区域“四乱”行为、门责不洁、跨门经营等违章行为。

3. 区政府第23项重点工作：落实市促进生活垃圾分类减量办法，推行垃圾分类减量量化考核。

完成市局下达的生活垃圾日均产量控制在290吨以下的减量任务。完成了在228个小区（81350户）范围内宣传推广绿色帐户激励机制的目标，共有62462户居民登记办理绿色帐户卡，其中银行套卡12348张，独立卡50114张，按照年初办卡5万户的目标，办卡率达124.92%，居民持卡参与率达83.27%。整合区内各类社会资源23项。一是完善推进机制，明确责任分工。以静安区生活垃圾分类减量工作小组联席会议作为垃圾分类减量、绿色帐户工作平台，集各方之力，共同推进工作。不断细化分减小组工作推进计划、责任分工，落实分工责任，强化协调配合；落实分减小组成员的例会、专报、联合检查等工作制度，进一步提升管理科学性。二是聚焦分类重点，广泛开展宣传。结合《上海市促进生活垃圾分类减量办法》实施契机，在全区开展宣传培训讲座，并由小教员按各自条块，深入开展大众宣传。制发《静安区垃圾分类绿色帐户宣传漫画册》、《静安时报》垃圾分类绿色帐户专版，设置绿色帐户宣传海报及积分兑换资源展板，发放各类垃圾分类宣传纪念品等，在推进绿色帐户的小区辅助设摊办卡宣传。三是落实操作设备，开展操作培训。为全区228个推进绿色帐户试点小区配备扫描设备366台，并制定设备管理制度。对各街道居委干部、市容所管理员、物业管理员、志愿者等进行多场绿色帐户积分设备操作培训，并巡回走访上门听取志愿者及居委负责人关于设备方面的建议，解决操作问题。四是完善考核机制，创建示范小区。建立绿色帐户居委专项激励机制。同时，建立以居委为单位的绿色帐户考核机制，考核结果在每月专报和例会上予以通报。在5个街道分别选取5个小区创建绿色帐户示范点，制定了《静安区绿色帐户示范点考评标准》，每月对示范点进行普查，并组织分减小组联合对创建情况进行检查。五是分析产量情况，注重单位减量。选取35家垃圾产生量较大的商务楼宇广场、餐饮饭店，推行垃圾分类投放工作。通过上门发放宣传材料、召开座谈会、发放减量通知等多种形式对其进行宣传动员，实行该举后，35家单位每日可分出湿垃圾350余桶。六是封闭垃圾管道，助推分类减量。按照先易后难的原则，分阶段分区域完成了全区10个小区15根垃圾管道的封闭工作。

4. 区政府第24项重点工作：全年发展绿化总量1.9万平方米，其中公共绿地5000平方米、专用绿地1万平方米、屋顶绿化4000平方米。布置各类花卉150万盆。实施静安雕塑公园一、二期收尾绿化建设工程，实施西康公园整体改造工程。精心举办2014年静安国际雕塑展等。截至12月底，已建成各类绿化面积32652平方米，为全年计划的136%。其中，建成公共绿地14628平方米，为全年计划的146.3%；建成专用绿地10370平方米，为全年计划的103.7%；建成屋顶绿化7654平方米，为全年计划的191.4%。布置各类花卉150万盆，为全年计划的100%。一是完成静安雕塑公园收尾绿化工程建设。二是完成西康路771号同乐坊公共绿地及园林废弃物收集点建设。三是推进西康公园整体改造项目。四是推进雕塑公园艺术中心装修工程。五是9月20日–11月20日，为期两个月的2014中国上海·静安国际雕塑展顺利举行。

（二）推进区际交界处环境突出问题专项整治工作

今年以来，区绿化市容局结合具体路段硬件设施和动态违章情况，重点从市容景观和环境秩序两方面入手，推进专项治理工作。一是结合峰会保障，开展市容环境整治工作。结合亚信峰会和新一轮全国文明城区创建活动，区绿化市容局牵头先后开展了对占道亭棚、店招店牌、道路控制箱体以及沿街建筑物墙体等硬件类设施的专项整治。通过梳理区域现状、排定工作方案、注重源头发现、强化职能衔接，共检查东方书报亭419亭次（约谈东方书报公司负责人5次）；完成南京西路、北京西路以及静安寺地区控制箱体修整；拆除违规设置店招店牌以及一店多招197块；清洗、修补、粉刷电线杆、电话亭、灯箱、铁门、围墙立面10万平方米。二是注重机制优化，维护市容环境正常秩序。以整洁、有序、平稳为目标，会同区公安、城管、工商、食药监、街道等部门，全面推进无序设摊、占道堆物、跨门营业、“五乱”、夜排档等动态性违章专项治理。期间累计查扣全区乱设摊、夜排档374起处。与此同时，积极探索街弄结合综合整治试点工作，在强化街面设摊整治的基础上，管理工作向居住小区内延伸，挤压设摊人员空间，同时消除了沿线居民区内部分群租和无照三轮车等问题，取得了一定的成效。

（三）圆满完成亚信峰会市容环境保障任务

围绕我区亚信峰会期间市容环境整洁、有序、美观、平稳的工作目标，成立静安区亚信峰会市容保障小组，制定我区市容环境保障工作方案，通过1月至4月底实施全面推进（整治无序设摊和跨门营业、清除“五乱”、整治违规户外广告设施、调整和增设景观灯光、拆除违法违章搭建等），5月上旬拾遗补缺和5月中下旬的重点保障，圆满完成了我区范围内宾馆接待区和参观活动区周边市容环境保障任务。一是主动发现，迅速促改。4月8日至峰会结束，系统各单位组成巡查督办小组，局主要领导亲自带队，每天分两个时段对峰会各项保障工作及街面存在的各项静态、动态问题进行督办，统一指挥有关单位开展执法管理。峰会前一周周末及峰会举行当天，局机关全体充实到各街道市容所，加强对周边市容环境的巡查。二是聚焦难点，集中整治。4月15日起开展为期一个月集中整治，每周组织2至3次以街道为单位的市容环境集中整治行动；联合公安、工商、食药监、街道、城管等部门开展改装三轮车、门责情况、占道设摊、跨门经营、店招店牌、暴露垃圾等专项行动，共出动整治人员889人次、整治车126台次，共取缔违规点158处、教育整改627处。三是街弄结合，综合治理。针对南京西路沿线长期流动摊贩频发的情况，依托南西街道行政党组的“中平台”，联合公安、房管、交警、城管等部门，对张园居民区、巨鹿路沿线等进行市容环境专项整治，在强化街面市容整治的基础上，将重点向居住小区内延伸，暂扣清理了一批无证改装三轮车流动设摊，处理群租违章11户，劝退承租户4户。同时，以南京西路沿线及亚信峰会保障区域为重点，积极探索“治安市容联勤联动”等市容环境治理新模式。四是提升靓点，美化景观。完成静安寺庙（三期）西厢房等灯光项目建设，对恒隆广场灯光缺损予以及时修复亮灯，加强景观灯光、户外广告和店招店牌的巡查力度，确保全区峰会期间夜景灯光完好率和亮灯率。在全区公园、绿地花坛、花境、花墙、花街容器布置各类花卉76.7万盆，对静安公园花境、延安路常德路绿地花境进行调整改造，对亚信峰会保障区内的绿地及行道树盖板进行整治，共整治绿地23925平方米，更换行道树树穴盖板2400套。

（四）全力推进文明城区创建工作

根据2014年新一轮全国城市文明程度指挥测评领导指挥部具体工作要求和总体部署，坚持“创建惠民、创建便民、创建利民”的原则，结合区域实际，及时制定工作方案，早动员早预热早落实，严格对照新标准和新要求，根据问题导向做好迎检工作，明晰责任落实到人，聚焦集贸市场（菜场）管理、乱晾晒、违章搭建等薄弱环节，加大整改力度，健全创建长效机制，争取市容环境方面不失分、多拉分，改善城区文明秩序。

（五）继续深化局直属事业单位机制调整工作

根据区领导“下沉管理更要下沉责任”的要求，以实现“将常态工作在基层做好，将易发生问题在基层迅速解决”为目标，以“责任下沉”为抓手，深化基层机制调整工作。一是发挥好街道市容所“小平台”在街道当中的牵头协调作用。在“三个平台”（我局派驻街道各单位的“小平台”、街道行政党组的“中平台”、区市政市容联席会议的“大平台”）有机衔接的基础上，建立静安寺街道“双联”机制；强化与景观所等联动，探索以江宁街道为试点的店招店牌整治新模式；依托南西街道行政党组的“中平台”，街弄结合，对张园居民区、巨鹿路沿线等进行市容环境专项整治，并逐步推开。二是加强对基层单位的量化考核和工作人员的绩效考核。年初制定《目标责任分解表》和《局直属事业单位量化考核管理办法》（讨论稿），以城区市容环境管理中的热点、难点为量化考核的主要内容，以市、区组织的第三方测评总体成绩排名的升降情况、局业务科室和督查组考核统计项目和各事业单位自行申报年度完成项目为量化考核指标，对局下属事业单位通过平时考核与定期考核相结合的方式进行综合考评。同时，根据区人保局重新核定的2014年事业单位绩效发放水平，结合绩效工资按月、按季的考核实际，对绩效实施方案中“奖励性绩效——季度考核奖”做了调整完善。三是强化痕迹管理，规范街道市容所基础资料。针对3月初至4月中旬到五个街道市容所查阅日常市容管理基础台账资料过程中发现的痕迹化管理意识有待加强、文书资料存在重叠缺漏以及基础资料管理手段有待优化等问题，认真分析研究，征求市容所意见后，形成了“街道市容所基础资料制作规范”、“各类基础资料、报表样张”、“街道市容管理所常态化市容管理操作规范”以及“文书编号编写规范”等一套推行规范化管理工作的基础资料。7月起，以曹家渡市容所为试点，展开社区管理员专题培训，挑选路段开展痕迹化管理，研究完善城管中队、市容所之间执法管理工作衔接问题。9月下旬，着手起草管理与执法联动工作方案，将曹家渡辖区分为三个工作区域，由城管队员和社区管理员一一对应，按照分段划块的职责要求，强化管理与执法的衔接。

（六）着力打造静安南京路高雅城市街具

通过现场勘察、研究设计，于8月制定并通过了《静安区南京西路城市街具设置方案》，明确从人性化、生态化、多样化的角度出发，根据三大商圈的区域属性和发展状况，选择江宁路昌平路路口、上海展览中心等9处街具节点设置位置。完成静安南京路街具的美化调整试点节点的设置工作。

（七）落实好黄土裸露整改工作

根据区领导提出的“城市更新”需要科学谋划的工作要求，区绿化市容局积极行动，力求实现区域裸露土地的植被全覆盖。一是组织全员培训。2月下旬组织各街道市容所社区管理员就黄土裸露认定标准开展专题培训。二是开展梳理普查。安排街道市容所社区管理员对小区内及单位自管绿化情况进行调查，并就调查情况进行分析汇总；绿化局联合区房管局、置业集团和五个街道对全区范围内沿街绿地及居住区绿地黄土裸露情况进行调查，并将150处黄土裸露纳入治理范围。三是实施分类处置。排查工作结束后，就相关情况进行合并梳理，甄别选定，明确管理的主体和责任，分别予以整改。四是加强巡查巩固。进一步发挥市容所的作用，定期对小区及沿街绿地进行巡查，做到及时发现及时整改。

（八）积极做好环卫绿化养护行业市场化准备工作

根据沪府[2013]84号及《关于2014年深化绿化市容养护作业市场化改革工作实施计划》沪绿容[2014]年18号文件精神，制定细化工作方案，全面推进招投标。一方面根据市局要求，在积极走访调研兄弟区县相关单位的基础上，督促环建公司及下属相关清扫运单位积极申报相关资质。另一方面，按照《关于发布2014年环卫作业养护预算定额经费的通知》（沪绿容[2014]234号），根据市局定额标准，做好我区环卫作业的测算工作，为推进环卫行业市场化打好基础。

（九）全面推进系统各项工作任务

1.加强景观灯光、户外广告、店招店牌等管理

一是景观灯光方面，以“世界和平、国泰民安，绚丽多彩、魅力静安”为主题的静安南京路节日彩灯按期完成，为国庆营造欢乐祥和的氛围。以国庆65周年为契机，深化静安南京路沿线、静安寺等重点道路、地区景观灯光工程和绿化建设。完成梅龙镇酒家弄口及牌坊、南京西路1522号至1486号、静安公园南京西路入口及周边、沿线三个雕塑、南京西路15个居民小区弄口、协和绿地（延安路高架和静安南京路交汇处）景观灯光工程。完成《静安南京路景观灯光规划和设计》编制工作，指导今后的景观灯光建设。二是户外广告方面，完成《静安南京路户外广告阵地实施方案》补充规划编制工作，并按规定程序在静安区门户网站进行公示，开展专家评审等工作。按照我区户外广告设施阵地的4本实施方案，对“梅泰恒”、嘉里二期、悦达889等大型商场进行政策法规宣传。完成静安区户外广告钢结构检测工作，

要求各广告公司自查全区33幢大楼63块大型户外广告，递交各自检测报告，并请专业钢结构检测公司进行100%复查核对。三是店招店牌方面，在去年编制《上海市静安区店牌和蓬幔控制性整治和管理导则示范路段——延安西路（陕西路至富民路）》并进行试点整治的基础上，着手编制《静安区店招和沿街篷幔设置规划与管理导则》，对设置在景观道路沿线的招牌详细规划，对设置在一般道路沿线的招牌控制性规划。对上年度安全检查中发现存在安全隐患的店招店牌1452块采取措施消除其安全隐患。静安南京路试点试行整治电子门楣，共拆除13块。开展店招店牌联合整治，共拆除违章设施389块，含大型户外非广告10块、店招店牌379块、涉及商家177户。其中，江宁街道23处34块、石二街道46处129块、静安寺街道49处89块、南西街道16处56块、曹家渡街道43处81块。

2. 围绕重点、联动执法，保持常态执法管理

积极推进“三包五定”勤务模式和无违道路（工地）创建等活动，规范双向告知机制，加强在建工地管理，强化法制培训，确立了“四项重点项目”（打击旧区改造工地周边无证无照经营行为执法联动项目、巨鹿路沿线无证无照经营盒饭摊点执法联动、治理压占地下管线违法建筑项目和“张园”非法营运、群租、乱设摊综合治理工作执法联动），深化了“两项巩固项目”（“两昌”地区执法联动项目和老成都北路执法联动项目），组织开展和全程参与了“十二个方面”联合执法行动（南京西路乱设摊联动执法、街面销售盗版音像制品（图书）联动执法、夜排档联动执法、渣土整治联动执法、联合救助行动、“扫黄打非”联动执法、“两昌”地区联动执法行动、安远路联勤联动执法行动、“张园”联合执法行动、建筑工地联合检查行动、户外广告联合治理工作、非机动三轮车联合整治）。圆满完成“夏令热线”“旅游节”“国庆节”等一系列城区管理执法保障工作。全年出动执法人员45103人次，开展行政执法检查183332次。教育、劝阻相对人56580人次，查处案件2805件，其中，实施行政处罚1544次。

3. 强化服务、创新机制，落实环卫作业收运

一是道路保洁方面，深入开展道路保洁行业文明创建工作。按照2014年文明班组创建率达到60%的目标，已于3月申报了静安寺班、曹家渡班为上海市道路行业“文明班组”。组织562名职工分别在5个道班房开展了“创文明行业、文明班组”的培训，增强了服务意识。二是垃圾清运方面，进一步做好分类垃圾和餐厨垃圾规范化收运工作。完成区内生活垃圾桶的芯片安装工作和称重系统安装调试工作。对各类生活垃圾情况进行了梳理统计，摸清家底。建立一车一档、责任上墙制度。三是公厕管理方面，对全区清洁运输的作业点进行排摸梳理，全面掌握全区抽粪点的总数量、各化粪池的分布点地址并立档成册，抽粪作业的化粪池共计1918座。四是废弃物、餐厨垃圾管理方面，年初建立餐厨垃圾免费清运单位退出机制，对餐饮单位擅自处置餐厨垃圾、垃圾未分类、跨门经营或其他违反《上海市市容环境卫生管理条例》、《上海市餐厨垃圾处理管理办法》等行为，取消其享受免收餐厨垃圾清运费的资格，从制度上对此类餐饮单位形成制约，提升其自觉性。1月至12月（以月统计），共收运处置餐厨垃圾17140.79吨，共收运餐厨废弃油脂1364.95吨，其中地沟油1018.45吨，煎炸废弃老油346.5吨。我区进入市末端处置的生活垃圾总量为105228吨，日均产量288.29吨。枯枝落叶进入循环再利用1380吨，集贸市场湿垃圾1940.74吨，居民区湿垃圾8111.62吨，废玻璃146.32吨、有害垃圾0.44吨，废旧衣物33.8吨，其他可

回收物22.8吨，整治垃圾1221吨。

4. 依托平台、落实机制，加强全区渣土管理

依托建筑渣土整治平台，落实建筑垃圾推进机制、双向告知制度、运输企业培训机制和驾驶员行车安全机制。每月对我区环卫作业车辆车容车貌进行一次检查、对清洗场站进行两次检查，每天对工地进行巡视检查。截止12月底，区渣土管理部门共开具收件回执635件，受理渣土申报共计635次，工程数为10个，申报总量为1708770吨，其中，装修垃圾申报量为76370吨，工程渣土申报量为1496400吨，泥浆申报量为136000吨，核发处置证2653张。

（三）徐汇区

徐汇区建设和交通委员会

2014年是全面贯彻落实党的“十八大”、十八届三中全会精神之年。区建交委在区委、区政府和建交党工委的正确领导下，进一步深入贯彻落实科学发展观，按照“创新驱动、转型发展”的总体要求和“建设一流中心城区”的目标要求，深入推进创新和改革工作，加大推进重大项目、旧区改造、基础设施和城区管理等方面的工作，基本完成了确定的年度各项目标任务。

一、建立健全工作机制，全力推进重大项目建设

年初确定本区29个重大项目（年中增加田林路下穿中环道路新建工程，共30个项目），其中产业经济类项目8个，社会民生类项目22个。

1. 基本完成年内总体目标。年内完成徐家汇中心1号地块、南部医疗中心、徐汇中城（南站商务区二期）、东湖绿地等18个项目新开工，滨江华东民航服务中心、龙华综合改造项目等4个历年开工项目加快推进，滨江美术馆、南洋中学等竣工项目2个，徐家汇天主教堂广场、滨江城开商务楼项目等推进前期工作项目5个。

2. 进一步完善工作机制。坚持每周工作例会制度和信息快报制度，对各项目不同节点的重点、难点开展有针对性的协调。继续优化审批流程，加快项目审批进度。通过信息化系统的开发，动态掌握进度，通过督办、催办、快报制度，提高“拉警报”工作实效。在区财政性投资的重大项目中加大探索代建制，进一步发挥代建单位在全过程管理中的作用。

3. 加大难点矛盾攻坚。加强规划协调，主动会同相关部门就东湖绿地、天主教堂、牙防所等概念设计与深化设计、设计方案与审批要求间矛盾积极开展沟通、协调，保证各环节时间有序衔接。加大开工南部医疗中心、徐家汇中心1号地块等项目开工矛盾协调，确保项目推进和周边稳定。创新推进模式，田林路下穿中环道路新建工程前期腾地、方案设计、规划审批、资金筹措等工作同步开展，为明年全面启动建设创造条件。

4. 有序推进市重大工程。轨道交通12号线10个站点站本体土建工程基本完成，15号线8个站点前期规划和腾地准备工作积极推进。配合市有关部门加快金海路虹梅南路高架徐汇段方案规划选址工作。新宛平、龙华机场排水系统加快建设。

二、创新突破政策瓶颈，着力开展旧区改造工作

围绕确保“十二五”期间基本完成成片旧区改造的目标，全年共新启动杨家桥、长桥南街等成片旧区改造地块5块，完成旧区改造签约1010户，超额完成市、区确定的本区旧区改造目标。

1. 加快启动剩余成片旧区。针对剩余地块均为“毛地出让”地块的特点，“一事一议”、“一地一案”。收回杨家桥地块使用权，由

区土地储备机构实施改造，6月率先启动改造，年内完成签约95%，协调开展租客清退等工作。协调督促华浦一二五队、罗秀路潘家塘、左村等开发单位落实资金、房源，顺利启动地块改造。会同相关部门加强与长桥南街地块开发单位协商，协调启动出让主体调整等工作程序，由区属汇成集团收购股权，并启改造工作。继续督促西薛家宅地块开发单位，落实改造资金、房源，并按闲置土地处置有关政策启动了收地工作程序。

2. 加快工作程序推进收尾。坚持每周工作例会，细化时间节点要求，推进征收决定、行政裁决等工作程序“全覆盖”，年内共作出征收决定30件，行政裁决8件，强制执行7件，平地4块。

3. 稳步开展零星旧改研究。会同区房管局开展本区零星旧改摸底，并形成研究成果。正式启动了乌鲁木齐南路美都会项目周边零星地块改造二次征询工作程序，开展小陆家宅、姚家塘等改造路径研究，为明年加快启动和试点打好基础。

4. 加强房源管理和制度完善。落实市属房源申请2300多套，推进了水利、广厦动迁安置房启动建设，推进华悦家园、世家花园共计1966套房源交付使用，协调解决华悦家园居民入住矛盾。继续推进旧改全公开，在长桥南街扩大电子协议和信息实时公开应用，取得较好效果。

三、完善区域配套功能，市政基础设施建设稳步推进

1. 有序推进市政道路工程建设。推进老沪闵路拓宽工程前期程序办理，加强与轨交15号线工程方案对接、长桥七村建设矛盾协调等工作，完成前期腾地、管线搬迁、施工招投标、钢便桥搭设、老沪闵路跨淀蒲河桥梁拆除、交通组织措施等工作，年底前正式开工建设。推进宜山路（莲花路—南丹路）道路辟建工程，基本完成（钦州州路－中山西路）管线搬迁及部分路面结构工程。推进田林路下穿中环线地道（古美路－桂平路）工程，完成项建书批复、道路用地征收前期排查等工作，加快协调红线规划方案调整、前期方案审定等工作。协调云锦路道路规划调整方案审批、工程费用落实等工作，年内正式启动管线搬迁工程。精心组织，年内完成龙吴路一期（春申港桥－淀浦河桥）、桂林路等大修工程，取得良好社会反响。

2. 加大水环境改善改造工作。突破瓶颈，完成龙华港内三无船只的整治。开展漕河泾龙华港沿河悬挂式花槽安装、蒲汇塘亲水平台改造、华泾港景观设施改造等专项工程，提升岸段的景观环境；组织实施机场河河道整治工程，改善机场河河道的水质环境；对华泾港、漕河泾破损栏杆进行改造，维护水利设施安全完好。基本完成我区二次供水改造工作方案，试点钦州花苑小区水箱改造工作，推进自来水公司对已改造小区的接管工作。

3. 加快各类配套项目建设。基本建成冠生园变电站，完成龙南变电站前期工作，推进龙南、华展变电站年内开工建设，协调云锦、百色变电站规划选址。加快风貌保护区内燃气改造管网改造工程，加强工程组织，顺利完成余庆路等周边7条道路的管网改造工程。启动宛平路积水点改造工程。推进长春电站改造配套工程，已完成地块内、钦州北路、华石路电缆排管，正在推进宜山路和蒲汇塘泵站的排管。徐镇消防站完工投入使用；完成南站消防站完成用地协议协调工作。

四、落实常态长效机制，精细化管理和城区安全运行有序

1. 加大市政日常养护管理工作。开展了对创全迎检范围95条道路的集中整治，累计完成道路整修约8.5万平方米，护栏维修养护4.28万米。继续大力推行道路预防性养护，对全区范围出现早期裂缝的道路实施沥青灌缝修补，全年累计完成路面灌缝约5万米。对衡山路沿线进口坡出现的斜坡病害采

用“人行舟桥”工法实施集中修复，累计完成47处进口坡修复，并将施工对社会交通等各方面影响降到最低，收到良好的社会效益。

2. 加强综合交通协调和规划研究。争取多方支持，年内协调开通了凌云、漕河泾、漕开发等地区最后一公里的公交线路，基本确定了长桥地区的线路方案。开展对节点瓶颈交通问题的整治，会同区相关部门重点对肿瘤医院周边、徐汇中学周边交通瓶颈问题采取多元缓解措施，取得工作实效。落实区行政服务中心周边交通改善方案，推进局部公交线路调整、建设周边指示牌和诱导系统、设置道路停车泊位、建设临时停车场等工作。委托专业设计单位研究轨道交通1号线与漕溪路公交枢纽地下公共空间设施，轨道交通11号线与旅游集散中心通道方案，形成一体化步行系统。推进轨道交通车站及功能区慢行交通网络方案研究，为今后区域内慢行交通网络的规划方案、管理措施提供技术支撑。

3. 加快推进交通设施建设。推进宜山路凯旋路交通枢纽站项目建设年内开工，结合地块开发落实公交南浦站枢纽建设。积极开展公交候车亭建设工作，年底内完成223个尚未建设候车亭的各公交站点的改建工作。完善徐家汇内环线以内地区停车诱导系统，完成徐家汇停车诱导系统三级屏的建设。配合龙华机场地块改造，协调734、933路公交首末站临时搬迁，推进滨江部分公交首末站临时搬迁。

4. 完善制度规范建筑业行业管理。制定并通过了《关于徐汇区进一步推进装配式建筑发展的实施意见》、《徐汇区教育系统基建项目代建试行办法》、《上海市徐汇区限额以下工程监督管理办法》及《徐汇区建设工程施工扬尘控制若干管理规定》，以提高我区建筑业管理水平。积极开展2014年绿色建筑创建，推进上海航空器适航审定中心等4个、约50万平方米在建绿色建筑项目，14个、约7.6万平方米可再生能源的建筑项目，28个、约16万平方米公共建筑节能改造项目。落实对WS5单元188S-E-2、188S-J-2地块和WS5单元188S-N-1地块等出让地块实施不小于40%装配式建筑的要求。

5. 稳步推进养护市场化改革。根据市政府《关于进一步深化本市养护作业领域市场化改革工作的指导意见》的要求，完成了《徐汇区养护作业领域市场化改革工作方案》和《徐汇区建立城市维护基金管理办法》的制定。完成了水利设施第四轮日常养护招标工作，启动市政设施日常养护招标文件准备。

6. 保障城市安全运行。南站噪声治理工程稳步推进，完成居民房屋置换工作，推进房屋整修方案制定工作，确保社会稳定。落实市幕墙办布置的既有玻璃幕墙汛期工作，做好温差较大时间段的重点区域巡查，对隐患既有玻璃目前建筑联系业主或责任单位及时排除隐患。开展“安全月”、“质量月”宣传及相关检查活动，紧抓工程质量和安全生产。做好“亚信峰会”、“绿色护考”等重大事件保障工作，为亚信峰会城市环境，中考、高考时段的考场环境保驾护航。区域共遭受14场暴雨侵袭和2次台风影响。区防汛指挥部共发布防汛防台蓝色预警信号6次、黄色预警信号12次，没有发布橙色和红色预警信号，防汛防台工作总体平稳、有序、安全。

徐汇区绿化和市容管理局

2014年，区绿化和市容管理局根据区委、区政府的工作部署，认真履行城区市容管理各项职能，以创建全国文明城区为契机，不断提升市容管理的科学化、信息化和精细化水平，切实做好绿化管理、市容整治和环卫作业等各项工作，确保城区环境整洁、市容环境有序、绿化灯光景观靓丽，为创建全国文明城区、打造“美丽徐汇”夯实城区市容环境基础。

一、完善工作机制，加强市容环境长效管理

1.完善门责系统，提升管理效能。在门责管理系统内充实、添加商家门责违规监控、查处等内容及功能。试行对门责违规满3次的商家，由城管执法大队进行执法受理、上门处罚，并通过系统及时反馈，形成以信息化引领，多部门联合加强整治，因地制宜调整经营业态，攻坚克难落实门责管理的新格局。引入第三方测评，对全区13个街镇区域共248段道路的市容环境管理实效以及这些道路沿线的单位的门责管理实效开展了检查。进一步加强门责管理的综合协调、计划统筹、监督检查和考评考核和“即知即改”督办处理，不断提高市容环境责任区管理的效能，使门责管理的日常巡查、监管和测评规范化。

2.巩固成果，传承经验，确保景观灯光亮灯率。继续抓好景观灯光开放工作，加强对景观灯光线路和灯具的日常巡检，继续发扬高效的工作态度，消除安全隐患，确保日常亮灯率。巩固“亚信峰会”应急保障机制建设，完善景观灯光应急预案，及时有序处置景观灯光出现的各种问题，切实保证徐汇地区夜景灯光靓丽完好。

3.严格审批程序，规范设置区域。按照《上海市临时性户外广告设置管理办法》规定的设置道路规范进行审批，并强化批后监管，做好巡查督办，及时查处偷挂、乱挂现象。从而规范悬挂路段和抱箍管理，确保对旗广告设置规范、有序、美观。

4.加强制度管理，多方联手开展渣土监管。全面落实建设单位设立“渣土运输处置费专用账户”制度，建立并推行渣土申报事项事后监管告知制度；进一步落实渣土三级审批制度，优化审批流程，切实完善渣土运输专用账户使用制度。截止目前，共受理申报建筑垃圾和工程渣土705万吨。积极参与龙吴路整治执法工作，派员每天在龙吴路沿线及渣土转运码头参与联合执法，重点检查渣土运输车辆盖平运输、车辆冲洗保洁及防滴漏设施使用情况，对违规行为采取限期整改、行政处罚、车辆锁定等严惩措施并加强对渣土运输车辆整修工作。

5.提升管理水平，抓好公厕文明行业创建。完成了华山路绿地公厕迁建工程和徐浦大桥冲洗点二期工程，对锦馨小区、楼园小区、太原路165弄等小区内的10座垃圾库房进行了整体改造。对徐汇区范围内公共厕所的残疾人设施、导向标识等硬件设施进行了全面更新，并在襄阳北路公厕等部分公厕安装了厕所除臭设备。为提高设施完好率，建立了1支抢修队伍，4支巡查队伍，全年出动巡查人员约1000余人次，设施设备维修654次。

6.注重管理精细化，开展各项绿化整治工作。积极推进绿化整治，切实做到绿化面貌整洁、绿化设施完好。在峰会保障工作中，共完成绿地整治补种等工作6.73公顷。成立绿化巡查队伍，注重公共绿地日常养护管理工作，调整改造公共绿地、社会绿地7.85万平方米；更新和整理翻铺行道树树穴盖板3500余套，增设创全、社会主义核心价值观等宣传牌75块。结合冬修和剥芽工作，加强行道树养护和对行道树附属设施的维护工作，对全区3.6万余株行道树进行防台剥芽，完成树木防台疏枝9000余株。

7.落实法规要求，狠抓特废精细管理。根据2013年97、98号令的规定，严格做好特废收运监管，杜绝各类名目的收费和捆绑服务。一是延续和强化评议工作，着重增强满意度问卷和日常考核分值。二是建立工作简报机制，每季度对申报情况、收运情况进行汇总与通报。三是合并餐厨垃圾、餐厨废弃油脂收运底数“两张表”。为增强数据分析、工作联动夯实基础。

二、加大建设整治力度，优化城区市容面貌

1. 加强集中治理，严格执法管理。加强对重点保障区域的乱张贴、乱涂写、乱刻画、乱悬挂、乱散发等“五乱”现象的清除和执法，做到全天候无“五乱”现象；对重要保障区域、道路沿线违规广告设施进行专项整治，拆除、整修影响市容的各类广告设施，全区累计共清除乱张贴、乱涂写、乱刻画、乱悬挂、乱散发累计13149处。拆除违规设置的各类户外广告设施1080处；整修影响市容的各类户外广告设施134处；整治临时性户外广告设施439处；拆除占用公共设施、占绿和占道违规指路牌308块；加大对责任区、责任人行为文明的宣传引导累计67132人次。

2. 深耕细作，美化环境提升市容景观。为保障“亚信峰会”、马拉松比赛顺利举行，会同相关街道对重点保障区域的19条区域主要干道和徐家汇商圈、市六医院、兴国宾馆及前往会议核心区、参观活动区、窗口出入区等多处途径道路的周边等重点区域开展综合环境整治、绿化景观布置、景观灯光提升改造等工作。同时结合开展“美丽街景”、“美丽商铺”行动，发现、修缮重点道路和户外公园、广场、公交车总站、文体场馆等重点公共场所的硬件设施缺损。全区重点道路重点区域清洁保洁及粉刷临街一侧破损和陈旧的建(构)筑物外立面共13154.4平方米；维护和改造店招店牌5107平方米；整治店招店牌设施5824平方米；完善四个疏导点环卫设施的改建，规范相应区域的摊位设置。

3. 加大建设力度，加快新老绿地建设改造工作。全年完成新辟公共绿地5公顷。具体包括仪电漕宝路绿地、龙华中路南洋中学前新辟绿地、淮海西路及虹桥路行道树连接带、馨逸公寓集中绿地等绿地。2014年度老绿地改造总共完成1.7万平方米，包括乌中小游园、淮海中路中央隔离带、永福路绿地、康平路绿地等历史风貌保护区范围的老绿地。还有北潮港绿地（北段）、沪闵高架桥荫绿地等内环线以外的老街道绿地。

4. 全力以赴开展违法建筑拆除工作。一是开展历史风貌保护区专项整治。牵头开展了2个“百日行动”，先后拆除了建国西路619弄、安福路225号等一批风貌区内的违法建筑。组建风貌区拆违执法队伍，强化对风貌区违法搭建拆除力度，联手徐房集团加强房屋修缮管理。共拆除风貌区违法建筑1520平方米。二是开展重点地块整治清退拆违工作。重点整治由体制内单位因为历史原因搭建大量违法建筑，造成外来人口集中，环境脏乱差，严重危及公共安全、消防隐患、食品安全等脏乱差的地块。三是快速处理社会反响强烈的案件。及时拆除了湖南街道淮海中路1200弄15号3楼违法搭建、斜土街道江南新村小区违法搭建、华泾镇漓江山水别墅区违法搭建、徐家汇街道天钥桥路191弄违法搭建、湖南街道延庆路134号违法扩建、天平街道上海新村违法建筑、长桥街道汇成五村违法搭建等，共计1000余平方米。全年拆除违法建筑超过20万平方米，完成年度指标任务的400%以上。

三、落实各项措施，改善城区环境质量

1. 深入基层群众，扎实拓展绿色账户。2014年我区响应市局号召，广泛推进绿色账户试点工作。一是多次协调确定虹梅、田林、斜土、凌云四个街道的部分社区为首批试点区域并进行两轮培训。二是整合多方资源，分别吸纳区环保局、区妇联及各试点街道的资源，支撑绿色账户消纳体系。三是反复下基层、深入居委，做居委、居民思想工作，争取居民的理解与支持，鼓励居民参与。

2. 花卉布置，优化城区景观面貌。今年花卉景观布置工作主要围绕五大区域（徐家汇商圈、历史风貌保护区、徐汇滨江、铁路南站、上海体育城周边）、九条景观道路（肇嘉浜路、虹桥路、衡山路、漕溪北路等）开展。完成种植花坛花境6204平方米，布置组合容器和悬吊花球1767组，建造了主题绿化景点3个。在全市花卉专项评比中名列前茅，获得了专家和市民的认可。国庆前夕，绿地花坛，容器花箱，立体景点进行了全面的调整和更新，结合创全实施冬季花布置，应用花卉 75 万株。

3. 软硬件齐抓，提升公园游园环境。完成区属各公园维修、改造项目 8 个，对区属 8 座公园内的 3500 平方米的绿地进行了调整和改造，更新设置了 700 块的植物铭牌和文明游园指示牌，桂林公园围墙粉饰 4250 平方米。对东安、康健七座厕所按文明公厕的标准进行改造，并实行专业管理。对公园内道路、地坪、栏杆、亭廊等项目共计 14 项进行了维修保养，总面积约 5870 平方米（米、块）。参加市绿化局组织的《上海花展》350 平方米景点“粟园”的制作，获得金奖。积极开展“戏曲进公园”、“电影进公园”、“体育进公园”等文明游园主题活动，累计举办、协办各类活动 150 余场次，参与人数达 46000 余人次。

4. 开展行车、消防安全检查，确保安全稳定。针对局系统环卫作业车辆多，重大节日后行车事故易发、高发的特点，年初区绿化和市容管理局组织开展“环卫作业车辆百日安全行车竞赛活动”，为实现全年安全生产工作打下坚实基础。并在局系统开展为期一周的以消防安全为重点的安全生产大检查。局系统各单位主要领导带队对本单位的安全生产隐患进行彻底排查，对办公场所、民工居住地等火灾易发区域开展“拉网式”、“地毯式”排查，组织开展安全培训、疏散逃生、消防灭火演练等，提高员工消防安全意识。

（四）长宁区

长宁区建设和交通委员会

2014 年是长宁区全面深化改革年，是实施“十二五”规划攻坚年，也是开展党的群众路线教育实践活动年。区建交党工委和区建交委在区委、区政府的正确领导下，紧密对接“重点领域改革推进、党的群众路线教育实践活动推开、全国文明城区复评迎检”三件大事，结合自身工作职责，推进重点工作快速启动、稳步实施，基本完成各项目标要求。

一、坚持党的领导，提升党建成效

（一）扎实开展党的群众路线教育实践活动

着重加强学习教育。着重把握教育实践活动契机，抓好领导干部带头学、突出重点深入学和加强基层指导广泛学等重点，扎扎实实落实各项学习安排。切实抓好集中学习教育，体现规范化。坚持通过中心组学习平台，结合辅导报告、观看专题片、实地学习考察、座谈交流会等传统学习形式，在全委上下联动抓好、抓实集中学习，照“三严三实”要求，学习弘扬焦裕禄、安君英等先进事迹，先后安排各类系统集中学习 15 次，并邀请《与邬达克同时代》作者王唯铭作城市美学专题报告，组织参观凝聚力博物馆、中共四大会址和迪斯尼在建项目工程建设等，通过不间断的学习、讨论、交流，使干部队伍始终保持思想常新。着重抓好特色系列教育，力求有实效。依托“凝聚力工程”博物馆资源，推出以“360° 透视上海凝聚力工程博物馆，构筑建设行业服务群众知识体系”为主题的“凝聚力工程案例教学”系列活动，通过 6 次小范围、互动性的案例探讨，丰富学习形式、提升学习有效性。先后邀请区政协主席陈建兴主讲《凝聚力工程博物馆文化藏品艺术鉴赏》、邢同和主讲《城市建筑设计》、朱国萍主讲《群众利益无小事》、倪炳生主讲《凝聚力工程的发展史》、青年团队主讲《凝聚力工程建设“五种精神”》等。

着力抓好整改落实，建章立制。坚决落实“四个防止”、“四个结合”和“四个切忌”

的要求，按照班子对照检查材料中查摆的问题，结合自身工作实际，对照焦裕禄精神和“三严三实”的要求，围绕“四风”突出问题、关系群众切身利益问题、基层联系服务群众问题等方面，形成建交委整改方案，确定了20个整改事项；形成了建交委专项整治方案，确定了9个整改内容；形成了制度建设计划，确定了16项制度，切实做到“四个回应”和“四个明确”，把教育实践活动的成效体现在解决突出问题、推动城区建设和管理工作上，切实提升城区建设管理水平和群众感受度、满意度、认同度。紧密对接市建委8+2+2联动整改工作，着力解决公交出行、渣土运输、道路保洁、二次供水、大型居住区配套、窨井盖管理、道路照明等市民关心的顽症问题，进一步加强协同，形成长效，不断加大整改力度。

扎实开展基层工作。严格贯彻落实区委教实活动要求，对直属企事业单位扎实推进教实活动进一步加强指导督促，确保基层单位做到领会要求、明确目标、紧凑衔接、开展有序，切实形成建交委教实活动上下联动、全面推进、扎实有效的工作局面。目前，直属企事业单位正逐步显现出教实活动的成效，各项工作扎实开展，注重结合行业实际，围绕日常工作，提高行政效能和服务水平，做到规范有序、精品精细。

加强宣传引导。充分运用文汇报、上海广播电台、东方早报、长宁时报等市区媒体，对道路品质提升、市重大工程在长宁、交通线路优化、二次供水等重点项目进行宣传，增强公众对建设行业的认知度、满意度，各项成果在七一大会上得到展示，32期活动简报体现建交委工作特色。尤其是沈昱同志为农民工讨薪的先进事迹在文汇报长篇登载；建筑工地文明施工、建筑工地流动党员驿站、商务楼宇错时停车、井盖托底保障机制、易积水小区排摸整治、27个公交站点设施优化等好的做法和成果都得到了各媒体的宣传报道；服务群众最后一公里9大类实事项目接受了上海电视台采访。特别是党政主要领导每周牵头召开不同类型的专题会议，及时研判情况，采取协商谈判与征收谈判双管齐下，协调统筹各相关部门有序推进征收工作，目前征收工作取得重大突破，已于8月26日完成与原弓公司的征收补偿协议并已完成交房。接下来，区建交委将保持这种良好的精神状态，统筹协调，迎难而上，全力解决瓶颈难题，确保完成各项目标任务，努力树立“信念坚定、满怀激情、敢于担当、争创一流”的城建队伍形象。

注重典型引领。挖掘、培育并弘扬了一批建交系统在新形势下的先进典型，如区建管署党支部书记沈昱、区房管局征收科徐盈、区规土局档案室顾君璞、区环境监察支队朱爱民等优秀个人以及区市管中心、长宁房地产交易中心、公园绿地党建指导站、区“山川河流志愿者”服务队等优秀集体，既有老典型、也有新先进，进一步通过典型带动来激发党员干部的工作激情和队伍精神，充分展示了建交系统各部门铆住目标谋发展、心系群众惠民生、建章立制谋长效的精神状态。在今年的“亚信峰会”期间，建交系统上下齐心，以积极敢拼的工作劲头，全力落实保障重点区域市容环境整治的要求，顺利完成虹桥路、江苏路、长宁路以及虹桥路沿线上的街景花卉和绿雕布置等。

（二）加强组织建设

在落实党建工作责任制中，区建交党工委坚持党管干部、党管人才原则，严格执行《党政领导干部选拔任用工作条例》要求，积极贯彻落实区人才工作目标管理责任要求，统筹推进干部人才和党外人士等各个方面，积极加强干部队伍建设，凝聚力量推动城建事业发展。一是聚焦干部思想、深化教育培训。一方面，着力转变干部思想作风，通过学习理论、对照自查和严格开展交流谈心、批评和自我批评等，力求达到党员干部思想触动大、学习感受深的效果，集中解决一批“四风”等方面的突出问题，促使全体党员干部思想认识进一步提高、自我管理进一步加强，实现“党员干部受教育、人民群众得实惠”的目的。另一方面，坚持开展干部教育培训工作。今年6月组织开展建交系统城市美学鉴赏暨依法行政法律培训班，对全系统机关中层干部、35周岁以下青年和事业单位班子成员开展为期2个月的专业知识培训，着力提高系统各级干部在运用城市美学、创新思维和法治方式开展工作、处理问题、化解矛盾的意识和能力。二是加大实践培养、完善政策保障。一方面，聚焦行业发展瓶颈，加大干部培养使用力度。针对系统干部基层经历较少的现状，通过青年团队联系街道、机关和事业单位双向挂职锻炼等方式，有系统、分步骤地为各类型干部搭舞台、压担子、补经历，并积极向市建交委推荐后备青年干部人选，为干部更好发展创造更多机会。今年以来，建交系统共提拔科级干部27名，交流干部8人次，先后向市民政局、市水务局等市级部门输送2名，向虹桥街道、环保局、安监局等区综合部门输送3名干部。同时，着力创造各种平台培养锻炼年轻干部。目前，除区建交委机关建有35周岁以下青年党员为主体的青年团队外，在建交系统基层直属单位中，也逐步建立形成“建管先锋青年团队”、“物业管理青年沙龙”等青年工作团体，并积极创建“虹桥地区交通管理措施青年创新团队”。系统年轻同志的业务能力、服务意识都得到了提高，取得了较好的成效。另一方面，推动人才创新、完善政策保障。在去年系统人才鼓励性政策专题调研基础上，制定并完善建交系统人才鼓励性政策规定，分步细化执行，逐步建立完善建设领域专家智囊团等人才团队，更好服务城区建设精细化、精品化管理提升。三是坚持“对口联系”，加强党外代表人士队伍建设。根据区委加强新形势下党外代表人士队伍建设的实施意见，区建交党工委在开展《长宁区建交系统党外代表性人士队伍建设的实践和思考》调研基础上，一方面，积极配合落实“开展“长宁党外代表人士和党外优秀人才专项调研”工作相关工作，并以专项调研为契机，进一步规范、完善党外代表人士和党外优秀人才日常管理，调整、完善有关资料，加强落实日常服务。严格落实党外代表性人士队伍建设目标量化管理，坚持将年度建设任务分解落实到具体责任科室和责任单位，并纳入区建交党工委年度党的建设工作目标任务书内容施行管理、落实责任。另一方面，继续贯彻《中共长宁区建设和交通党工委关于进一步完善与九三学社长宁区委对口联系制度的实施意见》有关要求，推进区建交党工委与九三学社长宁区委对口联系工作开展，使对口联系从交流工作、增进友谊进一步向决策咨询、人才举荐等更深层次拓展，动员更多的民主党派人士和统战对象参与城区建设和管理。年内，区建交党工委结合党的群众路线教育实践活动深入开展，组织召开“长宁区建交党工委与九三学社长宁区委对口联系会议暨建交委党的群众路线教育实践活动党外代表人士座谈会”，积极听取党外干部意见、建议，邀请党外同志加强参与监督；并与九三学社长宁区委相关同志一起，组织参观迪斯尼建设工程和中国商飞研发基地，为建设精品城区储备知识和能力。此外，继续做好党外代表人士服务关心，坚持区建交党工委委员每人与一名党外代表人士建立结对联系关系，并每年至少开展一次，建立了党外代表人士“一人一档”的详细资料，加强日常服务。四是坚持党建带群建，群建促党建。重视共青团工作，开展“优秀青年、团员、团干部”争创活动，举办学雷锋树志愿行动，推动团建创新。充分发挥工会组织、引导、服务和维权职能，开展系统“工人先锋号”优秀班组和“先进职工”评选工作，努力营造学习先进、争创一流的良好氛围。

（三）狠抓党风廉政

按照市委、区委关于加强党风廉政和反腐败工作的有关要求，区建交党工委注重对重点岗位、重点人员和关键部门的监督和管理，注重在工程建设、国企改革、物资采购等方面加强监管，坚持以区建交党工委书记为第一责任人的党风廉政建设责任体系，逐级签订《党风廉政建设责任书》，使每一级党政班子成员都负起“一岗双责”的廉政责任；及时开展提醒教育谈话、建立规章制度、开展信访调查等多种措施，从源头上预防违纪违规情况发生。一是积极落实“两个责任”。今年，市委、区委提出了加强“两个责任”的工作要求，区建交党工委多次召开会议研究推进党务主体责任落实的工作方案，理清思路，明确责任，强化领导干部“一岗双责”思想意识，规范“一岗双责”的具体内容和措施，明确了纪委履行监督责任的职责和抓手。区建交委党政班子8位成员根据自己的工作职责，立足廉洁自律，自我约束的高标准各自选定了2至3项重点内容，共确定了19个重点责任项目，报区分管领导和区纪委审核，并在区建交委机关干部和基层党政领导干部中公开明示，接受群众监督。中央“八项规定”执行落实以来，区建交党工委严格按照市委的实施办法和区委的实施细则贯彻执行，公开廉政承诺，接受群众监督，精简会议、改进会风，继续在密切联系群众、狠抓勤政廉政等方面加大执行、监管力度，使每位党员干部牢固树立勤政廉政的好思想、好作风，并严格把“八项规定”的落实情况作为各级领导年终述职述廉的内容。二是切实加强廉政风险防控。坚持从苗头性、倾向性问题抓起，加强内部控制和监督。抓好风险点防控有效性。积极完善区建交委廉政风险防控工作，落实党委主体责任，强化纪委监督责任，提高廉政风险防控成果运用，经过区建交委各部门重新梳理，共绘制工作流程图23个，查找出廉政风险点61个，提出61项防范措施，建立高、中、低三个层面的防控监督制度。加强内审监督。对区建交委及直属单位财务收支、工程建设、物资采购等进行定期审计，对机构合并、主要领导调整的单位进行重点审计，通过审计对带有普遍性、倾向性的问题，建立针对性制度和措施。着重对2008年至2013年建交委和相关基层单位的工程项目和“三重一大”执行情况进行了审计，共查出有部分资金长期结存未及时清理、公务卡使用不规范、银行账户未及时清理、部分项目未按规定重新报批可行性研究、个别项目预决算金额差异较大等多个问题，区建交党工委为此在相关会议上严肃指出，要求涉及的相关领导、相关部门和单位必须按照审计规定尽快整改，提出改进措施和办法。及时提醒教育。进一步完善领导班子谈话制度，区建交党工委书记经常与班子成员谈心谈话，班子成员相互之间、班子成员与分管部门也经常谈心，沟通思想、交换意见、增进共识，基本做到干部本人生日、生病或家中有重要事情，组织必定给予关心。对反映干部廉洁自律、工作作风的来信来访，区建交党工委都认真进行调查、逐一谈话，查处属实的，按规定处理；查处不实的，也在一定范围予以澄清。三是狠抓项目管理规范。继续完善区建交委小型项目管理规定，理顺监管小组工作架构和工作程序，重新修订了建交委项目监管小组议事规则、招标代理单位和审价单位选取办法以及后评估管理办法等，从源头上规范工程项目的立项、招投标、报建等环节。为建交委30万-200万的各类工程项目的实施，用制度在源头上进行有效的掌控。今年共完成小型工程项目19项，其中：施工类7项，勘察设计监理类12项，涉及金额14197.32万元。2013年起施行的小型建设项目管理工作，改变了原来由下属单位自行委托承发包的做法，进一步加强了区建交委对财政投资项目的监管，保证了各建设工程项目健康有序实施。四是坚持严格执行制度。坚持以制度建设为抓手，通过强化制度设计和制度执行，严肃纪律、改进作风。比如，在内部管理方面，在请销假、文风会风、公务用车等具体事项上抓落实，正作风、强纪律、严要求。在贯彻“三重一大”制度方面，继续执行建交委和基层单位“三重一大”备案制度，强化“三重一大”决策事项执行的有效性，今年以来区建交委共上报“三重一大”有关事项47项；基层单位共上报重要事项55项，并按照区委要求，全部填报“三重一大”执行单，监督各项目实施情况，很好的执行了区委区府的工作要求。

（四）推进行业党建

近几年来，区建交党工委突出“凝聚”精神和“开放、合作”的行业党建理念，进一步发挥党建引领作用，坚持在推动教育实践活动与行业党建紧密结合、提高行业党建工作全覆盖、区域化上持续拓展深化，充分发挥“凝聚力工程”学会城建专委会的平台作用，继续以“深入联系服务基层”、积极开展“五项行动”为载体，挖掘、探索和培育行业党建特色品牌项目，深化服务型基层党组织建设和“凝聚力工程”巩固深化，积极引导并整合市场、社会、行政多方资源，不断完善行业党建开放合作的工作格局，推进落实区域化大党建建设要求。一是不断加强大口党建统筹引领和组织活力。高度重视党建工作责任制（党风廉政建设责任制）督查整改要求，按照区委进一步完善大口运作机制，形成整体合力、系统推进的反馈意见，进一步探索落实大口统筹领导的有效抓手，合理把握统筹协调的尺度和方法，修改完善了《中共长宁区建设和交通工作委员会议事决策规则》，切实强化区建交党工委在大口“三重一大”、调查考核和干部管理的管理职责，加快实现统筹领导作用成效，并进一步指导建立和完善了城建例会运作机制，推动加强建交委在协调解决系统内部相关事宜上的综合协调作用。截至10月中旬，共召集城建例会12次，协调讨论议题31项。不断突出“我把群众系心上”党建主题，加强联系服务群众实践行动，激发党组织和党员民主活力。继续深入开展“服务基层”活动实践。今年，区建交党工委将“走出机关、服务基层”工作开展与教育实践活动自查整改、机关作风满意度测评等相结合，由党政班子成员带头带领全体机关干部，先后共计四次走访10个街镇，包括2次走访召集各街道镇所有居委会负责人专题座谈，共听取并纳入整改各类问题、需求186条，其中90%问题已及时完成整改。同时，还分别带队走访了市建交委、市水务局、市重大办等9家市级管理部门，以及系统4家基层单位，并先后召开离退休人员、招标代理单位、职工和团青代表、部分新闻媒体、市民巡访团、社会事业项目参建单位、党外人士等多次座谈会，主动对接、密切关注，即知即改、及时反馈。此外，坚持每月组织建交系统党代表深入街镇社区了解社情民意，协调解决百姓困难；坚持每年两次走访区属街道镇、组织召开居民区党组织负责人会议，跨前深入了解社情民意、群众所需。继续抓好“困难群体关爱行动”等“五项行动”行动实践。将“五项行动”要求与建交系统行业党建工作相结合，推进有关工作实践落实。目前，系统35个基层党组织已与41家居民区党组织、6家社区单位、98户困难家庭、41名困难学生结对，开展定期走访联系、嘘寒问暖，并进一步探索建立《关于进一步加强建交委党员干部直接联系群众制度的实施意见》，以直接联系为主要方式，以了解群众、学习群众、服务群众、引导群众为主要任务，密切党同人民群众的血肉联系，进一步增进群众感情、锤炼坚强党性，不断提高做好群众工作的能力水平，直接办好解民忧、暖民心的好事。比如，充分认识增强公共服务意识对提升群众满意度的作用，在全面梳理桥荫桥孔使用功能的基础上，逐步增加公共停车、市政绿化道班房、公共绿化等功能，提高服务能级、拓展服务半径，进一步强化窗口单位服务功能。二是着力推动行业党建成效巩固和深化拓展。在行业党建延伸和全覆盖的实践探索上，不断完善并依托“凝聚力工程”学会城建专委会组织建设，着力体现了四个整合：即整合社会资源，在工地党建方面，区建交党工委探索建立建筑工地流动党员驿站工作模式，将区域内不同建筑工地、流向相对集中的外来务工流动党员进行有效组织，进一步加强对工地流动党员的管理和服务，增强工地党员的责任感、使命感和归属感，并为工地流动党员服务发展、奉献社区、回馈社会提供了新的途径。在区委组织部、区党员服务中心的指导要求下，于今年4月份正式成立“长宁区党员志愿者候鸟工作室——建交系统建筑工地流动党员驿站”，依托区建筑业管理中心落实管理日常，建立《长宁区党员志愿者候鸟工作室“建交系统建筑工地流动党员驿站”管理服务工作制度》，以及《长宁区建交系统建筑工地流动党员驿站”2014年活动计划》，安排了12个具体工作项目，做到活动开展有载体、有抓手、有行动、有实效，进一步将行业党建工作渗透到工地流动党员，切实推动提升建筑工地党组织活力，实现行业党建在工地党建上的“全覆盖”。流动党员驿站工作启动以来，以组团式服务进工地等形式，整合工地围墙内外党建资源，定期开展党课、咨询活动、电影观摩、技术讲座、辅导报告等多样活动，并积极探索在全区建筑工地流动党员中推行手机微型党课教育等新型教育交流模式，主动为工地流动党员送学习、送服务、送温暖，已先后与北新泾街道、周家桥街道、新泾镇街道、虹桥街道等联合在西陶浜、来福士广场、上海花园广场、国际舞蹈中心、临空11-3商办楼项目等工地开展了一系列组团式服务进工地活动，积极营造“离乡不离党、组织在身旁”的温馨氛围。整合行政资源，在物业党建上，深化小区管理“四位一体”管理机制，通过向售后物业企业“输血”、帮助物业企业自主“造血”等不同方法，依托物业管理行业党建联席会议制度形式，着力缓解业委会运作不规范、物业企业生存能力差等突出问题。发挥团队优势，在公园党建上，建立以“公园志愿者党建工作指导站”为载体的“三位一体”党建工作模式，不断提升服务职能、拓展服务外延，实现了全区所有公园、绿地党员志愿工作全覆盖。发挥志愿者作用，在交通行业党建上，联合市交港局、相关街道在区域内25条公交线路、7个公交公司关联的18个公交始末站点设立便民利民服务站，每天早晚高峰时段由志愿者上岗维持秩序，每月5日、15日、25日由站点周边文明单位派员上岗执勤，形成行业党建开放合作的工作格局。在河道管理行业上，针对苏州河沿线捕鱼的不文明现象，发动志愿者参与城区管理，正在组建“保护母亲河”志愿服务队，借用社会的资源招募志愿者开展苏州河捕鱼的劝阻及宣传工作。

二、围绕发展重点，推进项目落地

2014年区政府65项重点工作目标中，区建交委牵头推进10项，配合实施24项。同时，结合群众路线教育活动开展，通过“走出去听”与“请进来导”相结合的即查即改，共梳理9大类关系民生、涉及公共利益和公共安全实施项目，9项重点整治项目，以及11项市区“8+2+2”联动整改项目，整改任务重、群众需求高、工作压力大。对此，区建交委将压力转化为动力，坚持时间节点细化到天，明确责任落实到人，狠抓问题整改、促进管理效能。

（一）着力推进经济楼宇

区建交委今年负责实施的经济载体建设涉及到3个开工、1个预备开工、21个在建和3个竣工项目，各项目总体上进展顺利。

开工项目3个，总建筑面积32.7万平方米，其中蒲松北路北块项目于9月30日开工，临空 24 号地块提前半年计划于 6 月份开工，古北 5-2 地块于 11 月 21 日取得桩基部分施工许可证开工，11 月底前完成年度开工计划 100%。

预备开工项目 1 个（总建筑面积 27 万平方米）上钢十厂商办项目(新华路街道 71 街坊 1/2 丘、16/2 丘商办项目)：建设单位根据 10 月 28 日张连城副区长专题会要求对概念方案进行深化调整。

在建项目 21 个，总建筑面积 224.27 万平方米，其中，31 号地块完成试桩工程，建设单位正在进行调整设计方案编制工作，控详调整已完成公示，待市规委会召开专家论证会，同时建设单位已细化年底前复工时间节点，并按照计划在有序推进中。同时继续协同虹桥办和规土局做好老红军和加油站的相关工作。另外，其他项目均进展顺利。

竣工项目 3 个，总建筑面积 47.69 万平方米，其中，临空 15 号街坊（SOHO）项目 10 月 31 日已竣工，春秋国旅总部办公室 9 月 24 日已竣工，明基电脑明沪大楼 6 月份已竣工，完成年度竣工计划的 100%。

（二）提升重点区域功能

虹桥地区人行地道建设：遵义路（虹桥天都－绿城 SOHO）、紫云路（绿城 SOHO-上海城三期)和仙霞路(尚嘉中心－友谊商城）人行地道是我区虹桥地区步行系统的重要组成环节之一，目前总体推进顺利。遵义路(虹桥天都－绿城 SOHO）人行地道完成施工围挡施工、上水管搬迁工程和桩基设备进场及调试工作;紫云路(绿城 SOHO-上海城三期）人行地道已完成钻孔灌注桩施工和旋喷桩施工,准备进行大开挖工程;仙霞路(尚嘉中心－友谊商城）人行地道目前完成友谊商城一侧接收井大开挖工程 80%，完成尚嘉中心一侧绿化搬迁，并开展相应信息管线搬迁。

中山公园一号门地下空间工程一期工程完成管线保护和绿化搬迁，并完成施工围挡搭建，进行桩基施工；二期工程：已经取得区发改委项目建议书批复，取得市规土局核发的规划设计要求通知决定，完成设计方案编制准备报送市规土局审批，正在委托编制工程可行性研究报告。

中山公园地区二层平台一期工程已完成初步设计批复和施工图编制，正在进行施工招投标，确保年内开工建设。二期已完成规划选址方案。

非标护栏共涉及延安西路、水城路等道路约 30 公里护栏更换，6 月底已全部完工。非标道板共涉及新华路、愚园路等道路约 9 万平方米道板整治，6 月底已全部完成。

另外，目前已完成无障碍设施进家庭 250 户，完成建设轮椅坡道及楼道扶手 30 处，完成年度计划 125%。

（三）完善交通综合配套

优化区域路网结构：紫云西路（娄山关路－古北路）道路辟建工程第二征收事务所已与原弓公司签订征收补偿协议，并已交房，目前正在进行道路基层养护和人行道施工，年底前完成道路主体工程。淞虹路（新泾路－哈密路）道路改建工程已完成防汛墙建设，正在进行桥梁施工，确保年内完成主体工程。可乐路（淞虹路－哈密路）道路改建工程正在实施道路施工，确保年内完成道路主体工程。福缘寺景观桥已完成桥梁装饰施工 40%，确保年内完成桥梁土建施工。种德桥路（延安西路－昭化路）道路改建工程正在进行道路施工，确保年内完成道路主体工程。临空核心四街坊地下勾连工程根据北翟快速路进度，已与北翟快速路同步开工建设。虹桥地区信息架空线入地一期工程已完工。同时，配合市级部门继续推进北横通道、北翟路快速路、轨交 15 号线、外环西河工程等市政项目建设。

静态交通方面：为提升道路停车管理水平，加强手持 POS 机收费系统的推广应用工作。以数字化管理手段规范道路停车收费行为，强化数据统计工作。今年，道路停车手持 POS 机已签订租赁协议，正落实票据、培训、软件升级、数据接入市信息平台等相关事宜，目前道路停车手持 POS 机已开展相关培训工作，已经试运营。以金虹桥国际中心智能停车场库建设为试点，推进场库内部诱导、停车库内车辆反向查询及网络车位预定等功能的建设与开发。金虹桥智能停车库建设已完工并投入运营。新增公共停车位共计完成 303 个，完成年度计划 101%：其中，虹桥街道通过虹欣小区、虹储小区综合整治及街坊道路利用，新增 28 个停车位；新泾镇通过小区道路拓宽利用，新增泊位 120 个；仙霞街道通过街坊道路利用，新增泊位 35 个；周桥街道通过桥荫桥孔改造利用，新增泊位 40 个；程桥街道通过街坊道路综合治理，设置泊位 80 个。

排堵保畅项目建设：智能信号灯改造项目 9 月底已完工；哈密路 / 仙霞西路、凯旋路 / 新华路、中山西路 / 新华路等部分路口行人过街倒计时信号灯改造项目已完工并投入使用；延安西路、虹桥路、江苏路等道路交通标线复线项目已完工；淞虹路、古北路等部分路段增设非现场执法告示牌项目已完工。

（四）全面开展防汛防台工作

入汛以来，长宁区累计实测降雨量为（长宁区政府站）813 毫米，24 小时降雨超过 50 毫米以上的 4 次，一小时降雨强度超过 30 毫米的 4 次，分别为 6 月 1 日、7 月 15 日、8 月 24 日和 9 月 1 日。共启动防汛防台预警响应行动 15 次，其中蓝色预警 5 次，黄色预警 10 次。区防汛办注重抓好防汛值班管理和防汛预警响应，开展防汛值班制度建设和防汛预警响应行动的制度建设；完成实施虹桥路 1077 弄小区排水小包围设施建设；对列入今年重点整治的 22 个易积水小区开展后评估；开展道路下立交防汛安全专项检查；对外环西河工程施工沿线涉及防汛安全影响问题开展专项整治。

（五）做好文明城区创建迎检准备

区建交委高度重视创建迎检工作，7 月 17 日召开专题动员会，其后各基层单位分头召开动员会，确保建交委全委对创建工作要求的领会横向到边，纵向到底。同时，建立各科室、各基层单位联络员每周工作例会制度；建立基层单位加强自查巡检制度；建立建交委和网格化“两条腿”巡检制度，确保发现问题，即刻处置。针对创建指标要求，在 5 天时间内完成 42 个围墙 517 块公益广告。自 9 月初 2014 版全国文明城区测评体系正式下发后，区建交委紧密对接，进一步梳理分析，加强道路路况及设施巡视，共完成通协路等 11 条道路路面坑塘，水城路等 2 条道路彩板松动问题；建立网格化文明创建事部件巡查机制，发现并整改 159 件市政道路及设施问题，6 件交通设施问题，1 件河道绿化带侧石损坏问题；开展建筑工地文明创建检查，重点检查文明施工、围墙公益广告，共检查项目 53 个，检查人次 159 人次，开具整改通知单 4 份，对前阶段已经安装好的工地围墙公益性广告牌进行复查，检查是否有破损、脱落、乱涂乱画现象，同时在工地周边环境方面，要求项目文明施工专管员定期进行自检并清扫。利用工地围墙、公交站候车栏等载体开展公益宣传，协调做好尚嘉—友谊商城地下通道的公益宣传事宜，并根据文明办要求，做好公交始发站制作固定式公益广告点位的选点上报工作。加大市政市容联席办顽症治理力度，9 月期间先后两次对 42 处暴露垃圾、跨门营业、乱设摊市容顽症点位进行抽查，发现 5 处乱设摊、6 处跨门营业、2 处暴露垃圾，针对抽查发现的问题，区联办将进一步专题研究，加大整治力度，为创建迎检提供良好的市容市貌环境。全力缓解“停车难”，降低“乱停车”现象发生率，通过整合街道社区资源，通过街坊道路利用、小区道路拓宽、桥窨桥孔改造利用等方式，新增公共停车位 253 个；新增 4 处道路停车场

140余个泊位；推进停车信息化，完成停车诱导系统三期工程建设，有效减少车辆在道路上因寻找车位导致的反复行驶；充分利用短信平台，提高停车行业文明城区创建工作知晓率；结合“打非治违”专项行动，部署开展公共停车场（库）自查自纠工作；开展道路停车场文明创建专项巡查，对巡查中发现的问题做到及时整改。同时，认真细致做好材料收集整理工作，共提交19项指标的材料。

（六）做好安全稳定工作

按照区信访办相关工作要求，区建交委认真落实重要时期处级领导干部带班接待信访制度，并积极开展“领导联系信访人”、“领导包案”和矛盾排查工作。同时制定区建交委突发应急事件报告制度，完善建交委及直属单位处置突发事件应急预案，确保各类突发事件及时预警、上报和妥善处置。截至目前，我委共接到各类信访案件117批/686人次，其中查办件24件，受理网上公开信访34件。对于来访案件，区建交委均按时办结。坚持严把稳控城区运行安全底线，围绕重点节点开展建筑工地生产和消防安全大检查，组织开展“安全月”和“质量月”活动，开展大型机械、深基坑、保障性住房等专项检查，确保工程质量安全；开展农民工工资支付情况专项检查，妥善化解江苏路40号等欠薪纠纷，解决率达到100%。此外，切实维护社会稳定，加大矛盾化解力度，积极协调处理程桥二村、复旦西校、来福士广场、淮海名邸、泰安路109弄3号、绿城广场等涉民矛盾，及时消除矛盾隐患，信访件处置率达到100%，及时开展信访工作经验总结和调研，开展并完成“信访工作案例”汇编，通过对信访工作案例梳理、分析和研判，进一步总结做法、提炼经验，反思问题、指导工作。继续全力做好防汛防台工作，针对今年汛期强对流天气多的情况，做到预警在前、积极响应、有效处置。

（七）推行行业管理创新

坚持不断推进行业管理制度、手段创新，持续推进建筑企业诚信体系建设，目前已有诚信记录190条，涉及建设单位61家、施工单位99家、监理单位10家，配合做好长宁信用平台建设工作；严格施工企业资质审核管理，推进招投标监管标准化，开展招投标代理单位考核工作；在区建设工程监管体系“1+15”的基础上，推进实施《建设项目后评估管理办法（试行）》、《小型项目招投标管理办法（试行）》和《进一步规范建交委建设项目监管的会议纪要》等“1+4+2”的相关制度，规范项目建设单位。在探索错时停车举措上，已排摸了全区新增停车位现状，将在政策上、技术上加强指导和服务，同时推进有条件的小区与周边商务楼宇（如申亚金融广场）的错峰停车。

三、加强机关自身建设

（一）落实政务公开

区建交委严格执行《长宁区政府信息公开实施细则》、《长宁区建设和交通委员会关于政府信息公开办理工作暂行规程》、《长宁区建设和交通委员会政府信息公开审核、统计与检查评议制度》等规定，明确信息公开申请范围、办理环节和时限等细节，主动公开信息，做好依申请公开信息工作，并通过政府门户网站对外公布，及时开展信息公开的统计；完善电子档案管理制度，及时修订部门电子档案归档范围和保管期限表；及时公布行政许可决定，定期统计、汇总、公布城区建设和管理项目进展情况，第一时间答复市民建交委职能相关咨询。截至目前，区建交委共发布政府信息公开112件，积极做好信息公开的行政诉讼、行政复议应诉工作。

（二）加强行政效能

区建交委以端正群众接待态度为重点，加强机关作风建设，重点管好一个电话，看好一个窗口，做好一个网站。认真做好信访投诉处置工作，严格按相关规定和程序认真调查处理并及时答复诉求人，做到办公室信访投诉、机关作风投诉中心投诉须一个月内回复；市民热线“962347”、“12345”须15天内回复；区纠风网投诉须一周内回复，并建立完整记录台账，不断提高办事效率。6月中旬，区建交委针对机关作风满意度测评，组织召开了11个座谈会，包括区监督组、调查组长座谈会；建交委班子领导带队走访10个街镇居民区书记，重点向居民区书记介绍建交委工作情况，听取意见、建议和居民需求，共听取收集了113条意见，进一步明确责任科室和时间节点，要求做到件件有落实有回复，对于能够解决的问题要尽快整改；对于解决有难度的问题，要积极争取各方支持，尽力协调解决；对于短期内无法解决的问题也要做到原因清晰、详细答复。区建交委已于11月组织回访街道居民区，针对提出的问题做到当面答复。今年上半年，在区机关作风满意度测评网上测评中，建交委名列第18名，在政府部门中排第4位，较去年有较大幅度提升。

（三）坚持依法行政

区建交委认真组织开展建交系统城市美学鉴赏暨依法行政法律培训班，对全系统机关中层干部、35周岁以下青年和事业单位班子成员开展为期2个月的专业知识培训。注重组织新法规学习、网上学法，结合干部在线学习，加强法制宣传教育。在行政审批、行政执法过程中依法依规执行。按审改办要求，不断推进行政审批改革。积极做好行政诉讼应诉工作。

（四）认真执行财政收支

区建交委按区人大通过的年度部门预算批复要求实施部门预算管理，较好地完成年度预算执行和财务收支工作目标。在经济活动中，能自觉遵守法律、法规、规章和规定确保制度执行的有效性。在预算执行中，区建交委坚持严肃、规范，并定期地进行预算执行情况的检查；对集中支付项目资金和政府采购项目资金申请时，认真把握审核关。本委的预算管理工作多次被区财政评为优胜单位。在国库管理方面，应收的各类资金全额收缴，全面反映，并能按照财政国库管理的要求，及时解缴入库，规范操作。在会计基础工作方面，区建交委能按照《会计法》和《会计基础工作规范》的要求，实施会计核算和管理。2014年本委全面施行行政单位内部控制规范，建立和完善内控规范体系，将预算业务、收支业务、政府采购业务、资产管理、建设项目、合同、内外监督等纳入一个统一的管控体系中，在保障财政资金安全的同时便于单位内各部门之间形成联动机制，提高资金使用效益。

（五）积极开展电子政务

区建交委大力推进信息化建设，在“4+2”电子政务平台建设与应用工作中取得明显成效。通过电子政务三年行动纲要的实施，已在办公、经济、城建等多个领域全面地应用了“4+2”跨部门综合平台和一批重点部门业务系统，信息资源公开和共享机制已建立。全面运行城区建设与管理信息系统，定期开展基础地理信息平台数据维护更新工作，完成专业数据更新，同时，不断开发道路掘路数据、道路维修数据、小市政数据、雨水管数据、污水管数据、排水管数据、公共停车场数据等业务应用。应用公务员统一门户和机关办公系统情况良好。加强应用政府投资项目监督管理系统，做好信息的及时录入。在信息安全方面，区建交委积极遵循信息系统安全管理办法，及时对区建交委门户网站漏洞进行修复，严格内外网分离制度，规范安全使用和操作。

长宁区绿化和市容管理局

2014年，在区委、区政府的坚强领导下，区绿化市容局紧紧围绕“三个城区”的建设目标，聚焦党的群众路线教育实践活动、“亚信峰会”保障、全国文明城区创评，确立“精品化建设、精细化管理”的基本思路，全力以赴建精品，攻坚克难抓管理，圆满完成38项重点工作任务。

一、坚持精品化建设，提升城区环境品质

一是推进园林绿化建设提升，注重顶层设计，增强美学观念，坚持高起点、高标准的原则，进行整体规划打造，突出项目功能定位，确保方案精准落地。推动公共绿地建设，建成周桥4号地块等五处公共绿地建设，共计面积3.23万平方米。推进立体绿化建设，建成虹桥天都等多处屋顶绿化7761平方米、建成虹桥城市花园等多处绿篱围墙(破墙透绿)1050米、檐口绿化1310米；推进建设“五口”绿化。推进绿化养护市场化进程，完成50%公共绿地养护量走市场。“亚信峰会”前完成重点区域绿雕设置。以中山公园、虹桥古北等区域为重点，实现花卉常态化布置，确保“五一”“十一”及重大活动期间花卉更新。推进西部六公园建设，完成临空二号公园建设、新泾公园改造，稳步推进其他公园绿地建设进度。加快公园绿地改造提升。突出绿色亲民共享，增加群众参与度和感受度，丰富居民休闲文化生活，完成天山公园等公园绿地提升改造，区内直管的11座公园绿地开放夜公园。

二是推进城区精品景观建设。精品市容景观打造，完成仙霞路、娄山关路市容景观建设提升；完成虹欣小区、虹仙小区、新泾八村等精品小区打造；定西路、法华镇路市容环境综合提升工程，深化设计方案，力争整体出效果。景观灯光建设，先后完成虹桥古北地区一期7幢、二期22幢楼宇的景观灯光建设提升，市、区反响良好；推进黄金城道步行街景观灯光提升工程；完成新泾镇景观亮化工作，完成虹许路和平鸽、E时代两处景观灯光小品大修。

二、坚持精细化管理，提升城区管理常态长效水平

一是保障市容环境常态长效。圆满完成“亚信峰会”市容保障任务，围绕西郊宾馆等“三馆九路”重点区域，着力提升市容景观，完成重点路段店招店牌、围墙门头等整治提升；拆除违规户外广告设施15处、整治临时性户外广告设施16处。加强城市保洁，增加保洁频次；提升绿化景观，完成虹桥路等地铁站点绿化改造整治面积38391平方米；布置重点路段花卉约1500平方米，“市001指挥电台”在运行期间未发现长宁问题。深化大门责与网格化相结合机制，完成与全区10个街镇责任区网格对接，将城管队员、市容管理所、门责指导员、环卫作业班组长纳入网格，建立自律、作业、管理、监督、执法的“五位一体”模式，明确流程、清晰权责；建立微信平台，多头发现，快速处置，进一步推进扁平化管理。持续开展特定区域市容环境综合整治，依托市政市容联席会议平台，全面开展老旧小区、菜场、轨交站点、学校、医院周边五个“特定区域”的环境综合整治工作，涉及老旧小区121个、菜场20家、学校40个、医院1家、轨交站点5个。推进市容顽症专项整治，对群众反映强烈的道路暴露垃圾、跨门营业、乱设摊、夜排档及菜场环境等市容顽症专项，加大整治力度，创新工作体制机制，落实常态长效管理，取得明显成效。

二是强化环境卫生管理工作。推进生活垃圾分类减量，全区生活垃圾进入末端的日均处置量为535吨，超额完成市级指标。垃圾分类新增161个居住区，覆盖居民75011户；启动“上海绿色帐户”，已覆盖3.7万余户。启动餐厨垃圾收运处一体化工作，已推进143家单位，日均减量约50吨。加强公厕管理、道路保洁和垃圾清运文明行业创建，提升硬件设施水平，抓好员工业务素质、职业道德教育，先后培训2131人；制定《长宁区公厕管理和道路保洁质量检查考核办法》，

严格落实。继续探索道路保洁市场化机制，做实试点，强化考核监管。规范建筑渣土运输管理，强化对申报、出土等环节的源头管理；加强运输车辆管理；会同建交委、公安、环保等部门在长宁路、北翟路、绥宁路开展联合执法。推进环卫设施更新、改造，改建11座公厕、104座垃圾箱房、5座道班房、1座倒粪站（小便池）、3座小型生活垃圾压缩站，分类垃圾箱房改建43座。

三是强化城管执法力度。成功创建市级标准化大队。11个中队均成功创建市级标准化中队。在“贯标”过程中推进城管执法队伍建设，改进提升执法勤务、依法办案、内部管理等各条线制度机制。治理无序设摊常态化与联动化。以“8+2”模式推进乱设摊治理，华阳、仙霞2个街道辖区以严打为主，以总量削减为主要目标；其他8个街镇辖区以严控为主，以稳控有降为主要目标。聚力抓整治管控，着力抓工作机制，构建“三位一体”执法机制，即街镇牵头下的城管与公安联动机制，推动建立实效导向的区际结合部管控机制。有效管控时段内，区内大规模无序设摊集聚点全部消除。全区协防整治夜排档。建立三级响应整治机制，通过全方位宣传、大力度整治、常态化管控，水城路夜排挡已得到严格控制。积极推动建立各街镇水城路夜市协同防控工作格局，编织联防协防之网。提升执法办案水平。抓好“三班四岗”勤务模式，加大机动巡查力度，进一步降低执法成本、提升违法成本，逐步探索行政执法与司法配合。组织开展活禽经营、书报亭等专项整治、全面取缔占道设摊“帮帮车”；整治取缔9处新疆籍人员长期占道固定设摊；万航渡路江苏北路、新渔东路等5个街面乱设摊集聚点基本消除，玉屏南路等10条跨门营业相对集聚道路市容明显改善。全年共办理城管执法案件6576件，同比上升12.2%；行政处罚110余万元，同比上升53%。

四是加大违法建筑拆除力度。抓住《关于进一步加强本市违法建筑治理工作的实施意见》发布的契机，制定《长宁区关于进一步加强违法建筑治理工作三年行动方案》，进一步明确职责、健全组织，落实条块结合，加强联动执法，完善源头发现和快速处置机制。结合人口控制、平安建设等工作，加强对企事单位、规模租赁具有安全隐患、损害公共利益和社会反响强烈的违法建筑治理。加强舆论引导，建立周报制度，编发《长宁拆违动态》18期，及时通报各街镇、部门工作进展并报区市容顽症专项整治领导小组和违法建筑治理工作领导小组，表扬先进，鞭策后进，推进落实。全区形成了严管严查、坚决打击各类违法建筑的高压态势。全年新增违法建筑拆除率为100%，实现零增长；通过强制拆除、综合整治等方式，拆除存量违法面积20543平方米。

五是深化全行业管理改革。加强内部整合，完善“12345”市民服务热线和区网格化受理平台的统筹运作，成立局行政事务和网格化综合受理联动中心，实现一口受理，市民投诉处置满意率逐月上升，高于市平均水平。规范招投标工作。严格执行相关法规制度，加强政府投资项目监管，对各类项目严格审核把关，做到全过程规范管理；制定《局分散采购管理办法》，确保项目招投标公平、公正、公开。推进灯光、广告管理。完成临空园区景观灯光提升控制导则、区内重点道路店招店牌控制导则方案初稿编制。完成《长宁区路灯杆旗帜式广告管理实施细则（试行）》制定。

三、深入推进文明城区创评，健全各项长效工作机制

以深入推进全国文明城区创评为契机，坚持专项整治与常态长效管理相结合，不断提高城区管理水平。一是加强组织领导，成立局创评工作领导小组，由局党政主要领导任组长。下设2个指挥部，由分管副书记、副局长任指挥部部长。健全主要领导亲自抓、

分管领导具体抓、各部门分工负责、局系统全员参与的创建工作组织体系，形成了创评迎检良好氛围。二是突出工作重点，重点解决难点顽症突出问题，明确工作标准、细化责任分工。将全区138条道路固化成严禁、严控和控制区域，做到面上控制，差别管理，疏堵结合。以公园绿地、道路绿化带等为宣传阵地宣传社会主义核心价值观。三是健全长效机制，完善了巡查处置的紧逼督办机制，健全了暴露垃圾及绿化带垃圾处置机制，形成了基于街镇平台的联勤联动治理模式，建立了夜排档整治常态机制，推动跨门营业“管、罚、整、治”综合治理模式，强化了内部整合有效提升市民诉求处置满意度。“大树扰民”治理进入区中期调整项目；市容顽症专项整治取得较好效果，彻底消除了全区集聚性无序设摊，全区90%冠名道路（110条）乱设摊控制达到“严控”以上标准，水城路等路段的夜间流动设摊得到控制。市绿化市容局认为长宁区无序设摊治理“在全市走在前列”，水城路夜排档治理被评为优秀案例，北新泾疏导点成为市级样板；制定违法建筑治理三年行动方案，自我加压，每年拆除2万平方米存量违法建筑，提前完成市、区两级指标。城区环境品质和常态长效水平有效提升。

四、扎实开展群众路线教育实践活动，自身建设取得新进展

深入开展党的群众路线教育实践活动，狠抓关键环节，深入学习中央、市委和区委有关文件和书目，统一干部职工的思想认识；广泛征求意见和建议，接受群众监督；高质量召开局党委专题民主生活会；局层面即知即改项目66项，领导班子主动认领，对接区委督查组、区政府各部门协调解决的项目19项，目前全部85个问题均已销号解决；立足当前着眼长远，建立健全制度15项。作风建设持续推进。坚决贯彻中央八项规定精神和市、区相关规定；着力解决“四风”突出问题；会议和文件坚持着眼解决实际问题，操作性、有效性得到明显提高；“三公”经费零增长。深化廉政风险防控，开展“六个一”警示教育活动；健全党风廉政建设责任制并开展专项督查；不断加强政风行风建设。队伍建设不断强化，加强领导班子自身建设，坚持集体讨论，民主决策；坚持调查研究，尤其在干部培养、安全防范、先进评选、文明指数测评过程中，班子成员带头下基层调研解决实际问题，不断提升服务群众、服务大局的意识和能力。加大人才培养力度，局党委领导为党员干部作3次党课报告，邀请市人大常委会法工委副主任等专家学者开展专题讲座；举办2期局系统科级干部管理专题培训班，3场局系统党员干部月度论坛讲座。落实8名干部交流轮岗，与12名后备干部座谈沟通，局系统新提拔10名科级干部，逐步形成一支勇于创新、勇于担责的干部队伍。内部管理不断深化。强化内部整合，成立局行政事务受理联动中心，群众诉求处置的满意度逐月提升。强化内审工作，监督基层财务会计运作，完成4家企事业单位内部审计。加强权力监管，严格执行“三重一大”制度，定期检查。强化工程项目招投标管理，纪监财务部门全程监管。细化规定，针对未纳入政府集中采购目录的、未达到公开招标数额标准的采购项目，制定《局分散采购管理办法（试行）》；规范行政审批，优化并联审批事项办理流程，推进事项网上审批，进一步健全规范、高效、透明的审批体系。注重安全保障，完成“安康杯”“安全宣传月”等活动；加大检查力度，做好防汛防台工作；全面推进无纸化办公，按时办结全部人大代表书面意见和政协提案。集体氛围团结向上，组织2014年度系统干部职工广播操比赛、中山公园百年历史回顾暨绿化市容系统职工摄影展；做好关爱帮扶工作；强化信访工作，积极化解矛盾；推进宣传工作，通过政务信息、政务微博正确引导舆论，举办3次道德

讲堂，宣讲局系统双十佳先进事迹，教育引领党员干部增强责任意识；营造了积极向上，充满活力的集体氛围。

2014年，在全局干部职工的努力下，圆满完成年初预定的各项任务目标，但仍存在一些薄弱环节，主要是：以改革促发展、抓突破的意识还需增强；在提升城区环境品质、完善常态长效管理水平等方面还要进一步努力；少数党员干部的思想、作风还有差距，攻坚破难的创新意识、服务群众的能力水平还需加强；针对上述问题和不足，我局将高度重视，认真研究，采取有力措施切实加以解决。

2015年是全面推进改革之年，也是实施“十二五”规划的收官之年，任务繁重艰巨，我局将继续围绕加快建设“三个城区”的目标，振奋精神、真抓实干、攻坚克难，注重“三个转变”，即由建设向管理转变、突击整治向常态长效转变与传统做法向改革创新转变，进一步强化精品化建设、精细化管理的理念，提升城区环境品质和常态长效管理水平，推进城区环境品质继续保持中心城区前列。

（五）闸北区

闸北区建设和交通委员会

2014年，在区委、区政府正确领导下，区建交委坚持以改革统领全局，牢牢把握区委“两聚焦三确保”工作总基调，紧紧围绕区委、区政府年初确定的各项重点工作，积极推进旧区改造，狠抓重大工程建设，不断创新建设管理，有效保障城建工作各项年度目标顺利实现。

一、咬定年度工作目标，持续推进旧区改造

今年，我区按照“态度积极，突出重点，稳妥推进，长期准备”的总体要求，贯彻“三个坚持”工作理念，即：坚持速度、成本、稳定相统一，坚持队伍、机制、考核相协调，坚持聚焦苏河湾、聚焦结转基地收尾，举全区之力，汇全区之智，攻坚克难、锐意推进，积极提升旧区改造工作质量，取得了良好的推进实绩。今年8月份，我区提前完成受益居民4300户的旧区改造任务。截至12月底，全区累计完成受益居民数4771户，占市政府下达4000户年度目标的119.28%，区年度计划4300户的110.95%；拆除旧住宅面积约14.5万平方米，其中二级旧里面积约8.05万平方米。结转基地收尾积极推进，苏河湾2街坊、4街坊、6街坊，中粮新兰（二期）、星火电影院、黄山路地块和鸿临二期共7个地块完成收尾，实现区委、区政府下达的旧区改造结转基地“保4争7”的收尾目标。

今年闸北段海宁路以南区域，我区相继拉开了商业开发地块大统基地和银邦基地，至此海宁路以南区域旧区改造已全面启动实施。此外，宝山路街道辖区青-12（二期）第二轮征询签约率首日突破81%，一个月超过97.5%，超越了去年晋元南北块旧区改造基地创下的纪录，创造了本市大型旧区改造基地签约的新纪录。主要做法：

（一）完善旧改基地推进工作机制。我区建立了每周由分管区长牵头召开的收尾基地推进会议，及时解决疑难杂症。建立“红灯预警”机制，及时商议解决工作中的瓶颈问题。继续做好区房管局、征收事务所、法院之间“三位一体”对接工作，确保所有的程序在最短时间内完成，防止返工。各旧改分指挥部每周召开工作例会，同时充分发挥司法强迁的示范效应，在确保安全的前提下强势推进旧区改造，落实专人做好维稳托底和矛盾化解工作。

（二）引进社会资金参与旧改取得实效。我区积极吸引社会资金参与旧区改造，大力推进开发商地块，通过“两个承诺”、“两个支持”、“一个监管”，激活停滞多年的青-12（二期）、大统、银邦等地块，有效改善民生。“两个承诺”：一是承诺动迁由政府托底或地块内道路、公共绿地由政府投入；二是承诺在18个月内完成动迁。“两个支持”：一是力量支持，政府负责选调精兵强将实施动迁，并参照征收项目执行二轮征询工作；二是房源支持，聚集全区房源优势，推进“毛地出让”地块启动。“一个监管”，即在动迁过程中对动迁资金全面监管。

（三）积极创新旧改成本控制。按照区委、区政府要求，为有效控制旧区改造成本，我区坚持做到“四个严格”，即：严格执行政策，严格操作规范，严格控制时间，严格全程监控。一是建立房屋评估单价引导机制，有效控制征收成本。二是积极筹集安置房源，争取市里支持，尽可能多储备一些异地安置房源，提升房源使用效率。三是深化优化“四清”工作，勇于创新，借鉴以街道为主成立“四清”工作小组进行“四清”摸底的确认工作，并借鉴有资质的中介机构（或外区的征收队伍）参与模式进行“四清”工作。四是严控托底保障人口比例，严格按照居住困难认定办法执行。五是加强征收队伍的培训和考核，加强对房屋征收事务所（动迁公司）推进速度、成本控制、稳定维护等方面的综合考核，并与业务配置挂钩。六是借助社会力量全过程跟踪审计，做好成本分析评估性工作。七是多部门联合强力推进基地收尾，发挥好区房管局、征收事务所以及区法院“三位一体”工作无缝对接。

二、围绕区域发展战略，加快重点工程建设

2014年区政府确定重点工程项目100项，项目安排总量创本区历史新高，总建筑面积约610万平方米，表明闸北城市建设仍处于加速发展的战略机遇期。我区重点工程建设推进始终围绕区委、区政府中心工作，为突出重大功能性和标志性建设项目以及政府财力投资项目的推进和管理，在今年100项重点工程中特别明确了华侨城商住办、久光、创富中心、宝华寺养老院等16个大项作为区重点工程重大项目。我委在确保重点工程施工安全质量的前提下，狠抓重大工程建设进度，落实了“1+1+1”推进制度、重要节点协调制度、重大事项报告制度，加大建设突出问题协调、解决力度。全区重点工程建设开、竣工情况比以往更好，项目建设进度和质量安全始终处于总体受控状态。

截止12月底，42号街坊华侨城商办楼、大宁中心广场三期、334街坊87丘航天地块、474街坊市北7号地块协信商办楼、336街坊市北5-1地块绿地商办楼、336街坊市北5-2地块粤澳商办楼、明园森林都市四期等区政府重点工程20项开工项目全部开工建设。321街坊凯林特配套商品房（二期）、长江砂轮厂公共租赁房、190街坊中海住宅楼、456街坊中星集团住宅楼、43街坊百联四行天地改建项目、330街坊区精神卫生中心扩建、281街坊配套初级中学等区政府重点工程17项竣工项目全面竣工，有效推动区域经济社会转型发展。此外，在区政府重点工程63项推进项目中，目前正在办理前期手续的有34项，在建项目29个。其中，上海大学配套设施（西部食堂、35kV变电站）和规划一路2个项目为今年新开工项目；456街坊公共绿地和天目西路派出所分部2个项目有望在年底前完成竣工验收。区政府重点工程建设推进总体进展情况良好，为我区经济社会全面协调可持续发展奠定了扎实的基础。主要做法为：

（一）建立“1+3+2+X”管理模式。加强重点工程协调推进和统筹管理。“1”是指区重点工程建设管理办公室，全面统筹重点工程推进工作；“3”是指苏河湾建设推进办公室、促进中部繁荣繁华工作推进小组办公室、市北高新园区管委会，3家单位负责推进和管理各自地域范围内的重点工程建设项目；“2”是指苏河湾投资控股有限公司和上海凯成控股有限公司，2家公司负责高质、高效地完成政府财力投资项目的代建工作。“X”是指所有列入区重点工程建设项目的责任主体。各项目责任单位紧紧围绕重大工程监管、推进平台，发挥各自优势，推进重点工程建设。从今年重点工程实施推进情况来看，“1+3+2+X”的管理模式对打开我区重点项目的沟通渠道，提高信息反馈能力，加大推进效率确实起到了很好的效果。

（二）开展文明工地示范活动。区重点工程严格按照《上海市建设工程文明施工标准》，落实施工现场各项标准的文明施工措施和规定，先创建并打造一批在文明施工方面做的比较好的工地，然后通过各工地之间的检查打分、互相评比、开放观摩等形式，带动和提升全区各在建工地整体文明施工水平。今年1月21日，我区重大工程市北7号地块协信商办项目在全市文明施工指数测评中荣获全市第三名；5月30日，我区重点工程336街坊市北5-1地块和重大工程392街坊创富中心项目在全市文明施工指数测评中，荣获全市第一和第三名。

（三）建立工程进度预警机制。继续完善全区100个重点工程项目的“一项一表”工作，全面掌握各项目的相关数据及进度计划安排，并对区重点工程落实专人跟踪制，对16项重大工程开工和竣工项目倒排时间，进一步细化并明确项目的重要时间节点，发现进度落后的项目及时示警，确保项目按时间节点要求，按时完成开竣工工作。

三、聚焦重大市政项目，改善综合交通环境

今年我区积极启动重大市政道路工程建设前期工作，完善市政道路交通配套功能，强化停车场（库）监管，逐步改善综合交通环境。

（一）北横通道工程。区政府已相应成立北横通道工程（闸北段）建设分指挥部，我区积极配合市指挥部、城投公司做好相关工作：一是根据现有方案，对工程沿线动迁腾地情况进行前期调查，并适时启动拆迁工作。二是协调市交通委、市城投公司及设计单位，对我区范围内的项目方案进一步完善，重点把握天目路立交改造及进出匝道设置的合理性及可行性，尽可能较少北横通道项目对我区地面交通的冲击。三是配合市相关部门进行我区范围内的项目环境影响评估及社会稳定风险评估工作。四是认真做好北横通道建设对接工作，结合北横通道建设方案，落实出入匝道、地道泵站、风井等设置，重点落实天目立交改造方案中的地面交通组织、排水系统等，以保障我区内交通组织的最大效果。

（二）重大市政道路项目推进情况。为推进普善路－万荣路－三泉路辟通工程建设，我区在今年1月及3月，两次就该项目相关情况向杨雄市长进行了报告，并根据杨市长指示精神，抓紧推进普善路－万荣路－三泉路通道辟通工程：一是全力配合市建交委等相关部门，开展了相关前期准备工作；二是要求相关设计单位进一步细化规划方案；三是对工程总投资进行了反复的估算，尤其是动迁成本进行了反复测算。四是将该工程申请列入本市重大工程建设项目；五是市发改委已发文明确投资政策。目前，区属重点企业苏河湾公司作为项目建设主体，已完成项目建议书报批，相关政策已明确，区政府已成立“闸北区南北通道建设工程指挥部”。目前。我委正积极做好南北通道（三泉路—万荣路—普善路辟通工程）方案深化工作，在前期调查摸底的基础上，抓紧做好方案落地工作，在方案确定后，全力推进项目启动，确保按时间节点实施。此外，苏河湾地区东西向通道天潼路－曲阜路辟通拓宽工程规划许可证、初步设计批复已完成，待苏河湾东部规划调整工作落实后，再进一步优化方案并组织实施。场中路西段（闸北/宝山区界－

共和新路）正在有序进行施工，年内基本具备通车条件。

（三）轨道交通（闸北段）建设。我区积极协调、配合市申通公司，推进闸北段轨道交通项目建设。轨道交通12号线曲阜路站、天潼路站已竣工，并投入使用。汉中路综合交通枢纽仍处于建设推进阶段，车站站本体已结构封顶，盾构段仍在施工，该站计划2015年底使用投运。

（四）从源头上缓解停车难矛盾。根据市静态交通办和区领导关于完善静态交通布局的工作要求，我区坚持标本兼治，向管理要效益、要车位，多渠道缓解停车难。主要做了几方面工作：一是落实完善中心城区静态交通二级管理体制和执法机制，从机制上为缓解停车难提供法治保障。加强全区150多个停车场库，63个道路停车场规范经营的监管工作，通过日常的监管检查落实全年规范停车管理工作。二是会同区规划局落实多媒体园区在工业办公楼建设项目中突破规划限制，探索利用地面底层架空层不计容积率建停车库，以解决停车位配建不足的问题。目前方案已通过规划审核。三是按规范审核区内建设项目，要求按标准配置停车位，开展实施市青少年活动中心、长安大厦、机电大厦的专项机械停车场库的建设工作，重点落实解决项目论证、工程开工验收等手续，努力从源头上缓解停车难矛盾。四是利用动迁后建设前的建设空地实行有序规范管理，建立临时停车场，以缓解区域性停车难矛盾。五是启动停车诱导系统建设工作，合理导向停车需求，推进交通畅通缓解停车矛盾，初步落实了由中科院所属公司全额投资闸北区停车诱导系统的建设工程，并实施前期停车诱导系统的建设工作。六是积极协调落实商务楼宇与居住小区之间的错时停车措施，充分利用资源，落实完成市、区下达的缓解停车难工作指标。今年1-12月，我区已新增挖潜各类停车位2004个，有效缓解区域停车难矛盾。

四、推进房产项目开发，创新工程监管体系

2014年，区政府确定各类房产项目开、竣工各80万平方米的年度目标。结合重点工程建设推进，今年我区各类房产开竣工保持良好的推进态势，全区各类房产新开工面积83.28万平方米，竣工面积81.03万平方米，提前两个月完成全年目标。我区本年度在建工地120个，其中土建工地81个，建筑面积344.4万M2；装饰工程39个，工作量54437.9万元。全区建设工程招投标管理情况良好，公开和邀请招标达到了100%，施工公开招标公正度评价也达到了100%，全面推行电子化招标进程，基本实现招投标项目电子化。

根据区政府关于“聚焦建筑工地和消防安全两大重点领域，制定最严格的制度，实施最严格的管理”要求，区建交委制定了《闸北区关于进一步加强和改进建设工程质量安全管理的若干意见》等6个文件，简称“1+5”文件，充分体现建设工程质量安全监管创新：一是目标明确，体现最严格监管。二是严格执法，突出最严厉监管。三是加强联动，强化市场准入制。四是部门协同，确保全覆盖监管。五是重在发现，依托网格化管理。今年我区持续加强建设工程安全质量监督，开展对保障性住房施工质量专项检查、既有玻璃幕墙建筑的专项整治；配合市建交委开展区建筑工地巡查，进一步促进施工现场安全质量管理体系有效运行；按市行业主管部门要求，开展建设工程质量月活动，对区域内深基坑工程进行施工安全检查；开展2014年下半年建筑工地安全生产“回头看”检查；组织开展在建工地起重机械专项检查，进一步推进建筑工地安全生产。全区受监工程创“市白玉兰”优质工程2项，市优质结构3项，市文明工地3个；创区优质结构11项，区文明工地4个，申报闸北杯6项。实施行政处罚30件，处罚金额131.3万元，其中安全生产7件，处罚金额12.8万元；施工许可及应招未招20件，处罚金额98.4万元；质量行为2件，处罚金额19.8万元。开具安全隐患整改通知书83份，局部暂缓施工指令书32份，对10名三类人员实施不良行为记分。

五、加强市政道路整治，推进河道设施建设

配合道路交通安全隐患整治和街道创建工作，我区先后实施中兴路（共和新路——恒丰北路）中心隔离护栏更新工程、共和新路（中华新路——南山路）东侧人行道整修工程，安业路（汾西路——保德路）、长临路（临汾路——共康路）、闻喜路（曲澳路——共和新路）人行隔离护拦、机非隔离护栏安装工程，闻喜路（平顺路——岭南路）、平顺路（闻喜路——保德路）人行隔离护拦安装工程等项目。结合房产开发，我区相继实施延长中路（彭越浦桥——沪太路）、老沪太路（彭越浦桥——运城路）、江场西路（沪太支路——高平路）道路整修工程，山西北路（天潼路——三泰路）、华康路（天目西路——共和路）下水道改建、道路整修工程。全力推进截污纳管工程，累计完成工作量约为174.25万元。实施彭越浦、东茭泾等河道疏浚及部分防汛墙改建工程，西泗塘、走马塘防汛墙改造加固及中扬湖河道疏浚工程，走马塘防汛墙达标改建工程；开展实施河道生态治理试点项目—闸北区徐家宅河、江场河及先锋河工程。养护堤防护岸62196米、防汛通道107052米、河道绿化182913平方米、护栏88010米、铭牌2736块、泵闸2座、水处理设施1座，打捞水域垃圾372余吨。

六、防汛防台准备充分，实现安全度汛目标

全区各级防汛组织全力以赴做好主汛期各项防汛工作，努力实现“一个确保四个减少”防汛工作目标，即“确保今年汛期无人员伤亡，力争民房少倒塌、民宅少进水、道路少积水、财产少损失”。

积水点改造取得重要进展。结合开展党的群众路线教育实践活动，按照区委、区政府要求，区防汛办开展了易积水小区专项调查，并对梳理出的22个易积水小区逐个进行了积水原因分析，针对不同的情况，制定了三种解决方案：除对中兴路897弄等其中11个居住小区采取“小包围”等工程性措施外，对共和新路703弄、中山北路758弄、止园路400弄和宝通路45弄等8个居住小区采取下水道改建疏通措施、以及对安庆路251弄、河南北路381弄和山西北路452弄等3个已经列入旧改的小区加强下水道疏通养护等。主汛前，区建交委投入近70万元，完成了低洼易积水私房地区下水道改造工作，共实施下水道改造372米，并按计划完成了止园路400弄等8个小区的下水道改造疏通工作。同时，我区在主汛期内顺利完成2014年市水务局积水点重点改造项目宝通路（宝山路—天通庵路）积水点改造工程，项目全长400米，有效解决了该区域积水问题。

落实各项防汛防台工作。汛前准备工作充分，认真做好预案修订工作，完善各类防汛机制，加强各类防汛安全检查，抓好薄弱环节整改。特别是针对去年汛期暴露的暴雨积水问题，有针对性地采取“小包围”、下水道改建等措施，进一步增强我区防汛能力。汛期继续做好安全隐患排查，认真抓好抗御台风工作。今年全区各防汛部门通力合作、相互配合，共同战胜了第12号“娜基莉”、第16号“凤凰”台风的侵袭；进一步强化城市内涝防御工作，整个汛期全区共出现7次暴雨、3次大雨，由于应对及时、指挥得当、处置正确，有效保障城区公共安全正常运行，顺利实现安全度汛工作目标。

闸北城建工作难度高、任务重、责任大。区建交委将按照区委、区政府的总体部署和工作要求，振奋精神、爬坡奋进，再接再厉、扎实工作，努力为闸北经济社会持续快速发展做出新的贡献。

闸北区绿化和市容管理局

2014年是全面贯彻落实党的十八届三中全会精神、全面深化改革的第一年。区绿化和市容管理局坚决按照区委、区政府重大决策和要求部署，牢牢把握“两聚焦三确保”总基调，扎实开展教育实践活动，进一步改进干部队伍作风，以爬坡奋进、改革创新和狠抓落实的精神，把握机遇、真抓实干，凝心聚力、攻坚克难，努力营造整洁、优美、有序的市容环境，不断推动绿化市容事业科学持续发展。

一、坚持长效管理，持续巩固市容市貌水平

推进网格化社区管理工作。认真落实区委、区政府关于推进“条包块管、以块为主”网格化管理工作部署和要求，各基层绿化市容所工作重心向社区下沉，完成全区31个工作站共64名网格市容管理员配置，建立绿化市容网格事部件处置流程。成立62名作业一线职工组成的市容环卫信息志愿者队伍，提升网格问题发现和处置效率。建立市容监督、城管执法、工商联动约谈机制，有效遏制市容环境违规现象。

加强市容环卫责任区制度落实。一是分类管理。注重对餐饮店、水果店等易占道商铺的监管，及时处置乱设摊和跨门营业现象，清除各类“四乱”现象5000余处。二是注重宣传。对遗失或更替的单位补发责任书2000余份；在居民区、菜集市场发放宣传资料1200余份。三是探索自治。在每个街镇开展创建一条责任区管理示范道路活动，提高责任单位自治自律。

开展“特定区域”环境治理。通过区市政市容管理联席会议协调相关部门在18个老旧小区、8个集市菜场、23个轨交站出入口、1所医院、10所学校等共44个点位开展“特定区域”环境治理，现已全部完成。通过修缮改造、路面整治、补绿、外立面粉刷和加强执法管理等“软硬件”措施，按整治方案不断推进、完善和巩固。

二、坚持精细保洁，全力提升城区环境质量

推进生活垃圾分类减量。完成新增宝山路街道8个居住区垃圾分类减量推行，临汾路街道9个居住区垃圾分类减量工作有效提升。全年改造25座分类垃圾箱房，新购置9500个分类垃圾桶，新增厨余果皮专项收集车1辆。通过分类减量工作，全年共收运“湿垃圾”10941吨，全区日平均收运生活垃圾604吨，与去年同期相比下降9.2%，达到市局下达的减量指标。

提高渣土运输监管水平。采取白天对建筑工地检查、夜间道路巡查、设置移动摄像实时监控、运输车辆GPS定位以及与城管、公安等部门联勤联动等措施，实现“技防人防”有效结合。全年共受理核发处置证6748张，渣土申报量近249.4万吨；开展专项整治18次，查获违章13车次，通过GPS监控渣土车辆8165余车次；共清除乱倫倒渣土5358吨，与去年同期相比下降46.8%。

创建道路文明班组活动。今年继续开展道路保洁文明班组创建工作，共申报创建11个班组，组织从业人员19批共706人参加培训及考试，培训率达100%；印制宣传标语10200张，在995辆工具车和80余辆机扫车、冲洗车上张贴、喷印文明宣传标语。完善道路保洁“一路一档”制度，在区门户网站公开道路保洁标准、时间、路段等内容，主动接受市民监督。

三、坚持品质建设，不断打造靓丽景观风貌

实施河南北路、沪太路景观道路灯光建设。全面完成河南北路、沪太路景观道路灯光建设。河南路工程全长1公里，完成8处楼宇和3座天桥灯光工程建设，因地制宜设置绿化花箱和花架；沪太路工程全长1.8公里，完成13处办公楼宇和居住小区平改坡灯光工程建设，新增绿地2400平方米。景观道路建设完成后，进一步提升闸北区域特别是区区交界处的形象品质。

完成99广中绿地夜间景观灯光改造。根据区人大代表有关99广中绿地夜景灯光的书面意见，3月对原有灯光设施进行排摸，制定合理改造方案，将2012年上海优秀灯光作品展的灯光作品“迎”和“水滴”两个雕塑落户99广中绿地，改造后的99广中绿地灯光达到功能性照明和周边景观灯光交相辉映，为行人提供极大的方便。

深化苏河湾景观风貌规划设计。为更好地体现我区“南高中繁北产业”发展战略，整体提升苏河湾地区城市品质，对苏河湾地区景观、灯光和广告方面进行整体规划，形成《苏河湾地区景观风貌规划研究》、《苏河湾地区夜景照明专项规划研究》与《苏河湾地区户外广告阵地控制规划方案》三项成果。使苏河湾地区景观灯光广告布局与苏河湾地区形象和功能相匹配，发挥规划导向与控制作用。

四、坚持生态理念，努力创建绿色宜居城区

加快推进绿化建设。今年完成各类绿地建设8.46公顷，屋顶绿化建设10285平方米，超额完成年度指标。完成456街坊绿地项目立项、工可和报建手续，正施工建设中，确保明年一季度完成。会同区规土局、彭浦镇政府对彭越浦楔形绿地开发模式进行可行性研究，争取市局在政策上的突破性支持，完成概念方案初稿。浙江北路绿地根据区新的规划从3.5公顷扩展至10公顷，已争取市局支持将新增绿地纳入市绿化基金补贴范围，并完成扩建方案调整。

启动老公园改造。今年，三泉公园改造设计方案和建设资金已落实，工程项目已完成立项与报建手续，正推进工可编制程序。牵头大宁资产公司成功完成灵石公园（原广中公园）改造及地下空间开发项目意见听取会。协助市局加强对大宁灵石公园违法占绿、大宁潮府酒家违法占绿毁绿事宜的后续处理和监管。

创建市级林荫道路。经市绿化指导站专家现场查勘，选定老沪太路为今年的创建道路。经过对行道树树穴盖板更换和剥芽、施肥、病虫害防治等工作，顺利通过市局评审，老沪太路（共和新路—普善路）被评为2014年市级林荫道。

五、坚持务实作风，全力完成重大任务保障

圆满迎接亚信峰会召开。在重点道路和区域每日清扫不少于4次，增加16个机械清扫班次，实行24小时巡回保洁模式。完成绿地整治2.88万平方米，布置花坛花景2172平方米，组合容器花卉979组，主题花卉景点7处。条块联动整治乱设摊、跨门营业370余处，清除乱招贴2000余处，拆除高架两侧违法户外广告牌3处7块。恒丰路被市局评为特色花卉景观道路（全市共9条道路）、天目小花园花坛、天目路立交“愉悦”主题景点获得优秀奖（全市共11个）。另外，闸北公园和大宁灵石公园的花坛、花境在全市评比中获得1个一等奖、2个二等奖。

扎实完成创卫各项任务。全力做好创卫攻坚阶段各项任务，狠抓技术评估的问题整改，以优良常态的市容环境迎接创卫社会“公示”。加大对占道暴露垃圾、居住区垃圾压缩站和21条无名街巷的保洁管理。利用围墙、道旗、LED显示屏等多种形式，主动宣传闸北形象，制作公益宣传版面10块。及时对地铁出口等养护薄弱的社会绿地加强养护，合计25000平方米；补种乔灌木14000余株；加强绿地设施更新维护，新建绿地围墙、护栏700米。

六、坚持稳步推进，深化环卫作业市场化改革

今年，区绿化和市容管理局正式启动深

化环卫作业市场化改革。一是成立深化改革领导班子和工作小组，与发改委、国资委、财政局等部门召开专题会议，制定《进一步深化本区环卫作业市场化改革实施方案》。二是对企业人员结构、资产总量、职工分配、企业运行、市场化程度等基本情况进行梳理，委托上海申北会计事务所对涉及改革的五个环卫企业进行资产评估，为下一步企业合并重组、政企分开等工作打好基础。三是对局机关和局属企事业单位开展涉及人事、财务、固定资产等专项调查，通过建章立制和规范管理，为顺利推进环卫作业市场化改革提供保障。四是结合实际，谋划改革路径与措施，对《实施方案》作进一步优化和创新思考，按照区委、区府要求推进环卫企业重组和政企分开。

七、坚持依法规范，不断提升行政服务效能

今年，结合教育实践活动，区绿化和市容管理局建章立制、统筹兼顾、全面发展，加强行业自身建设，提升行政服务效能。行政审批便民高效。今年共受理行政许可（审批）事项申请428件（绿化53件，广告49件，环卫46件，渣土280户次），办结率为100%，行政审批进一步规范。信息公开影响扩大。今年共主动公开政务信息103件，向市局、区政务平台发送稿件录用817篇，发送微博523条。编辑工作简报34份，工作专报17份，提升行业形象和影响力。督办事项有力落实。办理区“两会”意见和提案23件、区党代表联系社区意见6件、上级机关督办件23件、人民来信43件，接待来访20余批次。“档案工资”、“不夜城绿地动迁”等遗留问题得到妥善解决。投诉处理及时有效。今年，全局共处置各类热线和投诉工单4156件，其中“12345”等市民热线1568件，区网格平台1935件，问题处置及时，提升市民满意度。安全运行确保平稳。今年，全局生产安全、消防、防台防汛等公共突发事件的应急措施得到有效落实，全年无重大安全责任事故，安全运行处于良好状态。

在过去的一年，区绿化和市容管理局在区委、区政府的正确领导下，各项工作取得了较大进步，市容市貌总体保持整洁有序，行业公共服务能力有效增强，自身建设不断取得新进步，充分反映出了全局广大干部职工忠于职守、勤于实践、勇于创新的精神面貌和工作作风。回顾2014年，主要有以下三方面体会：

一是责任意识进一步增强，不断以勇气、智慧和韧性围绕大局。一年来，区绿化和市容管理局认真贯彻落实区委、区政府一系列重大决策和部署，不断增强大局意识和责任意识，不断攻坚克难、艰苦奋斗，从完善城区功能、提升城区形态、建设宜居城区入手全面推进绿化市容管理与建设，为促进城区社会和经济事业的快速发展提供了有力的市容环境保障，取得了良好的成绩。

二是群众观念进一步树立，不断以为民、务实和清廉服务社会。一年来，区绿化和市容管理局以为民务实清廉为主题，认真组织开展教育实践活动，坚持将党的群众路线与绿化市容环境工作实际紧密结合，坚持正确的政治导向和价值取向，极大地激发了广大干部职工的积极性，通过转变工作作风、深入查找问题、狠抓整改落实、注重建章立制，在服务群众、服务社会中获得了良好的口碑。

三是创新能力进一步提高，不断以开拓、进取和有为发展行业。一年来，区绿化和市容管理局牢牢把握创建国家卫生区和亚信峰会市容环境保障的机遇，化压力为动力，借势借力、乘势而为，在具体工作中以问题为导向，不断创新工作思路，优化工作方法，完善工作机制，狠抓基础管理，实现了亮点建设和顽症治理两手抓、两手硬，为绿化市容行业的科学发展打下了良好的基础。

在看到成绩的同时，我们也应清醒地看到局行政工作和行业发展中还存在不少问题和薄弱环节。主要表现在：一是在管理理念上创新不够，受惯性思维、传统做法的影响较大，对新形势下如何运用行业统筹、社会监督来加强行业管理有待深化。二是在工作实践中，管理方式较为粗放，管理资源整合不够、效率不高，市容环境问题在部分区域有所反弹、回潮，常态长效管理机制尚未真正落实到位。三是行业自身基础较为薄弱，应对城市化进程和发展加快带来的巨大挑战准备不足，对行业管理中出现的新情况、新问题研判不够，监管不到位。

（六）虹口区

虹口区建设和交通委员会

一、重大工程、停缓建等项目建设情况

（一）重大工程进展情况

2014 年我区共有重大工程 45 项，其中商办楼宇 17 项，市政基础设施 8 项，公共服务、配套设施 8 项，保障性住宅 4 项，商品住宅 2 项，旧区改造 6 项。45 项重大工程项目总建筑面积为 373.50 万平方米，其中在建面积为 333.8 万平方米。计划年内开工面积 83.56 万平方米、建成面积为 40.67 万平方米。截至年底，已实现开工面积 109.7 万平方米，竣工和基本建成面积 42.32 万平方米。

1. 处于施工阶段项目共 24 个：国航中心东块至地上结构施工，中块地下结构施工完成；白玉兰广场主楼和酒店外立面幕墙施工，裙房及展馆结构施工；海门路 55 号地块现场桩基施工；66 街坊综合开发项目桩基收尾，部分基坑开挖；商丘路 387 号地块地下结构施工中；海南路 10 号地块装饰装修施工；北苏州路 190 号地块上部结构施工；四川北路 108 号地块上部结构施工；中美信托金融大厦地块内清障、围护作业；轨道交通 10 号线海伦路站地块南区基坑开挖，北区桩基施工；凉城中心商办楼幕墙施工；虹口法院审判大楼项目二结构完成，装饰施工；中西医结合医院特色楼新建项目基坑开挖；虹口看守所项目基坑开挖；第一人民医院扩建项目地下结构施工；彩虹湾保障房基地一期 A 块公共租赁住房项目室外总体施工；彩虹湾一期 B 块动迁安置房项目室外总体施工；彩虹湾二期地上结构施工；新港城二期主体结构封顶；虹口港泵闸工程桩施工，虹口港已断流；东大名路地下人行通道（国客－白玉兰广场）管线搬迁施工；瑞虹新城 3 号地块地上结构施工，2、9 号地块基坑开挖。

2. 处于前期手续阶段项目共 7 个：北横通道（虹口段）初步设计已经批复，正在办理建设用地规划许可证；海伦路（海拉尔路－四平路）拓宽工程初步设计已批复，已进入征收阶段；新汉阳二期排水系统建设单位为市排水公司，工可报告已批复，初步设计未上报，我委已发函至城投水务集团，要求其加快推进开工建设；提篮桥消防站项目初步设计征询完成，因重新选址事宜扩初暂未批复；上海市复兴高级中学改扩建项目，规划方案已批复，初步设计审批中；上海船员评估示范中心（南湖职校改扩建）规划方案已批复，初步设计审批中；北宝兴路 185 号地块（动迁回搬房）已完成项目核准，规划方案报批中。

3. 处于待开发阶段项目共 5 个：彩虹湾商业已完成出让；海南路 97 号、周家嘴路 901 地块、89 街坊已交地；18、11、78、30 等 4 个街坊已通过两轮征询，158、161 街坊已进入签约期，截至 12 月底，签约率为 75%。

4. 已竣工或基本建成项目 9 个：瑞虹新城 6 号地块已竣工备案；东长治路道路改建（旅顺路－大连路）已按计划于 5 月 15 日前完成并双向开放交通；华师大一附中新建工程竣工投入使用；广中路北地道 9 月底通

车，12 月底全线通车；俞泾浦、虹口港景观步道二期除新增三至酒店段正在实施外，原设计范围内的工程内容已全部完成。场中路 555 号地块、浦江国际金融广场、绿地浦创国际广场和大世界城均已收尾，待验收。

（二）停缓建项目进展情况

今年年初，我区共有停缓建项目 21 项，基地面积为 26.07 万平方米，总建筑面积为 73.12 万平方米。经近年努力推进，已有部分停缓建项目进入正常开发程序，其中黄山坊已交房、虹口商场已移交法院、华虹国际大厦、宏惠花苑、大世界城等项目已完成；浦江国际金融广场、四川北路 4 街坊 108 号地块、中美信托金融大厦、北苏州路 190 号地块、绿地浦创等 5 个项目已纳入 2014 年区重大工程并正常推进；衡山医院、明佳金典、汉荣一期等项目有序推进中。截至 12 月底，剩余 13 项，基地面积为 24.53 万平方米，总建筑面积为 60.03 万平方米。

（三）其他建设项目

虹湾绿地一期（华严 110KV 变电站）初步设计已提前受理。长山路拓宽工程征收工作已完成，规划方案已送审。旅顺路改建工程工可已报区发改委审批，环评报区环保局审批。北虹高级中学改扩建项目、爱思儿童公园改造项目已启动施工，虹口区第一福利院改扩建工程进入施工准备阶段，广秀路（广灵一路－中山北一路）道路 11 月底已竣工。经协调，市建管委已将瑞虹新城 1、7、10 号地块总体设计文件审批权下放至我区办理。

二、抓好行业管理

（一）市政和水务管理

一是加强市政水务行业管理。进一步完善修订《虹口区建交委市政水务项目管理暂行办法》、《虹口区市政水务工程招投标工作实施意见（试行）》、《虹口区市政水务工程监理管理制度（试行）》等文件。制定道路养护管理方面的考核措施，定期组织市政养护大检查，对区市政和水务管理署督办任务、掘路、占路、排水养护工作进行月度考核。二是提高日常养护水平。结合创卫工作加强道路排查和巡视力度，进一步提高市政应急处置能力和养护管理水平。截至 12 月底，完成道路维修保养总面积 27071 平方米，其中车行道 19960 平方米、人行道 7111 平方米。下水道保养长度 535824 米，其中总管 366647 米，连管 149452 米，清捞检查井 23654 只，清捞进水口 37374 只，污泥量 5440 吨。累计出动河道保洁打捞船只 4193 艘次，累计出动打捞人员 8346 人次，累计打捞量 2071 吨。三是强化防汛防台工作。做好防城市暴雨积水、地下空间进水工作，抓好建筑工地、危旧房屋、高空构筑物、园林绿化等防台防汛的管理，杜绝人员死伤事故发生。实施积水点改善工程，溧阳路（四川北路－宝安路）段完工。改善薄弱段防汛墙，2013 年调研的 A、B、C 三类 13 段共 1358 米薄弱段防汛墙，目前 A 类的南泗塘上海铁路道口段已发函上海铁路局，要求落实防汛责任；南泗塘电焊条厂段已进行了方案设计，已结合场中路 555 号地块综合开发项目准备启动改造，目前正在办理前期手续，计划 2015 年春节后开工建设；B 类中的俞泾浦齿科材料厂段，土发中心已启动征收工作，方案已上报市水务局。沙泾港（中山北一路桥—汶水东路桥）段防汛墙已完工，沙泾港新陆花苑段防汛墙改建已开工建设。

（二）建筑业管理

一是继续开展建筑市场整治。贯彻《虹口区建设工程管理分工的实施意见》，推进小型项目监管全覆盖，完成与各街道的业务对接培训；支持四川北路、北外滩和大柏树街区商业业态有效调整，支持收储和征收地块成本控制，实施重点区域、闲置厂房、闲置地块施工许可（含占路许可）征询机制；开展打非治违工作，制定了《2014 年虹口区建筑施工领域打非治违专项行动方案》，重点整顿新建、改建、扩建工程建设项目。二是积极推进建筑节能工作。牵头编制《虹口区绿色建筑三年行动计划》，明确区相关部门责任分工。推进区域绿色建筑群建设和申报市级绿色建筑集中示范区。航服中心西块获得住建部绿建三星级设计标识。落实彩虹湾商业地块实施装配式建筑要求。三是结合创卫工作加强建筑业日常监管工作。我区共有在建工地82个，建筑面积达297.02万平方米，工程总投资144.72亿元。截至12月底抽巡查建筑工地340次，开具质量问题整改单58份，局部暂缓施工单2份，出具质量监督报告111份；开具安全问题整改单93份，局部暂缓施工单29份，停工单6份。区建交委定期会同区环保局、绿化市容局、房管局等部门对区内建筑工地、市政道路施工工地开展扬尘防治联合执法检查，通过联合整治，扬尘防治水平普遍有所提高。开展围墙专项整治工作，目前全区工地围墙创卫达标率已经到了95%以上，全区在建工地（含拆迁地块）围墙面貌显著改善，部分景观围墙已成为城区新风景。对于个别新开工及需要结构调整的工地围墙，进行跟踪管理。四是加强信息化建设工作。在虹口区建设工程远程监控系统项目建设的基础上，完成虹口区建设工程信息管理系统的建设。五是做好建筑业相关经济指标统计税收属地化服务。完成建筑业区级税收3.51亿元。六是推进本区装配式建筑工作。牵头区规划局、房管局等部门出台了《关于虹口区进一步推进装配式建筑发展的工作方案》，2014年在本区住宅供地面积总量中落实建筑面积不少于25%的装配式住宅。

（三）静态交通管理

一是结合北外滩地区开发进度，进一步完善虹口区停车诱导系统；二是进一步修编完善停车专项规划，重点侧重北外滩地区；三是调整建设工程配建停车位指标，完善配建停车设施审查管理机制；四是落实公共停车服务规范，推进停车协会创建规范服务达标行业，逐步提升行业管理水平。

（四）公共事业管理

一是重点做好曲阳等地区燃气管道占压清除工作，加强燃气安全宣传工作；二是协助燃气公司做好燃气安检工作，为区内高龄独居困难家庭更换有安全隐患的灶具，今年已完成700只更换任务；三是配合完成了今年10公里老式小区燃气明支管改造任务；四是配合完成了市政道路燃气隐患管网改造，按照市局统一布置三年任务目标，本区共50公里任务数，2014年完成了最后10公里；五是协助供电公司抓好盗电排查和整改工作及低压配网可靠性提升工作。

三、推进依法行政工作

（一）做好信访接待、12345市民热线、网格化工作

截至12月底，共收到信访件226件；接待来访99批577人次；收到来信67件，网上信访电子邮件47件；接听来电13个。完成12345市民热线296件，做到办结率100%，首日联系率100%。网格化管理收到网格化案卷数5321件。

（二）做好矛盾化解工作

及时化解商丘路387号项目、虹口看守所、复兴高级中学改建项目、北外滩66号地块、中西医结合医院等涉民矛盾，继续做好地铁4号线榆林路114弄，保民新村等地铁运营群体矛盾。

虹口区绿化和市容管理局

2014年，区绿化市容局在区委、区政府和市局的领导和支持下，坚持以党的十八大精神为指导，认真贯彻党的群众路线，围绕创建国家卫生区的重点任务，以群众满意为目标，立足当前，突出重点，分步实施，扎实推进，使我区的环境管理水平大幅提升，市容面貌进一步改善。

一、强化市容环境管理措施，进一步提高市容环境管理能力

以增强责任单位自律意识为目标，加大责任区管理工作力度。启动新一轮责任区责任人告知书送达工作，各市容所对全区13132家责任区单位发送责任人告知书。创新设计制作责任区单位承诺书，结合创卫工作，加大宣传警示力度，强化责任自律意识，提升创卫工作及市容环境卫生责任区制度的知晓率和社会配合度，进一步增强了责任单位的自律行为。

以市政市容管理联席会议为平台，协调落实市容环境管理措施。针对存在的市容管理顽症，按照市政市容联席会议工作安排，加强协调沟通，强化工作措施的落实，确保“特定区域”等环境治理工作顺利实施。

以创卫工作为契机，加强市容环卫行业监管。组织人员加强对社会公厕的行业监管，对部分大卖场、医院、轨交车站、集市菜场等单位公共厕所存在的问题，向相关管理方发放《公共厕所保洁质量标准》和《公共厕所保洁作业要求》。对存在的问题，及时督促对照整改，不断提升我区社会公厕的整体管理水平；加强与物业和居委会沟通工作，发挥物业管理单位以及居委会等社会力量的作用，加大对辖区环境卫生巡视的力度，及时发现和整改脏乱问题；深入开展第三方测评，有效促进我区市容环境管理工作的开展；积极配合街道，推进高层垃圾管道封闭，通过与居民真诚沟通，封闭了我区高层住宅垃圾管道33条；按照市、区工作的部署，全力以赴做好亚信峰会及军演保障协调工作，保障区域及周边市容环境整体面貌得到了有效提升，保障工作受到上级有关部门的好评。

二、稳步推进市容景观建设，积极打造市容景观亮点

加快实施景观灯光改造工程。一是有序推进四川北路景观灯光改造工程（二期）项目建设，嘉杰国际广场、天鹅宾馆、瑞泰里等四川北路北段23处建筑景观灯光改造、鲁迅公园南侧绿地雕塑及四川北路部分行道树绿化景观灯光改造按时完成。二是完成北外滩景观灯光改造工程（二期）项目建设。项目包括上海滩国际大厦、金岸大厦等4处户外绿色激光灯安装和扬子江大厦、国际港务大厦、远洋大厦等7处建筑景观灯光改造。三是推进道路景观灯光建设。在天潼路长治路、周家嘴路沿线等虹口门户区域新建了景观灯光小品8处。在飞虹路沿线、杨树浦路等道路两侧安装了不同样式的树灯，协助完成亚信会和军演的景观环境保障工作，确保重点地区的景观灯光完好率达到100%。

进一步规范对广告设施的管理。以“创卫”工作为抓手，对违法广告、违规店招、违规道路指示牌等各类户外设施，组织各类专项整治行动18次。累计拆除、调整各类户外违法广告牌、道路指示牌和店招2000余块；会同街道累计美化外立面200余万平方米，整治店招8000余块。

三、加大查处违法建筑力度，扎实推进违法建筑整治工作

按照全市拆违工作推进大会精神，深入贯彻《关于进一步加强本市违法建筑治理工作的实施意见》，不断探索工作机制，从拆违转向控违、管违、拆违相结合的作业模式，防控结合，关口前移，拆违工作取得新突破，在年度考核中，我区的拆违工作名列前茅。

一是积极与房管、消防部门联手整治群租。组织对东体育会路75号、77号、大连西路201弄主干道两侧、蝶恋花地块等一批历史性违建群租现象突出违建进行拆除。二是开展江杨南路171号场地内“城中村”整治，经过各部门和江湾镇街道二个月的努力，共清退群租人员48户共100余名，拆除存量违建16200平方米，彻底消除了这一“城中村”顽症。三是聚焦“12345”市民服务热线，制定了我区“12345”市民服务热线违法建筑投诉处置流程。组建了一支由街道购买服务、区拆违办直接掌控的专职巡查员队伍，与现有末端处置机制直接融合，进一步

完善了我区拆违工作源头发现到快速处置一体化平台新机制。四是减存量，公字违建先行拆除，带动并促进全区存量违建的稳步推进。目前，我区已拆除公字违建96处，共计6029平方米，其中7月在通州路392弄和广灵一路120弄的公字违建联合拆违整治行动，受上海电视台、解放日报、文汇报、新民晚报等媒体作了报道，取得了良好的社会效应。

截至12月24日，全区共拆除违法建筑合计86850平方米。其中在建、新建违法建筑4342平方米，存量违法建筑82508平方米。确保新建违法建筑零增长，存量违法建筑超额完成年度计划的165%。

四、加强绿化建设和管理，进一步改善城区绿化面貌

稳步推进绿化项目建设工作。一是新辟公共绿地5060.7平方米，完成车站北路和车站南路两条林荫道的创建工作；二是完成精武公园和鲁迅公园改造，8月先后向社会开放，受到媒体关注和群众好评；三是继续推动爱思公园、霍山公园改造、广粤路靶子山加固工程及“亚信峰会绿化重点保障项目”、“亚信保障新增绿化项目”等项目工程的建设。

加强绿化养护和管理。积极做好“五一”、“亚信峰会”花卉景观的布置工作，加强对有害生物、病虫害的夏季防控，严格落实绿化防台防汛预案，推进完成公共绿地和行道树贯标数据更新维护。

大力推进群众绿化工作。一是积极发展和建设特色绿化。完成国际航运中心、白金湾广场等屋顶绿化11944平方米；完成东宝兴路创意花墙、四川北路武昌路墙体绿化等其他立体绿化6735平方米；新建轨交十号线天潼路站商务楼附属绿地899.6平方米。二是组织开展全民义务植树活动和绿化宣传工作。组织开展2014年“同追绿色梦想，共建生态虹口”植树节宣传大型主题活动；设立社区绿化宣传点，完成绿化服务进社区系列活动及认建认养工作；走访相关街道，协调飞虹路绿地改造、天宝路新建绿地、上海外国语大学柏树迁移等工作；协助完成创卫绿地点位模拟检查及督促整改等督导工作。

五、深入推进环境卫生管理，进一步提升环卫保洁水平

组织开展我区“道路保洁和垃圾清运文明行业”创建，加强对作业人员的培训，进一步规范环卫作业，提高作业水平。

以开展创建“文明公厕”工作为抓手，加强对公厕的管理，提升“窗口”服务质量，实现“文明公厕”创建率80%以上。其中，多伦路25号公厕被评选为“上海十大市民最满意公厕”。

继续开展生活垃圾分类减量工作。今年，在我区创卫期间垃圾产生量大幅增加的情况下，采取有效措施，严防严控垃圾混装，坚持垃圾分类，完成居住区94个（44850户）、机关1个、学校8所、企事业单位9个、菜场6个、公园1个的分类目标，确保了垃圾减量目标的实现。进一步规范对废弃食用油脂收运单位的管控，截止目前，区绿化市容局已和1087家单位建立了规范的台帐制度，其中127家零申报，收运规范率100%。

强化日常管理，大力提升我区环卫“五小”设施的保洁质量。加强对环卫车队规范作业、优质服务的监管，施行道路冲洗、清扫大型作业车辆的管理下放至作业公司的工作模式；完成15座生活垃圾小型压缩站的改造任务和200座生活垃圾箱房的大修任务，落实6585只各类垃圾桶的更新到位。

六、强化城管综合执法力度，进一步提升城管执法实效

今年，区城管大队以“创卫”、“亚信峰会保障”为契机，以依法规范为前提，以强化督察为手段，以岗段责任制为抓手，不断深挖内部潜能，创新方式方法，加大执法处罚力度，制定了“创卫1号至15号”专项整治行动方案，破解了一批城管执法顽症难

点，取得了良好的执法成效。

目前，全区违章减量化已达到预期目标，原有的2134处跨门营业，已基本整改到位或规范；设摊集聚点由原来的77处减少至目前的1处；138处机动车占道兜售已基本整改完毕，占道现象得到有效控制；水果店门前摆放标准得到统一，水果店跨门经营已基本予以整治或规范；全区187处夜排档已明显减量，违章基本可控；80处占道亭棚已全部拆除；户外广告设施乱象明显改观；渣土偷乱倒现象得到有效遏制；中小道路管控标准得到有效提升，44个市场周边的50余条路段达到了严控道路的管控水平。

（七）普陀区

普陀区建设和交通委员会

2014年，区建交委牢牢把握区委、区政府的战略布局，把完成市、区关注的重点项目与做好民生实事工程相结合，各项工作有序推进，为提升普陀城市建设管理能级做出了应有贡献。

一、着力推进市政基础设施建设

1. 积极推进重大工程建设。一是全力支持轨交13、14、15号线建设。协调推进轨交13号线武宁路站、长寿路站、江宁路站三个站点的建设施工，主动协调处理建设引发的上青佳园、音乐广场、申汉小区、祁连山南路等相关矛盾。积极配合轨交14号线项目的前期设计、摸底、估算等相关工作。二是积极推动北横通道、真光路桥、沪嘉高速公路综合整治工作。开展北横通道项目工可报告的意见征询等前期相关工作。协调真光路桥相关前期工作。继续牵头沪嘉高速公路（普陀段）综合整治工作，做好综合整治的收尾工作。三是协调做好交通疏导和矛盾化解工作。牵头做深做细重大工程建设交通组织方案。会同市相关部门对桃浦石榴苑、紫藤苑房屋的加固修缮方案进行研究制定，积极协调桃浦镇及相关单位展开房屋维修的各项工作，协调推进新村路570弄8–11号居民房屋及万航渡后路85–87号房屋的修缮工作。

2. 着力推进重点实事项目。区重点项目。金沙江路（中山北路—大渡河路）道路大修工程年内竣工。金沙江真北路人行天桥新建工程目前主桥及引桥承台正在施工中，由于工程方案变更等原因，这一项目无法完成年度目标，天桥整体预计将在2015年7月完工。真华路一期（规划桃浦—铜川）新建工程年底竣工通车。武威东路辟通工程于2013年12月10日进场施工，年底竣工。中山北路大修工程8月下旬已开始进场施工，年内完成全部工程量。区府实事项目。公共消防水源管建设及市政消火栓新增工程分为4个部分进行实施，其中包括清峪路、万镇路、金沙江路2299弄等35个小区、大华二路等24处市政消火栓空白点。该工程9月中旬开工实施，年内竣工。灵石路（新村路—沪太路）道路大修工程年内完成。中山北路（宁夏路）通信光、电缆架空改入地工程现场已竣工。大渡河路1550弄改造工程已竣工通车。

3. 认真做好民生工程。完成了祁连山路下立交积水、新槎浦防汛墙应急防汛、桃浦河防汛墙应急防汛、绥德路泵站应急等抢险工程。按计划推进西康路桥改建、桃浦河人行景观桥新建工程。泸定路（金沙江–怒江路）道路新建工程和富平路（广泉路—上海邮政工贸公司）道路辟通工程，因无法完成腾地和拆落地工作，年内无法开工建设。岚皋路（中山北路–新村路）、常德路（宜昌路–澳门路）（新会路–安远路）、凯旋北路道路、北石路道路等大修工程年内竣工。金鼎路道路大修工程因居民干扰等因素，影响工程正常开工，采取保护性完成施工。截污纳管二期工程和雨污混接（包括真如西村一街坊、甘泉苑村等小区）改造工程年内竣工。南大路规划污水管铺设、南石二路污水管翻排及道路大修工程和中兴村等小区消防供水改造工程年底前竣工。按计划积极推进桃浦镇北环水系水环境综合整治工程、桃浦镇东环水系完善工程、木渎港河道疏浚工程、新河南浜（祁连山路—李家浜）底泥疏浚及护岸改建工程，不断改善河道水质。中兴村等小区没有消防设施且消防车难以进入，建交委会同区消防支队及石泉街道将该地区消防水源建设列入年度计划，工程于 2014 年 8 月底竣工，消除了中兴村地块消防死角，惠及 4500 户约 1.8 万人。2014 年 9 月 5 日，上海电视台等多家媒体对此次实事利民工程进行了报道。

二、重点做好建筑、交通和河道的监管工作

1. 不断加强建筑业管理工作。一是完善监管机制，加大监管力度，安全质量监管工作平稳有序。以重大工程及轨道交通等专业工程监管、重大危险源管理为重点，以安全生产许可动态考核、建设工程安全质量标准化季度考核为手段，结合监管模式的转变，进一步提高了监督管理力度。2014 年申报市、区级优质结构工程 20 项（市级 5 项）；计划申报“普陀杯”区优质工程 17 项，“白玉兰”市优质工程 4 项，国家级优质工程“国优奖”2 项；申报区级“文明工地”12 项，推荐参评上海市“文明工地”6 项。二是严格监管程序，规范操作流程，招投标监管工作顺利开展。紧紧围绕市建筑建材业市场管理总站提出的“规范化、标准化、信息化、差别化”的要求及“两个 100%”、“零投诉”和“不留后遗症”、全面提高监管人员业务水平的工作目标，抓住程序监管和流程监管不放松，有序有效地开展招投标监管备案工作。三是梳理岗位职责，推行“阳光监管”，逐步建立“五权”平台机制。通过“理权、规权、亮权、督权、责权”五个步骤，将“阳光监管”落实到建筑工程管理的第一线。

2. 进一步强化交通管理工作。今年交管中心受理停车场（库）经营备案 11 户，面积新增 126553 平方米，泊位新增 2395 个。我区公共停车场库经营企业 170 户，公共停车场（库）173 个，公共停车面积 1270312 平方米，公共停车泊位 32313 个。一是做好停车场日常管理工作。建立道路停车联勤考核机制，在区域内 173 家公共停车场（库）实施“三色三级分类管理”的办法，试点开展道路停车场电子收费工作。二是打造便民公交。年初开通了金光北块 - 武威东路 - 真南路 11 号线的 1223 路短驳公交。6 月 16 日，长风生态商务区 101 路公交环线正式试运营。解决居民公交前往区中心医院看病难问题，新设区老干部活动中心公交站。协调了桃浦莲花公寓 768 路终点站综合整治等工作。协助相关部门做好我区 202 个公交候车亭建设工作。三是做好春运工作。春运期间，联合区交警支队、市交通执法总队六支队共计出动执法人员 1200 余人次；出动车辆 253 车次；共检查车辆 658 两次，对客运站、车公司上户检查 87 户次。圆满完成了 2014 年春运任务。

3. 努力做好河道建设及养护工作。一是加大水利基础设施建设力度，持续改善水环境面貌。2014 年 4 个水利专项推进有序，历年 5 个水利专项进展顺利，按照预期推进 6 项防汛抢险工程。2014 年实施样板段和景观工程共 8 项，今年完成 7 个项目；桃浦河人行景观桥新建工程目前正在办理施工许可。科学谋划 2015 年水利工程 4 项，已组织工可含初步设计报告编制，2 项已完成。二是落实河道长效管理，提高养护作业水平。积极推进我区河道养护和保洁作业市场化，基本形成市场化运作、专业化养护、常态化管理、社会化监督格局。建立完善河道养护 4 级巡查、考核管理、月度例会等监督制度。全区 55 条河道，137 公里护岸、55.3 公里安全护栏、18.7万平方米防汛通道、38万平方米水域陆域绿化、530块河道铭牌和里程桩进行了全面维护。完成了亚信峰会河道铭牌安装，镇坪路桥等多座跨河桥涵专项检测疏通，曹杨环浜水体流失修复（检测），月湾河、横塘河水污染应急整治，曹杨雨水泵站排放口河道应急疏浚等养护工程。通过对全区河道设施量排摸，完成了设施养护“一河一档”实地测量、资料复核及修编工作。三是加强排涝泵站管理，确保结合部排水安全。加强与木渎港等市属泵闸管理单位沟通，全区7个水系，21条近40公里河道，15座泵站、3座套闸开展联动调水。防汛期间，桃浦河、中槎浦防汛墙出现局部坍塌和开裂，沪嘉3、4号地道积水，全力抢排，较出色完成了防汛任务。四是严格依法行政，提升管理效能。今年立案查处水事违法案件1起，与市水利执法大队联合执法1起，向区城管大队移交违章搭建案2起。

三、不断加强城市建设的运行维护工作

1. 不断加强市政设施维护管理工作。高标准完成市政基础设施的日常维护管理工作。积极配合完成小改小革工作。完成真北路（梅川路）等3项2013年度小改小革项目；完成中山北路（宁夏路）等5项2014年度小改小革项目。2014年度区管桥梁的技术评定基本完成。做好GIS系统数据的维护与更新，物探进系统共计400项内容。做好轨交13号线长寿路、安远路、常德路、昌化路站点复位、金沙江路改扩建、交通路（真南路—真华路）下立交市政配套等管线信息的跟踪与数据测量工作，确保数据库数据的准确性。全面梳理区内桥孔使用情况并逐一登记造册，根据相关法律法规和区内桥孔整治方案对违章搭建、消防隐患等现象责令整改，限时清理，确保桥孔规范、安全使用。抓好信访投诉处置工作，解决市民反映所涉及市政井盖缺损、护栏缺损、道路坑塘、道路积水、污水冒溢、人行道缺损、施工噪音扰民等问题。变更惠民热线管理体制，主导惠民热线改造升级，推进市政公共服务进社区，在解决社区群众急难愁方面发挥了积极作用，该工作受到市建交工作党委和市路政局好评。促进窨井盖安全管理机制与科技创新，建立安全托底保障机制，保障行人行车安全。组织技术攻关，开发出新型窖井防坠安全防护罩，今年8月获得国家专利，窨井盖加装防护罩由点上试验到面上推广，年内安装1万余只。这些做法，受到市主管部门的好评，也受到上海主要媒体的关注，市建交工作党委曾经通过简报向全市建交系统介绍，今年下半年，文汇报、新民晚报、东方早报、上海电视都作过专题报道。

2. 扎实做好规划建设管理工作。一是认真做好初步设计审查及总体设计文件审查，拟定了我区《建设工程初步设计审批办事指南》。二是积极开展玻璃幕墙专项整治。对A类及整改类（按安全程度进行分类）共505幢既有建筑玻璃幕墙建筑进行一次全面的幕墙检查及整改督促核查工作，到目前为止已完成将近90%左右的检查工作。对全区704幢玻璃幕墙开展专项检查、整治，对去年存在明显安全隐患并开具整改单的116幢玻璃幕墙建筑进行了整改情况的复检。协助完成了市建设科技委对天安阳光广场（东地块）等四个项目的玻璃幕墙结构安全性论证。三是做好建筑节能工作。全面完成了普陀区第二批70栋楼宇分项计量装置安装和调试，市建筑节能办对于普陀区在全市范围内第一家完成第二批分项计量安装工作给予高度评价。四是继续推进我区无障碍设施的建设与完善。2014年以历年建造的无障碍设施的维护、维修为主，投入资金约180万元。完成了22个新建项目的无障碍设施验收。为保护无障碍设施，今年我们共尝试在部分小区主要干道的620个门洞无障碍设施安装了1647根防撞杆，收到了良好的效果。五是做好装配式建筑相关工作。截至三季度，我区装配式建筑面积已落地1.04万平方米。六是配合做好教育督导工作。配合教育部门认真做好教育公建配套的建设工作。全力支持配合推进曹杨二中附属学校改扩建、金鼎学校（梅川分校）校安工程的建设。七是协调相关建设项目在开发建设中的矛盾。协调西北物流园区有限公司金迎路255号临时厂房建筑无法报建、农工商118广场在伯仕路建造连廊、真如副中心部分项目超高影响大场机场战备飞行训练等工作，参与重大项目的前期征询等工作。另外，还采取多种措施，确保了系统内安全生产。做好内部控制工作，先后制定和修订了18份加强党政议事决策、单位机构职责、财经管理、基本建设管理等各项规章制度，基本满足了单位内部控制和风险防范的要求。

3.高标准做好防汛防台工作。市区领导关心我区防汛工作，多次到我区防汛重点保障地区和易积水点一线检查指导工作，5月22日，蒋卓庆副市长专程赶到我区视察祁连山路下立交综合改造工程，从提高我区防汛基础设施建设、防汛机构能力建设和信息化建设上给予大力支撑。下立交的防汛安全始终是我区防汛工作中的重中之重，区委、区政府领导对此高度重视，2014年初区级财政专项投入，普陀区市政工程管理署率先对我区19座下立交安装远程视频监控、LED交通引导显示屏，制作临时封交专用护栏，确保安全通行。汛前，我区已组建完成由各委、办、局，街（镇）和区市容绿化局、市政署、河道所和西部集团等组成的防汛抢险队伍26支，防汛抢险人员2526人，组织防汛演练，防汛物资准备到位，抓好工程性措施的推进，发挥“泵管联动”机制作用，建立“公安、市政、排水”三合一联动机制，完善防汛信息平台机制，全方位提高了应急处置能力。入汛以来，经受住了2次台风、18次暴雨和9次天文大潮汛的严峻考验，保障了城市正常运行和市民生产生活安全有序。

4.结合城市建设管理工作，全力做好“双创”工作。全力开展全国卫生城区和上海市文明城区创建活动。一是加强群众性文明创建。围绕文明城区创建目标，制定系统创建规划，明确基础任务和重点任务，落实责任，强化问题意识、责任意识、大局意识，建立巡查制度机制、问题整改机制、应急保障机制，接标对标达标，解决了一大批道路、管道、河道、工地等硬件上的病害，加强了文明创建基础工作；广泛开展志愿服务活动，在创卫、创城、工程建设、防台防汛、应急抢险、交通路口执勤与主题宣传活动中，组织广大党员团员干部职工义务劳动；深入开展立功竞赛活动并组织中途检查，促进全区重点实事工程“双保优”。二是加强宣传教育发动群众。会同区文明办在100个公交站点和主要交通路口开展公益宣传；设计制作20000份宣传折页，分发社区，宣传防汛防台和文明城区创建要求；同时在河道道路、建设工地、公交车站、轨交车站、长途汽车站宣传文明城区创建。三是推进公共服务进社区。对“惠民热线”进行改造升级，变更管理体制，改造硬件，升级软件，与区“12345”市民服务热线、“962121”房屋维修服务热线对接，与街镇社区单位共建，更好地为百姓服务。在历次检查中，取得了建筑工地全市前三名，确保了建设市政维护、河道管理、交通枢纽站点、工地安全等没有扣分。

5.努力做好“特定区域”的环境治理工作。充分发挥市政市容联席会的作用，设立了专项经费，用于“特定区域”的环境治理，主要包括店招店牌整治、立面整治、环卫设施配套以及强化长效管理等。

另外，今年以来，区建交委牵头协调，市建管委、交通委等部门四次到普陀调研，协调解决普陀城市管理领域一些突出问题。

四、扎实推进党风廉政建设和信访稳定工作

认真贯彻中央八项规定八项规定和市、

区实施办法等有关规定精神，深入推进建交系统干部职工作风建设。开展落实中央八项规定精神的监督检查，严格纪律约束。制定下发了《普陀区建交委党政班子成员党风廉政建设责任分工》、《普陀区建交委2014年党风廉政建设责任书》，明确党政领导班子和领导干部党风廉政建设的责任，明确了主管领导、分管领导和基层领导的责任分工，并层层签订责任书。进一步细化完善建交委《关于执行“三重一大”制度的实施细则》明确会议决策主体和内容。明确牵头部门和配合科室落实《2014年普陀区党风廉政建设和反腐败工作部门分工》、《普陀区建立健全惩治和预防腐败体2013-2017年工作方案》。协助党工委研究制定《区建交党工委关于落实党风建设主体责任的实施细则》。围绕“为民、务实、清廉”主题，深化开展理想信念和宗旨教育、党风党纪教育。开展以落实中央八项规定精神为主要内容的专题教育。加强元旦春节期间的廉政提醒。组织建交委机关、直属单位干部职工参观焦裕禄生平事迹展、收看电影《永远的焦裕禄》。组织机关干部和直属单位党政主要领导观看《贪欲之害九——坠落的风筝》等警示教育片。组织系统干部参观区廉政教育基地。深化推进建设工程领域“制度加科技”重点项目，不断完善各领域信息管理平台，以科技化的手段约束权力。抓好行政执法监察和效能监察，推进政风行风建设深入开展。对市民服务热线转办问题实例进行跟踪，督促相关单位认真落实问题整改。

从七个方面努力抓好信访稳定工作：一是抓信访渠道畅通。重点加强对初信初访工作的办理力度，提高信访案件办理质量，减少群众多头重复信访。今年，办理初信初访办结率为100%；网上办理100%公开回复。二是抓平台对话机制。群体性矛盾对话沟通平台机制保持常态，促进了长风、长征、桃浦、真如、甘泉一批动迁、房屋质量、建筑施工、重大工程建设矛盾缓解可控。三是抓积案专项治理。对我委信访积案中已核查终结的对象张寿元，有针对性开展化解工作，争取在“案结事明”的基础上，力争实现“案结事了”，避免“案结不了”的现象。四是抓稳控值守常态。在“元旦”、“五一”、“两会”以及“亚信峰会”“青奥会”等重要节庆及重大政治活动期间，落实稳控措施，提前预警，并落实值班值守，促进稳定。五是抓议案提案办理。区人大代表对主办结果满意率100%，区政协委员对承办人员办理态度表示100%满意。通过办理工作，较好地发挥信访工作参政议政功能。六是抓重要案例督办。按照办理要求全部按时完成上报，办理质量受到区信访办领导的肯定。七是抓信访矛盾调研。相继对六十年代房屋拆迁周士祥、九十年代房屋拆迁刘启云等案件进行了调研，通过走访、查阅历史资料，对一些历史积案做到“案清事明”，为区人大办、区信访办决策提供依据。

普陀区绿化和市容管理局

2014年，区绿化市容局在区委区府的领导下，围绕“建设上海西部新兴商贸科技区”的目标，紧抓绿化市容行业建设和管理，深入开展党的群众路线教育实践活动，真抓实干、努力奋斗，全面完成各项目标任务，全力保障区域绿化市容环境。

一、绿化建管水平有提升

1. 绿化建设有力推进。以普陀区“一河五区”重点地区建设为契机，大力推进绿化建设，完成沪嘉高速公路沿线绿地建设20.87万平方米，完成大渡河路二期、西站南广场等绿地建设，持续推进生态专项、南大地区综合整治等项目建设。全年新建绿地40.41万平方米，其中公共绿地38.48万平方米，行道树种植1180株，垂直绿化2万平方米，屋顶绿化2.21万平方米，均超额完成年度计划。截至2014年底，区域绿化覆盖率25.47%。

2. 绿化管理成效凸显。完成公共绿地调整改造17万平方米，超额完成12万平方米的年度计划。试点绿地精细化管养，在全区18处公共绿地实施精细化养护，共计4.8万平方米。深入推进我区林荫道创建工作，今年成功创建怒江北路（大渡河路－丹巴路）、石泉路（光新路－岚皋路）2条道路（路段）为市林荫道，累计区域内共有市级林荫道15条，创建数量位列全市第一。结合亚信峰会、“五一”、“十一”等重要节点和重大活动，做好全区主要道路、重要区域花卉景点布置，其中，大渡河路在市局开展的“亚信”绿化保障花卉评奖活动中获得特色花卉景观道路优秀奖。同时，于2014年6月完成绿化养护招投标工作，绿化养护市场化改革步伐走在全市前列。

3. 公园管理再上台阶。以星级公园创建和复评为抓手，对全区一半以上公园的地被、苗木、围栏设施等进行调整提升，全面优化园容园貌水平，累计补种树木4612株、种植地被9015平方米，布置花境5700平方米10万盆，确保公园园容景观每月有花。区域内长风、甘泉、清涧等7座公园分别在“五一”、“十一”公园花坛花境评比中获得一等奖，成为全市同行业学习样板。充分拓展公园文化阵地建设，成功举办了2014武宁公园荷花展和艺术摄影比赛，与区文化局等相关部门在公园举办苏州河文化艺术节、社区艺术节、中华风采五一艺术团展演等各类大型文体活动125场次，公园社会公众资源作用充分发挥。

二、市容环境管理有提升

1. 区域环境整治扎实开展。以保障“亚信峰会”市容环境和普陀区创建第二轮上海市文明城区为重点，通过特定区域整治、市容环境社会公众满意度测评、“五项测评”等工作抓手，进一步加强对无序设摊，“四乱”等城市顽症的治理，通过全区排摸、制定工作方案、购买第三方服务、加大巡查力度等工作措施，切实提高区域市容管理水平。全区多条路段总计新建和维修店招店牌1057块，完成6个路段围墙美化2340平方米，完成主要道路和“特定区域”周边围墙立面粉刷4.8万平方米。

2. 景观灯光建设进展有序。大渡河路楼宇景观灯光工程全面竣工，景观效果凸显。做好全区景观灯光的日常维修保养，尤其对苏州河沿线被偷盗损毁的绿地景观灯光设施进行了修复，并会同市水上公安部门加强对苏州河沿岸景观灯光设施的联合管理和执法力度。对所有在建和已建成的景观灯光设施进行了多次全面检查，认真做好“亚信峰会”、四大节日及日常的景观灯光开放工作，确保亮灯率98%以上，设施完好率95%以上。

3. 户外广告设施管理到位。加强对我区主要道路的巡查，重点对内环线、中环线等重要保障道路的违规户外广告及非广告设施进行整治，累计拆除各类违规广告设施1189件。同时，今年配合“亚信峰会”、创卫创城工作、国庆65周年及其它公益宣传活动，共设置户外公益广告570余平方米、迎风旗1300余组。切实加强户外广告等设施的安全工作，提前发放防台防汛安全告知书和安全检测通知书，开展本年度的全区户外广告安全大检查，拆除存在安全隐患的大型户外广告设施1处。

三、环卫作业质量有提升

1. 环卫设施标准化建设圆满收官。根据我局2012年制定的《普陀区环卫设施标准化建设三年行动计划》，2014年是环卫设施标准化建设的收官之年，我局严格按照环卫设施标准化建设三年行动计划目标要求，规范招标程序，严格施工标准，完成23座公厕和16座垃圾压缩站改造项目，超额完成年初指标。整个三年行动计划累计改造公厕73座，垃圾压缩站75座，全区范围内垃圾压缩站改造全覆盖。

2. 道路保洁垃圾清运效能切实提高。今

年，围绕巩固创卫成果、争创市文明城区工作目标，深入开展亚信峰会重点区域专项整治、小区爱国卫生整治、中小道路综合整治、动拆迁基地环境卫生整治等多个卫生整治活动，对全区 11 条主干道、126 条段重点道路、棉纺新村动拆迁基地及元代水闸馆周边区域、区政府及真如寺周边区域等重点区域，通过增加道路机扫、冲洗频率，增加巡回保洁速率等工作措施，减少垃圾在路面的滞留时间，切实提高道路清扫作业水平。与区房管局联合制定了《关于规范普陀区居民装修垃圾清运作业服务管理的通知》和《关于规范普陀区大件垃圾管理的通知》，一步规范提高装修垃圾和大件垃圾的清运效能。同时，于 2014 年 12 月完成环卫作业市场化改革，引入竞争机制，促进环卫作业服务水平提升。

3. 废弃物管理水平进一步强化。今年，联合区食药监部门及时掌握全区餐饮企业持证情况，进一步强化餐厨垃圾和废弃油脂源头申报宣传，实行每周二、周五集中申报服务。目前，我区“餐饮服务许可证”、“食品生产许可证”、“食品流通许可证”持证户数 1851 家，其中产生餐厨废弃油脂户数 976 家。同时，在废弃油脂收运上成功引进电子信息监管技术，对废弃油脂产生企业进行数据采撷、数据终端对接、数据分析与管理，切实提高监管效率。全年，共处置餐厨废弃油脂 1730 吨，比去年同期增加了 24.7%。

4. 渣土运输处置监管创新有效。今年，我局从“制度 + 技术”角度创新建筑渣土监管。在制度方面，联合区公安分局、区规土局、区建交委、区监察局等 6 家单位联合制订了《关于加强普陀区建筑垃圾和工程渣土处置管理的意见》，规范本区建筑垃圾和工程渣土运输与处置。在技术方面，在 10 辆渣土运输车辆上试点软加盖和远程智能监控，此项管理举措将对车辆超载、不按照规定路线行使、不加盖等违规行为形成远程监管。

四、服务民生能力有提升

1. 深入开展生活垃圾分类减量。通过定期召开分类减量例会，加快设施改造步伐，规范收运中转处置服务，切实完成当年度分类场所实施推进目标。2014 年完成垃圾分类小区 21 个，共计 2.49 万户。截至 2014 年底，日均生活垃圾产量 948.31 吨，完成年度 5% 的减量目标。

2. 及时处理各方诉求。今年，处理区人大书面意见 3 件，均为主办件，办理结果满意率 100%、办理态度满意率 100%；区政协提案 7 件，其中主办件 4 件，会办件 3 件，办理结果同意率 100%、总体好评率 100%。区党代表意见 10 件，办理结果同意率、总体好评率均为 100%。受理处理市区信访 104 件，处理完毕 104 件，办结率 100%；受理各类投诉意见 2372 件，处理率 100%, 市民满意率 98.9%；圆满完成今年“夏令热线”市民诉求的处理，及时解决市民急难愁问题，树立行业良好形象。

3. 积极开展文明行业创建。今年重点开展公厕、道路保洁和垃圾清运文明创建工作，在全系统范围内召开 2014 年普陀区绿化市容行业文明创建推进会，部署动员，落实责任。建立“一路一档”，加强道路保洁作业的精细化管理，规范作业流程，提升服务效能。对清运、清道共计 858 人进行了理论知识和实践操作能力的全面培训和考试，考试通过率 100%。局机关党支部精心组织推进文明机关、文明科室的创建活动，成功创建成区级文明机关。各事业单位党组织精心推进文明单位、星级窗口创建工作，事务管理中心成功创建成区文明单位。局文明办坚持季度巡访、年中督查推进、年末考核评估的工作制度，确保各项文明创建措施落到实处。

在新的一年中，区绿化和市容局将以建设上海西部新兴商贸科技区为目标，进一步提高绿化市容环境的美誉度和满意度，以更加振奋的工作精神、更加饱满的工作热情、更加扎实的工作作风，不断开创绿化市容事业新局面！

（八）杨浦区

杨浦区建设和交通委员会

2014年，区建交委围绕49项重点项目和区政府确立的“路、桥、轨、隧、水、电”等六个方面的重点市政基础设施工程建设，全力抓落实、抓推进、抓突破，确保目标任务全面落实。

一、主要做法

始终坚持“建管并举”，一手抓全力推进重大市政建设项目推进，一手抓建立城市管理长效机制，坚持“系统化、责任化、目标化”，科学组织、优化流程，确保工程优质、管理优胜，进一步强化城市基础设施建设对城区发展的引领作用。

二、工作进展情况

（一）重大市政工程建设

路：

长阳路道路拓宽工程：一期长阳路（大连路－宁国路）道路拓宽工程于6月底开工，南侧绿化搬迁已基本完成，正进行管线施工。二期长阳路（宁国路－内江路）道路拓宽工程于8月5日已上报工可，正进行环评和规划设计方案送审。

江浦路道路拓宽改建工程：江浦路（抚顺路－延吉西路）交通改善工程方案和概算已于9月12日获批，11月22日开工；江浦路（本溪路－控江路）交通改善工程计划今年完成方案和概算核准，江浦路（控江路－周家嘴路）交通改善工程，经区政府专题会议研究，已确定了基础实施方案，正进行细化研究。

南段江浦路正根据整体立项、分段实施交通改善或道路拓宽的要求研究方案，分（本溪路－周家嘴路）、（昆明路－杨树浦路）两段报批。

淞沪路地下空间：地下空间主体结构已完成，6月底已完成道路恢复，内部装修工程已启动建设。

区区对接道路：殷高东路接宝山殷高西路正由部队建设；殷行路接宝山何家湾路按计划对接，老干部住房局已启动杨浦段建设。

桥：

1. 北横通道（杨浦段）：专项规划已公示，正进行工可评审、环评和稳评，已基本明确了建设方案，杨浦段建设隆昌路、黄兴路、江浦路、大连路四个下立交。

2. 军工路北段高架快速路工程：区积极配合市推进立项准备工作，争取尽快明确方案并作为市重大项目启动实施。

3. 三门路下立交：明确采用区立项、市补贴的形式建设，目前方案优化已完成，正在进行方案论证，已启动代建单位比选程序和立项报批准备工作。

4. 中环线新增国定东路下匝道工程：已完成规划方案公示，正进行规划方案送审、工可评审与环评、稳评工作。围绕年内开工目标，配合市路政局、市城投加快推进。

5. 沈阳路桥：经过方案比选，明确桥梁设计以道路现状为基础，采用非对称布置形式。进行了代建单位初选，同时进行立项报批准备。

隧：

1. 轨道交通18号线：申通公司正加快推进工可编制工作，专项规划及环评已公示。我区积极配合方案深化和前期排摸等工作，统筹研究江浦路改造和沿线旧改、车站结建方案等，争取工程效益最大化。

2. 轨道交通10号线北延伸段：积极配合申通公司推进环评、工可评审、初步设计预审等工作。

3. 江浦路越江隧道：市已同意将江浦路越江隧道列入市“十二五”调整方案，按盾构法方案尽快报批预可。

4. 周家嘴路越江隧道：正进行工可评审，建设用地规划许可证已办妥。目前工程区域道路及绿化用地已移交建设单位。

水：

1. 大定海排水系统：泵站主体工程已竣工，平面布置及供电工程正在积极实施中。支管工程计年底可全部完成。总管工程已于2014年8月底开工，23个工作井已启动施工。

2. 丹东、松潘排水系统：项目建议书已获批，正进行工可编制工作。民星南排水系统：调整了专项规划方案，泵站用地已收储。

3. 截污纳管工作：已完成设计招投标和施工图审图，并已启动施工招投标，争取2015年春节前完成全部前期手续，尽快开工建设。沿江单位自有污水排放管网改造工作，在区发改委牵头下完成了49家单位的情况排摸。

电：

积极配合市电力公司加快变电站“十二五”正式项目的建设，22万伏洞庭站、11万伏内江站、11万伏国泓站、11万伏双辽站、11万伏国鹂站已完成土建；50万伏虹杨站、11万伏南霞站已开工；22万伏逸仙站、11万伏杨树浦站（兰州）经协调已明确与地块开发同步建设。

（二）政府实事项目及计划项目全面按时间节点完成

丹阳路（江浦路—兰州路）、扬州路（怀德路—江浦路）积水点改善工程，已全面完成。双辽支路8月份实现竣工通车。

长阳路（内江路－军工路）道路辟通工程于9月1日正式竣工通车。国定路（邯郸路－政通路）道路拓宽工程于8月正式竣工通车。

（三）管理工作

1. 建筑业管理

安全质量监管：目前全区在监工地135个，总建筑面积353万平方米，累计竣工项目168个，竣工面积217万平方米，签发各类整改文书273份，对32家违法违规的单位进行立案查处，行政处罚金额共计98.5万元。分项计量工作：区级能耗监测分平台已通过验收，59幢大型公共建筑分项计量装置安装工作已完成。装配式建筑：会同相关部门积极推进，已实施装配式建筑的面积4.13万平方米，占招牌挂出让面积的28.52%。

2. 交通管理

智能交通：完成五角场地下空间行人诱导、新华医院周边区域停车诱导系统建设的方案研究。基本完成长海路周边停车诱导系统的建设。静态交通：完成30个建设工程项目配建机动车停车场（库）的行政审批工作；探索停车设施共享利用；积极推进停车设施建设，新增停车泊位542个。试点立体停车设施建设。完成地下公共停车库规划课题研究。践行公交优先战略：优化公交线路，增设穿梭巴士站点，新增1228路社区巴士。新增211个候车亭。

3. 市政管理

养护市场化改革工作：推出7个排水系统和1个水系作为养护市场化改革试点，目前已完成公开招标，并正式启动养护试点工作。

全年安排道路中修和重点养护8项，目前已竣工2项；全面安排桥梁专项维修及检测8项，目前已竣工3项。加强日常巡路、网格、投诉热线反映问题的处置，采取必要的养护手段，确保设施处于正常运行状态。

4. 防汛及水务管理

入汛以来上海气象局共发布防汛防台警报14个，众志成城，确保全区安全平稳入汛。对往年暴雨易积水的85路段排水管道进行重点疏通。配合双创工作，加大河道保洁力度，增加巡查人次和垃圾外运次数，还针对桥头、桥堍的垃圾配备专职人员进行保洁。

（四）信访维稳工作

2014年区建交委信访维稳工作总体平稳有序，截止到10月底区建交委共受理信访矛盾类、热线类事项 4461 件 / 次。其中来信来电 1129 件 / 次、来访接待 323 件 / 次、重要交办件（含网格化城市管理问题）2533 件 / 次、12345 市民热线 476 件 / 次，各类案件按时回复率为 100%，按时办结率为 100%。

区建交委共收到两会主办、合办的书面意见和提案 51 件，经过全委的积极努力，于 5 月下旬全部办理完毕，办理态度满意率为 100%。

（五）深化行政审批工作

经过清权、确权、正式公示的行政权力共 117 项。进一步优化建设工程行政审批流程，在 23 街坊的审批中将行政审批时间进一步压缩到 175 个工作日，并将经验进行总结和提高。进一步完善"一体化"集成信息系统建设，将 2014 年区重大工程纳入信息集成系统进行管理。

（六）"双创"、"双百"工作

对涉及市政设施、交通枢纽、建筑工地开展集中专项整治，开展围墙文化主题活动，开展新江湾城"双创"志愿服务绿色河岸环境整治活动，2 次铁路何杨支线杨浦段沿线集中清理整治活动。全面解决三轮"双百"为民行动涉及区建交委的 58 个问题。

杨浦区绿化和市容管理局

2014 年，区绿化市容局（区城管执法局）认真贯彻党的十八大精神，在区委、区政府的正确领导和市绿化市容局（市城管执法局）的指导下，以"双创"工作为重要契机，以市容环境综合建设和管理为载体，进一步改善城区市容环境面貌，提升城区市容环境综合管理水平。在"国家卫生区"第一次检查中，我区以 909 分一次性通过测评。

全面完成了全年各项目标任务。人均公共绿地面积达 4.27 平方米，生活垃圾日均处置量控制在市下达的 893 吨指标内，兰州路（周家嘴路—济宁路）被成功命名为"上海市林荫道"。及时受理、处置市民市容环境问题投诉，全面完成由我局承担的四项 2014 年区政府实事项目。在上半年度市容环境市民满意度测评中，我区首次进入"良好"等次，在全市 17 个区（县）的市民满意度测评排名中位列第 5 位。在上半年度绿化市容行业满意度测评中，我区在绿化行业中排名第 6 位。局系统 1 人优秀事迹被评为杨浦区 2014 年度精神文明"十佳好人好事"，1 人获区"十佳志愿者"称号，3 个案例分别被评为 2014 年上海市绿化市容诉求处置优秀案例、上海依法治理优秀案例，1 篇政务信息获得上海绿化市容行业政务信息"十佳"好新闻。

一、以服务民生为宗旨，全面完成 2014 年实事项目建设管理任务

一是按时完成社区公园改造。目前，民星、惠民、四平科技公园 3 座社区公园改造项目已全面竣工。二是超额完成街头绿地新建改造。完成赤峰路四平路转角绿地、双阳路近控江路绿地等 19 块街头绿地的新建改造任务，占年度计划的 173%。三是全面完成 40 座环卫设施新建改造任务，包括新建公共厕所 2 座、小型压缩式生活垃圾收集站 4 座，改造小型压缩式生活垃圾收集站 1 座、公共厕所 18 座、垃圾箱房 15 座。四是深入推进生活垃圾分类减量。全区新增 124 个居住区的 85000 户居民实行生活垃圾分类，完成市局下达指标（新增 4 万户）的 213%，全区居住区分类覆盖率达 62%，完成市局下达的生活垃圾日均处置量 893 吨的指标。落实垃圾分类基础设施改造和分类容器配置，完成 120 处垃圾分类中转点改造、8000 只公共区域垃圾分类投放容器和 6 万只家庭分类容器的采购。结合"双创"工作开展，完成 2100 只环卫作业垃圾桶、750 只 A 类废物箱、80 只大容量废物箱采购，为"双创"技术评估打好基础。

二、以"双创"工作为契机，不断增强市容环境综合管理水平

（一）市容环境治理持续推进。一是加

强“四大顽症”整治。堵疏结合治理无序设摊，将原有18个设摊控制点压缩为7个。基本完成对设摊控制点沿线破损、陈旧店招店牌的更新及沿线违规设置的户外招牌、灯箱广告等户外设施的拆除工作。全区设摊总量控制在900余个，完成区委、区政府下达的全年1200个设摊的控制任务。全年拆除违法建筑10.16万平方米。二是加强“三类区域”拾遗补缺。重点整治沈阳路、辽源西路等中小道路脏乱差市容环境顽症及拾遗补缺工作，迎接市相关部门组织的实效复查。三是推进“特定区域”环境治理。结合“双创”工作开展，在去年已完成30%任务量的基础上，今年全面展开，重点推进“五个周边”乱设摊、跨门营业等市容环境顽症问题整治，取得了较好效果。四是配合开展“薄弱区域”专项整治。围绕我区23个社会管理“薄弱区域”，会同相关街镇全力推进周边22条（段）脏乱差道路市容环境综合整治工作，较好改善了“薄弱区域”周边市容环境面貌。

（二）聚焦重点区域市容景观进一步优化提升。重点对五角场核心区域及四平路、周家嘴路等全区重点区域和主要道路实施景观景点布置。全年结合“亚信峰会”及“五一”、“十一”等重大活动和节假日，共布置绿化面积约7200平方米，栽植各类花卉约170万盆，布置花箱约472个。完成中原广场、创智天地广场景观灯光建设，维修内环（中山北二路－控江路）高架立柱、杨树浦水厂景观灯光。编制完成《杨浦区户外广告设施设置阵地实施方案（增补本）》，拆除违规的临时广告（对旗、横幅）278处、指路牌270处，破损店招店牌115处，整治户外广告25处。全面完成大连路总部研发区周边大连路、唐山路、荆州路、霍山路等重点区域道路市容环境品质提升工作。

（三）扬尘污染得以有效遏制。一是加强建筑渣土管理。制定实施《关于进一步加强杨浦区建筑渣土管理的实施方案》，成立区建筑渣土整治推进工作小组，强化运输资质管理，采用密闭车辆运输，防止渣土运输过程中造成的扬尘污染，落实渣土严管严惩措施。2014年共出动检查人员681人次，检查工地1516家次，检查渣土车3054辆次，共开具整改通知书12份、约谈告诫29次。二是强化绿化环卫作业规范。加强绿地整治、保洁和绿化降尘，规范环卫作业服务，减少和杜绝作业过程中的扬尘现象；加大道路冲洗力度，主要道路车行道至少每日冲洗1次，主要道路人行道至少每3日冲洗1次，对军工路、海安路等易污染路段至少每日冲洗4次。落实夜间强化冲洗，努力减少扬尘；加大机械化洒水清扫力度，重要道路每日清扫不少于2次。结合“双创”工作开展，今年以来，已完成31辆“黄标车”更新和7辆新能源冲洗车的采购，剩余26辆“黄标车”的更新工作正在实施中。三是加强建筑垃圾日常管控。严格落实每日巡查制度，牵头开展建筑垃圾的专项集中整治，督促区环发公司充分发挥建筑垃圾清运的托底保障作用，切实缓解扬尘污染。

三、以提升城区生态环境质量为目标，积极推进市容环境建设

（一）不断强化规划引领作用。一是做好规划编制。今年以来，继续参与编制《杨浦区滨江（南段）公共空间和综合环境项目》、新江湾城空军留用土地公共绿地项目等规划。二是完成黄兴社区H1－04（296街坊）、新江湾城N091104单元C1－02（D7）住宅地块等74项建设项目的行政审批和行政审核。

（二）扎实推进环境项目建设。一是按照启动一批、建设一批、储备一批的要求，做好区级重大项目建设。按时间节点启动江浦公园改造、安浦路综合管理用房等4个建设项目，推进轨交12号线站点绿化及行道树恢复工程、周家嘴路荆州路公共绿地项目等6个建设项目，储备临青路公共绿地项目、109街坊沿河间路公共绿地项目等4个待建

项目。二是积极推进城区生态绿化建设。全年建成公共绿地4.8公顷，占年度计划（4.47公顷）的107%。成功创建兰州路（周家嘴路－济宁路）为市级林荫道，完成万安路、沧州路等林荫道改建提升工作，完成四平路（五角场－－空政门前）、广州路（眉州路－－兰州路）等4条道路的行道树更新，共计257株。结合长阳路（内江路—军工路）辟通工程，新种行道树216株，不断提升城区生态绿化品质。

四、以制度建设为抓手，切实转变政府职能

（一）绿化养护作业领域市场化改革有序推进。全面完成殷行、长白、延吉、控江今年四个试点标段的招投标工作，涉及公共绿地面积45.6公顷，占全区公共绿地面积的43.96%；行道树9806株，占全区行道树的30.67%。

（二）进一步强化服务意识。一是深入推进行政权力清单公开工作。按要求完成241项行政权力的确权、晒权及业务手册和办事指南编制试点工作，确保各项行政权力公开透明运行。二是认真做好"两会"提案意见办理工作。今年我局承办"两会"提案意见共25件，答复率、办结率均为100%。三是进一步加强"12345"市民服务热线受理和处置。全年共受理处置绿化市容、城管执法问题全年共受理处置绿化市容、城管执法问题152136件，受理率和处置率均为100%。四是做好社区公园夏令延长开放。

（三）严格规范行政行为。一是规范合同管理，严格执行《绿化市容建设和管理项目合同管理若干规定》，继续加强对规范性文件，尤其对合同等的合法性审查，聘请律师参与合同管理，为合同合法性及有效履行提供法律支持。全年共对350余份今年签订的合同进行合法性审查及备案，有效规避了法律风险。二是加大信息公开力度。全年共主动公开55份公文类信息，依申请公开6份，其中受理公开申请1起。

（四）切实提高行政执法效能。一是根据"双创"工作执法保障要求，针对媒体关注、群众关切和执法中暴露出的薄弱环节，开展乱设摊、跨门营业、渣土运输等专项整治行动，取得明显治理效果。二是创新执法模式，不断提升行政执法效能。采取"大队领导带队、中队负责人带班"模式，对投诉热点进行重点执法管理，着力处理各类难化解、易反复的问题；推行"队队联动"、"片区联动"、"队区联动"、"区区联动"等勤务模式，发挥联动优势，提高解决各类顽点、难点、聚点问题的执法效率。1–12月累计立案查处各类违法行为24268件，立案处罚金额3138230元。

五、以行业建设为立足点，有效夯实行业发展基础

（一）政风行风水平持续提升。一是加强"12345"市容环境问题受理处置的监督检查。制定实施《关于绿化市容事务受理处置和效能监察工作规定》，进一步明确市、区对"12345"市民服务热线绩效考核的要求，建立业务培训、会商协调及定期研究分析通报制度，会同政风行风监督员，针对不满意件、重复投诉件及投诉受理处置中可能存在的不作为、慢作为、乱作为行为，组织开展专项效能检查，不断提升行业诉求处理能力。二是认真做好渣土管理履职评议"回头看"工作。牵头制定《关于进一步加强杨浦区建筑渣土管理的实施方案》，进一步明确责任，提高管理效率。从严从紧，加强工地源头管理和渣土申报管理，强化运输单位监管和装修垃圾管理。三是强化行业规范化服务。结合党的群众路线教育实践活动的开展，制定《窗口服务人员行为规范》，规范系统窗口人员行为；进一步落实便民利民措施，狠抓承诺兑现；修订《政风行风建设联系服务基层制度》，深化局机关干部联系服务基层"六个一"制度。四是不断推进效能监察工作。

针对系统6家涉及行政审批（行政许可）的单位、部门自今年1月至5月作出的271件行政审批（行政许可）决定、意见，对照局《行政审批（行政许可）责任制实施细则》，组织开展行政审批（行政许可）专项效能检查，进一步强化服务意识，提高行政效能。根据区监察局要求，按照“谁建设、谁负责”和“谁主管、谁负责”的原则，对局2013年1月至2014年3月期间竣工的政府投资建设限额以下小工程开展建设工程领域专项治理工作，促进廉政勤政。2014年，我局效能和政风行风民主评议综合满意度位列全区21个综合管理部门的第二位，环卫服务行业行风民主评议群众满意度位列全区15个行业第二位。

（二）行业文明程度不断提高。一是深入开展文明创建活动，提高社会满意度。在上半年度绿化市容行业满意度测评中，我区在绿化行业中排名第6位，较2013年度上升2位。在上半年度市容环境市民满意度测评中，我区首次进入“良好”等次，在全市17个区（县）的市民满意度测评排名中位列第5位。开展上海市文明公厕自查工作，巩固126座已命名公厕创建成果，向市局申报11座新创建公厕。开展“市民最满意公厕”和“最美保洁员”的评选推荐工作。二是结合行业特色开展形式多样的志愿服务活动。结合“双创”工作开展，组建近80人的文明志愿者队伍，由处级干部带队定期到友谊新村居民区开展“清洁家园”志愿服务活动，全年开展活动22次，志愿服务达110人次。局机关干部自觉参与居住地环境整治31人次。开展“随手公益、时时积德”主题活动，组织机关党员干部捐献废旧手机，身体力行倡导旧物利用。

（三）文化建设进一步增强。制定实施《2014年“杨浦绿化市容学习课堂”安排》，组织“党的十八届三中全会精神”、“党的群众路线教育实践活动”、“反腐倡廉建设”专题讲座，开展“树立群众观点、绿色书香致远”读书交流活动，积极参与区第八届读书节活动。组织系统各党组织开展习近平“三严三实”重要讲话精神、弘扬焦裕禄精神学习讨论活动，组织参观中共二大会址纪念馆、《党的好干部——焦裕禄事迹图片展》、闵行区党员干部警示教育基地、《鲁迅精神与廉洁文化》专题展览等。

（四）内部管理进一步规范。一是加强财务管理，保障财政资金安全，提高财政资金的使用效益。修订执行局属事业财务管理办法，明确法人责任，做到用制度管人、管事，以制度促进管理。严格控制开支范围和开支标准，从严控制公务接待、车辆运行维护、会议、培训、差旅等支出。截至12月底，“三公”经费支出22.84万元，比年初核定预算下降31.9%。严格公务卡支付，截止12月，局公务卡支出65.25万元，现金支出0.67万元，现金支出占公用经费支出0.3%。严格政府采购管理，坚持应采尽采原则，今年共实施采购项目70个，经费6549万元。落实财政信息公开，切实发挥公众监督作用。二是加强人事管理。根据区人社局、区财政局印发的《杨浦区其他事业单位绩效工资实施办法》、《关于核定本区其他事业单位绩效工资水平的通知》等要求，制定《局属其他事业单位2014年绩效工资实施完善方案》；严格落实区人社局等六部门联合印发的《杨浦区关于规范机关事业单位用工的实施意见》精神，逐步清退了合同到期的编制外用工人员，今年清退劳动年龄段14人，后勤服务类3人，完成全年减员16人的目标；根据区人社局《关于进一步加强本区事业单位管理工作的通知》要求，进一步规范日常岗位管理工作，完成区绿化市容局局属事业单位工程系列绿化市容专业初级职称评审、局属事业单位专业技术岗位聘任期满考核以及晋升、聘任等工作。三是加强信访矛盾化解工作。今年共受理处置各类来信来访150件，办结率100%。根据区委统一部署，组织开展“双百”为民行动。在今年三轮“双百”为民行动中，由我局承担的13项群众急难愁问题、2项建章立制问题、1项上下联动解难题建机制问题均已采取切实措施，落实整改。四是加强安全生产和防汛防台工作，全年无重特大事故发生。今年共开展安全生产检查12次。

（五）社会动员更加广泛深入。一是充分发挥局政务网站和微博服务民生的作用。在局政务网站、政务微博开设“群众路线教育实践活动”和“双创活动”专栏，对社会关注度较高的市容管理热点问题进行正面的舆论引导。开设“微投票”、“微话题”、“微课堂”板块集民智、汇民意，用网络话语增强社会动员的感染力。全年局政务微博累计发布微博信息4779条，微博粉丝数达8650人。二是围绕“贯彻群众路线、服务保障‘双创’、加强政风行风建设”主题，深入开展“绿化市容·城管执法进社区”活动。今年以来，围绕植树节、“双创”宣传、生活垃圾分类减量等，组织开展活动近50场，发放各类意见征询表1500余份，参与市民达2600余人次。三是加强市容环境第三方巡查发现机制，继续委托社会第三方机构开展每月一次的市容环境综合管理实地实效检查评估和每季一次的社会公众满意度测评，及时解决群众反映集中的城市管理顽症。在上半年度市容环境市民满意度测评中，我区首次进入“良好”等次，在全市17个区（县）的市民满意度测评排名中位列第5位。

（九）浦东新区

浦东新区建设和交通委员会

（一）围绕构建现代化综合交通体系，前期规划、市政建设、运营管理全面加强

立足新型城镇化功能形象要求，坚持整体推进和重点突破相结合，坚持区域开发和群众需求相结合，突出对外交通、路网布局、公共交通，加强前瞻性研究、规范化建设、系统化管理，提高综合交通效能。

——前期研究不断深化。启动迪士尼交通影响对策研究，开展轨道交通网络布局优化研究，推进沪通铁路、沿江通道交通影响研究，深化有轨电车线网规划研究，做好路网规划适应性研究，完成“十三五”综合交通规划基本思路研究，落实公交场站设施专项规划研究成果。结合重点区域开发、重大项目布局，完善项目储备机制、扩大项目储备范围、增强项目储备深度，42个储备项目实现立项38个。强化项目技术管理，完成杨高路商务走廊、东西通道方案调整，优化大芦线二期配套方案，完善5条轨交线配套方案，深化越江隧道接线道路方案，协调落实龙耀路越江隧道成山路出入口前期方案，完成初步设计审批39项。

——项目建设有力推进。优化流程、固化程序、强化联动，逐一突破征收清盘、“三违”整治、手续办理等制约障碍，着力提高工程建设依法合规水平。67项重大工程，完成当年投资141.4亿元，占全年投资计划的103.5%，东西通道顺利复工、高科西路等8项实现开工、罗山路等12项全面竣工（9项迪士尼配套项目、10项大居配套项目、2项商飞配套项目分别竣工7项、3项、2项），整治违法建筑10.8万平方米、违规种养44.6万平方米。39个一般市政项目，完成当年投资5.95亿元，占全年投资计划的101%，实现开工2个、竣工8个。116条道路、70座桥梁、2104盏路灯等村庄改造项目完成工作量的80%，310条经济薄弱村道路改造项目有望春节前完成。公交枢纽建成5个、在建1个，公交停车场在建1个，公交首末站建成5个、前期及储备10个。

——运行管理持续改善。启动公交城区创建，创建方案得到市交通委批准。加强公

交轨交衔接，完成《轨道交通9号线东延伸、11号线迪士尼段、13号线二期公交配套需求研究》，指导开展《轨道交通10号线二期（浦东段）公交配套需求研究》，参与轨道交通14号线（浦东段）、18号线（浦东段）公交配套需求研究；总结轨交16号线配套经验和教训，做好延伸段公交配套，方便市民换乘。新辟、调整、撤销公交线路76条，进一步便捷大居、园区出行，填补一批公交空白，实现“村村通”公交全覆盖，做好重大活动、重要节日公交保障。优化场站管理，整合调整公交终点站，探索“一个枢纽由一家公司主体管理”模式。推进公交信息化建设，集群调度系统全面建成，公交信息查询管理系统基本建成，公交站点实时信息发布试点继续推进。推广新能源（清洁能源）公交车，试点开通超级电容车短驳线1条，更新车辆373辆（占全年更新车辆总数的70%以上）。整新公交场站15座。突出水路运输安全监管，春运平安快捷，亚信峰会水上安全保障有力，集卡、堆场、出租车、货运行业保持稳定。筹建河海集疏运体系，审批成立浦东第一家内河集装箱港口经营企业。完成全市第五次交通大调查任务。推进浦兴路街道汽车专项维修集约化管理试点。完成区域出租车运价结构调整调研，开展新能源出租车试点推广调研。新增老旧小区停车位4887个、公共停车位1467个、医院停车位435个，错峰利用停车位1869个，建成出租车扬招点20处。

——征收清盘规范有序。聚焦重大市政工程、重要产业项目、保障房基地建设，优化征收流程，加快手续办理，强化行政和司法手段运用，规范街镇补偿口径和征收服务费标准，全年完成征收（拆迁）8160户、基地清盘83个，确保中环线、轨道交通、迪士尼、美特斯邦威等一批重大重点项目顺利推进。

（二）围绕健全多层次住房供给模式，不同群体需求统筹兼顾

把住有所居作为保障和改善民生的重中之重，更加注重群众需求，更加注重管理服务，不断提升群众居住品质。

——房地产市场保持稳定发展。定期编制房地产市场月报、季报、年报，动态掌握行业发展态势。严格执行“一房一价”、明码标价、商品房销售备案等各项规定，保障交易安全，共核发预售许可证165件、现房销售方案备案证明160件，办理依职权灭失案件80件，完成登记发证20.5万多件。规范房产测绘服务，实测住宅面积1196万平方米。妥善化解金汇广场二期、香梅花园等产证办理历史遗留矛盾。

——保障房建设管理全面加强。征收安置房开工筹措235万平方米，竣工174.8万平方米；公租房开工10万平方米；大居住宅建成71万平方米，127个内配套项目完成117个，曹路南块4个地块征收签约率均超过90%。制定征收安置房收储和供应管理实施意见、征收安置房项目建设准入条件若干规定，建立房源管理信息系统，进一步理顺保障房建设管理体制机制。聚焦在外过渡问题，加快征收安置房回搬项目开竣工、适度超前建设区级征收安置基地、积极筹措大居房源，实现7001户在外过渡居民回搬（其中逾期过渡3732户）。大力推进36所学校建设，优化资金、清盘、手续各类保障，实现1所学校竣工、15所学校开工、20所学校前期工作加快。认真做好公租房、廉租房、共有产权房受理供应，新增廉租受益家庭1083户、实物配租163户。持续推进住宅产业化建设，创建“四高”优秀小区12个，落实装配式住宅34.9万平方米、全装修项目173万平方米。优化配套费征收使用，实行“集中收缴、集中管理、统筹使用”，完成征收12.24亿元、使用8.82亿元。

——小区综合管理力度加大。全面推进“群租”整治，建立委班子对口联系街镇制度，组织集中整治，开展广泛宣传，加大处罚力度，探索代理经租，完成“群租房”整

治11179套、超额62%（经排摸，全区“群租户”12414户，年度目标为整治6884套）。新建物业应急维修服务站17个，实现街镇全覆盖。完成旧住房综合整新实事项目80万平方米、旧住房综合整修57万平方米，完成直管公房厨卫改造等市级三类改造38万平方米。开展老旧住房安全排查检测，推进分类整改。加强住宅维修资金监管，归集首期商品住宅项目103个，完成资金归集6.19亿元、划转5.53亿元。

——旧区改造步伐继续加快。制订“城中村”改造实施意见、改造地块实施方案示范文本、改造工作任务书，明确认定标准、操作流程、职责分工，推动11个地块纳入市“城中村”改造试点范围、实施方案通过市级确认、与大型开发企业逐一完成对接，为实质性改造启动夯实基础。通过抓项目认定、抓房源资金落实，推进二级旧里以下房屋、城镇棚户简屋、“厂中村”改造，完成旧改2202户、基地清盘6个。

（三）围绕保障城市安全运行，建筑业和人防民防管理效能稳步提升

强化市场与现场联动，坚持技术与管理融合，着力提升安全治理能力，全年未发生较大以上安全责任事故。

——“两场”监管同步优化。工程安全质量稳定受控，调整优化建管站、监督站、审查中心执法权，建立市场现场联动执法机制，实施行政处罚279起、罚款1152万元，同比上升47.6%、48.7%。进一步规范建筑市场秩序，制定市政工程项目施工企业准入操作办法，完善施工招投标信用评价体系，规范招标代理合同备案，实现设计、勘察、监理电子化招标。加快建筑业转型升级，BIM技术试点应用于杨高路改造项目，装配式建筑面积落实比例达到25%，绿色建筑、可再生能源与建筑一体化应用等强制性标准有效实施。落实新区行政审批改革要求，实现设计文件审查环节具体事项网上办理和数据共享，完成新区建设项目归口审查规范标准库建设。窗口服务质量不断提高。

——“两防”建设稳步发展。启动《浦东新区应急避难场所建设规划》编制，完成《浦东新区人民防空袭方案》修编，开展“9.20”防空警报试鸣，升级新区人防指挥所信息系统，推进街镇人防指挥所建设。批准结建民防工程70.27万平方米、竣工70.46万平方米，完成《浦东新区104工业用地产业区块人防工程专业规划》编制。推进地下空间属地化管理，地下空间网格化管理信息系统一期正式运行，公用民防工程维修养护得到加强。认真做好民防宣传教育及防震减灾工作。

（四）围绕加强委系统自身建设，以一流党建促一流建设

深入开展党的群众路线教育实践活动，着力转变作风、改进政风行风，为中心工作顺利完成提供有力保障。

——党的建设显著加强。认真开展党的群众路线教育实践活动，74名处以上党员干部、76个党组织、720名党员参加，扎实开展集中教育，广泛深入听取意见，严肃认真开展对照检查，召开高质量民主生活会，制订“两方案一计划”，完成“即知即改”事项45个，抓好区委、区政府下达事项，市建设交通工作党委城市管理领域“8+2”突出问题整改，进一步密切干群关系。落实区级机关“瘦身”要求，核减机关行政编制19名、内设机构1个；调整机关处室机构设置、职能配置。加强干部队伍建设，配合区委组织部提任委办局副职层面干部3名，选拔处级干部14名、交流干部13人次、轮换选派挂职锻炼人员17人次，组织分层分类培训。认真开展干部专项清理，规范离退休领导干部社会团体兼职等。加强党组织建设，完成56个基层党组织公推直选换届选举，推进基层服务型党组织建设。制定党风廉政建设“两个责任”实施细则，每月编制廉政手机报，梳理高危风险岗位梳理，探索廉政风险预警

防控机制，完成财力投资送审和内部审计86项，查处举报件42起。更好发挥老干部、工青妇、行业协会作用。

——行政效能持续提高。围绕“讲依据、讲程序、讲规范、讲时效”的要求，办文6300件，办会1867个，制作档案43万余卷，督办事项93件，承办市区人大书面意见和政协提案143件，办理“12345”热线等事项10040件，报送录用政务信息343篇，完成信息化项目立项4个、建成运行5个、推进在建5个。合理编制项目计划，严格投资控制、加强资金审核，核减资金计划4.52亿元（核减率18%），资金使用效率得到提高；着力优化资金拨款流程，提高资金拨付及时率；强化财务管理，研究财务集中管理模式，确保预算资金安全可控。积极应对行政复议和行政诉讼，83件行政诉讼案件零败诉；制定批后监督检查管理实施意见，举办委系统法制培训班；主动公开政府信息11587条；推进扁平化审改，取消社会类行政审批事项6项，完成向森兰—外高桥区域和金桥等4个管委会下放管理事权基础工作；处理信访投诉4970件，初信初访、领导包案、案清事明等专项矛盾化解完成区考核指标。

浦东新区环境保护和市容卫生管理局

2014年，新区环保市容局深入贯彻落实党的十八大三中全会“紧紧围绕建设美丽中国、深化生态文明体制改革”的重要精神，自觉践行群众路线和科学发展观，进一步树立生态优先理念，根据中央建设生态文明的战略要求和区委、区政府打造生态之城、宜居之城的总体部署，围绕新区经济建设中心，服务新区改革稳定大局，全局上下统一思想、振奋精神，开拓进取、攻坚克难，圆满完成全年各项目标任务。

一、强势推进三违整治，狠抓常态长效监管

一是提升拆控工作合力。由新区政府主要领导挂帅和相关职能部门参与，组建并做实做强了新区和各街镇层面的“三违”整治工作领导小组及其办公室，并多次组织业务培训和行业指导，增强拆违工作实战能力；及时召开全区及各街镇的动员大会，专题研究部署“三违”整治工作；制定了《浦东新区2014年度“三违”整治工作方案》，提出了“新增‘三违’零增长、存量‘三违’逐年消”的总体目标；进一步拓展载体、丰富手段，百人宣讲团深入1225个村（居）委宣传“三违”整治的法律法规和政策等，三违整治工作的社会协同合力不断提升。

二是理顺长效工作机制。出台了《浦东新区“三违”整治工作实施意见》，明确了“属地负责、条块结合”原则，新区、街（镇）、村（居）实行目标责任层层签约，对干部任用、各类评优实行“一票否决”；制定了《浦东新区关于实行“三违”整治工作责任追究的实施办法》，研究了考核办法、以奖代补等制度，落实奖惩措施；通过组建专职队伍、强化物业监管职能、发挥村（居）委、业委会及志愿者队伍作用等途径，注重源头管控，并以“村居自治”为主导，“政府协助”为支撑，推进自治共管，六项日常工作机制等常态长效模式初步形成。

三是开展重点整治行动。将影响重大工程推进、土地卫片、影响公共安全、城乡接合部区域以及群众反响强烈的“三违”问题列为整治重点内容，启动了重大工程涉及违法建筑和违规种养、电力设施保护区及周边违法建筑、重点区域等三大专项整治行动；锁定一批久拖未决的疑难“三违”案件，整合条块资源，合力攻坚拔点，还将数起重大违法用地案件交由公安部门侦破，充分发挥震慑警示作用。全年共拆除违法建筑431万平方米，整治违法用地153万平米，整治违规种养134万平方米，超额完成年初目标。

二、圆满完成亚信保障，巩固城市管理成果

一是重点保障亚信峰会。牵头梳理出12个大项412项具体任务，克服时间紧、要求高、任务重等困难，积极协调资金、立项、审批等各种问题，全面开展市容、景观、绿化、道路等硬件的美化完善，加强管理、养护、执法等软件的优化提升。峰会期间，新区环境保障体系运行流畅，措施有力，重点区域整洁、有序、美观，在市绿化市容局紧逼督办平台的处置回复率达99.82%。继续开展“特定区域”整治（92个老旧小区、91个集市菜场、28个轨交站点、26所医院、150所学校）和各项示范创评及达标创建，大团等5镇通过市容环境责任区达标街镇市级验收。

二是提升城市管养质量。公厕管理服务在全市测评中名列第二，道路保洁和垃圾清运行业评价也稳步上升；加强户外广告规范管理，拆除违规高立柱和大型落地广告18处；共整修3104块店招店牌，拆除635块；完成新一轮渣土运输招投标工作，强化源头监管，开展联合执法；抓好计划管理源头，各项掘路指标均处可控状态；开展文明施工巡查，建立完善二级联动的执法模式和案件上报机制；全面推广运用绿化养护信息系统，实施绿化专项70个，投资约5700万元，还积极推进屋顶绿化、立体绿化、老公园等改造工作。继续抓好公路和市政设施的养护和管理等。

三是加大城管执法力度。在全力保障亚信峰会的基础上，围绕春运、两会、桃花节、清明、五一、端午、国庆等重要节点和重大活动，进一步加大资源整合和条块联动力度，集中开展了多次春雷专项执法行动，确保城市环境整洁有序。共出动城管执法人员21.4万人次，出动车辆6.7万车次，巡查道路7.4万条次，巡查河道1650条次，巡查医院周边1.4万起，巡查市场周边2.9万起，巡查学校周边1.6万起，实施行政检查13.1万起，代为整改违法行为9496起，取缔违法行为1.6万起，处罚案件共1.25万件，罚款590万元。

三、聚焦三年行动计划，实施最严环境保护

一是推动三年行动计划收尾。加强项目节点管理和分类推进，完善月报表制度、联络员例会制度、季度通报制度、现场检查制度、重点项目督查制度等，以重点突破带动整体推进，全面完成第五轮环保三年行动计划104个项目，还多次就重难点项目进行专题调研，完成《浦东新区第五轮环保三年行动计划第三方中期评估报告》。按照滚动实施的原则，根据上级要求，加快编制《浦东新区第六轮（2015-2017年）环境保护和建设三年行动计划编制工作方案》，初步形成了实施任务清单，拟在九大领域安排任务90项。

二是推进生态文明建设工作。围绕国家生态区的建设目标，继续开展生态绿色系列创建活动，完成曹路、张江、高行、航头4个国家级生态镇更名的公示、祝桥镇7个村生态村的创建和14个上海市生态村、83个浦东新区生态村的复验等。全面推进节水型社会建设进程，获得上海市29个节水型小区，2个节水型学校、1个节约用水示范单位的命名；围绕市下达指标，继续推进生活垃圾分类减量各项工作。继续加强绿化林业等生态设施的保护和管理，加强森林病虫害防治、植物检疫及野生动物救助保护，高分通过国家林业局森林资源目标责任制考核。还加强了九段沙湿地等生态系统保护等。

三是加强环境监管监测执法。坚持最严格的环保制度、最严格的准入门槛、最严格的执法措施，继续完善分类监管、分级管理、移动执法和环保三级网络等体制机制，加大对重点企业、热点问题、敏感区域的环境监管、监测、执法和处罚力度。共出动执法人员1.5万人次，监察企业数6000多户次，其中立案221户，实施行政处罚217户共计1275万元。征收排污费2403户次共计786.25万元。完成了110台锅炉的清洁能源替代，对10个建筑工地安装了在线监测设备。正式实时发布新区环境空气质量状况信息。继续推进总量控制和污染减排等。

四、加快建设生态工程，拓展基础设施功能

一是推进市区重大项目。积极破解规划、土地、资金、房源、动迁、投资体制等各类瓶颈和困难，全力推进各类生态基础设施建设，执行率稳步提升。其中滨江森林公园二期加强前期征收、技术方案编制等工作，实际完成投资13亿元，实现了50%动迁签约率的节点目标；环城绿带开天窗补绿工程完成投资1.12亿元，动迁居民109户，腾地5公顷，南汇生态专项工程完成投资2.76亿元，居民动迁94户、企业动迁36家。黎明资源再利用中心项目基本建成。北横河、人民塘随塘河、长界港、外环运河、瞿家港等水利建设项目也有序推进。

二是建设生态基础设施。全力推进川沙A-1地块围场河、中心湖等工程建设，其中围场河水下施工已基本完成，张家浜、咸塘港、曹家沟等河道整治工程均已完工，还完成9个水闸专项整治维修项目；全面开展新区污水支管和16个截污纳管工程建设；完成周浦中转站污水纳管项目及消防维修工程，推进浦东新区有机质固废处理厂新建工程，新区已被批准为第四批餐厨废弃物资源化利用和无害化处理试点城市；按照新辟公共绿地80公顷的目标，继续推进北蔡川杨河绿地、周康航结构绿地、罗山路三八河绿地等项目；实施公益林、疏林地改造、经济果林等林业工程建设；新建九段沙南侧护岸保滩抛石堤151.37米等。

三是落实民生环保项目。推进196座农村桥梁改造工作，其中乡村公路桥梁1座、水利水闸桥梁39座、村内桥梁156座；镇村级中小河道(轮疏)工程和村庄改造河道整治项目分别涉及24个镇和11个镇；村庄改造低压水网工程涉及9个镇17734户，受益人口44970人；积极推进南汇南水厂、北水厂建设；全面推进二次供水改造；污水治理工程涉及11个镇32460户；完成2014年南片地区老公房天然气配套工程，受益居民1745户；实施了6条共计4450米道路的路灯增装工程，投资金额553万元，共装灯155盏；还开展了排灌设施改造和高水平农田水利建设等。

五、切实优化行政效能，强化服务保障职能

一是深化服务经济实效。完成766个项目的环评审批、77个项目土地储备环保征询、65个项目的土地招拍挂环保征询、40个项目设计方案环保征询工作；贯彻落实“强镇优街”战略，加强对委托开发区、街镇行使审批事项的指导、监管和服务；进一步推进行政审批制度改革，减少行政许可环节，压缩企业办事周期，按照国务院要求至少取消和下放1/3以上行政审批事项的目标，将原有的56项行政审批事权减少为36项，削减幅度达36%，其中建设项目类审批事项削减幅度达56.7%，有力服务了新区经济建设。

二是提高公共服务质量。协调水电气等公用事业安全平稳运行，推动基础设施和服务质量提档升级，有效增强供应和保障能力；进一步畅通、整合、优化网格化督查、“环境热线”、“12345热线”等信访受理渠道，推进“三网合一”，及时解决群众急难愁问题，共受理各类信访14.7万起，其中“12345”热线受理13327件，同比上升60.7%，新区领导每周“当一次派单员”，亲自督办相关来信来访；继续创新两会办理机制，69件办理件的满意率近九成，远高于新区平均水平；加快街镇网格化平台建设全覆盖，完善“发现、受理、指挥、处置、监督、评价”六位一体的城市网格化综合管理机制等。

三是维护城市运行安全。牢固树立防大汛、抗大灾思想，立足以防为主，坚持“两个确保、六个减少”，聚焦“五条防线”的薄弱环节，加强海塘、防汛墙、水闸、河道、水文、泵站、排涝管线、防汛网络等各项软硬件建设，有效提升了区域防汛防台能力，成功经受了2次强热带风暴轻微影响、3次大暴雨、10次暴雨、8次天文大潮的考验。进一步完善应急处置预案和运行机制，全面梳理排摸和预防化解各类安全、环境、舆情等风险隐患，加强应急队伍建设与演练，增强快速反应和正确处置环境突发事件的能力，共妥善处理各类舆情和突发事件51起等。

五、扎实开展党的建设，提升队伍综合素质

一是开展群教实践活动。局领导班子开展了10次集中学习，根据“联系街镇、联系基层”制度，分别带队走访28个街镇，走访联系点42次，确定了36项具体整改事项，局领导梳理确定“四风”突出问题整改事项102项，局党工委领导班子即知即改数58个，已完成34个。此外，局系统共集中学习201场次，3057人次党员参加了谈心活动，97个支部召开了103场组织生活会等。继续深化局系统6个党建品牌化培育重点项目和1个基层党建示范点的创建工作。局属各级基层党组织还首次以“公推直选”的方式完成换届选举工作。

二是抓好干部队伍建设。积极稳妥开展了局机关机构优化工作，完成了内设机构和人员编制核减15%的目标。按照市政府令的要求，完成了12345热线职能划转和网格化管理中心的更名及“三定”工作。水域署、河道署、防汛办、海塘署等4家单位撤并整合，还配合新区编办做好城管综合执法体制完善相关工作，并结合事业单位机构调整，对46名基层单位班子成员进行了岗位交流。开展了各层面、多层次的干部教育培训，还选派了多名115名后备干部到信访岗位、“三违”整治办、滨江二期等挂职锻炼，干部队伍的业务能力和综合素质得到提升。

三是加强机关作风养成。在局系统广泛开展党风、政风和行风创建活动，配合新区第四巡察组对新区环保市容局开展巡察工作。落实贯彻中央八项规定精神自查工作，继续坚持标本兼治、综合治理、惩防并举、注重预防的方针，加强对基层单位、领导干部贯彻落实党风廉政建设责任制情况的监督，坚持开展“每月一案”教育，抓好审计监察，还落实2013年局4个案件的自查自纠工作。完成63个市、区纠风办反馈案例和信访件的督促落实整改，完成第三轮窗口“第三方测评”方案的确定和实施等，局系统党风政风行风继续好转，相关行业测评满意度有所提升。

此外，资产管理、信息化建设、工青妇、老干部、宣传、计财、安全维稳、水利发展改革等基础工作也扎实推进，为各项业务工作的顺利开展奠定了坚实基础。

（十）宝山区

宝山区建设和交通委员会

今年区建交委立足新起点，大力转作风，聚焦解决群众出行“最后一公里”问题。经全委上下奋力拼搏，较好地完成了全年目标任务，为全面实现“十二五”规划奠定了扎实基础。取得了工程建设成效显著、道路交通不断完善、群众出行明显改善、城市运行安全有序、审批改革扎实推进、队伍素质不断提高的新成绩。委系统呈现风清气正、奋发向上的良好局面。区建交委荣获上海市交通委员会颁发的2014年度农村道路建设与管理工作“优秀集体奖”、获得区财政局二〇一三年度预算管理工作三等奖；区公路署被市路政局评为上海市交通运输行业行政评议考核优秀基层；区交运署被市运管处评为行政执法监督先进集体、评为上海市建管系统统计工作先进集体、荣获上海市第五次综合交通调查货运车辆出行特征调查工作先进集体一等奖、被区春运办评为春运工作先进集体；区执法大队被市执法总队评为优秀称号、被区总工会“梦想引领，建功滨江”宝山邮轮经济发展劳动竞赛活动先进集体、被区春运办评为春运工作先进集体；区航务所被区春运办评为春运工作先进集体；区建管所被区总工会评为“宝山发展在心中，创新转型转新功”主题劳动竞赛活动先进集体；区安质监站被中国建筑业协会工程建设质量监督与检测分会评为“全国建设工程质量监督机构先进单位”；区燃气管理所荣获市燃气处2014年度燃气行业管理部门同业务竞赛优胜单位。

一、重大工程建设全面推进

（一）市、区重大工程。S6公路建成通车；长江路越江隧道基本完成动迁；G1501越江隧道工程实现年内开工；S7公路进入工可编制阶段；泰和水厂扩建工程完成一期腾地工作；虹杨站－杨行站电力隧道14座工作井进场施工；富长路工程开工；宝钱公路（潘泾路－蕴川路）基本建成。

（二）区区对接道路。康宁路北段工程建成通车，南段（S20－区界）确定动迁方案；宝安公路全线建成；场中路工程除部队影响路段外基本建成；殷高路道路工程基本建成。

（三）五大地区建设。罗店大居外配套：月罗公路一期（沪太路－S7）建成，二期（S7－区界）工程开工；陆翔路北段（美兰湖路－杨南路）建成；杨南路（沪太路－蕴川路）大部分路段基本建成；潘广路70%路段完成动迁并进场施工；顾村枢纽站开工。滨江地区：滨江大道南段（密山东路－宝杨路）基本建成；宝杨路大修全部完成。南大地区：祁连山路（丰翔路－普陀区界）完成初步设计批复，南大路（S20－南陈路）编制初步设计方案，南陈路完成跨铁路方案研究报告编制并上报市铁路局。

二、群众反映突出的问题得到进一步改善

为切实解决群众反映强烈的出行难问题，按照区委、区政府的要求，区建交委研究制定了《着力解决群众出行“最后一公里”问题综合治理工作方案》，经区委、区政府同意，着力推进交通“四个一批”措施。一是改造一批微循环道路。2014年计划实施的22条道路中，已竣工14条，5条前期手续办理中。二是调整优化一批公交线路。完成新辟、调整线路共26条，其中新辟线路5条、调整优化线路8条、延长首末班时间9条、票价改制4条，线网布局更趋合理，公交出行更加方便。今年共投入公交补贴3096.92万元。三是建设一批公共自行车网点。完成顾村、杨行地区布设66个公共自行车网点建设，投放1400辆自行车，目前已投入试运行。四是落实一批交通管理措施。完成11个路口的渠化改造以及12条道路和轨交站周边护栏安装工程，区域道路更加通畅；加大非法客运整治力度，充分发挥联勤联动机制，组织开展专项整治行动及日常巡查固守，全年共出动执法人员16376人次，查扣非法客运车辆678辆。

同时大力推进公交基础设施建设。一是完成美兰湖公交枢纽启用及公交线路的引进，完成罗南新村、丰宝路等4个公交枢纽和首末站建设，祁华路、富联路等公交枢纽和首末站建设按节点推进，为优化公交线路提供基础保障。二是完成区内380个公交候车亭建设管理的移交工作，并完成新设100个公交候车亭的建设，为公交信息化建设奠定基础。

三、安全生产管理进一步强化

根据市、区安全工作要求，积极落实“打非治违”各项措施。一是加强建设工程安全监管，截至2014年底408个在建工地，组织开展“全覆盖、零容忍”大检查、大整治和“专剿火患”行动，充分发挥建设工程综合管理信息平台和专管员队伍作用，落实街镇属地管理责任，发现隐患，限时整改。截至年底408个在建工地，全年派出监管人员24118人次，发现问题9674个，其中安全隐患2518个，安全隐患整改率达86.73%。对区域内436幢既有玻璃幕墙建筑开展全覆盖检查。二是加大交通运输监管力度，开展对长途客运、危险品运输等专项检查，依法从严查处。三是加强燃气安全管理，推进燃气管道占压整治；入户安检216535户，督促整改29383户，确保城市运行安全。

四、行业管理工作有序推进

（一）推进行政审批改革。按照区府部署，扎实推进行政审批改革，梳理行政审批事项59项，19个窗口按时第一家进驻区行政审批中心。加强窗口作风建设，提高争先创优的意识，主动接受各部门和群众的监督；加强队伍建设，提升入驻人员素质，增强服务意识、效能意识和廉洁意识，熟练掌握审批事项、审批流程和审批时限，努力提高工作效率。

（二）加强道路桥梁养护和燃气管理。集中力量抓好15条主要道路整治，加强交通、建设、燃气安全运行管理，圆满完成亚信峰会保障任务。切实加强日常养护管理，市政道路、公路大中修已完成80%。及时牵头协调做好罗店大居道路等市政基础设施临时管理工作，确保大居设施正常运营。开展液化气市场专项整治联合执法专项行动，全年共依法收缴钢瓶1185个。

（三）建设工程管理不断加强。加强建设工程市场和现场管理，严格把牢建筑企业资质关，规范建设工程招投标，推进电子化招投标，全年共完成招投标549个（勘察70个、设计84个、施工247个、监理75个、小型建设工程公开招投标73个），其中公开招投标387个、邀请招投标89个，累计造价2.79亿元。在上诉招投标中，实行电子化招投标163个。办理工程项目初步设计审批134个。加强建设工程质量管理，严格建材检测和抽查，扎实推进创“双优”活动，配合开展扬尘污染防治专项检查，加强住宅工程“一户一验”。加强建设工程综合管理信息系统的运行和维护，二期4个子系统已按期建成。

（四）扎实做好“12345”市民服务热线等实事工作。一是全年共办理“12345”市民服务热线工单427个，按照“职责就近，快速处置”的原则，在确保先行联系率的同时，主动跨前，多方协调，切实提高工单实际解决率；二是全面完成14499户燃气内管改造、98盏路灯安装及38个公交候车亭建设（实际已完成100个）等政府实事项目；三是按时完成71件人大、政协意见提案办理，受理来信来访668件，已办结582件。

五、“十三五”规划课题启动编制

按照区委、区政府部署要求，委党政班子多次专题研究，并落实分管领导成立工作小组，采用走出去、请进来的方式，深入调研，广泛听取意见，认真分析区域城乡基础设施和公共交通的现状、存在问题、群众需求和今后发展的重点，拓展思路，谋划发展，既注重发展的连贯性和持续性，又注重工作拓展和转型创新。在形成初步成果的基础上，经过上下多次反复征求意见，着手开展宝山“十三五”加强城市建设管理和完善交通体系功能两个课题的编制工作。

宝山区绿化和市容管理局

2014年，区绿化市容局全面贯彻区委六届五次全会精神，按照“抓改革促发展，抓巩固促提升，抓管理促实效”的工作思路，以“三重工作”为抓手，以教实活动为动力，主要开展了四个方面工作。

1.绿化工作。一是完成“123”生态绿化工程首年任务，其中墙体绿化27800平方米、桥柱绿化1427平方米、屋顶绿化4050平方米；淞南公园和两幅大型休憩绿地进场施工；建成12个市民街心花园、17条林荫道路，绿化为民服务的综合能力有新提升。二是实施东城区“一纵三横多点”生态花卉布置，完成元旦、国庆期间的景观布置，巩固了“亚信峰会”景观成果。三是罗店大居、南大绿地、祁连公园等重点绿化建设项目稳步推进，完成新建绿地160公顷，绿化覆盖率达到42.8%，人均公共绿地面积达到24.3平方米。

2. 市容工作。一是将“亚信峰会”市容环境保障作为阶段性中心任务，协调完成了四大项目517个子项目和10项新增任务量的市政市容整治，得到有关各方肯定。二是完成“特定区域”环境治理年度任务，包括22个集市菜场、12个轨交站点、30个学校周边、9个医院周边、44个老旧小区和8个结合部区域。三是深化管理、执法、作业“三位一体”联勤联动机制和“三评机制”，继续开展门责管理万人培训和第三方测评，宝山区市容环境满意度测评稳定在全市第六名、郊区组第一名。四是基本完成户外广告设施方案微调新增工作，继续优化了宝杨路景观灯光方案。五是按照“两集中、两到位”的原则推进行政审批制度改革工作，完成机构、职能、人员调整，窗口于9月28日开始正常运行。

3. 环卫工作。一是在9个镇共103个小区全面推行居民生活垃圾分类，旧衣服回收系统在3个街道运行良好，菜场垃圾处理量上升至近30吨/天。宝山区全年生活垃圾外运量为1432吨/天，虽超过市局下达的计划量2.7%，但在人口不断导入的情况下基本做到受控。二是对泰和路1810号码头进行扩容改造，全年建筑渣土转运量达到4126吨/天。完成第三轮区域渣土运输单位公开招投标，全区渣土、餐厨垃圾、废油脂等废弃物继续处于良性受控状态。三是继续推进大居环卫停车场建设，高境项目基本建成。罗店大居环卫作业保障于7月正式运行，正在就生活垃圾分类减量处置项目（200吨/天）进行可行性研究。四是开展环卫作业市场化改革前期工作，实施方案和招投标文件基本成熟，启动了劳务用工改革试点。

4、党建工作。完成党的群众路线教育实践活动三个阶段任务，确定40项整改事项，基本达到了整顿“四风”、教育干部、服务群众的目标，其中“事转企”改革分段计算养老金信访问题、友谊路小花园公厕市民投诉等正在或已经得到有效解决。举办了基层一把手培训班，完成了基层党支部和工会换届选举，在企事业单位进行了干部选拔和人员交流，进一步完善了干部梯队建设，增强了队伍活力。全年处理“12345”热线投诉399件、其他平台投诉724件、网格化案件611件，处理率和满意率均接近100%，年终政风行风测评位列全市17个区县第一。

（十一）闵行区

闵行区建设和交通委员会

2014年，区建交委围绕全年工作目标，以区府重点工作、实事项目和区委区政府关注的重大工程为抓手，结合党的群众路线教育实践活动，以学促干，学干结合，做到“两不误、两促进”，各项工作稳步推进。现将2014年工作总结和2015年重点工作计划报告如下：

一、2014年工作完成情况

（一）积极稳妥推进市、区重大工程项目

市重大工程稳步推进。一是嘉闵高架北段高架主线腾地完成。二是虹梅南路高架腾地工作全面启动。三是国家会展项目涞港路及小涞港已竣工，5号停车场腾地工作基本完成，北青公路高架环评等前期工作已配合市里完成。四是轨道交通工程5号线南延伸和8号线三期环评等前期手续已配合市里完成，12号线虹梅路站漕宝路南侧2号出口已恢复建设，七莘路站 5 号出口腾地工作完成，15 号线配合环评等前期手续已完成。五是大芦线驳岸 70% 的腾地工作已完成，三座桥梁开始交地。六是大治河西枢纽工程动迁已启动。七是大居配套道路和区区通工程，5 条大居配套道路（先新路、昌林路、浦锦南路、陪昆东路和昆阳路）已全部开工，区区通道路中江月路已竣工，纪鹤路桥已开工，华江路已启动动迁。八是 WS 匝道工程主线工程沪闵路段已完成，虹梅南路段已开工，周边小区综合环境整治进场实施。

区重大工程有效开展。一是南方商务区 3 条市政配套道路（合川路、闵虹路、万源路）前期手续全部办理完成，莲花路地铁站连廊项目已启动。二是中航商发地块银春路、规划二路 8 月份完成竣工验收，规划三路年底完成竣工验收。三是季乐路（原规划路）道路施工基本完成。四是七宝“一园一区”建设项目，新镇路已建成，虹泉路工程已启动。五是莘庄商务区工程，共涉及 19 个项目，2014 年底预计完成规划二路（秀文路）、规划五路（园文路）等 11 个项目，黎安路改建工程（中春路 – 秀涟路、秀波路 – 七莘路）、中心景观绿化工程等其余 8 个项目将于 2015 年完成。

（二）完善城市交通综合管理机制，着力提升公共交通管理能力和服务水平

一是调整优化公交线网。以“优化为主、新辟为辅”为原则，逐步完善公交线网布局。完成新辟线路 4 条，延伸、调整公交线路 11 条，增设站点线路 6 条。二是完善公共自行车项目。拟订了区公共自行车项目第二轮发展方案，进一步明确项目发展定位及网点布设原则、发展规模和管理模式。三是加强出租车运价管理。按照价格听证程序，调整我区出租车运价结构，保障驾驶员及乘客的合法权益。四是加强非法客运治理。开展了为期 3 个月的集中整治，确定了 51 处非法客运多发区域为整治重点，按照“属地为主、突出重点”的原则，持续进行检查整治，共查处非法客运车辆 578 辆次，其中克隆车 49 辆。五是推进了 6 个枢纽场站建设。建成项目 2 个，进入初步设计阶段项目 2 个，完成立项项目 1 个，完成轨道交通站点配套交通设施改建工程实施方案 1 项。六是优化静态交通。牵头制定了 2014 年区静态交通工作计划并推进落实，全区共新增停车泊位 5100 个。在缓解等特定区域停车矛盾突出新亮点，引导闵行区中心医院和凯德龙之梦实施错时停放（新增 300 个停车泊位），解决医院近 200 名职工停车问题；闵行儿科医院，通过对周边闲置厂房利用，增加了 200 个停车泊位。医院将腾出泊位全部提供给就诊病人车辆停放，极大缓解周边道路停车拥堵现象。同时，加快推进莘庄中心城区停车信息化发展，市静态办对闵行区静态交通工作给予了充分肯定。七是加强安全检查。结合国内重特大事故、防汛防台等专项行动开展安全生产检查。共组织各项检查 34 次，检查企业 108 家。同时积极开展“安全生产月”活动，组织开展“储罐区液化气泄漏现场处置演练”、“灭火实操演练”、“危险化学品道路运输事故应急处置演练”，均取得了良好的效果。

（三）逐步推进市政道路项目建设，不断加强市政设施运行安全

一是加快推进大中修工程建设。2014 年区管道路大中修工程共 18 项，14 项完工，4 项在建；农村公路大中修工程共 9 项，全部完工。二是有序推进实事项目和重点工程建设。完成区政府 20 座农村桥梁改造实事项目；完成消防水源建设工程总量的 50%；完成莘庄枢纽上盖周边 9 条道路改建工程的工可评审和调整；完成市路政局部署的 52 座桥梁强制性检查。三是全力保障道路设施安全运行。以创建春申路等四条文明样板路为抓手，不断提升道路养护质量；以强化道路三级巡查机制为手段，确保道路设施病害得到及时、有效的处置；以加强下立交、桥荫桥孔、泵

站等重点部位的专项安全检查为切入点，确保管理不留死角和盲区；以维护公路路产路权为目标，加大路政执法力度，拆除公路违章非标 400 余处。四是强化相关管理办法的制定。我委牵头制定了《闵行区区级城市维护项目管理暂行办法》，已由区政府常务会议审议通过，有效规范了我区城市维护的范围、投资的标准和自然增长机制等事宜。同时，委内研究制定了《关于进一步落实本区下立交防汛工作的通知》，明确了我区 55 座下立交管理主体、运行模式和安全责任等。五是积极应对政企分开和养护作业市场化改革。根据市府 84 号文和闵府抄〔2014〕55 号文的精神，2015 年应将 2014 年新增设施量及现有设施总量的 20% 实施公开招标，为确保 2014 年跨年养护作业无缝衔接，两署跨前一步，提早启动建设程序。目前，需实施公开招标的公路设施量已进入招标流程，市政设施量也正积极与区财政局对接资金预算。2015 年将进一步细化道路养护管理实施办法，为养护作业市场化良好运作打好基础。

（四）加强在建工地的质量安全监管力度，深入开展建筑施工领域专项整治

一是加强施工现场质量安全监管。对虹桥商务区、国家民用航天产业基地工程质量安全专项检查，开具整改通知单 148 份，局部暂缓施工指令单 21 份，停工单 4 份。对 70 个工程进行了实体质量监督检测，已责令施工单位对不合格项目进行整改。二是加强保障房项目监管，做好竣工验收工作。完成了 34 个项目的第三方抽查，完成保障房项目竣工验收 19 个（203 万平方米）。三是开展违法施工行为专项整治。通报提前开工项目 35 个，针对建设、施工等单位的违法行为立案处罚 94 件，共处罚款 853 万元，力度比去年有较大提高。四是推进街镇限额以下小型工程监管体制建设，督促街镇成立专门队伍、落实人员，承担起属地限额以下工程现场监管责任，加强对街镇业务指导和培训。五是开展查处转包、违法分包专项稽查，加强对区级建筑企业资质核查。完成对“5+2”工程的专案稽查，参与工人欠薪、安全综合检查 3 次，开具谈话通知单 8 份、停工单 1 份、执法检查整改通知单 2 份。开展农民工工资清欠专项行动，要求整改 11 家，开具整改单 5 份，重点跟踪 1 个存在严重问题的项目。六是推进装配式建筑发展。牵头做好我区装配式建筑推进工作，制定我区贯彻实施办法。七是加强对既有建筑玻璃幕墙的管理。加强与街镇管理部门的联动，组织开展建筑玻璃幕墙专项检查整治工作。八是推进农村低收入户危旧房改造，共完成农村低收入户危旧房改造 7 户，其中，中央、市财政补助共 15.75 万元，区、镇补助资金共 50.96 万元。

闵行区绿化和市容管理局

2014 年，区绿化市容局 9 个方面 62 个子项的重点工作按计划完成，纳入区委、区政府重点工作的 5 项重点工作全部按时完成。

（一）重点项目建设按时推进

绿化生态建设加快推进。外环生态专项建设莘庄段 10 公顷建设正式启动。梅陇段完成工可批复。文化公园（二期）28 公顷已于 3 月建设完成并正式对外开放。浦江郊野公园已基本完成方案设计。31.5 公顷（473 亩）12 个子项的公共绿地建设和 5 万平方米立体绿化建设已基本完工。

林地基础建设稳妥推进。完成 100 亩华漕镇生态通道防护林建设项目。700 亩疏林地改造任务已在浦江、吴泾等 9 街镇全面展开。按照市“三防”体系建设规划，已落实 1 个分中心建设，5 个防火塔和 7 个不同级别的有害生物防控监测点建设布点。

环卫设施建设深入推进。区餐厨废弃物资源化利用项目完成立项、规划选址、建设用地预审及环评和工可批复。闵吴环卫码头集装化改造工程完成施工招标工作，建设单位已经进场施工。

（二）精细治理水平得到强化

各类重大保障工作圆满完成。一是我区“亚信峰会”保障体系高效运转。首创了“负面清单”的城市管理模式，启动重要路段“墙角到墙角”综合保洁模式，冲洗率达100%，基本消除了保洁盲区。绿化整治及花卉布置6.3万平方米，花坛花境3207平方米，新建及改造屋顶绿化2525平方米拆除户外违规广告12处19块。二是顺利完成国家会展中心试运行保障工作。我区成立由区联席办（区绿容局）、区城管执法大队、区建交委、区经委等部门负责同志组成的现场办公组，进驻国展中心，参与运营保障指挥部工作。全面确保了国展中心辐射闵行区域内市容环境的整洁、美观、平稳、有序。三是文明创建工作。我局的创建任务涉及《上海市文明城区测评体系》二级指标8个、三级指标10个，20个测评点。从健全工作网络、抓好“三个结合”、突破工作难点等三个方面着手，专题召开闵行区绿化市容系统创建上海市文明城区推进会，各条线牵头市容问题的发现和整改，确保各项创建任务扎实推进。

垃圾分类减量工作稳步开展。以年度计划任务的落实为重点，稳步有序推进垃圾分类深入开展。目前，149个小区垃圾分类工作已全部实质性启动，实现日均处置湿垃圾150吨。以《上海市促进生活垃圾分类减量办法》宣传贯彻工作为抓手，进一步加强分类工作普法宣传。以市垃圾分类质量督查为标准，不断巩固提升垃圾分类实效，落实常态长效管理。以七宝镇万科城花新园小区为试点，积极探索垃圾分类“绿色账户”。

立面管理得到进一步规范。完成全区975个规划广告数量的输入工作，制定下发了《闵行区户外公益广告发布管理操作办法》。会同养护单位、集控单位加大景观灯光的日常巡查力度，确保景观灯光的完好率、亮灯率。结合特定区域创建，规范主要道路两侧的店招店牌设置，对破损的店招店牌及时更新。

绿地公园管养得到进一步提升。完成莘建绿地等项目改造及设施维修，百姓健身步道项目已基本竣工。完成直管行道树树穴盖板维修460余付。全面启动沪闵路慢行系统工程建设。完成了莘城中央公园的改造，莘庄公园、古藤园等老公园改造的方案获得市局的批准，完成了招投标等各项前期工作。完善了闵行区绿地、公园养护管理考核办法。对公园、绿地、立体绿化及行道树进行日常巡查和月、季度考核，根据发现的问题召开季度例会，及时向养护单位指出问题并布置下阶段工作，整改率达到90%。我区绿化考核获得全市第二名、郊区组第一名；公园在全市社会公众满意度上半年度测评中名列第二；在五一花坛花境评比中体育公园、吴泾公园花境被评为花境一等奖；组织参加2014“上海花展”，参展景点“玫瑰园”获得金奖。吴宝路创建成上海市林荫道。

环卫清运保洁进一步精细。完成了2014年环卫定额编制，夯实了环卫职工收入增长的基础。认真梳理全区垃圾源头和处置情况，在各街镇的大力支持下，完成了今年市局下达的1837吨/天的生活垃圾外运控制量。结合道路保洁和清运文明行业创建工作，完善、建立道路保洁“一路一档”，并公示道路保洁路段、服务时间、保洁标准等信息，自觉接受市民监督。上半年在市公厕行业和道路保洁行业社会公众满意度测评中分别获得了全市第四和第五的较好成绩。完成全区环卫作业车辆及道路保洁手推车车身颜色、标识及宣传标语的全面统一，全区作业车辆的车容车貌得到了提升。

（三）行业服务能力得到拓展

创新性工作成效继续显现。以便民利民和服务一线职工为原则，在日常工作中出主意想办法，创新工作方法。在体育公园设置公园科普二维码系统，游客只要用手机拍下二维码，上网后就能查看公园介绍、服务指南、动植物科普等知识。在全市率先设立了首批公园“爱心妈咪小屋”，为游园的孕妇及哺乳期妇女提供了便利。继续倡导各街镇企事业单位开放门房间，设立“环卫工人爱心接力站”128座，向环卫工人提供休息、饮水、如厕、存放作业工具、应急避险等服务。同时加快编制环卫设施规划，为一线环卫工人提供“温暖港湾”。加强重点路段道路废物箱维护管理，提高废物箱完好率和整洁率。

行业安全稳定得到保障。切实抓好行业安全生产，召开全局安全生产工作，党政主要领导对安全生产工作提出了严格的要求；调整和完善安全生产联络员制度，多次召开联络员会议，多次开展了安全生产的实地检查，确保安全生产各项措施落地。加强防汛防台日常管理工作。制订并完善2014年防汛防台预案，落实应急抢险队伍，开展了汛前隐患大排查。按照火灾隐患大排查工作要求，加强对各类苗圃、果园、林地等违章搭建、枯枝焚烧等现象的监管。积极配合电力和轨交部门对电力线路、超高压电力线路、轨交沿线的树木进行修剪控高，确保了电力线路和轨道交通的安全供电和运行。

特色主题活动得到深化。圆满完成了莘庄公园梅花展、体育公园“千米花道”木本花卉展、春季郁金香花展、夏季向日葵花展、水生植物展、秋季农园展和吴泾公园荷花展等公园主题花展，共吸引300万人次游客参观。精心组织义务植树及宣传活动，植树活动共设置了10个植树点和11个宣传点，近三万余人参与了植树宣传活动。精心策划组织了“第五届闵行区艺术节启动暨闵行文化公园二期开园系列活动”，吸引5000多市民到场参与。围绕“鸟语花香，建设美丽闵行”主题开展了2014年闵行区“爱鸟周”宣传活动。举办30多场绿化“六进”活动，将绿色花卉和绿化知识送到市民手中。

（四）行政效能建设得到提升

深化政风行风建设。以“履行政府职责，聚焦民生热点”为重点，努力增强服务意识，主动下基层调研，对重点区域、重点道路的公共绿地、行道树、涉及环卫设施设备、生态公益林地、公园设施等存在的问题进行大排查、大检修。共查找39大类问题，已即知即改35项，对未能即知即改的4项，已督促落实整改措施。完善了第二个政风行风三年行动计划以及12345市民服务热线处置程序和相关制度；全年信访投诉中心共受理各类信访投诉20107件（含重复投诉）。

积极推进依法行政。行政许可严格遵守规章标准，严把关，全年共受理行政许可申请1163件；办结1157件，其中行政审批（核发行政许可文书）464件，行政审核693件。未发生错批、漏批，复议和诉讼现象。法制部门严格落实业务合同与规范性文件的审查把关工作，及时清理确认执法人员的执法资格，积极做好诉讼案件的应诉工作。全年共审查各类业务合同81份，出具法律指导意见书73份；清理规范性文件7份，审核规范性文件1份；受理行政诉讼案件1起，胜诉1起；确认具有执法资质的工作人员共计42人。2014年6月，经市依法治市办审核，成功创建为上海市第二批依法行政示范单位。

认真做好两会办理。在区两会前期，即提前介入，从源头上及时掌握和处理代表委员提问，减少两会建议提案数量，完成两会期间代表现场咨询组织工作。落实解决九星区域环卫设施改造等相关难点提案。全年共收到人大代表书面意见、政协委员提案37件，其中主办件17件，会办件20件。目前，主办件已全部完成答复。

（十二）金山区

金山区建设和交通委员会

（一）深化重点领域和关键环节改革

1. 落实政企改革工作方案。根据区政府统一部署，完成区建设交通委下属 3 家企业股权划转工作，并积极配合区国资委、区人力资源社会保障局等相关部门，妥善完成了脱钩企业人员安置等事宜。

2. 加大行政审批改革力度。深化窗口制度建设、审批流程优化和人员管理，逐一解剖 37 项受理事项，建立标准化办理流程。并组织开展窗口受理人员双向业务培训工作，继续落实深化“AB”岗制度，提升行政审批效能。

3. 开展多项专业规划研究。

（1）配合做好今年区委 1 号课题调研工作，完成《加快构建城乡大交通体系》调研报告，为形成全区“十三五”规划基本思路奠定基础。

（2）完成区建设交通委“十二五”发展规划中期调整报告、《金山区综合交通发展战略和若干重大问题研究》、《金山区骨干路网规划方案深化研究》、《金山区内河港区布局规划》和《金山新城静态交通规划》。

（3）加强对基层单位的行业规划指导和职能部门的相互协作，完成《金山区农村公路规划》和《金山区燃气发展规划》，并同步配套制定了 2015 年 -2017 年天然气管网建设三年行动计划和“十三五”天然气管网建设计划。

（二）加快城镇功能和基础设施建设

1. 加快完成以村内路桥改造工程为重点的农村基础设施建设。截至 12 月底，共完成桥梁 211 座（其中 200 座市、区级实事项目任务全部完成），完成率达 95%，其余 4 座通航河道桥梁需跨年度建设；247 公里经济相对薄弱村村内道路改造工程全部完工。

2. 加强公交基础设施建设。超额完成整修镇村公交站牌 595 块、站杆 536 根、新建公交站台 245 只。完成亭枫公路部分公交站点的迁移和浦卫公路 22 只公交候车亭大修。加快 5 个新市镇公交始末站建设改造，统一服务标志标牌和站点外观形象。金山巴士 54 条公交线路纳入“上海公交”APP 软件，试行“指尖上的公交服务”，推动公交信息化建设。

3. 有序推进区管公路整治及中修工程。2014 年主要包括朱吕公路、朱平公路、秦弯路、沪杭公路、松金公路、金张公路等 9 条路 10 个项目，中修及整治折合里程共 33.36 公里，维修率达 15.62%。截至 12 月底，除朱吕公路整治工程为跨年度工程，预计 2015 年 1 月底竣工外，其余工程均已竣工并完成结算审价。

4. 圆满完成市政设施大修改造工程。2014 年主要包括卫零路（板桥西路 - 龙胜路）、东礁区域 6 条道路（龙临街、东园街、东泉街等）人行道改造，古城路车行道、人行道改造以及卫三路 / 金二西路、卫三路 / 金二东路等 4 个交叉口路面整治。工程于 7 月 1 日开工，历时 3 个月，于 9 月底全部竣工。

5. 超额完成居民天然气转换目标任务。积极落实天然气转换四年计划，自 2012 年至今已累计转换 5.7 万余户，完成率达 95% 以上。2014 年组织实施了山鑫公寓、金天地、石化十二村等 25 个居民小区天然气转换工作，共计 22293 户，超额完成了年度 18000 户的既定目标。

6. 超额完成农村低收入户危旧房改造。按照“农民自愿、政府扶持”的原则，区建设交通委牵头各镇实施农村低收入户危旧房改造工作，全年完成危旧房改造 108 户（计划改造 104 户）。

7. 完成松卫南路更名工作。5 月份，市建设管理委批复同意松卫南路（漕廊公路 - 金山大道）段更名为杭州湾大道。9 月份，涉及的门牌、路名牌及道路指示牌更换工作全部完成。

（三）加强城乡管理和社会治理

1. 加强城市综合管理。

（1）重拳打击非法客运。今年区建设

交通委从制定工作方案、细化考核标准、强化宣传引导、增加整治频率、提高处罚标准、完善技防设施等多方入手，综合施策，全力打击非法客运，取得明显成效。创新建立“三个率”考核办法（知晓率、告知率、消除率），推动街镇落实属地管理。全年共开展专项整治行动125次，查处涉嫌非法客运车辆224辆，罚没款170.1万元，暂扣驾驶证107本，行政拘留15人。8月份，新政新规实施以来，我区在全市范围实现了“两个率先”：率先执行驾驶证暂扣处罚，率先查获非法客运当事人重复违法案件，并没收违法车辆。

（2）全面开展无证码头专项整治。根据无证码头整治方案，对全区62户有证码头和132户无证码头进行归类整治。截至12月底，58户无证码头进入纳管办证程序，74户无证码头基本处于停业状态。查获全区无证码头首起处罚案例。同时，区建设交通委将整治情况向相关部门、相关镇（工业区）进行通报，强化职能部门的监管责任和地方政府的属地责任，形成工作合力。

（3）加强石化、朱泾等地区静态交通管理。一是对道路停车收费统一纳入区级财政，落实收支两条线管理。二是6月起，对石化中心城区21条路段、828个停车位纳入规范化管理，严格按照上海市相关标准执行。三是8月起，在朱泾镇罗星路、金龙新街、文商路等设置停车位的路段试点实行收费管理。四是会同公安金山分局，研究优化城市沙滩交通管理方案，明确在节假日、双休日等重要时间段开放金涛路设置临时道路停车场，增加了400个停车位。

（4）提升公路管养水平。建成并启用金山区路网分中心，使我区公路实现了依托信息化管理手段提升管养水平的新突破，道路破损、路面不洁、井盖缺失等案件均能及时处置。持续创建了朱吕公路、金廊公路等一批市级文明样板路。公路养护管理排名全行业第二名，MQI（公路技术状况指数）首次位居全市第一。

（5）加强下立交应急管理。区建设交通委结合路网分中心应急系统的建设，同步建立大型桥梁、下立交视频监控系统以及下立交警戒系统和阻拦系统。发挥街镇属地管理职能，加强汛期下立交“一处一预案”到位情况和应急物质储备巡察。并按照市路政局统一部署，编制上报我区道路下立交三年改造计划。

2. 确保安全生产平稳可控。

（1）加强危化品运输监管。一是与全区所有道路危运企业签订安全生产责任书，强化企业主体责任，并以“平安”为代号开展贯穿全年的整治行动，把好道路危化品安全运输关。二是深化“平安航区”共建制度，启动金山区船舶动态监管平台一期项目建设，并强化联动联勤机制，加大危运船舶进出港安检力度，成功处置“3·28”船舶污染事故。

（2）加强建设工程现场监管。定期开展建筑工地日常抽、巡查工作，按要求开具隐患整改单并跟踪整改落实情况。结合“安全月”、“质量月”等活动开展专项检查，并以工程创优为载体，加强文明施工监管，推动我区工程质量全面提高。

（3）加强燃气管道安全监管。根据市、区两级工作部署，对全区909.1公里城镇燃气管道开展专项检查，共排查管道被占压隐患13处。区建设交通委通过“一事一议”函告各相关镇和燃气企业，要求各镇进行占压隐患联合治理整顿，要求企业逐项对照整改并对口消项。全年共整改占压隐患9处，并有效处置燃气应急抢修事故60起，确保燃气重大事故和衍生事故零发生。

（4）开展公路桥孔安全防范整治。对全区农村公路重点桥梁、跨线桥以及下穿孔进行全面摸查和桥孔安全隐患排查，建立健全《农村公路重点桥梁管理档案》，共排摸登记了71座重点桥梁，发现问题桥孔15座，已协同各镇（工业区）进行整改。

（四）推进重大工程和实事项目

1. 高要求推进区重大工程实事项目建设。2014年，我区计划实施41个（新开、结转）重大工程和12个实事项目。截至12月底，53个重大工程和实事项目中：27个项目已竣工，20个项目处在实施阶段，6个项目处在前期阶段，总体开工率为89%，好于2013年同期。

2. 高标准推进枫泾交通枢纽一期工程建设。截至12月底，一标（土建）正在进行内外装饰工程，完成总工程量80%以上；二标（市政）正在进行道路及路灯收尾工作，完成总工程量95%以上。

3. 高质量开展重点项目前期储备。配合开展平申线航道整治工程前期准备工作，完成一期和二期的前期费用测算；配合开展新沪杭公路选线、亭枫公路“四拓六”改建工程前期方案研究；完成沪松卫线大修前期工程项建书报批、房屋动迁及绿化搬迁工作；编制完成金山新城公交总站项目建议书；开展G60枫美路新建工程方案优化和卫零北路新建工程选线等工作，为新型工业化专项改革试点和新型城镇化建设做好准备。

（五）积极落实节能减排

1. 推进结构性节能减排，开展清洁能源替代。根据区政府2014年燃煤（重油）锅炉、窑炉清洁能源替代企业名单，主动对接天然气企业，积极配合区经委等相关部门圆满完成了年度替代任务。同时，针对松隐、干巷、兴塔三处104地块天然气管网近期内无法到达的问题，会同区发展改革委、区经委、枫泾镇和金山天然气公司多次进行专题研究，制定并形成了切实可行的管输、非管输供气方案，并专报区政府予以推进落实。

2. 完成卫清东路CNG汽车加气站试点建设。为推进天然气清洁能源在出租车领域的应用，区建设交通委指导万事红公司完成了卫清东路CNG汽车加气站试点建设并申报获取加气站经营许可证。

3. 大力推广绿色建筑、装配式建筑和既有建筑节能改造。贯彻落实上海市绿色建筑发展三年行动计划，制定我区实施方案，明确新建民用建筑按照绿色建筑一星级及以上标准建设，落实装配式建筑的面积比例（2014年不少于25%，2015年不少于50%）。

（六）加强部门自身建设

1. 提高依法行政水平。

（1）组织参加金山区行政执法人员基础法律知识培训及市建设、交通各条线的专题业务培训，健全执法人员持证上岗和资格管理制度、执法案件评议制度等，加强执法队伍建设。

（2）贯彻区政府行政执法监督办法、行政机关负责人行政诉讼出庭应诉实施办法和行政复议决定网上公开办法等规定。

（3）认真做好第三批上海市依法行政示范单位创建准备工作，坚持依法科学民主决策，完善规范性文件备案审查，推行政务公开机制，积极开展法宣“三进二上”等特色工作。

2. 加强政府投资项目管理。制定《金山区政府投资项目推行代建制实施办法》和《关于进一步加强和规范金山区政府投资项目建设管理的意见》并由区政府转发，实现政府工程项目建设的专业化管理。

3. 推动养护作业市场化改革。区建设交通委会同区发展改革委、区财政局、区水务局、区绿化市容局、区住房保障房屋管理局共同制定了《金山区区级城市维护项目管理暂行办法》，推动区、镇两级建立城维专项资金并纳入财政预算。

4. 承接市级下放抗震审查职能。2014年，共完成我区产业项目总体文件抗震审查91件，抗震行业意见征询72件，并做好建筑工程初步设计（总体）文件抗震审查的各项准备工作，完成了市级下放抗震审查职能的承接。

5. 高效办理人大、政协、党代表提案和来信来访。2014 年，区建设交通委共承办区人大代表书面意见 43 件，政协提案 37 件，人大代表联系社区意见 17 件，市、区党代表联系社区意见 28 件。共处理 12345 热线工单 90 件，接待受理群众来信、来访、来电 275 批次，839 人次，数量呈逐年递增趋势，信访办结率保持 100%。

6. 切实转变作风提升效能。

（1）严格执行中央“八项规定”和《党政机关厉行节约反对浪费条例》，切实转变作风，加强建设交通系统反腐倡廉建设。

（2）深入开展党的群众路线教育实践活动。严格完成规定动作，创新实施自选动作，针对“四风”顽症和群众反映强烈的突出问题，以“啄木鸟、春之雷、零距离”三大活动为抓手，把改进作风的要求真正落到实处，促使活动收获预期成效，真正让广大群众受益。

（3）组织协调各方力量，全力参与文明城区创建工作。制定文明城区创建巡查制度，在广泛开展宣传动员的同时，将创建工作主动融入建设交通行业管理之中，按照创建标准和要求对各行业开展巡查，督促整改，有效提升创建效果。

金山区绿化和市容管理局

2014 年，在区委、区政府的正确领导下，在市绿化市容局的关心指导下，区绿化市容行业认真贯彻落实党的十八大和十八届三中、四中全会精神，紧密结合党的群众路线教育实践活动，围绕“生态环境改善、市容市貌整洁、城市运行有序”的工作目标，以上海市第二轮文明城区创建、国家园林城区迎复审、“特定区域”专项行动等重点工作为主线，凝心聚力、真抓实干，顺利完成了各项年度目标任务。

一、2014 年工作总结

（一）突破重点难点，文明城区创建有序推进

1. 行业管理突出重点。推进道路清扫保洁标准化差别化作业，开展每月一次市容环境质量监测专项检查，全面提升上班（7—9 点）、中午（11–13 点）、下班（17—19 点）三个时段黄金六小时的市容环卫保障水平。以“六无示范街”等专项行动为抓手，强化宣传引导、开展综合整治、落实长效管理，采取“5+2”、“白加黑”的值勤、备勤模式，不断完善旅游景点、主要大街、“特定区域”、城乡结合部等重点区域的城市管理工作，以点带面，衍生覆盖，实现相关区域基本无跨门营业、无序设摊、占道经营、违章搭建的创建目标。

2. 难题顽症破解有力。根据《金山区中心城区棚亭整治方案》，有序推进城区 89 个体育、福利彩票亭、东方书报亭、便民服务亭的规范优化工作以及 69 个自制棚亭的清除工作。配合区市政市容联席办制定了《金山区进一步加强城市无序设摊综合治理实施方案》，建立“严禁、严控、控制”分类管理模式，有效遏制无序设摊蔓延势头。

3. 市容景观亮点纷呈。完成立体花卉景点布置 5 处，更新立交组合容器 84 个，更换绿地花坛花境 8000 余平方米，整治绿地 20 公顷，更换树穴框 340 套，补种行道树 368 株、地被及草坪 9100 平方米、色块 2825 平方米。金一东路（沪杭路 – 卫零路）成功创建为市级林荫道，成为我区第 5 条市级林荫道。滨海公园花境荣获上海市公园花境评比一等奖。亭卫公路西侧的草坪灯、杭州湾大道的宝华海湾城的楼宇灯光、金山人防办大楼楼宇灯光等景观灯光设施的大修工作顺利完成。

4. 创建活动形式多样。深入推进公厕文明行业创建，加强对全区 145 座“文明公厕”的日常检查，有效落实便民措施。积极推进道路保洁和垃圾清运文明行业创建工作，在全区 600 多辆道路保洁车、垃圾清运车车身

上张贴文明创建宣传标语，对1253名道路保洁人员进行了专业技能培训。

5.牵头协调形成合力。牵头市容环境组各成员单位，按照《金山区创建第二轮上海市文明城区市容环境组工作方案》部署，分解指标任务，落实责任分工，积极开展市容环境综合整治行动。同时，建立了市容环境组信息报送、工作例会、巡查督查机制，进一步加强沟通协调，形成工作合力。

（二）注重长效管理，市容环境水平稳步提升

1.市容环卫管理常态长效。加强对餐厨垃圾和废弃食用油脂的日常监管，全区共回收地沟油（含水量）1715吨，处置量856.88吨；规范建筑垃圾和工程渣土源头管理，受理申报企业152家，申报量314.744万吨，申报规范率100%。开展违法违规运输处置渣土行为联合整治行动，检查工地40个，查获违规车辆5辆；加强对装潢垃圾偷乱倒的整治力度，共清除18000多吨装潢垃圾（其中石化街道2500余吨），处置龙航路、东平北路、卫清东路、金山铁路沿线等18处暴露垃圾；严格执行机动车辆清洗场（站）备案流程，全年新增4家机动车辆清洗备案企业；落实对户外广告及店招店牌的监管措施，审批户外广告设施37座，整治违规临时户外广告500余块，新设置的户外广告设施规范设置率达到100%；开展重要道路店招店牌每两周一次的全覆盖巡查，共发送双向告知书24份，开具整改通知书29份。

2.专项整治行动有序推进。开展"特定区域"环境治理行动，针对群众反映强烈的农贸市场脏乱差问题，先后组织6次专项检查，委托第三方测评机构对全区标准化农贸市场进行测评，督促市场管理部门及时进行整改落实。推进村（居）社会管理专项治理，加强对4个重点区域的行业指导，落实巡查、监督机制，强化检查考核。"亚信峰会"期间，启动市容保障专项行动，对沿街餐饮店、排档、洗车店等占用人行道跨门营业后留下的餐饮残渣、泔水油垢、垃圾污物进行综合治理，排摸并清除41处道路卫生死角，提升了中小道路、背街小巷、城乡结合部道路的市容环境卫生水平。

3.环卫设施配置升级优化。全区新增环卫专用车辆20辆；对中心城区3座公厕、4个小区垃圾房、3座环卫工人作息点，漕泾镇5座公厕、张堰镇3座公厕、吕巷镇1座公厕开展维修改造，亭林镇大慈路公厕荣获上海市2014年度"市民最满意公厕"称号；在中心城区增设14块公厕导向牌；完成中心城区废物箱、垃圾桶的更新工作，共计新增、更新废物箱558只，垃圾桶814只。

4.生活垃圾管理深化拓展。在巩固2011—2013年分类减量成果的基础上，确定山阳镇、枫泾镇、廊下镇52个居住小区作为全区2014年生活垃圾分类减量实施单位，稳步推进生活垃圾分类工作指导、培训、考核工作，共计28227户家庭参与生活垃圾分类工作。

5.末端处置系统安全可控。严格执行《金山环境再生能源有限公司项目运行监管方案》等管理制度，委派2名专职监管员驻厂监管，实时监督公司运营期间各类指标的排放情况，并建立生活垃圾第三方计量系统。同时，按照《上海市生活垃圾中转处置设施运营监管办法》，加强对8个转运站及专用运输车辆的巡查监管，确保整个生活垃圾末端处置系统运行平稳有序。

（三）坚持建管并举，生态环境质量不断优化

1.绿化工程全面实施。根据2014年区重大工程和实事项目推进要求，有序推进重大绿化工程建设，顺利完成亭卫公路（漕廊公路—G15亭林出口）两侧绿地补缺工程、金山永久生活垃圾处理厂周边道路绿化及林带改造项目。全年，完成各类绿化建设19.75公顷，其中公共绿地3.8公顷。

2. 立体绿化逐步推广。根据市绿化市容局立体绿化的建设要求，积极挖掘立体绿化资源，并多次深入街镇调查摸底，对意向建设单位跟踪指导。全年，共累计完成立体绿化 11200 平方米。

3. 科技兴绿成效显著。推进园林树枝等废弃物循环利用，共回收利用废弃物约 1000 吨，堆肥产量约 800 立方米，全部用于绿地（花坛）土壤改良和盆花生产。加大新型药剂应用，开展了可喷型树干涂白粉剂和防钻蛀性害虫“SGY 膏剂”的施药试验。推进新害虫——樱桃球坚蚧的立项研究，并建立 5000m2 综合防治示范区作为试验场，目前该课题已顺利结题。

4. 绿化管养精益求精。以迎接国家园林城区复查为契机，通过引入第三方考核机制、完善三级巡查制度、开展绿化工（初、中、高级）、植保讲座培训等措施，切实提高绿地管养水平。推进“两病两虫”监测预警工作，落实对悬铃木白粉病、方翅网蝽及日本壶蚧等有害生物的防控措施，发送虫情预警信息 12 期，共计 732 份。落实古树名木保护工作，完成 2 个市级古树名木保护示范点项目、3 个区级技措项目建设。

（四）加强实践创新，城市管理模式持续完善

1. 执法保障切实有力。先后组织开展了迎春专项整治行动、违法占道经营活禽专项整治、“两节两会”食品安全专项整治、迎沙排赛专项整治、扫黄打非“清源、秋风、净网”专项行动、农贸市场治理专项行动、非法客运专项整治、村（居）社会管理专项整治、夏令热线专项整治、“迅雷”渣土专项整治、绿色护考专项整治、“六无示范街”专项整治等专项行动 20 余次。圆满完成了“两会”、“春节”、“清明节”、“五一、世界沙排赛”、“亚信峰会”、“啤酒节”、“音乐节”、“烟花节”、“国庆”等重大活动期间的城管执法保障任务。全年共出动执法人员 72165 人次，出动车辆 21813 车次，教育纠正违法行为 89525 处。

2. 管理模式不断创新。根据“垂直体制、双重管理、以块为主”的管理思路，制定了《关于金山区城市管理行政执法局执法大队驻地中队实行双重管理的实施意见（试行）》，已经区政府审核并下发，对各驻地中队工作考核进一步强化。组建成立城管金山工业区、漕泾、廊下和张堰四个中队，实现了城管执法力量全区覆盖的工作目标。建立了城管“大督察”工作机制，采用定时和突击相结合的方式进行督察，共发现问题 115 起，纠正问题 115 起，纠正率 100%，进一步改进城管执法系统工作作风，提升执法实效。

3. 队伍素质得到提升。开展以“廉政勤政、积极作为、执法为民”为主题的百日作风纪律教育整顿活动。通过学习先进、学习典型、学习模范等活动，加强队员的职业道德建设，自觉践行“公正廉洁、忠诚敬业、文明规范、执法为民”的核心价值观。积极开展法制培训、应知应会考试、法律知识竞赛等活动，进一步提升了城管队伍“依法行政”能力水平。

（五）践行群众路线，行业服务质量更上层楼

1. 提案办理务求实效。根据区委、区府相关要求，积极沟通协调，严谨规范办理，顺利完成了 2014 年人大、政协、党代表提案和意见的办理工作以及党的群众路线实践教育活动听取意见建议边学边改的整改落实工作，切实解决了人民群众的急难愁问题，打通了联系服务群众的“最后一公里”。

2. 社会宣传广泛深入。开展“同追绿色梦想、共建生态上海”为主题的全民义务植树系列活动，累计参与人数 1400 余人，种植各类乔灌木 1100 余株，植树面积近 32600 平方米，发放各类宣传材料 400 余份。通过开展“幸福纪念林”百株桂花认建等活动，积极推进绿化认建认养活动。全年，共有 21

家单位，85位市民参与了绿化认建认养活动，共计认养绿地2万余平方米、古树及后续资源13株。

3. 行业服务惠及民生。组织开展绿化知识“六进”服务、城管执法“五进”等活动，通过敬老慰问、志愿服务、贫困募捐、结对共建等活动，不断扩大公众参与度。全年共开展行业服务134次，向社区、学校等赠送盆花7000余盆。

4. 投诉处置快速高效。按照投诉受理“三个二”要求以及相关行业承诺，进一步优化绿化市容系统投诉受理工作机制，切实加强资源整合、提升工作效能。全年共受理各类行业投诉3512件，处理率100%，办结率100%。

（六）明确目标任务，各项改革推进平稳有序

1. 行政审批改革加快推进。以深化实施区级“两集中、三到位”工作制度为有效途径，大力规范审批程序、优化审批流程，在依法合规的前提下推进审批工作效率最优化，全面实行事项公开、服务承诺、限期办结制度，实现审批事项受理、踏勘、发证等具体审批行为一口对外、一门服务。

2. 局属企业脱钩顺利完成。按照区委、区政府的总体部署，于9月1日完成了局下属4个企业的脱钩工作。同时，根据补充意见的要求，加强对脱钩企业中“老人老办法”人员退休后的管理，制定相应的管理办法，明确局、所和相关企业的责任，完善保障机制，确保区府文件精神落实到位，实现了平稳过渡。

3. 养护作业改革先行先试。成立局深化绿化市容养护作业市场化改革工作领导小组，对区政府周边8条道路、板桥西路（卫零路—东平南路）保洁，石化新城44个商品房居住小区生活垃圾清运作业以及绿化养护新增项目实施公开招投标试点，指导吕巷镇、张堰镇、廊下镇、亭林镇、金山工业区率先推行道路保洁、垃圾清运市场化作业。

（十三）松江区

松江区建设和交通委员会

2014年是全面深化改革的第一年。在区委、区府的坚强领导下，在委广大干部职工的共同努力下，紧紧围绕全区中心工作和委年初确定的目标任务，以改革创新为统领，转作风、解难题、求实效，有力推进年内各项建设、监管服务和党建工作。

（一）着力破解建设难题

坚持制度引领，把解决现实问题与建立长效制度结合起来，以制度创新破解建设难题。

1. 大力构建务实、管用的制度体系。率先探索建设工程招投标活动若干规定等重大改革性制度规范，出台《关于进一步规范松江区公共资金建设工程施工招标投标活动的若干规定》（沪松府办【2014】86号）（包括4个配套办法《松江区房屋建筑和市政工程施工招标评标办法及入围方式》、《松江区关于规范小型建设工程承发包活动的管理办法》、《上海市松江区政府投资项目招标代理机构管理办法》、《上海市松江区建设工程招标代理机构考核办法》）。新《规定》推出“背靠背”等一些创新举措，打破制度壁垒，创下多个全市首创，将“串标、围标”的风险降到了最低；今年以来，区建交委制度建设硕果累累，共新建了《建交委行政事业单位内部控制制度（试行）》、《委公路市政项目方案预审办法（试行）》等内部管理制度和《城市管理资金维护管理办法》（沪松府办【2014】82号）等业务制度。

2. 深入推进重点区域道路系统专题研究。针对松江老城区拥堵，编制《老城区排堵保畅课题研究》，经区级相关部门和单位

研究论证后正式转化为具体工作方案；针对管线建设多头管理、管理混乱情况，拟定《地下管线管理办法》；积极做好G60沪昆高速公路松江段抬升改建方案研究，协助市路政局编制专项规划，同步进行工程预可及近期实施的文翔路立交项建书编制工作，待市规土局明年批复专项规划后，进入立项报批程序；创新研究全区快速道路系统规划方案；和城通公司一起推进沪昆铁路南移方案落地，年底完成节点目标。

3. 进一步提高行政审批、窗口服务效率。为突破瓶颈，提高效率，区建交委联合区审改办等部门率先成立区区自己的专家库，聘请了9名一级注册结构师为专家库成员。除超高超限的项目外，抗震审查均可在本区办结，真正实现审查效率的提升；大力简化办事流程，将区区建设工程小型项目受理流程从原先的五个环节压缩为“项目报监”一个环节，进一步完善小型项目网上办事功能和受理过程信息查询功能；建筑建材业服务窗口在全市评比中连续两年获得第一。

（二）重点工程齐头并进

统筹区域发展，加快基础设施建设，城乡建设进一步加强。

1. 协调推进市重大工程。协调和完成上海华电三联供配套天然气管道工程腾地工作，确保燃气管道在2014年11月通气；协调完成100万伏淮南－南京－上海线路工程小昆山镇、佘山镇的腾地及通道清理工作，确保松江段13个基塔进场施工及塔基工程全面完工；配合市公投公司完成嘉闵高架南南延伸工程环评以及前期动迁费用估算等工作；协调沪杭高铁新桥镇遗留问题及金山支线15户动迁户遗留问题。

2. 加快推进市、区重点工程。叶新公路改扩建、广富林路西延伸段一期、北松公路等道路竣工；大型居住社区配套刘五公路全线通车；千新公路、长兴路年内基本竣工；大居外围配套项目佘北公路、沪松公路在管线施工和部分路面施工中，年底完成50%工作量；辰塔路黄浦江大桥接线工程（塔闵路－叶新公路）目前接线工程已开工，明年与大桥工程同步建成；莘松公路、松蒸公路、九新公路（九亭段）改建计划进入最后冲刺阶段；推进沪杭高速、沪昆铁路松江城区段南移工程专项规划；协调推进匝道建设，G50九杜路匝道、广富林路G1501匝道已完成方案设计，G15车墩匝道项目顺利立项。

3. 努力推进民生建设和区实事项目。完成区实事项目乡村公路危桥改造27座；改造经济薄弱村道路215条共计106.738公里；完成闵塔路等大中修项目71.998公里；完成燃气老旧灰口铸铁管改造2014年计划数4.8公里；备受百姓关注的南青路、仓丰路、北翠路及部分隧道道路路灯设施建设将于春节前完成安装；人大代表提了5年的叶新公路路灯安装工程，今年也是取得突破性进展，落实资金3000万，目前工可编制阶段；浦南三镇主管网建设正在进行规划选线送审、环评方案征询及环评方案前提资料收集，预计2015年10月开工建设；燃气第二门站目前已开工，预计2015年3月底完工。

（三）维护城市安全运行

围绕重点领域，切实将加强建设工程质量安全、燃气安全、道路安全摆在突出位置，确保人民群众安居乐业。

1. 加强信息化监管力度。完成招投标备案信息系统升级改造，投标保证金管理，招标代理机构抽取和小型建设工程承发包管理这四个网络平台系统的开发；在全市率先进行松江路网分中心建设，目前一期项目试运营；液化气钢瓶电子标签信息化系统已投入使用；完善区公共建筑能耗平台建设，对松江法院等13幢国家机关办公建筑试点调试，建筑能耗监测平台基本模块功能开发已全部完成；运用远程视频监控系统进行差别化工程的巡查管理，目前153个项目已安装视频监控，242个摄像头在线。

2. 加大行政处罚、协调力度。健全管线巡检机制，截止12月底，配合协调管网公司和燃气公司处置了7起占压事件，目前除车墩、泖港2起还在协调处置中，其它5起清除完成；全年燃气部门共开展执法行动58次，收缴非法经营液化气钢瓶2984个，公安部门拘留67人；斜塘大桥抢修圆满竣工；加强城市井盖安全管理，建立综合协调机制，井盖缺损等问题及时处理率明显提高；强化路政巡查和执法处置，全年出动公路路政执法人员约1625人次，巡查里程3.04万公里；对各类建筑市场违法违规行为实施处罚计166例，处罚金额1316.60万元。

3. 加强社会治理，维护社会稳定。实现大联动、网格化和12345热线的资源整合。全年共受理大联动案件118件（去年是28件），已办结115件，办结数93%；网格化1881件，未办结230件，办结率90%；"12345"市民服务热线361件，比去年同期195件上升166件；加强民工维权，全年共接待上访民工488批次，来访人数1284人，涉及农民工人数6471人，涉及民工工资款6953.25万元，已协调解决6720.49万元，调解成功率96.65%。

（四）党建工作彰显活力

党的建设永远都是推进各项事业的基石。一年来，区建交委以党的群众路线教育实践活动为契机，加强党风廉政教育，着力充实干部队伍，上下齐心，彰显党建新活力。

一是扎实开展党的群众路线教育实践活动。围绕行业和岗位实际，以"苦、忠、足、乐"为主题开展教育实践活动，完成学习教育、听取意见，查摆问题、开展批评，整改落实、建章立制三个环节的各项工作，制定修改完善了一批制度，教育实践活动重点突出、特色鲜明、成效明显，营造了"风清气正"的内部环境。

二是夯实干部队伍建设。全面深化科级干部竞岗轮岗。建立了建交委系统优秀年轻干部信息库。开展了机关、基层科级干部竞岗、轮岗，通过自荐、笔试、演讲的方法，提拔了一批年轻干部走上了重要的科级岗位。今年共选拔任用干部16名，其中，委机关副科级2名、直属事业单位科级领导干部14名；建立基层考评制度，改进和完善基层领导班子和委管干部考核评价体系。健全干部考核制度和行政问责制度，组成考核组，对基层单位班子领导及委管干部通过民主测评、个别访谈和查阅台账的方式全面考评。

三是深入推进党风廉政和反腐败工作。加强党风廉政监督检查工作的落实；明确党政主要领导负总责，其他班子成员根据分工不同分别负有相应的责任；开展重点工程创"双优"活动，签订工程和廉政"双合同"，确保"工程优质、干部优秀"；严格执行八项规定，1月–11月，系统公务接待费用共计10.56万元，同比减少36.03万元；公务用车购置运行费用共计36.34万元，同比减少21.01万元。严格把关出国（境）和学习考察活动，今年以来无费用发生；落实"三重一大"，贯彻民主集中制。年初，委党委对"三重一大"制定进行了修改和完善，凡属"三重一大"事项，无论是人员的录用、干部的提拔、工程的资金使用等，均按规定程序进行，都有会议记录，切实做到了讨论前广泛征求意见，讨论时按照议事规则，集体决策后加强监督落实。

四是抓好群团及精神文明建设。以"工青妇"各条线为抓手开展各类主题教育活动；团委在广大团员中开展了形式多样的青年活动，获得如市级青年突击队、上海优秀青年志愿者等多项荣誉；工会维护职工合法权益，帮助解决实际困难；妇女大力开展立功竞赛，引领全委职工建功立业；不断深化基层党组织建设，基层单位党支部（总支）结成友好支部，优势互补，提高党的组织活动质量与效果；加强创建文明单位的指导培训，提供平台给各创建单位进行学习交流；继续推进

“露天电影进工地”、“阿汤说路”、“建交委政务微博”、“乐行松江”、“燃气安全进社区、进学校”等志愿服务品牌建设；加强行业工作正面宣传和舆论引导。

松江区绿化和市容管理局

2014年，区绿化市容局按照区委、区政府和市局年度工作总体部署和要求，紧紧围绕全面提升绿化市容管理和城管执法工作的整体水平，坚持以党的群众路线教育实践活动为主线，以体制机制调整改革为重点，以各项工作的有效推进落实为目的，全局系统继续保持了平稳有序、总体向上的发展态势。上半年，区市容环境质量综合考评和“特定区域”环境治理实效测评成绩保持全市郊区第一，公共厕所管理、道路保洁和垃圾清运社会公众满意度测评全市第一，生活垃圾分类减量工作实效全市第一，行业市民诉求处理工作全市第一，拆违工作走在全市的前列。主要工作和成效体现在以下“六个加强”上：

一是加强群众路线教育实践活动的扎实推进。以领导班子和领导干部为重点，向整治“四风”问题集中发力，促进了各级领导班子和党员干部队伍作风根本好转，得到了市委第二督导组、区委第一督导组和区教育实践活动领导小组及办公室的肯定。查找出了“五个不够、五个突出”问题，贴近实际设计了“20个一”自选动作，以及坚持分类指导、充分发挥基层积极性，坚持跨前一步，提高服务质量；“三结合”助推作风转变，24座休息岗亭为养护工人“遮风避雨”，94条批评意见见人见事见思想等做法被上海基层党建网、区委教育实践活动简报和松江党建网转发。

二是加强属地化管理改革的推进落地。顺利完成了与各地区的对接移交，研究形成了具体的考核办法。通过责权下放，各地区属地管理主体责任意识和绿化市容管理、城管执法的实效有了新的增强。加强对属地化相关配套政策和运行机制的调整完善，所属园林管理署和环境卫生管理署分别更名为园林绿化管理中心、市容环境卫生管理中心，撤销了轨交9号线市容管理所事业单位建制，其职能、编制和人员划入市容环境卫生管理中心。

三是加强违法建筑和偷乱倒渣土行为的严格查处。截至10月底，全区先后安全有效地实施了13次重大强拆行动，累计拆除违法建筑378805平方米，其中拆除存量违法建筑324056平方米，完成年度计划12万平方米的268.14%，拆除新增违法建筑54749平方米。创新渣土运输管理机制，探索实施市民举报奖励办法，收到市民举报119起，已核实46起，依法处罚金额共266.41万元，有效构筑起了渣土运输管理群防群治的社会基础。

四是加强生活垃圾分类和处置工作的巩固深化。围绕申报创建全国生活垃圾分类减量示范城区，以“绿色帐户”试点为抓手，推进了131个小区、覆盖10万多户家庭的日常干湿垃圾分类工作，协调解决了车墩、新浜两处湿垃圾应急处置点和街道湿垃圾的出路难题。积极推动小区、学校、菜场安装小型生化处理机就地消纳湿垃圾。建成使用佘山、九亭和叶榭镇的湿垃圾生化处置项目和餐厨垃圾生化处理厂，对7种生活垃圾处置模式逐一进行先行先试。截至10月，全区生活垃圾日均量983.17吨，较2013年同期减量7.05%，较2014年市级减量计划指标减 2.66 %。以天马项目和垃圾填埋场2、4号坑生态修复为重点的工程建设项目按时间节点有序推进实施。

五是加强市容环境的综合治理。成立了区市政市容管理联席会议，构建完善区域常态长效共管协调机制；配合做好上海亚信峰会、清明祭扫、佘山登高、“5.24”专项工作等重大节日和重大活动的市容环境保障工作，持续开展各类专项集中整治共计73次，城管执法共出动 343932 人次，实施行政检查和教育劝阻 281793 人次，依法查处各类违法行为 1973 起，清理无序设摊 2500 个；完成绿化抽稀及补种面积达 22.1 万平方米；治理改善了全区 52 个集贸市场、9 个轨交站点、93 所学校、1 所医院、55 个老旧小区等五类“特定区域”周边市容环境，巩固提升“三类区域”市容环境，推进泗泾镇、新浜镇 3 个无序设摊疏导点 2500 平方米硬件设施建设；继续推进“星级公厕服务”、道路保洁及垃圾清运文明行业创建活动，环卫打捞黄浦江漂浮垃圾和水生植物 59573 吨，其中水生植物 41401 吨。

六是加强各类诉求的有效处置。结合开展群众路线教育实践活动，有效办结了 23 件区人大、政协议提案和 22 件区人大代表集中进选区、市区党员代表联系社区收集的意见建议，受理上级督办等各类信访案件 110 件，办结 107 件办结率为 97.3%；受理各类投诉案件 10060 起，结案 10013 起，结案率 99.53%；办结“12345”市民服务热线案件 2897 件；办结“12319”城建热线案件 5156 件，回访满意率达 79.35%。同时，稳妥处理“3.11”暴力抗法和 2 起网民造谣事件，有效控制“2.18”漂浮死猪问题，形成了防台防汛市政道路路边进水口保洁操作规范和户外广告设置巡检制度。期间，共发放户外广告、店招店牌和景观灯光告知书 4005 份，检查 1283 处，配合供电部门完成影响供电安全树木修剪和抽稀工作 7720 株，消除安全隐患 113 处。

（十四）嘉定区

嘉定区建设和交通委员会

2014 年是全面深化改革的开局之年，也是深入推进“十二五”规划的关键一年。城市建设交通工作贯彻区委、区政府的决策部署，解放思想、凝聚力量，突出重点、狠抓落实，不断强化建设现代化新型城市探索者和先行者的发展追求，围绕“产业转型发展、城市品质发展、社会和谐发展、党建科学发展”的发展举措，深入开展党的群众路线教育实践活动，积极践行为民务实清廉的工作要求，全力推进重大工程和基础设施建设，着力提升城市发展品质，城市功能逐步完善，城市形象明显改善，为打造长三角综合性节点城市夯实了基础。

一、2014 年工作回顾

（一）重大工程

2014 年初，共安排四大类重大工程建设项目 41 个，计划新开工项目 13 个，建成或基本建成项目 18 个，加快建设进展项目 10 个，项目总投资约 408 亿元，年度计划完成投资约 100 亿元。由于早落实、早启动，勤协调、多督促，以及各实施主体、各街镇和各相关部门的通力协作，截至 12 月底，实现新开工项目 12 个，建成或基本建成项目 18 个，完成投资约 114 亿元。其中，基础设施 48 亿元，产业发展 21 亿元，社会事业 7 亿元，住房保障 38 亿元。其中，白银路地下车库及道路改建（阿克苏路 – 湖区一路）、嘉定原水支线（陈行水库 – 嘉定）、于田路改建（和静路 – 曹安公路）、嘉北郊野公园（一期）、嘉定地区 4G 网络、沃尔沃汽车（中国）研发中心、中科院声学所东海站嘉定新园区、上海航天电子公司扩建、上海金融谷（二期）、中福会幼儿园、成佳学校教育考试中心及阳光天地和瑞金医院肿瘤（质子）中心 12 个项目已开工建设；澄浏南路蕰藻浜大桥、于田路改建（和静路 – 曹安公路）、塔新东路（浏翔公路 – 区界）、S5 生态廊道（区界 – 叶城路）、嘉定地区 4G 网络、国际汽车城研发科技港、电子科技集团 32 所科研生产基地（嘉定园区）、沃尔沃汽车（中国）研发中心、嘉定体育中心、嘉定工人文化活动中心、嘉定保利大剧院、东方肝胆外科医院安亭院区、区第一社会福利院、桃李园学校迁建、枫树林动迁安置基地、汇丰荷苑二期动迁安置基地、绿洲香润苑宅基地置换安置基地和马陆金沙湾动迁安置基地18个项目已建成或基本建成。

（二）道路体系

骨干快速路方面。S5（沪嘉高速）大修二期已基本完成，目前正在进行收尾工作。S6（沪翔高速）于2014年7月底全线建成通车。嘉闵高架路北段一期工程（北翟路–G2）2012年启动建设，2014年12月28日建成通车；二期工程(G2–S6) 2013年12月启动建设，目前正着力推进沿线架空线路入地建设，加快完成剩余企业的动迁腾地收尾工作；大居外围配套道路方面。宝钱公路及胜辛路输水管已建成，华江路完成主车道粗沥青摊铺，塔新东路完成部分主车道粗沥青摊铺，嘉盛路污水管及世盛路污水泵站已完成泵站建设，预计到春节前均能够按照市级目标基本建成，其余项目也在按照既定节点目标抓紧推进；嘉定新城中心区道路方面。沪宜公路（S6–叶城路）改建工程已完成初步设计方案审批和施工招标工作，目前正在推进沿线架空线入地建设。

（三）规划布局

充分发挥规划引领城市功能布局的作用，加强总体层面规划研究，启动了《嘉定区总体规划》新一轮的编制工作，完成了江桥镇、外冈镇总体规划，安亭镇总体规划已形成研究报告初步成果。全面推进郊野单元规划工作，实现郊野单元规划的全覆盖。完成了蕰藻浜沿线城市设计方案、徐行镇（曹王村）和华亭镇（北新村）村庄规划试点等项目。细化完善了轨道交通14号线专项规划，组织开展全区中、高压电力走廊整合、桃浦物流园区相关专项规划编制工作，有序推进陈翔路（S5–芳林路）道路红线调整报批工作，积极配合做好南翔污水厂选址获批后的相关工作，沪通铁路的选线及与相交道路的相关工作。按照“严控总量、优化结构、区别对待、有保有压”的原则，统筹安排新增建设用地计划。全年完成新增建设用地计划120.14公顷，其中：用于公建和市政等项目49.1公顷，经营性和动迁安置项目45.74公顷，工业项目25.3公顷。全年内共储备土地36幅，用地面积154.8公顷，其中：经营性用地19幅96.26公顷，工业用地17幅58.54公顷。稳步推进土地供应，全年供应土地267.11公顷，其中：经营性用地63.67公顷，保障性住房用地6.64公顷，工业用地83.88公顷，社会事业和公共基础设施用地等其它用地112.92公顷。

（四）城市管理

全方位加强道路下立交防汛防台管理，年内共完成22个道路下立交改造，实施了下立交积水预警工程，完善了全区道路防汛防台应急体系和封闭机制，加强下立交防汛设施的日常养护管理，有力保障了城市安全运行。健全完善了道路大中修质量标准体系，认真做好道路的日常养护管理，城市道路综合完好率达到94.28%，公路县道优良路率达到90.39%。委托专业检测单位对全区城市道路和公路桥梁开展定期检测，确保桥梁处于安全受控状态。完成与农村公路管理站签订目标责任书，有序推进农村公路养护及大中修工程，改善农村公路路况。强势推进拆除违法建筑，全年共拆除违法建筑80.46万平方米，其中拆除历史存量违建73.62万平方米，拆除新增违法建筑6.84万平方米。严防严控开展渣土整治，加强了源头治理、过程监控、集中整治和部门联合，全年查处渣土案件493起，有效减少和遏制了渣土污染路面和影响市容等现象。有序推进“大分流、小分类”区域垃圾分类减量，在原有419个分类场所的基础上，新增分类居住小区92个52605户，居住区分类覆盖率累计达到65%，区域分类减量实效不断提升。

（五）环境建设

绿化建设方面。深入推进新一轮绿化三年行动计划，新增各类绿地39.25公顷，新建四类林1350亩、四旁林3.3万株、生态公益林1000亩、疏林地改造500亩；推进嘉北郊野公园，S5（沪嘉高速）、S6（沪翔高速）沿线绿色廊道建设，环城河二期、汇龙潭、秋霞圃景观改造等顺利完成，建设完成浏岛野生动物重要栖息地。进一步提高森林、湿地和绿化覆盖率，以绿色宜居涵养城市魅力。水环境方面。全年综合整治河道11.95公里，中小河道河道轮疏长度66.69公里，河道护岸应急维修1.13公里，水系沟通2.96公里，完成截污纳管509家，河道水环境面貌焕然一新。陈行原水支线、集约化供水－自来水管网相继开工，嘉定北区污水厂扩建、南翔污水处理厂、大众污水厂三期改扩建、泰和水厂扩建、安亭水厂扩建稳步推进。环境综合治理方面。第五轮环保三年行动计划进展良好，8大重点领域市区两级95个项目、清洁空气行动计划6大领域52个项目全面实施。全区空气优良天数272天，优良率74.5%。酸雨率80%，同比下降7.5%。区控地表水平均水质为Ⅴ类，同比基本持平。再生能源利用中心完成环评公示和工可批复。同时积极推动“大分流、小分类”区域垃圾分类减量。

（六）民生项目

道路设施完善方面。针对群众反映强烈的公路安装路灯问题，相继落实嘉朱公路、塔山路、胜辛南路路灯安装。完成了铜川路道路及管道修复工程，临洮路道路及排水管道新建工程已开工，祁连山南路大修工程计划2015年春节后开工。公共交通方面。《嘉定区公交便利出行》专项规划完成初步编制，区域公交基础设施逐步完善，嘉定西站公交枢纽投入使用，并积极推进公交嘉定北站、平城路公交枢纽及徐行公交车站建设。全年新增、更新公交车75辆，新辟公交线路3条，调整公交线路15条，新建候车信息亭100座，市民出行环境不断优化。全年公交客运量9445万人次，营运里程3765万公里，营业收入13390万元，同比分别增长5.32%、2.72%、1.10%。住房保障方面。“四位一体”的住房保障体系全面覆盖，全年新增廉租受益家庭106户，累计廉租补贴家庭671户，发放补贴金额881万元。全年新增租赁公租房704套，竣工、新增可供应1044套。大力推进大型居住社区建设，竣工面积33.4万平方米；全年商品房新开工487.5万平方米，竣工商品房248.9万平方米；全年新开工动迁安置房68.9万平方米，竣工43.2万平方米，超额完成年度计划，为3年内解决目前7000余户在外过渡动迁户奠定了扎实的基础。农民工工资清欠方面。全年共接待、受理农民工上访187起，接待上访批次231次，涉及被拖欠人数6968人，涉及拖欠金额1.82亿元，解决拖欠金额9092万元，各项数据均创历史新高，清欠形势严峻。

（七）建筑业管理

安全质量监督管理方面。不断强化对建设工地质量安全的监管，重点开展了对重大工程、保障性安居工程、公建工程和“高、大、深”工程等多个专项检查，确保重点区域、重点项目工程质量安全达标。全年共受理报监项目375个，建筑面积852万平方米；备案项目249个，建筑面积546万平方米。建筑市场管理方面。积极加强资质动态监管，注重准入与清出并重，共完成了85家建筑企业的资质审批。启动了资质动态核查，对69家人员不符合资质标准的企业发出了整改通知，未达到整改要求的企业将按资质管理规定予以撤回；继续实行新建项目开工交底与建设工地日常动态检查相结合的立体管理模式，共对135个工程项目进行开工交底，处罚违规项目18个，处罚单位27家，处罚金额310万元；进一步加强企业技术人员上岗培训，培训人次936人；积极开展建筑业协会轮职主席工作，强化协会的社会功能。招投标管理方面。共受理建设工程报建项目301个，建筑面积475万平方米；核发建设工程施工许可证340项，建筑面积759万平方米；进一步加强建设工程招投标活动监督管理，严厉打击招标投标过程中存在的串通投标、以他人名义投标、弄虚作假等违法违规行为，促进建筑市场健康有序发展。初步设计审查方面。进一步落实审批制度改革各项要求，围绕提高审批水平，加快审批速度，共办理初步设计审批项目共74个；审图合同备案项目127个，出具征询意见汇总项目103个，建筑面积318万平方米；完成施工图审查备案项目187个。

嘉定区绿化和市容管理局

2014年，区绿化市容局紧紧围绕区委区政府中心工作，着眼创新驱动、转型发展的总体思路，认真学习贯彻党的十八届三中、四中全会精神，以深入开展党的群众路线教育实践活动为主线，以创建全国文明城区为抓手，积极营造良好的绿化生态环境、市容环境面貌和城市管理秩序，为区委区政府加快建设长三角综合性节点城市，争当建设现代化新型城市的探索者和先行者提供良好的环境。

（一）严抓队伍建设促作风转变

1. 深入开展党的群众路线教育实践活动

2014年是党的群众路线教育活动年，区绿化市容局以为民务实清廉为主要内容，以局党政领导班子和领导干部为重点，深入开展党的群众路线教育实践活动。认真落实“学习教育、听取意见，查摆问题、开展批评，整改落实、建章立制”三个环节，结合区绿化市容局实际，扎实开展教育实践，深入听取意见建议，从严从实查摆“四风”问题，动真碰硬剖析思想根源，求真务实抓好整改落实，立足长效健全规章制度。做到规定动作不走样，自选动作有特色，达到了思想受触动、队伍受教育、作风有转变、工作上水平、群众得实惠的预期成效。

2. 规范干部管理和选拔任用

坚持德才兼备、以德为先，坚持任人唯贤、注重实绩，坚持民主推荐、公正公开，加强干部队伍建设和日常管理，进一步规范领导干部选拔任用工作，营造风清气正的选人用人氛围。为进一步加强后备力量的培养和储备，制定了《关于进一步加强后备干部和专业技术人员培养工作的意见》，根据工作实际需要，2014年共选拔任用科级干部11名，其中正科级领导干部5名，副科级领导干部4名，副主任科员2名。

3. 健全廉政教育和惩防体系

切实落实党风廉政建设责任制，坚持党员领导干部“一岗双责”制，加强干部队伍廉洁从政教育和惩防体系建设。坚持开展“一月一案一例”廉政教育，开展科级干部集体廉政谈话，引导机关党员干部追求高尚的道德情操，牢筑廉洁从政的思想防线，增强拒腐防变的能力。运用科技防腐，通过网上监管平台，规范权力运行。坚决贯彻中央“八项规定”和市委、区委实施办法，加强因公出国（境）管理，严格规范公务接待、公车使用行为。

4. 不断建立健全制度建设

结合教育实践活动，突出高效、务实、管用，确定了一批制度建设清单，确保可执行、可监督、可问责，把权力关进制度的“笼子”。逐步修订《关于进一步做好城管服务进村居工作的意见》、《区绿化市容局关于“三重一大”制度的实施办法》等4项制度，制定《关于开展建筑垃圾专项整治工作的通知》、《嘉定区绿化和市容管理局党员干部学习制度》、《嘉定区绿化和市容管理局公务接待工作的若干规定》等8项规范性文件。

（二）狠抓重点项目促实效提升

1. 落实绿化重点项目

深入推进新一轮绿化三年行动计划，

2014年新建各类绿地39.25公顷，其中公共绿地25.9公顷（包括外环绿地10公顷）。建成区绿化覆盖率达38.4%，人均公共绿地面积达到16.6平方米。期间，重点完成了银翔湖中央公园、沪嘉高速樊家小庙南侧绿地建设，区财政核拨日常维护及工程类项目9个（包括环城河二期绿化改造、汇龙潭、秋霞圃建筑修缮、重大节日花卉布置等）。积极推进特色绿化建设，完成了福盈置业、台湾风情街等5家单位屋顶绿化共10018平方米，其他立体绿化9190平方米，不断提升绿化品质，美化城区环境。

2. 稳步推进林业建设

年内计划完成S5、S6快速道路绿色廊道建设项目计划面积1185.3亩，涉及安亭、工业区、南翔、江桥、马陆5镇，其中安亭734亩，工业区231亩，南翔81亩，江桥120亩，马陆19.3亩。完成四类林建设1350亩、四旁林建设3.3万株、生态公益林建设1000亩、实施疏林地改造500亩。开展森林资源监管和野生动物保护工作，重点推进了浏岛野生动物重要栖息地建设，该地将成为我区永久性的野生动物保护栖息地保护区，着力打造生态宜居环境。

3. 深化垃圾分类减量

“大分流、小分类”区域垃圾分类减量工作有序推进，2014年，在原有419个分类场所的基础上，新增分类居住小区数92个计52605户，居住区分类覆盖率累计达到65%，区域分类减量实效不断提升。进入市、区两级生活垃圾末端处置系统日均垃圾量950吨，低于市局核定指标量980吨/日。强化垃圾末端处置和资源利用，继续深化菜叶果皮、枯枝落叶、装修垃圾等专项回收和资源利用工作，并积极探索餐厨垃圾无害化处置工艺。再生能源利用中心项目，在稳步进行第二次环评、听证和风险稳控评估后，协调加快前期进度，争取年内开工建设。按照《嘉定区街镇生活垃圾中转压缩站规划布局方案》，积极配合街镇完成中转压缩站建设任务，推进中转压缩站规划落地工作。

4. 推进智慧城管建设

以标准化大队创建为契机，加快推进“智慧城管”建设。目前已落实城管指挥监控中心选址，全面启动城管执法指挥监控中心建设施工。项目将以指挥中心为平台，整合局系统内绿化、市容、城管、林业已有系统资源，计划介入公安、联勤网格化监控数据，实现资源共享，提高我区城管执法工作信息化水平和执法效能。目前已对全区城管执法车辆安装了北斗车辆定位系统。

（三）善抓工作创新促难题破解

狠抓重点领域整治，针对群众反映强烈的“8+2”城市管理领域难题顽症，善于运用创新思维和创新方式寻求治理突破，乘势而上，不断改善市容环境。

1. 综合治理规范无序设摊

按照“堵疏结合、分类管理”思路，开展无序设摊综合治理工作。据统计，乱设摊治理中共消除设摊集聚点243个，整改104778起，处罚3578起。按照疏堵结合的原则做好流动食品摊点和瓜果摊的规范管理工作，设立夏季瓜果摊疏导点255处，此外，各街镇根据市容环境治理工作需要，设立农副产品、小百货、小修小补等服务疏导点50余个。同时，在真新、江桥等街镇积极探索区际结合部设摊治理协同机制，取得了良好成效。

2. 严防严控开展渣土整治

认真贯彻《关于进一步加强建筑渣土管理的实施意见》，结合今年建筑渣土履职评议“回头看”活动，进一步巩固成效，严格执法、综合施政、多方联动，提高渣土治理效能。一是源头治理。实行提前告知，严把审批关。全年建筑渣土申报工地数82个，建筑渣土申报量677.86万吨。根据市府“两不进、两不出”的工作要求，市容、城管会同建交部门深入建筑工地、施工单位加强源头管理，督促建设单位、运输单位规范处置建筑渣土，从源头上减少和遏制渣土污染路面和影响市容等现象。二是过程监控。通过后台监控，对运渣车辆GPS监控系统和渣土泥浆码头视频监控系统等平台加强远程监控，规范运输和中转行为。三是集中整治。积极参加市局“雷霆”整治行动，组织开展区级渣土专项整治周行动，持续保持高压态势，加强重点区域、重要道路巡查整治，严厉打击擅自处置、无证运输等违规运输处置渣土行为，维护城市运行安全。四是部门联合。加强同环保、交警等部门的联合整治、综合管控，依法从严查处土方车超载、洒落、未加盖、偷乱倒等现象，严堵违规行为。全年渣土整治共出动执法队员1.2万人次，开展区级以上渣土整治行动21次，检查渣土车辆3500多车次，查处渣土案件493起。

3. 强势推进拆除违法建筑

按照区府统一部署，年初从城管局抽调骨干充实到区拆违办，作为拆违办队伍主力军。完善建立拆违区镇村居三级巡查队伍机制、在建违法搭建快速拆除机制、诉求处置一口受理、督查考核等系列工作制度。为积极破解难题，探索实行结合消防法拆违、结合村民自治拆违等做法；切实开展危及公共安全的违建、农村地区违建、社会反响强烈的违建和社区违建整治工作，取得了显著的成效。全年共拆除违法建筑80.46万平方米。其中，拆除历史存量违建73.62万平方米，拆除新增违法建筑6.84万平方米。

4. 文明作业规范道路保洁

加强行业指导，结合文明行业创建和质监工作，对道路保洁工作加强日常监管，制定完善了《嘉定区生活垃圾清运作业服务规范》、《嘉定区道路冲洗保洁服务规范》、《暴雨期间路边进水口保洁工作制度》等相关作业流程和服务规范，确保道路保洁规范。加强了道路保洁“一路一档”基础管理工作，对特殊路段采取了“一路一策”道路综合保洁模式，提升服务质量。

5. 餐厨废弃油脂收运处置监管有力

一是加强源头申报管理。全年餐厨废弃食油脂申报率和收运签约率分别达到98.2%、99.8%，日均收运量超过3.8吨，比去年同期上升18%。二是丰富监管手段。对21辆餐厨废弃油脂收运车辆全部安装GPS监控系统，在初加工场所安装视频监控系统和计量系统，并进行网上实时监控。三是加强检查整治。制定了规范化管理考评标准，规范收运初加工行为。通过上门检查、设卡检查和源头追溯等形式依法查处违规行为，累计出动执法人员3904人次，1617车次，实施行政处罚32起。四是建立了联动机制。建立市容、城管与食药监部门快速联动工作体系，坚持“三个注重”，注重宣传告知和资源整合，注重沟通协调和信息共享，注重执法实效和源头查处，加强协作配合，提升管理实效。五是根据市级末端处置应急处置方案，健全完善应急处置监管流程，通过应急处置市、区两级审核，做到处置流向安全、可控。

（四）勤抓行业管理促服务增效

1. 加强社会宣传发动

一是开展义务植树和植树节宣传活动，积极营造全社会爱绿护绿氛围。3月开展了“同追绿色梦想、共建生态嘉定”为主题的义务植树和绿化宣传活动。在S5沪嘉高速生态廊道景观提升工程马陆段举办了义务植树活动，区四套班子领导、各委办局以及各街镇等600余人参加了植树活动，植树点占地面积3万平方米，共植香樟、栾树、垂丝海棠、樱花、二乔玉兰等乔木品种2500余棵树。宣传活动共展示了近年来的绿化建设成果版面108余块；回收废电池6000多节，向市民免费赠送盆花6000余盆；现场还发放绿化宣传资料6000多份、展示盆景9358盆、绿化知识咨询8000多人次，活动总人次达12000左右。二是深入推进绿化认建认养工作。继续在紫藤园、新成公园、外冈腊梅园和外环线100米林带设立市民绿化认建认养点，各镇街道也设立了树木认养点，使更多的市民参与到绿化认建认养活动中。至10月底，已认养乔木215株，绿地450平米。三是结合“爱鸟周”、“湿地保护日”等重大节日，组织形式多样的宣传活动，为市民提供免费林业法律法规咨询、技术服务、发放各类宣传资料，全年共制作宣传横幅10条，宣传版面20块，张贴宣传标语100张，发放湿地保护、野生动物保护等宣传资料2000余份。四是加强垃圾分类工作宣传，提高市民知晓率和参与度。五是开展城管社会宣传活动，通过城管进社区、报刊网络媒体宣传、户外公益广告、设摊咨询等形式，丰富和扩大城管工作影响面和支持度。

2. 开展行业创建活动

一是开展绿化林业、市容环卫、城管执法行业立功竞赛活动，鼓励行业队伍立足岗位、争先创优，推动行业整体发展。二是精心准备，组织开展上海市园林城区复验迎检工作。以市花园单位创建年为契机，组织申报市花园单位，日加满等4家单位荣获了“上海市花园单位”的光荣称号。为巩固“园林式居住区”创建成果，今年我们还会同区房管局开展了我区园林式居住区的复查工作，提高小区绿化面貌。三是以秋霞圃升五星级文明公园复查为抓手，加强公园管理，提高窗口服务水平。对照星级公园和文明公园的创建标准，加强了乔灌木的修剪、植物地被的调整、空秃的补缺、病虫害的防治等养护工作，调整了新优植物品种，增添了公园的景观亮点和景观特色。进一步深化落实“三级巡查”和“三位一体”制度，切实加强公园长效管理机制。四是有序推进市容环境责任区达标创建工作。在继续巩固提升5个街镇创建成果的基础上，今年完成了安亭、马陆、华亭、嘉定工业区和南翔等5个街镇市容环境责任区达标（示范）创建工作。

3. 加强行业管理指导

一是进一步强化日常管理和监督考核，进一步完善了绿化林业、市容环卫、城管执法考核管理机制。二是为切实提高我区的绿化养护管理水平，以林荫道创建为抓手，加强对行道树养护的技术指导。指导街镇做好天牛、煤污病等绿化有害生物病虫害防治工作，开展花灌木、乔灌木修剪现场操作培训、绿化有害生物防治技术培训等活动。加强林带养护技术指导和培训，组织林业养护人员参加市林业养护技能比武，提高林业养护水平。三是结合环卫服务文明行业窗口创建工作，通过加强行业队伍建设，开展岗位技能培训，加大环卫装备投入，优化作业保洁模式，健全管理规章制度，强化日常监督考核，努力提升环卫作业服务能力和质量。组织环卫一线人员岗位培训工作，培训人数2990人。加大了环卫公厕设施建设，新建环卫公厕4座，改建环卫公厕18座；加强了科技监管，安装完成93辆环卫作业车辆“3G摄像监控系统”。四是加强城管执法队伍培训。年初组织全体城管执法队员百日作风纪律教育整顿活动，着力解决执法不公正、行政不作为、行为不规范、服务不到位的“四不”问题。开展分类分层培训，年内共组织124人次参与市局各类培训11批次，包括新招录队员上岗培训、中队干部培训、执法骨干培训、法制干部培训、督察培训以及文书培训等，积极参与市局法律知识竞赛、应知应会测试等活动。

4. 深化便民服务措施

一是深入推进“绿化知识六进”活动。在嘉定镇、新成等街道开展绿化宣传咨询便民服务活动。对叶城幼儿园等5家学校进行了内外场绿化养护指导和培训，推广“绿色校园”。至10月底，共计组织绿化“进社区”30次，“进学校”6次，“进军营”11次，“进园区”11次，“进楼宇”10次，“进村宅”10次，活动内容丰富，受益人数达17410人。二是根据《嘉定区农村社区（村）社会管理基础工作导则》，结合实际，开展农村环卫设施专项治理活动，努力营造整洁、优美的农村居住生活环境。今年共完成农村环卫公厕改造346座，改造垃圾中转房45座，更新垃圾收集桶5863只，清除各类暴露垃圾2000余吨。三是继续开展城管“五进”活动。在城管进社区工作实现全覆盖的基础上，各中队逐步在村居建立城管工作站，主动与村、居委、物业联手搭建公共服务平台，以加大城市管理力度、扫除城市管理盲区、宣传城管工作职能、提高为民服务水平为主要内容，深化开展“城管进村居”工作。从“建立一个工作站、吸纳三类志愿者、明确四种方式、健全五项制度”等四个方面，不断丰富城管便民利民服务举措。

5. 规范投诉处理工作

进一步明确诉求处置工作制度，规范工作程序要求，提高诉求处置质量。通过建立和明确六项工作制度，进一步规范诉求处置，提高诉求处置质量。局诉求受理中心共受理各类绿化、市容、城管类诉求7542件，处理率为100%，总体满意率为74.55%。

（十五）青浦区

青浦区建设和交通委员会

一、抓主线，敢于担当，整体推进重大项目建设

青浦正处于历史上大建设、大发展、大转型时期，国家会展中心、轨交17号线等特大项目的开工建设，带动了一大批市政基础设施建设项目，全区列入重大项目123个。年初区建交委以青建交（2014）16号文下发2014年重点工作及责任分工安排的通知，梳理了全年重点工作和重大工程，确定了委重点项目建设的分管领导、责任单位及配合科室，详细分解了年度阶段性目标和工作任务，明确了全年7个方面29项重点任务。提出了“抓落实，强化工作责任；抓细化，强化工作措施；抓督查，强化信息报送”的要求，以敢于担当的勇气，敢于创新的魄力，努力克服和破解重大项目建设推进的困难和问题，积极推进重大项目建设、确保安全质量受控，做到目标明确、责任落实、有序推进。委对重点工作和财政性投资项目建设实施情况进行定期通报制度，有力地确保了重点工作的顺利进行。

二、抓重点 把握节点 实施市政基础设施项目

（一）国家会展中心配套道路

1. 规划六路：西至诸光路，东至盈港路，道路长度0.749公里。总投资16172万元。开工日期：2013年6月，于2014年10月中旬竣工通车。

2. 诸光路：总投资73707.4万元。分三期实施。中段一期（崧泽大道——规划六路，1.5km）开工日期：2013年9月；2014年9月完工通车。北段二期（区界——崧泽大道，0.82km）：已委托市黄投公司实施。南段三期（规划六路——沪青平公路，1.09km）计划开工日期：2014年7月；计划竣工日期：2015年3月。目前雨污水、通信、电力管线排管等施工，徐泾港桥桥桩施工中。

3. 盈港路三期：西至西郊大公馆，东至规划六路，全长1.222公里。总投资15137.33万元。开工日期：2013年7月，2014年9月完工通车。

4. 盈港路六期：西至华徐公路，东至西郊大公馆，全长2.075公里。总投资24562.06万元，开工日期：2014年6月，计划竣工日期：2015年4月。目前进行通信、电力管线和雨污水管道施工，东向阳河桥、蟠龙港桥桩基施工。

5. 崧泽大道：西至诸光路，东至涞港路，

全长0.624公里。总投资16947.89万元。开工日期：2013年12月，于2014年9月完工通车。

（二）大居外围配套道路

1.徐乐路：总投资34820.84万元。分三期实施。一期（北青公路－纬三路，1.53km）、二期（纬三路－崧泽大道，0.98km）已全部完工通车。三期（崧泽大道－盈港路，0.92km）开工日期：2013年8月；计划竣工日期：2015年6月，目前上达河桥、牛家浜桥分别为下部结构、桩基施工中。

2.山周公路：北至沪青平公路，南至泗陈公路，全长4.65公里。总投资74730.68万元。开工日期：2013年6月，计划竣工日期：2015年6月。全线分四个标段，目前桥梁桩基施工，部分下部结构施工，道路路基分段施工中，部分路段结构层完成。

3.嘉松公路：北至沪青平公路，南至松江区界，全长4.2公里。总投资24701.03万元。开工日期：2012年12月。全线主体工程已完成。

4.佘北公路：北至沪青平公路，南至松江区界，全长1.1公里。总投资9693.4公里。开工日期：2013年3月，计划竣工日期：2015年6月。目前西半幅道路、桥梁已完成；东半幅道路路基施工中、桥梁下部结构施工。

5.纬一路。总投资23534.67万元。分两期实施。一期（经一路——徐乐路，0.71km）已完成建设。二期（嘉松公路——经一路，0.65km）开工日期：2013年12月；计划竣工日期：2015年6月。目前新通波塘桥桥梁下部结构施工，雨污水管敷设。

（三）区区对接道路

1.外青松公路：北至沪青平高速公路（G50）青浦出入口，东至千新公路，全长5.4公里。总投资44152.2077万元。开工日期：2012年5月，计划竣工日期：2015年6月。目前青松路至油墩港桥西接坡半幅完成并已通车，道路另半幅粗粒式完成；油墩港桥南半幅下部结构完成。

2.蒸俞公路：西至浙江省界，东至老朱枫公路，全长3.07公里。总投资11527万元。开工日期：2012年12月，计划竣工日期：2015年4月。目前桥梁工程基本完成，道路路基、路面分段施工中。

（四）轨交17号线同步工程及其他道路

1.盈港路四期：西至山周公路，东至嘉松公路，全长5.34公里。总投资73790万元。开工日期：2012年5月，计划竣工日期：2015年6月。该项目受轨交17号线施工影响，全线停工近9个月，于今年5月底复工，目前5座桥梁基本完成，3座桥梁北半幅基本完成；道路北半幅路基、路面施工。

2.盈港路五期：西至汇金路，东至山周公路，全长1.78公里，总投资54131.62万元。计划开工日期：2014年9月，计划竣工日期：2017年6月。目前油墩港桥段电力管线搬迁施工。

3.城中北路延伸段：南至盈港路，北至崧泽大道，全长1.623公里，总投资18465.45万元。开工日期：2013年9月，计划竣工日期：2015年6月。目前停工，正在进行概算调整等有关手续的申报审批。

4.盈港路二期：东至汇金路，西至漕盈路，全长5.518公里，总投资84996.3万元。开工日期：2013年12月，计划竣工日期：2017年6月。6座桥梁已开工，1座桥梁管线搬迁施工准备。

5.秀横路油墩港桥：东至山周公路，西至油墩港桥西岸，全长1公里。总投资20148.28万元。开工日期：2013年12月，计划竣工日期：2015年6月。目前正在桩基、下部结构施工。

6.青赵路西大盈港桥：东至漕盈路，西至衡龙路，全长0.66公里，总投资14499.79万元。开工日期：2013年12月，计划竣工日期：2015年6月。目前南半幅桥梁桩基施工。

（五）在青的市道路建设项目

G50赵巷出口综合整治改造工程，即G50赵巷出口扩建改造工程于2014年一季度全部完成；318国道嘉松公路跨线桥计划年底开工；S26沪常高速公路香花桥、赵重路出口匝道今年6月完成。

三、抓实事 克服难点 解决老百姓急难愁问题

1. 农村低收入户危旧房改造

今年我区农村低收入户危旧房改造任务是47户（翻建14户，修缮33户），另提前实施2015年的2户翻建任务，共需完成49户。其中12户（翻建2户，修缮10户）已于2013年提前实施完成。各级政府共投资金额305万元。4月初区建交委会同区民政局召集区有关部门及相关镇、街道召开2013年工作总结暨2014年推进会议。目前49户改造任务基本完成，竣工验收完毕，通过市建管委考核验收，资金拨付工作正在有序进行中。

2. 农村路、桥改造工程

2014年度计划改造桥梁221座（其中7座为农村公路桥梁、206座村内桥梁、航道桥梁8座；市、区府实事工程122座）涉及全区7个镇3个街道，投资16395.82万元（不包括8座航道桥梁），计划完成213座。目前全区175座桥梁已开工建设，130座桥梁年底前完成，实事工程122座年内全部完成。

2014年薄弱村村内道路改造计划为5个街镇100条，总建设里程54.377km，投资3483.12万元，其中市府实事工程62条道路，长度32.684 km，已完成全部的实事工程。

3. 燃气民生建设项目

青浦金泽商榻段天然气主干管工程项目施工已全部完成，目前由审计局进行工程审计。青浦嘉松公路天然气管道工程：因敷设管位、施工工艺变更，待同区相关部门作方案变更及投资确认后，争取早日开工。青浦老城区燃气户内管及表具改造工程一期工程已于5月24日开始动工，涉及庆华新村、盈中新村、界泾港、新北、佳邸别墅、留水园别墅等小区，共计13922户，9月底完工。青浦城中南路天然气管道工程施工已全部完成，目前已报送财政审价。青浦重固门站二期工程已完成施工招投标，计划近期开工。青浦天然气中压管道维修工程已完成，目前上报区财政局审价。

四、抓管理 守住底线 强化三大行业管理工作

1. 开展专项检查 加大工地文明施工力度

截至目前报监项目213个，建筑面积438.8万平方米，总工程138.7亿元；报建454个项目，总面积564.94万平方米，总投资647.05亿元；施工许可211个项目，总面积459.61万平方米，造价142.82亿元；竣工备案157个项目，面积423.6万平方米，造价98.58亿元。公开施工招标228个标段，中标价13.84亿元，邀请招标36个，中标价54.16亿元，小型招标259个，中标价2.56亿元。

年初制订了“美丽的青浦，洁净的城市”为主题的针对建筑工地文明施工整治行动方案，并利用专项检查、现场观摩会及安全生产月活动等不同场合，进行广泛系列文明施工要求的宣传活动。组织评审区级优质结构工程56个，区级文明工地35个；推荐市级文明工地9个，申报白玉兰工程6项。

对全区在建项目按地块划分为13个区域，由监督站文明施工督导员及聘请的文明施工协查员按所签订的责任书内容。每月一次针对文明施工督导员所负责工地进行督查，今年进行的5次文明施工督查中，共检查工地128个，开具文明施工整改单72份；坚持文明施工与城市网格化管理联动，做到“民有诉，我有为”倾听群众呼声，接收群众意见。2014公布的上海市文明施工指数测评中，青浦获得了郊区第一的好成绩。

今年以来，先后开展了施工工地安全生产大检查、防汛防台专项检查、建筑防火专项检查、综合执法检查、幕墙专项检查，深入开展各类专项检查。通过一系列的活动，充分发挥参见各方的主动性和创造性，进一步增强他们的责任感、紧迫感和使命感，纠正了一批质量隐患，确保了工程质量，提升了质量整体水平。

2. 开展路政管理　加强道路设施完善完好

路政执法情况，清除各类违章堆物 343 平方米，计 196 余吨。清理建筑物、构建物 10 处，面积约 28 平方米。清理违章设摊 226 处。清除各类违章广告、指示牌、横幅 306 块。公路路政行政许可审批 175 件，其中掘路 8 件、增设道口 4 件，设置各类管线 5 件；城市路政行政许可审批 57 件，其中掘路 49 件、临时占路 8 件；路政巡查 478 车次、956 人次，巡查里程 21957 公里。

进一步梳理青浦区域内下立交道路设施，共涉及 6 条高速公路 154 处下立交设施，泵站 16 座，制订了关于加强道路下立交设施防汛防台管理的措施，拟定下立交一处一预案，开展全面排查，明确责任范围，严格整改措施，确保提高全区道路下立交设施的防汛防台能力。同时开展桥孔围护整治，做好桥梁应急处置，保证行车畅通、安全。

以保障“亚信”峰会为契机，我区公路路政大队与市路政总队三大队联合对 318 国道沿线的非公路标志进行了一次集中整治，确保了公路的整洁有序，体现了“优势互补、文明共建、共同发展”的路政共建原则。积极做好农村公路桥梁定期检查工作，落实各街镇列计划逐步整改。加强区管公路、区管市政道路的日常养护工作，完成大中修公路 9 个、大中修市政道路 2 个，强化对农村公路养护的监督和指导，开展区文明示范路创建工作。

以党的群众路线教育实践活动为契机，在青浦城区部分道路两侧设置机非隔离栏 3300 米。积极配合开展国家卫生区迎复审道路卫生整治工作。

3. 开展燃气管理　强化安全监督检查工作

今年新增天然气居民用户 13243 户，现有居民用户 110903 户，销售天然气 9440 万立方；液化气发展用户 3426 户，现有液化气用户总数 235312 户，销售液化气 15463 吨。徐泾地区现有人工煤气用户已于 10 月底全部转换天然气用户。

对全区所有液化气供应站、服务窗口的经营条件、安全执行情况、用气服务质量等 15 个规定项目进行了 4 次大检查，出动检查人员 81 人次，发出“责令整改通知书”5 份。今年以来，已查破各类液化气类违法案件 120 起，查收钢瓶 1169 只，进一步遏制了非法经营液化气行为，稳定了我区液化气市场。

落实《国务院安委会关于开展油气输送管线等安全专项排查整治的紧急通知》精神和国务院安委会督察组 3 月份对中石化川气东送练塘末站检查后提出的 10 条整改意见，本区范围内 5 家管道燃气输送企业进行了安全隐患专项整治“回头看”检查，共提出整改意见 43 条，要求各单位限期整改，目前已整改完毕。为确保亚信峰会期间燃气安全供应，4 月 4 日组织相关人员到中信泰富朱家角锦江酒店和江南第一茶楼进行了燃气安全检查。5 月 30 日，区建交委联合区消防部门在青浦工业园区北盈路、漕盈路举行了燃气管网应急抢险演练。模拟某施工队野蛮作业，挖机抓破地下一根 DN200 的中压天然气管道，造成天然气泄漏事件。

4. 开展课题研究　提高专业规划编制水平

今年将是“十三五”规划的编制之年，为进一步提升规划的合理性和可行性，区建交委于去年开展并完成了《青浦区城乡基础设施建设管理机制专项方案》、《淀山湖（青西）地区基础设施建设方案》、《农村基础设施建设方案》、《青浦区基础保障体系研究》、《“十三五”市政基础设施建设发展思路》等一系列交通设施建设和管理相关的课题研究，深入全面的分析研究了不同地区市政基础设施的建设现状、存在问题、面临挑战、发展需求、建设计划和保障措施等内容，为明年“十三五”规划的编制打下了良好的基础。

区建交委正在进一步完善青浦区县道规划的编制，将为今后六年区管公路的建设和养护管理做好充足准备。

五、抓改革 优化服务 努力推进市场化作业体制

2014年是区建交委的改革之年，主要包括农村公路养护体制改革、公路养护作业市场化改革以及落实完成委办企业脱钩的深化改革工作。

面对我区农村公路管理工作存在机构不健全、管理力量不足、养护资金缺口严重、日常养护施工队伍普遍素质不高和镇级市政道路缺乏养护资金投入等问题，立足青浦区现状，开展农村公路相关调研工作，研究修改青浦区农村公路管理养护体制改革实施方案，方案已经区政府常务会讨论，正按会议精神推进落实。公路养护作业市场改革，根据市建设交通党委的工作要求和部署，目前，已完成初稿正在修改完善，待机构改革后继续推进。

委办企业深化改革，区建交委第一批涉及三家国有企业，开展了对三家转制单位进行财务审计、资产审计事宜，落实好职责分工按不同改革方式采取分类指导。区政府已对区建交委3家企业改革模式作了批复，其中青浦公路发展有限公司作为区项目代建公司已完成法人变更手续，并纳入青发集团公司管辖，公路工程公司委托区建交委代管，检测中心上市挂拍。

切实转变作风，努力提高行政效能。对产业项目、绿色通道项目、重大工程等项目的初步设计及设计文件审查，继续深化完善审批流程，主动协调区内各相关部门，及时征询汇总意见，提高工作效率，加强对施工设计文件技术抽查，规范审图行为。减少承诺时限，提高办事实效，总体设计文件审查项目88个，初步设计审批项目71个，网上施工图备案143个。2014年主动公开政府信息86条，“12345”市民热线处置186件，办理人大代表书面意见、政协委员提案39件，人民来信来访处理153件，全年无行政投诉处理。

积极开展第三批传统村落、宜居村镇的申报工作，开展农村住房信息、人居环境调查及农村房屋抗震达标情况的统计，做好美丽乡村、村庄改造的配合工作，推动绿色建筑、既有建筑节能改造、能源审计、分项计量及能耗公示与装配式建筑任务落实。

青浦区绿化和市容管理局

2014年，区绿化市容局、城管执法局按照区委区政府提出的年度工作总体目标，以迎国家卫生区复审为抓手，围绕推进城市生态环境建设、加强公共安全综合整治、注重城乡环境改善、推进养护作业市场化改革、增强为民服务能力等工作重点，坚持不懈抓落实，扎扎实实抓推进，各项工作都取得了一定成效，基本完成了年初预定的各项目标任务。

一、2014年工作回顾

（一）重点工作层层深入，城市管理有序有力

1. 国家卫生区复审顺利通过。紧紧围绕“建设绿色青浦，打造生态宜居环境”的目标，各街镇、各部门围绕“四个基本”要求（基本的宣传、基本的设施、基本的保洁、基本的管理），通过强化街镇属地、行业主管职责，建立自查自纠机制；强化青浦电视台、微信平台功能，建立曝光纠错机制；强化区巩固

办、业务部门指导协调职能，建立指导协商机制；强化职能部门、社会公众监督管理，建立问诊学习机制；强化区级各类媒体舆论宣传，建立正向引导机制等，引导干部群众积极参与，形成属地负责、部门协同、上下联动的创卫格局，城市环境大有改观，城市管理显著加强，城市生态不断优化，城市文明明显提升。在全区上下的高度重视和共同努力下，我区再次顺利通过了国家卫生区复审，被全国爱卫会重新确认为国家卫生区。

2. 圆满完成“亚信峰会”保障任务。围绕“整洁、有序、美观、平稳”的目标，协同相关职能部门成立“迎亚信”市容环境保障工作小组，并多次赴实地调研，以专题会议、现场督查等方式，明确各类市容问题专人联络督办机制，重点抓好城市保洁、设施养护、景观提升、市容管理、工地管理、应急保障等六个方面16项任务，并以G50高速青浦段和318国道沿线为重点保障线路。围绕中心城区、“特定区域”、朱家角镇、赵巷奥特莱斯商圈和西虹桥等重点区域开展自查整治，进一步强化对市容环境、公共绿化、环境卫生（含河道保洁）、市政设施、交通管理（主要是机动车、非机动车停放）、城管执法等六个方面的保障措施，特别是朱家角镇，在时间紧、任务重、要求高的情况下，圆满完成了“亚信峰会”期间的市容保障任务。

3. 国展中心初展保障工作到位。健全西虹桥商务区及周边区域市容环境综合管理机制，共同参与西虹桥地区200天综合整治，帮助和指导国展中心及周边区域环卫设施配置和“一体化”保洁管理，保障国展中心试展期间生活垃圾运输处置，并做好会展高峰期环卫设施的应急保障工作，确保了国展中心初展期间市容环境保障服务到位。

（二）市容管理协调推进，城乡环境有效改善

1. 积极做好市容环境责任区创建工作。在前几年市容环境责任区管理达标创建工作的基础上，加强与街镇职能部门走访、对接，将华新镇、白鹤镇列入2014年我区市容环境责任区管理达标创建范围，共同确定创建计划，并强化过程指导。至2014年底，两个镇的创建工作已顺利通过市局的机制验收，现等待市局组织实效验收。

2. 积极做好市容环境示范区创建工作。为达到表率、引领作用，我局与夏阳街道积极协商，将其确定为2014年我区市容环境示范街镇创建工作区域。年初，组织召开了市容环境示范街镇创建工作推进大会，加强区域层面学习交流。至2014年底，已完成前期资格审定，现等待市局组织机制和实效验收。

3. 积极做好市政市容示范道路创建工作。2013年结转业务全部完成并通过验收，2014年9条道路创建工作已全部开工，预计2015年6月全部完成。

4. 积极做好无序设摊综合治理工作。按照“堵疏结合，有序规范”的治理要求，加强各街镇辖区设摊点调查摸底。通过梳理，确立我区各类摊点31个，其中疏导点17个、控制点1个、聚集点13个。至2014年底，针对13个聚集点已形成“一点一策”的治理方案。

5. 积极做好特定区域治理工作。2014年我区“特定区域”治理点位共有13个老旧小区、9个菜场、12所学校，累计完成“特定区域治理三年行动计划”的80%任务量。

6. 积极做好户外广告及非广告设施管理工作。根据区政府重点工作要求和重要活动安排，完成了西虹桥迎会展户外广告专项治理、“亚信峰会”户外广告整治等工作。同时，对我区高速公路和各街镇主要道路沿线的户外广告设施开展了一次专项检查，着力消除安全隐患。

7. 积极做好城区景观灯光设施建设。完成了青浦城区外青松公路、公园路部分道路两侧（区绿化市容局大楼灯光透亮工程），

浦仓路桥、曲水园外围，以及外青松公路与公园路、城中东路交叉路口两处绿地的新建景观灯光工程建设。

（三）环卫管理不断深化，综合治理逐步加强

1. 有序推进生活垃圾分类减量。一是制定并下发《2014年青浦区生活垃圾分类减量工作实施意见》和《关于下达2014年度青浦区生活垃圾分类减量计划任务的通知》，新推20856户居民家庭，生活垃圾日均量控制在664.609吨，全面完成了市局下达的各类指标任务；二是积极推进金泽镇整区域试点工作，实现集镇区域“四个全覆盖”，金泽镇机关食堂首推200公斤餐厨垃圾消灭型处理设施1套，效果较好；三是以“美丽乡村”建设为契机，推进区级试点村有机垃圾处理设施建设，通过区级评审8个村，配置有机垃圾处理设施8套，日处理能力75吨，华新镇嵩山村已全面启动；四是引入垃圾分类第三方实效测评机制，按照“大分流、小分类”要求，涉及设施规范设置、分类收运、宣传引导、规范投放等10大项23子项内容，每月形成实效测评报告，及时发现分类工作推进中的问题，落实街镇及时整改。

2. 扎实推进“一体化”环卫保洁服务。一是重点加大中心城区“一体化”保洁力度，切实按照环卫保洁作业标准，抓实日常保洁工作，着力提高道路机械化清扫、冲洗频率，城区道路环卫保洁质量明显提升；二是启动环卫职工职业技能培训，举办“劳动最光荣”首届环卫职工职业技能竞赛，通过树立先进典型等，提高业务技能，增强职工责任感、荣誉感；三是指导香花桥街道和“一园三区”实施“一体化”环卫管理，大盈社区、香花桥社区已推行“一体化”环卫作业服务，整体区域“一体化”环卫管理格局已基本形成。

3. 稳步推进生活垃圾中转系统建设。一是起草《青浦区生活垃圾中转系统建设方案》，从合理布局设施，就近安排垃圾物流角度出发，多次进行商议调整；二是结合《中国博览会环卫专业规划》，重点推进西虹桥地区大型中转站建设选址，明确项目选址、建设模式等，对地块内地上物情况进行调查摸底，并启动项目方案设计；三是结合太湖流域水环境综合治理项目，积极协调青西三镇垃圾转运设施建设工作，及时调整项目建设周期，并与区规土局对接项目选址工作。

4. 着力开展河道保洁专项整治。一是年初针对黄浦江上游水域漂浮死猪事件，快速启动应急响应措施，共打捞死猪191头，出动保洁员22158人次，出动船只10312艘；二是针对锁定的46条（段）黑臭问题河道开展每月全覆盖检查，对其它四级河道实施抽查，每月通报保洁效果，督促落实街镇整改，促进河道保洁质量提高；三是开展水生植物整治，采用堵捞结合方式，全力保障河道环境整洁，共打捞绿萍20368吨、水葫芦21311吨、其它垃圾113352吨，累计出动保洁船96328艘次、保洁人员243549人次。

5. 扎实做好建筑渣土管理和整治。一是规范渣土受理，严格审批流程，全年共受理排放项目79个、消纳卸点26个、无排放项目96个，累计申报处置建筑渣土6612060吨、消纳容量申报备案14294000吨；二是充分发挥建筑渣土整治领导小组作用，明确职责分工，健全工作机制，强化条块联动、条条联合、区际合作，按照市政府51号文件精神，以“两点一线”为重点，全面开展渣土执法整治。全年共开展渣土联合检查44次，联合整治行动24次，处理各类违规案件2110件，处罚金额379.82万元。

6. 规范推进餐厨废弃油脂收运管理。一是加强餐厨废弃油脂产生单位的申报管理，全区餐饮单位共3033家（其中停业209家），备案单位2824家，实际申报3047家，申报率107.9%。申报备案产出单位1330家，签约2049家，签约率160.33%；二是强化日常监管，确保收运、中转、消纳处置规范，全

年共检查12次，下发整改通知书6份；三是开展本区域内3家资质餐厨废弃油脂收运单位年度评议，切实按照程序落实整改。

7. 切实加强末端处理设施监管。一是加强区生活垃圾综合处理厂、区生活垃圾集装转运香花基地、区残渣填埋坑（生态修复后）日常监管，完善长效管理措施，落实环保监督监测，抓好进厂车辆检查，确保设施安全运行，减少对周边环境影响；二是督促国清公司推进技改，除新建生物滤池项目因用地审批因素未完成外，其它5大项已按计划完成，设施设备运行质量也有效改善。同时，积极做好技改停产期间垃圾外运保障工作，确保垃圾物流系统正常运行；三是加快推进天马垃圾焚烧厂项目建设，积极协调项目建设中碰到的问题，配合做好相关稳定工作，年内项目土建工程完成计划量63%，部分设施、设备已安装，第一台锅炉水压试验成功。

（四）绿化管理稳步推进，生态建设取得实效

1. 启动全区绿地系统规划编制。一是形成《青浦区城市绿地系统专项规划编制要求》，强调规划编制的侧重点，划定生态保护红线，完成摸底调查、数据汇总；二是形成《青浦区城市绿地系统规划编制大纲》，明确规划编制的目标和任务，基本完成绿地系统专项规划编制所需求的基础资料收集。

2. 推进生态区创建绿地林地建设。落实《2014~2015年本区推进林业健康发展实施方案》，协同相关职能部门、各街镇按照《实施方案》的职责分工，抓紧做好2014~2015年新增绿地、林地计划的落实落图工作。已完成2014~2015年全区集建区范围内58个绿化建设项目的数据统计及落图工作。

3. 绿地总量和品质全面提升。2014年计划新建绿地44.03公顷，其中公共绿地13.14公顷、立体绿化12000㎡（包括屋顶绿化8000㎡、其它立体绿化4000㎡）。截至2014年底，通过广泛宣传发动，在立体绿化专项资金未落实的情况下，推动多家企事业单位建成和在建屋顶绿化8000㎡，其它立体绿化近4000㎡。全年共完成各类绿地48.16公顷，其中公共绿地14.42公顷，计划建设量已超额完成。同时，积极推进林荫道创建工作，万寿路（万寿一路至盈港路）成功创建为上海市林荫道。

4. 市园林城区复审工作扎实开展。根据市园林城区复查工作要求，建立创建机制，布置和落实各项创建复查任务。通过迎复审材料的精心准备，进一步夯实了创建的基础；通过广泛宣传和发动，形成了良好的创建氛围；通过部分绿地的提升改造，加快推进了创建进程。至2014年底，园林城区复查工作顺利通过了市局专家的考评和验收。

（五）网格管理深化拓展，查改结合监管到位

1. 主动跨前，加大监管力度。结合阶段性工作重点，组织力量相继开展“高架道路桥荫桥孔”、“城区集中洗车场”、“城区卫生死角”、“城区特定区域防火安全”及“四横四纵主要道路”等12次专项调查，摸清现状、分析原因、提出建议，为相关管理部门和领导决策提供依据。同时，通过两级督查、定期通报等形式，加大监督力度。全年共立案12.09余万件，结案率为99.45%，与去年同期相比略有提升。

2. 创新方式，强化难题化解。开通微信平台问题快报，增强典型案件信息快速传递和调控化解能力，截至2014年底，微信平台发布54期，各类问题104处，整改101处。在此基础上，建立城市管理负面清单，加大难点问题、重复问题、重点区域的监督力度，有效推进长效管理，全年发布3期清单。

（六）城市管理规范有序，管控实效逐步提升

1. 优化勤务模式，提升街面管控实效。一是完善勤务指导意见，推动差异化管理方式。针对管理现状和工作实际，制定下发了

《2014年勤务工作指导意见》，将执勤力量尽量投放到一线，构建以徒步巡查管线为主，机动车巡管面为辅，岗点固守为策应的市容环境巡查管控勤务体系，坚决遏制一类道路各类违法行为，有效保证二类、三类道路的执法力度，实现一类道路和区域重点管控，二类道路和区域常态控制，三类道路和区域有序可控，切实提高城管队员在街面的“出现率”、“管事率”、“尽责率”；二是完善联勤联动机制，增强为民服务合力。借助联席会议平台，加强与其它成员单位的沟通协作，注重与各街镇的协调交流，依靠街道“大联勤”力量，针对市容环境突出问题、易发多发区域及群众投诉较多的点位，采取城管、公安、社保等职能部门相互协作、密切配合的联勤模式，保障辖区市容环境秩序；三是创新城市管理手段，加大破解难题力度。在部分街镇通过招投标方式，选择具有物业管理的资质企业对重要区域、大型社区的市容环境、门责达标等内容开展全面管理，突破以往单纯依靠行政机构的管理模式，通过引入市场机制和倡导自律自治，汇聚社会资源和公众力量共同参与城市管理，积极探索城市综合管理向市场化、社会化方向改革。

2. 加强执法办案，提高执法综合水平。制定下发《2014年法制工作指导意见》。2014年，共办理案件3707件，处罚金额5226600元。其中简易程序422件，处罚金额43400件；一般程序3285件，处罚金额5183200元。与去年同期相比，案件总数增加751件，增幅为25.4%，处罚金额增加3747990元，增幅为253.48%。案件主要涉及小三乱、占道设摊、跨门经营、无照经营、乱倒垃圾等废弃物、渣土相关案件等。

3. 参与重大活动保障，塑造良好市容市貌。一是圆满完成“亚信峰会”执法保障任务。成立了20人的“亚信峰会”市容环境保障专项队伍，充实朱家角镇等重点保障区域的执法力量，开展了全覆盖式的执法保障工作，并巧用新媒体，通过微信互动，开设“角丽人”工作微信平台，快速处置各类市容环境违章问题，及时交流工作情况；二是全力迎接国家卫生区复审。制定《区城管行政执法局执法大队迎接国家卫生城区复审工作方案》，层层分解，明确阶段性工作任务、工作进度、职能分工和工作职责；三是开展西虹桥区域环境整治。共拆除“三横三纵”及周边区域违规指示牌、杂牌81块；渣土整治共出动150余车次，325人次，处罚车辆2起，罚款金额2万元；查处会展中心区域工地周边设摊120余起，地铁二号线附近设摊48起；对会展中心周边西郊家园小区进行公共安全综合整治，整治违规早餐点13处。同时在西虹桥会展中心专门设立了西虹桥（会展中心）工作站，维护会展中心及周边区域市容环境和社会秩序。

4. 开展专项整治行动，攻克各类市容顽症。一是开展北青公路沿线整治行动。共清理了北青公路沿线乱堆物90余处，拆除各类违规广告牌、指示牌126块，使北青公路沿线面貌明显改观；二是严厉打击遏制渣土违法行为。加大对工地的检查力度及时协调解决现场问题，从源头控制渣土违法行为。加强联动整治，会同交警和渣土管理部门不定期开展联合整治行动。建立案件移交机制，通过两个部门对违法当事人不同行为的处罚，提高了违法成本。细化渣土违法行为量罚，明确处罚金额，做到统一、公平。2014年共开展联合检查30余次，检查工地48处，查处各类渣土违法案件275起，罚款金额共计304万元；三是积极推进违法建筑的查处工作。按照拆违职能划转要求，接手查处了房管部门移交的34起案件，并指导基层中队开展拆违办案工作。2014年共计查处违章搭建190余起，案件数为去年拆违案件总数的10倍。

（七）拆违工作有序推进，专项治理成效明显继续保持违法建筑治理高压态势，以公共安全综合整治和加强来沪人员调控为契机，突出重点，集中力量，强势推进，严格落实各项规章制度，加大社会宣传力度，组织开展“新政新策”业务培训，积极推进各类新违“三个当场”快速查处机制，确保落实“三个100%”，各项工作进展顺利。全年累计拆除违法建筑3589处、967366㎡，其中在建违法建筑798处、104653㎡，存量违法建筑2791处、862731㎡。

（八）改革创新作用凸显，长效管理不断夯实

1. 着力推进环卫作业市场化改革。一是按照行政审批事权下放要求，对道路保洁、河道保洁单项作业许可实施区级审批，完成朱家角清运保洁公司、凌浦保洁公司河道保洁作业许可审批办理；二是推进环卫作业市场化改革，帮助“事转企”单位研究和制定管办企业改革方案，修改编订环卫作业公司章程，成立相应的董事会、监事会，并引导参与国家会展中心、香花桥街道等环卫作业竞标，着力发掘业务增长点、推广工作覆盖面，以提升企业自身动力、活力和能力。

2. 着力推进绿化养护作业市场化改革。在2013年绿化养护作业市场化改革准备工作的基础上，2014年，按照公共绿地养护招标程序，结合市局养护定额标准，对城区绿化养护公开招标，适当引入有资质、信誉好的养护单位。同时，引入了“退出机制”，通过年度信用等级评定，安全事故一票否决等方法，强化了养护作业质量监督，营造良好的市场环境，促进了养护企业规范服务。

（十六）奉贤区

奉贤区建设和交通委员会

2014年，奉贤区建设和交通委员会在区委、区政府的正确领导下，全面贯彻落实党的十八大、十八届三中全会精神，紧紧围绕我区“两优先两同步”战略发展目标，以党的群众路线教育实践活动为契机，加快城市基础设施建设，提升城市建设品位与管理水平，用务实创新的作风，圆满完成了年初确定的各项工作任务。

（一）基础设施建设优先发展

1. 专项规划加快编制。完成公共交通规划、南桥新城静态交通规划、南桥新城有轨电车规划等3个专项规划专家评审，启动南上海枢纽、公共自行车租赁系统规划、南港路、S4等专项规划研究。

2. 基础设施加紧建设。虹梅南路～金海公路越江隧道配套金海北路工程目前已完成西线、东线隧道全面贯通；公交停车保养场圆满竣工并投入使用；快速公交BRT项目贤浦路段、南奉公路段前期工作顺利推进；南桥路、环城北路、奉浦大道道路工程如期竣工；新林公路金汇港大桥基本建成；菜场路、远东路北延伸段工程正常推进。

（二）行业管理工作稳定有序

1. 加强行业安全管理。以亚信峰会召开为契机，全面加强我区建设交通五大行业安全管理工作。其中，公路市政行业全年共有160余人次参与钢桥拆桥演练、出库演练、冰雪灾害综合处置应急演练、消防演练等；建筑建材业出台《关于进一步加强奉贤区建筑施工起重机械安全生产管理意见》，加强施工井架和货梯安全监管。对危险性较大分部分项工程监管实施预申报制度；交通运输行业督促行业企业逐级签订安全责任书和员工承诺书，共计5000余份，完成交通运输行业“亚信峰会”安全维稳工作，9月组织开展南桥汽车站反恐演练；采取联合督查整治的方式开展燃气管道违章占压专项整治，成功整治23起违章占压，有效保障燃气输配管网的安全运行。

2. 创新行业监管举措。坚持以改革的精

神和创新的思路，突破建设交通行业管理瓶颈，力求取得实效。公路市政行业成立“文华热线”，受理道路设施缺损的投诉，便于市民投诉和及时处置；建筑建材业完善招投标管理制度，在全市范围率先建立刻盘归档制度、监控巡查制度、内部监管流程制度、事先告知制度以及政府性投资项目新举措等；燃气行业突出对商务楼宇“非改居”燃气使用条件的排查，并制定整改方案；航务海事行业以科技加制度加强安全管理，完成我区内河航道搜救中心建设，充分利用视频监控，全天候、全覆盖实现主要航道水运船舶的动态监管。

3. 强化行业执法工作。开展我区交通运输行业行政执法自查工作，组织参加区法制办开展的行政执法人员基础法律课程培训。行业执法方面，交通执法工作围绕打击非法客运新规，利用调整勤务模式，加强执法频次，拓宽执法覆盖面等方式，实现了“5+2”“白+黑”全天候、全年度的执法覆盖，有力打击了我区的非法客运。燃气行业开展打击非法经营液化气专项整治，年内联合公安派出所等部门，开展联合执法行动 42 次，取缔液化气非法经营、储存窝点 40 处，没收液化气钢瓶 490 只，派出所行政拘留 30 人；航务海事行业与涉水部门联合开展奉贤区金汇港南闸周边水域打击非法捕捞联合执法行动、“非法网簖专项整治行动”等。

（三）服务型政府建设深入推进

1. 深化行政审批制度改革工作。完成建设交通事务受理中心组建，事务中心以窗口服务、前台受理、审查办理为主，完成与委行政许可科行政审批对接工作；加快审批事项的调整、梳理，基本形成 2014 版审批事项目录清单和推进的工作方案，研究确定 33 项为行政许可审批事项，19 项为核准、备案事项，其受理、审批等办理部门基本明确。

2. 聚焦民生项目。年内，完成村庄改造 1750 户，其中 690 户为村庄改造，1060 户为美丽乡村建设试点；完成天然气老区改造 10300 户；优化公交线网，新辟公交线路 4 条，优化调整线路 15 条；完成农村桥梁改造 78 座、经济薄弱村道路改造 96.154 公里，项目总投资 1.1925 亿元。

（四）机关自身建设不断加强

1. 整改“四风”突出问题。认真开展党的群众路线教育实践活动，切实解决关系群众切身利益的现实问题，通过认真查摆问题，梳理出“四风”突出问题 43 个，关系群众切身利益问题 22 个，联系服务群众“最后一公里”问题 15 个，逐一予以解决。组织开展科级以上干部“基层一线岗位劳动日”活动，为工作作风的改善和工作方式的转变提供第一手资料。

2. 完成各类处置事项。2014 年共接受办理区人大代表书面意见、政协委员提案共 76 件，于 5 月初提前完成，办理完成率达 100%；年内共接到“大联动”案件 4451 件，结案 4440 件，结案率 99.7%。

3. 开展行业文明创建。以创建全国文明城区为契机，重点开展“地面公交文明行业创建活动”、“文明工地创建评比活动”、“文明海事创建活动”、“文明执法示范窗口创建活动”、“先进班组和文明岗位创建活动”等，为行业文明创建搭建平台。大力推进“公共服务进社区”活动，2014 年，公路市政行业为社区补路 120 多处，达 5400 多米，安装路灯 135 盏，为群众打通进出通道、修缮基础设施 400 余处。燃气行业为 70 周岁以上纯老年人家庭免费送气 22670 余户，39846 次，更换减压阀和换胶管 7419 套。航务海事业在征求船民意见中满意率达 100%。地面公交行业积极开展“争创品牌线路，争当服务明星”活动，使奉贤公交群众投诉率降低 65%。建筑业共推荐申报区级文明工地 43 个，市级文明工地 16 个，在建建筑工地围挡设置公益广告率达 100%。

奉贤区绿化和市容管理局

2014年，奉贤区绿化和市容管理局深入贯彻党的十八届三中全会、四中全会精神，以开展群众路线教育实践活动为动力，突出“加强生态文明建设”的工作中心，坚持“巩固、拓展、提升”的工作原则，围绕全国文明城区创建和上海市园林城区复验等重点工作，着力于科学谋划、常态管理、重点突破、创新发展，使行业发展基础不断夯实，行业管理水平不断提升，生态建设不断加快，城管执法能力不断增强，队伍建设成效不断巩固，全区绿化市容事业得到新发展，城市管理水平得到新提升。

一、行业发展基础不断夯实

（一）强化顶层设计，引领行业发展。一是对照行业“十二五”发展规划，梳理各项指标，寻找当前差距，加快工作推进；启动“十三五”规划思路研究，为行业科学发展奠定基础。二是加快行业专项规划研究。完成《奉贤区绿地系统规划》修编，形成绿化专项规划中期成果，指导完善镇域绿化专项规划，积极与区域总体规划进行对接；以“盘清存量、落实增量、优化配置、有效运营”为原则，完善环卫专项规划编制，推动环卫设施的配备和更新。三是制定了《加强本区绿化建设和管理的实施意见》、《本区国土绿化发展专项资金使用办法（试行）》和《加快推进本区绿化建设三年行动计划实施方案》等一系列文件，进一步激发各属地政府和相关单位绿化建设的积极性，确定明年绿化建设重点项目和推进计划，推动本区生态环境得到切实改善。

（二）推动环卫作业和市容保障服务社会化改革。根据国务院办公厅和市、区两级政府的相关文件精神，结合本区工作实际，在确保行业稳定和持续发展的前提下，指导奉城镇和庄行镇积极培育社会组织，引入市场机制，健全各项制度，开展环卫作业和市容保障服务的社会化改革试点。在总结经验的基础上，制订了本区市容环卫作业和市容保障服务社会化改革实施意见，明确了“稳步推进、规范运作、权责分明”的工作原则，为力争到2015年底，初步建立体现行业公益性特征和运作市场化的新模式打下扎实基础。

（三）探索建立综合执法新机制，提升城市管理信息化水平。为进一步落实“两级政府、两级管理”的工作原则，结合市委一号调研课题精神，按照区政府要求，积极研究“执法下沉、属地统筹、多方联动、合力推进”的城市管理综合执法工作新机制，推动执法力量和管理重心的下沉，为属地政府强化日常管理提供有力的执法支撑；加大投入，全员配备对讲机、执法记录仪、执法车辆北斗定位系统等信息化装备，建立了城管执法信息平台和网上办案系统，实行案件登记、案件审批流转、案件证据管理、案卷电子归档等网上操作，由传统的纸质案件办案流程改为网上办案流程，规范了审批程序，提高了办案效率，加快提升城管信息化水平。

二、生态建设不断加快

（一）加强绿化建设。一是积极实施林荫道建设。针对南桥新城主干道路原先品质不高、绿量不足的问题，实施望园路机非隔离带和中央隔离带沿线春季绿化整治，有效提升新城的绿化面貌和生态品位；在百秀路实施了乌桕树种的林荫道建设，道路沿线绿化景观得到明显改观；按照上海市林荫道路创建标准，在环城西路分别种植香樟159株、栾树175株，并成功创建为市级林荫道路，使本区现有市级林荫道路增加至5条，进一步优化了本区的道路绿化结构，取得了良好的生态和社会效益。二是持续推进立体绿化。在总结以往桥柱垂直绿化建设经验的基础上，大力发展以学校、居住区沿街围墙和公厕、垃圾箱等环卫设施外墙为载体的垂直绿化，全年在59座公厕、31座垃圾房、2座垃圾中转站的外墙共种植3099平方米墙面绿化，在育秀实验学校、古华二区等沿街围墙共种植250平方米垂直绿化；指导金水苑小学完成屋顶绿化1000平方米，使学校增添了独特的绿化生态景观。三是确定明年绿化建设重点项目。为确保绿化三年行动计划的顺利实现，以“聚焦新城、打造生态绿核、构建绿色网络”为重点，通过现场调研、召开推进情况汇报例会、方案评审等前期工作准备，确定了“5座公园、8块公共绿地、20条绿化廊道”的2015年绿化建设重点项目。目前，各建设项目前期工作正加快推进，部分项目最快可实现2015年春季开工建设。

（二）加大绿化管养力度。一是为确保本区上海市园林城区复验任务的顺利完成，制定复验方案，明确各方责任，对照复验考核指标，有力推进各项复查验收工作，获得了市局专家组的高度肯定。二是为确保创建全国文明城区考核期间公共绿地和行道树的面貌优美整洁，加强对失管失养绿地的托底管理，更换老旧、破损的树穴盖板约350套，修复约2500套；对居住区内各类破坏绿地现象采取综合执法和设置隔离桩、补种等措施，恢复绿地原有面貌，并优化了1.2公顷测评绿地的植物群落结构。三是深化“三评”考核机制，强化“三级”巡查制度，使绿化养护逐步实现规范化、标准化管理。四是根据市政府相关文件精神，启动本区绿化信息普查和数字化工作，共录入各类绿化数据758条，涉及绿化面积673万平方米。五是加强病虫害防治，提升病虫害预测预报准确率，有效遏制病虫害发生率。

（三）提高行业指导和群绿工作水平。加强对各镇（开发区、社区）绿化管理人员在花灌木修剪、园林病虫害防治等方面的技术培训，定期到庄行、柘林、青村等镇以及海湾旅游区、星火开发区、奉浦开发区开展公园建设、绿化改造等方面的指导，发挥绿化行业服务社会的技术优势；大力开展“同追绿色梦想、共建生态上海”的全民义务植树和绿化宣传系列活动，推动市级花园单位创建，开展“绿色校园行”活动，支持和指导海湾旅游区及四团镇分别开展花卉盆景展，提高社会爱绿护绿意识。

三、行业管理水平不断提升

（一）规范生活垃圾管理。一是完成年度生活垃圾减量任务。落实“先自付、后补贴，超量自理、减量奖励”的原则，有效调动属地政府积极性，完成今年690吨/天的减量任务；实现10座湿垃圾末端处置设施正常运行，加大对菜场垃圾、部分小区厨余垃圾以及南桥镇水果垃圾的收运处置力度，持续提升湿垃圾处置设施运营效能，日均湿垃圾处置量达80吨。二是完善“小分类”创建。根据不同类型生活垃圾收运中转模式，探索建立合理、有效的分类收集方法，全年累计完成13053户居民、10所机关、36所学校、105家企事业单位、15所菜场的分类创建，全面完成年度市级“小分类”创建任务。三是加大“三站一码头”监管力度。加强对生活垃圾“大分流”、“小分类”系统的日常监管，完善对“三站一码头”的日常巡查制度，严查垃圾偷乱倒和填埋案件，确保生活垃圾分类减量工作得到切实推进。

（二）巩固城乡环境常态化。一是提升道路保洁水平。落实和推广“一对一”联络员制度和“一路一档”制度，深化道路文明班组创建，营造道路保洁的社会宣传氛围，规范道路保洁作业要求，提高道路机扫率，提升道路两侧市容环境面貌和市民满意度。二是结合各类创建要求，坚持以问题为导向，以项目化管理为标准，有力推进“特定区域”集中治理，切实完成全年整治任务，在全市第三方考评中名列前茅；三是强化门责和示范街管理。加强督促和指导，开展年度示范街创建工作，在南桥中心城区试点开展水果店标准化管理，有效改善街面环境；四是运用行政审批手段，推动违规户外广告整治，完成农委、水务局的景观灯光维修项目，加强巡查，确保全年景观灯光正常开启。

（三）强化顽症治理。一是推进无序设摊治理。制定《关于本区进一步加强城市无序设摊综合治理工作的实施意见》，明确属地职责，按照“分类管理、源头治理、堵严疏实、统筹推进”的原则，设立了39个疏导点，落实“五定”要求，确保城市设摊处于可控有序状态。二是渣土管理成效显著。建立并落实《奉贤区建筑渣土运输和处置专用账户实施细则》以及零星建筑渣土和装修垃圾网上申报制度，进一步规范渣土运营管理机制；组织区建交委、公安奉贤分局和各渣土运输中标单位定期召开渣土整治联席会议成员单位工作例会，及时通报管理要求，点评存在问题，研究对策措施，督促问题及时整改；定期对渣土运输车辆、出土工地、运输线路、消纳卸点等开展检查，严格监督运营单位操作规范，督促问题及时整改。三是加大餐厨垃圾和废弃油脂管理力度。注重源头控制，提高餐厨废弃油脂申报率，安排专人对区内两家收运单位进行全流程视频监控，防止违规处置；联合相关单位加大对餐厨垃圾非法处置的整治力度，健全餐厨垃圾长效管理机制，健全申报双向告知制度，提升餐厨垃圾收运能力。

（四）落实行业监管职责。一是加强建设工程监管。督促项目公司按照时间节点有序推进生活垃圾末端处置中心建设，协调相关部门，推进取水泵站、外网接入系统及胡滨路等外配套工程的实施，确保工程建设顺利推进；完成南桥中转站改造工程建设，有效降低作业扰民现象，确保中转站正常运行。二是加强安全生产监管。有效落实安全生产“一岗双责”要求，注重日常自查自纠和重大节假日领导带队检查相结合，严格落实防台防汛工作职责，确保全年行业安全生产态势平稳可控。三是加强市容环境质量监管。建立健全区、镇（开发区、社区）二级质监监管体系，完成全区质监数据库的核对、矫正、录入，不断提高全区检查覆盖率和整改合格率；继续开展市容环境质量专项督查活动，建立完善第三方、区质监中心、市民巡访团等多方参与的监管机制，推动区、镇、村、作业企业联动检查，全面提升全区质监效能和市容环境质量状况。

四、城管执法能力不断增强

（一）加强街面管控力度。积极开展示范街、达标街创建活动，扩大对各镇（开发区、社区）道路实效督察范围，进一步提高督查标准，合理调整“三比三评”考核分数占比，调动基层中队加强街面违章行为的管控力度，提高路段执勤队员的工作责任心和管事率，全年办理街面违章类案件 8648 件，进一步改善街面管理实效。

（二）开展专项执法整治。坚持聚焦群众投诉热点，加大执法力度，为城市管理提供强大执法支撑：一是根据相关要求，重点整治活禽批发市场周边、菜市场周边、居民小区、区际结合部等区域违法占道经营活禽的行为，有效遏制了活禽市场季节性休市期间违章高发势头，为本区的公共卫生安全提供了有力的执法保障。二是加大对各类渣土（砂石料、工程泥浆）等运输车辆、各渣土（泥浆）卸点以及施工工地的执法检查力度，先后开展了“雷霆”、“迅雷”等系列专项整治，并将农村地区违规设置工程泥浆处置场所的情况通报至各镇政府。年内，共查处渣土管理类违章 241 起，道路污染违章 255 起，车容不洁违章 1192 起，施工工地违章 27 起，有效规范了本区的渣土运营市场秩序。三是针对学校周边无证经营、占道设摊、夜间施工、铝合金加工等各类影响考生的违规行为开展“绿色护考”专项整治，为广大考生营造安静有序的复习迎考范围，获得了考生和家长的一致好评。四是针对夜排档扰民问题，召集食药监、交警、属地派出所、市容所、新闻媒体等部门组成了联合执法小组，开展了 13 次较大规模的夜间无证食品摊点专项整治，使南桥中心城区、奉浦、肖塘、西渡等地区夜排档扰民现象得到有效遏制。

（三）完善执法管理制度。一是完善执法自由裁量权基准制度。在落实重大案件及时上报和大案要案集体讨论制度的基础上，结合当前的执法实践，相继细化了“五乱”、渣土、夜间施工、户外广告、占用城市道路等多类型的自由裁量权标准，避免了行政处罚的随意性，进一步体现了城管执法的公正性。二是制定并落实了社会听证员制度。根据《行政处罚法》、《上海市行政处罚听证程序试行规定》等法律法规及大案要案集体讨论制度等规定，组建了社会听证员队伍，并对部分听证案件实行听证员参与制度，确保行政处罚案件办理的公开和公正。

五、队伍建设成效不断巩固

（一）加强作风建设。结合群众路线活动开展，开展城管百日作风纪律教育整顿活动，剖析问题根源，落实整改措施，队伍作风纪律明显加强；以“每季一星”评选活动为抓手，不断挖掘、培育、宣传和运用行业先进典型，在行业内营造一股崇尚先进、学习先进、争当先进的好风尚；开展行政审批事项监督检查，不断规范行政许可行为，推进依法行政；严格执行“八项规定”，开展岗位廉政风险回头查工作，进一步深化廉政风险防控工作。

（二）增强为民服务能力。制定《奉贤区绿化和市容管理局“12345”处置办法及绩效考核办法》和《2014 年奉贤区绿化和市容管理局投诉受理考核细则》，督促各基层单位规范处置各类投诉案件，积极对接“12345”、大联动平台、市局行政服务中心等各类市民服务热线，全年受理处置各类投诉 9376 件，有效缓解民生难点；以群众需求为导向，以阳光四季园、江海花园、万龙新村、奉浦苑四个小区为试点，实施“公共服务进社区”活动，深化城管执法“五进”工作，提升为民服务能力；完成古华公园综合改造工程，修缮园内多座仿古建筑，消除各类安全隐患，增添公益服务设施，打造山水景观精致，基础设施齐全，服务水平优良的公园新面貌。

（三）塑造良好队伍风貌。制定“黄牌警示”制度和完善“个人成长档案记录”，进一步规范城管队员日常行为和执法行为，开展“五项全能”大培训，提高执法水平和办案质量，积极践行为民服务“六个一”以及“五个必须”的行业承诺，展现奉贤城管优质形象；深化文明行业创建，加大文明公厕创建力度，组织开展“城市管理我本添彩”岗位大练兵活动，加大对道路保洁、绿化养护等作业工人的培训力度，规范作业标准，不断塑造绿化市容行业新风貌。

（十七）崇明县

崇明县建设和交通委员会

2014 年，在县委、县政府坚强领导和各乡镇的大力支持下，县建交委紧紧围绕“创新驱动，转型发展”的总体要求，继续坚持“以人为本、安全为先、管理为重”方针，一手抓行业质量和安全生产管理和行政服务效能提升，一手抓重大工程项目推进和民生实事工程建设，圆满完成了年初确定的各项任务。主要开展了以下四个方面的工作：

（一）全面加强了行业质量和安全生产管理。吸取各类重大安全事故的教训，全面排查安全隐患，切实抓好行业质量安全监管。一是开展建筑市场专项整治。组织开展了保障性住房质量专项检查、重大工程质量安全专项检查、重大危险源排查、大型起重机械抽检等各类检查，促进了县建设工程质量安全水平不断提高；与此同时，小型工程项目分级分类管理体制进一步明确和完善，招投标管理制度更加健全，工程建设参与各方的工程创优工作成效明显。此外，还组织了对乡镇、委局、园区（公司）建设工程管理人员、执法人员等的业务培训。二是加大燃气安全检查和宣传力度，对全县79家供应站和储配站进行全面检查；会同燃气经营企业、教育局、民政局、机关事务管理局等开展燃气安全进餐饮场所、进学校、进养老院、进机关及事业单位食堂活动，为42个机关和养老机构提供宣传教育和服务指导；开展燃气安全事故应急演练，提高应急抢险队伍应对紧急突发事件的意识和能力；持续加大燃气使用安全宣传力度，发放宣传资料56000余份，服务咨询群众6000余人；开展“每周一村”燃气安全进农村专项行动，共走访50个村，参与群众48000余人次，帮助村民发现和解决安全隐患200多个，有效减少和降低了农村地区燃气事故的发生率。三是坚持路政日常巡查和超载超限治理工作。开展路政日常巡查，累计上路巡查1551车次、4436人次，清理非公路标志385块，清理设摊371处，清理公路及公路用地范围内堆物187处，计3758平方米。共查处损坏公路设施案件15起，收取赔偿费10.9452万元；当场处罚9起，收取罚款2950元。坚持每月4次治超工作，共出动检测车辆192车次。四是对县管公路19座桥梁进行了专项检测工作，加强县管公路及农村公路桥梁桥下空间的管理，对桥下空间作为居住场所、仓库等的违规现象进行了清理，确保桥梁安全。

（二）大力推进了重大工程项目建设。按照年初的目标任务，创设条件、攻坚克难、突破瓶颈，各项目建设成效显著。一是全力推进重点地区公路建设。北陈公路南段Ⅰ标建成通车，20米绿化带范围完成堆土造型和绿化种植工作；G40陈海公路匝道拓宽工程完成项目建议书批复、红线方案调整、工可编制及管线现场踏勘等相关前期准备工作；蟠龙公路、推虾港路全线完工并投入使用。二是有序推进市政道路建设，工农路工程污水管道顶管已经全部完成，完成道路基层；石岛路基本完成道路主体工程。三是顺利推进县政府实事工程，160座农村危桥改造和500公里农村道路建设按计划顺利完成。四是大力推进惠农工程，631户农村低收入户危旧房改造工作基本完成。五是按计划完成大中修工程。16个公路大中修项目和1个桥梁大修项目均按时竣工,5个农村公路抢修工程全部完成，西门路大修和东门路路口改造工程按计划完成。六是做好县管公路及农村公路的日常维修保养工作，修复长兴江南大道燃气管道掘路工程，完成港沿公路、合五公路、北新公路的绿篱和绿地的搬迁恢复工程，完成陈海公路东段南侧天然气管道17公里施工地段及北陈公路移动光缆施工地段的绿化恢复。做好东滩启动区6条道路的移交接管，完成农村公路的养护经费设施量调整，完成撤并村人口、户数和通达路线的调查。七是推进建筑节能改造工作，共对19个建筑单体共计3.6万平方米的建筑面积实施节能改造。七是完成了城桥地区的老管网改造工程、城桥地区临时降压站主管网的铺设工程，正有序推进陈家镇地区降压站建设。

（三）大幅提升了行政服务效能。按照已制定的工作规范和指导意见，完善依法行政、窗口受理、信访维稳等方面的服务标准和要求。一是进一步规范行政审批管理，共审批公路行政许可28件、市政道路行政许可38件，办理项目报建220个、施工许可证139个、合同备案1015个、建材交易备案523个；在企业资质资格受理方面，共审批新申报建筑施工企业资质200家、施工企业资质增项42家、劳务企业资质升级1家、资质重新核定3家、三级升二级建筑施工企业资质12家。二是进一步加强建筑节能各项工作。继续推进可再生能源建筑应用示范县工作，落实示范项目18个，已完成竣工验收，并通过专家评审的项目12个，总下拨项目建设单位专项补贴资金909.16万元；对县规划局办公楼、新海镇卫生院等5幢建筑安装了分项计量装置；对陈家镇、东平镇卫生院等5幢建筑开展了能源审计工作。三是及时完成各类提案、意见、信访件的办理工作，完成了对26件人大代表书面意见和16件政协委员提案的办理工作，办理率和走访满意率均达到100%。同时，完成了84件来信来访办理及答复工作。四是圆满完成国际女子自行车赛赛道和环太湖国际公路自行车赛保障工作及防汛防台等阶段性的各项重点工作。五是完成四类设施（交通标志、标线、可变车道、路口诱导屏）的设施量梳理，并与县交警部门完成移交协议签订。

（四）深入推进了党的建设。以党的十八届三中全会精神为指引，认真落实中央政治局关于改进工作作风、密切联系群众八项规定，积极开展党的群众路线教育实践活动，着力推进党的思想、组织、作风、制度和反腐倡廉建设，为确保完成今年目标任务提供了坚强保证。一是认真开展党的群众路线教育实践活动。按照县委安排，在全系统17个基层党组织中深入开展了第二批党的群众路线教育实践活动。在学习教育、征求意见环节，党委专门组织6次中心组专题学习会，共收集到190余条干部职工反映的原始意见和建议，并整理合并为18条，召开了2次专题学习讨论会和重点调研报告座谈会。在查摆问题、开展批评环节，委领导班子深入查摆、认真梳理“四风”方面存在的突出问题12条，班子成员结合分管工作，共查摆出116个相关问题，召开了一次红脸出汗、动真碰硬的专题民主生活会。在整改落实、建章立制环节，党委修订完善了改进科学民主决策机制、党风廉政建设和机关作风建设工作机制等11个方面、共计20余条的制度建设整改计划。二是进一步加强党风廉政建设。扎实推进党风廉政建设责任制落实，制定了2014年度《崇明县建设交通委党风廉政建设和反腐败主要工作分工安排》，签订目标责任书；认真开展专项治理，不断强化小型项目管理，继续深入开展“小金库”、礼金礼券购物卡和公务用车专项治理；认真查信办案，严格查处违法违纪行为；开展廉政风险防控“回头看”工作，逐步完善廉政风险防控的常态机制、规范机制和督查机制。三是切实加强干部人才队伍建设。完成了委系统4名中层干部的民主推荐及考察工作，调整充实委后备干部；做好事业单位招聘工作，调整和招录事业单位人员11名，安置复员军人3名。四是全面推进精神文明建设。在公路市政行业，深入推进文明走廊创建、文明样板路建设、文明单位、立功竞赛功臣评选等活动；在燃气行业开展“微笑服务”文明窗口建设；在建设行业开展全县文明施工综合指数测评工作；在路政行业开展“法治崇明”建设工作；在全行业开展结对共建、志愿服务活动、环境洁净日活动等精神文明工作；此外不断提升公路路政行政执法水平、行政服务中心建交委窗口服务水平，贯彻落实群众路线，缩短审批办理时间。

崇明县绿化和市容管理局

2014年，县绿化市容局紧扣县委县政府的工作重点，围绕“创新管理、提升长效”的工作理念，坚持“巡查联网、处置联合、管执联手”的社会管理理念，上下一体，聚焦工作重点，破解工作难点，创设工作亮点，联合各方力量，使城乡环境面貌有了新改观，使城乡环境秩序有了新进步，使城乡环境景观有了新看点，在推动崇明社会管理“创新驱动、转型发展”的总体目标中做了一些工作，取得了一些成绩，现将有关情况汇报如下：

局系统工作主要聚焦以下三个方面。

其一，局系统重点工程和专题工作。其中，在环卫方面，重点工程建设项目是龙头，生活垃圾分类是支撑，厨余垃圾专运专处是基础。在市容景观方面，绿地建设是前提，大树保护是抓手，渣土专营是必需。在城管执法方面，重大活动保障是基础，无序设摊整治是重点，执法力量扩充是抓手。其二，城乡综合管理大联动。其中以“两违”整治为重点，以下沉巡查体系为基础，以健全考核体系为抓手，以造就有效处置队伍为核心。其三，尝试管理转型，培植市场化运行机制。突出行业监管职能，将服务与作业的内容和项目，推向市场，加强监管。

（一）建管并举抓重点，锦上添花求特色，致力推进重点工程和专题工作。

局系统 2014 年的重点建设工程涵盖两方面，主要涉及市对县考核指标的落实。一是环卫设施方面。包括崇明固体废弃物处置综合利用中心工程及其道路配套工程，固体废物处置场等工程在内的崇明固体废弃物静脉园建设。关于园区建设，县绿化市容局在对《崇明县固体废物收运处置规划（修编）（2012-2020）》时提出设想，即以现有的崇明县生活垃圾卫生填埋场及崇明固体废弃物处置综合利用中心为基础，整合已建成的固体废物处理设施，并辐射到周边区域，进行统一规划，形成崇明固废静脉园区，为保障崇明固废处理奠定基础。规划涉及土地面积约 900 亩。该区域已建项目有崇明生活垃圾填埋场和崇明餐厨垃圾处理厂，在建项目有崇明固体废弃物处置综合利用中心工程及其配套道路工程和固体废物处置场，另有两个沥青拌料厂等项目。

崇明固体废弃物处置综合利用中心工程在崇明北沿现有的填埋场边上调拨 52 亩用地，项目总投资 3.68 亿元，建设设计日处理能力 500 吨的垃圾焚烧场，主要处置无毒无害工业固废、生活垃圾，计划 2015 年底建成运行。虽因该工程环评标准、建设规模等内容调整过多，几经反复，造成前期审批环节滞后，但在县委县政府关心指导和各相关单位的共同努力下，工程已于 2014 年 5 月 29 日正式开工，至于工期延后问题，县绿化市容局在施工中采取平行推进，交叉施工的办法尽量合理压缩工期，以确保整个工程在 2015 年底点火运营。

崇明固体废物处置场项目选址于崇明生活垃圾填埋场 3# 库区北侧，项目占地面积约 64 亩，设计库容 34 万立方，总投资约 6000 万。项目建成后将接纳生活垃圾焚烧厂稳定固化后的飞灰、医疗废物焚烧厂的炉渣和稳定后的飞灰以及崇明县内其他需要填埋处理的危险废物，日处理规模 32.5 吨 / 天。项目建设内容主要有固体废物填埋库区、预处理系统、渗沥液处理系统等。目前已完成如下工作：一是完成项目名称更改，由崇明危废填埋库区调整为崇明固体废物处置场；二是取得环评批复；三是完成核准报告的编制和上报和核准批复；四是完成项目报建；五是开展设计勘察联合体公开招投标工作；六是完成规划设计要求审批和规划设计方案并联审批，并于 11 月 7 日开展规划设计方案网上公示；七是初步设计文本送市建交委预审；八是完成 3 号库区旧垃圾的开挖，年内项目开工建设。

崇明固体废弃物处置综合利用中心配套道路工程系为解决崇明生活垃圾焚烧厂运营后交通运输需求，同时也是未来静脉产业园的主要道路。该项目总长 1.35 公里，道路红线宽度 20 米，近期建设横断面为 2×0.75 米土路肩 +7 米车行道，新建桥梁三座，项目总投资 3918 万元。目前已完成设计、勘察、施工招投标，完成施工图审图，取得备案证书，年内开工建设。

二是绿化建设方面。包括今年市下达的绿地建设指标 50.66 万平方，立体绿化 0.4 万平方和屋顶花园项目指标 0.2 万平方。市级绿地建设指标直接关系崇明整体年终考核，而指标要求相对崇明不合理。崇明绿地建设指标的完成，多依赖于重大工程建设中绿化指标率的完成。除此以外，虽林地面积无法转化成绿地面积，但崇明实际“绿化”面积优于其他区县的客观事实，使得绿地建设特别是立体绿化（屋顶绿化）的被迫性和紧迫感不如其他区县，况且崇明财力窘迫，历年在绿化建设方面的投入无法满足市级指标要求。为此，一方面县绿化市容局多年呼吁市局对崇明绿地建设特别是立体绿化建设指标“另眼相待”，另一方面，县绿化市容局调整建设思路，将指标同乡镇年终考核相结合，今年县绿化市容局将任务嵌入到美丽乡村指标体系中，分派到各乡镇实施，适当予以一定量的试点和奖惩费用，撬动乡镇推进绿地建设，经过多方努力以及与市局的积极沟通，今年我县已顺利完成各项建设指标。

局系统全年的专题工作，主要有以下五个专项。

其一，拆违止违工作。2014年的拆违工作以“拆旧止新”为基本原则，一方面抓新增违法建筑的及时制止及拆除，保持露头即打的高压态势；一方面抓历史存量违法建筑的减量消除，按计划稳步推进消量工作。今年6月县绿化市容局组织起草了《关于进一步加强本县违法建筑治理工作的实施意见》，在征求多方意见，几经易稿，经县常务会、县委常委会通过后，以十个委办局联合发文的形式下发到各乡镇和相关单位，进一步鼓足了坚决推进违法建筑整治的干劲，截止2014年11月底，本县拆除各类违法建筑38.2万平方米。其中止新面积3.1万平方米；拆旧面积35.1万平方米。完成了市下达25万平方米的140%。其二，垃圾分类和资源化利用工作。垃圾分类减量工作事关民生，系市政府实事项目，亦是市局对崇明考核的重点之一，多年来县绿化市容局一直勉力而行，致力有为。做法上，县绿化市容局结合崇明农村化明显的特点以及终端处理技术多元化发展要求，从“大分流、小分类、细处理”着手，重点推进六大专项系统建设。一是不断完善餐厨垃圾专项管理系统；二是完善废弃食用油脂专项管理系统；三是强化有毒有害垃圾专项回收系统；四是健全可回收利用垃圾管理系统；五是规范城区建筑装璜垃圾管理系统；六是加快垃圾收集、运输、处置设施设备更新完善及垃圾处理能级的提升。通过六大垃圾专项管理系统的升级和完善，不断提高我县生活垃圾分类收集覆盖率和资源化利用率。今年按计划完成了新河镇17个行政村、5个区委会共25083户、7所学校、2个菜场、2个机关、38个企事业单位的生活垃圾分类推进工作，自2011年5月1日启动以来，全县面上共推进了城桥、堡镇、新河等3个乡镇共900个企事业单位、131个居住区（包括农村行政村，涉及115241户），13所菜场，31个学校，45个机关和3座公园的垃圾分类工作。今年我县生活垃圾日均处理383吨，比市局下达的计划数日均减量7吨，顺利完成了今年下达指标任务。在生活垃圾减量化和资源化工作中，今年县绿化市容局突出抓厨余垃圾、菜场垃圾的分类专运专处。在去年城、堡两镇试点的基础上，推广至新河、港沿、竖新镇地区，共对196家产生餐厨垃圾的饭店宾馆和机关企事业食堂进行专项收运处（日均收集量11.5吨）。同时，县绿化市容局加大了对纳入试行专项收运处单位的监管和执法处罚力度，努力提高日收集处置量，也为有效遏制泔脚猪现象夯实基础。

其三，大树保护工作。作为去年县人大的1号议案，1月底我县以崇府办发〔2014〕2号文的形式出台了关于《本县加强大树保护和管理若干规定（试行）》的通知，在保护大树上县绿化市容局奉行“单位主动尽责，民间强化意识，部门加强指导，社会共同监管”的原则。采用古树名木及其后续资源挂牌锁定，确认大树定位建档挂牌，大树生长定期巡查，施行保护大树奖惩机制的办法。认真思考并理性处理大树保护与建设开发的关系，建立从规划开始就充分沟通的协调机制，实事求是，朝保护与开发双赢的方向探索。同时，提高全民保护大树资源意识。借助社区、公园、学校的平台组织一系列大树保护宣传活动，举办崇明县“美在大树”摄影大赛活动和“我与大树有个故事”征文活动，发放宣传手册2万余份，制作宣传展板83块，委托崇明电视台拍摄《县绿化市容局爱大树》专题宣传片，并多次在报纸上刊发大树保护信息，群众保护大树的意识有了明显增强，截止目前，全县共计登记集体、国有产权大树资源290余株，其中100年以上大树资源18株，80至100年大树资源57株,40至80年大树资源210余株，主要分布在港沿镇、城桥镇、港西镇和庙镇，所有的集体、国有产权大树资源均已挂牌并签订保护协议，11月初县人大对此进行了专题视察，收效明显。

其四，渣土专营工作。按照《上海市建筑垃圾和工程渣土处置管理规定》的要求，结合渣土管理列入市政府管理领域“8+2”突出问题，县绿化市容局不断完善行业管理制度，着力加强卸点、渣土运输线路、建筑渣土运输码头等的日常巡查与监督管理，6家渣土专营企业运行良好。全年共接受建筑渣土排放和回填申报69起，共计1740260吨，与同期相比增加40%,建筑渣土运输过程中扬尘、道路散落等市民投诉案件20起，与去年同期相比下降了20%。同时杜绝车辆超载、偷乱倒行为，交通死亡事故为零。全年开展联合执法21余次，联合查处工地65余处，查处无处置证车辆55辆、违规农用车80余部，督促整改10余次。根据[2014]51号文件新的要求对建设工地设置《建筑渣土处置责任公示牌》20个，建立视频监控4个，安装卸点冲洗设备3个，确保了全县渣土得到规范、有序、安全处置。

其五，无序设摊整治工作。根据市府办发〔2014〕34号颁发的关于无序设摊整治工作的要求，县绿化市容局起草并与县经委、建交委、公安局、交港局、工商崇明分局、食药监崇明分局等七个委办局联合出台了《关于进一步加强本县无序设摊综合治理工作的实施意见》，主要以建立长效机制为核心，突出“三个重点”，即重点地区、重点时段、重点人群，开展“三类管理”，即形态管理、秩序管理、心理管理，强化城管执法，维护市容市貌，提升崇明城乡环境面貌。做法上，县绿化市容局以依法禁止和管控为主对设摊行为进行治理，根据我县道路交通、市容环境、区域功能等的影响情况，将我县道路划分为严禁、严控、控制三种区域，实施差别化的整治措施。全县共设立无序设摊疏导点10处、控制点27处、聚集点7处。推进步骤上，至今年底整治各类无序设摊15%，2015年底整治各类无序设摊35%，2016年底整治各类无序设摊35%，2017年6月底整治各类无序设摊15%。县绿化市容局以乡镇文明指数测评、卫生镇测评、国家生态岛验收等为切入口，在各乡镇和相关部门的共同努力下，2014年的治理目标已基本实现，其中，城桥镇八一路作为今年整治范围的一级严禁区，开展了严格的管理，取得了明显成效。

（二）全面覆盖明职责，突出重点抓进步，务求城乡综合管理大联动实效更明显。

城乡综合管理大联动工作是社会管理模式的创新、探索和实践，是顺应本县城乡环境和社会管理的形势需要，为提高城乡综合管理的效率和水平，更好地优化城乡环境面貌，维护良好的公共秩序，推进本县社会管理的实践。目前大联动已覆盖全县18个乡镇，形成了“一个平台，综合统筹；分块设站，各尽其责；有力推进，全面覆盖”的整体思路，确定了“职能联动，人员联勤，条条联手，条块联合，社会联网”的职责要求。联动工作的内容主要由“拆违止违”、“市政市容市貌”和“社会安全稳定”三大板块的十项内容构成。

整个联动管理系统由领导体系、巡查体

系、指挥体系和处置体系组成。在领导体系上，建立了县镇两级领导小组及其办公室，逐渐统一了各级干部和相关部门的思想认识，逐渐规范了工作流程和行为准则。在巡查体系上，建立了由684名巡查员组成的联动工作巡查队伍，划定了巡查网格，规定了巡查内容，明确了巡查工作机制和巡查职责，确立了对巡查员的考评体系，配备了巡查设备，基本实现了联动工作巡查的全覆盖。1至11月共发现上报问题事部件403222起，前端处置简单的问题事部件271029起。在指挥体系上，依托网格化管理平台、技术和力量，构建了县镇村三级联动、按职能分层负责的指挥系统，按照联动工作设定的流程，派遣任务，调配力量，组织解决，并做好了相应的数据统计和资料分析，较好地掌控整个联动系统发挥作用。在处置体系上，致力整合县镇两级行政和人力资源，发挥乡镇行政管理效能，明晰处置主体责任，正由应急处置向常态长效管理发展。1 — 11月县镇两级平台受理立案403222起案件，有效解决402904起，有效处置率为99.9%，正在处置318起，处置率为100%。

（三）管理转型抓监管，行业管理重自律，培植市场化运行机制。

管理转型，主要是将绿化、市容、环卫、拆违行业具有作业和服务成分的内容和项目推向市场，依靠对行业协会的指导来推进行业管理公正，事业单位从协调中腾出更多精力抓好行业指导和监管。县绿化市容局在城桥镇新城区域试点了综合养护市场化，比较下来，财政投入资金明显减少，管理效果也较好。随着城镇化进程的加快，保洁作业、垃圾分类收集、绿化养护、道路维修、绿地养护都可朝此方向发展，渣土行业协会经过一年的运行，管理效果初现，较好的实现了预期目标要求，在此基础上，县绿化市容局计划继续推进保洁行业协会，园林行业协会，广告行业协会，加强行业监管，推动精细化管理。

十九、政策法规

编者按：本栏目选编了与本市建设、交通和城市管理相关的地方性法规，以及政府规章、沪府和沪府办颁发的规范性文件等内容，以当年发布时间顺序排列。

目 录

11. 上海市城乡建设和管理委员会主要职责内设机构和人员编制规定（沪府办发〔2014〕25 号）

12. 上海市交通委员会主要职责内设机构和人员编制规定（沪府办发〔2014〕26 号）

13. 关于本市郊野公园建设管理的指导意见（沪府办发〔2014〕30 号）

14. 上海市管线检查井盖管理和应急处置试行办法（沪府办发〔2014〕31 号）

15. 上海市绿色建筑发展三年行动计划（2014–2016）（沪府办发〔2014〕32 号）

16、上海市查处车辆非法客运若干规定（上海市第十四届人大常委会第十三次会议通过）

17. 关于本市进一步加强城市无序设摊综合治理工作的实施意见（沪府办发〔2014〕34 号）

18. 上海市建筑市场管理条例（上海市第十四届人大常委会第十四次会议修订）

19. 上海市大气污染防治条例（上海市第十四届人大常委会第十四次会议通过）

20. 上海市人民政府关于调整和完善本市廉租住房政策标准的通知（沪府发〔2014〕52 号）

21. 上海市共有产权保障住房（经济适用住房）准入标准和供应标准（沪府发〔2014〕53 号）

22. 关于推进本市立体绿化发展的实施意见（沪府办发〔2014〕39 号）

23、关于加强本市老旧住房安全隐患处置工作的实施意见（沪府办发〔2014〕52 号）

24、上海市住房保障和房屋管理局主要职责内设机构和人员编制规定（沪府办发〔2014〕56 号）

25、关于在本市推进建筑信息模型技术应用的指导意见（沪府办发〔2014〕58 号）

26、上海市市容环境卫生责任区管理办法（上海市人民政府令第 24 号）

27、市政府关于《市政府关于印发〈上海市开展对部分个人住房征收房产税试点的暂行办法〉的通知》继续有效的通知（沪府发〔2014〕78 号）

上海市实行最严格水资源管理制度加快推进水生态文明建设的实施意见

（沪府发〔2014〕1号　2014年1月3日）

为贯彻落实党的十八大关于加强生态文明建设的精神和《中共中央国务院关于加快水利改革发展的决定》（中发〔2011〕1号）、《国务院关于实行最严格水资源管理制度的意见》（国发〔2012〕3号），提升生态文明水平，促进经济社会发展与水资源水环境承载能力相协调，保障经济社会可持续发展，建设美丽上海，现提出实施意见如下：

一、明确指导思想、基本原则和主要目标

（一）指导思想。以邓小平理论、“三个代表”重要思想、科学发展观为指导，全面贯彻党的十八大关于生态文明建设的战略部署，把生态文明理念融入到水资源开发、利用、治理、配置、节约、保护的各方面和涉水规划、建设、管理的各环节。以落实最严格水资源管理制度为核心，通过健全制度、落实责任、提高能力、强化监管，严格控制用水总量，全面提高用水效率，严格控制入河湖排污总量，大力推进水生态文明建设，促进上海水资源可持续利用和经济发展方式转变，为本市加快创新驱动、转型发展，建设“四个中心”、实现“四个率先”提供支撑和保障。

（二）基本原则。坚持以人为本，着力解决人民群众最关心最直接最现实的水资源问题，保障饮水安全、供水安全和生态安全；坚持科学发展，尊重自然规律和经济社会发展规律，处理好水资源开发与水生态保护关系；坚持统筹兼顾，综合考虑水的资源功能、环境功能、生态功能，实现水资源的优化配置、高效利用和有效保护；坚持改革创新，完善水资源管理体制和机制，形成具有上海特色的水生态文明建设模式。

（三）主要目标。最严格水资源管理制度有效落实，“三条 红线”和“四项制度”全面建立，水资源保护与河湖健康保障体系基本建成，水生态文明理念深入人心。到2030年，全市用水总量控制在133.52亿立方米以内，万元工业增加值用水量降低到30立方米以下，农田灌溉水有效利用系数提高到0.742以上，水功能区水质达标率提高到95%以上，集中式饮用水水源地水质达标率不低于98%，河湖水面率不低于10.5%。

为实现上述目标，到2020年，全市用水总量控制在129.35亿立方米以内，万元工业增加值用水量降低到45立方米以下，农田灌溉水有效利用系数提高到0.738以上，水功能区水质达标率提高到78%以上，集中式饮用水水源地水质达标率提高到95%以上，河湖水面率不低于10.1%。

二、加强水资源开发利用控制红线管理，严格实行用水总量控制

（一）健全完善水资源规划体系。围绕实施《上海市水资源综合规划纲要》，修订完善水资源综合规划、水中长期供求规划、供水规划、排水规划、水系规划、农田水利规划、灌溉总体规划、水土保持规划、节水型社会建设规划、水资源保护规划、饮用水水源地安全保障规划等专项规划，形成较为完备的水资源规划体系。上述专项规划要与国民经济和社会发展规划以及土地利用总体规划、城市总体规划、环境保护规划以及各类相关专业规划相协调，兼顾各区域、各行业的需要，以水资源的可持续利用保障经济社会可持续发展。（责任部门：市水务局、市发展改革委、市建设交通委、市规划国土资源局、市农委）

（二）严格取用水总量控制。充分考虑本市水资源和水环境承载能力，在统筹经济和社会总体发展需求的基础上，编制取用水总量控制指标和水量分配方案，建立和完善区（县）及重点企业的取用水总量控制指标

体系，实施区域和企业用水总量控制与管理。（责任部门、单位：市水务局、市发展改革委、市经济信息化委、相关区县政府、相关企业）

（三）完善水资源论证制度。严格执行建设项目水资源论证制度，对未依法完成水资源论证工作的建设项目，审批机关不予批准，建设单位不得擅自开工建设和投产使用，对违反规定的，一律责令停止。工业区控制性详细规划应包含规划水资源论证的相关内容，并在国民经济和社会发展规划、城市总体规划和区域规划中逐步探索开展水资源论证。（责任部门、单位：市水务局、市发展改革委、市建设交通委、市经济信息化委、市规划国土资源局、相关区县政府、相关企业）

（四）严格实施取水许可管理和水资源有偿使用制度。严格取水许可审批，对不符合国家产业政策或列入国家产业结构调整指导目录中淘汰类的，产品不符合行业用水定额标准的，能通过城市公共供水管网满足用水需要却通过自备取水设施取用地下水的，审批机关不予批准。加强对取水户的监督管理，严格按照用水总量控制指标，实施取水许可审批和年度取水计划审核。规范农业用水和环境用水的取水管理。每年定期组织对取水户的现场监督检查和退水水质监测，全面开展取水许可后评估，规范取水许可证延续审核。依法加强取水管理和水资源费的征收管理，确保水资源费用于水资源节约、保护和管理。（责任部门、单位：市水务局、市发展改革委、市建设交通委、市农委、市财政局、市绿化市容局、市政府法制办、相关区县政府、相关企业）

（五）严格地下水开发利用管理和保护。控制地下水年度开采总量，统筹制定年度地下水分区开采和回灌指标，充分利用现有采灌井并建设一批地下水应急供水（回灌）井，确保地下水采灌平衡；开展地下水应急水源规划编制，加快实施城市地下水应急供水体系建设，保障城市供水安全；加强对凿井施工以及深层承压含水层停用深井的监管，防治地下水污染；加强地下水水位、水质动态监测，定期开展地下水超采区评价，进一步加强地下水管理。（责任部门、单位：市水务局、市规划国土资源局、市建设交通委、市住房保障房屋管理局、市绿化市容局、市教委、相关区县政府、市城投总公司）

三、加强用水效率控制红线管理，全面推进节水型社会建设

（一）强化计划用水管理和用水定额管理。加强计划用水管理，建立健全区（县）计划用水和节约用水管理体制和机制，逐步实现非居民用水户的计划用水管理全覆盖，推进对大用水户实时监管体系建设。修订上海市涉水对象分类确定的主要行业用水定额，建立和完善上海市取用水定额管理体系。（责任部门、单位：市水务局、市质量技监局、市经济信息化委、市发展改革委、相关区县政府、相关企业）

（二）大力推行居民用户阶梯水价制度。在中心城区推行居民用户阶梯水价制度的基础上，郊区要结合水价调整，同步推行居民用户阶梯水价制度；对有条件实施总表分装的套式用户，实施分表改造，实现套式用户阶梯式水价全覆盖。（责任部门、单位：市发展改革委（市物价局）、市水务局、相关区县政府、相关供水企业）

（三）完善建设项目节水“三同时”管理制度。加强节水“三同时”评估与监管，规模以上（月用水量5000立方米以上）新建项目必须在初步设计或总体设计文件阶段同时编制节水篇，相关节水措施方案在初步设计或总体设计文件阶段一并审核；未经市或区（县）水行政主管部门审核同意的，不予发放取水许可证和排水许可证，供水企业不得正式供水。建设项目未按照规定实施节约用水设施的，责令限期改正；逾期不建设的，扣减不超过30%的用水计划指标。（责任部

门、单位：市水务局、市建设交通委、市经济信息化委、市城投总公司、相关区县政府、相关企业）

（四）加快推进节水技术改造。加大农业、工业、生活节水技术改造力度，大力发展高效节水灌溉，推进工业生产节水新技术、新工艺、新设备应用，推广使用节水型生活用水器具和产品。加强城市供水管网改造，降低供水管网漏损，推进市容、绿化等公益性行业的用水计量，规范消火栓市政取用水管理。按照国家相关要求，逐步完善节水效率标识管理体系，淘汰不符合节水强制性标准的产品。（责任部门、单位：市水务局、市农委、市经济信息化委、市发展改革委、市建设交通委、市质量技监局、市绿化市容局、市住房保障房屋管理局、相关区县政府、相关企业）

（五）巩固和发展节水示范试点。推进国家级节水型社会建设试点，滚动发展市级节水型社会建设试点，大力推进节水型区县、工业园区、农业园区、学校（校区）、小区和企业（单位）的创建活动，推进节水型公共机构及示范单位的创建，完善节水型社会（城市）示范单位评价指标体系及考核办法。（责任部门、单位：市水务局、市经济信息化委、市教委、市农委、市文明办、市机管局、相关区县政府）

（六）推进河道水和非传统水资源利用。在有条件的区域，鼓励建设经适当处理后符合杂用水水质要求的河道水取用工程及河道水直接取用装置，主要用于绿化浇灌和冲洗马路。进一步加强雨水管理，严格实施控制性详细规划的径流系数控制，新建项目原则上不得增加径流系数。积极推进工业废水再生利用、工业园区水资源梯级利用、城镇污水厂中水回用、沿海电厂海水冷却使用、雨水集蓄利用等示范工程建设，逐步建立符合区域特点的非传统水资源利用模式。（责任部门、单位：市水务局、市发展改革委、市建设交通委、市质量技监局、市绿化市容局、市住房保障房屋管理局、市机管局、相关区县政府、相关企业）

四、加强水功能区限制纳污红线管理，严格控制入河湖排污总量

（一）加强水功能区纳污总量控制。建立限制排污总量控制制度，科学核定水功能区的水域纳污能力，严格控制进入骨干河网的排污量。制定上海市水功能区管理办法，建立水功能区水质达标评价报告制度，强化对水功能区的监督管理。（责任部门、单位：市水务局、市环保局、相关区县政府）

（二）加强饮用水水源地保护。依法开展饮用水水源地的保护，实施饮用水水源地保护达标建设。完成一级保护区的围栏建设、清拆整治和二级保护区的入河排污口关闭工作。完善上海市主要水源地应急处置、保障和监督管理制度，强化备用取水口管理，提高应急处置能力。建立本市主要水源地应急处置、保障和监督管理制度。（责任部门、单位：市环保局、市水务局、市发展改革委、市建设交通委、市规划国土资源局、市交通港口局、上海海事局、市绿化市容局、市应急办、相关区县政府、市城投总公司）

（三）严格入河湖排污口监督管理。完善入河排污口审批、登记和核查制度，依法开展入河排污口日常监督管理，将河湖纳污能力作为取水和入河排污口审批的依据。（责任部门、单位：市水务局、市环保局、相关区县政府）

（四）实施城镇污水处理厂提标改造和污泥处理处置。加快城镇污水处理厂提标改造，进一步提高城镇污水处理厂排放标准，严格控制入河湖排污总量。加大力度推进城镇污水处理厂污泥处理处置工程建设。（责任部门、单位：市水务局、市发展改革委、市建设交通委、市环保局、市规划国土资源局、相关区县政府、市城投总公司）

（五）实施截污纳管和混接改造。以环

保三年行动计划为平台，实施截污纳管攻坚战，提高污水收集和处理率，同步推进面源污染治理和雨污混接改造。加快无截流设施泵站的建设与改造，确保已建截流设施正常运行。加强泵站和管网的优化运行调度，杜绝旱天放江现象，减少雨天放江量。（责任部门、单位：市水务局、市发展改革委、市建设交通委、市环保局、市经济信息化委、相关区县政府、市城投总公司）

（六）强化水资源的统一调度。协调太湖流域引江济太和上海区域水资源调度的关系，协调长江流域拦水、蓄水、引水和河口供水、生态安全的关系，完善区域性水资源调度方案和应急预案，建立完善特殊水情条件下的江河水量分配方案。（责任部门、单位：市水务局、相关区县政府）

五、推进水生态系统保护与修复，改善水生态环境

（一）加强重要河湖、湿地的水生态保护。结合上海市城市总体规划、基本生态网络规划及内河航运规划等相关内容，定期开展重要河湖健康评估；加强黄浦江上游水源地、崇明生态岛的生态保护和修复；以“稳定水质、修复生态”为主要目标，因地制宜，集中连片，营造亮点，开展中小河道生态治理；以加快推进水生态系统保护与修复为重点，进一步完善生态文明创建管理体系。（责任部门、单位：市水务局、市发展改革委、市建设交通委、市环保局、相关区县政府）

（二）加强区域河网水环境的整体提升。按照“集中连片、河畅水清、岸绿景美、功能健全、人水和谐”的要求，统筹考虑河道综合功能，优化流域水系建设布局，继续推进中小河流治理；以6–8年为一个周期，结合农田水利建设，集中连片，整体推进镇村级中小河道轮疏工作。（责任部门、单位：市水务局、市农委、相关区县政府）

六、加强河湖整治中的生态保护，科学推进水生态文明建设

（一）重视河湖整治工程设计中的生态修复。在河道整治方案设计中，要体现因河制宜，宜弯则弯，宜宽则宽，严禁过度“硬化、白化、渠化”，积极采用柔性护岸（坡）材料，河岸上留出绿化空间，科学配置乔灌木及草本，并安排岸边水中种植挺水、沉水、浮叶等水生植物；加强实地开河、拆坝建桥等水系连通工作，适度建设泵闸（站），增加水动力；鼓励新技术研发与试点，科学推进水生态文明建设。（责任部门、单位：市水务局、相关区县政府）

（二）研究制定河湖整治工程前期配套制度。加强部门间协调，进一步研究建立河湖整治工程用地保障长效机制；进一步加大河湖整治工程中前期征地、动拆迁力度和资金投入力度；进一步扩大河湖整治工程中生态部分建设资金的投入比例。（责任部门：市发展改革委、市财政局、市水务局、市规划国土资源局）

（三）加强河湖长效管理。按照河道保洁和设施养护“两个全覆盖”的要求，基本建立以资金保障机制、分级责任机制、巡查报告机制、监督考核机制、抽查通报机制、应急处置机制等为主要内容的中小河道长效管理机制；按照引清调水和水质监测“两个常态化”的要求，持续实施水利控制片水资源调度，持续做好主要水利控制片外围水位监测工作，持续开展重点河道水质监测，确保引清调水安全、有序、高效。（责任部门、单位：市水务局、相关区县政府）

七、增强水资源监控能力，保障落实水资源管理制度

（一）增强水资源监控能力建设。建立健全水资源监测计量机制，健全水资源监控体系，完善水资源监测、用水计量与统计等管理办法，健全相关技术标准体系。扩大取用水户有效计量范围，对大用水户开展实时监测、动态监管和定期水平衡测试。加快地下水监测站网建设，加强水源地与水功能区

监测，健全入河排污口的监测。加快应急机动监测能力建设，全面提高监控、预警和管理能力。（责任部门、单位：市水务局、市经济信息化委、市规划国土资源局、市质量技监局、市发展改革委、市建设交通委、市统计局、市环保局、市交通港口局、上海海事局、市绿化市容局、相关区县政府、相关企业）

（二）完善水资源信息化建设。按照上海市“智能水网”和水资源管理的要求，建设覆盖全市水资源管理业务、满足各级政府和部门管理需要的上海市水资源管理云平台；完善水资源监管体系、数据共享体系、统计核算和评估体系；实现水资源信息共享、数据流转、业务协同、智能应用，为最严格水资源管理制度的考核决策提供依据。（责任部门：市水务局、市经济信息化委）

（三）建立水资源管理责任与考核制度。按照实施最严格水资源管理制度的考核要求，建立水资源管理责任和考核制度，将考核的各项指标分解落实到各区县政府和相关企业，将水资源开发利用控制、用水效率控制、水功能区限制纳污“三条 红线”考核纳入领导干部绩效评价体系。（责任部门、单位：各相关部门、相关区县政府、相关企业）

（四）健全法规体系和政策机制。制定本市水资源管理条例，完善水资源管理配套法规，严格水资源管理执法监督。修订完善供水、排水等管理条例。完善水资源节约、保护和管理的技术标准和技术规范。（责任部门：市水务局、市发展改革委、市建设交通委、市质量技监局、市政府法制办）

（五）完善水资源管理投入机制。明确政府和社会的投入责任，建立长效、稳定的最严格水资源管理经费保障机制，重点支持水资源的合理开发、水资源管理信息系统建设、取水管理监管、节水技术推广与应用、污染源纳管等工作，推进水资源节约、开发、利用、保护和综合管理等的开展。（责任部门：市财政局、市发展改革委、市建设交通委、市水务局）

八、广泛开展宣传教育，鼓励社会公众参与监督

（一）加强水资源管理和水生态文明的宣传引导。强化最严格水资源管理制度和水生态文明的宣传教育，增强全社会水资源的忧患意识，提升公众对水生态文明建设的认知和认可，普及先进的水资源和水生态伦理价值观，提升社会公众对水资源节约、保护的意识，促进形成水生态文明要求的生产生活方式。（责任部门、单位：市水务局、市文明办、市政府新闻办）

（二）加强水文化建设。采取群众喜闻乐见、容易接受的形式，传播水文化，加强节水、爱水、护水、亲水等方面的水文化教育，建设一批水生态文明示范教育基地，创作一批水生态文化作品。（责任部门、单位：市水务局、市教委、市政府新闻办、市文明办）

（三）建立社会监督机制。加大水资源开发利用信息向公众公开的力度，建立公众对水生态环境意见和建议的反映渠道，鼓励社会公众参与水资源管理，提高珍惜水资源、保护水生态的自觉性，促进水资源管理水平的提高。（责任部门、单位：市水务局、市政府新闻办）

上海市建成区直排污染源截污纳管攻坚战实施方案

（沪府办发〔2014〕7号　2014年1月23日）

为全面落实《国务院办公厅关于印发“十二五”全国城镇污水处理及再生利用设施建设规划的通知》(国办发〔2012〕24号)要求，加快推进本市直排污染源截污纳管工作，提高污水收集处理率，改善水环境质量，确保完成国家下达的“十二五”污染减排任务，根据《中华人民共和国水污染防治法》、

《上海市排水管理条例》、《上海市环境保护条例》等相关规定，制定本实施方案。

一、明确目标任务

通过实施建成区直排污染源截污纳管攻坚战，到年底，实现本市建成区直排污染源全部截污纳管，全面完成国务院办公厅印发的《“十二五”全国城镇污水处理及再生利用设施建设规划》和《上海市国民经济和社会发展第十二个五年规划纲要》中明确的任务。其中，年底前完成任务总量(以取得排水许可证为准，下同)的以上，年底前完成全部任务(各区县任务总量详见附件)。

建成区直排污染源，是指位于本市中心城区和郊区城镇地区的污水直排水体企事业单位和住宅小区、住宅点，不包括位于本市郊区农村地区的企事业单位和住宅。鼓励位于建成区周边、具备纳管条件的郊区农村特别是位于二级水源保护区的郊区农村直排

污染源截污纳管改造。

二、实行责任分工

(一)各区县政府是本区域推进直排污染源截污纳管工作的责任主体，负责制订本区域直排污染源截污纳管改造年度计划、组织实施本区域直排污染源截污纳管工作。

各区县政府及其水务、环保部门负责加快本区域内一级、二级污水管网建设工作，为截污纳管改造创造条件。同时，加大协调推进力度，确保直排污染源限期截污纳管。

(二)直排水体企事业单位是实施本单位截污纳管的第一责任人，负责实施本单位内部排水系统的截污纳管改造工作。直排水体住宅小区、住宅点纳管改造工作由小区开发商负责。落实截污纳管责任和费用确有困难的企事业单位和已建住宅小区、住宅点，由所在区县政府帮助解决。原则上区县政府不得要求镇政府、街道办事处等承担直排污染源截污纳管改造费用。

(三)市水务局会同市环保局负责直排污染源截污纳管工作的技术指导、工作协调和督促检查。市发展改革委会同市财政局、市水务局、市环保局等制订有关政策，并对各区县政府的直排污染源截污纳管工作给予适当支持。

(四)对区县推动央企、部队、市属企业等直排污染源截污纳管改造有困难、提请市有关部门帮助协调的，市有关部门要积极帮助协调。

三、强化执法和严格监督

(一)各区县政府及其环保、水务部门要把直排污染源作为监测执法的重要领域，区县政府要保障监测执法经费，区县环保、水务部门要加强监测执法力量、提高监测执法频率，组织联合执法、专项执法行动，加大对直排污染源的监测执法力度。

(二)对排放水污染物超过国家或地方规定的水污染物排放标准的企事业单位，所在区县环保部门要责令其限期治理，并处以罚款。

(三)在本市合流污水输送干线的截流范围内和污水管网覆盖地区，直排水体企事业单位要将污水纳入输送干线和管网，不得任意排放。对违反上述规定的，市水务局执法总队或所在区县排水行政主管部门要责令其限期改正，并予以警告，或对单位和责任人处以罚款；对情节严重并拒不改正的，由所在区县排水行政主管部门封堵其排放口。

(四)在本市实行雨水、污水分流制的地区，对直排水体企事业单位有雨水、污水管道混接行为的，市水务局执法总队或所在区县排水行政主管部门要责令其限期改正，并予以警告，或对单位和责任人处以罚款。

(五)各区县环保部门要加强对一类污染物的监测检查，强化污水预处理设施的监管。一类污染物监测采样点为其产生单位车间(或车间处理设施)排放口。一类污染物产生单位要结合截污纳管，同步实施工业废水预处理，确保工业废水达标纳管，实现一类污染物产生处源头达标、其他污染物总排口达

标。

各区县环保、水务部门要加强协调，严厉打击纳管企业违法排污行为，建立案件双向告知制度。各区县水务部门在监测执法中，发现纳管企事业单位超标排放一类污染物的，要及时告知环保部门；各区县环保部门在监测执法中，发现纳管企事业单位超标排放非一类污染物的，要及时告知水务部门。

（六）各区县水务部门要加强对排水户的监管。排水户排放的污水水质，应当符合国家和本市规定的排水标准。对排水户向排水管道、泵站、污水处理厂排放的污水水质超标的，市水务局执法总队或区县排水行政主管部门要责令其限期改正，并予以警告或处以罚款。

（七）对直排水体企事业单位拒绝区县环保部门监督检查，或弄虚作假、不如实提供有关资料的，区县环保部门要责令其改正，并对单位和责任人处以罚款。

以上相关违法行为处罚依据详见附件。

四、推进信息公开

（一）社会公众及各区县水务、环保等部门新发现本市建成区直排水体企事业单位和住宅小区的，可向市水务局、市环保局、市发展改革委反映。经核实属于前期摸底调查中遗漏的，补充纳入有关区县截污纳管任务，相关区县要按时完成其截污纳管任务。

在前期摸底调查中由区县上报的、位于郊区农村的直排水体企事业单位，如因周边无市政污水管网等客观原因不能进行纳管改造，应结合产业结构调整等抓紧完成污水治理。区县水务、环保、发展改革部门在本实施方案印发后个月内，向市水务、环保、发展改革部门申请调整截污纳管任务。未经审核同意调整的直排水体企事业单位，仍要按时完成截污纳管任务。

（二）各污染源的内部截污纳管改造工程方案（可以不由专业设计单位编制），报各区县水务主管部门或其指定的单位审核。在实行雨水、污水分流制的地区，雨水和污水管道不得混接。对部分企事业单位、住宅小区因特殊情况内部无法实行雨污分流、需要采取外部截流方式进行截污纳管改造的，由有关区县水务部门向市水务局提出申请，经批准后方可实施。

各污染源内部截污纳管改造工程结束后，要及时按程序办理排水许可证及相关手续。各污染源的截污纳管工作要建立完整、齐全的档案，以备检查。没有实行物业管理的住宅小区，其排水许可证由所在街镇政府或其指定的养护责任单位办理。

（三）各区县水务、环保部门要对本区域直排污染源截污纳管计划落实情况进行日常监督检查，并于每年月和次年月将直排污染源截污纳管完成情况以及排水许可证清单报市水务局、市环保局。

市水务局、市环保局对各区县水务、环保部门直排污染源截污纳管实施情况进行定期检查和随机抽查，对直排污染源内部纳管改造工程结束后办理的排水许可证进行复审。

（四）对各区县污染源纳管完成情况，包括企事业单位和住宅小区名称、地点、排水量（以排水许可证为准）、纳管改造工程量、实际完成时间等，市水务局和各区县政府网站开辟专栏予以公开。

各区县污染源纳管工作进展情况，每年由市水务局、市环保局、市发展改革委提供，由市政府新闻办协调在本市主要新闻媒体上予以公开。同时，由市水务局、市环保局、市发展改革委以简报形式报市委、市政府领导，并邀请人大代表、政协委员、新闻媒体以及市民巡访团等进行监督。对市政污水管网覆盖地区直排水体企事业单位拒绝、拖延实施纳管改造的典型案例，由市政府新闻办协调在本市主要新闻媒体上予以曝光。

五、形成工作合力

（一）市、区县水务部门要将直排水体企

事业单位纳管任务清单抄送工商、税务、质量技监、食品药品监管等部门。上述部门在企事业单位年检或定期审(检)查、日常检查、核发有关许可证或换证等工作时，要应水务部门要求，发放有关告知单，提醒直排水体企事业单位加快截污纳管改造。

(二)要将各区县截污纳管工作纳入本市“十二五”主要污染物总量减排考核体系。未完成一级、二级污水管网建设任务的区县，在“十二五”主要污染物总量减排考核中予以扣分。对直排水体企事业单位，在完成截污纳管改造(取得排水许可证)前，市、区县发展改革部门依照规定不予项目审批(核准、备案)，水务部门依照规定不予出具污水纳管证明，环保部门依照规定不予审批环评；市、区县水务主管部门依照规定不予批准其新增计划用水指标，供水企业依照规定不予受理其新装供水申请；市、区县财政部门暂停批准其享受本市制定出台的新财政扶持优惠政策。

对直排水体企事业单位完成截污纳管改造前，市、区县发展改革、水务、环保、工商、质量技监、食品药品监管等部门经征求市、区县水务部门意见后，暂停对其著名商标、上海名牌、政府质量奖、守合同重信用单位等各类荣誉称号的评选；申报文明单位的，市、区县文明办经征求市、区县水务部门意见后，在评选时对其予以扣分。市、区县两级住房保障房屋管理部门要将直排水体住宅小区截污纳管改造与老旧小区综合改造统筹考虑，督促物业管理企业积极配合。

本实施方案由市发展改革委、市财政局、市环保局、市水务局负责解释。

本实施方案自2014年2月1日起施行。

附件

相关违法行为的处罚依据

一、对于排放水污染物超过国家或地方规定的水污染物排放标准的：

(一)排放水污染物超过国家或地方规定的水污染物排放标准的，由所在区县环保部门根据《中华人民共和国水污染防治法》第七十四条 责令限期治理，处应缴纳排污费数额二倍以上五倍以下的罚款。

(二)直接向环境排放水污染物或向城市污水集中处理设施排放第一类水污染物超过国家或本市规定的排放标准，严重污染水环境的，所在区县环保部门也可根据《上海市环境保护条例》第五十三条 责令限期改正，处一万元以上十万元以下的罚款。

二、在本市合流污水输送干线的截流范围内和污水管网覆盖地区，直排水体企事业单位应当将污水纳入输送干线和管网，不得任意排放。违反上述规定的：

(一)由市水务局执法总队或所在区县排水行政主管部门根据《上海市排水管理条例》第四十一条 责令其限期改正，并可予以警告或对单位处一万元以上十万元以下的罚款，对直接责任人处一千元以上一万元以下的罚款。

(二)情节严重并且拒不改正的，市水务局或区县排水行政主管部门根据《上海市排水管理条例》第四十五条 应当封堵其排放口，但必须提前书面通知排水户。

三、在本市实行雨水、污水分流制的地区，直排水体企事业单位有雨水、污水管道混接行为的：

由市水务局执法总队或所在区县排水行政主管部门根据《上海市排水管理条例》第四十条 责令其限期改正，并可予以警告或对单位处五千元以上五万元以下的罚款，对直接责任人处五百元以上五千元以下的罚款。

四、排水户向排水管道、泵站、污水处理厂排放的污水水质超标的：

由市水务局执法总队或区县排水行政主管部门根据《上海市排水管理条例》第四十二条 责令其限期改正，并可予以警告或处以下罚款：排水量在每日二十立方米以下的，处一千元以上五千元以下的罚款；排水量超过每日二十立方米的，处五千元以上五万元以下的罚款；排放的污水严重超标，损坏排水设施、影响污水运行或影响防汛安全的，对单位处五万元以上十万元以下的罚款，对直接责任人处一千元以上一万元以下的罚款。

五、拒绝监督检查或在监督检查时弄虚作假、不如实提供有关资料的：

（一）由区县环保部门根据《中华人民共和国水污染防治法》第七十条 责令改正，处一万元以上十万元以下的罚款。

（二）排水户不接受排水监测，或不如实提供有关资料的，由市水务局执法总队或所在区县排水行政主管部门根据《上海市排水管理条例》第四十条 责令其限期改正，并可予以警告或对单位处五千元以上五万元以下的罚款，对直接责任人处五百元以上五千元以下的罚款。

国家有新的法律法规规定的，从其规定。

关于进一步加强本市重大工程建设管理的实施意见

（沪府办发〔2013〕20号 2013年3月30日）

为促进本市国民经济持续、平稳、健康发展，保证重大工程建设的质量、安全和进度，推进本市重大工程又好又快地建设，依据国家和本市有关法律规定，现就进一步加强本市重大工程建设管理提出如下实施意见。

一、适用范围和定义

本实施意见适用于本市重大工程的建设管理活动。本实施意见所称重大工程，是指用以提升城市公共服务能力、推动经济社会发展和促进社会民生改善，具备一定规模，并经市政府审核同意，正式列入本市年度国民经济和社会发展计划的建设项目。

二、建设管理原则

重大工程的建设管理，遵循“统筹规划、整合资源，科学决策、引领示范，依法合规、责任明确”的原则。

三、协调推进机构

成立上海市重大工程建设协调推进领导小组（以下简称“领导小组”）负责加强协调推进本市重大工程建设。领导小组下设办公室（设在上海市重大工程建设办公室，以下简称“市重大办”），作为市政府协调推进重大工程建设工作的专职部门，负责重大工程建设的资源整合、综合协调、统筹实施、督促考核。

市政府相关部门按照各自职责，协同推进重大工程的建设管理工作。

四、协调推进制度

建立重大工程协调推进会议制度。对本市重大工程建设中需要协调解决的问题，市重大办可以依据市政府相关部门或建设单位的申请，召开专题协调推进会议协调解决；也可以根据重大工程建设的工作部署，自行组织召开专题协调推进会议协调解决。协调意见以市重大办会议纪要形式确定。

市政府相关部门应当明确专门的内设机构和人员参加协调推进会议，并严格落实协调意见。

协调推进会议无法达成统一意见的重要事项，由市重大办报领导小组协调决策。决策意见以市政府专题会议纪要形式确定。

五、区县政府职责

区县政府负责本辖区内重大工程建设所涉及的土地房屋征收、配套建设以及社会稳定等工作。

区县政府应当根据承担重大工程任务的情况，组建区县重大工程推进机构。区县重大工程推进机构接受市重大办的业务指导。

六、项目法人职责

重大工程建设实行项目法人负责制。项目法人由建设单位负责组建，并对项目的策划实施、资金筹措、建设施工、生产经营、安全保障等方面实行全过程负责。

在工程可行性研究报告获得批准或项目获得核准时，项目法人应当已经成立，并且委派专业工作人员负责前期工作和建设管理。

七、项目准备与确定

（一）项目确定原则

重大工程应当符合国家和本市国民经济和社会发展规划、符合国家和本市产业发展导向和产业结构调整优化政策、符合本市城乡建设总体规划，符合市政府确定的年度工作重点。

（二）城市基础设施项目储备

本市建立城市基础设施项目储备制度。城市基础设施项目储备工作设置专项经费，由市建设部门会同有关部门组织开展工程实施可行性等方面的研究。

（三）确定程序

重大工程按照以下程序确定：

1. 由建设单位向市相关部门或所属区县政府提出列入市重大工程年度投资计划的申请；

2. 市政府相关部门或者区县政府对本部门、本地区的建设项目进行综合平衡后，于每年 9 月向市发展改革部门提出列入下一年度本市重大工程投资计划的申请；

3. 市发展改革部门收到申请后，根据项目投资规模和审批进展、建设条件情况，与市重大办等有关部门研究确认后，初步形成重大工程正式项目和预备项目目录，并编制重大工程年度投资计划；

4. 重大工程年度投资计划按照有关规定程序确定；

5. 市重大办根据重大工程年度投资计划，组织建设单位编制年度重大工程建设形象进度和市政配套计划。

（四）正式项目与预备项目

重大工程分为正式项目和预备项目。列入重大工程正式项目应当具备以下条件：

1. 工程可行性研究报告经批准或者项目核准（备案）后，已经开工或者确定年内开工的项目；

2. 工程社会风险和环境影响已经通过评估；

3. 工程用地指标已经列入计划。

重大工程预备项目应当为工程项目建议书经批准或者项目核准（备案）后，年内基本具备开工条件的项目。

预备项目具备相应条件后，经市发展改革部门和市重大办研究确定，可以转为正式项目。

（五）国家重大工程项目

列入国家重大工程建设项目计划的建设项目，按照国家发展改革部门有关规定开展前期工作，并落实项目用地、资金等，经国家发展改革部门同意后组织实施。

（六）项目退出

已经确定为重大工程项目，因建设环境变化等原因无法实施的，可以在每年第四季度经市发展改革部门和市重大办研究确认，按照规定程序向市政府报备后，退出重大工程项目。

八、项目前期工作

（一）项目审批

市发展改革、环保、规划土地、人力资源社会保障、建设等有关部门按照“简化手续、优化流程、限时办结”的原则，研究制定本部门重大工程科学、高效的前期审批专用办法，并报送领导小组审核通过。

市重大办负责完善重大工程前期审批信息管理平台，即时管控审批节点和时效。

（二）房屋土地征收

区县政府可以在规划土地部门批准选址意见书后，开展重大工程建设所涉及的房屋土地征收的前期调查、征收安置方案研究等相关工作。

（三）审批优化

市规划土地部门负责优化规划土地办理

程序。对依法需要报送国家土地管理部门办理农用地转用审批手续的重大城市基础设施项目，因工期、季节影响或者应急保障等特殊要求，在确保征地补偿安置落实到位的前提下，市规划土地部门可以凭国家土地管理部门受理凭证，发出重大工程前期工作通知书；区县政府根据重大工程前期工作通知书，可以开展土地、房屋征收等前期工作。对有特殊工期要求的重大城市基础设施项目，市规划土地部门可以凭土地使用权划拨决定书，核发建设工程规划许可证。

市人力资源社会保障部门负责优化社会保障办理程序。对需要报送国家土地管理部门办理农用地转用审批手续的重大城市基础设施项目，市人力资源社会保障部门可以凭受理凭证，开展社会保障办理工作。

市建设部门按照国家和本市法律及有关规定，优化分类、分阶段施工许可办理流程，并制定相应的实施细则。

（四）支持政策

市相关部门、单位按照程序，优先安排重大工程项目建设资金、进口设备和原材料进口指标。

市规划土地部门负责落实重大工程主体工程的用地指标。区县政府负责落实重大工程配套工程用地指标。

市绿化部门和市水务部门在全市范围内，统筹平衡解决重大工程建设涉及的绿化补偿和水面积补偿。

（五）管线搬迁和配套建设

电力、通信、燃气、供水、排水等管线权属单位应当积极配合重大工程建设，根据工程建设总体进度要求，安排管线搬迁和配套施工计划，提供相应配套保障服务。

市路政部门应当优先安排重大工程管线搬迁和建设掘路计划。

九、项目实施与保障

（一）信息报送

建设单位应当定期向市发展改革、建设部门报送重大工程的建设情况和相关资料，并向市重大办报送重大工程有关统计报表、工程建设信息。

（二）风险防范

建设单位应当组织做好工程风险、社会稳定风险的评估，完善相关措施，落实相应费用。

设计、施工等参建单位应当在项目前期、设计、招投标及施工过程中，落实工程风险防范措施。

区县政府应当完善涉及重大工程建设的公共突发事件预警机制，制定社会稳定风险防范和化解措施。

（三）工程预警

重大工程实施过程中发生质量安全事故预警或者突发事件时，建设单位应当及时将真实情况报政府相关部门，启动应急机制，同时报送市重大办。

（四）信息披露

市重大办和其他相关部门应当采集整理勘察、设计、施工、监理及配套等单位及其执业人员在重大工程建设活动中的建设行为信息，并按照国家和本市有关规定，向社会公开。

（五）招标投标管理

市重大办可以对重大工程勘察、设计、施工、监理及配套等单位的招标投标工作提出指导性意见。

重大工程招标投标活动中，建设单位应当充分考虑勘察、设计、施工、监理及配套等单位的资质、业绩和市重大办等部门披露的建设行为信息等情况。

（六）文明施工

重大工程应当开展文明工程、文明工地的创建活动。

市重大办应当提出引领示范的总体要求，指导推进重大工程文明施工的督促、检查、考核、评比等工作。

（七）立功竞赛

重大工程应当开展立功竞赛、创建双优工程活动。

（八）损害补救措施

重大工程实施过程中，应当采取必要的技术措施，减少对周边建、构筑物、管线等设施的影响。

重大工程实施过程中，经鉴定确认对周边设施造成损坏或对居民正常生活造成妨害的，建设单位应当主动按照有关规定，采取相应补救措施。

十、监督考核评价

（一）监督考核

市重大办应当会同相关部门按照有关法律、法规和市政府有关要求，制定重大工程监督考核评价办法，并对重大工程实施情况进行监督检查、考核评价。考核评价结果纳入市政府效能监察、绩效考核体系，作为建设单位等立功竞赛评比、创建双优工程活动的依据。

（二）审计监管

市发展改革部门应当会同市财政、审计等部门对使用财政性资金的重大工程实行全过程投资监管，严格项目概算审核和项目审计。

（三）项目后评估

市发展改革部门对使用财政性资金的重大工程探索实行后评估制度。

本实施意见自2014年3月1日起施行，有效期至2019年2月28日。

关于进一步提高本市土地节约集约利用水平的若干意见

（沪府发〔2014〕14号　2014年2月22日）

当前，本市建设用地规模接近极限，土地供需矛盾突出，并存在建设用地布局分散、结构不合理、用地效率不高等问题。为了更好应对资源环境“紧约束”的挑战，加快推动创新驱动发展、经济转型升级，落实最严格的土地管理制度，转变土地利用方式，提高土地利用效率和效益，现提出进一步提高本市土地节约集约利用水平若干意见：

一、明确总体要求和基本原则

（一）总体要求。全面贯彻落实党的十八大，十八届二中、三中全会和中央城镇化工作会议精神，以提高经济发展质量和效益为中心，以盘活存量土地为重点，充分发挥市场在资源配置中的决定性作用和政府的政策保障作用，深化土地利用制度改革，按照“总量锁定、增量递减、存量优化、流量增效、质量提高”的基本要求，严格控制建设用地规模，逐年减少新增建设用地，大力促进存量建设用地盘活利用，提升土地资源配置效率，进一步提高土地利用质量，以土地利用方式转变促进经济转型升级。

（二）基本原则。坚持规划引导，加强城乡规划和土地利用总体规划的衔接，充分体现中心城“双增双减”和郊区“产城融合、功能提升”的规划理念；坚持用途管制，严格落实空间规划管制，划定生产、生活、生态空间开发管制界限，强化土地利用全生命周期管理，加强实际用途变更管理；坚持发展底线，实施最严格的耕地保护制度，建立健全生态环境和基本农田保护补偿制度，设定土地资源消耗上限、耕地保护红线、生态环境底线；坚持市场配置，在保障公共利益的基础上，充分发挥市场决定性作用，完善土地利用绩效挂钩和利益共享机制，切实保障土地资源配置的公平和效率。

二、严格控制城市建设用地规模

（一）严控建设用地规模。到2020年，本市建设用地总规模控制在规划目标范围内，并适度留出发展空间。通过合理安排建设用地规模、布局、结构和开发时序，实施土地利用总体规划的定期评估和适时修编，努力实现规划建设用地总规模“零增长”。

（二）巩固生态保护红线。全面落实基

本生态网络规划，形成以基本农田保护区为基底的生态管控核心区，实现基本农田保护红线与基本生态控制线的“双线保护”。鼓励区县通过建设用地减量化、土地整治、生态用地修复、自然景观护理、配套设施完善等措施，建设具有农业生产、生态保育、休闲游憩等综合功能的郊野公园。

三、逐步减少新增建设用地规模

（一）减少新增建设用地计划。按照严控建设用地总量和保障新型城镇化建设的要求，对新增建设用地实行稳中有降、逐年递减的办法。

（二）完善新增建设用地计划管理。推进土地利用计划差别化、精细化管理，统筹安排新增建设用地计划、补充耕地计划、城乡建设用地增减挂钩计划、集中建设区外低效建设用地减量化计划等。加大新增建设用地计划与集中建设区外减量化规模关联力度，将区县年度新增建设用地计划分解量与现状低效建设用地盘活和减量化等工作相关联。加大年度新增建设用地计划的调控力度，优先保障基础设施、公共服务设施和民生项目用地，有效控制新增工业用地。

四、有序推进存量建设用地优化利用

（一）优化城乡建设用地布局。强化“建设用地控制线、产业区块控制线、基本农田控制线、生态网络控制线”四线管控。结合新一轮城市总体规划编制，调整完善工业用地布局。促进规划工业区块（即“104区块”）结构调整和能级提升，重点发展战略性新兴产业和先进制造业。推进规划工业区块外、集中建设区内的现状工业用地（即“195区域”）加快转型，重点发展生产性服务业。以土地综合整治为平台，编制实施郊野单元规划，推动集中建设区外的现状工业用地（即“198区域”）减量化，重点实施生态修复和整理复垦。

（二）促进存量工业用地调整升级。研究制定存量工业用地结构转型专项规划，明确存量工业用地转型的区域、规模、结构和功能布局。按照“提质增效、分类处置”的原则，允许采取升级改造、结构调整、用途调整等多种形式进行二次开发。建立区县政府主导、以原土地权利人为主体的转型开发机制，推动成片区域整体转型。原土地权利人分散的，可建立区县政府主导、原土地权利人参与的联合开发体。经区县政府批准，支持单一主体或联合开发体，按照统筹规划、公益优先的要求，采用存量补地价方式，并按照规划实施存量工业用地的整体转型。积极探索零星存量工业用地的多渠道转型开发模式。

（三）开展中心城城市更新。探索存量商业、服务业等功能性项目升级改造路径，提升中心城服务功能。严格土地用途管制，对用途变更但符合规划确定的地区功能和布局等条件的，运用经济和税收手段进行调节，可以按照实际用途使用。

（四）支持多渠道实施“城中村”改造。在符合规划、用途管制和尊重群众意愿的前提下，实施“城中村”整体改造，完善基础设施和公共服务设施，改善地区环境面貌。在承担公共性、公益性义务的前提下以及建立合理利益分配机制和有效监管的基础上，允许集体经济组织自行改造或引入社会投资主体参与改造，充分调动集体经济组织积极性。

（五）创新土地收储机制。统筹考虑土地区位、公共基础设施配套条件、原土地用途及使用权获取方式和使用条件、规划土地用途和使用条件等多种因素，创新土地收储管理，完善利益共享机制，充分调动原土地权利人的积极性。

五、切实提升土地资源配置效率

（一）提高土地市场周转效率。实行新增工业用地出让弹性年期制，一般工业项目用地出让年期为20年，出让年限届满后，对项目综合效益和合同履约等情况进行评估，采取有偿协议方式，续期或收回土地使用权。对用地有特殊要求的市重点产业项目，经有关部门批准后，出让年期可为20～50年。

（二）强化土地利用全生命周期管理。加强项目在土地使用期限内全过程动态管理，将项目建设、运行质量与综合效益等相关要素纳入土地出让合同管理，通过土地核验、定期评估、诚信管理等，实施全过程监管。

（三）完善土地资源市场配置。完善国有建设用地出让、租赁、作价入股等资源配置方式。重点地区实行“带规划设计方案、带功能运行要求、带基础设施条件”出让，采取组合出让方式，合理确定竞得人。健全以“基准地价、区段地价和标定地价”为核心的国有建设用地价格成果体系和更新机制，为土地精细化管理提供基础保障。建立工业用地和商办用地合理地价调节机制，提高工业用地价格，工业用地出让价格不低于所在区域基准地价。实行经营性基础设施用地和社会公共事业用地有偿使用制度，缩小划拨供地范围。

进一步强化公平、公正、公开的土地一级市场，逐步建立统一的土地转让、租赁、抵押的二级市场。以具体项目获取土地的工业、研发总部、经营性基础设施和公共服务设施等建设用地，需经出让人同意后，方可进行土地房屋整体转让、分割转让和涉地股权转让。对符合法律规定和合同约定并经批准的工业、研发总部类等项目，土地转让和再次开发均纳入土地利用全生命周期管理，实施闭环管理。

（四）建立不动产统一登记制度。按照国家统一部署，在国土资源部的监督指导下，整合土地、房屋、草原、林地、海域等不动产登记职责，逐步建立以土地为基础的不动产统一登记制度，实现登记机构、登记簿册、登记依据和信息平台“四统一”，保护不动产权利人合法财产权，提高政府治理效率和水平。

（五）稳步推进农村集体建设用地改革。推进村庄规划编制，提升农村公共资源配置水平，建设美丽乡村。稳步开展农村集体土地使用权调查和确权登记工作。在符合规划和用途管制的前提下，探索完善出让、租赁、入股等多种形式的农村集体经营性建设用地流转试点，形成兼顾国家、集体经济组织、农民的土地增值收益分配机制和公共利益平衡制度，逐步建立城乡统一的建设用地市场。推进利用集体建设用地建设租赁房和养老设施试点。改革完善宅基地制度，切实保障农民合理的住房需求。

（六）推进征地制度改革。缩小征地范围，规范征地程序，完善对被征地农民的多元保障机制。建立完善集体土地征收、基本农田保护、生态空间保育区域的空间发展权补偿机制，依据实际征收或保育区域土地面积，按照一定比例，给予相应建设用地发展空间。研究在城镇建设用地范围内统筹安排留用地，支持农村集体经济发展。

（七）加大违法用地和闲置土地整治力度。根据规划和产业条件，采取拆除复垦、土地收储、完善手续等方式，分类处置历史违法用地。其中，将手续完善类的纳入土地利用全生命周期管理。建立完善低效用地认定、处置办法和工作机制，对因政府原因造成土地闲置的，落实部门责任，并实施部门问责。平稳实施国土资源执法监察体制改革，加强区县国土资源执法监察考核，建立国土资源执法共同责任机制。开展批而未用、低效闲置和违法违规用地专项整治行动。

六、加强土地集约复合利用

（一）建立紧凑型、节约型用地标准体系。优化调整基础设施、社会事业设施、公共服务设施等各类公共设施用地标准，构建覆盖城乡、各类产（行）业的建设用地节约集约使用标准体系。提高工业用地节约集约利用水平，工业用地容积率一般不得低于1.2，特殊行业用地不得低于0.8，鼓励工业区块集中设置绿地，工业项目用地内绿化率不得高于15%。研究制定低效工业用地认定标准和定期更新机制。

（二）鼓励土地立体开发和复合利用。综合开发利用地下空间，全面实行经营性地下建设用地使用权有偿使用制度。推进轨道交通场站、交通枢纽、公共停车场等大型基础设施、公共设施的综合开发利用，在中国（上海）自由贸易试验区等区域内，探索工业、商业、办公等综合用地复合开发的土地政策。

（三）提高产业准入门槛。动态调整各类产业目录，制订重点支持目录、产业结构调整淘汰目录和产业转移指导目录，制订投入产出、资源节约、环境保护、就业等项目基本准入标准，制订试行差别化的土地使用税征收政策，并纳入土地利用全生命周期管理。

七、全面落实考核评价机制

（一）加强配套政策机制的研究与制订。各级政府及有关部门要各司其职、互相配合，加快制定相关配套政策和实施细则，落实考核监管机制，确保各项改革措施落到实处。

（二）建立土地信息共享平台。充分利用现代信息技术，建立资源共享、分工协作、合理推进的部门协同机制，积极推动投资、产业、规划土地、房屋管理、工商、财税、统计、人口、环境等部门统一在城市空间地理信息平台上共享信息资源。建立统一的土地利用信用数据库，为开展土地利用绩效评价，实施土地利用全要素、全生命周期管理，提高土地资源配置水平，加强宏观分析与科学决策奠定基础。

（三）完善节约集约用地考核制度。在土地节约集约利用考核评价体系中，加大资源消耗等指标权重，将节约集约用地的约束性指标纳入全市经济社会发展综合评价体系，列入区县领导班子和领导干部政绩考核。对节约集约用地政策执行不力和工作不到位、违反节约集约用地政策的，进行通报批

关于推进本市房屋土地征收中企事业单位房屋补偿工作的若干意见

（沪府办发〔2014〕13号 2014年2月22日）

为保障企事业单位在房屋土地征收中的合法权益，搞好本市旧区改造、重大工程等工作中的房屋补偿，根据《上海市国有土地上房屋征收与补偿实施细则》、《上海市征收集体土地房屋补偿暂行规定》等，现就推进本市房屋土地征收中企事业单位房屋补偿工作提出若干意见如下：

一、房屋补偿的协调推进机制

成立市、区（县）两级企事业单位房屋补偿协调推进小组（以下简称“协调推进小组”），由市、区（县）政府分管领导担任组长，住房保障房屋管理、规划土地、发展改革、建设、经济信息化、国资、农业、人力资源社会保障、工商、税务、环保、食品药品监管、绿化市容等部门为成员单位。市、区（县）协调推进小组办公室设在市、区（县）住房保障房屋管理和规划土地部门。

企事业单位房屋补偿推进工作以区（县）为主，区（县）协调推进小组对企事业单位房屋补偿疑难问题进行协调；涉及特殊困难问题，可以报请市协调推进小组研究协调。

二、被征收事项的告知

在房屋征收计划备案后或拟征地告知书发布后，区（县）房屋征收部门或征地事务机构可以将征收事项书面告知涉及的企事业单位及其上级单位，以便做好被征收准备。

房屋征收决定或征地公告发布后，房屋征收部门或征地事务机构可以将房屋补偿的相关情况书面告知涉及的企事业单位及其上级单位。上级单位可以根据企事业单位发展方向，提出补偿方式建议，协同推进房屋补偿相关工作。

三、房屋补偿的方式

企事业单位房屋补偿一般以货币补偿为主，也可以在符合规划控制、节约集约用地、产业发展导向的前提下，结合企业发展需要，在协商一致、操作可行的情况下，采用提供商业用房或工业用房（用地）等其他补偿方式。

四、早签早搬的奖励措施

为鼓励企事业单位早签约、早搬迁，房屋征收部门或征地事务机构应当给予企事业单位搬迁奖励。具体奖励标准应当在房屋征收或征地房屋补偿方案中明确。

五、停产停业损失的补偿

企事业单位认为其停产停业损失超过现行规定标准的，由评估机构对企事业单位在征收范围内生产经营活动所产生的效益，结合企事业单位所属行业特点进行评估。停产停业期限根据企事业单位实际停产停业时间确定，最长不超过 1 年。房屋征收决定作出或征地房屋补偿方案批准后，企事业单位在征收范围内继续生产经营的，对其由此产生的损失不予补偿。

六、各职能部门的协同

政府相关职能部门在房屋征收决定作出后或征地公告发出后，不再办理被征收范围内涉及生产经营活动的行政审批事项或相关行政备案登记；在房屋补偿决定或责令交地决定作出前，应当配合房屋征收部门或征地事务机构对企事业单位提供的材料进行核实。

房屋补偿决定或责令交地决定作出后，住房保障房屋管理或规划土地部门应当将房屋补偿决定或责令交地决定内容书面告知相关职能部门，被征收范围内涉及生产经营活动的行政审批事项或相关行政备案登记，自相关职能部门收到书面告知之日起即中止。

七、依法强制执行的措施

房屋补偿决定书或责令交地决定书送达后，企事业单位应当停止在征收范围内的生产经营活动，履行搬迁义务；法院准予强制执行裁定书送达后，住房保障房屋管理或规划土地部门应当告知相关公用事业单位不再提供生产经营业务用电、用水、用气等。

法院准予强制执行裁定书送达后，企事业单位在区（县）政府规定的期限内拒不搬迁的，企事业单位负责人应当承担相关责任；区（县）政府对企事业单位房屋组织实施强制执行的，可以依法采取停止生产经营的强制措施，相关职能部门依法负责强制执行时的秩序安全。

八、市场租赁关系的处理

征收范围内企事业单位房屋依照市场租赁关系出租的，企事业单位应当自行处理市场租赁关系，房屋征收部门或征地事务机构应当与房屋所有权人（公房承租人）签订补偿协议，补偿协议中应当明确停产停业损失补偿作为租赁关系处理内容的事项。

九、房屋建筑面积和用途的处理

（一）企事业单位房屋的建筑面积，一般以房地产权证记载的建筑面积为准。未经登记的建筑面积，以规划土地批准文件记载为准。实际建筑面积小于规划土地批准文件记载的，以实际建筑面积为准。未经登记且未经规划土地部门批准建造的房屋，未经认定为违法建筑的，可以给予残值补偿。

（二）企事业单位房屋的用途，按照房地产权证记载的房屋用途进行补偿。未经登记的房屋，按照规划土地或住房保障房屋管理部门批准文件记载的用途进行补偿。未经批准改变房屋用途的，不得按照改变后的用途进行补偿。

十、参照执行的范围

社团及其他组织的房屋补偿协调推进工作，参照本意见执行。

旧区改造或重大工程等拆迁许可基地的企事业单位房屋拆迁协调推进工作，可以参照本意见执行。

本意见自 2014 年 3 月 1 日起实行，有效期至 2016 年 12 月 31 日。

2014 年市政府要完成的与人民生活密切相关的实事

（沪府办发〔2014〕14 号 2014 年 2 月 22 日）

一、完成 1167 台燃煤（重油）锅炉、窑炉的清洁能源替代；推进实施“百万家庭低碳行，垃圾分类要先行”生活垃圾分类减量项目，新增覆盖 40 万户的生活垃圾分类减量区域，完成 2000 个电子废弃物回收网点建设。

二、完成农村经济相对薄弱村村内道路改造 800 公里、危桥改造 400 座；推进新农村建设，完成郊区县 100 个村庄改造。

三、新增 100 所学校少年宫；建设 200 个小学生“爱心暑托班”；为 500 所郊区小学更新、配齐实验室设施设备；扶持 50 所老年学校开展标准化建设。

四、新增 5000 张养老床位；为 29 万名老年人提供社区居家养老服务；新设 40 个社区老年人助餐点；新建 20 家老年人日间服务中心；开展老年人社区援助服务，为 15 万名高龄老人提供家庭互助服务。

五、新增 1000 张肿瘤晚期病人和临终老人安宁舒缓疗护床位；为 2 万对符合条件的计划怀孕夫妇提供免费孕前优生健康检查服务；为 1 万名符合条件的残疾人补贴提供个性化适配辅助器具；在全市 16 家影院开设无障碍电影专场，为 2 万人次视力残疾人提供无障碍观影服务。

六、鼓励创业带动就业，帮助成功创业 1 万人；支持建立 80 个示范性家政服务站。

七、完成 100 个老旧小区消防安全专项改造，在全市每个小区组织开展至少 1 次消防疏散演练；完成 18 个应急避难场所建设；完成 30 万农民工安全生产培训。

八、在 2 家活禽批发市场、100 家定点零售交易点，2 家冷鲜禽屠宰场、2 家配送中心、50 家零售交易点，分别开展活禽、冷鲜禽流通安全信息追溯系统建设；支持 4 家企业建设早餐加工配送中心（中央厨房）。

九、在公园、公共绿地新建 60 条百姓健身步道，完善 20 家社区活动中心的健身设施；新建 4 个区级市民体质监测指导中心。

十、推进社区事务受理服务中心延伸服务，为全市 213 个街镇（社区）配置社会保险等事项自助查询打印设备；在 100 个地铁站点设置区域旅游公共服务信息导览系统，免费为市民游客提供旅游资讯服务。

2014 年市政府要完成的与人民生活密切相关的实事项目进度及负责部门、责任人

一、完成 1167 台燃煤（重油）锅炉、窑炉的清洁能源替代；推进实施“百万家庭低碳行，垃圾分类要先行”生活垃圾分类减量项目，新增覆盖 40 万户的生活垃圾分类减量区域，完成 2000 个电子废弃物回收网点建设。完成 1016 台燃煤（重油）锅炉和 151 台窑炉的清洁能源替代工作。具体实施进度：第一季度完成 150 台锅炉、30 台窑炉的清洁能源替代，完成本市锅炉和窑炉排放标准修订工作；第二季度完成 350 台锅炉、50 台窑炉的清洁能源替代；第三季度完成 350 台锅炉、50 台窑炉的清洁能源替代；第四季度完成 166 台锅炉、21 台窑炉的清洁能源替代。该项目由市经济信息化委、相关区（县）政府负责，市环保局、市发展改革委、市建设交通委、市质量技监局配合。其中，市经济信息化委责任人为马静副主任，市环保局责任人为吴启洲副局长，市发展改革委责任人为周强秘书长，市建设交通委责任人为戴晓坚秘书长，市质量技监局责任人为朱明副局长，相关区（县）政府责任人为分管副区（县）长。

巩固已覆盖 200 万户的居住区生活垃圾分类减量效果，开展配套设备维护和宣传再动员活动；新增覆盖 40 万户的生活垃圾分类减量区域，发放 40 万份入户宣传材料，开展

400场培训；依托商业网点、社区、机关、学校，在全市完成2000个电子废弃物回收网点建设，实现“以2010年为基数，全市每年人均生活垃圾处理量降低5%”的目标。具体实施进度：第一季度制定实施计划，分解落实各区（县）任务；第二季度完成全年计划的30%；第三季度完成量达到年度计划的70%；第四季度全部完成，开展考核检查。该项目由市绿化市容局、市妇联、市商务委负责，市建设交通委、市文明办、市发展改革委、市经济信息化委、市教委、市科委、市农委、市政府法制办、市政府新闻办、市财政局、市环保局、市规划国土资源局、市旅游局、市住房保障房屋管理局、市食品药品监管局、市质量技监局、各区（县）政府配合。其中，市绿化市容局责任人为唐家富总工程师，市妇联责任人为刘琪副主席，市商务委责任人为顾嘉禾巡视员，市建设交通委责任人为王以中巡视员，市文明办责任人为宋慧副主任，市发展改革委责任人为周强秘书长，市经济信息化委责任人为马静副主任，市教委责任人为王平副主任，市科委责任人为马兴发秘书长，市农委责任人为殷欧副主任，市政府法制办责任人为顾长浩副主任，市政府新闻办责任人为徐威副主任，市财政局责任人为马正文副局长，市环保局责任人为吴启洲副局长，市规划国土资源局责任人为李俊豪副巡视员，市旅游局责任人为沈山州副局长，市住房保障房屋管理局责任人为于福林副局长，市食品药品监管局责任人为谢敏强巡视员，市质量技监局责任人为沈伟民副局长，各区（县）政府责任人为分管副区（县）长。

二、完成农村经济相对薄弱村村内道路改造800公里、危桥改造400座；推进新农村建设，完成郊区县100个村庄改造。

完成经济相对薄弱村村内道路改造800公里（村主路300公里、村支路500公里）、危桥改造400座。具体实施进度：第一季度明确项目实施计划；第二季度完成项目立项；第三季度开工建设；第四季度项目竣工交付使用。该项目由市建设交通委、相关区（县）政府负责，市发展改革委、市农委、市水务局配合。其中，市建设交通委责任人为戴晓坚秘书长，市发展改革委责任人为分管副主任，市农委责任人为张贵龙巡视员，市水务局责任人为刘晓涛副局长，相关区（县）政府责任人为分管副区（县）长。

完成郊区（县）100个村庄改造，配套开展生活污水处理、水系环境整理、环卫设施建设、宅前屋后环境整治、村庄绿化等。具体实施进度：第一季度完成方案报送等前期准备工作；第二季度完成项目批复、启动改造；第三季度推进项目实施；第四季度全面完成。该项目由市农委负责，市发展改革委、市建设交通委、市规划国土资源局、市环保局、市水务局、市绿化市容局、相关区（县）政府配合。其中，市农委责任人为张贵龙巡视员，市发展改革委责任人为分管副主任，市建设交通委责任人为倪蓉副主任，市规划国土资源局责任人为徐毅松副局长，市环保局责任人为方芳副局长，市水务局责任人为刘晓涛副局长，市绿化市容局责任人为蔡友铭副局长，相关区（县）政府责任人为分管副区（县）长。

三、新增100所学校少年宫；建设200个小学生“爱心暑托班”；为500所郊区小学更新、配齐实验室设施设备；扶持50所老年学校开展标准化建设。

依托中小学校现有场地、教室和相关设施，新增100所学校少年宫（其中城市50所、乡村50所），在课余时间和节假日组织开展公益性、普及性课外活动，包括科技普及、文化艺术、体育锻炼、社会实践等。具体实施进度：第一季度部署建设任务，组织开展申报工作；第二季度确定新增学校少年宫名单，下拨建设经费，完善管理制度，修缮活动场地，充实辅导员队伍，开设活动项目；第三季度利用暑期和新学期启动试运行工作，并开展中期评估和督导；第四季度全面完成，组织开展总结验收和评估。该项目由市教委、市文明办负责，相关区（县）政府配合。其中，市教委责任人为尹后庆巡视员，市文明办责任人为宋慧副主任，相关区（县）政府责任人为分管副区（县）长。

在全市建设200个小学生“爱心暑托班”，依托部分中小学校、社区文化活动中心、社区学校等场地资源，为小学生提供公益性暑期“教育”和“托管”服务，开设符合未成年人身心发展特点的拓展课程（每两周1期，共3期）。具体实施进度：第一季度摸底调研，确定200个“爱心暑托班”布点方案；第二季度落实各办班点软、硬件资源，设计课程与活动，招募学生，开展志愿者培训，做好开班准备；第三季度开设暑托班，加强过程管理；第四季度开展考核评估。该项目由团市委、市妇联负责，市文明办、市教委、各区（县）政府配合。其中，团市委责任人为杨元飞副书记，市妇联责任人为刘琪副主席，市文明办责任人为宋慧副主任，市教委责任人为高德毅副主任，各区（县）政府责任人为分管副区（县）长。

为500所郊区小学更新、配齐实验室设施设备。具体实施进度：第一季度开展调研，制定工作计划；第二季度启动实验设施设备招标采购工作；第三季度利用暑期，实施设施设备的配置到校工作；第四季度全面完成，开展检查验收。该项目由市教委负责，相关区（县）政府配合。其中，市教委责任人为尹后庆巡视员，相关区（县）政府责任人为分管副区（县）长。

扶持50所老年学校开展标准化建设，新建或改扩建专用功能教室，添置为老服务设施设备，改善校舍装修和校园环境，进一步提升办学水平。具体实施进度：第一季度确定50所老年学校名单，出台标准化配置要求；第二季度指导区（县）分批开展老年学校建设和改造，配置老年教育标准化设备，完善学校功能场地；第三季度加强对学校内涵建设的指导，实施中期评估；第四季度全面完成，开展检查验收。该项目由市教委负责，责任人为袁雯副主任。

四、新增5000张养老床位；为29万名老年人提供社区居家养老服务；新设40个社区老年人助餐点；新建20家老年人日间服务中心；开展老年人社区援助服务，为15万名高龄老人提供家庭互助服务。

新增5000张养老床位，着力缓解现有养老机构供需矛盾问题。具体实施进度：第一季度完成养老床位建设各项筹备工作；第二季度启动养老床位建设；第三季度完成1000张养老床位建设；第四季度完成4000张养老床位建设。该项目由市民政局、各区（县）政府负责，市发展改革委、市规划国土资源局、市住房保障房屋管理局配合。其中，市民政局责任人为周静波副局长，市发展改革委责任人为王思政副主任，市规划国土资源局责任人为李俊豪副巡视员，市住房保障房屋管理局责任人为庞元巡视员，各区（县）政府责任人为分管副区（县）长。

为29万名老年人提供社区居家养老服务，重点为80岁以上的高龄、独居、纯老家庭中的老年人提供基本生活照料服务，对其中生活自理困难且经济困难者经评估后提供政府服务补贴。具体实施进度：第一季度为28.2万名服务对象提供服务；第二季度服务对象增加到28.4万名；第三季度服务对象增加到28.6万名；第四季度服务对象增加到29万名。该项目由市民政局负责，责任人为高菊兰副局长。

新设40个社区老年人助餐点，进一步拓展助餐服务受益面，重点满足独居、高龄、生活自理困难的老年群体的助餐需求。具体实施进度：第一季度完成各项筹备工作，启动建设；第二季度完成5个；第三季度完成5个；第四季度完成30个。该项目由市民政局负责，责任人为高菊兰副局长。

新建20家老年人日间服务中心，就近为老年人提供助餐、助浴、文化娱乐等系列日间照料服务。具体实施进度：第一季度完成各项筹备工作；第二季度开工建设；第三季度完成10家；第四季度完成10家。该项目由市民政局负责，责任人为高菊兰副局长。

开展老年人社区援助服务，组织3万名低龄老年志愿者为全市约15万名80岁以上高龄老年人提供预防失能、健康科普、精神慰藉等家庭关爱和生活辅助服务。具体实施进度：第一季度制定具体实施方案；第二、三季度完成低龄老年志愿者培训，开展互助服务；第四季度继续推进志愿者服务，完成项目评估。该项目由市民政局负责，责任人为高菊兰副局长。

五、新增1000张肿瘤晚期病人和临终老人安宁舒缓疗护床位；为2万对符合条件的计划怀孕夫妇提供免费孕前优生健康检查服务；为1万名符合条件的残疾人补贴提供个性化适配辅助器具；在全市16家影院开设无障碍电影专场，为2万人次视力残疾人提供无障碍观影服务。

新增1000张肿瘤晚期病人和临终老人安宁舒缓疗护床位，其中住院床位600张、居家床位400张。具体实施进度：第一季度完成前期筹备工作；第二季度完成规范化舒缓疗护服务岗位培训；第三季度启动舒缓疗护床位建设，开展质控督导；第四季度全面完成床位建设，提供舒缓疗护服务。该项目由市卫生计生委、各区（县）政府负责，市医保办、市民政局、市红十字会配合。其中，市卫生计生委责任人为黄红副主任，市医保办责任人为郑树忠副主任，市民政局责任人为周静波副局长，市红十字会责任人为孙大红副会长，各区（县）政府责任人为分管副区（县）长。

为2万对符合生育政策、自愿接受孕前风险评估、具有一定高危因素的计划怀孕夫妇，免费提供包括健康教育、体格检查、常规检查、优生专项检查等在内的孕前优生健康检查服务，帮助计划怀孕家庭降低生育风险。具体实施进度：第一季度完成4000对；第二季度服务对象增加到1万对；第三季度服务对象增加到1.6万对；第四季度服务对象增加到2万对。该项目由市卫生计生委负责，各区（县）政府配合。其中，市卫生计生委责任人为王磐石副主任，各区（县）政府责任人为分管副区（县）长。

为1万名符合条件的残疾人补贴提供个性化适配辅助器具。其中，为3000名残疾人补贴提供全面系统的个性化辅助器具服务，为3000名视力残疾人补贴提供适配的助视器，为1600名成年听力障碍者补贴提供适配的助听器，为1200名脊髓损伤者配发护理用品，为600名临床康复患者补贴提供适配的个性化辅助器具，为300名残疾人补贴提供电动载人爬楼机租赁服务，为300名残疾人适配居家无障碍斜坡。具体实施进度：第一季度完成需求调查、方案制定，完成1600名残疾人辅助器具适配；第二季度完成3400名残疾人辅助器具适配；第三季度完成3400名残疾人辅助器具适配；第四季度完成1600名残疾人辅助器具适配。该项目由市残联负责，市卫生计生委、市民政局、市建设交通委配合。其中，市残联责任人为季敏副理事长，市卫生计生委责任人为瞿介明副主任，市民政局责任人为周静波副局长，市建设交通委责任人为王以中巡视员。

在全市16家影院开设无障碍电影专场，每月定期放映一场无障碍电影，为2万人次视力残疾人提供无障碍观影服务。具体实施进度：第一季度在全市16家影院开设无障碍电影专场，成立无障碍电影志愿者讲解团队，完成4700人次视力残疾人无障碍电影观看服务；第二季度完成5100人次视力残疾人无障碍电影观看服务；第三季度完成5100人次视力残疾人无障碍电影观看服务；第四季度全部完成。该项目由市残联负责，上海广播电视台广播新闻中心配合。其中，市残联责任人为祝永康巡视员，上海广播电视台广播新闻中心责任人为江小青常务副主任。

六、鼓励创业带动就业，帮助成功创业1万人；支持建立80个示范性家政服务站。

鼓励创业带动就业，帮助成功创业1万人。具体实施进度：第一季度帮助1500人成功创业；第二季度累计帮助5000人成功创业；第三季度累计帮助8000人成功创业；第四季度累计帮助1万人成功创业。该项目由市人力资源社会保障局负责，市发展改革委、市经济信息化委、市教委、市科委、市农委、市规划国土资源局、市地税局、市工商局、市统计局、市金融办、团市委、各区（县）政府配合。其中，市人力资源社会保障局责任人为周海洋局长，市发展改革委责任人为曹吉珍副主任，市经济信息化委责任人为傅新华副主任，市教委责任人为陆靖副主任，市科委责任人为陈杰副主任，市农委责任人为邵林初副主任，市规划国土资源局责任人为岑福康副局长，市地税局责任人为许建斌巡视员，市工商局责任人为陈学军局长，市统计局责任人为朱章海副局长，市金融办责任人为马弘副主任，团市委责任人为王宇副书记，各区（县）政府责任人为分管副区（县）长。

支持建立80个示范性家政服务站，进一步推进家政服务行业规范化发展。具体实施进度：第一季度制定示范性家政服务站相关标准，完成家政企业（机构）申报；第二季度启动建站工作，开展家政服务员培训；第三季度继续开展家政服务员培训，基本建成80个示范性家政服务站；第四季度完成年度达标考核评估工作。该项目由市妇联、市人力资源社会保障局、市商务委负责，各区（县）政府配合。其中，市妇联责任人为翁文磊副主席，市人力资源社会保障局责任人为应鸿庆副局长，市商务委责任人为吴星宝副主任，各区（县）政府责任人为分管副区（县）长。

七、完成100个老旧小区消防安全专项改造，在全市每个小区组织开展至少1次消防疏散演练；完成18个应急避难场所建设；完成30万农民工安全生产培训。

根据物业服务企业统一管理、多层建筑、300户以上规模等标准，选择100个老旧小区开展消防安全专项改造，在楼宇疏散楼道增设防火标示、清理堆放杂物，在楼宇公共部位增配灭火器、更换老旧电气线路、安装简易喷淋；在有条件的小区改造消防车通道、增配固定消防设施等。同时，在全市每个小区组织开展至少1次消防疏散演练。具体实施进度：第一季度制定项目实施方案和相关技术要点；第二季度完成项目设计、施工单位招标等工作，各区（县）至少完成一个消防安全改造示范小区，完成30%的辖区居民小区疏散演练；第三季度完成70个老旧居民小区消防安全改造，完成70%的辖区居民小区疏散演练；第四季度全部完成，组织开展验收。该项目由市消防局、各区（县）政府负责，市建设交通委、市民政局、市住房保障房屋管理局、市民防办、市电力公司配合。其中，市消防局责任人为顾金龙副局长，市建设交通委责任人为裴晓副巡视员，市民政局责任人为华源副局长，市住房保障房屋管理局责任人为于福林副局长，市民防办责任人为费跃副主任，市电力公司责任人为王路副总经理，各区（县）政府责任人为分管副区（县）长。

完成18个应急避难场所建设，其中Ⅱ类12个，将建设应急供水、供电系统等；Ⅲ类6个，将建设棚宿区，保障应急供水及配电等。具体实施进度：第一季度制定项目实施计划；第二季度完成项目建设规划和技术标准的报批工作，全面启动建设；第三季度完成10个应急避难场所建设；第四季度全部完成，组织检查验收。该项目由市民防办负责，市建设交通委、市规划国土资源局、市教委、市体育局、市绿化市容局配合。其中，市民防办责任人为费跃副主任，市建设交通委责任人为蒋曙杰副主任，市教委责任人为高德毅副主任，市规划国土资源局责任人为徐毅松副局长，市体育局责任人为孙为民副局长，市绿化市容局责任人为方岩副局长。

对30万农民工开展安全生产培训，帮助其掌握安全生产规章制度、操作规程以及作业场所内安全防范措施、劳防用品使用知识等。具体实施进度：第一季度培训3万人；第二季度培训11万人；第三季度培训12万人；第四季度培训4万人。该项目由市安全监管局负责，市人力资源社会保障局、市建设交通委、市总工会配合。其中，市安全监管局责任人为齐峻局长，市人力资源社会保障局责任人为应鸿庆副局长，市建设交通委责任人为刘千伟总工程师，市总工会责任人为杜仁伟巡视员。

八、在2家活禽批发市场、100家定点零售交易点，2家冷鲜禽屠宰场、2家配送中心、50家零售交易点，分别开展活禽、冷鲜禽流通安全信息追溯系统建设；支持4家企业建设早餐加工配送中心（中央厨房）。

在上农批、沪淮2家活禽（鸡、肉鸽、鹌鹑）定点批发市场和100家定点活禽零售交易点，建立活禽流通安全信息追溯系统；在2家冷鲜禽屠宰场、2家冷鲜禽配送中心和50家冷鲜禽零售交易点，建立冷鲜禽（鸡、肉鸽、鹌鹑）流通安全信息追溯系统。具体实施进度：第一季度制定实施方案，组织开展申报工作；第二季度制定技术方案，完成项目实施单位招投标工作；第三季度全面开展施工、安装、系统集成调试；第四季度全面完成，开展评估验收。该项目由市商务委负责，市农委、市食品药品监管局、市工商局、各区（县）政府配合。其中，市商务委责任人为吴星宝副主任，市农委责任人为邵林初副主任，市食品药品监管局责任人为顾振华副局长，市工商局责任人为彭文皓副局长，各区（县）政府责任人为分管副区（县）长。

支持通过招投标选择的4家企业建设早餐加工配送中心（中央厨房），主要支持企业建设研发中心、生产线、生产设备、食品安全检测系统、管理信息系统等。具体实施进度：第一季度开展调研，制定建设方案；第二、三季度遴选企业，全面开展施工，加强对项目建设情况的指导管理；第四季度完成全年目标任务，组织开展验收。该项目由市商务委负责，市环保局、市食品药品监管局配合。其中，市商务委责任人为吴星宝副主任，市环保局责任人为方芳副局长，市食品药品监管局责任人为谢敏强巡视员。

九、在公园、公共绿地新建60条百姓健身步道，完善20家社区活动中心的健身设施；新建4个区级市民体质监测指导中心。

在公园、公共绿地新建60条百姓健身步道，完善20家社区活动中心的健身设施。具体实施进度：第一季度选址勘测；第二季度确定建设方案，完成立项，全面开工；第三季度组织竣工验收；第四季度全部完成并向社会开放。该项目由市体育局负责，市绿化市容局、市文广影视局、各区（县）政府配合。其中，市体育局责任人为李伟听副局长，市绿化市容局责任人为方岩副局长，市文广影视局责任人为王小明副局长，各区（县）政府责任人为分管副区（县）长。

新建4个区级市民体质监测指导中心，依据体质测试结果，开具运动处方，指导市民科学健身。具体实施进度：第一季度选址勘测；第二季度确定建设方案，全面开工；第三季度竣工验收；第四季度全部完成并向社会开放。该项目由市体育局负责，各区（县）政府配合。其中，市体育局责任人为李伟听副局长，各区（县）政府责任人为分管副区（县）长。

十、推进社区事务受理服务中心延伸服务，为全市213个街镇（社区）配置社会保险等事项自助查询打印设备；在100个地铁站点设置区域旅游公共服务信息导览系统，免费为市民游客提供旅游资讯服务。

推进社区事务受理服务中心延伸服务，在全市每个街镇（社区事务受理服务中心）配置1台多媒体自助查询打印设备，全天候提供查询核对个人缴费和享受社会保险待遇记录、自助打印社会保险相关凭证等服务，方便群众就近办事。

具体实施进度：第一季度完成全市20%的街镇（社区）设备配置工作；第二季度累计完成60%的工作量；第三季度累计完成90%的工作量；第四季度全部完成。该项目由市人力资源社会保障局负责，市民政局、各区（县）政府配合。其中，市人力资源社会保障局责任人为周海洋局长，市民政局责任人为华源副局长，各区（县）政府责任人为分管副区（县）长。

在100个地铁站点设置区域旅游公共服务信息导览系统，免费为市民游客提供旅游资讯服务。主要内容包括：在现有地铁站点"街区图"中，增加周边所有3A级以上景区点标识，并在重点景区标示旁添加二维码，市民游客通过智能手机扫描该二维码，在联网状态下可跳转相应景点介绍页面，查询景点票价、开放时间、活动安排等信息。具体实施进度：第一季度明确与地铁方面的合作方案，做好100个地铁站点的遴选工作，进入投标流程；第二季度完成景区数据准备及后台支撑系统开发；第三季度完成地铁站点街区图设计、印制，以及后台支撑系统与前台地图的数据内容对接工作，系统上线试运营；第四季度完成100个地铁站点街区图改换工作，后台支撑系统正式运行。该项目由市旅游局负责，申通集团配合。其中，市旅游局责任人为吴建国副局长，申通集团责任人为邵伟中副总裁。

上海市促进生活垃圾分类减量办法

（上海市人民政府令第14号　2014年2月22日）

第一章 总则

第一条（目的和依据）

为了促进生活垃圾分类减量，改善人居环境，根据《中华人民共和国固体废物污染环境防治法》、《城市市容和环境卫生管理条例》、《上海市市容环境卫生管理条例》等有关法律、法规，结合本市实际，制定本办法。

第二条（适用范围）

本市实施生活垃圾分类投放区域的生活垃圾投放及其相关管理活动，适用本办法。

本市实施生活垃圾分类投放的区域，由市绿化市容行政管理部门按照分步推进办法确定，并向社会公布。

第三条（基本原则）

本市生活垃圾分类减量工作遵循政府引导、社会参与、属地管理、分步推进的原则，逐步提高生活垃圾减量化、资源化、无害化处理水平。

第四条（管理部门）

市绿化市容行政管理部门负责生活垃圾分类减量工作的组织推进、指导和监督管理。

市商务行政管理部门负责生活垃圾中可回收物回收的指导和监督管理。

市环保行政管理部门负责生活垃圾中有害垃圾处置的指导和监督管理。

本市其他行政管理部门按照各自职责，协同实施本办法。

第五条（区县政府和乡镇、街道职责）

区（县）人民政府负责所辖区域内生活垃圾分类减量工作的组织实施。区（县）绿化市容行政管理部门负责所辖区域内生活垃圾分类减量工作的指导和监督管理。

乡（镇）人民政府、街道办事处按照区（县）人民政府的部署，负责所辖区域内生活垃圾分类减量工作的具体落实。

第六条（联席会议制度）

本市建立生活垃圾分类减量推进工作联席会议制度，综合协调生活垃圾分类减量工作中的重大事项。

第七条（目标编制）

市绿化市容行政管理部门应当会同相关行政管理部门编制本市促进生活垃圾分类减量工作阶段性目标。本市促进生活垃圾分类减量工作阶段性目标包括市、区（县）生活垃圾处置总量控制指标和分类投放实施区域推进指标等内容。

第八条（垃圾产生者义务）

任何单位和个人都应当履行生活垃圾分类减量的义务，共同维护良好的城市环境。

第九条（清洁生产）

本市鼓励研发推广清洁生产技术、使用清洁的能源和原料、采取改善管理和综合利用等措施，促进可循环利用和资源化利用。

第十条（包装物减量）

本市商品生产者和销售者应当严格执行本市商品包装物减量的有关规定，减少包装废弃物的产生。

第十一条（果蔬菜皮减量）

本市大型果蔬集贸市场应当实行果蔬菜皮就近就地处理；标准化菜场实行净菜上市。

第十二条（低碳消费）

本市鼓励单位和个人使用可循环利用、资源化利用物品。

本市旅馆、餐饮等经营单位应当减少一次性用品使用；餐饮经营单位还应当提示并指导消费者适量消费。

第十三条（绿色办公）

本市国家机关、事业单位先行实行绿色办公。政府采购应当按照规定优先采购可循环利用、资源化利用物品。

第十四条（配套政策和标准）

市发展改革、财政、经济信息化、质量技监、商务、旅游、农业、机关事务等行政管理部门应当根据本办法第九条 至第十三条的要求和各自职责，制定配套性文件和标准。

第十五条（投诉和举报）

任何单位和个人发现有违反本办法的行为，都有权向相关行政管理部门举报、投诉。相关行政管理部门接到举报、投诉后，应当及时处理，并将处理结果予以反馈；对不属于本部门职责的，应当及时移交有权行政管理部门进行处理。第二章 分类标准和分类投放要求

第十六条（生活垃圾分类标准）

本市生活垃圾的基本分类为：

（一）可回收物，是指适宜回收循环利用和资源化利用的废塑料、废纸、废玻璃、废金属等废弃物；

（二）有害垃圾，是指纳入《国家危险废物名录》，对人体健康或者自然环境造成直接或者潜在危害的，且应当专门处置的废镍镉电池、废药品等废弃物；

（三）湿垃圾，是指易腐性的菜叶、果壳、食物残渣等有机废弃物；

（四）干垃圾，是指除可回收物、有害垃圾、湿垃圾以外的其他生活废弃物。

市绿化市容行政管理部门应当会同市商务、环保行政管理部门制定本市生活垃圾的具体分类目录及投放规范，并向社会公布。

第十七条（分类投放管理责任人确定）

本市实行生活垃圾分类投放管理责任人制度。

本市生活垃圾分类投放管理责任人按照下列规定确定：

（一）道路、广场、公园、公共绿地等公共场所，其管理部门或者其委托的公共服务单位为责任人。

（二）机场、客运站、轨道交通以及旅游、文化、体育、娱乐、商业等公共场所，经营管理单位为责任人。

（三）住宅小区由业主委托物业服务企业实施物业管理的，物业服务企业为责任人；由业主自行实施物业管理的，业主为责任人；未实行物业管理的，由乡（镇）人民政府或者街道办事处确定责任人。

（四）机关、部队、企事业单位、社会团体等单位的办公和生产场所，由业主委托物业服务企业实施物业管理的，物业服务企业为责任人；由业主自行实施物业管理的，业主为责任人；由业主整幢出租给其他单位使用或者委托其他单位经营管理的，使用单位或者经营管理单位为责任人。

按照前款规定无法确定生活垃圾分类投放管理责任人的，由所在地的区（县）绿化市容行政管理部门确定责任人。

第十八条（分类投放管理责任人职责）

生活垃圾分类投放管理责任人承担下列职责：

（一）按照本办法规定设置生活垃圾分类收集容器；

（二）将分类投放的生活垃圾分类驳运至垃圾箱房或者垃圾小型压缩收集站；

（三）对生活垃圾分类投放工作进行宣传、指导，对不符合分类投放要求的行为予以劝告、制止。

业主大会与物业服务企业签订物业服务合同时，应当约定生活垃圾分类投放的服务内容及收费标准。

住宅小区生活垃圾分类投放管理责任人在必要时，可以安排生活垃圾分拣员进行辅助分类。

住房保障房屋行政管理部门应当配合绿化市容行政管理部门做好对物业服务企业生活垃圾分类投放管理工作的指导和监督管理；物业服务企业生活垃圾分类投放管理工作，应当纳入物业服务企业的考核评级。

第十九条（分类收集容器设置要求）

生活垃圾分类收集容器按照下列规定设置：

（一）住宅小区设置可回收物、有害垃圾、湿垃圾、干垃圾四类收集容器。

（二）机关、部队、企事业单位、社会团体等单位的办公和生产场所设置可回收物、有害垃圾、湿垃圾、干垃圾四类收集容器。但湿垃圾产生量较少的单位的办公和生产场所，可以按照分类收集容器设置规范，减少设置湿垃圾收集容器。

（三）道路、广场、公园、公共绿地、机场、客运站、轨道交通以及旅游、文化、体育、娱乐、商业等公共场所设置可回收物、干垃圾两类收集容器。但湿垃圾产生量较多的公共场所，应当按照分类收集容器设置规范，增加设置湿垃圾收集容器。

本市鼓励生活垃圾分类投放管理责任人按照生活垃圾分类推进步骤，细化设置可回收物和有害垃圾收集容器。

第二十条（收集容器设置规范）

市绿化市容行政管理部门应当会同相关行政管理部门制定本市生活垃圾分类收集容器设置规范，并向社会公布。

本市生活垃圾收集容器设置规范应当包括收集容器的类别、规格、标志色、标识以及设置要求等内容。

第二十一条（分类投放要求）

单位和个人应当根据市绿化市容行政管理部门制定的生活垃圾具体分类目录和投放规范投放生活垃圾，并符合下列要求：

（一）有害垃圾投放至有害垃圾收集容器，不得投放至其他垃圾收集容器；

（二）可回收物、湿垃圾、干垃圾投放至相应的垃圾分类收集容器。

生活垃圾分类投放管理责任人细化设置垃圾分类收集容器的，单位和个人应当按照细化分类要求，将生活垃圾投放至相应的垃圾分类收集容器。

生活垃圾分类投放行为规范内容，应当按照物业管理相关规定，纳入管理规约。

第二十二条（报告和公布）

生活垃圾分类未达到要求的，生活垃圾收运作业服务单位应当按照绿化市容行政管理部门的规定，将有关情况报告乡（镇）人民政府或者街道办事处。

乡（镇）人民政府和街道办事处接到有关情况报告后，应当要求生活垃圾分类投放管理责任人改进，并可以根据改进情况，向社会公布有关信息。第三章 分类减量的促进措施

第二十三条（鼓励参与）

本市鼓励通过社会化方式，促进与激励单位和个人生活垃圾分类投放良好行为习惯的形成。市和区（县）人民政府应当给予支持。

第二十四条（宣传动员）

绿化市容、环保、商务、旅游、文广影视等行政管理部门和工会、妇联、共青团等群众团体应当做好垃圾分类减量的宣传和动员工作。

教育行政管理部门应当将生活垃圾分类减量知识纳入学校、幼儿园教育内容，并组织开展青少年生活垃圾分类减量教育和实践等活动。

广播电台、电视台、报刊和互联网站等媒体应当进行普及生活垃圾分类减量知识的公益宣传。

第二十五条（购买服务及示范指导）

区（县）人民政府、乡（镇）人民政府和街道办事处可以通过购买服务方式，支持社会组织参与生活垃圾分类减量指导活动。

住宅小区可以安排示范指导员，指导居民按照生活垃圾分类投放规范投放生活垃圾。

第二十六条（行业协会工作）

本市市容环卫行业协会、餐饮烹饪行业协会、旅游行业协会、连锁经营协会、再生资源回收利用行业协会等相关行业协会应当制定行业自律规范，开展本行业内的生活垃圾分类减量评价和培训工作，引导、督促会员单位遵守本办法的相关规定。

第二十七条（分类计量和统计）

市绿化市容行政管理部门应当会同市商务、环保等相关行政管理部门建立生活垃圾分类计量称重工作制度，逐步对本市生活垃圾分类收集、运输、处置实行重量统计。

第二十八条（垃圾跨区域处理环境补偿制度）

本市实行生活垃圾跨区域处理环境补偿制度。生活垃圾处置导出区（县）应当向生活垃圾处置导入区（县）支付环境补偿资金。重量统计信息作为支付环境补偿资金的依据。

第二十九条（精神文明创建评选）

本市文明小区、文明单位、文明社区、文明村镇、文明行业、文明城区等精神文明创建项目的评选标准中，应当包含生活垃圾分类减量工作实施情况。

第三十条（绩效考核）

区（县）生活垃圾分类减量工作实施情况，应当纳入区（县）人民政府绩效考核范围。

第三十一条（信息系统）

市绿化市容行政管理部门应当建立本市生活垃圾分类减量信息系统，用于记录、统计生活垃圾分类减量信息，并逐步与商务、环保等行政管理部门的相关管理信息系统实现互联互通。第四章 法律责任

第三十二条（违反规定行为的处理）

违反本办法第十八条 第一款第（一）项规定，未按照规定设置分类收集容器的，由城管执法部门责令限期改正，可处50元以上500元以下罚款。

违反本办法第十八条 第一款第（二）项规定，生活垃圾分类投放管理责任人未将分类投放的生活垃圾分类驳运的，由城管执法部门责令改正；拒不改正的，处1000元以上3000元以下罚款。

违反本办法第二十一条 第一款规定，未按照规定投放生活垃圾的，由城管执法部门按照《城市市容和环境卫生管理条例》和《上

海市市容环境卫生管理条例》的相关规定处理：

（一）单位未按照规定投放生活垃圾的，责令改正；拒不改正的，处100元以上1000元以下罚款。

（二）个人未按照规定投放生活垃圾的，责令改正；拒不改正的，处50元以上200元以下罚款。

第三十三条（行政机关及工作人员的责任）

违反本办法规定，市和区（县）绿化市容行政管理部门、城管执法部门以及其他相关行政管理部门有下列行为之一，造成不良影响的，由上级主管部门依据职权责令限期改正、通报批评，并可以对直接责任人员依法给予警告、记过或者记大过处分：

（一）未按照本办法规定履行生活垃圾分类指导、监督管理等职责；

（二）未依法处理发现或者告知、投诉、举报的生活垃圾违规行为。第五章 附则

第三十四条（单独投放收集的生活垃圾）

本市生活垃圾中食品加工单位、饮食经营单位、单位食堂等单位产生的餐厨垃圾和餐厨废弃油脂，居民装修垃圾，废旧家具等大件垃圾，以及其他生活垃圾，法律、法规、规章有单独投放规定的，从其规定。

第三十五条（分类收运处置）

对于分类投放的生活垃圾，生活垃圾收运和处置作业服务单位应当按照《上海市城市生活垃圾收运处置管理办法》及相关规定，实行分类收集、运输和处置。

第三十六条（施行日期）

本办法自2014年5月1日起施行。

关于深化拓展城市网格化管理积极探索和推进城市综合管理的若干意见

（沪府发〔2014〕27号　2014年3月31日）

上海城市网格化管理实施以来，集相关体制机制、管理标准和信息平台于一体的管理模式日趋成熟，已基本建立市、区县相关城市管理、执法、监督、作业、服务等部门共同参与的网格化管理工作体系，基本形成网格确定、内容明了、责任清晰、流程闭合的网格化管理标准体系，基本建成覆盖全市主要城市化区域和基本城市管理领域的网格化管理信息平台体系，具备了对本市城市化地区公共空间范围内城市管理问题从发现到处置实施监督指挥的能力，推动了城市管理领域各相关部门工作效能的提升，实现了城市常态长效管理的模式创新。八年多的实践经验和基本成效，为深化拓展城市网格化管理，积极探索创新综合性城市管理奠定了基础。为进一步整合各类城市管理资源，加强城市管理各相关部门的联动联勤，不断提升城市管理精细化、常态化水平，根据党的十八届三中全会提出的切实转变政府职能、创新社会治理的总体要求，结合《上海市城市网格化管理办法》的贯彻实施，现就深化拓展城市网格化管理，积极探索和推进城市综合管理提出如下若干意见：

一、聚焦综合管理，继续推动创新发展

随着本市城市化的快速发展和人口规模的不断扩大，城市管理和社会管理的问题日益凸显且相互交织，市民对保持世博期间的城市管理成效、提升城市管理水平提出了更高要求。面临上海城市管理的新形势，紧密结合当前城市管理的实际，深化拓展城市网格化管理，抓紧构建城市综合管理平台，积极探索和推进城市综合管理，有利于增强城市管理监督指挥效能，进一步促进相关部门和单位加大以问题为导向的城市管理自我监督力度；有利于提升精细化、常态化城市管理水平，进一步促进城市管理各部门加大以发现和解决问题为核心的依法履职力度；有利于整合各类城市管理资源，进一步促进各级政府和城市管理部门加大信息共享和联勤

联动工作力度；有利于推动城市管理向法治、共治、自治的积极转变，进一步加大城市管理的社会监督和市民参与力度。

二、明确总体目标，把握实施原则

（一）总体目标

用五年时间，基本建成以城市网格化管理信息系统为核心，与“12345”市民服务热线相衔接，与“12319”城建服务热线相融合，并与其他相关行业管理信息系统互联互通的城市综合管理信息平台；基本建成市、区县、街镇三级管理体系，完善健全标准明确、管理规范、联动高效的城市综合管理监督指挥体系，形成与联勤联动工作机制的有效对接，实现非紧急类城市综合管理领域的全覆盖，全面提升城市管理水平。

（二）实施原则

充分依托城市网格化管理的体制机制，通过进一步夯实管理机构，充实人员队伍，强化各管理部门的联勤联动；充分依托城市网格化管理标准，通过进一步调整范围内容，明确管理职责，强化各环节的规范管理；充分依托城市网格化管理的信息平台，通过进一步整合信息资源，拓展管理功能，强化各信息平台的互联互通。

三、完善体制机制，健全强化管理体系

进一步固化城市网格化管理的工作架构，进一步向街镇基层延伸，进一步明确条块职责分工和工作机制，建立健全市区分工、条块协同、以块为主、条线尽责的市、区县、街镇三级管理体系。

在现有区县城市网格化管理机构的基础上，组建区县城市网格化综合管理机构，按照直属区县政府的事业单位设置，充实人员队伍，加强管理力量，提高管理人员、信息员和网格监督员等从业人员的业务素质和能力，试点探索监督员队伍的市场化运作，强化对城市综合管理问题的巡查发现，充分履行对相关职能部门和街镇处置问题的协调指挥、监督评价职能。

在街镇专设城市综合管理平台，由街镇主要领导担任负责人，进一步强化街镇在基层城市综合管理的发现、处置效能。加强城市管理一线队伍的力量整合，重点加强网格监督员的巡查发现，建立与公安、城管等基层执法部门的联勤工作机制，形成与养护作业、市容协管、治安联防等基层队伍力量的协同工作模式，引入“弄管会”、“商管会”、志愿者等社会参与形式，实现城市综合管理与联勤联动工作机制的紧密对接。

居民小区和行政村可根据实际情况，以工作站的形式，探索建立居委会、村委会、业委会、物业服务企业等对接城市综合管理的工作机制，实现城市综合管理与社会市民自治管理的有效互动。

各行业主管部门要明确相应的管理机构，建立健全解决本行业城市管理问题的监督指挥机制，确保城市综合管理工作机制的顺畅运作。

四、拓展范围内容，逐步实现全面覆盖

在网格化管理体系基本覆盖城市化核心区域的基础上，进一步向其他城市化区域（含居民小区）和农村地区的公共管理空间拓展，逐步实现市域范围的全覆盖。

在以白天时段开展工作为主的基础上，进一步优化完善勤务机制，延长网格监督员的巡查发现作业时长，实行热线全天候值班，加强夜间街面值守。各相关职能部门和有关单位要同步加强工作值守和机制对接，做到城市管理监督指挥的全时段覆盖。

在10大类120种部件、事件管理内容的基础上，继续在公用设施、建设管理、交通运输、市容环卫、园林绿化、房屋管理、水利水务、规划土地、环境保护、地下空间等城市管理领域拓展管理内容，并进一步拓展到食品药品监管、安全生产监管、公共卫生、工商、文化教育等其他管理领域，实现城市综合管理的全行业覆盖。

各区县可以结合自身实际，针对主要矛

盾，逐步将居民小区、地下空间和农村地区的公共设施损坏以及违法占地、河道污染、无照经营、无证食品药品生产经营点、无证行医点、无证网吧等城市管理的突出问题，纳入城市综合管理内容。

五、梳理标准流程，深化完善管理要求

对井盖缺失、架空线坠落等存在较大安全隐患的部件类问题和集聚无序设摊等严重影响市民生活的事件类问题，全面提高发现处置要求，实施重点监管。

对违法建筑、违规户外广告等应当依法查处的问题，进一步优化管理规范，制定切合实际的结案标准和流程，加强对难点问题的及时发现和有效督办。

对乱张贴、零星暴露垃圾等可以在巡查发现的同时当场处置完成的简单问题，建立自行处置流程，实现即时发现即时处置。

对郊区县部分城市化水平较低区域以及农村地区，结合当地实际，制定切实可行的管理标准和流程，实施差别化监管。

对所有新拓展的各类城市综合管理内容，按照城市网格化管理以及相关行业管理规范，明确相应的责任主体和管理要求，形成闭合式管理流程，实施精细化管理。

各行业主管部门要按照精细化管理要求，不断提高行业管理、作业、服务、监督工作标准，适应城市综合管理的新要求和社会市民的新需求。

六、构建综合平台，加强信息互联互通

依托城市网格化管理信息平台，充分利用、整合已有的软硬件、数据和网络资源，进行统一的系统架构整体设计，构建城市综合管理信息平台。

进一步优化完善现有城市网格化管理信息系统，修订信息系统技术标准，拓展开发与更多工作部门衔接并能满足城市综合管理需要的应用功能。当前，要先行拓展开发督察督办、自行处置、重点监管、移动办理、视频监控、数据挖掘与综合分析等应用功能。

围绕条块联动、横向到边的要求，以城市综合管理信息平台为枢纽，进一步强化城市管理各信息化平台之间的互联互通和管理上的联勤联动，重点加强与“12345”市民服务热线的衔接和与“12319”城建服务热线的融合。

围绕重心下移、纵向到底的要求，建立健全城市综合管理信息系统街镇分平台，有条件的在社区、乡村设立工作终端，实现城市综合管理问题在街镇基层从发现受理到处置解决的微循环、自循环功能。

七、加强规范管理，提高发现处置效率

按照“应发现尽发现、应处置尽处置”的总体要求，加强从发现到处置各环节工作责任制的落实，切实增强监督指挥效能，提高发现处置效率，确保各责任主体履职到位。

建立市、区县两级专业督察队伍，加大市对区县、区县对街镇城市综合管理的督察督办工作力度。充分发挥各级监察部门作用，加强对城市综合管理问题发现处置的行政效能监督。健全完善市民群众参与的渠道机制，加强对政府依法履职、服务市民的社会监督。

以城市综合管理平台数据为主要依据，进一步完善城市管理考核评价指标体系，发挥考核评价的导向性作用。强化城市管理考核评价的结果运用，逐步提高城市管理考核评价结果在政府和部门综合绩效考核中的权重，凸显考核评价的“指挥棒”效应。进一步加强综合平台的数据挖掘和分析利用，总结城市管理问题的特征和规律，查找城市管理存在的薄弱环节，为政府的城市管理决策提供辅助支撑。

进一步突出城市管理重点，强化对重点区域、重要节点、重大活动期间城市综合管理的监督指挥，巩固世博期间城市管理成效；提高“住宅小区、轨交站点、集市菜场、医院学校”周边以及城郊结合部、“城中村”等特定区域城市管理问题的发现处置效率，改善市民群众身边的市容市貌。

各行业主管部门要紧密围绕城市综合管理平台反映的突出问题和薄弱环节，理清职责分工，健全协同机制，落实托底制度，强化工作保障，不断提升管理水平。

八、加强组织领导，条块协同推进

各区县、各有关部门要按照推进城市综合管理的总体要求，统一思想、提高认识，科学谋划、加强保障，各尽其责、紧密配合，认真落实各项任务。

市政府成立市城市综合管理推进领导小组（以下简称"领导小组"），加强本市城市综合管理工作的统筹领导，研究解决工作推进中的重大问题，指导督促各区县、各部门共同落实相关工作。领导小组办公室设在市建设管理委，承担领导小组日常工作，与市市政市容管理联席会议办公室、市数字化城市管理联席会议办公室实行整合，加强信息沟通和联络服务，定期向领导小组报告工作情况。

市建设管理委要会同市有关行业主管部门制订总体工作方案，分解目标任务、落实责任分工、明确标准规范，加强工作指导。各相关行业主管部门要按照各自职责和任务分工，制订本行业工作方案，落实部门人员，建立工作机制，保障工作经费，强化工作推进。

各区县政府要根据全市统一部署和市相关行业主管部门的指导要求，结合各自实际，制订和落实本区域实施方案。

上海市人民政府关于修改《上海市居住房屋租赁管理办法》的决定

（上海市人民政府令第15号　2014年4月1日）

《上海市人民政府关于修改〈上海市居住房屋租赁管理办法〉的决定》已经2014年3月24日市政府第42次常务会议通过，现予公布，自2014年5月1日起施行。

市人民政府决定，对《上海市居住房屋租赁管理办法》作如下修改：

一、第八条 修改为：

出租的居住房屋及其附属设施应当符合消防、治安、防灾、卫生等方面的标准和要求，并具备供水、供电等必要的生活条件。

有下列情形之一的居住房屋，不得出租：

（一）属于违法建筑的；

（二）被鉴定为危险房屋的；

（三）违反规定，改变房屋使用性质的；

（四）法律、法规、规章规定不得出租的其他情形。

二、第十条 第一款修改为：

出租居住房屋，每个房间的居住人数不得超过2人（有法定赡养、抚养、扶养义务关系的除外），且居住使用人的人均居住面积不得低于5平方米。

三、第十一条 第一款修改为：

集中出租房屋供他人居住，出租房间达到10间以上或者出租房屋居住使用人达到15人以上的，出租人应当建立管理制度，明确管理人员，落实安全管理职责，建立信息登记簿或者登记系统，并将相关登记信息报送公安部门备案。

四、增加一款，作为第二十三条 第一款：

居住房屋的出租人应当与公安派出所签订《治安责任保证书》。

五、增加一条 作为第三十一条 ：

违反本办法第八条 第一款规定，出租房屋不符合治安、消防等标准和要求的，由公安部门责令改正，并可处以1000元以上3万元以下罚款。

违反本办法第十一条 第一款规定，出租人未落实相应安全管理责任的，由公安部门责令改正，并可处以1万元以上3万元以下罚款；造成严重后果的，处以3万元以上10万元以下罚款。

租赁当事人、居住使用人违反其他治安管理、居住登记管理等规定的，由公安部门按照有关规定处理。

六、原第三十一条 调整为第三十二条，修改为：

违反本办法第九条 、第十条 第一款规定，不符合最小出租单位、居住人数限制和最低人均承租面积规定的，由区、县房屋行政管理部门责令责任人限期改正；逾期不改正的，可处以 1 万元以上 10 万元以下罚款。

七、原第三十四条 调整为第三十五条，修改为：

违反本办法第二十五条 第二款规定，房地产经纪机构和经纪人员居间、代理不符合本办法规定的居住房屋租赁业务的，由区、县房屋行政管理部门责令限期改正，并暂停房地产经纪机构的网上备案资格；逾期不改正的，对房地产经纪人员处以 1000 元以上 1 万元以下罚款，对房地产经纪机构取消网上备案资格，并处以 3 万元以上 10 万元以下罚款。

八、删去原第三十五条 。

此外，根据本决定对部分文字和条文的顺序作相应调整。

本决定自 2014 年 5 月 1 日起施行。《上海市居住房屋租赁管理办法》根据本决定作相应调整和修改后，重新公布。

上海市居住房屋租赁管理办法

（2011 年 7 月 7 日上海市人民政府令第 68 号公布，根据 2014 年 3 月 24 日上海市人民政府令第 15 号公布的《上海市人民政府关于修改〈上海市居住房屋租赁管理办法〉的决定》修正并重新发布）

第一条（目的和依据）

为了加强本市居住房屋租赁管理，规范居住房屋租赁行为，保护居住房屋租赁当事人的合法权益，促进居住房屋租赁市场的健康发展，根据《中华人民共和国合同法》、《中华人民共和国城市房地产管理法》、《上海市房屋租赁条例》和其他有关法律、法规，结合本市实际，制定本办法。

第二条（适用范围）

本办法适用于本市行政区域内的居住房屋租赁及其相关监督管理活动。

第三条（定义）

本办法所称的居住房屋租赁，是指出租人将居住房屋交付承租人居住使用，并由承租人按照双方协商确定的租金标准支付租金的行为。

第四条（原则）

居住房屋租赁应当遵循平等、自愿、合法和诚实信用的原则。

本市鼓励和支持居住房屋租赁当事人建立长期、稳定的房屋租赁关系。

第五条（管理部门）

市房屋行政管理部门是本市居住房屋租赁的行政主管部门。区、县房屋行政管理部门负责本辖区内居住房屋租赁的具体监督管理工作，业务上受市房屋行政管理部门领导。

公安部门负责居住房屋租赁的治安管理、消防管理和居住房屋租赁当事人的居住登记。

工商行政、卫生、质量技监、食品药品监督、文广影视等行政管理部门负责查处利用租赁居住房屋进行无证无照经营的行为。

本市税务、民政、人口计生、建设、规划等行政管理部门按照各自职责，协同实施本办法。

第六条（属地管理）

区、县人民政府应当将居住房屋租赁管理纳入社区综合管理的范围。乡、镇人民政府或者街道办事处应当负责协调和处理辖区内居住房屋租赁事务和纠纷，承担居住房屋租赁合同（以下简称租赁合同）登记备案工作。

居民委员会或者村民委员会应当协助做好居住房屋租赁管理工作，督促居住房屋租赁当事人遵守国家和本市有关居住房屋租赁管理的规定。

第七条（租赁当事人）

居住房屋的出租人应当是依法取得房地产权证或者其他合法权属证明的房屋所有权人，以及法律、法规规定的其他权利人。

居住房屋的承租人可以是境内外的自然人、法人或者其他组织，但法律、法规另有规定的，从其规定。

出租人不得向不能提供身份证件的自然人、不能提供营业执照或者其他批准文件的法人和其他组织出租居住房屋。

第八条（禁止出租房屋的情形）

出租的居住房屋及其附属设施应当符合消防、治安、防灾、卫生等方面的标准和要求，并具备供水、供电等必要的生活条件。

有下列情形之一的居住房屋，不得出租：

（一）属于违法建筑的；

（二）被鉴定为危险房屋的；

（三）违反规定，改变房屋使用性质的；

（四）法律、法规、规章规定不得出租的其他情形。

第九条（最小出租单位）

出租居住房屋，应当以一间原始设计为居住空间的房间为最小出租单位，不得分隔搭建后出租，不得按照床位出租。

原始设计为厨房、卫生间、阳台和地下储藏室等其他空间的，不得出租供人员居住。

第十条（最低人均承租面积和居住人数限制）

出租居住房屋，每个房间的居住人数不得超过2人（有法定赡养、抚养、扶养义务关系的除外），且居住使用人的人均居住面积不得低于5平方米。

前款所称居住面积，是指原始设计为居住空间的房间的使用面积。

第十一条（集中出租管理）

集中出租房屋供他人居住，出租房间达到10间以上或者出租房屋居住使用人达到15人以上的，出租人应当建立管理制度，明确管理人员，落实安全管理职责，建立信息登记簿或者登记系统，并将相关登记信息报送公安部门备案。

居住物业管理区域内的居住房屋，不得出租用作单位的集体宿舍。

第十二条（租赁合同）

居住房屋租赁，租赁当事人应当依法订立书面租赁合同。租赁合同包括下列主要内容：

（一）租赁当事人（包括居住使用人）的姓名、住所、有效身份证件的种类及号码；

（二）房屋坐落、面积、结构、附属设施和设备状况；

（三）租赁用途；

（四）房屋交付日期；

（五）租赁期限和续租；

（六）租金标准、支付方式和期限；

（七）物业服务费及水、电、煤、通讯等公用事业费的承担；

（八）房屋使用要求和维修责任；

（九）房屋返还时的状态；

（十）违约责任和争议解决方式；

（十一）租赁当事人约定的其他内容。

市房屋行政管理部门和市工商行政管理部门应当制定租赁合同示范文本，并在政府网站上公开。

第十三条（登记备案）

租赁合同订立后30日内，租赁当事人应当到租赁房屋所在地社区事务受理服务中心办理租赁合同登记备案，但通过房地产经纪机构订立租赁合同的，由房地产经纪机构代为办理租赁合同登记备案。

租赁合同登记备案内容发生变化、续租或者租赁关系终止的，租赁当事人应当在30日内，到原登记备案部门办理租赁合同登记备案的变更、延续或者注销手续。

第十四条（租赁信息系统）

市房屋行政管理部门应当推进建设租赁合同登记备案信息系统，实行网上登记备案，并纳入房地产市场信息系统。

第十五条（租金）

居住房屋租赁的租金标准，由租赁当事人在租赁合同中约定。承租人应当根据租赁合同约定，按时支付租金。

居住房屋租赁期限为1年或者1年以下的，租赁当事人应当在租赁合同中一次性约定租金标准；租赁期限为1年以上的，每年只能调整一次租金标准。但租赁合同中对租金标准调整另有约定的，从其约定。

租赁合同期间，出租人不得单方面提高租金标准。

出租人根据承租人的要求装修房屋或者增设附属设施、设备的，双方可以协商调整租金标准。

第十六条（租赁保证金）

出租人可以按照租赁合同约定的数额，向承租人收取租赁保证金；未约定数额的，租赁保证金不得超过2个月的租金。

第十七条（转租）

承租人可以按照租赁合同的约定转租房屋；未约定的，承租人转租房屋应当事先征得出租人的书面同意。

居住房屋转租应当符合本办法第八条 、第九条 、第十条 的规定。

转租人违反本条第一款、第二款规定的，出租人可以解除租赁合同，收回房屋并要求赔偿损失。

居住房屋转租的，应当按照本办法第十二条 、第十三条 的规定订立租赁合同，并办理登记备案。

居住房屋转租后，承租人不再居住使用的，可以与出租人协商解除租赁合同，由出租人与次承租人直接订立租赁合同。

第十八条（续租）

居住房屋在租赁期间届满后继续出租的，承租人在同等条件下享有优先承租权。

租赁合同对续租已经作出约定的，从其约定。未约定的，出租人不再继续出租的，应当在租赁期间届满前1个月通知承租人；未提前1个月通知的，原租赁合同继续有效，但租赁期限为不定期。

出租人提出解除前款规定的不定期租赁合同的，应当至少提前1个月书面通知承租人。

第十九条（买卖不破租赁）

房屋租赁期间，因买卖、交换、赠与、继承等发生房屋所有权转移的，新的房屋所有权人应当继续履行原租赁合同，不得以房屋所有权已转移为由要求终止租赁合同。

第二十条（优先购买权）

房屋租赁期间，出租人出售房屋的，应当根据租赁合同约定的期限事先通知承租人；未约定的，应当至少提前3个月通知承租人，承租人在同等条件下享有优先购买权。承租人在收到通知后15日内未明确表示购买的，视作放弃优先购买权。

出租人出售房屋的，应当就出售房屋需要实地看房的时间等内容与承租人进行协商，并不得妨碍承租人对房屋的正常使用。

第二十一条（继续租赁）

承租人在房屋租赁期间死亡的，与其生前共同居住的人可以按照原租赁合同继续租赁该房屋。

第二十二条（合同解除）

居住房屋租赁期间，任何一方当事人不得擅自解除租赁合同，但租赁合同约定的解除条件成就、租赁当事人协商一致或者存在法律规定合同解除情形的除外。

承租人未按照居住房屋使用性质使用房屋的，出租人可以解除合同。

第二十三条（出租人的义务）

居住房屋的出租人应当与公安派出所签订《治安责任保证书》。

居住房屋的出租人应当履行下列义务：

（一）查验承租人及居住使用人的身份证件，并按照公安部门的要求，登记承租人的姓名、身份证件的种类和号码；

（二）督促、配合居住使用人按照国家和本市的有关规定，及时办理居住登记；

（三）向业主委员会或者物业服务企业提供承租人的联系方式，告知并督促承租人及居住使用人遵守小区业主管理规约；

（四）发现承租人及居住使用人利用承租的居住房屋从事无证无照经营的，及时报告工商行政等有关部门；

（五）负责出租房屋及其提供的设施、设备的安全，告知安全使用事项，并定期进行安全检查和维护，及时发现和排除安全隐患；

（六）配合有关部门开展对承租人及居住使用人违法违规行为的调查、制止及处罚等工作。

第二十四条（承租人的义务）

居住房屋的承租人应当履行以下义务：

（一）如实向出租人告知居住使用人的姓名、身份证件的种类和号码，并按照规定办理居住登记；增加居住使用人的，还应当征得出租人的同意，并不得违反本办法第十条第一款的规定；

（二）遵守业主管理规约，不得损害相邻业主的合法权益；

（三）不得利用承租的居住房屋从事经营活动；

（四）合理、安全使用房屋及设施、设备，不得擅自改变房屋使用性质、结构或者实施其他违法搭建行为。

第二十五条（对房地产经纪人的要求）

房地产经纪机构和房地产经纪人员应当遵守国家和本市有关居住房屋租赁管理的规定，向租赁当事人宣传房屋租赁、实有人口服务和管理等政策，并引导租赁当事人使用租赁合同示范文本。

房地产经纪机构和房地产经纪人员不得居间、代理不符合本办法规定的居住房屋租赁业务，不得对租赁当事人隐瞒真实的房屋租金等信息以赚取差价。

房地产经纪机构或者房地产经纪人员承租其居间、代理的居住房屋的，不得收取佣金。

第二十六条（代理经租）

本市鼓励专业代理经租机构接受房屋所有权人或者法律、法规规定的其他权利人的委托，以自己的名义按照委托合同的约定，出租居住房屋，获取收益。具体管理规定由市房屋行政管理部门会同相关部门另行制定。

第二十七条（业主自我管理）

业主委员会经业主大会同意后，可以根据本居住物业管理区域内的房屋租赁情况，制定相应的管理措施纳入管理规约，并可以委托物业服务企业具体实施。

居住房屋租赁当事人违反业主管理规约、损害他人合法权益的，业主委员会有权要求当事人停止侵害、消除危险、排除妨害、赔偿损失。业主对侵害自己合法权益的行为，可以依法向人民法院提起诉讼。

第二十八条（对物业服务企业的要求）

物业服务企业应当按照乡、镇人民政府或者街道办事处的要求，将居住物业管理区域内的房屋租赁情况，报送房屋所在地社区事务受理服务中心。

物业服务企业发现租赁当事人、房地产经纪机构或者房地产经纪人员有违法违规行为的，应当及时予以劝阻、制止，并报告业主委员会或者有关部门。

第二十九条（纠纷解决）

出租人、承租人、相邻业主在房屋租赁活动中发生纠纷的，应当协商解决；协商不成的，可以向人民调解委员会申请调解，也可以依法向仲裁机构申请仲裁或者向人民法院提起诉讼。符合规定条件的，可以依法向法律援助机构申请法律援助。

第三十条（已有处罚规定的处理）

违反本办法规定的行为，法律、法规已有处罚规定的，依照有关规定处理。

第三十一条（对违反治安、消防及居住登记等规定的处理）

违反本办法第八条 第一款规定，出租房屋不符合治安、消防等标准和要求的，由公安部门责令改正，并可处以 1000 元以上 3 万元以下罚款。

违反本办法第十一条 第一款规定，出租人未落实相应安全管理责任的，由公安部门责令改正，并可处以 1 万元以上 3 万元以下罚款；造成严重后果的，处以 3 万元以上 10 万元以下罚款。

租赁当事人、居住使用人违反其他治安管理、居住登记管理等规定的，由公安部门按照有关规定处理。

第三十二条（对违反最小出租单位、居住人数限制和最低承租面积的处理）

违反本办法第九条 、第十条 第一款规定，不符合最小出租单位、居住人数限制和最低人均承租面积规定的，由区、县房屋行政管理部门责令责任人限期改正；逾期不改正的，可处以 1 万元以上 10 万元以下罚款。

第三十三条（对租赁当事人未按规定登记备案的处理）

违反本办法第十三条 规定，租赁当事人未在期限内办理租赁合同登记备案手续的，由区、县房屋行政管理部门责令限期改正；逾期不改正的，对个人处以 1000 元以下罚款，对单位处以 1000 元以上 1 万元以下罚款。

第三十四条（对房地产经纪机构未按规定登记备案的处理）

违反本办法第十三条 第一款规定，房地产经纪机构未办理登记备案的，由区、县房屋行政管理部门责令限期改正；逾期不改正的，处以 3000 元以上 3 万元以下罚款。

第三十五条（对房地产经纪人违反经纪管理规定的处理）

违反本办法第二十五条 第二款规定，房地产经纪机构和经纪人员居间、代理不符合本办法规定的居住房屋租赁业务的，由区、县房屋行政管理部门责令限期改正，并暂停房地产经纪机构的网上备案资格；逾期不改正的，对房地产经纪人员处以 1000 元以上 1 万元以下罚款，对房地产经纪机构取消网上备案资格，并处以 3 万元以上 10 万元以下罚款。

第三十六条（参照适用）

公有居住房屋转租及其监督管理，参照适用本办法。

第三十七条（施行日期）

本办法自 2011 年 10 月 1 日起施行。2004 年 8 月 30 日上海市人民政府发布的《上海市居住房屋租赁管理实施办法》同时废止。

关于保障性住房房源管理的若干规定

（沪府发〔2014〕36 号　2014 年 5 月 9 日）

为进一步完善本市“四位一体”的住房保障体系，提高保障性住房使用效率，促进保障性住房供需平衡，根据本市廉租住房、公共租赁住房、共有产权保障住房（即经济适用住房，下同）、征收安置住房（即动迁安置房，下同）政策规定，现就保障性住房房源管理的有关事项规定如下：

一、房源管理原则

（一）合理安排，统筹规划。根据国家总体要求，结合本市保障性住房供应和需求实际以及变化趋势，科学合理地编制保障性住房发展规划、年度计划，建立各类保障性住房的统一建设筹措和房源管理机制，有效实现供需平衡。

（二）规范运作，严格管理。各类保障性住房按照批准的用途和范围使用。确需调整的，从租、售两方面构建各类保障性住房用途管理平台，结合实际有序操作，严格对各类保障性住房用途调整，特别是对租赁型保障性住房调整为出售型保障性住房的管理。

（三）优化配置，保证供应。充分利用保障性住房在土地供应、建设、配套和税收方面的优惠政策，合理控制成本，使有限的公共资源配置发挥最大效用，促进保障性住房建设供应的可持续发展。

二、房源管理范围和要求

保障性住房房源管理范围为征收安置住房、共有产权保障住房、公共租赁住房、廉租住房以及市政府确定的其他保障性住房。上述保障性住房可根据国家任务计划安排和本市供需实际进行调整。

用途需调整的保障性住房已列入年度建设（筹措）计划上报的，计划调整和统计考核按照保障性住房计划和统计的有关规定执行，不得重复计算。

三、房源用途调整方式与价格结算

（一）征收安置住房用途调整为共有产权保障住房的，原房地产开发企业可继续作为开发和销售主体，也可由收购征收安置住房的住房保障机构作为销售主体；共有产权保障住房项目结算价格或收购价格可以征收安置住房建房协议价格为基础进行结算，销售基准价格的确定和结算价与销售基准价之间差额的使用管理，按照市发展改革委、市住房保障房屋管理局制定的本市共有产权保障住房价格管理办法执行；征收安置住房的土地出让金不再另行结算；建设用地取得方式为划拨。

（二）征收安置住房用途调整为公共租赁住房或廉租住房的，公共租赁住房投资机构（包括公共租赁住房运营机构、市公积金中心及其他投资机构，以下统称“投资机构”）或区（县）住房保障机构可按照征收安置住房的建房协议价格予以收购；建设用地取得方式为出让。

（三）集中新建的共有产权保障住房用途调整为公共租赁住房或廉租住房的，投资机构或区（县）住房保障机构可按照共有产权保障住房项目结算价格予以收购；建设用地取得方式为划拨。

（四）集中新建的共有产权保障住房用途调整为征收安置住房的，房地产开发企业仍作为开发和销售主体，征收安置住房的土地出让金应按照有关规定，经市场评估后补缴。征收安置住房的建房价格以共有产权保障住房项目结算价和补缴的土地出让金等费用为依据确定，房源供应价格及其差价按照市政府批转市住房保障房屋管理局制订的《上海市动迁安置房管理办法》（沪府发〔2011〕44号）执行；建设用地取得方式为出让。

（五）公共租赁住房或廉租住房用途调整为共有产权保障住房的，投资机构或区（县）住房保障机构作为开发销售主体，以建设项目结算价或收购价格作为共有产权保障住房建设项目结算价；共有产权保障住房销售基准价格的确定和结算价与销售基准价之间差额的使用管理，按照市发展改革委、市住房保障房屋管理局制定的本市共有产权保障住房价格管理办法执行；建设用地取得方式为划拨。

（六）公共租赁住房或廉租住房用途调整为征收安置住房的，投资机构或区（县）住房保障机构作为开发销售主体。征收安置住房的土地出让金应按照有关规定，经市场评估后补缴。征收安置住房的建房价格以建设项目成本价或收购价格、补缴的土地出让金为依据确定，房源供应价格及其差价按照市政府批转市住房保障房屋管理局制订的《上海市动迁安置房管理办法》（沪府发〔2011〕44号）执行；建设用地取得方式为出让。

四、房源用途调整程序

（一）未办理房地产初始登记的征收安置住房（已签订土地出让合同的）用途调整为共有产权保障住房的，按照市政府办公厅转发市住房保障房屋管理局、市规划国土资源局制订的《关于加强经济适用住房房源管理和房地产登记的若干规定》（沪府办发〔

2011〕46号）办理；已办理房地产初始登记的征收安置住房用途调整为共有产权保障住房的，产权人的登记事项参照沪府办发〔2011〕46号文执行。

（二）共有产权保障住房用途调整为征收安置住房的，按照以下程序办理：

1. 房地产开发企业或区（县）住房保障机构向市或区（县）住房保障房屋管理局提出用途调整申请，并提交建设协议书、建设项目原批准文件等材料。其中，市级项目向市住房保障房屋管理局提出申请，区（县）级项目向区（县）住房保障房屋管理局提出申请。

2. 市级项目和区（县）级项目分别按照以下要求审核：

（1）市级项目由市住房保障房屋管理局对申报材料予以核实，出具初审意见书，并会同市发展改革委、市建设管理委、市财政局、市规划国土资源局、项目所在地区（县）政府等相关部门共同审核，提出审核意见报市住房保障领导小组批准后，出具认定文件。认定文件应同时抄送项目所在地区（县）政府及相关部门。

（2）区（县）级项目由区（县）住房保障房屋管理局对申报材料予以核实，并在征询区（县）规划土地局意见后，出具初审意见书，经区（县）政府同意，报市住房保障房屋管理局复核。市住房保障房屋管理局会同市发展改革委、市建设管理委、市财政局、市规划国土资源局等相关部门共同审核，提出审核意见报市住房保障领导小组批准后，出具认定文件。认定文件应同时抄送项目所在地区（县）政府及相关部门。

3. 根据认定文件，房地产开发企业按照有关规定，补缴土地出让金等相关费用。

（三）已开工建设的征收安置住房和共有产权保障住房（集中新建）用途调整为公共租赁住房或廉租住房的，按照以下程序办理：

1. 房地产开发企业会同投资机构或区（县）住房保障机构共同向市或区（县）住房保障房屋管理局提出用途调整申请，并提交建设协议书、建设项目原批准文件等材料。其中，市级项目向市住房保障房屋管理局提出申请，区（县）级项目向区（县）住房保障房屋管理局提出申请。

2. 市和区（县）住房保障房屋管理局分别按照以下要求办理：

（1）市住房保障房屋管理局对市级项目的申报材料予以核实，会同项目所在地区（县）政府审核后，出具初审意见书，经征询市规划国土资源局意见后，对符合要求的房源出具认定文件，并抄送市规划国土资源局和项目所在地区（县）政府及相关部门。

（2）区（县）住房保障房屋管理局对区（县）级项目的申报材料予以核实，征询区（县）规划土地局意见后，出具初审意见书，报区（县）政府批准后，出具认定文件，并送市住房保障房屋管理局备案。

3. 根据认定文件并在房地产初始登记后，投资机构或区（县）住房保障机构与房地产开发企业签订收购协议。

（四）按照市政府办公厅转发的《关于本市保障性住房配建的实施意见》（沪府办发〔2012〕61号）规定配建的共有产权保障住房用途调整为公共租赁住房、廉租住房，或者配建的公共租赁住房、廉租住房用途调整为共有产权保障住房的，按照以下程序办理：

1. 区（县）住房保障机构或投资机构向区（县）住房保障房屋管理局提出用途调整申请，并提交土地出让合同、建设项目协议书等相关材料。

2. 区（县）住房保障房屋管理局出具初审意见书，报区（县）政府批准后，出具认定文件，并送市住房保障房屋管理局备案。

（五）公共租赁住房或廉租住房用途调整为征收安置住房或共有产权保障住房的，

按照以下程序办理：

1. 市级项目由投资机构向市住房保障房屋管理局提出申请，并提交建设项目原批准文件或原收购合同等相关材料；区（县）级项目由区（县）政府向市住房保障房屋管理局提出申请。

2. 市住房保障房屋管理局会同市发展改革委、市建设管理委、市财政局、市规划国土资源局、项目所在地区（县）政府等相关部门共同审核，提出审核意见报市住房保障领导小组批准后，出具认定文件。认定文件应同时抄送项目所在地区（县）政府及相关部门。

3. 经市住房保障领导小组批准用途调整为征收安置住房的，按照有关规定，补缴土地出让金等相关费用。

（六）其他上述未提及或多用途保障性住房的用途调整，报市住房保障领导小组审批。

五、房地产登记

批准用途调整的保障性住房，应根据用途调整后的保障性住房种类和产权人变化情况，办理房地产登记手续和楼盘表“房屋标志”的标注。具体办法，由市住房保障房屋管理局另行制订。

六、其他

未开工建设的保障性住房项目需用途调整的，可依原程序重新办理保障性住房项目认定后，按照有关规定实施。

由市住房保障房屋管理局会同相关部门建立保障性住房信息系统，对保障性住房建设筹措及使用情况实施跟踪管理。对擅自变更保障性住房用途或使用范围的，由市、区（县）监察部门会同相关部门从严查处。

本规定自2014年6月1日起施行，有效期至2018年12月31日。市政府批转市住房保障房屋管理局等五部门制订的《关于保障性住房房源管理的若干规定（试行）》（沪府发〔2012〕55号）同时废止。

上海市城乡建设和管理委员会主要职责内设机构和人员编制规定

（沪府办发〔2014〕25号　2014年5月30日）

根据《中共中央办公厅国务院办公厅关于印发〈上海市人民政府职能转变和机构改革方案〉的通知》（厅字〔2014〕20号）的规定，设立上海市城乡建设和管理委员会，为市政府组成部门。

一、职能转变

（一）取消的职责

1. 取消指导拟订市、区县共同投资市政工程项目计划的职责。

2. 取消审批重大基础设施直接采购创新成果的职责。

3. 取消工程质量安全监督中对各类工程设备和其他工业成套设备的监督（各类工程设备和其他工业成套设备（不含建设工程中为建筑物、构筑物及其附属设施安装的电气、采暖、通风空调、给排水等设备）的设计、采购、制造、安装调试和试运行所实施的监督和管理活动，纳入技术监督部门管辖职责，不再纳入工程质量安全监督范围）。

4. 取消建设工程安全质量报监（建设工程安全质量报监环节与施工许可审批合并，原报监所需采集的信息在施工许可环节中一并采集，所需验证的条件要素在施工许可环节一并验证，与报监关联的审图信息、合同备案等信息在施工许可环节进行关联）。

（二）下放的职责

1. 将区县立项的建设工程项目的勘察、设计、监理等招投标情况的备案，下放到区县审批。

2. 将建筑企业资质申请、升级、增项、变更的信息变更审批，下放到企业注册所在地的建设主管部门审批。

3. 建设工程材料备案（中心城区市一级管理，郊区县下放到区县审批）。

4. 将区县立项项目的施工图审查管理，下放到区县。

5. 将区县立项项目的抗震设防审查，下放到区县审批。

6. 将三级资质施工企业安全生产许可证的发放，下放到区县审批。

7. 将市管市政项目（不含市管路政项目）的夜间施工备案，下放到区县审批。

（三）整合的职责

1. 将原上海市城乡建设和交通委员会的城乡建设和城市管理等有关职责，划入上海市城乡建设和管理委员会。

2. 将原上海市城乡建设和交通委员会的交通发展规划、城市道路公路管理、交通综合协调、协调推进国际航运中心建设、国防交通战备、道路指示牌管理等职责，划入上海市交通委员会。

3. 将上海市民防办公室的本市地下空间使用管理的综合协调等职责，划入上海市城乡建设和管理委员会。

（四）增加的职责

1. 增加指导协调监督黄浦江两岸开发建设的职责。

2. 增加“世界城市日”事务协调工作职责。

3. 增加综合协调指导推进本市“城中村”改造工作职责。

4. 增加负责本市道路和公共区域照明设施的行政管理职责。

5. 增加对中央管理的在沪建筑施工企业安全生产的许可职责。

（五）加强的职责

1. 加强在组织拟订城乡建设和城市管理的发展战略、重大政策和各类法规、规划、标准、技术规范，以及统筹城市维护资金、信息等方面的指导、协调、审核职责。

2. 加强城市管理中的综合管理和综合协调作用，承担城市网格化综合管理的组织、实施工作，综合协调市有关部门以及区县政府共同推进城市管理和城乡环境综合整治工作。

3. 加强市政基础设施（非交通类）建设和运行的监督管理，以及突发事故应急处置等城市运行安全工作职责。

4. 加强指导协调旧区改造工作职责。

二、主要职责

（一）贯彻执行有关城乡建设和城市管理的法律、法规、规章和方针、政策；组织起草相关地方性法规、规章草案，并组织实施有关法规、规章；组织协调城乡建设和城市管理领域综合性、系统性、长远性重大问题研究和重大政策的拟订并组织实施；负责组织行业发展重大改革工作。

（二）根据本市国民经济和社会发展总体规划，拟订城乡建设和城市管理的发展战略、中长期发展规划和年度计划，并组织实施；协调拟订城乡建设和城市管理的各类行业发展规划，并组织实施；综合协调与平衡各层面市政基础设施建设管理规划；协调和平衡市政基础设施年度项目建设计划，按照程序报批。

（三）配合研究编制市属市政基础设施项目年度投资计划；组织编制市级城市维护项目年度预算安排计划，按照职责分工加强对市级城市维护项目的监督管理；会同有关部门加强对区县城市维护资金使用的指导；参与研究城乡建设和城市管理领域财政、价格政策；负责城乡建设和城市管理领域统计管理、经济运行监测和分析；负责监督直属单位的财务管理、国有资产管理和内部审计等工作。

（四）会同有关部门做好城市建设和土地使用管理的衔接工作；会同有关部门组织开展城市基础设施项目实施可行性研究；会同有关部门审批政府投资项目的初步设计；参与确定本市重大工程项目，负责指导、组织、协调、推进重大建设工程的实施和目标考核；综合协调城市基础设施项目建设相关工作；组织指导、综合协调、督促检查黄浦江两岸开发工作。

（五）负责建筑、建材市场和行业的行政管理和监督执法；拟订监督管理建筑市场、规范市场各方行为的规章制度并监督执行；组织制定发布工程建设标准、造价、定额和技术规范；负责房屋建筑和市政工程的施工许可管理与施工图设计文件审查的监督管理；负责建设市场各类企业资质、从业人员执业资格的管理以及从业单位与人员市场行为的诚信管理；负责建设市场管理信息平台的建设、运行和管理；负责建设市场的稽查工作；指导市有关部门和区县建设市场业务管理工作。

（六）制定建筑节能政策并监督实施，负责建筑节能、墙体材料革新和散装水泥发展及管理工作；组织新型建筑材料的认定和推广应用；拟订推进绿色建筑发展行动规划，推动建筑业转型发展，推进住宅产业化和建筑工业化工作。

（七）承担本市建设行业安全生产监督管理责任，制定建设工程质量和安全生产规章制度并监督实施；监督参建主体建立健全质量和安全管理体系；监督实施勘察设计技术标准，强化勘察设计质量管理；负责建筑企业安全生产许可管理；负责建筑材料和机械设备现场使用的质量安全监督管理；指导有关部门开展工程质量安全监督管理工作；参与建设工程较大及以上质量、施工安全事故调查处理。

（八）统筹推进城市管理领域相关工作，综合协调平衡相关专项规划，会同有关部门研究拟订工作制度和计划，组织拟订城市管理相关工作标准定额、技术规范，指导督促市有关部门以及区县政府落实城市管理各项任务和各类标准定额；负责城市网格化综合管理推进协调工作，承担城市网格化管理体系建设、运行和管理工作；统筹协调城市管理综合执法、绿化林业、景观市容、环境卫生以及供排水等公用事业工作；综合协调市有关部门以及区县政府共同推进城乡环境综合治理及城乡生态环境建设和管理等相关工作。

（九）负责建设工程抗震管理；负责燃气行政管理和行业管理；组织编制燃气专项规划并推进实施；负责综合协调地下空间使用管理；综合协调地下市政基础设施建设和管理；参与地下管线综合规划平衡协调，负责地下管线项目建设的监督管理；负责道路和公共区域照明设施的行政管理；参与市政工程、综合管线突发事故处理；组织协调城乡建设和城市管理重大事故的应急处置以及综合治理工作。

（十）指导推进旧区改造和“城中村”改造工作，研究拟订相关政策，组织编制旧区改造和“城中村”改造规划和年度实施计划；协调指导督促区县和镇乡开展旧区改造、“城中村”改造和农村低收入户危旧房改造工作。

（十一）参与本市城镇体系规划编制；指导区县研究编制郊区城镇和村庄基础设施专业规划及村镇建设计划；组织拟订村镇建设相关建设标准、技术规范，协同市有关部门拟订村镇建设相关政策；指导推进郊区城镇化和村庄市政基础设施及人居环境建设；协调推进城镇化建设工作；负责历史文化名镇（村）和传统村落保护相关管理工作；协调指导农村村民住房建设工作。

（十二）负责住房公积金管理法规、政策执行情况的监督，承担市住房公积金管理委员会的日常管理工作，监督住房公积金和其他住房资金的管理、使用和安全。参与拟订促进房地产市场健康发展的综合性政策、住房保障和房屋管理重大政策及相关规划；组织拟订保障房配套建设综合性政策，协调大型居住社区外围市政配套建设工作；负责“世界城市日”事务协调工作。

（十三）推进城乡建设和城市管理领域

科技进步；指导监督城乡建设和城市管理职业技术教育培训工作；协调推进城乡建设和城市管理信息化建设；协调指导城乡建设和城市管理综合资料的收集、统计和分析，制订发布城乡建设和城市管理行业发展报告。

（十四）承担有关行政复议受理和行政诉讼应诉工作。

（十五）承办市政府交办的其他事项。

三、内设机构

根据上述职责，上海市城乡建设和管理委员会设17个内设机构：

（一）办公室

（二）政策研究室

（三）法规处

（四）综合计划处

（五）综合规划处（市抗震办公室、浦江两岸开发协调处）

（六）科技信息处

（七）工程建设处（市重大工程建设办公室）

（八）建筑市场监管处（稽查办公室）

（九）建筑节能和建筑材料监管处（市建材业管理办公室）

（十）标准定额管理处

（十一）质量安全监管处

（十二）城市管理处

（十三）城镇建设处

（十四）住宅建设协调处

（十五）设施管理处（燃气处）

（十六）审计处（公积金处）

（十七）信访办公室

上海市城乡建设和管理委员会信访办公室与上海市城乡建设和交通工作党委信访办公室合署办公。

四、人员编制

上海市城乡建设和管理委员会机关行政编制为192名。其中，主任1名、副主任5名，秘书长1名，总工程师1名，正副处级领导职数58名。非领导职数按照《公务员法》有关规定核定。

五、其他事项

（一）与上海市发展和改革委员会的有关职责分工。上海市发展和改革委员会会同上海市城乡建设和管理委员会拟订本市重大工程项目建设年度计划。上海市城乡建设和管理委员会负责本市重大工程项目的建设推进工作。

（二）与上海市交通委员会的有关职责分工。1. 上海市交通委员会负责全市交通工程建设活动的监督管理，负责国家和市级立项的新建、改建、扩建等交通工程项目建议书和可行性研究报告申报、施工许可（非市政基础设施类）、质量安全监督、竣工验收备案等事项和日常监督管理，参与交通工程招投标的监督管理。上海市城乡建设和管理委员会负责交通工程项目建设的初步设计审批、施工图审查监管、项目报建、施工许可（市政基础设施类）、招投标管理和建设市场监管。2. 上海市城乡建设和管理委员会负责城市维护资金的计划平衡，确定交通基础设施年度维护资金总量规模。上海市交通委员会负责提出年度交通基础设施维护需求，拟订项目计划，编制项目资金预算，并根据上海市建设和管理委员会确定的交通基础设施年度维护资金总量规模，负责项目安排的统筹平衡。

（三）与上海市质量技术监督局的有关职责分工。上海市质量技术监督局负责将工程建设地方标准项目计划列入本市年度地方标准修订计划，统一编号，并与上海市城乡建设和管理委员会联合发布。上海市城乡建设和管理委员会负责开展工程建设标准化研究，确定工程建设地方标准项目计划，组织制定、实施地方标准，依法对标准的实施情况进行监督。上海市质量技术监督局与上海市城乡建设和管理委员会共同设立上海市工程建设标准化技术委员会，日常工作由上海市城乡建设和管理委员会负责，代表双方具体负责工程建设领域地方标准技术归口管理工作。

（四）与上海市规划和国土资源管理局的有关职责分工。上海市规划和国土资源管理局负责地下空间开发的综合协调职责。上海市城乡建设和管理委员会负责地下空间使用管理的综合协调职责。

（五）与上海市民防办公室的有关职责分工。上海市民防办公室负责民防设施的规划、建设和使用管理。上海市城乡建设和管理委员会负责地下空间使用管理的综合协调、建设项目管理等职责，承担上海市地下空间管理联席会议办公室日常工作。

（六）与上海市安全生产监督管理局的有关职责分工。上海市安全生产监督管理局负责对安全生产特种作业人员（电工、焊工等）进行培训、考核、发证等管理工作。上海市城乡建设和管理委员会负责建筑施工特种作业人员考核和持证上岗管理工作。上海市安全生产监督管理局会同上海市城乡建设和管理委员会研究探索特种作业操作证相互认可的机制。

（七）与上海市住房保障和房屋管理局的有关职责分工。1. 上海市住房保障和房屋管理局牵头负责非居住房屋管理，负责非居住房屋的房地产交易管理、物业活动监督管理以及国有土地上非居住房屋的征收和补偿管理工作；会同有关部门按照职责分工，做好非居住房屋的房地产登记管理工作，以及安全检测、修缮维护的监督管理工作。上海市住房保障和房屋管理局、上海市城乡建设和管理委员会等有关部门加强对非居住房屋及其他公共建筑空间管理重大问题和有关举措的研究。2. 上海市城乡建设和管理委员会牵头负责保障性住房质量安全的行政管理工作；上海市住房保障和房屋管理局承担保障性住房的质量安全管理体系建立等工作，并加强相应的管理。上海市城乡建设和管理委员会、上海市住房保障和房屋管理局进一步加强保障房配套建设管理的工作协调，充分发挥上海市大型居住社区建设推进办公室作用，完善协调机制，形成管理合力。

（八）所属事业单位的设置、职责和编制事项，另行规定。

六、附则

本规定由上海市机构编制委员会办公室负责解释，其调整由上海市机构编制委员会办公室按照规定程序办理。

上海市交通委员会主要职责内设机构和人员编制规定

（沪府办发〔2014〕26号　2014年5月30日）

根据《中共中央办公厅国务院办公厅关于印发〈上海市人民政府职能转变和机构改革方案〉的通知》（厅字〔2014〕20号）的规定，设立上海市交通委员会，为市政府组成部门。

一、职能转变

（一）取消的职责

1. 取消新增市内水路运力审批。

2. 取消船员服务机构资质审批。

3. 取消公路工程造价人员资格认证审批（初审）。

4. 取消贷款道路通行费减免审批。

5. 将危险货物港口作业资质认定，并入港口经营许可。

6. 将通航水域岸线安全使用许可，并入通航水域水上水下活动许可。

7. 将通航水域内沉船沉物打捞作业审批，并入通航水域水上水下活动许可。

8. 将在港口水域内进行采掘、爆破等活动的许可，并入通航水域水上水下活动许可。

9. 将通航水域禁航区划定、航道（路）划定、交通管制区划定、锚地划定、安全作业区划定的审批，并入通航水域水上水下活动许可。

10. 将水上拖带大型设施和移动式平台许可，并入通航水域水上水下活动许可。

11. 将船舶载运危险货物申报，并入船舶载运危险货物适装许可。

12. 将公路工程监理招投标备案，并入监理招投标备案。

（二）下放的职责

1. 将中心城区停车场（库）的监督管理职责，下放到区交通主管部门。

2. 将小型掘路计划的编制和审批权，下放到区县审批。

3. 将城市桥梁桥孔、市管公路和经营性高速公路桥梁的桥下空间管理（除保护区施工作业管理），下放到区县。

4. 将港口工程设计审批（含港口工程初步设计和施工图设计）（除市管港区和市管航道范围内的工程外），下放到区县审批。

5. 将港口设施建设项目施工许可（除市管港区和市管航道范围内的工程外），下放到区县审批。

6. 将港口设施建设工程竣工验收（除市管港区和市管航道范围内的工程外），下放到区县审批。

7. 将港口经营许可（除理货业务）中的集装箱内河港口经营许可，下放到区县审批。

8. 将公共交通基础设施审核（除中心城区内的工程外），下放到区县审批。

9. 将市管路政项目的夜间施工备案，下放到区县审批。

10. 将浦东新区建设、养护的城市快速路、高速公路综合执法管理，下放到浦东新区。

（三）整合的职责

1. 将原上海市交通运输和港口管理局的职责，划入上海市交通委员会。

2. 将原上海市城乡建设和交通委员会的交通发展规划、城市道路公路管理、交通综合协调、协调推进国际航运中心建设、国防交通战备、道路指示牌管理等职责，划入上海市交通委员会。

3. 将上海市规划和国土资源管理局的组织编制轨道交通网络系统规划、选线专项规划等职责，划入上海市交通委员会。

4. 将上海市公安局的道路交通信号中标志、标线以及可变车道、路口诱导屏等交通设施的建设、管理、维护职责，划入上海市交通委员会。

（四）增加的职责

1. 增加交通运输部下放的外商投资道路运输业立项审批。

2. 增加交通运输部下放的在中国（上海）自由贸易试验区设立的外商独资企业经营国际船舶管理业务行政许可。

3. 增加交通运输部下放的省际普通货物水路运输行政许可。

4. 增加交通运输部下放的水运工程监理乙级企业资质认定、水运机电工程专项监理企业资质认定两项行政许可。

（五）加强的职责

1. 加强交通运输规划、建设与管理的有机衔接，优化各种交通运输结构布局，综合平衡全市交通运力，充分发挥现代交通运输的系统优势和整体效率，构建安全、畅达、高效、绿色和文明的综合交通运输体系。

2. 加强上海国际航运中心建设规划与布局，牵头推进上海国际集装箱枢纽港和国际航空枢纽港、上海国际航运中心集疏运体系和现代航运服务体系建设，完善上海国际航运中心政策环境，推进公共服务平台和功能建设，协调服务中央在沪相关机构和企事业单位，统筹协调相关产业部门、功能性机构共同推进上海国际航运中心建设，提升上海全球航运资源配置能力。

3. 着力推进公交优先发展战略，加强公共交通规划编制和实施，充分发挥公共交通对城市发展的引领和带动作用。进一步优化完善公共交通运输网络，加快基础设施建设，强化安全监督管理，加强科技信息化应用，提高公共交通服务保障能力。组织实施综合交通调查和影响评价制度，缓解城市拥堵，引导改善市民出行的方式和结构。

二、主要职责

（一）贯彻执行有关交通方面的法律、法规、规章和方针、政策；研究起草本市交通地方性法规、规章草案和政策，并组织实施有关法规、规章和政策。

（二）拟订本市综合交通发展战略，优化本市交通运输结构布局，综合平衡全市交通运力，协调道路、水路、铁路和航空等多种交通运输方式衔接，构建综合交通体系；指导本市区县交通运行组织，加强长三角地区区域交通合作；协调推进上海国际航运中心建设相关工作。

（三）组织编制综合交通发展规划和交通专项规划；负责编制交通行业中长期发展规划和年度计划；负责编制轨道交通网络系统规划、选线专项规划和交通配套设施专项规划；负责编制上海港口规划（含洋山深水港区）；负责编制公路和城市道路、公共交通、省际交通、道路货运、枢纽场站、停车场（库）、港口岸线使用、内河航道和运输、水上加油设施等专项规划；组织实施各类交通规划。

（四）负责交通行业统计管理、经济运营监测和分析工作，拟订行业发展经济政策和调控措施；负责编制本市交通行业固定资产投资年度计划和交通基础设施维护（养护）年度计划，配合协调市、区县共同投资的交通基础设施项目计划，并监督实施。

（五）负责公路和城市道路、轨道交通、枢纽场站、公交站点、公共停车场（库）、港口、航道、桥梁、隧道等交通基础设施的项目建设管理、工程质量安全监督和运行维护管理；协调铁路、机场等基础设施项目与市内交通运输的衔接配套；负责道路交通标志、标线、护栏、诱导屏等交通设施的建设、管理和维护；负责道路指示牌工作的监督管理和综合协调；对轨道交通、高架道路及越江隧桥、港口、航道、机场等规划控制区域范围内新建、改建、扩建项目进行审核。

（六）负责交通行业市场监督管理，制定本市交通行业市场交易规则、服务规范和管理制度，并组织实施；负责交通行业诚信体系建设，维护市场经营秩序，组织实施服务质量监督检查；协调推进交通行业重大改革，促进交通产业健康发展；负责交通行业行政许可和规费征收，参与制定本市交通行业的运价和收费标准，并组织实施；负责地方海事工作；负责上海港引航监督管理。

（七）组织开展交通运行保障研究，分析评估交通需求和运行状况，制定和组织实施路网优化、运力保障、清障施救和交通组织改善方案，缓解城市道路拥堵，提升通行保障能力；组织实施机动车额度管理工作；组织实施综合交通调查和影响评价等交通管理制度；优化非机动车、人行等慢行交通出行方式与公共交通的衔接。

（八）承担本市交通行业安全生产监督管理责任；负责交通运输安全应急的组织协调；组织指导交通行业突发事件、灾害事故和服务供应事故的应急处置；承担所辖通航水域的卫生防疫、船舶污染防治的监督管理责任；会同有关部门协调海上搜救工作，指导内河救助打捞工作。

（九）推进交通行业科技进步，推广新技术、新工艺和新材料在交通行业的应用；指导交通行业环境保护和节能减排工作；负责交通行业信息化管理工作，促进智能交通建设；贯彻国家有关技术标准，起草相关地方技术标准与规范，并监督实施。

（十）负责本市国防交通工作，制定交通战备建设规划；负责协调推进联合运输、多式联运、现代物流等综合运输工作；负责专项客货运输的组织协调；组织协调有关国家重点物资和紧急、特种物资以及军事、抢险救灾物资等交通运输工作；组织协调“春运”等重大交通保障工作。

（十一）归口协调铁路、民航、邮政、海事、救助、打捞等涉地管理工作；负责港口的岸线、陆域、水域行政管理；负责空港地区行政管理；加强交通运输行业的国际交流与合作。

（十二）组织、指导、协调并监督交通运政、路政、港政、航政等行政执法工作。

（十三）负责有关行政复议受理和行政诉讼应诉工作。

（十四）承办市政府交办的其他事项。

三、内设机构

根据上述职责，上海市交通委员会设17个内设机构：

（一）办公室

（二）组织人事处（老干部处）

（三）法规处（研究室）

（四）计划财务处

（五）综合规划处

（六）交通建设处

（七）交通设施处

（八）科技信息处

（九）安全监管处

（十）道路运输处

（十一）轨道交通处

（十二）水运管理处（洋山港区管理办公室）

（十三）航运发展处

（十四）交通战备处（综合交通协调处）

（十五）行政审批处

（十六）社会宣传处

（十七）信访办公室

按照有关规定设置纪检监察机构和机关党委。

四、人员编制

上海市交通委员会机关行政编制为229名。其中，主任1名、副主任5名，秘书长1名，总工程师1名，正副处级领导职数60名。非领导职数按照《公务员法》有关规定核定。

五、其他事项

（一）与上海市城乡建设和管理委员会的有关职责分工。1. 上海市交通委员会负责全市交通工程建设活动的监督管理，负责国家和市级立项的新建、改建、扩建等交通工程项目建议书和可行性研究报告申报、施工许可（非市政基础设施类）、质量安全监督、竣工验收备案等事项和日常监督管理，参与交通工程招投标的监督管理。上海市城乡建设和管理委员会负责交通工程项目建设的初步设计审批、施工图审查监管、项目报建、施工许可（市政基础设施类）、招投标管理和建设市场监管。2. 上海市城乡建设和管理委员会负责城市维护资金的计划平衡，确定交通基础设施年度维护资金总量规模。上海市交通委员会负责提出年度交通基础设施维护需求，拟订项目计划，编制项目资金预算，并根据上海市建设和管理委员会确定的交通基础设施年度维护资金总量规模，负责项目安排的统筹平衡。

（二）与上海市公安局的有关职责分工。上海市公安局负责交通信号灯及电子警察等监控设施的建设、管理和维护，以及道路交通标志、标线、诱导屏等交通设施的临时性和应急性调整工作。上海市交通委员会负责交通标志、标线、护栏、诱导屏等交通设施的建设、管理和维护工作。

（三）与上海市旅游局的有关职责分工。1. 上海市旅游局负责提出旅游指引标识的规划、设置和拆除等业务需求。上海市交通委员会负责旅游指引标识的建设、管理和维护。2. 上海市旅游局牵头水上旅游的宣传推广、旅游服务质量评定、旅游服务质量监管和旅游者旅游权益保护等工作，参与上海市交通委员会水上旅游企业经营许可，对开增水上旅游线路提出审核意见。上海市交通委员会牵头水上旅游管理工作，负责水路运输企业经营资质、船舶营运资质、从业人员资格的日常监管，依据相关法律法规开展行政执法工作。

（四）与上海市规划和国土资源管理局的有关职责分工。上海市规划和国土资源管理局负责指导交通规划的编制。上海市交通委员会根据城乡规划的要求，负责具体编制交通规划（包括综合交通规划，道路公路专项规划，轨道交通网络系统规划、选线规划和交通配套设施规划，公共交通和港航专项规划等），由上海市规划和国土资源管理局将其纳入城乡规划总体平衡并经审批后，上海市交通委员会负责组织实施。

（五）所属事业单位的设置、职责和编制事项，另行规定。

六、附则

本规定由上海市机构编制委员会办公室负责解释，其调整由上海市机构编制委员会办公室按照规定程序办理。

关于本市郊野公园建设管理的指导意见

（沪府办发〔2014〕30号　2014年6月10日）

建设郊野公园，是本市贯彻落实中央关于推进生态文明建设、实现城乡统筹发展要求的重要载体。为改善生态环境，增加市民游憩空间，促进农业增产和农民增收，优化城市空间布局，现提出本市郊野公园建设管理的指导意见如下：

一、目标与原则

（一）目标

以郊区基本农田、生态片林、水系湿地、自然村落、历史风貌等现有生态人文资源为基础，通过统筹和整合土地整治、“198”地块（规划产业区外、规划集中建设区以外的现状工业用地）内工业企业拆除复垦、农民宅基地置换、村庄改造、美丽乡村和高标准基本农田建设、生态林建设等相关工作，聚焦并创新土地规划、农业农村、生态环境、水利水务、林业绿化、观光旅游等各领域政策资源，在本市郊区建设一批具有一定规模、拥有良好的田园风光、郊野植被及自然景观，以保护生态环境资源、展现自然人文风貌、提供都市休闲游憩空间为主要特征的郊野开放空间，实现改善生态环境、增加游憩空间、促进农业生产、增加农民收益、优化城市布局等多重成效。计划2017年上半年实现首批5座开园，以后再在全市有条件的地区逐步推进。

（二）原则

一是因地制宜，生态优先；二是量力而行，循序渐进；三是节约高效，以人为本；四是区县为主，形成合力；五是立足当前，兼顾长远。

二、建设要求

（一）全面推进园内工业企业的关停搬迁。郊野公园内属“198”地块范围的工业企业要全部淘汰。各区县结合实际情况，制定工作方案，对纳入国家或本市产业淘汰目录的“三高一低”企业，开园前予以调整淘汰；对其他类工业企业，除了向工业园区集中外，也按计划淘汰。

（二）稳妥推进农村宅基地置换。宅基地置换必须基于农民自愿。同时，规划和建设好农民集中居住区，并与各区县新镇规划、村庄规划、农业布局规划搞好衔接，与未来农村分布、农业生产的大方向保持一致。置换重点是零散布局、整体风貌较差的农村宅基地。对现状条件较好、近几年实施过村庄改造的农民房屋，原则上不单纯为追求建设用地减量化指标而拆除，避免造成资源浪费。对在基本农田保护区范围内且没有纳入搬迁范围的村庄，优先纳入美丽乡村的实施范围。

（三）严格控制类集建区规模。类集建区是指在本市土地利用总体规划的集中建设区范围之外，允许郊野公园实施主体另行开辟使用的建设用地空间。类集建区通过郊野公园范围内实现现状建设用地减量化来获得，除农民安置外必须先拆后建，并严格控制规模，原则上不得超过园内建设用地减量化面积的 1/3。

（四）严格耕地保护要求。确保园内耕地和基本农田“规模有增加、质量有提高”。对宅基地置换、工业企业关停淘汰等减量化土地，要进行复垦，通过土地整治，有效增加耕地面积，实现耕地规模化。实施高标准农田建设，提高耕地质量，推进农业生产的生态化、规模化、机械化，支持和培育家庭农场、专业大户、农民合作社，发展多种形式的适度规模经营。

（五）加强林业建设与管护。确保开园范围内林地总面积有效增加。加快实施林地建设，积极推进森林抚育、林相改造、湿地保护与修复等工程，提升现有林地质量。不得占用管控林地；对非管控林地，如确需调整，必须在园区内先补后调；对园内古树名木及后续资源，要原地保护。

三、支持政策

（一）实施建设用地增减挂钩。在区县规划建设用地总规模负增长前提下，对郊野公园范围内实现的建设用地减量，可相应获取耕地占补平衡指标和新增建设用地指标。这些计划指标除了 1/3 可用于类集建区的使用开发外，剩余的 2/3 指标可统筹用于集建区内地块开发。对于放弃类集建区建设空间的，可获得不低于放弃类集建区空间量 1/3 的用地指标奖励。

（二）给予土地整治专项资金支持。对第一批郊野公园的一期工程，给予市土地整治专项资金支持，按照土地整治项目支出总金额的 70% 给予市级补助。土地整治专项资金按项目实施进度拨付。

（三）给予土地出让收入市得部分支持。涉及宅基地置换项目，按照本市面上相关政策执行。对郊野公园内属“198”地块范围的工业地块减量化，按照本市有关规定执行。对市级特定区域，按照特定区域政策实施。

（四）整合聚焦各相关领域的支持政策。对郊野公园内符合条件的项目，通过本市与郊野公园建设管理相关的村庄改造、产业结构调整、公益林建设、农田水利、农村污水处理、河道整治、旅游发展等专项资金，给予优先安排和重点支持。园内市级道路等基础设施建设，要配合郊野公园建设开园进度，予以提前、优先安排市级建设计划。

（五）采取适当的国有建设用地土地出让方式。在产权清晰、受益人明确的前提下，由区县政府决策，可按照减量化实施方案，在减量化挂钩建新区内的国有建设用地使用权出让中，要求配建一定规模的经营性物业，无偿或限价提供给建设用地减量化的集体经济组织，建立“造血机制”保障长远收益。在产权清晰、受益人明确的前提下，由区县政府决策，可按照减量化实施方案，在减量化挂钩建新区内的国有建设用地使用权出让中，通过带规划设计方案、带功能使用要求、带基础设施条件等方式，优先供应给实施建设用地减量化的集体经济组织或该集体经济组织授权的区属国有公司，形成“造血机制”保障长远收益。

减量化挂钩建新区内国有建设用地处置方式，由区县政府统筹协调。

（六）推进园内农民就业。园内游憩服务和管理维护、承包利用园内流转农用地的企业等由于郊野公园建设运营带来的新增就业岗位，优先吸纳安排当地农民。

（七）引导支持农宅等综合使用。区县政府要积极创造条件，鼓励和引导农民充分利用自有房屋等现有资源，开展住宿、餐饮、农家乐等休闲游憩相关服务。试点开展不改变集体建设用地性质继续供集体经济组织使用，主要发展与郊野公园游憩配套或农业生产直接相关的餐饮、农家乐、农产品贸易等服务业。

（八）支持开展相关已批控详规划的适度调整。对因郊野公园内建设用地减量化引起的安置和开发用地，如位于集建区内并有控详规划覆盖的，经郊野单元规划整体研究确认，可按照简化控详规划调整程序，支持开展控详规划适度调整，包括开发强度和用地性质的优化；由此带来的土地出让收益增量部分的区县级部分，原则上全部用于郊野公园建设。

四、管理与保障机制

（一）加强领导和统筹协调。建立本市郊野公园建设联席会议，由分管市领导担任召集人，市发展改革委、市绿化市容局（市林业局）、市财政局、市农委、市旅游局、市水务局、市经济信息化委、市建设管理委、市交通委等部门参加；联席会议办公室设在市规划国土资源局。定期召开联席会议，研究审议郊野单元（公园）规划、实施方案、年度推进计划、考核验收、非管控林地调整等重点事项并对重大事项进行协调。

（二）合力推进建设管理。郊野公园所在区县（管委会）是郊野公园推进工作和资金保障的责任主体，负责立足本区县进行资金平衡，负责郊野公园的规划编制、建设和后续管理等相关工作，负责建立有效保障当地农民和农村集体经济组织利益的长效造血机制。

市规划国土资源局牵头研究制定本市郊野公园评估、考核和验收的办法和工作机制；审批郊野公园规划，对建设用地减量工作进行验收，并指导和审批类集建区控详规划；指导郊野公园后续土地整治、增减挂钩等相关项目的落地；制定标准，指导高标准农田建设。

市绿化市容局（市林业局）牵头审核郊野公园的生态建设方案，研究制定满足郊野公园生态功能和景观游憩需要的林地建设与养护、配套服务设施建设等相关指标体系及标准导则。

市农委牵头指导园内宅基地置换、建立农民和农村集体经济组织利益长效造血机制、园内规划保留的村庄开展村庄改造以及生态农业、休闲农业、观光农业建设等工作。

市经济信息化委指导园内企业的产业结构调整等工作。

市水务局指导园内水系河道治理、农田水利基本建设等工作。

市旅游局、市建设管理委、市交通委等相关部门充分发挥行业管理作用，指导郊野公园建设合理有序推进。

市财政局支持做好土地整治资金等资金政策制定和资金拨付等工作。

（三）实施郊野公园规划控制和预留保护。编制郊野公园概念规划和郊野单元（公园）规划，不得突破本市及所在区域的城市总体规划和土地利用总体规划对该区域的功能定位和土地利用要求。

（四）加强郊野公园运行管理。郊野公园所在区县（管委会）要积极探索，建立合理有效的运行管理机制。

（五）建立开放式的郊野公园规划机制。各区县现有基础良好、符合郊野特色的地区，可纳入全市郊野公园规划，在符合郊野公园建设和管理要求的前提下，可享受相关支持政策。

本意见自 2014 年 7 月 1 日起实施，有效期至 2019 年 6 月 30 日。

上海市管线检查井盖管理和应急处置试行办法

（沪府办发〔2014〕31 号　2014 年 6 月 17 日）

第一条 为加强本市管线检查井盖的管理，根据国家和本市有关法规，制定本试行办法。

第二条 本试行办法所称管线检查井盖，是指雨污水管道、自来水、燃气、电力、信息通信等各类地下管线的检查井或工作井上的井盖和井座。

第三条 本试行办法适用于本市行政区域内城市道路、城镇化地区的公路、公共广场、公共绿地、住宅小区范围内各类管线检查井盖（以下简称“检查井盖”）的管理。

第四条 市建设管理委是本市检查井盖监督管理的综合协调部门，市交通委、市绿化市容局、市住房保障房屋管理局、市路政局负责各自职责范围内检查井盖的监督管理。

区（县）道路管理部门、绿化市容管理部门、房屋管理部门等负责其管辖范围内检查井盖的监督管理；区（县）道路管理、绿化养护管理、房屋管理等办事机构负责管辖范围内检查井盖的日常监督。区（县）城市网格化管理机构负责检查井盖异常情况的发现、分派和处置结果的核查监督。

管线产权单位是检查井盖的责任单位，具体负责各自检查井盖的维护管理。

第五条 检查井盖的生产和安装，应当符合国家和本市有关技术规范和标准。检查井座应当标明使用性质和产权单位等信息。

设置在本市道路范围内的各类检查井盖，应满足《城市道路检查井盖技术规范》（DB31/T324）中的各项技术要求和本市通用的井盖设施规格标准，能承受各种荷载、符合道路平整度要求、外观与道路及景观相协调。

第六条 新建、改建、扩建的道路工程、道路管线工程或者园林绿化工程建设中各类检查井盖施工及安装，由建设单位承担检查井盖管理责任，并接受道路管理机构或者绿化养护管理机构的监督。

第七条 道路范围内管线工程新建检查井盖安装工程竣工后，建设单位应当及时组织道路管理机构和管线产权单位进行验收，验收合格的，方可交付使用。

公共绿地范围内管线工程新建检查井盖安装工程竣工后，建设单位应当将检查井盖的相关情况报绿化养护管理机构备案。

第八条 管线产权单位对检查井盖的管理和维护，应当遵守下列规定：

（一）建立健全检查井盖的巡查管理和维修责任制度，配备专职巡查人员实施日常巡查和维护。发现本单位使用的检查井盖发生缺失、损坏、移位、震响、沉降等情况时，立即设置警示标志，采取排险措施，及时进行维修。其中，对缺失、损坏的检查井盖进行补装、更换，按照市区 2 小时、郊区 4 小时内的时间要求处理完毕。

（二）接到道路管理机构、绿化养护管理机构、房屋管理办事机构、网格化管理机构的维修通知，以及 12345 市民热线、12319 城建热线等相关热线涉及检查井盖问题的社会投诉时，按照前项规定要求，根据行业相关技术标准和规范及时进行维修、补装或更换，并在修复后的 4 小时内，将修复情况反馈给通知维修的部门。如果发现丢失、损坏的检查井盖不属本单位管理时，立即反馈给通知维修的部门。

（三）建立检查井盖数据库，根据变化情况，及时进行维护更新，并按照道路管理机构的要求，提供检查井盖的具体管理机构和检查井盖的型号、规格、标志、设置地点、数量等资料。

（四）专业维修巡检人员开启检查井盖进行检查、养护、维修等作业时，在井口周围设置护栏、标志或采取其他安全措施，作业结束后及时清理现场，恢复原状。

（五）按照其设置的检查井盖设施的种类、规格向道路管理机构提供一定数量的检查井盖设施备用件，以有效应对突发事件，预防重特大突发事件发生。

（六）对废弃的检查井盖及时予以填埋并向道路管理机构、绿化养护管理机构备案。

第九条 住宅小区的检查井盖属管线产权单位的，由管线产权单位进行管理、维护和应急处置；属住宅小区业主的，由业主或者其委托的物业服务企业、其他维护单位负责巡查和维护。业主应当与物业服务企业或者其他维护单位在服务合同中，约定检查井盖的维护和管理。

受委托的物业服务企业或者其他维护单

位应当建立健全住宅小区检查井盖的巡查和维修制度，配备巡查人员实施日常巡查和维护。发现住宅小区内的检查井盖发生缺失、损坏、移位、震响、沉降等情况时，立即采取警示措施，及时进行维修或者通知管线产权单位进行维修；无法及时维修的，采取安全防范措施。

房屋管理办事机构接到有关住宅小区检查井盖的投诉后，应当督促业主委员会、物业服务企业及时维修或者移交其他维护单位进行处置。

第十条 道路管理部门应当将检查井盖相关信息纳入本市地下管线信息管理系统，并与绿化市容、房屋管理部门共享相关信息。

第十一条 道路管理机构、绿化养护管理机构应当督促养护单位结合道路、绿化养护巡查，建立检查井盖异常情况的发现和处置机制。接到报告或者发现检查井盖丢失、损坏等情况时，应当先行采取警示措施。同时，立即通知有关管线产权单位进行维修或补装，并跟踪监督处置完成情况，对修复的检查井盖进行复查。

第十二条 道路管理机构发现已停止使用且权属不明的道路上的检查井盖，应当首先向可能的管线产权单位发函征询，若30日内无反馈，则予以公告，公告期限为60日；公告期满后无人认领的，由道路管理机构采取填埋、封存的处置措施。

第十三条 各区（县）网格化管理机构应当将涉及检查井盖的异常情况纳入网格化管理。巡查发现检查井盖异常情况后，应当立即予以立案分派，督促相关责任人及时有效处置并对处置结果进行核查。若责任人不明确或者处置不及时，则通知有关道路管理机构、绿化养护管理机构进行处置。

第十四条 道路上检查井盖出现缺失或损坏问题，管线产权单位未能在市区2小时、郊区4小时内妥善处置，需要立即处置的，道路管理部门可以决定立即实施代履行，由道路管理机构采用管线产权单位提供的符合要求的备用井盖代为补装或更换，并通知管线产权单位确认。公共绿地上检查井盖缺失或损坏的，经督促后管线产权单位未能妥善处置的，绿化市容管理部门可以决定实施代履行。因检查井盖缺损未及时处置产生的责任以及代履行所需费用，由管线产权单位承担。

第十五条 道路上管线产权单位接到检查井盖缺损维修通知但未及时补缺或者修复，属于市管道路范围的，由市路政局按照有关法规处理；属于区管道路范围的，由道路管理机构移送城管执法部门按照《城市道路管理条例》有关规定处理。

第十六条 管线产权单位对检查井盖管理不善，多次发生违规行为或者造成人员伤亡、损毁车辆等严重事故的，除按照规定予以处罚外，应当追究相关责任人的法律责任。

第十七条 本试行办法自2014年7月1日起施行，有效期至2016年6月30日。

上海市绿色建筑发展三年行动计划（2014–2016）

（沪府办发〔2014〕32号　2014年6月17日）

绿色建筑是在建筑的全寿命周期内，最大限度地节约资源（节能、节地、节水、节材）、保护环境和减少污染，为人们提供健康、适用和高效的使用空间，与自然和谐共生的建筑。大力发展绿色建筑，以绿色、循环、低碳理念指导城乡建设，对有效转变城乡建设模式和建筑业发展方式，提高资源能源使用效率，减少污染物和废弃物排放，提高城市环境质量，推进生态宜居城市建设，具有重要的意义。为了落实国家有关促进生态文明建设和绿色建筑发展的要求，结合实际，制订本行动计划。

一、指导思想、主要目标和基本原则

（一）指导思想

深入贯彻落实党的十八大和十八届二中、三中全会关于生态文明建设的战略部署，以科学发展观为指导，大力发展绿色建筑，全面提高本市城乡建设绿色化发展水平。坚持“创新驱动发展、经济转型升级”，从政策法规、体制机制、标准规范、规划设计、建设运营、技术进步和产业支撑等方面有效推进绿色建筑发展，加快建设资源节约型和环境友好型城市，努力实现本市城乡建设绿色、可持续发展。

（二）主要目标

通过三年的努力，初步形成有效推进本市建筑绿色化的发展体系和技术路线，实现从建筑节能到绿色建筑的跨越式发展。新建建筑绿色、节能、环保水平明显提高，建筑工业化水平取得显著进步，既有建筑节能改造稳步推进，绿色建筑发展水平位于全国领先。

1. 新建绿色建筑。2014 年下半年起新建民用建筑原则上全部按照绿色建筑一星级及以上标准建设。其中，单体建筑面积 2 万平方米以上大型公共建筑和国家机关办公建筑，按照绿色建筑二星级及以上标准建设；八个低碳发展实践区（长宁虹桥地区、黄浦外滩滨江地区、徐汇滨江地区、奉贤南桥新城、崇明县、虹桥商务区、临港地区、金桥出口加工区）、六大重点功能区域（世博园区、虹桥商务区、国际旅游度假区、临港地区、前滩地区、黄浦江两岸）内的新建民用建筑，按照绿色建筑二星级及以上标准建设的建筑面积占同期新建民用建筑的总建筑面积比例，不低于 50%。

2. 新建装配式建筑。各区县政府在本区域供地面积总量中落实的装配式建筑的建筑面积比例，2014 年不少于 25%；2015 年不少于 50%；2016 年，外环线以内符合条件的新建民用建筑原则上全部采用装配式建筑，装配式建筑比例进一步提高。

3. 既有建筑节能改造。基本建成覆盖本市国家机关办公建筑和大型公共建筑的能耗监测系统，健全和完善既有公共建筑节能改造机制。力争至 2016 年底，三年累计完成 700 万平方米既有公共建筑节能改造。其中，改造后单位建筑面积能耗下降 20% 及以上的达到 400 万平方米。结合旧住房综合改造，因地制宜改善既有居住建筑能耗水平。

（三）基本原则

——全面推进，突出重点。着力管控增量，新建民用建筑全面实施绿色建筑标准；着力转型发展，大力推进建筑工业化，走环境污染少、能源消耗低、劳动生产率高、综合性能好的建设新路；着力提升效益，完善既有建筑改造机制，推进能耗高的既有公共建筑实施节能改造，鼓励运用多样化措施，提高改造实效。

——因地制宜，经济适用。充分考虑本市经济社会发展水平、气候地理条件、建筑特点，合理制定技术路线，切实采用适用技术和产品，避免盲目高投入和资源消耗，科学实施绿色建筑发展。

——引逼结合，构建机制。在政府给予政策扶持的同时，强化制度、规划、标准的约束力，综合运用土地、价格、财税、金融等手段，提高实施主体主动开展绿色行动、参与绿色建筑发展的积极性，形成推动绿色建筑持续健康发展的机制。

二、重点任务

（一）全面推进新建建筑绿色化

1. 完善绿色建筑标准体系。根据本市气候地理条件、经济发展水平和生态建设要求，比照国际先进标准，按照“技术适用、经济合理”的原则，科学合理地制定本市绿色建筑地方标准。在现行国家标准和行业标准的基础上，补充完善本市相关技术标准规范，加快建立覆盖不同建筑类型，涵盖建材、部品件、设备等，贯穿规划、设计、建造、运营、改造、拆除等全寿命周期的绿色建筑标准体系。抓紧出台并实施公共建筑、住宅建筑绿色设计地方标准，在总结经验基础上，适时修订绿色建筑评价地方标准。突出实用、实效，重点研究编制本市绿色建材应用、绿色建筑检测与评定、可再生能源系统检测、绿色生态城区控制指标体系等方面的标准规范和技术导则，加快制订绿色建筑工程定额和造价指标等。

2. 严格建设全过程监管。在建设工程项目土地出让、立项审查、规划审批、初步设计审查（总体设计文件征询）、施工图审查、施工许可、验收备案等各环节，严格落实绿色建筑相关强制性标准和管理规定。在土地出让环节，应当将绿色建筑发展指标纳入出让条件，在编制出让文件时予以注明。在立项审查环节，应当增加绿色指标的审查内容，认真落实固定资产投资项目评估审查制度。应当结合固定资产投资项目节能评估和审查制度，增加绿色建筑相关指标审查内容。在规划审批环节，应当在核发规划条件或规划选址意见书时，根据相关部门的意见，明确绿色建筑星级标准实施要求。在初步设计审查（总体设计文件征询）环节，应当增加绿色建筑相关审查（征询）内容。在施工图审查环节，应当组织编制相关技术审查要点，合理简化绿色建筑设计评价标识程序，严把设计文件审查关，对达不到规定要求的设计项目，不予通过施工图审查，不予核发建设工程施工许可证。强化施工阶段和竣工验收阶段的监督管理，对未按照施工图设计文件和绿色施工方案建设的项目，不予备案，不得交付使用。

3. 推进绿色生态城区建设。强化规划指导，引导区域绿色生态建设，推进绿色建筑规模化发展。探索以开发区或功能区、低碳发展实践区等为单位，组织编制绿色生态城区建设实施方案和建设导则，明确发展目标、路径、相关措施，明确空间利用、绿色建筑、绿色交通、能源、可再生能源利用、水资源保护、非传统水资源利用、绿化、材料和废弃物回用等控制指标。绿色生态城区建设实施方案和建设导则中相关绿色生态指标要求，应当纳入城乡规划，作为建设用地规划条件的重要内容，在规划审批管理中予以落实。已批准正在建设的六大重点功能区域、八个低碳发展实践区，应当按照绿色生态理念，优化区域规划和项目建设，积极申报创建国家级绿色生态城区。鼓励其它有条件的开发区、功能区及郊区新城、新市镇申报创建国家级绿色生态城区。

4. 提高农房绿色建设水平。组织本市郊区农房建设现状和需求调研，开展农民集中建房绿色化技术路线研究，制订农民集中建房绿色建筑技术指南，开展绿色农房建设试点、示范，切实推广应用预制装配式、节能门窗、绿色建材、被动式改善保温隔热通风性能、太阳能热水系统、光伏发电、生物质能利用、污水处理等技术。编制农民个人建设绿色农房推荐图集，加强绿色农房和绿色建材的宣传，免费向农户提供技术指导和服务，推进“安全实用、节能减废、经济美观、健康舒适”的绿色农房建设。

（二）大力推进建筑工业化和绿色施工

1. 完善土地供应项目落地机制。发挥好土地供应源头管理作用，细化土地出让征询管理流程，做好土地出让前期征询工作，并在编制出让文件时，注明有关装配式建筑建设要求。严格执行市政府有关规定，在每年区县建设用地供地面积总量中，落实不低于规定建筑面积比例的装配式建筑项目。按照“区域统筹、相对集中”的原则，对政府和国有企业投资项目，内环线以内、徐汇滨江、浦东前滩、世博园区、临港地区、虹桥商务区等重点开发区域、大型居住社区、郊区新城等区域内新建的房屋建筑，应当率先建造装配式建筑；可建住宅总建筑面积 3 万平方米以上的住宅项目和建筑高度 100 米以下的大型公共建筑项目，应当优先集中建造装配式建筑。同时，结合装配式住宅项目落地，同步推行住宅全装修。除独立式、联排式住宅外，装配式商品住宅和公共租赁住房应当实施全装修。

2. 完善建筑工业化技术和标准。逐步完善装配整体式混凝土框架和剪力墙结构、钢结构等建筑体系，大力推进材料部品化，注重防水构造、抗震性能及材料的研究，加快发展建设工程预制和装配技术，重视模数协调标准研究，加快形成促进建筑工业化的设计、施工、部品生产、检测、验收等环节的标准体系及相关图集、工法。加快装配整体式混凝土公共建筑设计规程、工业化住宅性能评定技术标准、装配式住宅外墙保温系统应用技术规程等编制，抓紧装配整体式混凝土住宅体系设计规程和混凝土构件制作、施工及质量验收规程等的修订，及时制定出台装配式建筑设计文件深度规定和设计文件审查要点。

3. 完善装配式建筑监管体系。围绕建筑安全和质量，加快建立装配式建筑项目“从工厂到现场、从部品件到工程产品”的全过程监督管理制度。加强对构配件生产企业等市场准入管理。加强对安全质量影响较大的构件、部品的生产和使用管理，探索建立预制构件部品目录管理制度。健全施工现场质量安全监督体系，编制并实施装配式建筑工程项目质量监督要点和安全监督要点，切实保障工程质量和施工安全。研究制定适应装配式建造的从业人员与队伍管理规定，合理减控现场施工劳务人员数量，提升施工劳务人员岗位技能水平。

4. 大力推进建设工程绿色施工。严格执行绿色施工管理技术规程，强化施工现场节电、节水和污水、泥浆、扬尘、噪声污染排放管理。严格落实施工企业制定并实施绿色施工方案制度，加强施工过程中绿色施工和文明施工情况监管和考核评价。完善绿色施工评价标准，增加建筑废弃物排放和资源化利用相关考核内容。调整建筑施工万元产值用电、用水能耗考核指标，建立施工能耗公示制度。以创建绿色施工样板工程和达标工程为抓手，以八个低碳发展实践区、六大重点功能区域为引领，开展绿色施工示范工程创建活动。创建全市绿色施工示范工程，2014年，特级企业创建率达到100%; 2015年，一级企业创建率达到100%；2016年，二级企业创建率达到100%。

（三）稳步推进既有建筑节能改造

1. 加快建筑能耗监测系统建设。按照《上海市人民政府印发关于加快推进本市国家机关办公建筑和大型公共建筑能耗监测系统建设实施意见的通知》(沪府发〔2012〕49号)精神，加快实施对单体建筑面积1万平方米以上的国家机关办公建筑和2万平方米以上的公共建筑，用能分项计量装置的安装与能耗监测平台的联网传输。到2015年底，基本建成覆盖全市国家机关办公建筑和大型公共建筑的“1+17+1”（1个市级平台、17个区级平台、1个市级机关平台）能耗监测系统，实现大型公共建筑能耗实时监测及数据上网传输。建立相关设备维护使用管理制度，落实维护管理人员和经费。其中，属于国家机关和国有企业建筑产权的相关维护管理费用，应当纳入政府部门预算和企业物业使用支出。

2. 优化既有公共建筑节能改造机制。健全和完善机关、商场、宾馆、学校、医院、文化、体育等各类公共建筑合理用能指南，研究出台不同类型公共建筑能耗定额。在完善公共机构能耗统计、能源审计、能效公示管理制度的同时，探索建立各类公共建筑能耗对标、限额管理制度，加快研究制定公共建筑超限额用能（用电）惩罚性电价政策，完善并严格节能执法监察制度，形成有效推动既有公共建筑节能改造机制。鼓励采取合同能源管理模式进行既有公共建筑节能改造，探索开展公共建筑碳排放交易或节能量交易，对超碳排放总量配额或超能耗限额的公共建筑，采取强制节能改造、购买碳排放配额或节能量的方式实现节能目标。

3. 突出重点有序推进既有建筑改造。总结提升公共建筑节能改造重点城市示范创建经验，以大型公共建筑和国家机关办公建筑为重点，开展以空调、电梯、照明、非节能门窗、锅炉系统改造为主，增加屋顶绿化、墙面绿化、遮阳设施等综合措施的节能改造，鼓励有条件的按照绿色建筑标准实施改造。结合绿色建筑，积极推进屋顶绿化、建筑墙面垂直绿化等多种形式的立体绿化建设。到2016年，结合绿色建筑新增立体绿化60万平方米。提高既有公共建筑物业使用管理水平，降低建筑运行能耗。稳妥推进既有居住建筑节能改造，结合旧住房综合改造，在尊重建筑所有权人意愿前提下，切实开展“平改坡”、门窗、外遮阳等节能措施改造。

（四）加快适用技术和产品推广应用

1. 加快配套技术研发和推广应用。围绕节能、节地、节水、节材、保护环境等，加快绿色建筑共性和关键技术研发，积极开展BIM（建筑信息模型）技术应用，以及结构、保温、装饰一体化外墙系统、被动式节能措施、高效空调、带热回收的新风系统等技术和产品研发；推广适宜本市的自然采光、自然通风、遮阳、高效空调、热泵、带热回收新风系统、雨水收集、河道水利用等技术；加快普及高效节能的照明产品、风机、水泵、热水器、电梯及节水器具等。定期编制和发布绿色建筑适用技术推广目录，开展科技成果推广示范活动。

2. 推进可再生能源建筑规模化应用。试点示范，以点带面，建设一批太阳能光热、光电等可再生能源在建筑应用的示范项目。落实本市有关太阳能热水系统设计安装要求，在新建有热水系统设计要求的公共建筑或者六层以下住宅，统一设计并安装符合标准的太阳能热水系统。鼓励七层以上住宅设计并安装太阳能热水系统。国家机关办公建筑和大型公共建筑以及既有国家机关办公建筑大中修项目，结合项目实际，统一设计并安装与建筑能耗水平相适应的可再生能源利用系统。对有可再生能源建筑应用要求的新建民用建筑，不符合规定的，不得出具竣工验收合格报告。

3. 加强绿色建材推广应用。大力发展安全耐久、节能环保、便于施工的绿色建材，鼓励采用循环利用材料，生产绿色建材产品。研究建立绿色建材、设备评价标识制度和目录管理制度，引导纳入政府采购，淘汰落后建材、设备。通过标准规范制订，引导高性能混凝土、高强钢筋发展利用，建设工程禁止现场搅拌砂浆，禁止使用粘土制品。继续编制和发布推广、限制、禁止使用的建筑材料、设备、技术、工艺目录。加强建材生产、流通和使用环节的质量监管和检查，加强建材应用备案管理，建立建材质量可追溯机制，严禁性能不达标的建材流入市场。

4. 推进建筑废弃物减排和资源利用。研究完善建筑拆除的相关管理制度，促进废弃混凝土、建筑废弃物综合利用。将废弃混凝土综合利用工作纳入循环经济发展规划，研究出台本市建筑废弃混凝土利用管理暂行规定，加强建筑拆房工地和在建工程施工管理，施工单位应当遵循《上海市再生资源回收管理办法》，向经备案的生产性废旧金属回收企业出售生产性废旧金属，严格控制废弃混凝土、建筑废弃物排放，探索实施排放收费和资源利用奖励制度。健全和完善废弃混凝土再生产品质量标准、应用技术规程，加大废弃混凝土、建筑废弃物在工程项目中的资源化利用力度。

三、保障措施

（一）强化组织协调。成立上海市绿色建筑发展联席会议，由分管市领导担任召集人，市建设管理委、市发展改革委、市经济信息化委、市科委、市交通委、市教委、市卫生计生委、市商务委、市国资委、市金融办、市规划国土资源局、市财政局、市住房保障房屋管理局、市质量技监局、市机管局、市水务局、市绿化市容局、市旅游局、市体育局、市文广影视局等部门为成员单位，联席会议办公室设在市建设管理委，通过加强部门协调联动，有序开展各领域的绿色建筑发展。

（二）强化责任考核。依据本行动计划目标要求，分解落实年度目标、工作任务、责任单位，健全责任机制和绩效考核办法。将绿色建筑发展任务和计划执行情况纳入对区县节能减排考核和对国有企业负责人业绩考核体系，合理设置分值权重，按年度对各区县政府和相关国有企业进行考核评价。考核评价结果，按照相关规定向社会发布。

（三）强化政策激励。落实本市建筑节能扶持政策，在政策期限内，对符合示范要求的绿色建筑、装配式建筑项目，由市级财政给予60元/平方米的资金补贴（单个项目最高不超过600万元）；对采用合同能源管理模式实施公共建筑节能改造的示范项目，除中央财政补贴外，市级财政再给予20元/平方米配套资金补贴（单个项目最高不超过该项目改造投资额的50%）。同时，及时修订完善市建筑节能项目专项扶持办法。认真落实国家有关支持绿色建筑发展的财税政策，研究制定支持绿色建材发展、建筑废弃物资源化利用、建筑工业化、基础能力建设等工作的对策措施。探索金融机构对购买绿色住宅的消费者在购房贷款利率上给予适当优惠，鼓励金融资金、社会资金以合同能源管理等方式，参与既有建筑节能改造。

（四）强化工作导向。完善市建设工程白玉兰奖、市绿色施工示范工程、市文明工地等评奖办法，对绿色建筑二星级及以上居住项目、绿色建筑三星级公共建筑项目、预制装配率较高的工程项目，以及绿色施工和建筑废弃物资源化利用做得好的工程项目，加大评分分值，同等条件下优先获奖，并优先推荐申报中国建筑工程鲁班奖等国家级奖项。将企业绿色建筑建设情况纳入企业信用体系管理工作。

（五）强化能力建设。加强产业服务能力建设。支持构配件生产企业扩大产能、改造技术、节能减排。鼓励工业园区引入符合条件的构配件企业，优化构配件生产供应布局，支持有条件的区县和企业创建国家级住宅产业化基地。采取引导措施，鼓励开发、设计、构配件生产、施工、科研和咨询服务等单位组建产业集团、联合体或联盟，打造完整产业链；鼓励有实力大型施工企业，走设计、施工一体化道路。制定相关管理制度，提升合同能源管理服务、绿色建筑咨询和检测、建筑能效测评、节能量审核等机构水平。加强专家队伍建设，加强对建设、设计、施工、监理、物业单位和有关管理部门人员培训，将相关知识列入继续教育培训、执业资格考试重要内容。建立产业工人实训基地，建立培训考核上岗制度。鼓励高等院校开设相关课程，加强学科建设。组织规划设计人员开展绿色规划与设计竞赛。

（六）强化宣传教育。通过电视、平面媒体、网络等多种渠道，积极宣传绿色建筑法律法规、政策措施、典型案例、先进经验，倡导绿色消费理念，增强市民对绿色建筑和相关技术、产品的认知和接受度，营造开展绿色建筑行动的良好社会氛围。充分发挥行业协会在加强行业自律、推广先进技术、技术服务和宣贯培训等方面的作用，举办不同形式的绿色建筑推广会、博览会等。加强国际交流与合作，促进绿色建筑发展。

上海市查处车辆非法客运若干规定

（上海市第十四届人民代表大会常务委员会第十三次会议通过　2014年6月19日）

第一条 为了规范本市客运市场秩序，查

处车辆非法客运行为，保障乘客安全，根据有关法律和行政法规，结合本市实际，制定本规定。

第二条 禁止利用未取得营业性客运证件的汽车从事经营性客运活动。

禁止利用摩托车、三轮车、电力助动车等车辆从事经营性客运活动。

第三条 除客运出租汽车外，禁止对其他汽车喷涂客运出租汽车专用车身颜色、安装客运出租汽车专用营运标识和设施。

第四条 对违反本规定第二条 第一款规定的，按照法律、行政法规和本市地方性法规的有关规定，由交通行政管理部门扣押从事非法客运活动的车辆并予以处罚；对从事非法客运活动再次被查获且存在安全隐患的，依法定程序没收用于从事非法客运活动的车辆。对从事非法客运活动的驾驶人，由公安交通行政管理部门暂扣其机动车驾驶证三个月至六个月；对有依法应当吊销机动车驾驶证的道路交通安全违法行为的，吊销其机动车驾驶证。

违反本规定第二条 第二款规定的，由公安交通行政管理部门负责道路检查，收集有关证据后，将案件材料移送交通行政管理部门，由交通行政管理部门处以一千元以上五千元以下的罚款。

第五条 违反本规定第三条 规定假冒客运出租汽车的，由交通行政管理部门没收其车辆和专用营运标识、设施，并可处以一万元以上五万元以下的罚款。

第六条 交通行政管理部门扣押从事非法客运活动的车辆后，应当依法作出行政处理决定。

无法查明违法行为人或者违法行为人逾期未接受处理的，交通行政管理部门应当及时发布公告。自公告发布之日起六十日内违法行为人仍无法查明或者仍未接受处理的，交通行政管理部门可以对扣押车辆依法作出拍卖等处理；所得款项按照规定，应当上缴国库或者划入财政专户。

第七条 本规定自 2014 年 8 月 1 日起施行。

关于本市进一步加强城市无序设摊综合治理工作的实施意见

（沪府办发〔2014〕34 号　2014 年 7 月 21 日）

城市无序设摊是人民群众反映突出的本市城市管理领域顽症问题。为进一步加大综合治理力度，坚决遏制城市无序设摊蔓延势头，根据有关法律法规，现就本市进一步加强城市无序设摊综合治理工作提出实施意见如下：

一、确定工作目标

（一）明确治理目标。按照“堵疏结合、分类管理”要求，依法取缔一批群众反映突出的城市无序设摊聚集点，改造设置一批临时集中疏导点，规划建设一批商业服务网点，形成“严禁、严控、控制”分类管理的标准规范，坚决遏制无序设摊蔓延势头，不断提升城市管理水平。

二、健全工作体系

（二）完善工作机制。市级层面依托市城市综合管理协调机制，设立本市城市无序设摊综合治理专项工作推进小组，负责城市无序设摊综合治理工作的统筹协调和督促推进。工作推进小组由市绿化市容局（市城管执法局）牵头，成员单位包括市商务委、市建设管理委、市交通委、市公安局、市工商局、市食品药品监管局等。

各区（县）要高度重视本区（县）无序设摊综合治理工作，区（县）政府要负责推进本区（县）无序设摊综合治理工作，统筹落实本区（县）综合治理工作的具体部署、组织保障和政策支持。

街道（乡镇）要加强基层力量整合，落实属地管理责任，负责组织实施区域内无序设摊综合治理的各项具体工作。

（三）落实责任分工。加强部门协同治理。市绿化市容局（市城管执法局）负责城市无序设摊综合治理工作的方案拟订、组织实施，加强监督管理，开展城市无序设摊执法整治。市商务委负责推进标准化菜场布局建设和规范化集市商业模式形成，牵头制定设摊疏导的指导意见。市建设管理委负责加强城市综合管理的统筹协调。市交通委负责加强交通站点、枢纽内部服务功能配套和无序设摊监督管理，以及占道无序设摊治理中交通、路政领域的协同管理。市公安局负责加强执法保障，对妨碍公务、抗拒执法的行为及时予以执法处置，对使用交通工具占道设摊、影响交通安全的违法行为加大执法力度。市工商局负责配合相关部门加强城市无序设摊经营行为执法整治工作和相关规范管理政策制定。市食品药品监管局负责加强对食品摊贩遵守食品安全管理规定的指导和监督管理。

三、加大整治力度

（四）强化分类管理。以依法禁止和管控为主对设摊行为进行治理，根据对道路交通、市容环境、区域功能等的影响情况，将本市90条主要道路和26个景观区域划为设摊严禁区域，中心城区22个街道（镇）划为设摊严控区域，除此之外其他区域划为设摊控制区域。严禁区域坚决取缔无序设摊；严控区域禁止设置摊贩临时销售点，对居民日常生活确需的小型修理摊进行有序规范疏导；对控制区域，根据市民诉求和商业服务网点配套情况，可"拾遗补缺、因地制宜"设置符合规范管理要求的摊贩临时集中疏导点。

（五）加强源头管控。加大城管、食品药品监管、工商、公安等执法队伍街面巡查执法力度，强化联勤联动，如发现无序设摊行为，立即予以劝阻制止直至依法处罚。充分发挥城市网格化管理作用，及时响应"12345"、"12319"等热线投诉，建立快速督办机制，做到案件受理后两小时内到现场处置、两天内反馈查处进展、15天内反馈查处结果，形成切实有效的城市无序设摊严管态势。

（六）开展集中整治。对居民小区、集市菜场、轨交站点、学校、医院等市民生活出行集中区域的无序设摊和中心城区现有104处无序设摊聚集点，开展集中治理，建立挂牌督办制度，实施消项式管理，坚决遏制城市无序设摊新增势头，分阶段有效处置中心城区无序设摊聚集点。

（七）实施严格执法。根据《无照经营查处取缔办法》、《上海市市容环境卫生管理条例》、《上海市城市道路管理条例》、《上海市实施？中华人民共和国食品安全法？办法》、《上海市城市管理行政执法条例》、《上海市临时占用城市道路管理办法》、《上海市食品摊贩经营管理暂行办法》等法规、规章及规范性文件，城管执法部门对占用道路、桥梁、人行天桥、地下通道及其他公共场所设摊经营、兜售物品，影响市容环境卫生的行为严格加强执法，处50元至500元罚款，并可暂扣经营物品和违法工具。公安交警部门对使用机动车、非机动车等交通工具占道设摊、影响交通安全的违法行为加大执法力度。食品药品监管部门对食品摊贩违反有关规定的行为依法及时查处，涉嫌构成犯罪的，及时移送公安部门立案查处。工商部门查处未依法取得营业执照擅自从事经营活动的行为（不含食品经营许可等需要先证后照的经营活动）；对无照经营行为，工商部门可处2万元以下的罚款；对规模较大、社会危害严重的，处2万元以上20万元以下的罚款；对危害人体健康、存在重大安全隐患、威胁公共安全、破坏环境资源的，没收用于从事无照经营的工具、设备、原材料、产品（商品）等，并处5万元以上50万元以下的罚款。公安部门加强对无序设摊管理、监督部门工作人员依法执行公务行为的保障，对妨碍执行公务行为的人员依法予以处罚，对构成犯罪的，依法追究其刑事责任。区（县）城管执法部门对区（县）结合部的无序设摊行为，依据有关规定行使管辖权。有关行政管理部门要切实履行管理职责，加强与城管执法部门的协同执法。

四、规范开展疏导

（八）探索设摊疏导模式。各区（县）、街道（乡镇）可综合考虑商业服务网点的配置情况和市民生活需求，以入场入室为主，适度采取设摊疏导措施。主要包括：1. 街道或大型社区利用暂闲空地设立临时摊贩中心，探索设立假日市场、跳蚤市场；2. 根据市民意愿，选择有条件的场所，开设临时钟点市场；3. 鼓励有条件的居住社区设置便民服务点。

（九）建立疏导约束制度。加强对设摊疏导措施的监督管理。1. 执行食品摊贩信息登记制度。食品摊贩在划定的临时区域（点）从事食品经营活动前，应当向经营所在地的乡、镇政府或者街道办事处社区事务受理服务中心提供相关信息和材料，作出食品安全责任承诺，并取得《食品摊贩临时经营公示卡》。2. 落实“五定”制度。按照“定人、定时、定点、定品种、定要求”，加强临时集中疏导点管理，逐步推进统一设施（设备）、统一挂牌、统一标准规范等。3. 加强专业管理。加强环卫、停车、给排水等功能性基本设施配套，引入专业机构加强保洁作业和秩序维护，提高临时集中疏导点规范化管控水平。4. 开展社会共治。推广弄管会、路管会、商管会等区域自治管理形式，组织市民群众参与日常管理，引导建立摊贩自治自律机制。5. 完善诚信建设。结合“诚信市场”、“诚信经营户”创建工作，加强规范疏导过程中的诚信体系和监管体系建设。

（十）完善商业服务网点。进一步规划完善商业服务网点布局和建设，提升商业服务能力。按照服务半径和服务需求，继续推进标准化菜场新建改造，积极推广限时菜场和小型菜店建设，加快完善正规化早餐供应服务网点布局。鼓励标准化菜场结合实际，创造条件增设大众早点供应和夜宵供应服务。将经合理疏导形成的规范化集市纳入标准化菜场建设的政策体系予以支持。鼓励和促进高校延长晚餐供应服务时间和增设夜宵供应。合理调整和增加医院及周边地区、部分地铁车站等区域的商业服务网点。

五、强化保障措施

（十一）加强舆论宣传引导。加强城市无序设摊综合治理与特大型城市人口控制、社会管理创新、文明城区创建等工作的有机结合，通过多种形式和渠道，加大对城市无序设摊综合治理工作以及相关法律法规规章、政策的宣传力度，加强管理部门与市民群众、设摊人员的互动沟通，共同维护城市正常管理秩序。

（十二）健全监督考评体系。将城市无序设摊综合治理工作纳入市对区（县）的考核和文明城区创建指标体系，加大综合治理工作在市市容环境综合管理示范街道（乡镇）创建、市政市容管理综合考评中的权重。建立检查督查、定期通报和年度评价制度，推动各区（县）、街道（乡镇）认真开展城市无序设摊综合治理工作。

本意见自 2014 年 8 月 1 日起实施，有效期至 2017 年 6 月 30 日。

附件：设摊严禁区域（市主要道路和景观区域范围）

一、主要道路（90 条段）

1. 罗山路杨浦大桥收费口 – 龙阳路
2. 源深路浦东大道 – 杨高路
3. 沪南路龙阳路 – 康桥路
4. 东方路浦东大道 – 浦东南路
5. 浦东南路浦东大道 – 上南路
6. 上南路浦东南路 – 外环线
7. 耀华路全线
8. 杨高路港城路 – 环南一大道

9. 龙东大道罗山路－金桥路
10. 龙阳路南浦大桥收费口－罗山路
11. 浦建路浦东南路－龙阳路
12. 锦绣路罗山路－川杨河
13. 世纪大道东方明珠广播电视塔－杨高路
14. 张杨路浦东南路－金桥路
15. 浦东大道浦东南路－浦东北路
16. 中山东（一、二）路外白渡桥－东门路
17. 四川（中、北）路延安东路－江湾路
18. 河南（南、中、北）路天目东路－陆家浜路
19. 黄陂（南、北）路南京西路－自忠路
20. 西藏（南、中、北）路柳营路－高雄路
21. 成都北路苏州河－延安中路
22. 中山南路东门路－西藏南路
23. 陆家浜路制造局路－外马路
24. 复兴（东、中、西）路外马路－华山路
25. 人民路河南南路－新开河路
26. 新开河（南、北）路人民路－中山东二路
27. 淮海（东、中、西）路人民路－虹桥路
28. 金陵（东、中、西）路中山东一路－成都北路
29. 延安（东、中、西）路中山东一路－剑河路
30. 福州路中山东一路－西藏中路
31. 南京（东、西）路中山东一路－延安西路
32. 北京（东、西）路中山东一路－万航渡路
33. 鲁班路徐家汇路－黄浦江边
34. 重庆南路延安中路－徐家汇路
35. 瑞金（南、一、二）路中山南一路－延安中路
36. 茂名南路延安中路－淮海中路
37. 徐家汇路陆家浜路－肇嘉浜路
38. 石门（一、二）路延安中路－新闸路
39. 江宁路南京西路－中山北路
40. 万航渡路愚园路－北京西路
41. 武宁（南）路万航渡路－真北路立交桥
42. 陕西（南、北）路新闸路－肇嘉浜路
43. 宝庆路淮海中路－桃江路
44. 常熟路华山路－淮海中路
45. 衡山路桃江路－肇嘉浜路
46. 天钥桥路龙华西路－肇嘉浜路
47. 天平路淮海中路－肇嘉浜路
48. 华山路愚园路－衡山路
49. 龙吴路龙华西路－淀浦河桥
50. 漕溪（北）路沪闵路 1 号桥－肇嘉浜路
51. 龙华西路中山南二路－龙华路
52. 漕宝路虹梅路－漕溪路
53. 肇嘉浜路徐家汇路－漕溪北路
54. 江苏（北）路华山路－曹杨路桥
55. 新华路淮海西路－延安西路
56. 虹桥路虹桥机场－肇嘉浜路
57. 天山（西）路延安西路－中环线
58. 长宁路曹家渡－中山西路
59. 曹杨路曹杨路桥－桃浦公路
60. 长寿路长寿路桥－万航渡路
61. 金沙江路中山北路－大渡河路
62. 宝山路天目东路－同心路
63. 共和新路虬江路－长江西路
64. 恒丰（北）路新闸路－沪太路
65. 沪太路恒丰北路桥北堍－锦秋路
66. 海宁路天目中路－溧阳路
67. 天目（东、中、西）路河南北路－长寿路桥

68. 大连（西）路杨树浦路－西体育会路

69. 曲阳路四平路－邯郸路

70. 溧阳路四川北路－四平路

71. 吴淞路闸桥－四平路

72.（东）大名路外白渡桥－惠民路

73. 周家嘴路溧阳路－军工路

74. 四平路吴淞路－翔殷路

75. 广中（西）路沪太路－中山北一路

76. 中原路殷行路－翔殷路

77. 平凉路杨树浦路－黎平路

78. 长阳路海门路－黄兴路

79. 控江路大连路－隆昌路

80. 逸仙路邯郸路－吴淞大桥

81. 同济路吴淞大桥－富锦路

82. 七莘路沪闵路－沪青平公路

83. 沪闵路沪闵路 1 号桥－虹梅路

84. 内环线地面道路全线

85. 沪闵高架地面道路全线

86. 中环线地面道路全线

87.320 国道上海段全线

88.318 国道上海段全线

89.312 国道上海段全线

90.204 国道上海段全线

二、景观区域（26 个）

1. 浦东国际机场地区：根据依法批准的城市规划确定，包括机场围场河、围墙、围栏或者其他围界设施以内的区域，以及围界设施以外的城市航站楼区域。

2. 花木行政文化中心：南起锦绣路，北至杨高中路，东起民生路，西至张家浜范围内的区域。

3. 世博会园区及周边道路：分为浦东区域和浦西区域，浦东区域为由东起白莲泾，西至后滩，南起浦东南路和耀华路，北至黄浦江边围合而成的区域；浦西区域为东起陆家浜路，西至日晖东路，南起黄浦江边，北至中山南路和中山南一路围合而成的区域。

4. 陆家嘴金融贸易中心区：东起泰东路、即墨路、浦东南路，西至黄浦江边，南起东昌路，北至黄浦江边范围内的区域（包括地下广场和地铁车站）。

5. 外滩风景区：东起黄浦江防汛墙，西至中山东一路和中山东二路东侧人行道，南起新开河，北至苏州河南岸范围内的区域。

6. 豫园地区：南起方浜中路，北至人民路，东起安仁路，西至河南南路范围内的区域。

7. 人民广场地区：东起西藏中路西侧人行道，西至黄陂北路东侧人行道，南起武胜路南侧人行道，北至上海大剧院和人民大道 200 号外墙沿线范围内的区域（包括地下广场和地铁车站）。

8. 南京路步行街地区：南京东路（西藏中路至河南中路）北起天津路，南至九江路范围内的区域。

9. 延中绿地地区：北起大沽路－延安东路，南至金陵路，东起普安路，西至瑞金路范围内的区域。

10. 新天地地区：南起自忠路，北至太仓路，东起济南路，西至马当路范围内的区域（包括水域）。

11. 静安寺地区：东起常德路，西至华山路，南起延安西路，北至愚园路范围内的区域（包括地下广场和地铁车站）。

12. 徐汇区滨江地区：龙腾大道从瑞华路至龙耀路隧道，与黄浦江边合围范围内的区域。

13. 徐家汇商业区：由天钥桥路－中山南二路－漕溪北路－衡山路－宛平路－肇嘉浜路合围范围内的区域（包括地下广场、通道、地铁车站和徐家汇公园、万体馆周边）。

14. 上海南站地区：南起石龙路，北到沪闵路，东起柳州南路，西至桂林南路范围内的区域。

15. 中山公园地区：东至华阳路、安西路，南至安化路，北至万航渡路，西至中山西路－长宁路－凯旋路围合而成的区域。

16. 虹桥机场地区：虹桥机场空港用地范围内的区域（即机场内主要的道路及公共设施）。

17. 铁路上海站地区：东起大统路西侧人行道，西至恒丰路东侧人行道（含恒丰路立交桥桥洞），南起天目西路北侧人行道，北至铁路北侧围墙范围内的区域（包括上海站站前广场、地下广场、地铁车站）。

18. 国际客运码头地区：南起黄浦江，北至东大名路，东起溧阳路，西至公平路范围内的区域。

19. 五角场地区：由政通路－国济路－翔殷路－黄兴路－国定路围合而成的区域。

20. 吴淞码头地区：码头西至淞滨路 28 号，南至淞浦路 114 号，北至外环线泰和路越江隧道范围内的区域。

21. 七宝老街：东起新镇路，南至宝南路，西至七莘路，北至漕宝路范围内的区域。

22. 莘庄地铁站地区：由沪闵路－广通路－宝城路－莘朱路－广贤路围合而成的区域。

23. 嘉定镇州桥地区：由博乐路－清河路－察院弄－张马路－南大街－塔城路－博乐路围合而成的区域。

24. 枫泾古镇：东至枫丽路、白牛路，南至新泾路，西至泾波路，北至枫杨路范围内的区域。

25. 松江新城地区：东起人民路，西至江学路，南起其昌路，北至文翔路范围内的区域。

26. 朱家角地区：南起祥凝浜路，北至课植园，东起油车浜路，西至漕平路范围内的区域。

上海市防汛条例

（上海市第十四届人民代表大会常务委员会第十四次会议《关于修改〈上海市防汛条例〉的决定》第二次修正　2014 年 7 月 25 日）

第一章 总则

第一条 为了加强本市的防汛工作，维护人民的生命和财产安全，保障经济建设顺利进行，根据《中华人民共和国防洪法》、《中华人民共和国防汛条例》等法律、行政法规，结合本市实际情况，制定本条例。

第二条 本市行政区域内防御和减轻台风、暴雨、高潮和洪水引起的灾害的活动，适用本条例。

第三条 防汛工作实行全面规划、统筹兼顾、预防为主、及时抢险、局部利益服从全局利益的原则。

城乡建设和管理应当符合防汛安全的总体要求。

第四条 各级人民政府应当加强对防汛工作的统一领导，组织有关部门、单位，动员社会力量，做好防汛工作。防汛工作实行行政首长负责制，统一指挥、分级分部门负责。

市和区、县人民政府应当依法设立防汛指挥机构，其办事机构设在同级水行政主管部门。防汛指挥机构在上级防汛指挥机构和同级人民政府的领导下，负责指挥本地区的防汛工作。

乡镇人民政府和街道办事处应当在区、县防汛指挥机构的领导下，明确负责防汛工作的部门和人员，做好本辖区的防汛工作。

第五条 市和区、县水行政主管部门在同级人民政府的领导下，负责本辖区内防汛的组织、协调、监督和指导等日常工作。区、县水行政主管部门业务上受市水行政主管部门的指导。

市和区、县有关行政管理部门按照各自的职责分工，协同实施本条例。

第六条 任何单位、个人都有保护防汛工程设施和依法参加防汛抢险的义务，有权制止和检举危害或者影响防汛安全的行为。

第七条 各级人民政府和水行政主管部门应当加强防汛安全的宣传，提高市民的防汛安全意识。

各级人民政府和有关部门应当对防汛工作中作出突出贡献的单位、个人给予表彰和奖励。

第二章 防汛专项规划和防汛预案

第八条 防汛专项规划是指为防御和减轻台风、暴雨、高潮和洪水引起的灾害而制定的总体部署，是防汛工程设施建设和非工程防汛措施的基本依据。

市水行政主管部门应当根据流域综合规划组织编制市防汛专项规划，经听取市有关部门和有关区、县人民政府的意见，由市规划行政管理部门综合平衡，并报市人民政府批准后纳入城市总体规划。

区、县水行政主管部门应当根据市防汛专项规划组织编制区、县防汛专项规划，经听取同级相关部门的意见，由区、县规划行政管理部门综合平衡，并报区、县人民政府批准后实施。区、县防汛专项规划应当报市水行政主管部门备案。

防汛专项规划的修改，按原编制、批准程序办理。

第九条 防汛专项规划确定保留的防汛工程设施用地，应当予以公告；未经法定程序，不得改变其用途。

第十条 本市编制港口、河道、航道、排水、岸线利用等专项规划，应当符合防汛安全要求。

有关部门编制前款所列的专项规划时，对涉及防汛安全的部分，应当征求同级水行政主管部门的意见。

第十一条 防汛预案是指对台风、暴雨、高潮和洪水可能引起的灾害进行防汛抢险、减轻灾害的对策、措施和应急部署，包括防汛风险分析、组织体系与职责、预防与预警、应急响应、应急保障、后期处置等内容。

第十二条 市防汛预案，由市水行政主管部门根据市防汛专项规划、防汛工程设施防御能力和国家规定的防汛标准，组织有关部门编制，报市人民政府批准后实施。

区、县防汛预案，由区、县水行政主管部门根据市防汛预案和区、县防汛专项规划的要求，组织有关部门编制，报区、县人民政府批准后实施，并报市水行政主管部门备案。

乡镇人民政府和街道办事处应当根据区、县防汛预案的要求，编制本辖区防汛预案，报区、县水行政主管部门备案。

防汛预案的修改，按照原编制、批准、备案程序办理。

第十三条 市和区、县防汛预案确定的有防汛任务的部门和单位（以下简称有防汛任务的部门和单位）应当根据防汛任务的要求，结合各自的特点，编制本部门、本单位的防汛预案，并报同级水行政主管部门备案，有防汛任务的单位还应当报其主管部门备案。其他部门和单位应当制定防汛的自保预案。

第十四条 各级防汛指挥机构、有防汛任务的部门和单位应当按照防汛预案的规定，定期组织应急演练和评估。

第三章 防汛工程设施建设和管理

第十五条 防汛工程设施，包括河道堤防（含防汛墙、海塘）、水闸、水文站、泵站、排水管道等能够防御和减轻台风、暴雨、高潮和洪水引起的灾害的工程设施，以及防汛信息系统等辅助性设施。

第十六条 水行政主管部门、乡镇人民政府应当按照防汛专项规划，制定防汛工程设施建设的年度计划。

防汛工程设施建设，必须按照有关法律、法规、技术规范以及防御标准进行设计、施工、监理和验收，确保防汛工程设施的建设质量。

防汛工程设施经验收确认符合防汛安全和运行条件的，方可投入使用。

第十七条 防汛工程设施建设立项审批时，应当按照分级负责原则，明确市管、区县管或者乡镇管防汛工程设施和维修养护管理职责。防汛工程设施的立项审批部门应当会同同级水行政主管部门明确防汛工程设施的管理单位。

第十八条 水行政主管部门应当根据防汛预案的要求，制订防汛工程设施的运行方案。

防汛工程设施的管理单位可以自行负责防汛工程设施的养护和运行，或者委托有关单位负责防汛工程设施的养护和运行。

防汛工程设施的养护和运行单位应当根据国家和本市有关防汛工程设施养护和运行的技术标准、操作规程和防汛工程设施运行方案，做好防汛工程设施的养护和运行工作。

第十九条 防汛工程设施的管理单位应当按照国家和本市的规定，定期组织相应的机构和专家对已投入使用的防汛工程设施进行安全鉴定；防汛工程设施运行中出现可能影响防汛安全要求状况的，应当及时进行安全鉴定。

经鉴定不符合安全运行要求的防汛工程设施，管理单位应当根据鉴定报告的要求限期改建、重建或者采取其他补救措施。

第二十条 防汛工程设施应当划定管理和保护范围。水行政主管部门应当会同同级规划行政管理部门提出关于防汛工程设施的管理、保护范围的方案，报同级人民政府批准后实施。

第二十一条 河道（包括湖泊洼淀、人工水道、河道沟汊）的利用必须确保引水、排水、行洪的畅通。禁止擅自填堵河道。

确因建设需要填堵河道的，建设单位应当按照《上海市河道管理条例》的规定办理审批手续。

第二十二条 在防汛墙保护范围内，禁止下列危害防汛墙安全的行为：

（一）擅自改变防汛墙主体结构；

（二）在不具备码头作业条件的防汛墙岸段内进行装卸作业，在不具备船舶靠泊条件的防汛墙岸段内带缆泊船；

（三）违反规定堆放货物、安装大型设备、搭建建筑物或者构筑物；

（四）违反规定疏浚河道；

（五）其他危害防汛墙安全的行为。

装卸作业单位或者防汛墙养护责任单位需要利用防汛墙岸段从事装卸作业的，应当按照市水行政主管部门规定的防汛要求对防汛墙进行加固或者改造。

第二十三条 在海塘保护范围内，禁止下列危害海塘安全的行为：

（一）削坡或者挖低堤顶；

（二）毁损防浪作物；

（三）擅自钻探、搭建建筑物或者构筑物；

（四）擅自垦殖；

（五）铁轮车、履带车、超重车擅自在堤上行驶；

（六）其他危害海塘安全的行为。

第二十四条 禁止向排水管道排放施工泥浆，倾倒垃圾、杂物。

确因施工需要临时封堵排水管道的，建设单位应当按照《上海市排水管理条例》的规定办理审批手续。

在临时封堵排水管道期间，遇有暴雨或者积水等紧急情况，水行政主管部门有权责令建设单位提前拆除封堵。

第二十五条 建设跨河、穿河、穿堤、临河的桥梁、码头、道路、渡口、管道、缆线、排（取）水等工程设施，应当符合防汛标准、岸线规划、航运要求和其他技术要求，不得危害堤防安全、妨碍行洪畅通；其可行性研究报告按照国家规定的基本建设程序报请批准前，其中的工程建设方案应当经有关水行政主管部门根据前述防汛要求审查同意，涉及航道的，按照《上海市内河航道管理条例》的规定办理审批手续。

前款规定以外的新建、改建、扩建的建设项目涉及防汛安全的，规划行政管理部门在审批前应当征求同级水行政主管部门的意见。

第二十六条 地铁、隧道、地下通道、大

型地下商场、大型地下停车场(库)等地下公共工程的建设单位，应当按照相关技术规范组织编制地下公共工程防汛影响专项论证报告。

建设行政管理部门在对前款规定的建设工程的初步设计或者总体设计文件审查时，应当将防汛影响专项论证报告征求水行政主管部门意见。

建设单位在地下公共工程的施工图设计和施工过程中，应当落实防汛影响专项论证报告及其审查意见中提出的预防和减轻防汛安全影响的对策和措施。

第二十七条 企业、农村集体经济组织以及其他组织自行投资建设的防汛工程设施，应当符合本条例有关防汛工程设施建设、养护运行、安全鉴定、保护管理、设施废除等规定，并接受水行政主管部门的监督管理。

第二十八条 防汛工程设施不得擅自废除。擅自废除的，由水行政主管部门责令停止违法行为或者采取其他补救措施。失去防汛功能确需废除的防汛工程设施，由水行政主管部门按照管理权限审查同意后，方可废除。

第二十九条 水行政主管部门应当加强对防汛工程设施、涉及防汛安全的工程设施的建设以及运行养护的监督检查；发现危害或者影响防汛安全的工程设施或者行为的，应当责令有关单位限期整改或者采取其他防汛安全措施。

接受检查的单位应当予以配合，不得拒绝或者阻碍防汛监督检查。

第四章 防汛抢险

第三十条 汛期、紧急防汛期的进入和解除日期，由市防汛指挥机构公告。

本市建立防汛分级预警和响应制度，以蓝、黄、橙、红四色分别表示轻重不同的防汛预警，以Ⅳ、Ⅲ、Ⅱ、Ⅰ依次表示相应的四级响应等级。防汛预警和响应的具体制度，由市防汛指挥机构统一制定并公布。

市防汛指挥机构发布防汛预警时，有关部门应当立即启动防汛预案，采取必要的措施，确保城市安全运行。

第三十一条 有防汛任务的部门和单位，应当在汛期建立防汛领导小组，实行防汛岗位责任制，负责本部门、本单位的防汛抢险工作。

第三十二条 各级防汛指挥机构应当按照同级人民政府和上级防汛指挥机构的部署，组建防汛抢险队伍；防汛抢险队伍承担本行政区域内的防汛抢险，在紧急防汛期服从上一级防汛指挥机构的统一调度。

有防汛任务的部门和单位应当结合本部门、本单位的防汛需要，组织或者落实防汛抢险队伍；防汛抢险队伍承担本部门、本单位的防汛抢险工作，在紧急防汛期服从防汛指挥机构的统一调度。

第三十三条 出现重大险情需要请求当地驻军、武警部队给予防汛抢险支援的，由市或者区、县防汛指挥机构与当地驻军、武警部队联系安排。

第三十四条 各级防汛指挥机构、有防汛任务的部门和单位应当按照防汛预案的规定及时组织抢险救灾；有防汛任务的部门和单位应当服从防汛指挥机构的调度指令。

第三十五条 在汛期，各级防汛指挥机构应当安排专人值班，负责协调、指导、监督本辖区内的防汛工作；有防汛任务的部门和单位应当安排专人值班，负责本部门、本单位的防汛工作。

全市进入紧急防汛期时，各级防汛指挥机构的主要负责人应当到岗值班，负责本辖区防汛抢险的统一指挥；有防汛任务的部门和单位的主要负责人应当到岗值班，负责本部门或者本单位防汛抢险的指挥。

局部区域进入紧急防汛期的，有关区、县和部门的防汛值班按前款规定执行。

第三十六条 有防汛任务的部门和单位应当按照各自的职责，加强汛期安全检查。发现安全隐患的，应当及时整改或者采取其他补救措施。

防汛工程设施的管理单位和养护运行单位应当加强对防汛工程设施的汛期安全运行检查。发现防汛工程设施出现险情时，应当立即采取抢救措施，并及时向防汛指挥机构报告。

第三十七条 在汛期，水闸、排水管道运行单位应当根据汛情预报以及河道、排水管道的实际水位，按照运行方案，预先降低河道、排水管道的水位，并根据有关规定告知航运管理部门。

第三十八条 在汛期，执行防汛任务的防汛指挥和抢险救灾车辆、船舶，可以凭公安、海事、港口行政主管部门制作的，市防汛指挥机构统一核发的通行标志优先通行。

第三十九条 在紧急防汛期，市和区、县防汛指挥机构根据防汛抢险的需要，有权在其管辖范围内调用物资、设备、交通运输工具和人力，决定采取取土占地、砍伐林木、清除阻水障碍物和其他必要的紧急措施；必要时，公安、海事、港口等有关部门按照防汛指挥机构的决定，依法实施陆地和水面交通管制。

依照前款规定调用的物资、设备、交通运输工具等，在紧急情况消除后应当及时归还；造成损坏或者无法归还的，按照国家有关规定给予适当补偿或者作其他处理。取土占地、砍伐林木的，在汛期结束后依法向有关部门补办手续，对砍伐的林木予以补种。

第四十条 气象、水文、海洋等部门应当及时准确地向防汛指挥机构提供天气、水文等实时信息和风暴潮预报；防汛工程设施养护管理单位应当及时准确地向防汛指挥机构提供防汛工程设施安全情况等信息；电信部门应当保障防汛指挥系统的通信畅通。

市防汛指挥机构应当通过报纸、广播、电视、网络等传媒及时准确地向社会公告本市汛情和防汛抢险等信息。

第四十一条 本市发布台风、暴雨相应预警时，相关单位和个人应当采取相应的防范措施，确保人身和财产安全。

发布台风、暴雨红色预警时，中小学校和幼托机构应当立即通知停课；对已经到校的学生，中小学校和幼托机构应当做好安全保护工作。举办户外活动以及进行除应急抢险外的户外作业的，应当立即停止。工厂、各类交易市场、公园等可以根据实际情况，采取停工、停市、闭园等措施。有防汛任务的部门和单位应当及时组织专人加强对地下工程设施等重点防护对象进行现场巡查；发现安全隐患的，应当立即采取有效防范措施。

第四十二条 区、县人民政府应当根据防汛预案，对可能受到灾害严重威胁的人员组织撤离，各有关单位应当协助做好相关撤离工作。

区、县人民政府组织撤离时，应当告知灾害的危害性及具体的撤离地点和撤离方式，提供必要的交通工具，妥善安排被撤离人员的基本生活。

对人身安全受到严重威胁经劝导仍拒绝撤离的人员，组织撤离的区、县人民政府可以实施强制性撤离。

在撤离指令解除前，被撤离人员不得擅自返回，组织撤离的区、县人民政府应当采取措施防止人员返回。

海事管理部门应当会同相关管理部门按照各自职责，引导船舶择地避风。

第四十三条 市和区、县人民政府应当组织民防、民政、旅游、教育、体育、文化等有关部门，落实避灾安置场所。本市规划和建设的应急避难场所应当兼顾防汛避灾的需求。

第四十四条 台风、暴雨、高潮、洪水灾害发生后，各级人民政府应当组织有关部门和单位开展救灾工作，做好受灾群众安置、生活供给、卫生防疫、救灾物资供应、治安管理等善后工作。有关部门应当将毁损防汛工程设施的修复优先列入年度建设计划。

本市鼓励、扶持单位和个人参加财产或者人身伤害保险，减少因台风、暴雨、高潮、洪水灾害引起的损失。

第四十五条 台风、暴雨、高潮、洪水灾害发生后，防汛指挥机构应当按照国家统计部门的要求，核实和统计所管辖范围的受灾情况，及时报上级主管部门和同级统计部门，有关单位和个人不得虚报、瞒报、伪造、篡改。

第五章 保障措施

第四十六条 防汛费用按照政府投入与受益者合理承担相结合的原则筹集。

各级人民政府应当采取措施，提高防汛投入的总体水平。

各级财政应当安排资金，用于防汛工程设施年度建设计划中经立项审批确定的防汛工程设施的建设、维护、管理及其毁损后的修复，本地区的防汛抢险以及防汛抢险物资的储备和补充。

第四十七条 防汛抢险物资实行分级储备、分级管理和分级负担的制度。

各级防汛指挥机构应当自行储备重要的防汛抢险物资；其他防汛抢险物资的储备可以采取政府自行储备和委托企业或者其他组织代为储备相结合的方式。

各级防汛指挥机构应当按照防汛预案，设立防汛物资储备场所，储备防汛抢险物资，配备必要的防汛抢险装备，并组织有防汛任务的部门和单位做好防汛抢险物资的储备工作。储备的防汛抢险物资，应当加强管理，及时做好回收和补充工作。

第四十八条 任何单位或者个人不得截留、挪用防汛、救灾资金和物资。

各级财政、审计部门应当加强对防汛、救灾资金使用情况的监督检查。

第六章 法律责任

第四十九条 违反本条例规定，有下列行为之一的，由水行政主管部门责令限期改正，可以处二千元以上二万元以下罚款，情节严重的，可以处二万元以上五万元以下罚款：

（一）新建防汛工程设施，未经验收或者虽经验收但不符合防汛安全和运行条件而擅自投入使用的；

（二）未按照规定进行防汛工程设施养护、运行的；

（三）已投入使用的防汛工程设施，未按照规定进行安全鉴定的；

（四）地下公共工程未进行防汛影响专项论证的；

（五）未按照规定预先降低河道、排水管道的水位的。

第五十条 违反本条例规定，擅自填堵河道的，由水行政主管部门责令停止违法行为，恢复原状或者采取其他补救措施，可以处一万元以上五万元以下罚款；既不恢复原状也不采取其他补救措施的，水行政主管部门可以代为恢复原状或者采取其他补救措施，所需费用由违法者承担。

第五十一条 违反本条例规定，危害防汛墙安全的，由水行政主管部门责令改正，处五千元以上五万元以下罚款。

违反本条例规定，利用防汛墙岸段从事装卸作业，不按照防汛要求对防汛墙进行加固或者改造的，由水行政主管部门责令限期改正，可以处一万元以上五万元以下罚款；逾期不改正的，由水行政主管部门责令停止作业，并可代为加固或者改造防汛墙，所需费用由违法者承担。

第五十二条 违反本条例规定，危害海塘安全的，由水行政主管部门责令改正，处五百元以上五千元以下罚款，情节严重的，处五千元以上五万元以下罚款。

第五十三条 违反本条例规定，向排水管道排放施工泥浆，倾倒垃圾、杂物，或者擅自封堵排水管道的，由水行政主管部门责令限期改正，按照《上海市排水管理条例》的规定予以处罚。

第五十四条 违反本条例规定，工程设施

建设方案未经水行政主管部门审查同意，在河道管理范围内建设跨河、穿河、穿堤、临河的工程设施的，责令停止违法行为，补办审查同意或者审查批准手续；工程设施建设严重影响防汛的，责令限期拆除，逾期不拆除的，强行拆除，所需费用由建设单位承担；影响防汛但尚可采取补救措施的，责令限期采取补救措施，可以处一万元以上十万元以下罚款。

第五十五条 违反本条例规定，毁损防汛工程设施的，应当依法承担民事责任；应当给予治安管理处罚的，依照《中华人民共和国治安管理处罚法》的规定处罚；构成犯罪的，依法追究刑事责任。

第五十六条 防汛指挥机构、水行政主管部门、有防汛任务的部门和单位及其工作人员违反本条例规定，有下列行为之一的，视情节和危害后果，由其所在单位或者上级主管部门对直接负责的主管人员和其他直接责任人员给予行政处分；构成犯罪的，依法追究刑事责任：

（一）未按照要求制定和执行防汛预案的；

（二）对政府投资的防汛工程设施建设未按规定招投标的；

（三）汛期拒不执行防汛指挥机构的调度指令的；

（四）汛期未到岗值班，造成严重影响的；

（五）未按照要求进行汛期安全检查、发现违法行为不予查处的；

（六）截留、挪用防汛资金和物资的；

（七）其他玩忽职守、滥用职权、徇私舞弊的行为。

第五十七条 当事人对行政主管部门的具体行政行为不服的，可以依照《中华人民共和国行政复议法》或者《中华人民共和国行政诉讼法》的规定，申请行政复议或者提起行政诉讼。

当事人对具体行政行为逾期不申请复议、不提起诉讼，又不履行的，作出具体行政行为的行政主管部门可以申请人民法院强制执行，或者依法强制执行。

第七章 附则

第五十八条 本条例自 2003 年 9 月 1 日起施行。

上海市建筑市场管理条例

（上海市第十四届人民代表大会常务委员会第十四次会议修订　2014 年 7 月 25 日）

第一章 总则

第一条 为了加强本市建筑市场的管理，维护建筑市场秩序，保障当事人的合法权益，根据《中华人民共和国建筑法》等有关法律、行政法规的规定，结合本市实际情况，制定本条例。

第二条 在本市行政区域内从事建筑市场活动，实施建筑市场监督管理，适用本条例。

第三条 市建设行政管理部门负责全市建筑市场的统一监督管理。具体履行以下职责：

（一）组织制定本市建筑市场监督管理政策；

（二）组织编制工程建设地方标准和规范；

（三）建立全市统一的建设工程交易市场；

（四）负责建筑市场企业资质和从业人员资格管理；

（五）市人民政府规定的其他统一监督管理职责。

区、县建设行政管理部门按照其职责权限，负责本行政区域内建筑市场的监督管理。

本市交通、水务、海洋、绿化、民防、房屋等行政管理部门（以下简称其他有关部门）按照市人民政府规定的职责分工，负责专业建设工程建筑市场的监督管理。

本市发展改革、规划国土资源、环境保护、安全生产监督、质量技术监督、财政、公安消防、经济信息化、人力资源社会保障等行政管理部门按照各自职责，协同实施本条例。

第四条 从事建筑市场活动应当遵循依法合规、诚实守信、有序竞争的原则；禁止以任何形式垄断建筑市场，或者以不正当手段扰乱建筑市场秩序。

建筑市场管理应当坚持统一、开放、公平、公正的原则。

第五条 鼓励建筑科学技术研究和人才培训，支持开发和采用建筑新技术、新工艺、新设备、新材料和现代管理方法，推动先进、成熟、适用的新技术上升为技术标准，促进建筑产业现代化。

第六条 建筑市场相关行业协会应当建立健全行业自律和交易活动的规章制度，引导行业健康发展，督促会员依法从事建筑市场活动；对违反自律规范的会员，行业协会应当按照协会章程的规定，采取相应的惩戒措施。

第二章 市场准入和建设许可

第七条 建设工程勘察、设计、施工、监理、招标代理、造价咨询、工程质量检测等单位应当依法取得资质证书，并在资质许可范围内承接业务。

建设工程施工单位应当按照国家有关规定，取得安全生产许可证。

第八条 注册地在其他省市的单位进入本市从事建筑活动，应当向市建设行政管理部门报送国家或者省级相关行政管理部门颁发的资质证书、专业技术人员注册执业证书等相关信息。

第九条 国家规定实行注册执业制度的建筑活动专业技术人员，经资格考试合格，取得注册执业证书后，方可从事注册范围内的业务。

第十条 注册执业人员不得有下列行为：

（一）出租、出借注册执业证书或者执业印章；

（二）超出注册执业范围或者聘用单位业务范围从事执业活动；

（三）在非本人负责完成的文件上签字或者盖章；

（四）法律、法规禁止的其他行为。

第十一条 按照国家和本市有关规定配备的施工员、质量员、安全员、标准员、材料员、机械员、劳务员、资料员等施工现场专业人员，应当经过聘用单位组织的岗位培训并通过职业能力评价。

第十二条 建设单位应当在建设工程发包前，持有关文件，向市、区、县建设行政管理部门或者其他有关部门办理建设工程报建手续。

建设工程报建所需资料齐全的，建设行政管理部门或者其他有关部门应当当场予以办理；建设工程报建所需资料不齐全的，应当一次性告知办理报建手续所需资料。

第十三条 建设工程开工应当按照国家有关规定，取得施工许可。未经施工许可的建设工程不得开工。

除保密工程外，施工单位应当在施工现场的显著位置向社会公示建设工程施工许可文件的编号、工程名称、建设地址、建设规模、建设单位、设计单位、施工单位、监理单位、合同工期、项目经理等事项。

第三章 工程发包与承包

第十四条 依法必须进行招标发包的建设项目，建设单位应当在完成建设工程的项目审批、核准、备案手续后，方可进行工程总承包或者勘察、设计、施工发包。

第十五条 工程总承包、勘察、设计、施工的发包应当具备下列条件：

（一）发包单位为依法成立的法人或者其他组织；

（二）有满足发包所需的资料或者文件；

（三）建设资金来源已经落实。

政府投资的建设工程的施工发包应当具有施工图设计文件。但是，建设工程技术特别复杂或者需要使用新技术、新工艺，经市建设行政管理部门审核同意的除外。

第十六条 建设工程的勘察、设计、施工，可以全部发包给一个承包单位实行工程总承包；也可以将建设工程的勘察、设计、施工分别发包给不同的承包单位。

发包单位不得将应当由一个承包单位完成的建设工程肢解成若干部分发包给几个承包单位。

第十七条 建设工程的发包分为招标发包和直接发包。

建设工程招标发包分为公开招标发包和邀请招标发包。

第十八条 全部或者部分使用国有资金投资或者国家融资，以及使用国际组织或者外国政府贷款、援助资金之外的建设工程，可以不进行招标发包，但是国家另有规定的除外。

政府特许经营项目已通过招标方式选定投资人，投资人具有相应工程建设资质且自行建设的，可以不进行招标发包。

第十九条 具备勘察、设计或者施工资质的单位自行投资建设工程的，可以在其资质许可范围内承担相应的工作。

在建工程追加附属小型工程或者房屋建筑主体加层工程，原承包单位具备承包能力的，可以将工程总承包或者勘察、设计、施工直接发包给原承包单位。

第二十条 依法必须公开招标发包的工程，发包单位应当按照国家和本市有关规定，在市建设行政管理部门等相关行政管理部门指定的媒介上发布招标公告。

鼓励使用市建设行政管理部门等相关行政管理部门制定的招标示范文本。

第二十一条 评标由招标人依法组建的评标委员会负责。

招标人与评标委员会成员串通确定中标人的，中标无效。

第二十二条 实行建设工程总承包的，总承包单位应当具备相应的设计或者施工资质，并建立与工程总承包业务相适应的项目管理体系。

实行总承包的建设工程，工程质量由总承包单位负责。总承包单位将所承包工程中的部分工作分包给其他单位的，总承包单位和分包单位应当就分包工程对建设单位承担连带责任。

第二十三条 两个以上的勘察、设计、施工单位可以组成联合体承包工程。联合体各方应当签订联合体协议，确定一方作为联合体主办方，并对承包合同的履行承担连带责任。

联合体各方应当在各自的资质许可范围内承接工程；资质类别相同但资质等级不同的企业组成联合体的，应当按照资质等级低的承包单位的资质许可范围承接工程。

已经参加联合体的单位不得参加同一建设工程的单独投标或者其他联合体的投标。

第二十四条 实行施工总承包的，总承包单位应当自行完成主体结构工程的施工，在主体结构工程施工中应当承担下列责任：

（一）在施工现场设立项目管理机构；

（二）按照规定在施工现场配备本单位的管理人员；

（三）加强施工现场质量和安全管理；

（四）自行采购、供应主体结构工程的主要材料；

（五）法律、行政法规规定的其他责任。

总承包单位和建设单位应当在总承包合同中对分包工程、建设工程材料和设备供应方式等内容予以明确。

建设行政管理部门和其他有关部门应当加强对总承包单位施工现场的监管。

第二十五条 建设单位需要在施工总承包范围内确定专业分包单位或者建设工程材料、设备供应单位的，应当在招标文件中明示或者事先与总承包单位进行协商，并在施工总承包合同中约定；确定的专业分包单位或者材料、设备供应单位应当接受总承包单位的管理，并由总承包单位进行相关工程款项的结算和支付。

建设单位需要将施工总承包范围外的专业工程另行发包的，应当事先与施工总承包单位书面约定现场管理方式。

采取前两款发包方式的，建设单位与施工总承包单位的承包合同应当明确建设单位的责任。

第二十六条 工程总承包、勘察、设计、施工、监理单位承接建设工程时不得有下列行为：

（一）借用他人资质或者以他人名义承接工程；

（二）以贿赂等不正当手段承接工程；

（三）参与有利害关系的招标代理机构代理的建设项目的投标；

（四）提供伪造或者变造的资料；

（五）未以投标方式承接必须投标承包的建设工程；

（六）法律、法规禁止的其他行为。

第二十七条 承包单位不得转包工程。承包单位有下列情形之一的，属于转包行为：

（一）工程总承包单位将其资质范围内的全部设计或者施工业务交由其他单位或者个人完成；

（二）勘察、设计承包单位将全部的勘察或者设计业务交由其他单位或者个人完成；

（三）施工总承包单位将全部的施工业务交由其他单位或者个人完成。

第二十八条 施工承包单位不得违法分包工程。施工承包单位有下列情形之一的，属于违法分包行为：

（一）将建设工程分包给不具备相应资质的单位或者个人的；

（二）专业分包单位将其承包的建设工程再实行专业分包的；

（三）劳务分包单位将其承包的劳务作业再分包的；

（四）法律、行政法规规定属于违法分包的其他情形。

第二十九条 建设单位可以自主委托招标代理、造价咨询等中介服务机构。招标代理机构、造价咨询机构不得同时接受同一建设工程招标人和投标人的委托，也不得同时接受同一建设工程两个以上投标人的委托。

第三十条 建设单位可以委托具有建设工程设计、施工、监理、招标代理或者造价咨询相应资质的项目管理单位，开展工程项目全过程或者若干阶段的项目管理服务。

项目管理单位应当配备具有相应执业能力的专业技术人员和管理人员，提供工程项目前期策划、项目设计、施工前准备、施工、竣工验收和保修等阶段的项目管理服务，也可以在其资质许可范围内，为同一工程提供工程监理、招标代理、造价咨询等专业服务。

设计、施工单位从事项目管理的，不得承接同一建设工程的工程总承包、设计或者施工项目。

本市逐步推进政府投资的建设工程委托项目管理单位实行全过程管理。

第四章 工程合同和造价

第三十一条 承接建设工程总承包、勘察、设计、施工项目的，应当签订书面的建设工程合同。承接建设工程项目管理、招标代理、造价咨询、监理、检测等业务的，应当签订书面的委托合同。鼓励使用国家或者本市制定的合同示范文本。

实行招标发包的建设工程，其承发包合同的工程内容、合同价款及计价方式、合同工期、工程质量标准、项目负责人等主要条款应当与招标文件和中标人的投标文件的内容一致。

第三十二条 合同签订后三十日内，发包单位、委托单位应当向建设行政管理部门或者其他有关部门报送工程内容、合同价款、计价方式、项目负责人等合同信息。合同信息发生变更的，发包单位、委托单位应当于变更事项发生后十五日内，向原报送部门报送变更信息。

经依法报送并履行完毕的合同项目，方可作为业绩在企业申请资质升级增项、参与招标投标过程中予以使用。

第三十三条 合同履行过程中，市场价格波动超过正常幅度且合同未予约定的，合同当事人应当对合同价款的调整进行协商。

第三十四条 全部使用国有资金投资或者国有资金投资为主的建设工程的施工发包和承包应当采用工程量清单方式计价。工程量清单应当按照国家和本市的清单计价规范编制。

全部使用国有资金投资或者国有资金投资为主的建设工程实行施工招标，招标人应当在发布招标文件时，公布最高投标限价，并报送建设行政管理部门或者其他有关部门备查。

鼓励其他资金投资的建设工程的施工发包和承包采用工程量清单方式计价。

第三十五条 发包单位应当按照法律规定和合同约定，进行工程预付款、工程进度款、工程竣工价款的结算、支付。

建设工程竣工后，发包单位和承包单位应当按照合同约定进行工程竣工结算。

承包单位应当在提交竣工验收报告后，按照合同约定的时间向发包单位递交竣工结算报告和完整的结算资料。发包单位或者发包单位委托的造价咨询机构应当在六十日内进行核实，并出具核实意见。合同另有约定的除外。

竣工结算文件确认后三十日内，发包单位应当将双方确认的竣工结算文件报建设行政管理部门或者其他有关部门备案。

第三十六条 市建设行政管理部门应当会同其他有关部门制定全市工程造价信息数据标准，建立全市工程造价信息平台。

全部使用国有资金投资或者国有资金投资为主的建设工程，建设行政管理部门和其他有关部门应当将最高投标限价、中标价、竣工结算价在市建设行政管理部门指定的网站上公开，接受社会监督。

第三十七条 建设工程合同当事人可以采取投标担保、履约担保、预付款担保、工程款支付担保等担保方式，降低合同履行的风险。

发包单位要求承包单位提供履约担保的，应当同时向承包单位提供工程款支付担保。

第三十八条 建设工程合同对建设工程质量责任采用质量保证金方式的，使用财政资金的建设工程应当按照国家有关规定，将质量保证金预留在财政部门或者发包单位。

建设工程合同对建设工程质量责任采用工程质量保险方式的，不再设立建设工程质量保证金。

第五章 市场服务与监督

第三十九条 建设行政管理部门和其他有关部门应当通过全市统一的建设工程管理信息系统，实施行政许可、招标投标监督管理、合同管理、注册执业人员管理、工程质量和安全监督等监督管理活动。

市建设行政管理部门应当会同市人力资源和社会保障行政管理部门，建立施工作业人员劳务信息系统，向劳务用工单位提供实名登记的施工作业人员信息，并向劳务人员提供劳务用工单位的用工需求信息。

第四十条 市建设行政管理部门应当建立统一规范的建设工程交易中心，为建设工程交易活动提供场所、设施以及信息、咨询等服务。

第四十一条 市建设行政管理部门应当会同其他有关部门，按照国家和本市有关规定以及本市建设工程技术评审管理的实际需求，建立建设工程评标专家库和专项技术评审专家库。

在本市建设工程交易中心进行评标，以及按照国家或者本市规定开展专项技术评审活动的，应当分别从本市建设工程评标专家库或者专项技术评审专家库中选取专家。

专家在评标或者开展专项技术评审过程中，应当客观、公正地履行职责，遵守职业道德，并对所提出的评审意见承担个人责任。

第四十二条 本市实行施工图设计文件审查制度。施工图设计文件审查机构应当经市建设行政管理部门或者其他有关部门依法确定并向社会公布。

第四十三条 施工图设计文件审查机构应当按照国家或者本市有关规定开展施工图设计文件审查活动，不得有下列行为：

（一）超出范围从事施工图审查；

（二）使用不符合条件的审查人员；

（三）未按照规定的内容进行审查；

（四）未按照规定的时间完成审查；

（五）法律、法规禁止的其他行为。

第四十四条 市建设行政管理部门或者其他有关部门应当加强对审查机构和审查人员的监督检查，并定期公开监督检查结果。

第四十五条 建设行政管理部门和其他有关部门应当对建筑市场活动开展动态监督管理。发现企业资质条件或者安全生产条件已经不符合许可条件的，应当责令限期改正，改正期内暂停承接新业务；逾期未改正的，由许可部门降低其资质等级或者吊销资质证书；属于进沪的其他省市企业的，应当提请发证部门依法作出处理。

建设行政管理部门和其他有关部门在施工现场开展监督检查时，应当对合同的主要内容和现场情况进行比对。

第四十六条 市建设行政管理部门应当会同其他有关行政管理部门组织编制本市建设工程标准、管理规范、定额、计价规则等技术管理文件，并向社会公布。

第四十七条 本市推进建筑市场信用体系建设。建设行政管理部门和其他有关部门应当建立信用信息数据库，记载建筑市场活动中各单位和注册执业人员的信用信息。信用信息应当向市公共信用信息服务平台归集，并向社会公布。

政府投资建设工程的建设单位应当在招标投标活动中使用信用信息。鼓励其他主体在建筑市场活动中使用信用信息。

建设行政管理部门和其他有关部门应当根据建筑市场活动中各单位和注册执业人员的信用状况实行分类管理，加强对失信单位和人员的监管，对信用良好的单位和人员实施便利措施。

第四十八条 本市按照国家有关规定开展建设领域稽查工作，对建设行政管理部门、其他有关部门贯彻执行法律、法规、规章、标准及相关政策的情况进行监督检查。

第六章 法律责任

第四十九条 违反本条例规定的行为，《中华人民共和国建筑法》、《建设工程质量管理条例》及其他有关法律、行政法规已有处罚规定的，从其规定。

第五十条 违反本条例第八条 规定，其他省市企业未按照要求报送信息的，由市建设行政管理部门责令限期改正；逾期未改正的，处五千元以上三万元以下罚款。

第五十一条 违反本条例第十条 规定，注册执业人员违反规定从事执业活动或者出租、出借注册执业证书、执业印章的，由建设行政管理部门或者其他有关部门责令停止违法行为，处一万元以上三万元以下罚款；有违法所得的，没收违法所得，处违法所得两倍以上五倍以下罚款；情节严重的，提请发证部门吊销资格证书。

第五十二条 违反本条例第十二条 第一款规定，建设单位未按照要求办理建设工程报建手续的，由建设行政管理部门或者其他有关部门责令限期改正，予以警告，并可以处五千元以上三万元以下罚款。

第五十三条 违反本条例第十三条 第二款规定，施工单位未按照要求在建设工程施工现场进行公示的，由建设行政管理部门或者其他有关部门责令限期改正，处一万元以上三万元以下罚款。

第五十四条 违反本条例第二十六条 规定，工程总承包、勘察、设计、施工、监理单位有下列情形之一的，由建设行政管理部门或者其他有关部门按照下列规定予以处罚：

（一）未取得资质证书，借用他人资质或者以他人名义承揽勘察、设计、监理工程的，责令停止违法行为，对违反规定的勘察、设计、监理单位分别处合同约定的勘察费、设计费、监理费两倍以上四倍以下罚款；对违反规定的工程总承包、施工单位处工程合同价款百分之五以上百分之十以下罚款；有违法所得的，没收违法所得；并可以责令停业整顿、降低资质等级；情节严重的，吊销资质证书。

（二）以贿赂等不正当手段承揽工程的，责令改正，对违反规定的勘察、设计、监理单位分别处合同约定的勘察费、设计费、监理费两倍以上四倍以下罚款；对违反规定的工程总承包、施工单位处工程合同价款百分之五以上百分之十以下罚款；并可以责令停业整顿、降低资质等级；情节严重的，吊销资质证书。

（三）提供伪造或者变造的资料的，责令限期改正，处十万元以上三十万元以下罚款；有违法所得的，没收违法所得；情节严重的，暂扣或者吊销资质证书。

（四）未以投标方式承接必须投标承包的建设工程的，责令停止建筑活动，处一万元以上三万元以下罚款。

第五十五条 违反本条例第二十九条 规定，造价咨询机构就同一建设工程同时接受招标人和投标人或者两个以上投标人委托的，由建设行政管理部门或者其他有关部门责令限期改正，予以警告，并处三万元以上十万元以下罚款。

第五十六条 违反本条例第三十二条 第一款规定，发包单位、委托单位未按照要求报送合同信息的，由建设行政管理部门或者其他有关部门责令限期改正；逾期未改正的，处一千元以上五千元以下罚款。

第五十七条 违反本条例第三十五条 第四款规定，发包单位未按照要求办理竣工结算文件备案手续的，由建设行政管理部门或者其他有关部门责令限期改正，处一万元以上三万元以下罚款。

第五十八条 违反本条例第四十一条 第三款规定，评审专家未客观、公正履行职责的，由市建设行政管理部门责令改正；情节严重的，取消其担任评审专家的资格。

第五十九条 施工图设计文件审查机构违反本条例第四十三条 规定，未按照规定开展施工图设计文件审查活动的，由市建设行政管理部门或者其他有关部门责令改正，处一万元以上三万元以下罚款；已经出具审查合格书的施工图，仍有违反法律、法规和工程建设强制性标准的，处三万元以上十万元以下罚款；情节严重的，市建设行政管理部门或者其他有关部门不再将其列入审查机构名录。

第六十条 相关行政管理部门的工作人员违反本条例规定，有下列情形之一的，由所在单位或者上级主管部门依法给予行政处分；构成犯罪的，依法追究刑事责任：

（一）违法实施行政许可或者行政处罚的；

（二）违法干预建设工程的发包和承包的；

（三）未按照本条例规定履行监督检查职责的；

（四）发现违法行为不及时查处，或者包庇、纵容违法行为，造成后果的；

（五）其他玩忽职守、滥用职权、徇私

舞弊的行为。

第七章 附则

第六十一条 本条例有关用语的含义：

（一）建设工程，是指土木工程、建筑工程、线路管道和设备安装工程、装修工程、园林绿化工程及修缮工程。

（二）建筑市场活动，是指在建设工程新建、扩建、改建和既有建筑物、构筑物的装修、拆除、修缮过程中，各方主体进行发包、承包、中介服务，订立并履行合同等活动。

（三）政府投资，是指在本市行政区域内使用政府性资金进行的固定资产投资活动。政府性资金包括财政预算内投资资金、各类专项建设基金、统借国外贷款和其他政府性资金。

第六十二条 本条例自2014年10月1日起施行。

上海市大气污染防治条例

（上海市第十四届人民代表大会常务委员会第十四次会议通过　2014年7月25日）

第一章 总则

第一条 为防治大气污染，改善本市大气环境质量，保障公众健康，推进生态文明建设，促进经济社会可持续发展，根据《中华人民共和国环境保护法》、《中华人民共和国大气污染防治法》，结合本市实际情况，制定本条例。

第二条 条例适用于本市行政区域内大气污染防治。

第三条 防治大气污染是全社会的共同责任。

本市大气污染防治工作遵循以人为本、预防为主、防治结合、共同治理、区域联动、损害担责的原则。

第四条 本市各级人民政府应当加强对大气环境保护工作的领导，将大气环境保护工作纳入国民经济和社会发展计划，合理规划、调整城乡发展和产业布局，保证环境保护资金投入，采取大气污染防治有效措施，加大生态建设和治理力度，保护和改善大气环境。

第五条 市环境保护行政主管部门对本市大气污染防治实施统一监督管理，并负责本条例的组织实施。区、县环境保护行政主管部门对本辖区内大气污染防治实施具体监督管理。

市和区、县发展改革、经济信息化、规划国土行政管理部门负责能源结构调整、产业结构调整和产业布局优化工作。

市和区、县公安交通、交通以及国家海事等行政管理部门根据各自职责，对机动车、船污染大气实施监督管理。

市和区、县建设、绿化市容、交通、房屋等行政管理部门根据各自职责，对扬尘污染大气实施监督管理。

市和区、县财政、农业、质量技术监督、工商、教育、卫生、城管执法、气象等部门在各自职责范围内协同实施本条例。

第六条 乡、镇人民政府和街道办事处可以在区、县环保部门的指导下，对管辖范围内的餐饮、汽修、五金加工、干洗等为社区配套服务单位的大气污染防治工作进行协调。

对因前款规定的单位排放大气污染物引发的纠纷，当事人可以向乡、镇人民政府或者街道办事处申请调解。

第七条 本市实行大气环境保护目标责任制和考核评价制度。市和区、县人民政府应当将大气环境保护目标和任务的完成情况作为对本级有关部门和下一级人民政府及其负责人考核的内容。考核结果应当作为政府和各有关部门绩效考核的重要内容，并向社会公布。

第八条 向大气排放污染物的单位和个人，应当加强内部管理，健全环境管理制度，采用先进的生产工艺和治理技术，防止和减少大气环境污染；造成大气环境污染的，应当依法承担法律责任。

第九条 本市鼓励和支持大气环境保护相关产业的发展，鼓励社会资本投入大气污染防治领域。

第十条 本市鼓励开展大气污染防治方面的科学技术研究以及国际、区域合作和交流，鼓励清洁能源的开发利用，推广先进的清洁能源技术和大气污染防治技术。

第十一条 本市倡导文明、节约、绿色的消费方式和生活方式。

企事业单位、社会组织和个人应当遵守大气污染防治法律、法规，履行保护大气环境的义务，参与大气环境保护工作。

各级人民政府及其有关部门应当加强宣传，普及大气环境保护的科学知识，营造保护大气环境的良好风气。教育行政管理部门应当逐步推进环境教育，将大气环境保护知识纳入学校教育内容，培养青少年的大气环境保护意识。

第十二条 在本市行政区域内的任何单位和个人有权对污染大气环境的行为，以及环保部门和其他有关行政管理部门及其工作人员不依法履行职责的行为进行举报。

市环保部门应当公布全市统一的举报电话，及时处理举报。举报线索经查证属实的，环保部门应当按照有关规定对举报人给予奖励。

本市新闻媒体应当开展大气环境保护法律、法规和大气环境保护科学知识的宣传，对违法行为进行舆论监督。

第十三条 市或者区、县人民政府对在防治大气污染、保护和改善大气环境方面成绩显著的单位和个人，应当给予表彰、奖励。

第二章 大气污染防治的监督管理

第十四条 市环保部门应当会同有关部门，组织编制本市大气污染防治规划，报市人民政府批准后组织实施。

市人民政府应当制定大气环境质量达标规划和阶段目标，采取严格的大气污染控制措施，保证本市在规定期限内达到国家规定的大气环境质量标准。

第十五条 本市按照国家规定划定大气环境质量功能区。市环保部门应当按照城市总体规划、环境保护规划目标和大气环境质量功能区的要求，提出本市大气污染重点整治地区及其整治目标、职责分工和限期达标计划的方案，报市人民政府批准后实施。

第十六条 本市实行大气污染物排放浓度控制和主要大气污染物排放总量控制相结合的管理制度。

向大气排放污染物的，其污染物排放浓度不得超过国家和本市规定的排放标准。

本市按照国务院规定的具体办法，对主要大气污染物排放实施总量控制。主要大气污染物名录由市环保部门根据国家要求和本市实际情况拟订，报市人民政府批准后公布。

第十七条 市环保部门应当根据国家核定的本市不同时期主要大气污染物排放总量和大气环境容量及社会经济发展水平，拟订本市不同时期主要大气污染物总量控制计划，报市人民政府批准后组织实施。

区、县环保部门根据本市主要大气污染物总量控制计划，结合本辖区实际情况，拟订本辖区主要大气污染物总量控制实施计划，经区、县人民政府批准后组织实施，并报市环保部门备案。

实施总量控制前已有的排污单位，其主要大气污染物排放总量指标，由市或者区、县环保部门依照国务院规定的条件和程序，按照公开、公平、公正的原则，根据各单位现有排放量、产业发展规划和清洁生产要求及本辖区主要大气污染物总量控制实施计划拟订，报同级人民政府核定。

第十八条 本市对主要大气污染物排放实施许可证制度。环保部门确定的排放大气污染物重点监管单位应当取得主要大气污染物排放许可证（以下简称排放许可证）；无排放许可证的，不得排放主要大气污染物。

实施总量控制前已有的排污单位，排放主要大气污染物未超过核定排放总量指标的，由市或者区、县人民政府核发排放许可证；排放主要大气污染物超过核定排放总量指标的，由市或者区、县环保部门责令限制生产或者停产整治。新建、扩建、改建排放主要大气污染物的项目，应当按照规定获得主要大气污染物排放总量指标，然后办理建设项目环境保护审批手续。该项目的大气污染物处理设施必须经过市或者区、县环保部门验收合格后，方可取得排放许可证。

申请排放许可证的条件，由市环保部门根据国家有关法律、行政法规的规定另行制定。

第十九条 本市鼓励开展主要大气污染物排放总量指标交易。市环保部门会同相关行政管理部门探索建立本市主要大气污染物排放总量指标交易制度，完善交易规则。

第二十条 市发展改革、经济信息化、环保、财政等行政管理部门可以研究制定相关政策，对因无排放许可证排放主要大气污染物、超过标准排放主要大气污染物，以及排放主要大气污染物超过核定排放总量指标等严重违法行为受到处罚的单位，在其改正违法行为之前，向其征收阶段性差别电价。

供电企业依照前款规定征收差别电价电费的，差别部分电费应当单独立账管理，上缴市级财政。

第二十一条 本市严格控制严重污染大气的产业发展。

市经济信息化行政管理部门会同市发展改革等相关行政管理部门制定本市产业结构调整指导目录时，应当根据本市大气环境质量状况，将严重污染大气的产业列入淘汰类目录。

市经济信息化、发展改革、规划国土和环保等有关部门应当逐步优化产业布局，将排放大气污染物的产业项目安排在城乡规划确定的工业园区内。工业园区管理机构应当完善相关环境基础设施，减少大气污染物排放。

第二十二条 乡、镇或者工业园区有下列情形之一的，环保部门可以暂停审批该区域内产生大气污染物的建设项目的环境影响评价文件：

（一）大气污染物排放量超过总量控制指标的；

（二）未按时完成淘汰高污染行业、工艺和设备任务的；

（三）未按时完成大气污染治理任务的；

（四）配套的环境基础设施不完备的；

（五）市人民政府规定的其他情形。

企业集团有前款第一项、第二项、第三项情形之一的，环保部门可以暂停审批该企业集团产生大气污染物的建设项目的环境影响评价文件。

第二十三条 市经济信息化行政管理部门应当会同市发展改革、环保等相关行政管理部门根据大气污染物排放标准，结合城市功能定位，定期制定和调整本市工业领域行业、工艺和设备淘汰名录，报市人民政府批准后公布实施。

列入前款名录范围的行业、工艺或者设备，应当在规定的期限内予以调整或者淘汰。

第二十四条 向大气排放污染物的单位，其大气污染物处理设施必须保持正常使用。拆除或者闲置大气污染物处理设施的，必须事先报经市或者区、县环保部门批准。

大气污染物处理设施因维修、故障等原因不能正常使用的，排污单位应当采取限产停产等措施，确保其大气污染物排放达到规定的标准，并立即向区、县环保部门报告。

第二十五条 鼓励排污单位和个人委托具有相应能力的第三方机构运营其污染治理设施或者实施污染治理。没有相应能力运营污染治理设施或实施污染治理的单位和个人，应当委托具有相应能力的第三方机构实施治理。排污单位和个人应当将委托第三方机构实施污染治理的情况向环保部门备案。

接受委托的第三方机构，应当遵守环境保护法律、法规和相关技术规范的要求。

第二十六条 各单位应当加强对生产设施和污染物处理设施的保养、检修，采取措施防止大气污染事故的发生。

排放或者可能泄漏有毒有害气体和含有放射性物质的气体或者气溶胶，可能造成大气污染事故的单位，必须按照有关规定制订应急预案，并报环保部门、民防部门以及其他有关部门备案。接受备案的部门，应当加强对备案单位的检查和技术指导。

发生突发大气污染事故的，有关单位应当立即启动应急预案，采取有效措施，防止污染危害扩大，并及时向环保部门报告。在危害或者可能危害人体健康和安全的紧急情况下，市或者区、县人民政府应当及时向当地居民公告，采取强制性应急措施，包括责令有关排污单位停止排放污染物，封闭部分道路，疏散受到或者可能受到污染危害的人员。

第二十七条 市环保部门应当会同市气象等相关部门根据大气环境质量状况，拟订本市环境空气质量重污染天气应急预案，报市人民政府批准后实施。

第二十八条 本市建立重污染天气分级预警和响应机制。

出现重污染天气时，市人民政府应当及时启动应急预案。根据不同的污染预警等级，向社会发布预警信息，并采取相应的响应措施。

根据应急预案的规定，环保、卫生、教育等有关部门应当通过新闻媒体及时发布公众健康提示及建议，提醒公众减少户外活动、降低室外工作强度等；环保、经济信息化、建设、交通、绿化市容、公安等有关部门应当采取暂停或限制排污单位生产、停止易产生扬尘的作业活动、限制机动车行驶、禁止燃放烟花爆竹等应急措施，并向社会公告，相关单位和个人应当服从和配合。

第二十九条 市环保、气象部门应当建立大气环境信息和气象信息共享、预测预报会商等相关工作机制，并联合发布空气质量预报信息。

第三十条 市和区、县环保部门负责本市大气环境质量的监测和对大气污染源的监督监测，建立和完善大气环境监测网络。

市环保部门统一发布本市大气环境质量信息。区、县环保部门应当按照规范发布本辖区内的大气环境质量信息。

第三十一条 使用额定蒸发量二十吨以上锅炉或者大气污染物排放量与其相当的窑炉的单位，以及市环保部门确定的排放大气污染物重点监管单位，必须配置大气污染物排放在线监测设备，并由环保部门纳入统一的监测网络。

在线监测设备作为环境污染治理设施的组成部分，应当保持正常运行。

在线监测取得的数据可以作为环境执法和管理的依据。

第三十二条 单位有下列情形之一的，应当按照环保部门的要求，通过新闻媒体定期公布排放大气污染物的名称、排放方式、排放总量、排放浓度、超标排放情况，以及防治污染设施的建设和运行情况等单位环境信息：

（一）列入大气污染物排放重点监管单位名单的；

（二）主要大气污染物排放量超过总量控制指标的；

（三）大气污染物超标排放的；

（四）国家和本市规定的其他情形。

市环保部门应当定期公布重点监管单位的监督监测信息。

第三十三条 市和区、县环保部门应当将企事业单位和其他生产经营者的大气环境违法信息纳入本市企业征信信息系统，定期向社会公布违法者名单。

第三章 防治能源消耗产生的污染

第三十四条 市和区、县人民政府应当采取措施，合理控制能源消费总量，逐步削减煤炭消费总量，改进能源结构，推广清洁能源的生产和使用。

市发展改革行政管理部门应当会同市相关行政管理部门，拟订本市煤炭消费总量削减目标和控制措施，报市人民政府批准后实施。区、县人民政府应当按照本市煤炭消费总量削减目标制定本行政区域的具体措施并组织实施。

第三十五条 市发展改革行政管理部门应当会同有关部门推进本市清洁能源建设，制定促进清洁能源发展、能源结构调整的相关政策。

除燃煤电厂外，本市禁止新建燃用煤、重油、渣油、石油焦等高污染燃料（以下统称高污染燃料）的设施；燃煤电厂的建设按照国家和本市有关规定执行。

除电站锅炉、钢铁冶炼窑炉外，现有燃用高污染燃料的设施应当在规定的期限内改用天然气、液化石油气、电或者其他清洁能源。市经济信息化行政管理部门应当会同有关部门制定具体推进计划。

尚未实施清洁能源替代的燃用高污染燃料的设施，必须配套建设脱硫、脱硝、除尘装置或者采取其他措施，控制二氧化硫、氮氧化物和烟尘等污染物排放量；燃料应当符合国家和本市规定的有关强制性标准和要求。

第三十六条 新建燃用天然气等清洁能源的锅炉、窑炉，应当采用低氮燃烧等氮氧化物控制措施。已建燃用天然气等清洁能源的锅炉、窑炉，应当在规定的期限内采用低氮燃烧的技术改造措施。

禁止锅炉、窑炉、单位使用的或者经营性的炉灶等设施排放明显可见的黑烟。

第四章 防治机动车、船排放污染

第三十七条 任何单位和个人不得制造、销售或者进口污染物排放超过规定排放标准的机动车。

销售有本市地方排放标准的机动车的，必须向市环保部门报送所售该型号机动车污染物排放情况的资料；不符合排放标准的，不得在本市销售。市环保部门应当定期公布污染物排放符合规定排放标准的机动车车型目录。

质量技术监督管理部门应当加强对本市制造、销售的机动车污染物排放标准符合性的监督检查，并向环保部门定期通报检查情况。

入境检验部门依法对进口机动车排气污染实施检验和监督。

第三十八条 在本市行驶的机动车、船向大气排放污染物，不得超过国家和本市规定的排放标准。

污染物排放超过国家和本市规定的排放标准的机动车，公安交通管理部门不予核发牌证。污染物排放超过规定排放标准的机动船，有关行政管理部门不予注册登记。

本市在用机动车应当按照机动车安全技术检验周期，在接受安全技术检测的同时接受排气污染定期检测。经检测合格的，方可上路行驶。环保部门可以对注册超过十年的机动车辆增加排气污染检测频次。

在用机动车未经机动车排气污染定期检测，或者经检测排放的污染物超过国家和本市规定的排放标准的，公安交通管理部门不予核发安全检验合格标志。

在本市行驶的机动车、船不得排放明显可见的黑烟。

第三十九条 机动车尾气处理装置应当保持正常使用。尾气排放车载诊断系统报警或者尾气处理装置保质期届满的，车主应当及时送修、更换，确保车辆达到排放标准。

第四十条 在本市使用的非道路移动机械向大气排放污染物，不得超过国家和本市规定的排放标准。非道路移动机械的所有者或者使用者应当向区、县环保部门申报非道路移动机械的种类、数量、使用场所等情况。

在本市使用的非道路移动机械不得排放明显可见的黑烟。

第四十一条 机动车维修单位，应当按照防治大气污染的要求和国家有关技术规范进行维修，使在用机动车达到规定的污染物排放标准。

机动车二级维护、发动机总成大修、整车大修的经营单位，应当按照规定配备排气污染物检测仪器设备。

机动车经过二级维护、发动机总成大修、整车大修及其他影响整车污染物排放的维修，污染物排放超过规定排放标准的，不得交付使用。

机动车经过前款所列项目维修后，在规定的维修质量保证期内正常使用时，其污染物排放超过规定排放标准的，机动车维修单位应当负责维修，使其达到规定的排放标准。

交通行政管理部门应当加强对机动车维修单位的监督管理。

第四十二条 市环保部门可以委托具有机动车检测资质的检测单位进行排气污染定期检测，并公布检测单位目录。未经市环保部门委托的，不得进行机动车排气污染定期检测。

接受市环保部门委托从事机动车排气污染定期检测的单位，必须按照国家和本市规定的检测方法和技术规范进行检测，如实提供检测报告，并定期将机动车排气污染检测情况报市环保部门备案。

市环保部门应当对接受委托从事机动车排气污染定期检测的单位进行监督、抽查，对提供不实的检测报告或者不按照规定的检测方法和技术规范进行机动车排气污染检测，情节严重的，撤销对其定期检测的委托。

第四十三条 公安交通管理部门、海事部门可以会同环保部门对在道路上行驶的机动车和在通航水域内行驶的机动船的污染物排放状况进行监督抽测。遥感监测取得的数据，可以作为环境执法的依据。

环保部门可以在机动车停放地对在用机动车的污染物排放状况进行监督抽测。

在用机动车车主或者驾驶人员以及在航机动船经营人员或者船员应当配合公安交通、海事和环保部门的监督抽测，不得拒绝、阻挠。

第四十四条 市环保部门应当按照国家有关规定对本市机动车统一核发环保检验合格标志。

无环保检验合格标志的，不得上路行驶。对标识为高污染的机动车实施区域限行措施。高污染机动车的限行区域和限行时间，由市公安交通管理部门会同市环保、交通行政管理部门另行规定。

无环保检验合格标志或者被标识为高污染的道路运输车辆不得在本市从事道路运输经营。

第四十五条 污染物排放超过规定标准的在用机动车无法修复的，应当及时向公安交通管理部门办理机动车报废手续，并不得上路行驶。

第四十六条 本市交通、海洋以及海事、渔政等有监督管理权的部门，应当加强对机动船污染物排放的监督检查。

污染物排放超过规定标准的在用机动船，由有监督管理权的部门责令限期维修。

市交通行政管理部门应当会同有关部门推进建设码头岸基供电设施和低硫油供应设施。

第四十七条 市质量技术监督管理部门可以根据实际情况，会同有关部门制定严于国家标准的车、船、非道路移动机械燃料地方质量标准。

本市销售的车、船、非道路移动机械燃料必须符合国家和本市规定的质量标准。

本市自备燃料用于车、船、非道路移动

机械的单位，其使用的燃料必须符合国家和本市规定的质量标准。

质量技术监督、环保、海事部门应当按照职责分工加强对本市燃油质量的监督检查，并定期发布检查结果。

第四十八条 市和区、县人民政府应当优先发展公共交通，倡导和鼓励公众使用公共交通、自行车等方式出行。

国家机关、事业单位、大型企业以及公交、环卫等行业应当率先推广使用新能源和清洁能源机动车。

第五章 防治废气、尘和恶臭污染

第四十九条 本市鼓励生产、使用低挥发性有机物含量的原料和产品。

市质量技术监督管理部门应当会同市环保部门指导相关行业协会定期公布低挥发性有机物含量产品和高挥发性有机物含量产品的目录。

列入高挥发性有机物含量产品目录的产品，应当在其包装或者说明中予以标注。

第五十条 本市医院、学校及幼托机构等环境敏感区域内禁止使用高挥发性有机物含量的产品。

本市在化工、表面涂装、包装印刷等重点行业逐步推进低挥发性有机物含量产品的使用。

使用财政资金的单位应当优先采购低挥发性有机物含量的产品。

第五十一条 市环保部门应当会同市质量技术监督等部门，制定本市重点行业挥发性有机物排放标准、技术规范。相关单位应当按照挥发性有机物排放标准、技术规范的规定，制定操作规程，组织生产管理。

原油和成品油码头、加油站、储油库、油罐车、服装干洗行业等应当配备挥发性有机物回收装置。

产生含挥发性有机物废气的生产经营活动，应当在密闭空间或者设备中进行，设置废气收集和处理系统，并保持其正常使用；造船等无法在密闭空间进行的生产经营活动，应当采取有效措施，减少挥发性有机物排放。

石油化工及其他使用有机溶剂的企业应当按照环保部门的规定建立泄漏检测与修复制度，发生泄漏的应当及时修复。

石油化工、化工等排放挥发性有机物的企业在计划维修、检修过程中，应当按照环保部门的规定，对生产装置系统的停运、倒空、清洗等环节实施挥发性有机物排放控制。

第五十二条 废弃物焚烧炉必须按照国家和本市规定的标准进行建设，由市环保部门验收合格后，方可投入使用。

废弃物焚烧炉的运行，应当严格遵守操作规程，防止产生二次污染，其排放的大气污染物不得超过规定的排放标准和排放总量指标。

第五十三条 本市禁止露天焚烧秸秆、枯枝落叶等产生烟尘的物质，以及沥青、油毡、橡胶、塑料、垃圾、皮革等产生有毒有害、恶臭或强烈异味气体的物质。

乡、镇人民政府和街道办事处应当对区域内违反前款规定的行为进行巡查和监督。

市发展改革、经济信息化、农业、环保、财政等有关部门应当制定相关政策，鼓励和引导农业生产方式转变和秸秆高效综合利用，区、县人民政府应当予以推进落实。

第五十四条 建设单位应当在施工承包合同中明确施工单位防治扬尘污染的责任。

施工单位应当按照施工技术规范中扬尘污染防治的要求文明施工，控制扬尘污染。符合市建设行政管理部门规定条件的建设工程，施工单位应当按照规定安装扬尘在线监测设施，扬尘在线监测设施的安装和运行费用列入工程概算。

第五十五条 装卸、运输易产生扬尘污染的物料的车辆，应当采用密闭化措施。运输单位和个人应当加强对车辆机械密闭装置的维护，确保设备正常使用，运输途中的物料不得沿途泄漏、散落或者飞扬。

装卸、运输易产生扬尘污染的物料的船舶应当采取覆盖措施。

第五十六条 堆放易产生扬尘污染的物料的港口、码头、堆场、混凝土搅拌站和露天仓库等场所应当采取围挡、遮盖、密闭和其他防治扬尘污染的措施，并符合下列防尘要求：

（一）地面进行硬化处理；

（二）采用混凝土围墙或者天棚储库，库内配备喷淋或者其他抑尘措施；

（三）采用输送设备作业的，应当在落料、卸料处配备吸尘、喷淋等防尘设施，并保持防尘设施的正常使用；

（四）在出口处设置车辆清洗的专用场地，配备运输车辆冲洗保洁设施；

（五）划分料区和道路界限，及时清除散落的物料，保持道路整洁，并及时清洗。

第五十七条 道路、广场和其他公共场所进行保洁作业的单位和个人，应当按照保洁作业技术规范中的扬尘污染防治要求作业。

第五十八条 植物栽种和养护作业应当符合绿化建设和养护技术规范中的扬尘污染防治要求。

第五十九条 下列范围内裸露土地应当依本条规定进行绿化或者铺装：

（一）单位范围内的裸露土地，由所在单位进行绿化或者铺装；

（二）闲置六个月以上的建设用地，由建设单位进行绿化或者铺装；

（三）市政道路、河道沿线、公共绿地的裸露土地，分别由交通、水务、绿化行政管理部门组织进行绿化或者铺装。

第六十条 禁止在人口集中地区和其他依法需要特殊保护的区域内，贮存、加工、制造或者使用产生强烈异味、恶臭气体的物质。

第六十一条 饮食服务业的经营者应当按照市环保部门的规定安装和使用油烟净化和异味处理设施以及在线监控设施，并保持正常运行，排放的油烟、烟尘等污染物不得超过规定的标准。

饮食服务业的经营者应当定期对油烟净化和异味处理装置进行清洗维护并保存记录，防止油烟和异味对附近居民的居住环境造成污染。环保部门应当对饮食服务经营场所的油烟和异味排放状况进行监督检查。

在本市城镇范围的居民住宅楼内，不得新建饮食服务经营场所。规划配套建设的饮食服务经营场所，应当在建筑结构上设计专用烟道等污染防治措施，保证油烟排放口设置高度及与周围居民住宅楼等建筑物距离控制符合环保要求。

在前款规定范围内新建的饮食服务经营场所，应当使用清洁能源。已建的饮食服务经营场所应当按照市人民政府规定的限期改用清洁能源。

第六十二条 产生粉尘、废气的作业活动具备收集或者消除、减少污染物排放条件的，作业单位和个人应当按照规定采取相应的防治措施，不得无组织排放。

第六十三条 本市根据实际需要逐步扩大烟花爆竹的禁止燃放区域，严格限制燃放时间。

第六章 长三角区域大气污染防治协作

第六十四条 市人民政府应当根据国家有关规定，与长三角区域相关省建立大气污染防治协调合作机制，定期协商区域内大气污染防治重大事项。

环保、发展改革、经济信息化、规划国土、建设、交通、公安交通、气象、海事等相关部门应当与周边省、市、县（区）相关部门建立沟通协调机制，采取措施，优化长三角区域产业结构和规划布局，促进清洁能源替代，统筹区域交通发展，强化大气环境信息共享及污染预警应急联动，协调跨界污染纠纷，实现区域经济、社会、环境协调发展。

第六十五条 本市有关部门在制定本条例第二十一条 、第二十三条 规定的产业结构调整指导目录和淘汰名录时，应当统筹考虑与长三角区域相关省的协调性。

第六十六条 市人民政府应当会同长三角区域相关省，及时组织实施机动车国家排放标准。

市人民政府应当会同长三角区域相关省，根据长三角区域大气污染防治需要，研究制定区域统一的货运汽车和长途客车更新淘汰标准，并采取车辆限行等措施，加快淘汰高污染车辆。

第六十七条 市交通行政管理部门应当与国家海事部门、长三角区域相关省有关部门加强协作，在本市逐步推进进入上海港的船舶使用低硫油，靠泊船舶采用岸基供电。

第六十八条 市人民政府应当会同长三角区域相关省，建立长三角区域重污染天气应急联动机制，及时通报预警和应急响应的有关信息，并可根据需要商请相关省、市采取相应的应对措施。

第六十九条 市环保等行政管理部门应当与长三角区域相关省有关部门建立沟通协调机制，对在省、市边界建设可能对相邻省、市大气环境产生影响的重大项目，及时通报有关信息。

第七十条 市人民政府应当会同长三角区域相关省，在防治机动车污染、禁止秸秆露天焚烧等领域，探索区域大气污染联动执法。

第七十一条 市人民政府应当与长三角区域相关省协商，将下列环境信息纳入长三角区域共享：

（一）大气污染源信息；

（二）大气环境质量监测信息；

（三）气象信息；

（四）机动车排气污染检测信息；

（五）企业环境征信信息；

（六）可能造成跨界大气影响的污染事故信息；

（七）各方协商确定的其他信息。

第七十二条 市环保部门应当加强与长三角相关省的大气污染防治科研合作，组织开展区域大气污染成因、溯源和防治政策、标准、措施等重大问题的联合科研，推动节能减排、污染排放、产业准入和淘汰等方面环境标准的统一。

第七章 法律责任

第七十三条 违反本条例规定的行为，法律和行政法规已有处罚规定的，从其规定。

第七十四条 环保部门和其他有关行政管理部门应当依法履行监督管理职责，有下列违法行为的，由所在单位或者上级主管部门对直接负责的主管人员和其他直接责任人员，依法给予行政处分；构成犯罪的，依法追究刑事责任：

（一）对应当予以受理的事项不予受理的；

（二）对应当予以查处的违法行为不予查处，致使公共利益受到严重损害的；

（三）滥用职权、徇私舞弊的；

（四）违反本条例规定，查封、扣押企事业单位和其他生产经营者的设施、设备的。

第七十五条 违反本条例第十八条 规定，无排放许可证排放主要大气污染物的，由市或者区、县环保部门责令停止生产，并处五万元以上五十万元以下罚款；有排放许可证，排放主要大气污染物超过核定排放总量指标的，由环保部门责令限制生产或者停产整治，处一万元以上十万元以下罚款；情节严重的，由市或者区、县环保部门报请同级人民政府责令停业、关闭。

第七十六条 违反本条例第二十三条 第二款规定，列入淘汰名录的行业、工艺或者设备逾期未调整或者淘汰的，相关企业由市或者区、县经济信息化行政管理部门报请同级人民政府责令停业、关闭。

第七十七条 违反本条例第二十四条 第一款、第二款规定，有下列情形之一的，由市或者区、县环保部门责令停止生产，处一万元以上五万元以下罚款：

（一）大气污染物处理设施未保持正常使用的；

（二）未经批准擅自拆除或者闲置大气污染物处理设施的；

（三）大气污染物处理设施因维修、故障等原因不能正常使用，未按照规定及时报告的。

第七十八条 违反本条例第二十五条 第二款规定，接受委托的第三方机构，未按照法律、法规和相关技术规范的要求实施污染治理，或者在实施污染治理中弄虚作假的，由市或者区、县环保部门责令改正，处一万元以上十万元以下罚款。

第七十九条 违反本条例第二十六条 第二款规定，未制订应急预案的，由市或者区、县环保部门责令改正；对拒不制订应急预案的单位，可以处二千元以上一万元以下罚款，并可以建议有关部门对直接负责的主管人员和其他直接责任人员给予行政处分。

第八十条 有关单位违反本条例第二十八条 第三款规定，拒不执行暂停或限制生产措施的，由环保部门处二万元以上二十万元以下罚款；拒不执行扬尘管控措施的，由建设、交通、房屋等有关行政管理部门或城管执法部门依据各自职责处一万元以上五万元以下罚款；拒不执行机动车管控、禁止燃放烟花爆竹措施的，由公安机关依照有关规定予以处罚。

第八十一条 违反本条例第三十一条 第一款规定，未按照规定配置大气污染物排放在线监测设备，或者拒绝纳入统一监测网络的，由市或者区、县环保部门责令改正，并处一万元以上十万元以下罚款。

第八十二条 违反本条例第三十二条 第一款规定，未按照规定公布单位环境信息的，由市或者区、县环保部门责令公开，处一万元以上十万元以下罚款。

第八十三条 违反本条例第三十五条 第三款、第六十一条 第四款规定，在市人民政府规定的期限届满后继续使用高污染燃料的，由市或者区、县环保部门责令拆除或者没收燃用高污染燃料的设施。

违反本条例第三十五条 第四款，使用燃料不符合国家和本市规定的有关强制性标准和要求的，由质量技术监督管理部门责令改正，可以处一万元以上十万元以下罚款。

第八十四条 违反本条例第三十六条 第二款规定，锅炉、窑炉以及单位使用的或者经营性的炉灶等设施排放明显可见黑烟的，由市或者区、县环保部门责令改正，可以处五千元以上五万元以下罚款。

第八十五条 违反本条例第三十八条 第一款、第五款规定，在本市行驶的机动车向大气排放污染物超过规定的排放标准或者排放明显可见黑烟的，由公安交通管理部门暂扣车辆行驶证，责令维修，可以处二百元以上二千元以下罚款；维修后经有资质的检测单位检测符合排放标准的，发还车辆行驶证。

违反本条例第三十八条 第一款、第五款规定，在本市行驶的机动船向大气排放污染物超过规定的排放标准或者排放明显可见黑烟的，由海事部门责令改正，可以处一千元以上一万元以下罚款；情节严重的，处一万元以上五万元以下罚款。

第八十六条 违反本条例第三十九条 规定，尾气排放车载诊断系统报警后，未及时送修的，轻型车行驶超过二百公里行驶里程、重型车行驶超过二十四小时行驶时间的，由环保部门责令改正，并处三百元罚款。擅自拆除机动车尾气处理装置的，由环保部门责令改正，并处三百元罚款。

第八十七条 违反本条例第四十条 规定，在本市使用的非道路移动机械向大气排放污染物超过规定排放标准或者排放明显可见黑烟的，由环保部门责令改正，可以处五百元以上五千元以下罚款。

第八十八条 违反本条例第四十一条 第三款规定，将维修后污染物排放仍超过规定排放标准的机动车交付使用的，由交通行政管理部门依照有关法律、法规处理。

第八十九条 违反本条例第四十二条 第一款规定，未经市环保部门委托从事机动车排气污染定期检测的，由市环保部门责令停止违法行为，没收非法所得，可以并处五千元以上五万元以下罚款。

违反本条例第四十二条 第二款规定，接受委托从事机动车排气污染定期检测的单位不按规定的检测方法和技术规范进行检测，由市环保部门责令改正，可以处三千元以上三万元以下罚款；提供不实的检测报告或者不按规定检测情节严重的，处三万元以上五万元以下罚款，并可以由负责资质认定的部门取消承担机动车定期检测的资格。

第九十条 违反本条例第四十三条 第三款规定，在用机动车车主或者驾驶人员，以及在航机动船经营人员或者船员拒绝、阻挠公安交通、海事或者环保部门对机动车和机动船排气污染监督抽测的，由公安交通、海事或者环保部门依照有关法律、法规处理。

第九十一条 违反本条例第四十四条 第三款规定，无环保检验合格标志或者被标识为高污染的道路运输车辆在本市从事道路运输经营的，由交通行政管理部门责令改正，可以处二百元以上二千元以下罚款。

第九十二条 违反本条例第四十五条 规定，污染物排放超过规定标准无法修复的在用机动车上路行驶的，公安交通管理部门应当依照有关规定予以收缴、强制报废，并对机动车驾驶人依法予以处罚。

第九十三条 违反本条例第四十七条 第二款规定，在本市销售不符合规定标准的车、船、非道路移动机械燃料的，由质量技术监督管理部门依照《中华人民共和国产品质量法》的规定处理。

违反本条例第四十七条 第三款规定，自备的燃料不符合规定标准的，由环保部门、海事部门按照职责分工责令改正，处一万元以上十万元以下罚款。

第九十四条 违反本条例第五十一条 第一款、第四款、第五款规定，单位违反挥发性有机物排放标准、技术规范进行运行管理的，由市或者区、县环保部门责令改正，可以处五千元以上五万元以下罚款。

违反本条例第五十一条 第二款、第三款规定，未配备挥发性有机物回收装置的，或者未在密闭空间或者设备中进行产生含挥发性有机物废气的生产经营活动，或者未设置废气收集和处理系统的，由环保部门责令停止违法行为，可以处一万元以上十万元以下罚款。

第九十五条 违反本条例第五十二条 第二款规定，废弃物焚烧炉排放大气污染物超过规定的排放标准或排放总量指标的，市或者区、县环保部门可以责令限制生产或者停产整治，处一万元以上十万元以下罚款；情节严重的，由市或者区、县人民政府责令停业、关闭。

第九十六条 违反本条例第五十三条 第一款规定，露天焚烧秸秆、枯枝落叶等产生烟尘的物质的，由环保部门责令停止违法行为，情节严重的，可以处二百元以下罚款；露天焚烧沥青、油毡、橡胶、塑料、垃圾、皮革等产生有毒有害、恶臭或强烈异味气体物质的，由环保部门责令停止违法行为，处二万元以下罚款。

第九十七条 违反本条例第五十四条 第二款规定，施工单位未采取有效防尘措施或者未按照规定安装在线监测设施的，由工程有关行政管理部门责令改正，并处一千元以上一万元以下罚款；

违反本条例第五十五条 第一款规定，运输车辆未采用密闭化措施，或者在运输过程中泄露、散落、飞扬的，由公安交通管理部门或者绿化市容行政管理部门依照有关法律、法规处理；

违反本条例第五十五条 第二款规定，船

舶未采取覆盖措施的，由海事部门责令改正，处一千元以上一万元以下罚款；

违反本条例第五十六条 规定，港口、码头及其堆场未采取有效扬尘防治措施的，由交通行政管理部门责令改正，处一千元以上一万元以下罚款；露天仓库和其他堆场未采取有效扬尘防治措施的，由环保部门责令改正，处一千元以上一万元以下罚款；混凝土搅拌站未采取有效扬尘防治措施的，由建设行政管理部门责令改正，处一千元以上一万元以下罚款；

违反本条例第五十七条 、第五十八条 规定，未按照规范进行清扫保洁作业，以及未按照规范进行植物栽种和养护作业的，由绿化市容行政管理部门责令改正，处一千元以上一万元以下罚款；

违反本条例第五十九条 第一项规定，单位未按照规定进行绿化或者铺装的，由环保部门责令改正，处一千元以上一万元以下罚款；违反本条例第五十九条 第二项规定，建设单位未按照规定进行绿化或者铺装的，由建设行政管理部门责令改正，处一千元以上一万元以下罚款；

有本条第一款至第六款规定的情形，致使大气环境受到污染，情节严重的，由有关行政管理部门处一万元以上五万元以下罚款。

第九十八条 有下列行为之一的，由环保部门责令停止违法行为，污染较轻的可以处二百元以上三千元以下罚款；污染严重的可以处三千元以上五万元以下罚款：

（一）违反本条例第六十条 规定，在人口集中地区和其他需要特殊保护的区域内，贮存、加工、制造或者使用产生强烈异味、恶臭气体的物质，造成周围环境污染的；

（二）违反本条例第六十一条 第一款、第二款规定，饮食服务业的经营者未按照规定安装油烟净化和异味处理设施或在线监控设施、未保持设施正常运行或者未定期对油烟净化或异味处理设施进行清洗维护并保存记录的。

第九十九条 违反本条例第六十二条 规定，作业单位和个人无组织排放粉尘或者废气的，由市或者区、县环保部门责令改正；拒不改正的，处五千元以上五万元以下罚款。

第一百条为排放大气污染物的单位和个人提供生产经营场所的出租人，应当配合环保部门对出租场所内违反本条例规定行为的执法检查，提供承租人的有关信息。出租人拒不配合的，由环保部门处二千元以上两万元以下罚款。

第一百零一条 企事业单位和其他生产经营者违反本条例，除第二十八条 、第三十二条 、第六十一条 规定的情形外，受到罚款处罚，被责令改正，拒不改正的，依法作出处罚决定的行政机关可以自责令改正之日的次日起，按照原处罚数额按日连续处罚。

第一百零二条 市或者区、县人民政府对排污单位作出责令停业、关闭决定的，以及市或者区、县环保部门对排污单位作出责令停产整治决定的，供电单位应当予以配合，停止对排污单位供电。

第一百零三条 排污单位违反本条例规定发生环境污染事故，或者违反本条例第十六条 第二款、第十八条 第一款和第二款、第二十八条 第三款规定的，除对单位进行处罚外，环保等有关部门还可以对单位主要负责人和直接责任人员处一万元以上十万元以下罚款。

第一百零四条 企事业单位和其他生产经营者违法排放大气污染物，造成或者可能造成严重污染的，环保部门可以查封、扣押造成污染物排放的设施、设备。

第一百零五条 违反本条例规定，排放大气污染物，构成犯罪的，依法追究刑事责任。

环保部门与公安机关应当建立健全大气污染案件行政执法和刑事司法的衔接机制。

第一百零六条 因污染大气环境造成损害

的，应当依照《中华人民共和国侵权责任法》的有关规定承担侵权责任。

对污染大气环境，损害社会公共利益的行为，符合国家法律规定的社会组织可以依法向人民法院提起诉讼。

第一百零七条 当事人对环保部门和其他有关行政管理部门的具体行政行为不服的，可以依照《中华人民共和国行政复议法》或者《中华人民共和国行政诉讼法》的规定，申请行政复议或者提起行政诉讼。

当事人对具体行政行为逾期不申请复议，不提起诉讼，又不履行的，作出具体行政行为的行政管理部门可以申请人民法院强制执行，或者依法强制执行。

第八章 附则

第一百零八条 本条例自 2014 年 10 月 1 日起施行。2001 年 7 月 13 日上海市第十一届人民代表大会常务委员会第二十九次会议通过的《上海市实施〈中华人民共和国大气污染防治法〉办法》同时废止。

上海市人民政府关于调整和完善本市廉租住房政策标准的通知

（沪府发〔2014〕52 号　2014 年 8 月 25 日）

各区、县人民政府，市政府各委、办、局：

为进一步完善本市住房保障体系，继续扩大廉租住房政策受益面，经研究，市政府决定，调整和完善本市廉租住房政策标准。

现就有关事项通知如下：

一、收入和财产准入标准

申请廉租住房家庭的收入和财产准入标准调整为：3 人及以上申请家庭人均年可支配收入低于 30000 元（含 30000 元）、人均财产低于 90000 元（含 90000 元），2 人及以下申请家庭人均年可支配收入低于 33000 元（含 33000 元）、人均财产低于 99000 元（含 99000 元）。

二、配租面积标准

廉租住房配租面积为申请家庭（含单身人士，下同）已有住房面积与廉租住房保障面积的差额面积。廉租住房保障面积按照人均居住面积 10 平方米计算。廉租住房租金配租申请家庭配租面积不足居住面积 12 平方米的，按照 12 平方米计算。

各区（县）可根据本区域房屋租赁市场等情况，将廉租住房租金配租申请家庭最高配租面积限定为居住面积 30 平方米。各区（县）需要设定最高配租面积的，由区（县）政府报市住房保障房屋管理部门备案后实施。

三、租金配租补贴标准

3 人及以上、人均年可支配收入低于 15600 元（含 15600 元），或者 2 人及以下、人均年可支配收入低于 17160 元（含 17160 元）的家庭，按照基本租金补贴标准实施补贴。

3 人及以上、人均年可支配收入在 15600 元（不含 15600 元）至 24000 元（含 24000 元）间，或者 2 人及以下、人均年可支配收入在 17160 元（不含 17160 元）至 26400 元（含 26400 元）间的家庭，按照基本租金补贴标准的 70% 实施补贴。

3 人及以上、人均年可支配收入在 24000 元（不含 24000 元）至 30000 元（含 30000 元）间，或者 2 人及以下、人均年可支配收入在 26400 元（不含 26400 元）至 33000 元（含 33000 元）间的家庭，按照基本租金补贴标准的 40% 实施补贴。

四、实物配租自付租金标准

实物配租家庭选择的廉租房源面积在规定配租面积 1.5 倍内，按照基本租金补贴标准实施补贴的家庭，原则上以家庭月可支配收入的 5% 承担自付租金；按照基本租金补贴标准的 70% 实施补贴的家庭，原则上以家庭月可支配收入的 7% 承担自付租金；按照基本租金补贴标准的 40% 实施补贴的家庭，原则上以家庭月可支配收入的9%承担自付租金。市住房保障房屋管理部门可以根据实际情况，对实物配租家庭划分不同的收入区间，并对同一区间内家庭按照同一收入水平计算自付租金。

实物配租家庭选择的廉租房源面积超过规定配租面积1.5倍，超过面积部分的自付租金，按照基本租金补贴标准实施补贴的家庭，以超过面积部分廉租租金的50%承担；按照基本租金补贴标准的70%实施补贴的家庭，以超过面积部分廉租租金的60%承担；按照基本租金补贴标准的40%实施补贴的家庭，以超过面积部分廉租租金的70%承担。

上述标准自2014年9月15日起实施。其他相关标准和事宜，仍按照《上海市人民政府关于调整和完善本市廉租住房政策标准的通知》（沪府发〔2013〕25号）执行。此前已经享受廉租住房保障的家庭，在按照廉租住房复核办法等规定重新核准前，维持原配租标准和实物配租自付租金。

上海市共有产权保障住房（经济适用住房）准入标准和供应标准

（沪府发〔2014〕53号　2014年8月21日）

根据《上海市经济适用住房管理试行办法》（沪府发〔2009〕29号），制订本市共有产权保障住房（即经济适用住房，下同）准入标准和供应标准。

一、准入标准

同时符合下列标准的本市城镇居民家庭，可以申请购买共有产权保障住房：

（一）家庭成员在本市实际居住，具有本市城镇常住户口连续满3年，且在提出申请所在地的城镇常住户口连续满2年。

（二）家庭人均住房建筑面积低于15平方米（含15平方米）。

（三）3人及以上家庭人均年可支配收入低于7.2万元（含7.2万元）、人均财产低于18万元（含18万元）；2人及以下家庭人均年可支配收入和人均财产标准按前述标准上浮20%，即人均年可支配收入低于8.64万元（含8.64万元）、人均财产低于21.6万元（含21.6万元）。

（四）家庭成员在提出申请前5年内未发生过住房出售行为和赠与行为，但家庭成员之间住房赠与行为除外。

同时符合上述标准，具有完全民事行为能力的单身人士（包括未婚、丧偶或者离婚满3年的人士），男性年满28周岁、女性年满25周岁，可以单独申请购买共有产权保障住房。

对符合规定条件的共有产权保障住房申请对象，可以调整住房面积核算方式。具体办法，由市住房保障房屋管理局另行制订。

二、供应标准

对申请购买共有产权保障住房的，按照下列标准供应：

（一）单身申请人士，购买一套一居室。

（二）2人或者3人申请家庭，购买一套二居室。

（三）4人及以上申请家庭，购买一套三居室。

（四）申请家庭人员较多、申请家庭人员代际结构较复杂或者经区（县）住房保障机构同意，申请家庭将原有住房交政府指定机构收购的，区（县）政府可以酌情放宽住房供应标准，但须报市住房保障房屋管理局备案。

申请家庭可以根据自身情况和房源供应数量，选择申请购买较小的房型。

上述标准，自2014年10月15日起实施。

关于推进本市立体绿化发展的实施意见

（沪府办发〔2014〕39号　2014年8月21日）

立体绿化是指利用各种建筑物、构筑物立面开展的绿化形式，主要包括屋顶绿化、垂直绿化、沿口绿化和棚架绿化等类型。立体绿化在基本不占用土地的前提下，可起到拓展绿化空间、防治大气污染、改善生态环境、降低建筑能耗、缓解城市排水压力等多方面作用，是城市绿化的重要组成部分。根据《上海市绿化条例》、《上海市建设工程质量和安全管理条例》等规定，现就推进本市立体绿化发展提出如下实施意见：

一、实施目的

以“生态文明、绿色发展”为着眼点，紧紧围绕创新驱动发展、经济转型升级，以立体绿化作为城市绿化新的增长点和重要发展方向，全面推进本市立体绿化工作，努力拓展城市绿化空间，降低建筑能耗，提高绿化覆盖率和绿视率，完善上海的生态环境建设，提升城市环境水平。

二、实施原则

（一）政府引导，分类推进。建立部门联动机制，分类制定和实施立体绿化相关政策措施，完善立体绿化规划设计、建设验收等相关程序，推进立体绿化建设全面、常态开展。

（二）突出重点，先易后难。根据工作实际情况，当前重点抓好新建公共建筑、市政设施的立体绿化建设，率先在环卫设施及公园配套建筑上建设立体绿化，条件成熟后可逐步拓展到其它各类建筑。

（三）规范操作，确保安全。建立完善立体绿化建设的安全和质量监管制度，确保立体绿化建设的安全和质量。严格按照本市《屋顶绿化技术规范》、《立体绿化技术规程》等有关技术标准和规范，落实各项安全检测，做好建筑屋顶前期荷载鉴定和防水检测等实验，注重安全质量控制，确保立体绿化所附载体的安全。

（四）宣传发动，社会参与。进一步加大立体绿化的宣传力度，提升全社会对立体绿化的认知度和参与度，取得市民的理解、支持和参与。以各类文明创建为抓手，努力提高立体绿化工作的社会参与力度。积极探索立体绿化的市场化推进工作，鼓励社会各界参与立体绿化的建设和养护。

三、实施重点

（一）以公共建筑为主推进屋顶绿化建设

新建公共建筑（政府机关、医院、学校、文化体育场所等）的平屋顶（除设施和太阳能设备外），原则上均应实施屋顶绿化，屋顶绿化实施面积应不小于建筑占地面积的30%。具体指标由规划管理部门在核定规划条件中明确，绿化管理部门在建设工程设计方案并联审批中，确保落实上述指标。

（二）以工业建筑为主推进垂直绿化建设

根据工业建筑的特点，实施以垂直绿化为主的立体绿化建设，立体绿化建设面积应不少于新建建筑表面积的20%。具体指标由规划管理部门在核定规划条件中明确或作为建设用地使用权招拍挂出让条件，绿化管理部门在建设工程设计方案并联审批中，确保落实上述指标。

（三）推进各类市政设施的立体绿化建设

以城市快速路的匝道挡墙、外侧桥柱、声屏障及城市道路围栏等市政设施为重点，在确保设施安全的前提下，尽可能实施各类立体绿化，主要包括墙面绿化、桥柱绿化、围栏绿化、沿口绿化（高架沿口、人行天桥沿口）等。各类市政设施立体绿化的设计、施工、养护、管理应与市政设施建设同步进行，原则上由所属市政管理部门负责实施。

四、实施措施

（一）按照法定程序进行《上海市绿化条例》中立体绿化相关条款的修改完善，明确立体绿化的法律地位。编制本市立体绿化实施专项规划，明确立体绿化实施的重点范围，编制立体绿化实施计划、任务清单，明确立体绿化的保障措施和实施手段，为立体绿化的可持续发展夯实基础。

（二）对于确实难以达到规定绿化指标的建设项目，审核配套绿地率时，可按照《上海市城市规划管理技术规定（土地使用、建筑管理）》（上海市人民政府令第12号）第56条或《本市新建屋顶绿化折算抵算配套绿地实施意见（试行）》（沪绿容〔2014〕74号）的相关规定，以屋顶绿化折算后抵算部分配套绿地。

（三）完善立体绿化的资金投入体系。立体绿化产权单位应根据本市立体绿化建设和养护的标准和定额，落实立体绿化建设、养护经费。对符合条件的立体绿化示范项目，可按照《上海市建筑节能项目专项扶持办法》，申请扶持资金。其它的立体绿化配套奖励政策另行制定。

（四）新建立体绿化工程的设计、施工、监理，应当符合国家和本市有关设计、施工、监理的技术标准和规范，并由具有相应资质的单位承担。绿化管理部门应加强对立体绿化建设的质量和安全的监督管理，督促检查相关法律、法规、规章和技术标准的执行情况，以及立体绿化建设各参与单位的质量和安全责任制落实情况等工作。

（五）加强立体绿化的管理和养护。根据《上海市绿化条例》有关规定，禁止任何损坏立体绿化的行为，不得擅自撤销或减少已建立体绿化。按照《关于加强社会绿地工作的管理意见》（沪绿委〔2011〕1号），立体绿化实行“谁所有、谁管理”，由产权单位或产权单位委托的单位按照立体绿化相应的技术标准进行养护。

（六）立体绿化纳入绿化覆盖率统计，并纳入林木绿化率指标，作为各类建设项目和区县政府的绿化成效之一，鼓励各方积极开展各类立体绿化建设。

（七）既有住宅应将立体绿化纳入房屋修缮和综合改造工作，新建住宅应将立体绿化纳入省地型住宅的应用技术积极推广。

（八）立体绿化纳入单位义务植树尽责率统计，认建屋顶绿化面积1平方米，或认建其它立体绿化3平方米，可折算3株义务植树任务。

（九）对立体绿化工作中表现突出的单位或个人给予表彰和奖励，并将立体绿化工作完成情况作为评选绿化先进（绿化先进个人、先进集体、绿化合格单位、花园单位、园林式居住区）、文明创建、实事立功竞赛等评比的重要依据。

五、实施分工

设立上海市立体绿化建设推进工作办公室（设在市绿化市容局），与市绿委办合署办公，负责立体绿化发展的统筹协调、计划安排、监督考核和先进表彰。办公室定期召开立体绿化推进工作例会，研究、协调本市立体绿化建设和管理相关事项，定期向市政府报告工作推进情况。

各有关部门和各区县政府的具体分工为：

市绿化市容局：负责立体绿化规划及建设计划编制、指标任务分解、安全质量监督规范制订，组织推进环卫设施和公园配套建筑的立体绿化工作。做好立体绿化的政策解读、技术指导、统计分析、监督推进、宣传动员等工作。

市发展改革委：负责市级固定资产直接投资的立体绿化项目的立项、审批等工作，负责制订立体绿化专项扶持政策。

市财政局：负责市级财政承担的立体绿化建设、养护资金审核、拨付及监督工作。

市建设管理委：制订涉及立体绿化的相关技术标准、规范。负责在项目设计文件审查阶段同步审核立体绿化内容，将立体绿化纳入绿色（节能）建筑的指标体系积极推广。

市交通委：推进实施市属道路、桥梁等市政交通设施为载体的立体绿化。

市规划国土资源局：落实新建和改建项目立体绿化规划源头和指标控制等工作。

市住房保障房屋管理局：将立体绿化纳入房屋修缮和综合改造工作，纳入节能省地型住宅的应用技术积极推广。

市教委、市经济信息化委、市国资委、市商务委、市卫生计生委、市机管局、市水务局、市体育局、市文广影视局等部门：负责本系统内的立体绿化推进工作。

市各主要功能区管委会：负责区域内立体绿化推进工作。

市文明办：负责将立体绿化工作纳入各类文明创建考核体系同步推进。

各区县政府：作为区域立体绿化的推进主体，负责推进本区域立体绿化发展，制订区域立体绿化配套政策，编制立体绿化实施规划，落实市政府下达的立体绿化建设指标任务。

六、施行日期

本意见自2014年9月1日起实施，有效期至2017年8月31日。

关于加强本市老旧住房安全隐患处置工作的实施意见

（沪府办发〔2014〕52号　2014年9月26日）

老旧住房的安全关系到人民群众的生命、财产安全，是城市公共安全和运行安全的重要内容。为搞好本市老旧住房安全管理，坚决防止房屋安全恶性事故发生，现就加强本市老旧住房安全隐患处置工作提出如下实施意见：

一、明确总体要求、工作目标

（一）总体要求

按照《城市危险房屋管理规定》（建设部令第4号）、《住房城乡建设部关于组织开展全国老楼危楼安全排查工作的通知》（建办电〔2014〕7号）等规定，根据本市老旧住房安全排查情况，以“分清原因、分类指导、属地解决、确保安全”为原则，采取切实有力处置措施，排除本市老旧住房安全隐患，杜绝房屋安全恶性事故，保护人民群众生命、财产安全，维护社会和谐稳定。

（二）工作目标

1. 在已对本市老旧住房开展安全排查的基础上，2014年年底前，全面实施对排查发现的危险房屋的处置整改。同时，启动对严重损坏房屋的检测和处置实施方案的制定等工作。

2.2015年年底前，全面实施对排查发现的严重损坏房屋的处置整改，力争2016年年底前完成。

3.“十三五”期间，全面完成对排查发现的一般损坏房屋的处置整改。

二、加强工作协调，实施分类指导

（一）成立市老旧住房安全隐患处置工作小组（以下简称市“工作小组”），成员单位包括市住房保障房屋管理局、市建设管理委、市交通委、市规划国土资源局、市财政局以及各区县政府。市工作小组负责本市老旧住房安全隐患处置工作的相关政策制定、部门间综合协调、处置责任落实、处置整改方案认定、重大项目或事项会商以及监督考核等工作。市工作小组下设办公室，设在市住房保障房屋管理局，各成员单位派员参加，具体负责工作的协调推进和对口指导。

（二）本市老旧住房安全隐患处置整改坚持“属地管理”的原则，由区县政府负责。各区县政府要统一思想、提高认识，从确保人民群众生命财产安全和保持社会稳定的高度，切实做好老旧住房的安全隐患处置整改工作，并参照市工作小组建立相应的工作制度，明确具体责任部门和机构，落实整改处置相关资金。

（三）在明确属地责任的前提下，市相关职能部门在市工作小组的综合协调下，对区县相关对口部门进行分类指导。

1. 对房屋年久失修、自然老化、接近或超过使用年限等原因引起损坏的房屋，由市住房保障房屋管理局牵头指导进行后续处置和整改。

2. 对由于周边地铁、道路等基础设施建设引起损坏的房屋，由市交通委牵头，指导各区县明确侵权责任人、落实整改资金并进行后续处置。

3. 对由于其他建设工程建设引起损坏的房屋，由市建设管理委牵头，指导各区县明确侵权责任人、落实整改资金并进行后续处置。

4. 对由于房屋施工质量等原因引起损坏的房屋，由市建设管理委牵头，指导各区县明确侵权责任人、落实整改资金并进行后续处置。

5. 对疑难房屋或存在责任交叉不清的危险老旧房屋，由市工作小组会商并确定牵头指导部门进行后续处置和整改。

6. 对原已明确责任单位或已开始进行处置整改的项目，按照原分工和责任，继续落实推进。

三、落实属地责任，确保房屋安全

（一）开展房屋安全检测鉴定。各区县政府要对此次排查中存在危险隐患的老旧住房，根据专业检测单位的评估意见，督促房屋产权人（或委托管理人）或使用人委托专业单位进行房屋安全检测，对经检测结论为危房（局部危房）的，由检测单位报请市住房保障房屋管理局组织市房屋检测技术委员会专家进行技术审定。

（二）坚持分级处置。各区县政府要根据房屋安全检测鉴定结果及治理的技术建议，及时进行处置。

1. 对危险房屋，落实责任单位采取果断措施，逐一制定处置方案，明确处置整改责任和时限，并向市工作小组报备；

2. 对严重损坏房屋，落实责任单位加强跟踪监测并分析原因，逐一制定整改方案，明确整改责任和时限，并向市工作小组报备；

3. 对一般损坏房屋，监督房屋产权人（单位）和使用人负责整改，消除安全隐患。

（三）加强汛期管理和安全巡查工作。各区县政府要落实责任单位，对确定的危险房屋及时制定汛期极端气候条件下人员避险应急预案，落实专人负责，坚决杜绝房屋坍塌、伤人等事故发生。同时，对此次排查中未发现隐患的老旧住房，也要进一步加强巡查，及时发现问题并进行处置。

四、认真分析原因，明确整改责任

按照“谁的房子谁负责、谁造成的原因谁负责”的原则，坚持“区分责任、区分产权、区分危险程度”，根据房屋安全检测鉴定结论，认真分析隐患产生原因，明确相关责任并落实处置资金：

（一）对地铁、市政道路、公共设施以及其他建设工程引起的房屋安全后续整改处置费用，由侵权人或责任人负责。

（二）对经鉴定认定为由原施工质量问题引起的房屋安全后续整改处置费用，由原建设、施工单位负责。

（三）对因单位、居民违法建设引起的房屋安全后续整改处置费用，由违法人承担后续处置费用。

（四）对因自身老化、年久失修等原因引起的后续整改处置费用，由房屋业主承担后续处置费用。

（五）对责任人不明确或无力承担，建设、施工等单位无法追溯的，经市工作小组研究会商后，明确后续处置方案。

五、强化源头治理，形成长效机制

（一）研究防止新矛盾产生的机制。要真正落实房屋主体结构安全的终身责任制；对地铁、道路及大型建筑和基础设施等项目在工程建设前要加强评估，完善建设方案的审核制度，并预先采取防范和处置措施，避免对周边房屋安全产生影响；对可能影响周边房屋安全的建设工作，建设主管部门对此类建设工程的施工组织方案等要加强评审和监督检查，如发现公职人员失职，要加大问责力度。

（二）形成专业监督、社会监督和群众监督相结合的长效机制。要继续发挥各级政府部门对老旧住房安全隐患处置工作的主导作用及专业检测鉴定单位的技术支撑作用；研究运用保险手段等，发挥市场作用；通过“12345”、“962121”等热线，第一时间发现和报告老旧住房安全隐患，并及时进行处置。

六、完善保障措施，保证工作落实

（一）完善政策规定。制定本市房屋使用安全的管理规定，要在落实业主主体责任的前提下，进一步明确政府部门管理内容、管理职责、管理制度以及相关罚则。同时，在总结试点经验基础上，对部分没有修缮价值并存在各类安全隐患的老旧住房，在符合城市规划要求和居民达成共识的前提下，结合城市更新问题制定拆除重建实施细则。

（二）加强资金保障。由各区县政府做好老旧住房安全隐患处置的资金保障工作。市级财力对纳入本市旧住房综合改造范围的老旧住房安全隐患处置工程给予适当补助（具体补助办法,由市住房保障房屋管理局、市财政局另行制定）。

（三）建立各类房屋的信息数据库。逐步完善本市各类房屋的信息管理数据库，将此次排查情况及相关技术数据录入，并将原来的相关技术信息档案纳入，通过信息化技术和手段，打破部门、区域间信息壁垒，提高对老旧住房的风险监测和预警技术水平。

（四）加强督导检查。由各区县、各相关单位围绕各自承担的任务，抓好具体落实。市工作小组将组织对处置情况进行督导检查。

上海市住房保障和房屋管理局主要职责内设机构和人员编制规定

（沪府办发〔2014〕56号　2014年10月10日）

根据《中共中央办公厅国务院办公厅关于印发<上海市人民政府职能转变和机构改革方案>的通知》（厅字〔2014〕20号）的规定，设立上海市住房保障和房屋管理局，为市政府直属机构。

一、职能转变

（一）取消的职责

1. 新建住宅市政、公建配套项目概算调整审批（优化明确配套项目资金管理要求，对超概算额度10%项目，需重新报批初步设计）。

2. 新建住宅市政、公建配套项目概算调整专项评审。

3. 房屋拆迁单位资质审批。

4. 房屋拆迁许可审批（停止许可证审批，保留许可证延期审批）。

（二）增加的职责

负责本市住宅物业保修金的监督管理。

（三）加强的职责

1. 强化对全市面上住宅小区综合管理工作的指导、协调。

2. 加强本市住宅产业现代化、节能省地型住宅建设的计划制订、组织协调和推进落实。

3. 加强居住类房屋修缮工程的监督管理。

二、主要职责

（一）贯彻执行有关住房保障、住房建设、住房制度改革、房地产市场监管以及房屋管理的法律、法规、规章和方针、政策；

研究起草住房保障、住房建设、住房制度改革、房地产市场监管以及房屋管理方面的地方性法规、规章草案和政策，并组织实施有关法规、规章和政策。

（二）根据本市国民经济和社会发展总体规划，研究制定住房保障和住房产业发展专业规划，并组织实施。

（三）推进国家住宅产业政策法规、技术标准和行业规范的实施，综合协调、推进本市住宅产业现代化及节能省地型住宅产业发展；组织研究制定住宅产业科技进步规划及产业政策；参与住宅基地详细规划方案的审核、扩初设计的审批以及土地招标、拍卖、挂牌文件中相关建设指标的确定。

（四）负责编制住房保障、住房建设、住房竣工及配套设施等发展规划，会同市有关部门对本市住宅设计标准以及居住区公共服务设施标准进行编制和调整，按程序报批后组织实施，并对实施情况进行监督检查。

（五）负责建立和完善本市住房保障体系，制定住房分配制度改革政策和公有住房出售、出租等政策，编制各类保障性住房工作年度计划并组织实施。

（六）负责本市住宅质量和性能管理；负责新建住宅交付使用的许可审批；对区县住宅建设管理部门新建住宅交付使用的审核发证工作实施监督检查，会同或协同市有关部门对住宅开发企业、工程监理机构的资质进行审核或备案。

（七）制定本市各类房屋测绘、房屋权属登记、房屋权属管理等制度并监督执行；负责房屋测绘、房屋权属登记发证、房屋权属档案等管理工作；建立统一的房屋权属信息系统并实施管理。

（八）组织开展房地产市场的监测分析，建立健全并组织实施本市房地产市场信息系统和预警预报体系；组织拟订稳定房地产市场的政策、措施并监督执行；按照权限负责房地产业相关的开发经营行为、交易行为、交易资金监管和房屋租赁管理，以及房地产开发、估价、经纪相关的行政管理。

（九）负责物业管理的行业管理；指导、监督业主委员会的运作以及住宅专项维修资金的管理。

（十）负责居住类房屋的修缮、改造和安全鉴定的行政管理；推进旧区改造项目；负责优秀历史建筑的保护管理；受上海市国有资产监督管理委员会的委托，负责直管公房资产的监督和管理；负责落实私房政策和私房历史遗留问题及宗教房产代经管理；会同市有关部门推进建成住宅的功能完善。

（十一）制定本市房屋征收（拆迁）的规章制度并监督执行；对区县房屋征收与补偿工作进行业务指导和监督管理；建立国有土地上房屋征收信息化系统；协调推进国有土地上企事业单位征收补偿工作；组织协调房屋征收（拆迁）违规行为的查处工作。

（十二）组织指导协调并监督住房建设、房地产市场、物业管理的行政执法工作；依法对各种违法行为进行行政处罚，依法处理各种房产权属纠纷。

（十三）负责住房保障和房屋管理等方面的科技、教育工作；组织协调本系统信息化建设。负责房地产市场、住房保障和房屋管理等方面的统计和分析，及时向市政府、有关部门和社会报送、提供发展动态和信息。

（十四）参与住房保障和房屋管理有关资金的管理；参与公有房屋租金调整；负责城市基础设施配套费的征收，并按照批准的年度计划使用和管理。

（十五）负责有关行政复议受理和行政诉讼应诉工作。

（十六）承办市政府交办的其他事项。

三、内设机构

根据上述职责，上海市住房保障和房屋管理局设 17 个内设机构：

（一）办公室

（二）政策法规处

（三）组织人事处

（四）计划财务处（审计处）

（五）科技教育处

（六）住房发展处

（七）执法监督处

（八）住房保障管理处（市廉租住房管理办公室）

（九）住房建设监管处

（十）住房配套管理处

（十一）房产权籍管理处

（十二）房地产市场监管处

（十三）房屋征收监督管理处（房屋拆迁管理处）

（十四）房屋修缮和改造管理处（历史建筑保护处）

（十五）物业管理处

（十六）落实私房政策处

（十七）信访办公室

按照有关规定设置纪检监察机构和机关党委。

四、人员编制

上海市住房保障和房屋管理局机关行政编制为163名。其中，局长1名、副局长4名，正副处级领导职数45名。非领导职数按照《公务员法》有关规定核定。

五、其他事项

（一）与上海市城乡建设和管理委员会的有关职责分工。

1. 上海市住房保障和房屋管理局牵头负责非居住房屋管理，负责非居住房屋的房地产交易管理、物业管理的监督管理以及国有土地上非居住房屋的征收和补偿管理工作；会同有关部门按照职责分工，做好非居住房屋的房地产登记管理工作，以及安全检测、修缮维护的监督管理工作。上海市住房保障和房屋管理局、上海市城乡建设和管理委员会等有关部门加强对非居住房屋及其他公共建筑空间管理重大问题和有关举措的研究。

2. 上海市城乡建设和管理委员会牵头负责保障性住房质量安全的行政管理工作；上海市住房保障和房屋管理局充分发挥上海市大型居住社区建设推进办公室作用，完善协调推进机制，推动保障性住房的质量安全管理体系建立等工作，并加强相应的管理。上海市城乡建设和管理委员会、上海市住房保障和房屋管理局进一步加强保障房配套建设管理的工作协调，切实做好保障性住房建设管理的有关工作。

（二）与上海市规划和国土资源管理局的有关职责分工。上海市规划和国土资源管理局负责集体土地征地房屋补偿工作；上海市住房保障和房屋管理局负责国有土地房屋征收与补偿工作。上海市住房保障和房屋管理局会同上海市规划和国土资源局按照职责分工，解决好2011年前房屋拆迁问题。

（三）与上海市文物局的有关职责分工。全国重点文物保护单位、上海市文物保护单位与上海市优秀历史建筑重叠的，由上海市文物局牵头负责保护管理；区县级文物保护单位、登记不可移动文物和文物保护点与上海市优秀历史建筑重叠的，由上海市住房保障和房屋管理局负责牵头保护管理。上海市文物局、上海市住房保障和房屋管理局进一步完善工作机制，加强工作衔接，形成管理合力。

（四）所属事业单位的设置、职责和编制事项另行规定。

六、附则

本规定由上海市机构编制委员会办公室负责解释，其调整由上海市机构编制委员会办公室按照规定程序办理。

关于在本市推进建筑信息模型技术应用的指导意见

（沪府办发〔2014〕58号　2014年10月29日）

建筑信息模型（Building Information Modeling，以下简称“BIM”）技术是在计算机辅助设计（CAD）等技术基础上发展起来的多维建筑模型信息集成管理技术，是传统的二维设计建造方式向三维数字化设计建造方式转变的革命性技术，是促进绿色建筑发展、提高建筑产业信息化水平、推进智慧城市建设和实现建筑业转型升级的基础性技术。推行 BIM 技术应用，发挥其可视化、虚拟化、协同管理、成本和进度控制等优势，将极大地提升工程决策、规划、设计、施工和运营的管理水平，减少返工浪费，有效缩短工期，提高工程质量和投资效益。同时，将进一步增加建设工程信息的透明度和可追溯性，对规范市场秩序和预防建设领域腐败具有重要作用。为此，现就在本市推进 BIM 技术应用提出指导意见如下：

一、指导思想、基本原则和主要目标

（一）指导思想

按照创新驱动发展战略，以企业为主体、市场为导向，通过政策和标准引导，激发市场活力，提升应用能力，培育和发展建筑业领域的“新技术、新产业、新模式、新业态”。转变政府监管方式，创新设计建造模式，以政府投资工程应用带动，推进社会工程广泛应用。通过 BIM 技术与绿色建筑、建筑产业化的深度融合，实现建筑业向信息化和工业化转型升级。

（二）基本原则

1. 整体规划与分步推进相结合。根据本市建设市场发展现状，制定本市 BIM 技术在工程建设和管理应用的发展规划。以试点示范为先导，分阶段有序推进 BIM 技术应用，逐步培育和规范应用市场和管理环境。

2. 政府引导与市场主导相结合。各级政府管理部门协同推进，加快制定配套的鼓励政策、技术标准，形成有利于新技术应用发展的政府监管方式。充分发挥建设、设计、施工、咨询和社会组织等市场主体主导作用，培育供需市场，通过市场竞争机制，提高 BIM 技术研发和应用水平。

3. 重点推进与面上指导相结合。重点推进 BIM 技术在不同类型的政府投资公共建筑和市政基础设施工程中应用，形成可推广的经验和方法。通过政策和标准的引导，激发市场主体转型发展的内在需求，吸引社会投资工程应用 BIM 技术。

4. 自主创新与引进集成创新相结合。营造自主创新的政策环境，培养一批具有一定创新研发能力的 BIM 技术服务企业、建筑企业和专业人才，在引进集成创新基础上，研发具有自主知识产权的 BIM 软件和应用技术，保障建筑模型信息安全。

（三）主要目标

通过分阶段、分步骤推进 BIM 技术试点和推广应用，到 2016 年底，基本形成满足 BIM 技术应用的配套政策、标准和市场环境，本市主要设计、施工、咨询服务和物业管理等单位普遍具备 BIM 技术应用能力。到 2017 年，本市规模以上政府投资工程全部应用 BIM 技术，规模以上社会投资工程普遍应用 BIM 技术，应用和管理水平走在全国前列。

二、重点任务

（一）开展试点示范和推广应用

2015 年起，选择一定规模的医院、学校、保障性住房、轨道交通、桥梁（隧道）等政府投资工程和部分社会投资项目进行 BIM 技术应用试点，形成一批在提升设计施工质量、协同管理、减少浪费、降低成本、缩短工期等方面成效明显的示范工程。2017 年起，本市投资额 1 亿元以上或单体建筑面积 2 万平方米以上的政府投资工程、大型公共建筑、市重大工程，申报绿色建筑、市级和国家级优秀勘察设计、施工等奖项的工程，实现设计、施工阶段 BIM 技术应用；世博园区、虹桥商务区、国际旅游度假区、临港地区、前滩地区、黄浦江两岸等六大重点功能区域内的此类工程，全面应用 BIM 技术。

（二）建立标准规范体系

结合国际和国家标准，加快编制符合本市实际情况的 BIM 技术应用、数据交换、模型交付、验收归档等导则或标准。制定满足 BIM 技术应用的招标和合同示范文本，出台

BIM 技术应用服务和收费参考标准。到 2016 年底，基本形成满足本市 BIM 技术应用的配套标准规范体系。

（三）完善政府监管模式

转变政府监管方式，到 2016 年底，建立基于应用 BIM 技术的项目立项、设计方案、招投标、工程验收、审计和档案等环节的审批和监管模式，探索实现模型化一站式并联审批，简化审批流程，探索数字化监管，提高行政审批和监管效率。

（四）加强应用能力建设

提升工程总承包、设计、施工、工程咨询等企业 BIM 技术应用能力。扶持研发符合工程实际需求、具有我国自主知识产权的 BIM 技术应用软件。开展 BIM 软件和应用能力认定，定期公布 BIM 软件和咨询服务企业名录。引导建设参与各方建立基于 BIM 技术的协同管理平台，转变项目管理和生产方式。支持大专院校和社会机构开展多层次的 BIM 技术应用教育培训，提高专业人才的数量和能力。

（五）促进 BIM 技术、绿色建筑和建筑产业化融合发展

研究建立符合装配式建筑设计施工要求的 BIM 技术应用体系，建立标准构件模型族库，提高装配式建筑设计施工质量和效率。提高基于 BIM 技术的模拟分析软件水平，提升绿色建筑在节约资源、环境保护等方面的模拟分析和优化改进能力，最大限度发挥绿色建筑效应。

三、保障措施

（一）加强组织协调和责任落实

成立由市政府分管领导担任召集人，市建设管理委、市发展改革委、市经济信息化委、市财政局、市监察局、市审计局、市交通委、市教委、市卫生计生委、市科委、市规划国土资源局、市住房保障房屋管理局、市水务局、市消防局、市民防办等部门参加的 BIM 技术应用推广联席会议，负责组织制定 BIM 技术应用发展规划、实施计划和各项政策措施，协调推进 BIM 技术应用推广。联席会议下设办公室，设在市建设管理委，负责联席会议日常工作。各区县政府、特定区域管委会要明确相应责任部门，共同做好 BIM 技术应用推广工作。建立 BIM 技术应用专家组，负责基础性技术研究、咨询论证和技术支撑。编制专项行动计划，落实本意见的工作目标和要求，各成员单位应当按照各自职责分工，落实相关推进工作。监察部门开展效能监察，确保各项工作推进落实。

（二）建立配套推进措施

对要求应用 BIM 技术的项目，在项目立项中，明确 BIM 技术应用要求和配套费用；在设计、施工、咨询服务和物业等招标文件中，增加 BIM 技术应用的内容、要求，明确所需提交的相关成果。

（三）完善应用扶持政策

完善本市相关建设工程评奖管理办法。申报绿色建筑星级评定、优秀工程勘察设计、质量奖项的工程，凡应用 BIM 技术的给予加分。评标中对具有 BIM 技术应用能力的企业给予加分。加大产学研投入和资金扶持力度，培育发展 BIM 技术咨询服务和软件服务等国内龙头企业。对符合条件的企业，可按规定享受现代服务业或高新技术企业等相关扶持政策。结合 BIM 技术中纠错、审核和追溯等功能，探索简化工程验收和审计手续。

（四）加强示范引领和宣传

以示范工程引导，建立 BIM 技术应用示范经验交流平台和机制，交流先进经验和应用技术。组织开展项目之间、企业之间和国际间 BIM 技术应用交流和合作，分享 BIM 技术应用成果。通过各类媒体和社会组织，普及 BIM 技术知识，宣传 BIM 技术有关政策、标准和应用情况，不断提高社会认知度。

本指导意见自 2014 年 12 月 1 日起施行，有效期至 2017 年 11 月 30 日。

上海市市容环境卫生责任区管理办法

（上海市人民政府令第 24 号　2014 年 12 月 5 日）

第一条（目的和依据）

为了加强本市市容环境卫生责任区管理，维护市容环境卫生整洁，根据《城市市容和环境卫生管理条例》、《上海市市容环境卫生管理条例》，制定本办法。

第二条（管理部门）

市绿化市容行政管理部门是本市市容环境卫生责任区（以下简称“责任区”）工作的主管部门，主要履行以下职责：

（一）组织制定本市责任区管理的相关政策、标准与指导意见；

（二）组织检查、考核各区（县）责任区市容环境卫生状况；

（三）协调有关行政管理部门，将责任要求纳入行业管理的有关事项。

本市工商、商务、食品药品监管、房屋管理、经济信息化、建设、交通、卫生计生、教育、旅游等有关行政管理部门按照各自职责，协同实施本办法。

第三条（区县和街镇管理职责）

区（县）人民政府负责本辖区内责任区管理相关事项的综合协调。

区（县）绿化市容行政管理部门负责本辖区内责任区的监督管理，主要履行以下职责：

（一）布置、落实本辖区内的责任区工作；

（二）开展责任区相关宣传、动员、培训、监督、检查工作；

（三）指导镇（乡）人民政府、街道办事处推进责任区自律管理工作。

镇（乡）人民政府、街道办事处负责组织本辖区内的相关单位、个人落实责任区制度，主要履行以下职责：

（一）落实具体责任人、责任区范围；

（二）推进建立责任区自律管理机制；

（三）引入社会第三方参与责任区相关工作。

第四条（责任人确定及责任区范围划分）

责任人按照《上海市市容环境卫生管理条例》的相关规定确定。

本市陆域责任区范围的划分，遵循下列基本规定：

（一）实行物业管理的居住区的责任区范围，为其物业管理区域外侧至人行道外沿；

（二）轨道交通、隧道、高架道路、公路、铁路的责任区范围，为其出入口向外延伸的一定范围以及建筑物、构筑物外侧；

（三）文化、体育、娱乐、游览、公园、公共绿地、机场、车站、码头等公共场所的责任区范围，为该公共场所区域外侧至人行道外沿；

（四）集市贸易市场、展览展销场所、商场、商铺、饭店、施工工地、待建地块等场所的责任区范围，为其经营、使用区域外侧至人行道外沿；

（五）机关、团体、学校、部队、医院、企事业等单位的责任区范围，为其建筑物、构筑物外侧至人行道外沿；

（六）保税区、科学园区、独立工业区和经济开发区的责任区范围，为其所辖区域的公共区域。

市绿化市容行政管理部门应当按照前款规定，制定本市责任区范围的具体划分标准，并向社会公布。

按照第一款、第二款规定不能确定责任区范围的，镇（乡）人民政府、街道办事处应当根据实际情况，提出划分建议，报所在地区（县）绿化市容行政管理部门确定。

城乡结合部或者行政辖区的接壤地区责任区范围不清的，由市绿化市容行政管理部门予以确定。

第五条（责任要求）

按照《上海市市容环境卫生管理条例》

的相关规定，责任人的责任要求确定如下：

(一)保持市容整洁，无乱设摊、乱搭建、乱张贴、乱涂写、乱刻画、乱吊挂、乱堆放的行为；

(二)保持环境卫生整洁，无暴露垃圾、粪便、污水，无污迹，无渣土，无蚊蝇孳生地；

(三)按照规定设置环境卫生设施，并保持其整洁、完好。

责任人除了应当履行前款规定的义务外，在责任区内还应当履行下列义务：

(一)及时清除影响通行的积雪残冰；

(二)按照规定投放生活垃圾；

(三)不擅自超出门窗和外墙经营。

责任人对责任区内违反市容环境卫生管理规定的行为，有权予以劝告和制止，有权要求市或者区(县)绿化市容行政管理部门和城管执法部门处理。市或者区(县)绿化市容行政管理部门和城管执法部门应当按照投诉处理规范确定的时限，及时处理，并将处理结果予以反馈。

第六条(公共设施保洁)

邮政、供水、供电、电信、交通等公共设施的产权单位应当按照城市容貌标准的要求，做好公共设施保洁工作。

责任人发现责任区内的上述公共设施不符合要求的，应当向区(县)绿化市容行政管理部门报告。区(县)绿化市容行政管理部门应当要求公共设施的产权单位及时处理。

第七条(责任告知书)

区(县)绿化市容行政管理部门应当制作《上海市市容环境卫生责任区责任告知书》(以下简称《责任告知书》)。《责任告知书》应当载明责任人、具体责任区范围、责任要求以及相应的法律责任等内容。《责任告知书》由镇(乡)人民政府、街道办事处向本辖区内的责任人发放。

责任人应当将《责任告知书》在其办公或者经营场所的醒目位置公示，并保持整洁、完好。

《责任告知书》示范文本由市绿化市容行政管理部门制定。

第八条(责任人信息档案)

镇(乡)人民政府、街道办事处应当建立本辖区责任人信息档案，及时记录和更新责任人名称、具体责任区范围、责任人经营范围、责任要求履行情况等基本信息。

第九条(自律管理机制)

本市鼓励镇(乡)人民政府、街道办事处所辖一定区域内的责任人成立责任区自律组织，对履行责任要求实行自我管理。

第十条(自律性规约)

责任区自律组织应当制定自律性规约，明确责任区自律组织的组成、具体形式、责任人履行的具体责任要求和责任人履行情况的评价机制等事项。其中，自律性规约约定的具体责任要求可以在本办法第五条 第一款、第二款规定的基础上，增加其他市容环境卫生责任等要求。

参加责任区自律组织的责任人应当遵守自律性规约的约定。

第十一条(政府推进自律)

镇(乡)人民政府、街道办事处应当根据本辖区实际情况，推进实施责任区自律管理，做好以下具体工作：

(一)引导本辖区一定区域内的责任人成立责任区自律组织，或者依托现有的社区自治组织，将责任要求纳入社区自治组织的相关规范；

(二)对自律性规约的制订提供指导服务；

(三)制定相关配套措施，激励参加责任区自律组织的责任人参与市容环境卫生相关工作；

(四)其他有利于推进责任区自律管理的服务工作。

第十二条(测评)

镇(乡)人民政府、街道办事处应当对责任人履行责任要求的情况进行测评，并公布测评结果；测评时，应当听取公众意见。

镇(乡)人民政府、街道办事处可以对自觉履行责任要求的责任人给予奖励;测评结果应当作为实施奖励的依据之一。镇(乡)人民政府、街道办事处可以通过购买服务的方式,委托社会组织开展相关工作。

第十三条(合同指导)

镇(乡)人民政府、街道办事处应当指导居住区、商业办公楼等区域的业主在签订物业服务、商铺租赁、单位装饰装修等合同时,将责任要求纳入合同内容。

第十四条(行业指导和单位示范)

市商务、房屋管理、经济信息化、建设、交通、卫生计生、教育、旅游等有关行政管理部门应当督促本行业单位遵守责任要求。相关行业协会应当将责任要求纳入本行业规范,并督促会员单位遵守责任要求。

国家机关、事业单位和国有企业应当在执行责任区制度的过程中,发挥示范带头作用。

第十五条(精神文明创建评选)

本市文明小区、文明单位、文明社区、文明村镇、文明行业、文明城区等精神文明创建项目的评选标准中,应当包含责任区制度的实施情况。

第十六条(宣传工作)

市和区(县)绿化市容行政管理部门、有关协同实施本办法的行政管理部门、镇(乡)人民政府、街道办事处应当通过多种形式,宣传责任区制度,增强单位和个人参与市容环境卫生管理的意识。

第十七条(绩效考核)

市和区(县)人民政府应当将责任要求的落实情况,作为对本级有关部门和下一级人民政府及其负责人考核的内容。考核结果应当作为政府和各有关部门绩效考核的重要内容,并向社会公布。市、区(县)人民政府进行绩效考核时,可以通过购买服务的方式,委托社会组织开展社会满意度测评等工作。

第十八条(行政处罚)

违反本办法第五条 第一款规定,责任人未履行相关责任要求的,由城管执法部门按照《上海市市容环境卫生管理条例》的相关规定予以处理。违反本办法第五条 第二款第(一)项规定,责任人未及时清除影响通行的积雪残冰的,由城管执法部门责令改正;拒不改正的,予以警告,并可处50元以上500元以下罚款。

第十九条(行政责任)

违反本办法规定,市和区(县)绿化市容行政管理部门、城管执法部门、镇(乡)人民政府、街道办事处以及其他相关行政管理部门及其工作人员有下列行为之一,造成不良影响的,由所在单位或者上级主管部门依法对直接负责的主管人员和其他直接责任人员给予警告、记过或者记大过处分;情节严重的,给予降级或者撤职处分:

(一)未依法履行落实责任人、责任区范围等职责的;

(二)未依法处理责任人投诉的违反市容环境卫生管理规定行为的。

第二十条(水域环境卫生责任区)

本市水域环境卫生责任区的管理活动,适用《上海市水域环境卫生管理规定》以及其他有关规定。

第二十一条(施行日期)

本办法自2015年3月1日起施行。

市政府关于《市政府关于印发〈上海市开展对部分个人住房征收房产税试点的暂行办法〉的通知》继续有效的通知

(沪府发〔2014〕78号 2014年12月11日)

各区、县人民政府,市政府各委、办、局:

《上海市人民政府关于印发《上海市开展对部分个人住房征收房产税试点的暂行办法》的通知》(沪府发〔2011〕3号)经评估继续有效,请继续按照执行。

附 录

2014 年建设交通党史大事记

一 月

1 月 7 日，中央纪委驻住房城乡建设部纪检组组长、部党组成员杜鹃同志一行四人赴市建设交通两委，调研本市建设交通系统廉政风险防控工作，并专题听取了市建设市场管理信息平台建设运行情况的汇报。

1 月 12 日，上海打捞局圆满完成我国首次 300 米饱和潜水海底出潜作业，巡回潜水深度达到 313.5 米，我国深潜水作业能力进入国际先进行列。

1 月 14 日，市建设交通工作党委书记崔明华一行在市水务局局长顾金山、副局长朱石清的陪同下，到广中支路积水点改善工程工地现场开展调研。

1 月 15 日，蒋卓庆副市长主持召开本市第一次地理国情普查和监测领导小组会议。

江绵康巡视员代表市建设交通委出席会议。会议宣读了市政府关于成立专项工作领导小组的通知，明确了各成员单位的职责分工，市测绘院介绍了本市第一次地理国情普查和监测的实施方案，其中涉及市建设交通委的主要包括提供道路、桥梁、隧道以及一定规模以上的航运中心资料。

1月16日，2013年度重点工程实事立功竞赛表彰大会举行。会前，市委书记韩正会见了先进集体和先进个人代表。杨雄、艾宝俊、薛潮、时光辉、蒋卓庆、蔡威、李逸平、陈靖、黄融等市领导和崔明华、汤志平等委领导参加表彰大会。会议由蒋卓庆副市长主持，市重点工程实事立功竞赛领导小组组长汤志平作2013年度工作总结。上海市对口支援新疆工作前方指挥部副总指挥闵师林，作上海援疆建设开展立功竞赛活动的工作总结。金杯公司和援疆建设代表作交流发言。

1月27日，市建设交通两委召开2013年度先进表彰会，市建设交通工作党委书记崔明华出席会议并讲话，指出，当前建设交通两委的工作既面临形势趋好、改革深化、体制理顺、政策支持等有利条件，也面临着提升管理、推进建设、改善民生、加快转型等诸多考验。市建设交通系统要抓住并用好机遇，积极应对挑战，奋力开创建设交通工作的新局面。

1月27日，市建设交通两委召开教育实践活动总结大会。

1月28日，市政府召开2014年旧区改造工作会议，总结2013年旧区改造工作，安排和部署2014年工作。

二月

2月7日，蒋卓庆副市长和黄融副秘书长到市重大办慰问调研工作。

2月17日，市建设交通系统召开2014年党风廉政建设大会，总结2013年系统党风廉政建设和反腐败工作，部署2014年工作任务。

2月19日，市政协人资环建委主任马伊里和常务副主任马云安等政协领导和委员到市建设交通委走访。

2月20日，市建设交通委主任汤志平主持召开专题会议研究数字化审图和设计文件审查监管工作。

2月21日，市建设交通委召开会议，研究《上海交通发展白皮书》任务分解落实工作，孙建平副主任、江绵康巡视员出席了会议。

2月25日，上海市人大常委会第十一次会议审议并表决通过了相关人事任免案，任命汤志平为上海市城乡建设和管理委员会主任，孙建平为上海市交通委员会主任。

2月27日，市委书记韩正等市委、市政府领导先后前往虹梅南路金海路通道越江隧道工地、轨道交通13号线淮海中路车站工地，调研本市重大工程建设推进情况。

2月28日，市建设交通工作党委召开系统组织工作会议。

三月

2月～3月，市建设交通工作党委举办了5期系统学习贯彻习近平总书记系列讲话精神干部培训班。

3月1日起，根据新一轮行政审批制度改革精神和安排，“道路货物运输（除危险货物运输）经营许可”、“经营国内船舶管理业务审批”和“经营国际船舶管理业务登记”三个审批事项实行“告知承诺”。

3月4日 蒋卓庆副市长带队赴静安区调研本市生活垃圾分类绿色帐户激励机制推进情况，市政府副秘书长黄融，市绿化市容局党组书记、局长陆月星，总工程师唐家富，市商务委巡视员顾嘉禾，市财政局副局长马正文，市妇联副主席刘琪，市文明办相关负责人，中国银行上海分行行长助理余未迟，静安区副区长周海鹰及区相关部门负责人参加了调研。

3月4日，本市召开2014年整治非法客运工作大会，系统总结2013年整治非法客运工作，全面部署2014年工作任务。市联席会议第一召集人、副市长、市公安局局长白少康出席会议。市政府副秘书长陈靖主持会议。

3月5日，市建设管理委主任汤志平到市建设交通科技委办公室调研指导工作。

3月6日，蒋卓庆副市长、黄融副秘书长召开会议研究沿江通道与沪通铁路并线方案。

3月7日，市建设管理委主任汤志平主持召开住宅小区电能计量表前供配电设施产权移交和维护管理的工作会议。

3月11日，交通运输部救捞局局长王振亮专程抵沪会见台湾航港局副局长林昌辉一行。

3月11日至14日，市绿化市容局举办各区县城管执法部门新闻发言人培训班，标志着2014年度城管执法培训工作拉开序幕。

3月12日，市建设交通工作党委召开了2014年度信访、综治工作会议，市建设交通工作党委书记崔明华出席会议并讲话。

3月12日，蒋卓庆副市长、黄融副秘书长前往浦东新区、奉贤区专题调研建筑渣土处置工作。

3月13日，市建设交通工作党委召开教育实践活动市区联动整改对接会。

3月18日 中共中央政治局委员、市委书记韩正，市委副书记、市长杨雄，市人大常委会主任殷一璀，市政协主席吴志明，市委副书记李希等带领市四套班子领导赴普陀同普绿地，参加2014年全民义务植树活动，市绿化市容局党组书记、局长陆月星等局党政班子成员陪同市领导参加植树活动。

3月19日，市政府副秘书长黄融主持召开“亚信峰会”市容环境保障工作现场协调会。

3月20日下午，市交通委召开上海交通行业2014年安全生产工作会议。

3月24日，市建设管理委主任汤志平召开会议，研究黄浦江滨江公共空间贯通方案。

3月25日，市建设管理委主任汤志平主持召开建筑渣土管理专题会议。

3月26日，上海市城乡建设和交通工作党委召开市建设交通系统干部大会，宣布了市委、市政府关于本市建设交通机构职能调整和领导干部任免有关事项。

3 月 26 日 市建设交通党委书记崔明华一行赴市绿化市容局调研，市绿化市容局党组书记、局长陆月星，副局长方岩，总工程师唐家富参加调研。

3 月 26 日，市政府召开继续推进二次供水设施改造工作动员会。

3 月 26 日，本市召开 2014 年度市政市容管理联席会议，蒋卓庆副市长出席会议并讲话。

3 月 27 日，市建设交通工作党委召开中心组学习会，专题学习习近平总书记“两会”期间在上海代表团的重要讲话精神。

3 月 31 日 市绿化市容局召开“亚信峰会”绿化保障专题推进会议，市绿化市容局副局长方岩主持会议，局相关处室和直属单位，以及“亚信峰会”绿化保障范围内 12 个区绿化市容局相关负责人参加会议。

四 月

4 月 1 日，第七届科技委海外专家委员会委员、日本地域地盘环境研究所所长桥本正一行访问市建设交通科技委。

4 月 2 日 杨雄市长、李逸平秘书长一行赴市绿化市容局调研。市绿化市容局党政领导以及机关各处室负责人出席调研会议。

4 月 2 日，蒋卓庆副市长、黄融副秘书长赴城投污水公司白龙港污水厂专题调研环境污染第三方治理工作。

4 月 4 日，市建设管理委总工程师刘千伟召开会议研究“世界城市日”工作。

4 月 10 日，市建设交通工作党委与杨浦区委举办中心组联组学习会。会上，双方各自介绍了教育实践活动开展情况、改革发展情况，并就城市顽症治理及重大项目建设等需要加强合作、共同推进的事项进行对接。市建设交通工作党委书记崔明华指出，通过这次联组学习，大家交流学习体会，沟通工作情况，提高了思想认识，形成了许多共识。下一步，市、区相关部门要主动对接，加强联动，以整改落实的新成效推动改革发展取得新突破；要加强条块结合，乘势而上，不断提高上海特大型城市建设管理水平。

4 月 10 日，市政府召开专题新闻发布会，正式发布《上海市促进生活垃圾分类减量办法》，将于 5 月 1 日起正式施行。

4 月 10 日，蒋卓庆副市长前往桃浦、天山污水处理厂调研污水处理工作。

4 月 14 日，市建设交通工作党委巡视员王来娣主持召开 2014 年度纪检监察工作会议。

4 月 15 日，本市召开城市网格化综合管理工作会议，市建设交通委巡视员江绵康出席会议。

4 月 17 日，市建设管理委召开《上海市志・建筑业分志》编纂委员会成立大会。

4 月 18 日至 20 日，2014 年 F1 中国大奖赛在上海赛车场成功举行。

4 月 18 日，召开 2014 年市建设交通系统老干部工作会议。

4 月 19 日，杨雄市长会见联合国人居署执行主任华安・克洛斯一行，就拓展合作、共同办好“世界城市日”活动进行交流。

4月28日，市建设交通工作党委召开系统庆祝“五一”国际劳动节暨陈维同志先进事迹报告会。来自建设交通系统各行各业的劳模代表及1400余名干部职工等出席会议。

4月29日，召开市建设交通工作党委、市建设管理委机关干部大会，通报部署机关干部工作。

4月30日 市政府召开“亚信峰会”市容环境保障工作会议，黄融副秘书长主持会议，蒋卓庆副市长、市市政市容联办常务副主任陆月星出席会议并讲话，市建管委、市绿化市容局、市交通委、市房管局、市交警总队、市路政局、申通集团、机场集团、世博发展集团，以及长宁、浦东、徐汇、黄浦、静安、虹口、青浦等区参加会议。

五 月

5月5日，市委副书记、市长杨雄赴市建设交通工作党委、市建设管理委调研。市建设交通工作党委领导班子成员，市建设交通工作党委、市建设管理委机关处室负责人，直属单位党政主要负责人参加会议。会上，市建设交通工作党委书记崔明华汇报了今年以来党委重点推进的教育实践活动、建设交通机构改革、信访突出矛盾化解、干部队伍建设等工作情况。市建设管理委主任汤志平围绕城市管理难题顽症治理、住宅小区综合治理、城市网格化管理、重大工程建设、建筑市场管理、旧区和城中村改造等专题作了汇报。

4月30日至5月3日“五一”小长假期间，上海铁路局累计发送旅客767.6万人，日均发送191.9万人，同比增长26.9%。杭州直属站、宁波车务段等10个客运站段，上海虹桥、南京南等13个主要车站旅客发送量均创历史新高。

5月7日，交通部副部长冯正霖赴上海开展“严肃财经纪律 加强财务管理”专项活动调研。上海海事局、东海救助局、上海打捞局、长江口航道管理局、中国船级社上海分社主要领导参加调研。

5月9日，市绿化市容局举行“支持中国‘上海’自由贸易试验区建设、简化野生动植物管理工作程序现场委托仪式”。仪式上，国家林业局正式将一批野生动植物进出口行政许可审批项目委托市林业局实施。

5月13日–14日，驻交通部纪检组监察局赴上海开展党风廉政建设约谈工作。上海海事局、长江口航道管理局、中国船级社上海分社、上海打捞局、东海救助局等单位就落实中央八项规定精神和执行组织纪律、领导班子履行党风廉政建设主题责任、纪检组（纪委）履行监督责任的思路、措施、成效、问题及下一步工作打算进行了汇报。

5月26日上午，市建设交通工作党委举办创新社会治理与基层建设培训班，崔明华同志作主题报告；

5月28日，本市召开2014年建设管理工作会议。蒋卓庆副市长、黄融副秘书长出席会议。市建设交通工作党委书记崔明华主持会议。市建设管理委主任汤志平作工作报告。市建设交通工作党委、市建设管理委、市住房保障房屋管理局、市绿化市容局、各区（县）分管区（县）长、区有关部门、市建设管理系统中央在沪单位、市建设交通工作党委、市建设管理委直属单位、建设管理行业部分企业、相关协会负责人等参加会议。

5月28日交通卡公司手机APP（安卓版）正式上线运行，市民只需上交通卡公司官网（www.sptcc.com)扫描APP二维码，即可下载客户端，享受交通卡余额查询、就近服务网点查询等多项特色服务。

5月30日，市建设交通工作党委书记崔明华主持召开“区县推进建立城市维护保障机制进展情况”专题座谈会。金山、奉贤、青浦、松江、闵行、普陀、杨浦、徐汇、黄浦、崇明、虹口、长宁等区县负责同志参加。

5月30日，《上海市人民政府办公厅转发市建设管理委等四部门关于进一步加强建筑渣土管理实施意见的通知》（沪府办【2014】51号）正式颁布实施。

六月

6月4日，我市与联合国人居署就“世界城市日”事宜展开正式磋商。

6月5日，市建设交通工作党委召开“深入区县听意见、上下联动抓整改”推进会。崔明华、朱铁民、袁筱英同志及“三委三局”有关负责同志出席会议。会议介绍了市区联动的背景情况，分解部署了前一阶段党委走访区县反映的问题和困难，各单位领导就落实责任、推进市区联动整改工作提出思路和建议。崔明华同志提出三点要求：一要认清形势要求，进一步增强上下联动抓整改的自觉性和紧迫感；二要坚持“三严三实”，进一步明确上下联动抓整改的工作要求；三要强化责任担当，进一步推进上下联动抓整改工作取得实效。

6月6日，市政府召开全市建筑渣土管理专题会议。副市长蒋卓庆出席会议。市直属机关相关部门负责人、各区县政府分管领导、各区县建设交通委、绿化市容局，以及施工行业协会、市容环境卫生行业协会负责同志参加会议。会议由市政府副秘书长黄融主持。市绿化市容局局长陆月星通报了2013年以来全市建筑渣土管理的总体情况。市建设管理委主任汤志平就市政府《关于进一步加强建筑渣土管理的实施意见》的起草情况作了说明。

6月8日，本市举行“2014年世界海洋日暨全国海洋宣传日启动仪式”。此次纪念活动由金山区人民政府和上海市海洋局共同主办，围绕“保护海洋环境，发展海洋事业”主题，精心设计了“启动仪式”、“金山海洋事业发展专题研讨会”、“雪龙号”南北极考察报告会、上海海岛首次海陆空执法演练等系列活动。

6月9日，本市召开燃气行业安全工作会议，总结上半年本市燃气安全工作，对下半年工作作出部署，会议要求本市燃气管理部门及燃气企业进一步加强责任意识、发挥创新精神、落实奖惩机制，把燃气安全工作落到实处。

6月10日，崇明东风西沙水库正式实现原水切换，优质长江原水经输水泵站输送到附近陈桥镇水厂。经检测，置换后的原水在水库停留一段时间后，水质各项指标全部符合相应标准。目前，东风西沙水库已移交崇明县原水公司接收管理。

6月11日，市水务局、市发改委、市财政局联合印发《上海市供水企业成本规制管理办法（试行）》，这是全国第一个关于供水企业成本规制的管理办法，标志着本市供水企业成本监管正在走向制度化、规范化、程序化和公开化。

6月13日，市市政市容联席会议办公室召开亚信峰会市容保障总结会，通报亚信峰会市容环境保障工作总结和市政市容联办半年度工作情况。

6月14日，市政府召开二次供水设施改造和理顺管理体制推进工作联席会议第一次工作例会。黄融副秘书长出席会议。所有联席会议成员单位参加。

6月19日，市政协主席吴志明率部分委员重点督办“推进本市住宅产业化发展”提案专题。

6月19日，市十四届人大常委会第13次会议审议通过《上海市查处车辆非法客运若干规定》，8月1日起正式实施。新规提出“三项禁止”：一是针对黑车，禁止利用未取得营业性客运证件的汽车从事经营性客运；二是针对克隆车，除客运出租车外，禁止对其他汽车喷涂客运出租车专用车身颜色、安装客运出租车专用营运标识和设施；三是禁止利用摩托车、三轮车、电力助动车从事经营性客运。新规还明确：黑车非法客运再次被查获且存在安全隐患，依法定程序没收车辆，驾驶人由公安交通行政管理部门暂扣机动车驾驶证3—6个月，直至吊销驾驶证。

6月19日，市委“一号课题”第二调研组组长龚德庆一行到市建设管理委调研。

6月20日，中国建筑科学研究院院长王俊一行来沪交流工作。

6月24日至26日，住建部质量安全司对上海在建住宅工程和公共建筑工程的勘察设计质量和施工质量安全情况进行了检查。检查结果总体良好，勘察和设计的子项符合率分别为96.15%、97.9%，勘察成果和设计深度基本到位，对国家现行法律法规及有关技术标准的执行情况较好，审图公司能够较好地发挥勘察设计质量的“把关”作用，未发现任何违法违规行为。

6月25日，市建设交通系统召开纪念中国共产党成立93周年暨“建设先锋”基层服务型党组织创建活动启动大会。

6月25日，市建设交通工作党委召开系统市级机关党员干部会议。市建设交通工作党委书记崔明华传达了习总书记同中央办公厅各单位班子成员和干部职工代表座谈时的重要讲话精神并对贯彻落实提出要求。市交通委、市水务局、市住房保障房屋管理局、市绿化市容局领导班子成员，市建设交通工作党委、市建设管理委、市交通委、市水务局、市住房保障房屋管理局、市绿化市容局机关处室负责人约150人参加会议。

6月26日，中国博物馆协会航海博物馆专业委员会成立大会召开。来自辽宁、山东、福建、广东、浙江、上海、江苏等13家航海类博物馆代表出席会议。会议审议通过了《中国博物馆协会航海博物馆专业委员会章程》，选举产生专委会执行机构主要负责人。

七月

7月2日上午，市建设管理委副主任袁嘉蓉率相关处室负责人到市水务局调研水务设施养护市场化改革工作。市水务局副局长朱石清及相关处室负责人参加会议。在听取了市水务局关于水务设施养护作业市场化改革工作进展情况的汇报后，袁嘉蓉副主任就下一步工作提出要求：一是进一步健全基础设施台账，确保设施量全覆盖；二是进一步完善养护标准，规范目录体系清单，加大定额配套力度；三是进一步健全行业招标指导文本和行业合同指导文本；四是进一步加强监督考核，建立诚信体系。并要求市水务局在全面总结试点经验的基础上，进一步增强改革创新意识，全面推进养护作业市场化工作。

7月9日，市政协副主席李良园带队赴闸北区调研旧区改造工作，并进行座谈。李良园副主席一行实地察看了闸北区青 -12 旧改地块，并召开座谈会。倪蓉副主任出席座谈会。李良园副主席听取了市建交委、闸北区政府汇报并对推进落实工作给予肯定。同时，指出，旧区改造工作是改善民生，是优化城市空间结构、优化城市人口结构、提升城市发展水平、促进城市管理很好的抓手，各级政府要继续大力推进，争取更大的实效；对于推进工作中所存在的困难，李良园副主席强调各级政府要继续拿出深化改革的勇气和破解难题的智慧，攻坚克难，创新发展，为旧改工作提供新思路、新方法；市政协将继续关心旧改工作，同时发挥智力优势，开展调查研究，反映社情民意，进行协商讨论，同心协力支持本市旧改工作取得更大的进展。

7月9日，市建设管理委主任汤志平等一行莅临市绿色建筑协会指导工作，就如何落实好《上海市绿色建筑发展三年行动计划（2014–2016）》与协会领导进行座谈。协会会长甘忠泽、副会长张载养、副秘书长王宝海、办公室副主任张俊、浦嘉贞出席会议。汤志平主任在听取汇报后对协会工作给与了充分肯定，表示在当前全国大力发展生态文明建设和上海绿色建筑发展总体目标下，协会的工作尤为重要，近日发布的《行动计划》对协会工作也提出了新的要求和任务，希望协会组织会员单位认真学习、深入贯彻落实。同时，上海市城乡建设和管理委员会将继续支持和帮助协会开展工作，进一步加强与协会的联系，在政府职能转变过程中，充分发挥协会作用，也希望协会能够规范化管理，做好政府与企业间的桥梁，引导行业发展，为上海市绿色建筑发展做出贡献。

7月23日，市建设交通委总工程师刘千伟召开专题会议，会同市外办、市新闻办、市政府研究中心、市建设交通委科技委等部门，研究推进“世界城市日”活动仪式工作。会议主要讨论三个方面：一是确定10月31日活动仪式的方案细节，细化内容和流程安排。活动仪式拟安排45分钟；二是研究确定拟邀请出席活动仪式及随后论坛活动的人员名单。暂定为联合国人居署等国际组织官员、国内外市长、国内外知名专家、知名企业家、使领馆及获奖相关人员参会，预计总规模在300人左右；四是研究起草拟邀请国务院领导出席活动仪式的代拟稿；四是研究相关经费保障措施。

7月22日下午，市防汛指挥部总指挥、副市长蒋卓庆主持召开专题会议，听取市防汛指挥部工作汇报，全面部署防汛整改和防御台风“麦德姆”工作。在听取了各部门关于今年入汛以来防汛工作基本情况、存在的主要问题和下一步工作打算的汇报后，蒋卓庆副市长指出，各部门要扎扎实实、全力以赴落实各项防汛措施，确保本市安全度汛。对于下一步工作，蒋卓庆副市长提出三点要求：是进一步加强气象预测预报工作，重点做好本次台风预报和早晚高峰时间段的预报，不断提高预报的科学性、准确性、及时性，努力为应急响应预留充足时间；二是进一步加强下立交属地化管理，严格执行相关标准、规定，确保下立交防汛安全；三是加快推进易积水小区的改造，尽早完成小包围等工程性措施，并做好临时应急排水预案，备好抽水泵等物资，切实减轻小区积水对居民生活的影响。

7月22日，本市召开住房城乡建设部建设工程（勘察设计）质量监督执法检查讲评会。市建设管理委副巡视员朱剑豪出席会议，勘察设计单位、审查机构、区县审查管理部门负责人和专业技术负责人约200多人参加会议。会议通报了住房城乡建设部建设工程质量监督执法检查总体情况，对存在问题进行了讲评，并表彰了质量优秀的单位。朱剑豪副巡视员在会上强调，一是勘察设计单位要明确质量责任落实，切实从源头上把好勘察设计质量关；二是充分发挥施工图审查对提高勘察设计质量的重要作用；三是确保政府监管工作落实到位。四是开拓创新，积极推进数字化审图工作。

7月23日，市建设管理委副主任邓建平、巡视员王以中到燃气处开展工作调研。市建设管理委领导对市燃气管理处的安全监管、文明创建等工作表示了肯定，对提出的问题将会同委相关处室加强沟通协调。同时，就燃气处如何远近结合、突出重点，进一步加强行业监管提出了三点要求：一是坚持安全为先。要进一步加强燃气安全宣传力度、安全隐患整改力度以及违法经营打击力度，不断创造良好的安全用气氛围；二是坚持服务为上。以市民满意度为标准，不断提高燃气窗口服务质量；以行政审批对象满意度为标准，不断提高行政审批效率；三是坚持四项建设。要结合党的群众路线教育活动“回头看”，进一步加强思想建设、作风建设、组织建设和党风廉政建设，针对发现的问题要加强整改并形成长效管理机制。

八 月

8月5日，黄浦江两岸开发工作领导小组举行第九次会议。会上，市委常委、副市长艾宝俊就推进黄浦江两岸开发工作部署。蒋卓庆副市长主持，李逸平秘书长、黄融副秘书长及相关部门负责同志出席会议。市浦江办（市建设管理委）汤志平主任汇报了2013年市级浦江开发机构政企分开一年来的工作及下阶段工作安排，市浦江办朱剑豪副主任汇报了黄浦江两岸地区公共空间建设三年行动计划（2015年—2017年）。沿江各区及相关部门负责人交流开发思路，并就加强黄浦江两岸开发统筹协调等提出意见建议。市委副书记、市长、领导小组组长杨雄强调，黄浦江是上海最大的特色资源，要进一步强化精品意识、加强空间统筹、创新开发模式、完善开发机制，使黄浦江两岸成为创新驱动发展、经济转型升级的先行区、“四个中心”功能的集聚区、优秀文化的荟萃区、生态文明的示范区。未来三年黄浦江两岸开发将聚焦公共空间，提升整体服务水平。

8月8日，市建设管理委副主任裴晓赴市审查中心工作调研，在听取市审查中心工作汇报后，裴晓副主任提出六项要求，一是找准职能定位。以勘察设计质量监管为根本，加大审图市场管理力度；二是优化完善总体设计文件征询制度。进一步研究总体征询送审方式，着力提升服务水平；三是加强与委机关处室的工作配合。理顺与机关处室的关系，确保政策执行不断不乱；四是加快推进数字化审图工作。加大试点力度，不断完善终端软件功能，研究制定相关政策，为全面实施打好基础；五是进一步完善市区两级管理体制。加强对区（县）和特定地区管委会审查管理部门的工作指导，统一本市设计文件审查的技术、服务和管理标准；六是不断提高行政执法水平。规范区（县）审查管理部门的执法工作，建立全市技术抽查的协调机制，统一专家库，增强执法效用。

8月11日，市重大办在嘉定区区召开市

重大工程建设年中对接推进会。市重大办、市发改委、市建管委、市交通委、市规土局、市城投公司、市电力公司等单位负责人和区有关职能部门、部分街镇、区属公司主要负责人参加。市重大办常务副主任蒋曙杰、嘉定区副区长蔡潇飞出席会议。会上，区重大办主任潘玉龙汇报了区重大工程推进机构及机制建设和市重大基础设施项目进展情况。区建交委主任陆曙华就配合市重大办推进建设进度，做好市重大工程项目前期手续办理及房地征收工作等提出了意见及建议。蔡潇飞副区长感谢市有关部门对嘉定区建设的支持，要求区职能部门和建设单位，充分抓住今年剩余的时间，全力推进市重大工程建设。

8月12日上午，市水务局党组书记、局长顾金山参加完《阿拉自来水》手机查询软件升级版发布会后，会同局巡视员沈依云同志，带领市供水管理处、上海水务集团、市北自来水公司负责人，专程赶赴虹口区运光路第四小区，与区委干部、物业经理、居民代表和业委会负责人面对面座谈，专程了解、听取二次供水设施改造及夏令用水情况的意见和建议。顾金山局长表示将有关建议及时借鉴运用到后续改造中，要求全市供水部门多下基层，多进社区，多听意见，推出更多便民利民措施，进一步提高供水服务保障能力。

8月19日，由市建设交通工作党委、市建设管理委、市交通委、新民晚报社、上海广播电视台联合主办，上海城建热线服务中心等单位承办的2014年“夏令热线”圆满结束。期间，市民来电10.9万余个，受理各类信息9.3万件，其中咨询3.5万件，占42.4%；投诉3.3万件，占40.2%；举报8983件，占10.9%；建议2529件，占3.1%；报修2361件，占2.9%；表扬427件，占0.5%。市民关注的投诉、举报类前五类问题是：违法建筑、乱设摊、出租车拒载、公共区域秩序维护、公交服务态度。今年“夏令热线”主要有以下特点；一是市民来电量平稳；二是季节性诉求相对集中；三是形式多样，各方参与积极性高。；四是处置反馈及时，解决率上升。

8月20日，市建设交通委工作党委、市建设交通管理委领导班子全体同志、部分处室负责人出席会议，汤志平同志汇报发言，崔明华、孙建平、刘海生、陆月星、顾金山等通知补充发言。韩正指出，全市建设口的科研创新工作要抓住两条，一条是全面提高信息化水平，另一条是全力推进智能技术的应用，应用的目的体现在是城市更安全、更便捷、更环保、更人性化上。韩正同志还就有关问题明确了相关意见，一是BIM技术的推广，应坚持以市场和企业需求的导向，推进相关数据库（平台）的建立；而是交通管理是一个窗口行业，是体现城市管理水平的重要标志；三是在当前形势下要保持住定力，坚持从上海实际出发，坚定围绕“三个为主”原则进行房地产市场调控方向不动摇。尹弘、蒋卓庆同志参加调研。

8月20日上午，建设交通纪工委姜蓉书记、委纪工委监察室刘平主任一行到市建交委业务受理中心调研。中心领导班子、新任纪委书记陈恭庆出席会议。党委书记季权汇报本单位党风廉政建设情况。姜蓉书记针对中心开展党风廉政建设情况谈了两个体会。一是中心最近无重大违法违纪案件发生；二是规范信息系统用户使用权限，后续的防控机制、制约监督机制要跟进。姜蓉书记还对下一步工作提出了五点要求，一是结合梳理权力清单、问题清单、责任清单和项目清单，落实完善“一岗双责”、“一考双评”、“一述双报”、“一案双查”的工作要求；二是进一步加强党风廉政制度建设，进一步排查、研判清单是否清晰、业务流程是否优化、信息技术是否有保障；三是进一步加强职工教育。中心要通过对照检查，巩固成果，深化经验，不断加强党风廉政建设。

8月27日上午，蒋卓庆副市长出席会议并讲话，黄融副秘书长主持会议。袁嘉蓉副主任代表领导小组办公室通报了全市养护作业市场化改革工作的面上情况，市水务局、市绿化市容局、市路政局分别汇报了水务、绿化市容和道路方面改革工作情况，宝山区、奉贤区和长宁区分别谈了各自区的工作做法、存在问题和建议。崔明华书记在讲话中从党委重视、市区联动、改革任务落实和建立城维机制四个方面提了要求。蒋卓庆副市长指出，改革工作取得了一些成绩，但在一些重大问题上尚未取得突破。并提出四点要求，一是市人保局牵头，争取年内完成解决转制职工历史遗留问题的一整套制度设计，如有问题，可请杨雄市长进行协调，进而请市办公厅督察室督办；二是各行业主管部门抓紧出台或完善标准定额，定额要为中心城区、近郊区、远郊区结合实际差别执行留有一定空间；三是市行业主管部门和区县抓紧研究探索适合本行业和本区域实际情况的市场化模式；四是各区县要抓紧制定完成城维办法并做好明年预算准备，确保明年养护资金到位。

8月27日下午，市建设管理委主任汤志平带队，对普陀区中山北路4060号、嘉定区金沙江西路1200号、宝山区罗新路709号、青浦区赵巷镇中步村等四个市委督查室《督查专报》（第34期）上需要市级层面协调的违法建筑点进行调研，详细查看了违法建筑相关情况。市建设管理委副主任邓建平、市城管执法局巡视员恽奇伟，以及市拆违办、市规划国土资源局执法总队、市建设管理委城市管理处有关同志参加了调研。

九月

9月3日，市建设交通工作党委召开直属单位党组织负责人座谈会。市建设交通工作党委书记崔明华、市建设交通工作党委副书记田赛男、朱铁民、市建设交通纪工委书记姜蓉、市建设交通工作党委秘书长张旗出席会议并讲话。会上，各直属单位党组织负责人就年初确定的重点工作作交流发言。市建设交通工作党委机关处室负责人参加会议。

9月4日下午，国家住房城乡建保障部召开了“全国工程质量治理两年行动电视电话会议”，会议由住房城乡建保障部副部长齐骥同志主持，住房城乡建保障部陈政高部长、王宁副部长出席。本次“全国工程质量治理两年行动”从今年9月开始，为期两年。

9月4日，由市建管委组织召开了《上海市管线检查井盖管理和应急处置试行办法》宣贯会议。会上，市建管委设施处相关人员对新办法进行了解读，市路政局与电力公司、信息管线公司签订了《上海市道路管线检查井盖管理责任书》。

9月5日上午，市水务局召开全市城镇污水污泥工作会议，市水务局水资源处、市排水处、市城投水务集团公司分管领导，市排水公司、城投污水公司、阳晨投资公司、南汇水务集团和各城镇污水处理厂等相关单位负责同志参加会议。会议通报了本市上半年城镇污水、污泥设施运行情况，研究部署下阶段工作。

9月9日，市建设交通委总工程师刘千伟召开专题会议，研究推进“世界城市日”活动仪式工作。

9月10日，2014年市、区县建设管理工作座谈会召开，回顾总结上阶段工作并研究部署下阶段任务。市建设交通工作党委、市建设管理委领导和相关处室负责人，各区（县）建设交通委书记、主任、委直属企事业单位党政负责人出席会议。会议上半程，汤志平同志通报了2014年城乡建设管理工作情况，刘海生同志通报了本市2014年住房保障房屋管理工作情况，陆月星同志通报了本市2014年绿化市容工作情况。之后，与会代表分小组就“遏制城市管理顽症”、“促进城乡一体化”、“旧区改造和‘城中村’改造”、“促进建筑业管理”4个专题进行了交流发言。会议下半程，浦东新区、奉贤区、闵行区和徐汇区建设交通委主任就本区2014年上阶段建设管理工作推进情况以及下一步的打算进行了发言。张永刚、赵德和王青和沈红华同志作为各分组召集人对各组讨论作了总结发言。最后，市建设交通工作党委书记崔明华发表了讲话。

9月11日，市审查中心组织开展全市建设工程设计文件审查管理系统“岗位练兵技能比武”活动。全市设计文件审查管理部门共派出选手50名，分为25个小组参赛。通过紧张角逐，徐汇和金山区设计文件审查管理部门获得一等奖。

9月18日，市建设交通工作党委召开系统中央在沪单位党委书记座谈会，认真总结近年来系统中央在沪单位在全面加强党的建设中取得的成功经验和形成的有效做法，以深入学习贯彻习近平总书记系列重要讲话精神为动力，按照党的十八届三中全会、十届市委六次全会的部署要求，进一步加强党的思想、组织、作风、制度和反腐倡廉建设，以改革创新精神不断提高党的建设科学化水平，为推动全面深化改革、创新驱动发展、经济转型升级各项任务的完成提供坚强保证。市建设交通工作党委领导、市建设交通系统中央在沪单位党委书记、市建设交通工作党委机关处室正、副处长（主任）参加会议。会上，观看了电视片《上海市建设交通系统中央在沪单位党的建设巡礼》；17家中央在沪单位党委书记从加强党的建设不同方面、不同角度作了发言；市建设交通工作党委副书记田赛男通报“劳模创新工作室”等工作；市建设交通工作党委副书记朱铁民通报“建设先锋 ---- 上海市建设交通行业加强基层服务型党组织建设示范点”等工作。

9月18日，本市召开进一步加强农村地区违法建筑治理工作推进会。市政府副秘书长黄融同志主持会议，市建设管理委主任汤志平同志解读了《关于进一步加强本市农村地区违法建筑治理工作的通知》，市农委、市规划国土资源局作了补充发言，奉贤区作了交流发言。蒋卓庆副市长出席会议，并作重要讲话。

9月18日至19日，第八届中国国际救捞论坛暨国际海上人命救助联盟第二届亚太区域发展会议在沪举行。来自15个国家和地区的政府部门、救援机构、院校、企业的260多名代表参加，共商深化救捞技术合作交流、强化海上应急处置能力的对策和措施。

9月25日，浦东新区启动交通港航业专项整治行动，通过动员部署、行业检查、集中督查和巩固提高四个阶段推进“平安交通”创建活动。

9月26日，市建设管理委汤志平主任实地调研东宝兴路宝源路无序设摊情况，邓建平副主任、王以中巡视员、市绿化市容局（市城管执法局）鲁建平副局长、虹口区政府钱元运副区长、闸北区姚凯副区长，委、局、市市政市容联办相关部门负责同志，及虹口、闸北、普陀、静安、长宁等五区相关部门参加。

十 月

10 月 9 日，蒋卓庆副市长调研本市河道水环境整治工作，实地查看了闵行区樱桃河、俞塘、北潮浜等河道生态治理情况，并与市、区两级水务部门和基层负责同志座谈交流。

10 月中旬，市水务局党组书记、局长顾金山率领局相关处室、局属相关单位负责同志走进上海人民广播电台，参加“政风行风热线”节目，与市民进行互动交流，答疑解惑。

10 月 16 日，市建设交通工作党委崔明华书记、组织干部处处长袁筱英副巡视员、党办黄熊主任赴市受理服务中心调研。

10 月 19 日，2014“中国航海博物馆”上海航海模型公开赛第四站在海博馆成功举办。

10 月 27 日，市建设交通系统召开党政负责干部会议，学习传达党的十八届四中全会精神。市建设交通工作党委、市建设管理委、市交通委、市水务局、市绿化市容局、市住房保障房屋管理局、市建设管理委直属单位党政主要负责人参加会议。

10 月 30 日上午，市建设交通工作党委召开系统执法队伍建设座谈会，深入学习四中全会精神，认真贯彻依法治国要求，提高依法行政水平。会上，建设交通系统市水务执法总队、市交通执法总队、市城管执法总队及市房管局、市安质监站等 5 家单位交流了执法工作、执法队伍建设方面的情况。

10 月 22 日，市建设交通党委崔明华书记带领市建设管理委分管领导和相关部门赴市人保局商谈本市城市养护作业领域市场化改革遗留矛盾化解方案。10 月 27 日，蒋卓庆副市长和黄融副秘书长召开专题会议，听取市建设管理委袁嘉蓉副主任关于绿化、环卫、市政行业“事转企”改革遗留问题化解初步设想的汇报。

10 月 23 日上午，上海市政府召开加快推进本市环境污染第三方治理工作会议，蒋卓庆副市长出席会议并发表讲话。

十一月

10 月 29 日，市政府办公厅转发了市建设管理委《关于在本市推进建筑信息模型技术应用的指导意见》，为本市推广应用 BIM 技术明确了方向。《指导意见》按照整体规划与分步推进相结合、政府引导与市场主导相结合、重点推进与面上指导相结合、自主创新与引进集成创新相结合的原则，分阶段、分步骤推进 BIM 技术试点和推广应用。

11 月 7 日，市建设交通工作党委召开市、区县建设交通党委书记座谈会，认真学习习近平总书记系列重要讲话精神，深入贯彻落实党的十八届三中、四中全会精神和市委、市政府的部署要求，总结党的群众路线教育实践活动市、区县联动抓整改的成效和经验，落实从严治党新要求，深入思考谋划交流新一年市、区县联手推进党的建设工作。会议由市建设交通工作党委书记崔明华主持。会上，17 个区县建设交通党委（党工委）书记分别作了交流发言；市建设交通工作党委副巡视员、组织干部处处长袁筱英通报了市、区县建设交通系统基层党建和“建设先锋”工作联动情况；市建设交通纪工委书记姜蓉通报了市、区县建设交通系统党风廉政建设工作联动情况；市建设交通工作党委副书记朱铁民通报了市、区县建设交通系统干部人才队伍建设工作联动情况；市建设交通工作党委副书记田赛男通报了市、区县精神文明、行业文明、行业文化建设工作联动情况。

11月，市建设交通工作党委领导兵分五路，深入到市建设交通系统58家单位开展调查研究活动。本次调研活动分别由市建设交通工作党委书记崔明华，副书记田赛男、朱铁民，纪工委书记姜蓉，副巡视员、组织干部处处长袁筱英率领机关处室人员深入到联系点单位，通过听取汇报、座谈交流、实地走访等多种形式进行。通过调研认真总结2014年建设交通系统在深入开展党的群众路线教育实践活动、贯彻执行中央八项规定、加强领导班子和干部人才队伍建设、加强基层党组织建设、开展行业文明创建、落实党风廉政建设主体责任等工作中取得的成效、形成的经验、面临的问题；全面落实依法治国、从严治党和创新转型的要求，深入思考谋划2015年推进党的思想、组织、作风、制度、反腐倡廉建设，大力培育践行社会主义核心价值观，全面加强精神文明建设的思路和措施；认真听取系统各单位对市建设交通工作党委新一年工作的意见和建议。

11月4日，副市长时光辉赴青浦区视察本市农村水利建设与管理工作情况。市水务局、市市容绿化局等相关单位负责同志陪同参加了视察。

11月20日至21日，鲁中矿业有限公司召开第七次党代会，市建设交通工作党委书记崔明华出席会议并作讲话。崔明华同志代表市建设交通工作党委对鲁中矿业第七次党代会的召开表示热烈祝贺，并充分肯定了鲁中矿业过去四年的工作。市建设交通纪工委书记姜蓉，市建设交通工作党委副巡视员、组织干部处处长袁筱英出席大会会议。

11月25日，市建设交通工作党委召开年末下基层调研总结会。本次会议是在党委领导历时半个多月，分头深入建设交通系统58家单位调研之后，经过认真准备召开的。会议由市建设交通工作党委书记崔明华主持，市建设交通工作党委副书记田赛男、市建设交通工作党委副书记朱铁民，市建设交通纪工委书记姜蓉、市建设交通工作党委副巡视员袁筱英分别结合下基层调研情况进行了发言。最后，崔明华书记作了讲话。崔明华同志指出，一年来，市建设交通系统按照市委、市政府的部署要求，各单位党委领导坚持着眼大局、围绕中心、紧贴实际统筹谋划抓党建，认真贯彻落实党的十八大精神，不断深化和巩固党的群众路线教育实践活动成果，切实加强领导班子和干部队伍建设，不断夯实基层党建基础，严格落实党风廉政建设主体责任，大力推进行业文明创建，各项工作成果突出、特点鲜明，经验有益，建设交通工作党委领导和机关一定要在前一段集中开展调研的基础上，集思广益、聚焦对标，统一思想、协调步调，共同总结好今年的工作，谋划好明年的思路。

11月，由市建设管理委主办，2014年建设工程应急演练于上海香港新世界广场项目工地举行。本次演练以广场项目工地基坑坍塌突发险情为背景，围绕相关专家、抢险队伍、抢险材料、抢险设备集结，发生险情后人员撤离及受伤人员救护，以及基坑土方坍塌抢险处置等内容展开。演练过程中，各单位各系统组织严密、反应迅速、应对有力，达到了检验预案、磨合机制、锻炼队伍以及宣传教育的目的。本次演练培训由市安质监总站协办，上海建工集团承办，参演单位包括上海建工七建集团、上海市机械施工集团等相关企业，并邀请市应急办、市建设工程安全质量监督总站、各区县建设交通委等相关部门和部分重大危险源项目施工单位、外省市驻沪办建管处、部分建设工程安全专家等有关单位负责同志观摩演习。

十 二 月

市建设交通工作党委开展系列专题培训着力提升机关干部队伍能力素质。今年以来，市建设交通工作党委精心部署，统筹安排，通过采取系统培训的方式，狠抓机关干部队伍的学习，分别于1月、5月、8月和11月，分5个专题组织实施对近200名机关干部的全员培训。本次学习培训是在市建设交通机构职能调整后，市建设交通工作党委着眼特大型城市建设管理面临的新形势和新任务，在综合分析机关干部队伍整体情况的基础上进行的。培训紧紧围绕本市建设交通事业创新转型发展发展的要求，坚持“聚焦重点、分级分类、实用管用”的原则，着力在提升能力素质上下功夫，共设置了5个学习专题：理想信念、创新社会治理、城市管理领域“8+2”问题整改、优秀年轻干部思想作风建设、面向实践“接地气”等专题，坚持一个季度一个专题，采取多种方式进行。一是领导专家讲学。市建设交通工作党委书记崔明华同志亲自为专题培训授课3次，市建设管理委、市交通委、市水务局、市绿化市容局、市住房保障房屋管理局主要领导均分别参与授课，全年共有12名局级干部走上讲台授课。此外还专门邀请上海文广集团首席记者秦畅、全国老劳模朱国萍等15名专家学者授课。二是实践参观见学。注重创新教学方式，理论教育与现场教学相结合，分2批组织机关干部到社会管理比较成功的嘉定太平村进行实地教学。组织部分干部到金山农村“进村落户”式接地气实践，通过现场实践感悟，使干部“知天气、接地气、明重任、强能力”。三是双向互动促学。分别召集机关处长、副处长以及处以下干部代表，召开3次座谈会，分别组织了大会交流、主题征文、主题演讲等多种互动方式，先后有20名干部参加论文交流、12名干部参加演讲、3名干部参与大会交流。

12月25日，市建设交通工作党委、市建设管理委在小木桥路召开2015年机关务虚会，市建设交通工作党委、市建设管理委副处以上干部参加了会议。会议由市建设交通工作党委书记崔明华主持。会上，市建设交通工作党委、市建设管理委领导围绕学习领会中央经济工作会议和市委十届七次全会精神，深入思考谋划2015年工作分别作了交流发言，市建设交通工作党委副书记、市建设管理委主任汤志平作了讲话，市建设交通工作党委书记崔明华作了总结讲话。崔明华同志指出，今年以来建设管理工作取得的成绩，充分体现了改革创新的精神和攻坚克难的责任担当，改革的正能量充分释放，创新的示范效应加快显现，“管建并举、重在管理”方针深入落实，勇挑重担、敢破难题的作风进一步树立，要继续发扬优势，深刻认识和把握经济发展新常态对建设管理工作的新要求，坚定不移推动思想解放，推进深化改革，推进科技创新，首先要聚焦主战场，牢牢把握改革创新的重点领域和关键环节，其次要发挥委、局优势，用好系统行业资源，加强与区、县联动，再次要从严管干部、带队伍，强化底线思维，争创新的业绩。

2014 年上海市建设和管理文件选编目录

一、建筑建材业管理

1. 上海市建筑市场管理条例（上海市人大常委会公告第 16 号）

2. 上海市人民政府印发关于进一步加强本市重大工程建设管理实施意见的通知（沪府发 [2014] 8 号）

3. 上海市人民政府办公厅关于转发市建设管理委等六部门制订的《上海市绿色建筑发展三年行动计划 (2014 — 2016)》的通知（沪府办发 [2014] 32 号）

4. 上海市人民政府办公厅转发市建设管理委关于在本市推进建筑信息模型技术应用指导意见的通知（沪府办发 [2014] 58 号上海市城乡建设和管理委员会关于组织开展建设工程质量安全监督执法检查的通知（沪建管 [2014] 376 号）

5. 上海市城乡建设和管理委员会关于印发《本市预防建筑施工起重机械脚手架等坍塌事故专项整治“回头看”实施方案》的通知（沪建管 [2014] 377 号）

6. 上海市城乡建设和管理委员会关于印发 2014 年本市各区县和相关委托管理单位建筑节能工作任务分解目标的通知（沪建管 [2014] 378 号）

7. 上海市城乡建设和管理委员会关于转发《国务院安委会办公室关于深刻吸取近期事故教训进一步加强建筑施工安全生产工作的紧急通知》的通知（沪建管 [2014] 449 号）

8. 上海市城乡建设和管理委员会关于转发住房城乡建设部《建筑施工企业主要负责人、项目负责人和专职安全生产管理人员安全生产管理规定》（第 17 号令）的通知（沪建管 [2014] 611 号）

9. 关于在本市建筑工程施工现场推行作业人员实名制管理的通知（沪建管 [2014] 612 号）

10. 关于启用建设工程施工暂估价招投标服务系统的通知（沪建管 [2014] 624 号）

11. 上海市城乡建设和管理委员会关于印发《2014 年上海市建筑施工领域打非治违专项行动方案》的通知（沪建管 [2014] 672 号）

12. 上海市城乡建设和管理委员会关于转发住房城乡建设部《关于印发 < 工程建设工法管理办法 > 的通知》的通知（沪建管 [2014] 738 号）

13. 上海市城乡建设和管理委员会关于发布《上海市建筑起重机械监督管理规定》的通知（沪建管 [2014] 755 号）

14. 上海市城乡建设和管理委员会关于印发《上海市建筑施工企业施工现场项目管理机构关键岗位人员配备指南》的通知（沪建管 [2014] 758 号）

15. 上海市城乡建设和管理委员会关于启用建设工程电子招标投标办事信息系统的通知（沪建管 [2014] 786 号）

16. 上海市城乡建设和管理委员会关于印发《上海市建设工程项目经理质量安全管理履职规定》的通知（沪建管 [2014] 802 号）

17. 关于继续做好在沪建设工程企业从业人员信息采集工作的通知（沪建管 [2014] 811 号）

18. 上海市城乡建设和管理委员会关于切实加强当前本市建设系统安全生产工作的通知（沪建管 [2014] 826 号）

19. 上海市城乡建设和管理委员会关于印发《上海市工程质量治理两年行动实施意见》的通知（沪建管 [2014] 827 号）

20. 关于成立上海市建设安全生产委员会的通知（沪建管［2014］847号）

21. 上海市城乡建设和管理委员会关于印发《上海市建设工程工程量清单计价应用规则》的通知（沪建管［2014］872号）

22. 上海市城乡建设和管理委员会关于加强对本市建设工程施工招标投标活动中非正常投标行为监管的通知（沪建管［2014］968号）

23. 上海市城乡建设和管理委员会关于印发《上海市城乡建设和管理委员会突发事件应急管理工作方案》的通知（沪建管［2014］971号）

24. 上海市城乡建设和管理委员会关于转发《住房城乡建设部关于印发＜房屋建筑和市政基础设施工程施工安全监督规定＞的通知》的通知（沪建管［2014］981号）

25. 上海市城乡建设和管理委员会关于转发《住房城乡建设部关于印发＜房屋建筑和市政基础设施工程施工安全监督工作规程＞的通知》的通知（沪建管［2014］1024号）

26. 上海市城乡建设和管理委员会关于成立上海市城乡建设领域现场专业人员职业标准工作领导小组的通知（沪建管［2014］1061号）

27. 关于调整社会保险费取费和缴交核付办法的通知（沪建管［2014］1065号）

28. 上海市城乡建设和管理委员会关于本市严格落实建筑工程质量终身责任承诺制的通知（沪建管［2014］1083号）

29. 上海市城乡建设和管理委员会关于开展全面排查本市建筑工程转包违法分包等违法行为的通知（沪建管［2014］1084号）

30. 上海市城乡建设和管理委员会关于本市开展建筑施工项目经理履责培训的通知（沪建管［2014］1097号）

31. 关于印发《上海市建筑市场信用信息管理暂行办法》的通知（沪建管联［2014］320号）

32. 关于做好2014年高温、防汛、防台期间本市建筑玻璃幕墙安全防范工作的通知（沪建管联［2014］328号）

33. 关于规范建筑渣土启运强化运输过程管理的通知（沪建管联［2014］527号）

34. 关于进一步规范本市园林绿化工程施工招投标管理的通知（沪建管联［2014］874号）

35. 关于推进本市装配式建筑发展的实施意见（沪建管联［2014］901号）

36. 关于本市集中开展严厉打击建筑施工转包违法分包等违法行为专项行动工作的通知（沪建管联［2014］945号）

37. 关于印发《关于化解本市建筑行业欠薪矛盾的若干意见》的通知（沪建管联［2014］1093号）

38. 上海市城乡建设和交通委员会关于明确本市建设工程企业资质管理若干事项的通知（沪建交［2014］27号）

39. 关于本市既有多层住宅加装电梯试点工作建设管理有关事项的通知（沪建交［2014］28号）

40. 关于转发《住房城乡建设部关于印发＜房屋建筑和市政基础设施工程竣工验收规定＞的通知》的通知（沪建交［2014］31号）

41. 关于发布“深基坑、盾构、顶管施工现场专项应急方案”的通知（沪建交［2014]34号）

42. 关于成立上海市建设工程绿色施工样板工程考核领导小组的通知（沪建交［2014］40号）

43. 关于印发《上海市建设工程质量专项治理工作方案》的通知（沪建交［2014］41号）

44. 关于实施定期通告安全生产标准化竣工工地信息的通知（沪建安质监［2014］15号）

45. 关于发布《上海市国家机关办公建筑和大型公共建筑能耗监测平台管理暂行办

法》的通知(沪建市管[2014]33号)

46. 关于发布《上海市建设工程招标代理行为诚信记录办法(试行)》的通知(沪建市管[2014]77号)

47. 关于开展2014年度上海市建设工程招标代理活动专项检查的通知(沪建市管[2014]100号)

48. 关于在工程量清单项目名称中增加分类特征的通知(沪建市管[2014]122号)

49. 关于发布本市建设工程最高投标限价相关取费费率和调整《上海市建设工程施工费用计算规则(2000)》部分费用的通知(沪建市管[2014]125号)

二、勘察设计管理

1. 上海市城乡建设和管理委员会关于调整本市建设工程设计文件审查部分事项的通知(沪建管[2014]210号)

2. 上海市城乡建设和管理委员会关于发布《上海市建设工程施工图设计文件审查机构抽取选定管理规定(修订稿)》的通知(沪建管[2014]271号)

3. 上海市城乡建设和管理委员会关于执行上海市工程建设规范《住宅设计标准》的通知(沪建管[2014]400号)

4. 上海市城乡建设和管理委员会关于执行上海市工程建设规范《住宅建筑绿色设计标准》的通知(沪建管[2014]536号)

5. 上海市城乡建设和管理委员会关于执行上海市工程建设规范《公共建筑绿色设计标准》的通知(沪建管[2014]610号)

6. 上海市城乡建设和管理委员会关于进一步完善本市建设工程初步设计审批工作指导意见的通知(沪建管[2014]928号)

7. 上海市城乡建设和管理委员会关于印发《上海市超限高层建筑抗震设防管理实施细则》的通知(沪建管[2014]954号)

8. 上海市城乡建设和管理委员会关于印发《上海市房屋建筑工程施工图设计文件技术审查要点(建筑、结构篇)》的通知(沪建管[2014]1026号)

9. 关于进一步加强本市建设工程勘察设计单位施工现场服务工作的通知(沪建交[2014]65号)

10. 关于印发《上海市保障性住房建筑节能设计指导意见》的通知(沪建交联[2014]9号)

三、燃气管理

1. 上海市人民政府关于燃气助动车限期报废事项的通告(沪府发[2014]37号)

2. 上海市城乡建设和管理委员会关于进一步完善本市燃气工程建设管理分工的通知(沪建管[2014]303号)

3. 上海市城乡建设和管理委员会关于开展燃气经营许可证换发工作的通知(沪建管[2014]553号)

4. 关于转发上海市发展和改革委员会《关于调整本市居民用户管道燃气价格的复函》的通知(沪建管[2014]623号)

四、行政审批改革

1. 上海市人民政府关于印发《上海市行政审批批后监督检查管理办法》的通知(沪府发[2014]16号)

2. 上海市人民政府关于取消和调整一批行政审批事项的决定(沪府发[2014]54号)

3. 关于全面启动行政审批事项标准化工作的通知(沪建交[2014]35号)

五、公积金管理

1. 关于印发《上海市住房公积金账户封存管理办法》的通知(沪公积金管委会[2014]1号)

2. 关于废止和失效一批住房公积金规范性文件的通知（沪公积金管委会［2014］2号）

3. 关于开展2014年度全市住房公积金缴存情况执法检查的通知（沪公积金管委会［2014］3号）

4. 关于印发《上海市住房公积金信息公开办法（试行）》的通知（沪公积金管委会［2014］4号）

5. 关于2014年度上海市调整住房公积金缴存基数和月缴存额上下限的通知（沪公积金管委会［2014］6号）

6. 关于印发《上海市提取住房公积金支付房屋租赁费用实施办法》的通知（沪公积金管委会［2014］7号）

7. 关于印发《上海市低收入经济困难职工家庭提取住房公积金支付物业服务费实施办法》的通知（沪公积金管委会［2014］9号）

六、其他管理

1. 上海市人民代表大会常务委员会关于修改《上海市人民代表大会常务委员会关于市人民政府制定规章设定行政处罚罚款限额的规定》的决定（上海市人大常委会公告第10号

2. 中国（上海）自由贸易试验区条例（上海市人大常委会公告第14号）

3. 上海市人民政府关于印发《中国（上海）自由贸易试验区管理委员会行政规范性文件法律审查规则》的通知（沪府发［2014］48号）

4. 上海市人民政府关于印发《中国（上海）自由贸易试验区相对集中行政复议权实施办法》的通知（沪府发［2014］49号）

上海市人民政府关于印发《上海市信访事项复查复核办法》的通知（沪府发［2014］64号）

2014年上海市城市建设、交通运输相关数据统计

一、全社会固定资产投资

1-1 主要年份全社会固定资产投资与其他社会经济主要指标

指　标	2005年	2010年	2013年	2014年
年末常住人口（万人）	1 778.00	2 302.66	2 415.15	2 425.68
上海市生产总值（亿元）	9 154.18	17 165.98	21 818.15	23 567.70
第一产业	80.34	114.15	124.89	124.26
第二产业	4 452.92	7 218.32	7 907.81	8 167.71
第三产业	4 620.92	9 833.51	13 785.45	15 275.73
人均生产总值（元）	67 492	76 074	90 993	97 370
全社会固定资产本年完成投资（亿元）	3 542.55	5 317.67	5 647.79	6 016.43
第一产业	5.57	16.40	18.45	11.86
第二产业	1 082.11	1 435.37	1 242.02	1 157.27
第三产业	2 454.87	3 864.90	4 387.32	4 847.30
全社会固定资产本年完成投资相当于地区生产总值的百分比（%）	38.7	31.0	25.9	25.5
三大领域固定资产投资				
工　业（亿元）	1 074.76	1 422.08	1 236.35	1 156.44
城市基础设施（亿元）	885.74	1 497.46	1 043.31	1 057.25
房地产开发（亿元）	1 246.86	1 980.68	2 819.59	3 206.48
农业总产值（亿元）	233.39	287.03	323.48	322.22
工业总产值（亿元）	13 876.78	31 038.57	33 899.38	34 071.19
建筑业总产值（亿元）	1 889.25	4 300.19	5 102.84	5 499.94
一般公共预算收入（亿元）	1 433.90	2 873.58	4 109.51	4 585.55
上海市出口总额（亿美元）	907.42	1 807.84	2 042.44	2 102.77
社会消费品零售总额（亿元）	2 972.97	6 070.50	8 052.00	9 303.49
外商直接投资				
合同项目（个）	4 091	3 906	3 842	4 697
合同金额（亿美元）	138.33	153.07	246.30	316.09
实际到位资金（亿美元）	68.50	111.21	167.80	181.66

注：自2011年始，固定资产投资统计起点为500万元以上（含500万元）项目。

1-2 全社会固定资产投资主要指标 (2014)

单位：亿元

指　标	合　计	建设项目	房地产开发	农户投资
计划总投资	31 960.27	11 338.99	20 617.82	3.46
#本年计划投资	7 949.57	3 376.72	4 569.38	3.46
自开始建设累计完成投资	21 892.35	7 160.20	14 728.69	3.46
#本年完成投资	6 016.43	2 806.49	3 206.48	3.46
本年新增固定资产	2 739.79	1 153.31	1 583.93	2.55
全部建成尚需投资	10 067.92	4 178.79	5 889.13	–
固定资产交付使用率（%）	45.5	41.1	49.4	73.7
#地方项目				
计划总投资	29 696.01	9 804.09	19 888.46	3.46
#本年计划投资	7 313.20	2 867.87	4 441.87	3.46
自开始建设累计完成投资	20 461.35	6 191.92	14 265.96	3.46
#本年完成投资	5 477.99	2 364.62	3 109.91	3.46
本年新增固定资产	2 459.53	903.81	1 553.17	2.55
全部建成尚需投资	9 234.66	3 612.16	5 622.50	–
固定资产交付使用率（%）	44.9	38.2	49.9	73.7

1-3 全社会固定资产投资主要指标构成情况（2014）

指　标	合　计	建设项目	房地产开发	农户投资
本年完成投资（亿元）	6 016.43	2 806.49	3 206.48	3.46
#住宅投资	1 730.81	2.79	1 724.65	3.37
按隶属关系分				
中央项目	538.44	441.87	96.57	–
地方项目	5 477.99	2 364.62	3 109.91	3.46
按构成分				
建筑工程	3 263.48	1 412.76	1 847.26	3.46
安装工程	449.77	220.44	229.33	–
设备工器具购置	624.83	607.78	17.05	0.01
其他费用	1 678.35	565.51	1 112.84	–
按建设性质分				
#新　建	1 913.30	1 913.30	–	–
扩　建	303.63	303.63	–	–
改建和技术改造	335.59	335.59	–	–
单纯购置	220.62	220.62	–	–
按三次产业分				
第一产业	11.86	11.77	–	0.09
第二产业	1 157.27	1 157.27	–	–
第三产业	4 847.30	1 637.45	3 206.48	3.37
本年新增固定资产（亿元）	2 739.79	1 153.31	1 583.93	2.55
房屋建筑面积（万平方米）				
施工面积	18 010.06	3 301.69	14 690.18	18.20
#住　宅	8 573.04	29.49	8 525.85	17.70
竣工面积	2 682.42	354.13	2 313.29	15.00
#住　宅	1 549.64	0.09	1 535.55	14.00

注：按建设性质分组中不包括房地产开发和农户投资，下同。

1-4 地方全社会固定资产投资主要指标构成情况（2014）

指　标	合　计	建设项目	房地产开发	农户投资
本年完成投资(亿元)	5 477.99	2 364.62	3 109.91	3.46
#住宅投资	1 669.00	2.79	1 662.84	3.37
按构成分				
建筑工程	3 092.09	1 292.43	1 796.20	3.46
安装工程	371.65	152.41	219.24	–
设备工器具购置	430.24	413.90	16.33	0.01
其他费用	1 584.01	505.87	1 078.14	–
按建设性质分				
#新　建	1 725.93	1 725.93	–	–
扩　建	190.65	190.65	–	–
改建和技术改造	259.60	259.60	–	–
单纯购置	155.10	155.10	–	–
按三次产业分				
第一产业	11.86	11.77	–	0.09
第二产业	943.93	943.93	–	–
第三产业	4 522.20	1 408.92	3 109.91	3.37
本年新增固定资产(亿元)	2 459.53	903.81	1 553.17	2.55
房屋建筑面积（万平方米）				
施工面积	17 292.07	3 088.08	14 185.79	18.20
#住　宅	8 193.08	29.49	8 145.89	17.70
竣工面积	2 616.90	336.68	2 265.22	15.00
#住　宅	1 501.56	0.09	1 487.47	14.00

1-5 全社会固定资产投资（按经济类型分）（2014）

单位：亿元

类　别	本年完成投资合　计	建设项目	房地产开发	农户投资
总　计	6 016.43	2 806.49	3 206.48	3.46
国有经济	1 796.22	1 576.57	219.65	–
非国有经济	4 220.21	1 229.92	2 986.83	3.46
集体经济	55.07	41.99	13.08	–
私营经济	1 219.43	356.68	862.75	–
联营经济	6.11	6.11	–	–
股份制经济	1 812.77	308.61	1 504.16	–
港澳台经济	465.14	57.12	408.02	–
外商经济	637.90	439.08	198.81	–
其他经济	23.79	20.32	–	3.46
#地方项目	5 477.99	2 364.62	3 109.91	3.46
国有经济	1 381.43	1 182.23	199.20	–
非国有经济	4 096.56	1 182.39	2 910.71	3.46
集体经济	55.07	41.99	13.08	–
私营经济	1 212.63	356.68	855.95	–
联营经济	6.11	6.11	–	–
股份制经济	1 714.08	279.24	1 434.84	–
港澳台经济	464.53	56.51	408.02	–
外商经济	620.35	421.54	198.81	–
其他经济	23.79	20.32	–	3.46

1-6 主要年份城市基础设施投资

单位：亿元

类 别	2005年	2010年	2013年	2014年
计划总投资	4 218.94	7 465.33	4 205.69	5 016.43
#本年计划投资	1 089.68	1 700.16	1 134.91	1 181.01
本年完成投资总计	885.74	1 497.46	1 043.31	1 057.25
电力建设	124.22	148.50	110.35	134.22
交通运输、邮电通信	443.91	866.20	550.42	510.42
交通运输	385.58	754.66	458.70	422.48
#城市公共交通	124.50	282.47	138.33	195.28
邮电通信	58.32	111.54	91.72	87.93
邮 政	1.89	1.71	3.65	4.70
通 信	56.43	109.83	88.06	83.24
公用设施	317.62	482.76	382.54	412.61
公用事业	41.33	86.58	47.57	32.80
自 来 水	29.66	61.63	24.83	20.00
燃 气	11.67	24.95	22.74	12.80
市政建设	276.28	396.18	334.97	379.81
园林绿化	13.88	35.87	27.16	56.46
环境卫生	15.36	10.80	12.52	9.41
市政设施	246.59	349.27	292.48	313.94
其 他	0.46	0.25	2.82	–

1-7　全社会固定资产投资（按地区分）（2014）

单位：亿元

地　区	本年完成投资合计	#建设项目	房地产开发
总　计	6 016.43	2 806.49	3 206.48
#浦东新区	1 634.73	772.80	861.93
黄 浦 区	75.72	8.49	67.23
徐 汇 区	152.68	22.20	130.48
长 宁 区	90.04	15.40	74.64
静 安 区	52.41	6.23	46.18
普 陀 区	186.71	59.63	127.08
闸 北 区	157.59	6.88	150.72
虹 口 区	194.15	19.19	174.96
杨 浦 区	106.03	20.88	85.14
闵 行 区	434.33	146.76	287.57
宝 山 区	392.69	132.92	259.77
嘉 定 区	464.46	165.12	299.34
金 山 区	194.29	124.07	70.22
松 江 区	313.81	119.88	193.93
青 浦 区	384.54	170.78	213.76
奉 贤 区	290.88	163.96	126.91
崇 明 县	105.14	68.52	36.62

注：各区县投资项目按项目建设地址代码分组汇总，不包括跨地区项目。

二、固定资产投资效果和资金来源

2-1 主要年份建设项目固定投资效果主要指标

指 标	2005年	2010年	2013年	2014年
建设周期（年）	4.5	4.3	3.8	4.0
计划总投资（亿元）	10287.31	14178.46	10742.91	11338.99
本年完成投资（亿元）	2288.62	3334.95	2824.54	2806.49
建设项目投产率（%）	54.5	25.4	25.2	27.6
施工项目个数（个）	5716	10122	4073	3881
#新开工	3718	4950	2041	1708
全部建成投产项目个数（个）	3118	2573	1027	1070
本年新增固定资产（亿元）	1485.93	2213.09	1307.33	1153.31
固定资产交付使用率（%）	64.9	66.4	46.3	41.1
房屋施工面积（万平方米）	3962.30	3708.19	3645.18	3301.69
#住宅	122.23	12.68	45.62	29.49
房屋竣工面积（万平方米）	1724.93	817.42	428.92	354.13
房屋面积竣工率（%）	43.5	22.0	11.8	10.7

2-2 建设项目固定资产投资效果主要指标（2014）

指 标	合 计	国有经济	非国有经济
建设周期（年）	4.0	4.4	3.6
计划总投资（亿元）	11 338.99	6 897.84	4 441.15
本年完成投资（亿元）	2 806.49	1 576.57	1 229.92
建设项目投产率（%）	27.6	29.4	25.6
施工项目个数（个）	3 881	1 974	1 907
#新 开 工	1 708	865	843
全部建成投产项目个数（个）	1 070	581	489
本年新增固定资产（亿元）	1 153.31	663.39	489.92
固定资产交付使用率（%）	41.1	42.1	39.8
房屋施工面积（万平方米）	3 301.69	844.38	2 457.31
#住 宅	29.49	12.31	17.18
房屋竣工面积（万平方米）	354.13	100.18	253.95
房屋面积竣工率（%）	10.7	11.9	10.3

2-3 地方建设项目固定投资效果主要指标（2014）

指标	合计	国有经济	非国有经济
建设周期（年）	4.1	4.7	3.6
计划总投资（亿元）	9 804.09	5 503.85	4 300.24
本年完成投资（亿元）	2 364.62	1 182.23	1 182.39
建设项目投产率（%）	27.5	30.9	24.9
施工项目个数（个）	3 246	1 411	1 835
#新开工	1 409	609	800
全部建成投产项目个数（个）	893	436	457
本年新增固定资产（亿元）	903.81	436.67	467.14
固定资产交付使用率（%）	38.2	36.9	39.5
房屋施工面积（万平方米）	3 088.08	680.30	2 407.78
#住宅	29.49	12.31	17.18
房屋竣工面积（万平方米）	336.68	94.92	241.76
房屋面积竣工率（%）	10.9	14.0	10.0

2-4 建设项目固定资产投资施工和建成投产各行业情况（2014）

行 业	施工项目（个）	#本年新开工	本年全部建成投产（个）	投产率（%）
总 计	3 881	1 708	1 070	27.6
农、林、牧、渔业	46	32	22	47.8
工 业	2 126	949	605	28.5
采 矿 业	1	–	–	–
制 造 业	1 690	678	414	24.5
电力、燃气及水的生产和供应业	435	271	191	43.9
建 筑 业	2	–	1	50.0
批发和零售业	51	24	17	33.3
交通运输、仓储和邮政业	188	68	50	26.6
住宿和餐饮业	22	5	4	18.2
信息传输、软件和信息技术服务业	73	29	12	16.4
金 融 业	12	2	3	25.0
房地产业	10	–	3	30.0
租赁和商务服务业	91	33	16	17.6
科学研究和技术服务业	69	22	18	26.1
水利、环境和公共设施管理业	841	430	222	26.4
居民服务、修理和其他服务业	12	2	4	33.3
教 育	175	61	68	38.9
卫生和社会工作	70	20	6	8.6
文化、体育和娱乐业	55	14	10	18.2
公共管理、社会保障和社会组织	38	17	9	23.7

2-5 地方建设项目固定资产投资施工和建成投产各行业情况（2014）

行业	施工项目（个）	#本年新开工	本年全部建成投产（个）	投产率（%）
总计	3 246	1 409	893	27.5
农、林、牧、渔业	46	32	22	47.8
工业	1 568	673	443	28.3
采矿业	1	–	–	–
制造业	1 340	541	319	23.8
电力、燃气及水的生产和供应业	227	132	124	54.6
建筑业	2	–	1	50.0
批发和零售业	50	24	17	34.0
交通运输、仓储和邮政业	173	61	45	26.0
住宿和餐饮业	22	5	4	18.2
信息传输、软件和信息技术服务业	61	19	9	14.8
金融业	6	2	2	33.3
房地产业	9	–	3	33.3
租赁和商务服务业	83	31	16	19.3
科学研究和技术服务业	57	19	16	28.1
水利、环境和公共设施管理业	837	430	222	26.5
居民服务、修理和其他服务业	12	2	4	33.3
教育	161	60	64	39.8
卫生和社会工作	68	20	6	8.8
文化、体育和娱乐业	54	14	10	18.5
公共管理、社会保障和社会组织	37	17	9	24.3

2-6 全社会固定资产投资资金来源（2014）

单位：亿元

指 标	合 计	建设项目	房地产开发	农户投资
本年实际到位资金合计	10 524.10	3 098.45	7 422.19	3.46
上年末结余资金	2 562.48	410.20	2 152.28	–
本年实际到位资金小计	7 961.62	2 688.26	5 269.90	3.46
国家预算资金	417.89	417.89	–	–
#中央预算资金	34.35	34.35	–	–
中央各部门自筹	3.60	3.60	–	–
市自筹	144.88	144.88	–	–
区县自筹	235.01	235.01	–	–
国内贷款	2 068.08	429.23	1 638.84	–
#银行贷款	1 798.38	300.82	1 497.56	–
债 券	–	–	–	–
利用外资	205.05	135.43	69.61	–
#外商直接投资	174.16	106.43	67.73	–
自筹资金	3 243.55	1 679.26	1 560.83	3.46
#企、事业单位自有资金	1 773.89	1 094.16	676.26	3.46
#股东投入资金	450.62	154.07	296.55	–
#借入资金	224.14	52.41	171.73	–
其他资金来源	2 027.05	26.44	2 000.62	–
#集 资	1.56	1.56	–	–
本年各项应付款合计	1 329.65	366.59	963.06	–
#工 程 款	724.52	221.60	502.92	–

2-7 地方全社会固定资产投资资金来源（2014）

单位：亿元

指　标	合　计	建设项目	房地产开发	农户投资
本年实际到位资金合计	9 815.38	2 622.27	7 189.65	3.46
上年末结余资金	2 474.54	373.52	2 101.01	–
本年实际到位资金小计	7 340.85	2 248.75	5 088.64	3.46
国家预算资金	397.58	397.58	–	–
#中央预算资金	24.15	24.15	–	–
中央各部门自筹	2.81	2.81	–	–
市 自 筹	143.05	143.05	–	–
区县自筹	227.52	227.52	–	–
国内贷款	1 924.29	345.08	1 579.21	–
#银行贷款	1 718.71	271.26	1 447.45	–
债　券	–	–	–	–
利用外资	205.05	135.43	69.61	–
#外商直接投资	174.16	106.43	67.73	–
自筹资金	2 883.46	1 344.21	1 535.79	3.46
#企、事业单位自有资金	1 495.69	821.50	670.73	3.46
#股东投入资金	446.40	150.35	296.05	–
#借入资金	219.20	49.89	169.31	–
其他资金来源	1 930.46	26.44	1 904.03	–
#集　资	1.56	1.56	–	–
本年各项应付款合计	1 276.55	349.31	927.24	–
#工 程 款	698.19	213.82	484.36	–

2-8 建筑业固定资产投资资金来源（2014）

单位：亿元

指　标	合　计	国有经济	非国有经济
本年实际到位资金合计	1.17	1.17	–
上年末结余资金	–	–	–
本年实际到位资金小计	1.17	1.17	–
国家预算资金	–	–	–
#中央预算资金	–	–	–
中央各部门自筹	–	–	–
市 自 筹	–	–	–
区县自筹	–	–	–
国内贷款	–	–	–
#银行贷款	–	–	–
债　券	–	–	–
利用外资	–	–	–
#外商直接投资	–	–	–
自筹资金	0.73	0.73	–
#企、事业单位自有资金	0.07	0.07	–
#股东投入资金	–	–	–
#借入资金	–	–	–
其他资金来源	0.44	0.44	–
#集　资	0.44	0.44	–
本年各项应付款合计	–	–	–
#工 程 款	–	–	–

2-9 全社会固定资产投资资金来源（按经济类型分）（2014）

指标	合计	国有经济	非国有经济	集体经济
本年实际到位资金合计	10 524.10	1 996.86	8 527.24	88.58
上年末结余资金	2 562.48	269.58	2 292.90	20.60
本年实际到位资金小计	7 961.62	1 727.28	6 234.34	67.98
国家预算资金	417.89	397.39	20.50	5.07
#中央预算资金	34.35	33.05	1.30	–
中央各部门自筹	3.60	3.60	–	–
市自筹	144.88	134.62	10.26	0.56
区县自筹	235.01	226.07	8.94	4.39
国内贷款	2 068.08	394.39	1 673.68	9.25
#银行贷款	1 798.38	300.28	1 498.10	7.71
债券	–	–	–	–
利用外资	205.05	0.43	204.62	–
#外商直接投资	174.16	–	174.16	–
自筹资金	3 243.55	804.98	2 438.57	46.60
#企、事业单位自有资金	1 773.89	490.70	1 283.18	22.23
#股东投入资金	450.62	103.97	346.65	2.88
#借入资金	224.14	19.14	205.00	2.23
其他资金来源	2 027.05	130.09	1 896.97	7.07
#集资	1.56	1.34	0.22	0.22
本年各项应付款合计	1 329.65	327.06	1 002.59	8.56
#工程款	724.52	198.76	525.76	5.82

单位：亿元

私营经济	联营经济	股份制经济	港澳台商投资	外商投资	其他经济
2 313.98	6.41	3 952.29	1 069.00	1 074.74	22.25
536.65	–	1 036.33	360.89	337.78	0.66
1 777.33	6.41	2 915.97	708.11	736.95	21.59
1.07	–	12.67	–	0.82	0.87
0.17	–	0.69	–	–	–
–	–	–	–	–	–
0.20	–	8.70	–	–	0.30
0.69	–	3.27	–	0.01	0.57
548.58	0.78	775.77	206.59	131.00	1.72
499.24	0.78	675.85	193.50	119.31	1.72
–	–	–	–	–	–
2.09	–	3.60	68.14	130.78	–
1.22	–	–	67.17	105.47	–
706.25	5.62	1 030.34	299.33	331.41	19.01
398.54	4.75	495.09	123.86	220.20	18.52
97.97	–	158.68	62.03	25.05	0.04
63.99	–	82.50	26.36	29.92	–
519.33	–	1 093.58	134.05	142.93	–
–	–	–	–	–	–
349.08	–	430.90	97.66	112.34	4.05
182.91	–	227.77	46.44	62.61	0.20

2-10 城市基础设施投资资金来源（2014）

指　标	合　计	电力建设	交通运输邮电通讯	交通运输	#城市公共交通	邮电通信	邮　政
本年实际到位资金合计	1 024.30	135.12	511.01	412.41	190.17	98.59	4.70
上年末结余资金	73.07	3.64	38.54	34.08	7.16	4.45	–
本年实际到位资金小计	951.23	131.48	472.47	378.33	183.01	94.14	4.70
国家预算资金	252.41	0.11	92.96	91.79	29.42	1.17	–
#中央预算资金	12.26	–	–	–	–	–	–
中央各部门自筹	3.23	–	3.23	3.23	–	–	–
市 自 筹	54.58	0.11	22.38	22.38	6.46	–	–
区县自筹	182.35	–	67.35	66.18	22.96	1.17	–
国内贷款	236.00	8.97	179.84	174.82	93.35	5.02	–
#银行贷款	153.13	6.64	103.66	98.64	61.01	5.02	–
债　券	–	–	–	–	–	–	–
利用外资	1.48	–	1.05	1.05	–	–	–
#外商直接投资	1.05	–	1.05	1.05	–	–	–
自筹资金	451.36	122.40	197.71	109.85	60.24	87.86	4.70
#企、事业单位自有资金	291.46	79.81	134.65	53.80	25.01	80.86	3.00
#股东投入资金	13.40	1.70	5.46	5.46	2.15	–	–
#借入资金	9.74	–	2.33	0.76	0.76	1.57	–
其他资金	9.98	–	0.92	0.83	–	0.09	–
#集　资	0.55	–	–	–	–	–	–
本年各项应付投资款	196.05	12.69	89.63	86.54	36.81	3.10	–
#工 程 款	114.05	1.35	68.77	68.18	34.17	0.59	–

单位：亿元

通　信	公用设施	公用事业	自来水	燃　气	市政建设	园林绿化	环境卫生	市政设施	其　他
93.89	378.18	33.34	18.56	14.78	344.84	44.28	8.49	292.07	–
4.45	30.89	0.02	0.02	–	30.87	6.51	0.26	24.10	–
89.44	347.29	33.32	18.54	14.78	313.97	37.77	8.22	267.97	–
1.17	159.34	9.28	9.28	–	150.06	33.30	2.84	113.92	–
–	12.26	0.93	0.93	–	11.33	2.39	1.00	7.94	–
–	–	–	–	–	–	–	–	–	–
–	32.09	7.09	7.09	–	25.00	0.60	1.71	22.68	–
1.17	115.00	1.26	1.26	–	113.74	30.30	0.13	83.31	–
5.02	47.20	8.53	7.00	1.53	38.67	1.75	0.37	36.55	–
5.02	42.83	7.00	7.00	–	35.82	1.66	0.37	33.80	–
–	–	–	–	–	–	–	–	–	–
–	0.43	0.14	0.14	–	0.29	–	–	0.29	–
–	–	–	–	–	–	–	–	–	–
83.16	131.26	14.41	2.12	12.28	116.85	2.04	2.63	112.18	–
77.86	77.00	13.88	1.97	11.90	63.12	1.63	0.77	60.72	–
–	6.24	–	–	–	6.24	–	1.60	4.64	–
1.57	7.41	0.15	0.15	–	7.26	–	0.26	7.00	–
0.09	9.06	0.96	–	0.96	8.10	0.68	2.39	5.03	–
–	0.55	–	–	–	0.55	–	–	0.55	–
3.10	93.72	8.01	6.60	1.40	85.72	15.71	4.50	65.51	–
0.59	43.92	4.12	3.32	0.80	39.80	15.49	4.44	19.87	–

2-11 历年全社会住宅建设投资（按投资类别分）（2014）

单位：亿元

年 份	总 计	建设项目			房地产开发	农户投资
			城 镇	农村非农户		
1950	0.04	0.03	0.03			0.01
1951	0.16	0.14	0.14			0.02
1952	0.60	0.54	0.54			0.06
1953	1.31	1.19	1.19			0.12
1954	0.92	0.82	0.82			0.10
1955	0.65	0.54	0.54			0.11
1956	0.81	0.69	0.69			0.12
1957	1.29	1.15	1.15			0.14
1958	0.68	0.51	0.51			0.17
1959	0.80	0.60	0.60			0.20
1960	0.78	0.56	0.56			0.22
1961	0.48	0.25	0.25			0.23
1962	0.40	0.16	0.16			0.24
1963	0.49	0.26	0.26			0.23
1964	0.70	0.39	0.39			0.31
1965	0.75	0.42	0.42			0.33
1966	0.66	0.30	0.30			0.36
1967	0.58	0.20	0.20			0.38
1968	0.64	0.21	0.21			0.43
1969	0.46	0.05	0.05			0.41
1970	0.55	0.16	0.16			0.39
1971	0.73	0.26	0.26			0.47
1972	0.90	0.38	0.38			0.52
1973	1.05	0.50	0.50			0.55
1974	1.37	0.78	0.78			0.59
1975	1.77	1.20	1.20			0.57
1976	1.95	1.36	1.36			0.59
1977	1.55	0.98	0.98			0.57
1978	2.67	1.88	1.88			0.79
1979	3.31	2.37	2.37			0.94
1980	5.82	4.41	4.41			1.41
1981	10.02	6.05	5.90	0.15		3.97

单位：亿元

年份	总计	建设项目			房地产开发	农户投资
			城镇	农村非农户		
1982	11.03	6.71	6.63	0.08		4.32
1983	11.18	6.70	6.68	0.02		4.48
1984	15.88	8.60	8.44	0.16		7.28
1985	25.58	13.58	13.18	0.40		12.00
1986	28.24	17.94	17.73	0.21		10.30
1987	36.28	23.62	23.13	0.49		12.66
1988	44.84	27.94	27.83	0.11		16.90
1989	35.82	19.67	18.52	1.15	1.85	14.30
1990	42.94	19.72	19.58	0.14	7.26	15.96
1991	48.92	29.37	29.06	0.31	7.31	12.24
1992	61.23	34.98	33.53	1.45	11.73	14.52
1993	77.14	57.87	54.87	3.00	13.96	5.31
1994	300.65	183.96	183.96	…	106.31	10.38
1995	433.76	140.30	128.16	12.14	280.38	13.08
1996	466.99	91.01	78.93	12.08	356.01	19.97
1997	458.22	107.34	100.06	7.28	334.07	16.81
1998	404.96	71.54	64.02	7.52	320.66	12.76
1999	378.82	48.79	41.54	7.25	324.49	5.54
2000	443.90	24.72	17.92	6.80	408.82	10.36
2001	466.71	18.26	14.75	3.51	439.17	9.28
2002	584.51	9.89	8.26	1.63	567.76	6.87
2003	694.30	11.52	10.30	1.22	676.28	6.49
2004	922.61	16.09	14.39	1.70	900.67	5.86
2005	936.36	9.94	8.89	1.05	920.84	5.58
2006	854.15	13.33	9.65	3.68	835.63	5.19
2007	853.13	11.92	11.09	0.83	837.53	3.69
2008	871.52	25.04	21.43	3.60	843.63	2.85
2009	922.81	3.25	1.53	1.72	918.68	0.88
2010	1 232.96	1.25	1.01	0.23	1 229.83	1.89
2011	1 403.13	1.65	1.60	0.05	1 398.75	2.74
2012	1 457.64	3.11	1.35	1.76	1 451.94	2.59
2013	1 626.95	8.29	7.73	0.57	1 615.51	3.15
2014	1 730.81	2.79			1 724.65	3.37

2-12 历年城市基础设施投资

年份	总计	电力建设	交通运输邮电通信	交通运输	邮电通信	公用设施	公用事业
1981	7.96	3.48	2.84	2.42	0.42	1.64	0.63
1982	7.33	1.84	3.26	2.90	0.36	2.23	0.72
1983	7.74	1.30	3.61	3.08	0.53	2.83	1.11
1984	9.93	1.65	4.12	3.41	0.71	4.16	1.40
1985	23.49	3.97	6.75	5.52	1.23	12.77	7.88
1986	24.78	5.68	8.40	6.56	1.84	10.70	5.67
1987	32.64	9.31	12.39	10.02	23.37	10.94	5.36
1988	37.08	14.18	12.35	8.80	3.55	10.55	4.01
1989	36.09	11.69	9.96	6.16	3.80	14.44	6.84
1990	47.22	17.53	10.06	7.17	2.90	19.63	10.83
1991	61.38	19.79	19.07	14.49	4.58	22.52	9.15
1992	84.35	19.70	21.44	15.01	6.43	43.21	12.58
1993	167.94	25.77	46.44	31.75	14.69	95.73	37.91
1994	238.16	41.57	72.68	36.83	35.85	123.91	26.77
1995	237.78	57.33	79.36	25.94	53.42	137.09	35.03
1996	378.78	77.61	147.21	69.66	77.55	153.96	48.31
1997	412.85	80.24	146.10	85.06	61.04	186.51	52.24
1998	531.38	89.58	181.46	108.79	72.67	260.34	58.37
1999	501.39	83.05	166.16	102.24	63.92	252.18	64.20
2000	449.90	64.61	117.52	48.84	68.68	267.77	104.43
2001	510.78	72.22	168.42	60.72	107.70	270.14	92.25
2002	583.49	62.14	171.24	63.01	108.23	350.11	148.42
2003	604.62	66.00	350.35	273.77	76.58	188.28	36.91
2004	672.58	89.52	371.35	316.96	54.39	211.71	26.92
2005	885.74	124.22	443.91	385.58	58.32	317.62	41.33
2006	1 125.54	116.23	703.24	589.52	113.72	306.07	56.23
2007	1 466.33	163.30	942.03	840.46	101.57	361.01	60.90
2008	1 733.18	129.53	947.49	838.91	108.58	656.16	112.81
2009	2 113.45	253.39	1 100.90	978.24	122.66	759.16	135.95
2010	1 497.46	148.50	866.20	754.66	111.54	482.76	86.58
2011	1 157.34	118.81	668.52	595.75	72.76	370.01	54.22
2012	1 038.61	110.06	570.37	473.43	96.94	358.18	56.45
2013	1 043.31	110.35	550.42	458.70	91.72	382.54	47.57
2014	1 057.25	134.22	510.42	422.48	87.93	412.61	32.80

注：2003年及以前城市基础设施投资不包括农村投资。从2003年起，城市公共交通投资从公用事业投资中划入交通运输投资。

单位：亿元

#自来水	燃气	市内公共交通	市政建设	园林绿化	环境卫生	市政设施	其他
			1.01				
			1.51				
			1.72				
			2.76				
			4.89				
2.74	1.78	1.12	5.03	0.43	0.71	3.84	0.05
2.53	1.79	0.59	5.58	0.30	0.34	4.94	
0.72	1.25	1.20	6.54	0.24	0.58	5.72	
1.52	0.90	1.03	7.60	0.01	0.52	7.02	0.05
1.06	1.81	1.69	8.80	0.11	0.37	8.31	0.01
2.34	2.35	4.46	13.37	0.15	0.45	12.77	
3.20	3.24	6.14	30.63	0.32	0.79	28.45	1.07
6.90	16.72	14.29	57.82	0.52	1.06	56.24	…
11.49	7.80	7.48	97.14	2.42	1.01	93.47	0.24
13.12	12.97	8.94	102.06	4.27	1.26	96.21	0.32
22.12	14.61	11.58	105.65	2.66	1.14	101.80	0.05
27.08	10.03	15.13	134.27	5.11	1.62	127.41	0.13
14.59	13.15	30.63	201.97	9.10	3.35	189.41	0.11
6.41	9.89	47.90	187.98	28.62	2.97	155.73	0.66
5.35	6.88	92.20	163.34	38.76	19.34	102.36	2.88
5.97	5.83	80.45	177.89	32.92	2.97	140.63	1.37
8.62	6.83	132.97	201.69	38.83	1.47	160.64	0.75
22.89	14.02		151.36	33.85	9.25	107.73	0.53
16.66	10.26		184.80	16.69	7.01	160.22	0.88
29.66	11.67		276.28	13.88	15.36	246.59	0.46
43.79	12.44		249.84	26.41	10.17	213.26	–
50.12	10.78		300.11	34.66	11.26	254.19	–
93.24	19.57		543.35	29.01	20.04	494.30	–
109.79	26.16		623.21	27.96	21.91	573.19	0.15
61.63	24.95		396.18	35.87	10.80	349.27	0.25
41.85	12.37		315.80	44.71	23.91	247.15	0.03
40.75	15.70		301.74	20.99	23.74	256.73	0.26
24.83	22.74		334.97	27.16	12.52	292.48	2.82
20.00	12.80		379.81	56.46	9.41	313.94	–

2-13 房地产业固定资产投资资金来源（2014）

单位：亿元

指 标	合 计	国有经济	非国有经济
本年实际到位资金合计	19.11	–	19.11
上年末结余资金	4.35	–	4.35
本年实际到位资金小计	14.76	–	14.76
国家预算资金	–	–	–
#中央预算资金	–	–	–
中央各部门自筹	–	–	–
市 自 筹	–	–	–
区县自筹	–	–	–
国内贷款	2.95	–	2.95
#银行贷款	2.95	–	2.95
债 券	–	–	–
利用外资	0.24	–	0.24
#外商直接投资	0.24	–	0.24
自筹资金	11.57	–	11.57
#企、事业单位自有资金	11.57	–	11.57
#股东投入资金	–	–	–
#借入资金	–	–	–
其他资金来源	–	–	–
#集 资	–	–	–
本年各项应付款合计	–	–	–
#工 程 款	–	–	–

三、房地产开发建设

3-1 主要年份房地产开发投资（2014）

单位：亿元

类　别	2005年	2010年	2013年	2014年
计划总投资	6 615.35	12 818.48	18 088.73	20 617.82
#本年计划投资	1 827.42	2 903.54	4 014.78	4 569.38
本年完成投资	1 246.86	1 980.68	2 819.59	3 206.48
按隶属关系分				
中　央	8.86	42.83	68.20	96.57
市　属	118.35	287.28	315.62	244.56
区　属	246.09	270.28	443.17	415.73
县　属	2.17	3.20	42.82	64.05
乡镇街道属	137.17	101.42	194.43	159.73
村委居委属	0.01	2.68	0.41	0.77
其　他	734.22	1 272.99	1 754.95	2 225.07
按经济类型分				
国有经济	117.38	314.62	423.36	219.65
集体经济	62.92	106.82	50.75	13.08
联营经济	9.53	5.83	4.43	–
股份制经济	479.78	647.40	1 241.04	1 504.16
私营经济	401.98	605.05	678.61	862.75
其他经济	6.11	4.85	30.29	–
港澳台经济	77.26	179.64	228.57	408.02
外商经济	91.91	116.47	162.54	198.81
按资质等级分				
一　级	87.77	33.85	67.27	50.86
二　级	78.60	230.72	270.87	252.68
三　级	199.15	168.85	169.94	178.79
其 他 级	881.34	1 547.26	2 311.51	2 724.14
本年新增固定资产	1 054.02	964.27	1 354.75	1 583.93

3-2　房地产开发投资规模及构成（2014）

单位：亿元

类　别	计划总投资	自开始建设累计完成投资	#本年完成投资	本年新增固定资产
总　计	20 617.82	14 728.69	3 206.48	1 583.93
按隶属关系分				
中　央	729.36	462.73	96.57	30.76
市　属	2 058.12	1 460.15	244.56	131.38
区　属	2 533.83	1 770.00	415.73	246.15
县　属	333.50	236.69	64.05	16.01
乡镇街道属	924.41	670.38	159.73	157.88
村委居委属	2.50	2.50	0.77	–
其　他	14 036.09	10 126.23	2 225.07	1 001.74
按经济类型分				
国有经济	1 367.66	953.10	219.65	124.92
集体经济	80.94	49.63	13.08	3.11
联营经济	–	–	–	–
股份制经济	10 320.37	7 349.64	1 504.16	783.34
私营经济	4 882.15	3 552.24	862.75	407.75
其他经济	–	–	–	–
港澳台经济	2 479.82	1 723.59	408.02	151.45
外商经济	1 486.88	1 100.48	198.81	113.36
按资质等级分				
一　级	357.20	257.28	50.86	74.41
二　级	1 951.08	1 259.81	252.68	222.81
三　级	1 680.62	1 291.01	178.79	175.80
其 他 级	16 628.93	11 920.60	2 724.14	1 110.91

3-3 房地产开发投资分类情况（2014）

单位：亿元

类别	本年完成投资	#住宅	#90平方米及以下	#144平方米以上	#别墅	#高档公寓	办公楼	商业营业用房
总计	3 206.48	1 724.65	639.90	393.51	118.20	241.82	534.77	457.92
按隶属关系分								
中央	96.57	61.81	28.85	16.03	8.95	4.45	15.34	6.61
市属	244.56	135.93	64.58	19.94	4.62	11.21	40.20	29.09
区属	415.73	248.00	114.26	22.27	3.91	21.86	52.00	37.01
县属	64.05	38.73	28.07	1.64	0.23	1.22	0.59	2.49
乡镇街道属	159.73	118.97	68.06	17.56	6.11	6.86	5.17	13.24
村委居委属	0.77	0.59	0.43	0.16	–	–	–	0.09
其他	2 225.07	1 120.63	335.65	315.91	94.38	196.22	421.47	369.39
按经济类型分								
国有经济	219.65	159.44	98.71	13.30	4.42	13.35	12.19	13.62
集体经济	13.08	7.70	3.49	0.04	–	1.52	1.23	2.06
联营经济	–	–	–	–	–	–	–	–
股份制经济	1 504.16	874.61	366.94	175.50	57.43	132.26	200.87	191.36
私营经济	862.75	431.65	141.89	97.65	24.55	43.47	147.65	154.07
其他经济	–	–	–	–	–	–	–	–
港澳台经济	408.02	136.63	22.99	73.03	28.83	35.60	147.05	66.07
外商经济	198.81	114.61	5.87	34.00	2.96	15.62	25.80	30.73
按资质等级分								
一级	50.86	28.69	13.11	5.03	1.01	1.52	4.47	6.57
二级	252.68	173.20	71.16	33.13	7.41	22.31	17.42	24.88
三级	178.79	92.08	28.29	22.57	1.96	25.73	21.27	31.42
其他级	2 724.14	1 430.68	527.34	332.78	107.81	192.25	491.60	395.06

3-4 商品房屋建筑面积及造价（2014）

类 别	施工面积（万平方米）	#新开工	竣工面积（万平方米）	竣工房屋造价（元/平方米）
各类房屋总计	14 690.18	2 782.02	2 313.29	4 575
住 宅	8 525.85	1 547.29	1 535.55	4 197
按户型结构分				
#90平方米及以下	3 800.53	613.24	731.49	3 728
144平方米以上	1 600.39	161.24	268.97	6 314
按类型分				
别 墅	392.36	76.81	72.80	5 717
高档公寓	1 183.61	200.10	107.30	6 068
其他住宅	6 949.89	1 270.39	1 355.45	3 967
办 公 楼	1 779.04	365.25	165.03	8 117
商业营业用房	1 751.99	388.03	208.36	5 933
其他用房	2 633.29	481.45	404.36	3 867

3–5　商品房销售和出租情况（2014）

指　标	销售面积(万平方米)		销　售　额(亿元)		住宅销售套数(万套)		期末面积(万平方米)	
	现　房	期　房	现　房	期　房	现　房	期　房	出　租	待　售
各类房屋总计	767.80	1 316.87	948.88	2 550.65	6.65	12.40	1 142.46	2 040.16
住　宅	620.42	1 160.49	767.53	2 155.92	6.65	12.40	72.16	958.48
按户型结构分								
#90平方米及以下	314.15	547.88	278.82	654.24	4.27	7.34	13.92	268.39
144平方米以上	94.47	153.50	327.41	549.84	0.41	0.80	35.72	416.37
按类型分								
别　墅	30.48	29.09	95.81	75.42	0.12	0.16	6.31	133.98
高档公寓	39.45	158.22	147.84	540.47	0.22	1.22	54.08	206.68
其他住宅	550.49	973.18	523.87	1 540.03	6.32	11.02	11.78	617.83
办 公 楼	36.43	83.85	66.45	233.98			502.65	262.27
商业营业用房	52.03	50.83	81.11	145.34			373.99	372.36
其他用房	58.92	21.70	33.79	15.42			193.66	447.05

3-6 各区、县房地产开发建设及销售情况（2014）

单位：万平方米

地区	施工面积	竣工面积	#住宅	销售面积	#住宅
总计	14 690.18	2 313.29	1 535.55	2 084.66	1 780.91
浦东新区	3 724.60	704.86	474.53	539.14	469.04
黄浦区	264.37	55.69	26.07	22.34	21.18
徐汇区	489.93	95.27	54.39	52.31	27.87
长宁区	299.31	39.66	8.72	8.21	4.42
静安区	143.78	3.77	3.42	2.25	1.91
普陀区	555.89	62.02	39.73	53.67	32.37
闸北区	357.56	5.41	1.08	16.53	10.81
虹口区	274.58	20.73	10.51	8.94	4.15
杨浦区	428.15	84.92	22.56	44.93	34.54
闵行区	1 648.08	282.02	210.51	283.49	242.94
宝山区	1 253.82	267.96	198.52	244.59	213.04
嘉定区	1 573.46	248.88	162.14	231.89	194.50
金山区	473.61	33.33	29.87	57.88	51.69
松江区	1 093.17	157.29	110.33	182.69	167.06
青浦区	1 120.64	185.91	129.60	219.33	200.00
奉贤区	743.74	62.56	52.25	106.19	95.67
崇明县	245.49	3.02	1.34	10.29	9.72

3-7 历年全社会房屋施工面积、竣工面积

年份	施工面积（万平方米）	#住宅	竣工面积（万平方米）	#住宅	房屋建筑面积竣工率(%)	#住宅
1981	2 579.07	1 764.29	1 833.94	1 380.70	71.1	78.3
1982	2 665.99	1 755.45	1 846.00	1 363.63	69.2	77.7
1983	2 763.01	1 745.12	1 926.03	1 347.79	69.7	77.2
1984	3 541.72	2 211.53	2 591.31	1 788.44	73.2	80.9
1985	4 167.15	2 651.52	2 909.58	2 112.04	69.8	79.7
1986	4 874.44	2 469.27	2 493.93	1 790.01	51.2	72.5
1987	4 382.40	2 658.05	2 700.96	1 874.90	61.6	70.5
1988	4 369.20	2 667.00	2 457.34	1 758.71	56.2	65.9
1989	3 683.77	2 048.20	1 941.80	1 246.58	52.7	60.9
1990	3 801.46	2 269.06	2 138.44	1 339.02	56.3	59.0
1991	3 611.53	2 157.46	1 923.92	1 160.61	53.3	53.8
1992	4 709.52	2 463.79	2 608.20	1 379.18	55.4	56.0
1993	4 724.30	2 142.39	2 031.76	1 017.54	43.0	47.5
1994	6 720.70	3 520.27	2 519.09	1 349.24	37.5	38.3
1995	10 566.42	6 195.12	3 093.93	1 746.82	29.3	28.2
1996	10 730.85	5 874.26	3 254.57	1 872.65	30.3	31.9
1997	9 955.21	5 450.13	3 614.19	2 179.68	36.3	40.0
1998	9 364.36	5 113.52	3 364.43	1 963.51	35.9	38.4
1999	8 364.48	4 608.49	3 257.57	1 731.55	38.9	37.6
2000	8 636.37	4 804.12	3 266.52	1 724.02	37.8	35.9
2001	8 588.49	5 236.93	3 215.12	1 743.90	37.4	33.3
2002	9 425.43	5 994.70	3 102.54	1 880.50	32.9	31.4
2003	11 023.24	6 974.27	3 582.34	2 280.79	32.5	32.7
2004	12 291.81	7 873.44	4 932.57	3 270.43	40.1	41.5
2005	14 477.85	8 267.24	4 873.82	2 819.35	33.7	34.1
2006	14 596.49	8 085.28	4 901.46	2 746.80	33.6	34.0
2007	14 979.37	7 789.91	5 068.46	2 843.62	33.8	36.5
2008	14 083.52	7 060.19	3 828.79	1 899.40	27.2	26.9
2009	13 553.64	6 581.16	2 970.92	1 522.07	21.9	23.1
2010	15 020.76	7 344.07	2 776.21	1 415.44	18.5	19.3
2011	16 572.36	8 441.61	2 926.28	1 581.03	17.7	18.7
2012	16 874.72	8 350.83	2 838.97	1 626.73	16.8	19.5
2013	17 180.27	8 188.56	2 698.35	1 439.20	15.7	17.6
2014	18 010.06	8 573.04	2 682.42	1 549.64	14.9	18.1

3-8 房地产开发投资资金来源（2014）

指 标	合 计	按隶属关系分			
		中 央	市 属	区 县 属	其 他
本年资金来源合计	7 422.19	232.54	538.40	854.85	5 796.39
上年末结余资金	2 152.28	51.27	178.45	227.73	1 694.83
本年资金来源小计	5 269.90	181.26	359.96	627.12	4 101.56
国内贷款	1 638.84	59.63	90.26	281.01	1 207.94
银行贷款	1 497.56	50.11	84.22	237.79	1 125.45
非银行金融机构贷款	141.28	9.52	6.05	43.22	82.49
利用外资	69.61	–	–	–	69.61
#外商直接投资	67.73	–	–	–	67.73
自筹资金	1 560.83	25.04	112.99	205.06	1 217.73
#自有资金	676.26	5.53	52.06	117.84	500.84
其他资金	2 000.62	96.59	156.70	141.04	1 606.28
#定金及预收款	1 469.46	60.17	130.60	109.29	1 169.40
个人按揭贷款	278.40	13.94	10.12	4.19	250.15
本年各项应付款合计	963.06	35.82	36.14	95.86	795.24
#工 程 款	502.92	18.56	29.68	56.33	398.35

单位：亿元

按经济类型分				按企业资质等级分		
#国有经济	集体经济	股份制经济	外商港澳台经济	#一　级	二　级	三　级
419.99	37.52	3 574.38	1 504.31	64.32	613.74	573.17
100.96	10.46	986.77	566.62	11.47	129.15	175.87
319.03	27.06	2 587.61	937.70	52.85	484.60	397.29
120.89	4.81	712.87	306.29	21.92	196.91	116.11
120.89	4.81	628.77	286.16	14.00	163.91	115.71
–	–	84.10	20.13	7.92	33.00	0.40
–	–	–	69.61	–	–	5.88
–	–	–	67.73	–	–	5.88
77.73	16.52	784.46	293.18	27.57	128.33	83.71
43.78	2.11	343.93	97.66	27.57	72.66	39.24
120.41	5.73	1 090.28	268.61	3.36	159.36	191.60
105.29	2.70	802.60	200.51	2.35	81.58	132.38
10.80	–	131.10	47.12	1.01	22.50	44.38
63.68	4.35	414.60	149.35	11.07	58.61	84.40
33.27	2.95	217.03	72.22	7.48	45.26	38.17

四、建筑业

4-1 主要年份总承包和专业承包建筑企业主要指标

指　标	2005年	2010年	2012年	2013年	2014年
签订的合同额（亿元）	3 635.34	8 791.73	11 246.87	12 822.79	15 843.24
上年结转合同额	1 334.42	3 564.10	5 035.18	5 897.11	7 505.62
本年新签合同额	2 300.92	5 227.63	6 211.69	6 925.68	8 337.62
直接从建设单位承揽工程完成产值（亿元）	1 956.81	4 360.10	5 121.29	5 373.71	5 799.26
自行完成产值	1 669.77	3 858.60	4 389.64	4 621.76	4 946.78
分包出去工程产值	287.04	501.51	731.65	751.96	852.48
从建设单位以外承揽工程完成产值（亿元）	219.47	441.59	453.80	481.08	553.16
建筑业总产值（亿元）	1 889.25	4 300.19	4 843.44	5 102.84	5 499.94
#在外省完成产值	390.97	1 619.14	2 273.74	2 441.10	2 594.18
#装饰装修产值	196.13	410.22	514.48	553.10	594.97
竣工产值（亿元）	1 364.22	2 672.73	2 545.78	2 369.06	2 849.73
房屋施工面积（万平方米）	14 138.05	22 996.81	27 961.55	29 148.65	34 994.68
房屋竣工面积（万平方米）	5 648.85	6 217.15	6 476.07	6 274.25	7 580.77
从业人员年末人数（万人）	72.23	96.09	88.08	81.54	77.65
#工程技术人员	13.70	15.38	13.69	15.96	17.75
按建筑业总产值计算的劳动生产率（万元/人）	18.23	34.47	45.16	41.73	41.60
房屋建筑面积竣工率（%）	40.0	27.0	23.2	21.5	21.7

4-2　总承包和专业承包建筑企业签订合同情况（2014）

单位：亿元

类　别	直接同建设单位签订的合同额	上年结转合同额	本年新签合同额
总　计	15 843.24	7 505.62	8 337.62
按经济类型分			
#国有经济	2 667.73	1 327.63	1 340.10
集体经济	46.36	11.98	34.39
股份制经济	9 744.30	4 733.31	5 011.00
私营经济	2 971.18	1 251.96	1 719.22
外商投资经济	305.53	145.20	160.33
港澳台投资经济	103.94	35.54	68.40
按隶属关系分			
#中 央 属	6 560.63	3 040.12	3 520.51
市(局)属	3 648.58	1 902.43	1 746.15
区、县属	775.06	352.66	422.40
按资质等级分			
#特　级	7 477.41	3 789.40	3 688.01
一　级	5 927.65	2 700.66	3 226.98
二　级	1 676.53	735.23	941.30
三　级	701.30	234.77	466.53
按行业类别分			
房屋建筑业	10 180.13	4 979.58	5 200.55
土木工程建筑业	4 095.23	1 997.52	2 097.72
建筑安装业	719.52	199.95	519.56
建筑装饰和其他建筑业	848.36	328.57	519.80
按资质标准分			
施工总承包	14 517.38	7 037.32	7 480.06
专业承包	1 325.86	468.30	857.56

4-3 总承包和专业承包建筑企业产值、人员情况（2014）

类别	企业个数(个)	建筑业总产值(亿元)			
			建筑工程	安装工程	其他
总计	3 184	5 499.94	4 681.15	714.68	104.12
按经济类型分					
#国有经济	88	819.75	712.59	84.50	22.66
集体经济	49	28.78	21.05	7.33	0.39
股份制经济	635	2 852.44	2 476.78	339.97	35.69
私营经济	2 277	1 583.61	1 304.15	240.13	39.34
外商投资经济	60	123.56	97.36	20.18	6.02
港澳台投资经济	70	87.41	66.12	21.28	0.02
按隶属关系分					
#中央属	57	1 772.07	1 588.95	152.14	30.98
市(局)属	75	959.96	790.30	166.25	3.42
区、县属	187	377.82	334.51	31.03	12.28
按资质等级分					
#特级	14	1 598.20	1 498.82	88.27	11.11
一级	393	2 437.06	2 060.96	343.29	32.80
二级	923	970.24	773.00	157.66	39.58
三级	1 813	473.45	332.30	120.96	20.20
按行业类别分					
房屋建筑业	968	3 135.14	2 898.09	187.75	49.30
土木工程建筑业	618	1 356.78	1 168.00	162.32	26.47
建筑安装业	754	470.22	117.68	331.71	20.84
建筑装饰和其他建筑业	844	537.80	497.38	32.90	7.52
按资质标准分					
施工总承包	1 489	4 588.40	4 023.70	488.92	75.79
专业承包	1 695	911.54	657.45	225.76	28.33

竣工产值（亿元）	从业人员年末人数（万人）	#工程技术人员	计算劳动生产率的平均人数（万人）	按建筑业总产值计算的劳动生产率（万元/人）
2 849.73	77.65	17.75	132.21	41.60
378.15	5.14	1.96	9.53	86.05
21.89	1.03	0.18	1.22	23.54
1 513.05	25.27	6.97	55.76	51.15
843.24	44.43	7.85	56.53	28.01
74.71	0.83	0.44	2.39	51.62
18.25	0.93	0.35	6.65	13.15
741.01	7.10	4.17	20.31	87.27
623.83	5.50	1.41	19.87	48.32
229.61	4.82	1.23	7.49	50.44
829.74	5.77	2.72	20.81	76.79
1 207.90	33.83	6.67	62.85	38.78
526.73	24.50	5.36	31.11	31.19
279.50	13.32	2.91	16.82	28.14
1 897.67	49.45	9.85	88.82	35.30
511.24	11.44	4.06	20.60	65.86
232.73	8.30	2.15	10.76	43.70
208.09	8.46	1.68	12.03	44.70
2 444.56	62.06	14.17	111.42	41.18
405.17	15.58	3.58	20.79	43.84

4-4 总承包和专业承包建筑企业施工工程情况（2014）

类 别	单位工程施工个数（万个）	#本年新开工	竣工个数（万个）
总 计	9.96	5.93	5.30
按经济类型分			
#国有经济	0.45	0.23	0.17
集体经济	0.08	0.07	0.04
股份制经济	5.04	2.66	2.63
私营经济	3.87	2.74	2.30
外商投资经济	0.18	0.08	0.06
港澳台投资经济	0.33	0.15	0.10
按隶属关系分			
#中 央 属	0.68	0.26	0.22
市(局)属	1.73	1.02	1.14
区、县属	1.73	0.69	0.69
按资质等级分			
#特 级	0.70	0.25	0.20
一 级	3.87	1.85	1.62
二 级	1.94	1.18	0.95
三 级	3.39	2.63	2.52
按行业类别分			
房屋建筑业	2.65	1.30	1.06
土木工程建筑业	3.08	1.69	1.65
建筑安装业	3.46	2.40	2.18
建筑装饰和其他建筑业	0.77	0.54	0.41
按资质标准分			
施工总承包	6.20	3.35	3.26
专业承包	3.75	2.58	2.04

房屋施工面积（万平方米）	#本年新开工	#投标承包	房屋竣工面积（万平方米）	房屋竣工价值（亿元）
34 994.68	11 925.00	32 458.39	7 580.77	1 545.93
1 285.71	536.29	1 192.16	288.26	69.33
109.40	85.00	101.18	50.48	8.62
25 365.48	7 793.49	24 774.88	4 708.80	1 010.11
8 084.89	3 433.39	6 275.64	2 481.77	436.82
140.39	76.83	105.73	51.46	21.05
8.80	0.00	8.80	–	–
12 973.05	3 342.26	12 886.79	1 900.24	424.10
8 191.86	2 761.69	8 149.13	1 927.39	434.69
747.07	193.23	612.86	231.64	52.17
16 962.37	4 393.82	16 919.95	2 840.71	674.49
12 454.39	5 078.78	11 790.50	2 849.35	556.51
4 396.41	1 771.94	3 105.44	1 411.54	248.98
1 179.81	678.76	642.51	479.16	65.94
34 004.57	11 380.38	31 608.53	7 317.79	1 499.31
781.40	459.15	706.20	172.30	31.61
120.54	47.25	94.73	54.15	8.60
88.16	38.20	48.93	36.53	6.41
34 733.60	11 797.68	32 354.95	7 506.01	1 537.87
261.08	127.31	103.44	74.75	8.05

4-5 总承包和专业承包建筑企业基本情况（按地区分）（2014）

地　区	企业个数（个）	建筑业总产值（亿元）	竣工产值（亿元）	房屋施工面积（万平方米）	#本年新开工
总　计	3 180	5 102.84	2 369.06	29 148.65	10 268.56
浦东新区	619	1 271.46	680.77	11 247.40	3 633.23
黄 浦 区	189	247.43	60.91	707.50	133.77
徐 汇 区	211	460.85	105.98	663.54	220.73
长 宁 区	153	216.96	144.73	2 212.78	780.90
静 安 区	86	45.49	27.95	63.59	7.11
普 陀 区	245	321.83	205.94	2 405.49	814.62
闸 北 区	111	418.44	134.80	859.58	304.61
虹 口 区	161	411.17	192.50	2 528.57	937.60
杨 浦 区	242	269.60	111.32	781.34	380.83
闵 行 区	172	288.79	138.76	2 317.89	823.84
宝 山 区	228	597.49	274.64	2 250.90	775.43
嘉 定 区	173	100.53	61.29	734.53	465.27
金 山 区	123	99.63	47.27	219.36	103.15
松 江 区	137	123.12	85.62	859.16	464.80
青 浦 区	87	81.23	32.96	530.32	148.81
奉 贤 区	196	114.16	46.97	638.72	209.94
崇 明 县	47	34.66	16.64	127.98	63.92

房屋竣工面积（万平方米）	#住　宅	从业人员年末人数（万人）	计算劳动生产率的平均人数（万人）	按建筑业总产值计算的劳动生产率（万元/人）
6 274.25	3 147.69	81.54	122.28	41.73
1 593.77	755.57	17.82	31.18	40.78
137.19	70.51	3.03	3.95	62.72
226.85	182.34	5.31	7.92	58.19
554.02	348.28	3.72	5.93	36.56
28.49	11.70	1.69	2.28	19.92
595.68	453.33	5.75	10.15	31.69
231.58	134.73	6.87	8.61	48.60
601.68	238.24	3.52	10.72	38.35
203.87	117.19	6.25	7.26	37.15
443.23	244.34	6.47	9.66	29.88
597.48	170.37	6.69	7.97	74.94
173.62	99.41	2.79	2.87	35.09
67.82	0.92	2.62	2.49	39.93
414.56	92.88	3.05	3.47	35.46
90.48	45.73	1.61	2.82	28.85
243.46	136.76	3.49	3.92	29.12
70.47	45.39	0.87	1.07	32.41

4-6 总承包和专业承包建筑企业承包工程完成情况（2014）

单位：亿元

类 别	直接从建设单位承揽工程完成的产值	自行完成施工产值	分包出去工程的产值	从建设单位以外承揽工程完成的产值
总 计	5 799.26	4 946.78	852.48	553.16
按经济类型分				
#国有经济	843.08	793.62	49.47	26.13
集体经济	27.33	26.93	0.40	1.85
股份制经济	3 198.38	2 523.89	674.49	328.55
私营经济	1 492.88	1 427.92	64.96	155.69
外商投资经济	153.41	99.32	54.09	24.25
港澳台投资经济	79.87	70.80	9.07	16.61
按隶属关系分				
#中 央 属	1 828.13	1 722.06	106.07	50.01
市(局)属	1 294.70	777.29	517.41	182.67
区、县属	366.24	329.12	37.13	48.70
按资质等级分				
#特 级	1 937.78	1 456.02	481.76	142.18
一 级	2 412.09	2 177.11	234.97	259.94
二 级	977.30	886.68	90.62	83.56
三 级	451.17	406.86	44.30	66.59
按行业类别分				
房屋建筑业	3 481.36	2 821.20	660.15	313.93
土木工程建筑业	1 405.36	1 265.97	139.39	90.82
建筑安装业	452.05	409.53	42.52	60.70
建筑装饰和其他建筑业	460.49	450.09	10.41	87.71
按资质标准分				
施工总承包	5 029.43	4 197.54	831.89	390.86
专业承包	769.83	749.25	20.58	162.29

五、城市建设

5-1 主要年份城市建设综合指标

指　标	2005年	2010年	2013年	2014年
实有各类房屋建筑面积（万平方米）	64 198	93 591	110 685	115 345
高层建筑（幢）	10 045	20 579	36 055	38 171
高层建筑（万平方米）	13 100	21 911	34 697	36 918
人均居住面积（平方米）	15.5	16.7	17.5	17.8
人均公园绿地面积（平方米）	11.01	13.00	13.38	13.79
绿化覆盖率（%）	37.0	38.2	38.4	38.4
自来水供水能力（万立方米/日）	1 096	1 131	1 124	1 137
污水厂污水处理能力（万吨/日）	471	684	784	787
煤气生产能力（万立方米/日）	1 134.30	817.40	347.40	146.60
家庭煤气用户数（万户）	236.54	132.89	43.39	13.82
家庭液化石油气用户数（万户）	253.89	316.37	330.46	330.64
家庭天然气用户数（万户）	186.37	405.89	558.19	614.00
全市桥梁（座）	8 070	11 849	12 801	13 304
#黄浦江大桥	6	10	10	10
长江大桥		1	1	1
黄浦江隧道（条）	6	12	13	13
长江隧道（条）		1	1	1
城市快速路（公里）	77	196	199	187
高速公路长度（公里）	560	775	815	825
人均道路面积（平方米）	11.08	11.12	11.30	11.51
轨道交通运营线路长度（公里）	147.78	452.57	567.42	577.55
公共汽电车运营车辆（辆）	17 985	17 455	16 717	16 155
出租汽车运营车辆（辆）	47 794	50 007	50 612	50 738

注：1、“全市桥梁”指本市所有公路桥梁和城市道路桥梁，不包括：郊区机耕桥、村内道路等不符合公路设施量标准农村桥梁，水利桥梁、闸桥合一桥梁等。

2、“黄浦江大桥”指本市所有跨越黄浦江的大桥；“黄浦江隧道”指本市所有穿越黄浦江的隧道，包括外滩隧道。

3、“长江大桥”2013年数据有调整，原因是：崇启大桥不再列为长江大桥。

4、“人均道路面积”统一调整为按常住人口计算。

5-2 全市八层（含八层）以上房屋区县分布情况（2014）

地区	合计		8-10层		11-
	幢	面积	幢	面积	幢
总计	38 171	36 918	5 333	3 708	17 372
浦东新区	8 784	8 566	1 054	820	4 694
黄浦区	1 244	2 264	152	156	160
徐汇区	2 038	2 744	287	236	565
长宁区	1 513	1 990	292	195	427
静安区	709	1 209	92	61	75
普陀区	2 419	2 684	259	149	756
闸北区	1 437	1 527	219	137	563
虹口区	1 366	1 600	208	124	345
杨浦区	2 021	2 013	281	225	789
闵行区	5 468	4 063	888	689	3 485
宝山区	3 183	2 292	474	255	1 699
嘉定区	2 413	1 966	283	192	1 033
金山区	720	475	141	79	438
松江区	2 572	1 834	315	205	1 400
青浦区	1 110	796	206	92	462
奉贤区	992	787	103	65	385
崇明县	182	108	79	27	96

单位：万平方米

15层	16-19层		20-29层		30层以上	
面　积	幢	面　积	幢	面　积	幢	面　积
11 905	9 005	8 691	4 951	8 342	1 510	4 272
3 220	1 905	1 886	850	1 541	281	1 099
174	235	315	458	917	239	702
471	496	597	520	992	170	447
351	282	299	381	693	131	452
66	130	139	301	556	111	387
557	565	586	652	968	187	424
418	259	257	274	481	122	235
240	348	372	339	575	126	289
599	574	554	328	543	49	92
2 243	911	879	163	221	21	32
1 060	835	721	147	209	28	46
713	808	728	268	306	21	28
266	115	97	25	31	1	2
904	729	555	126	168	2	2
301	385	347	56	55	1	1
249	422	354	62	84	20	35
73	6	6	1	2	–	–

5-3 全市居住房屋区县分布情况（2014）

地　区	各类房屋面积总计	#居住房屋合计	花园住宅
总　计	115 345	61 094	1 790
浦东新区	26 475	14 294	368
黄 浦 区	3 718	1 758	8
徐 汇 区	5 923	3 394	52
长 宁 区	3 971	2 411	57
静 安 区	1 761	819	21
普 陀 区	5 816	3 599	13
闸 北 区	3 755	2 261	–
虹 口 区	3 546	2 229	7
杨 浦 区	5 712	3 378	3
闵 行 区	12 939	7 521	317
宝 山 区	9 176	5 402	29
嘉 定 区	7 406	3 364	91
金 山 区	4 010	1 466	17
松 江 区	8 923	3 946	378
青 浦 区	5 235	2 124	296
奉 贤 区	5 082	2 162	97
崇 明 县	1 895	966	34

单位：万平方米

公　寓	联列住宅	新式里弄	旧式里弄	简　屋
56 429	1 241	311	1 312	11
13 581	224	3	117	1
1 363	…	88	297	1
3 242	9	52	36	2
2 333	1	18	3	…
689	1	76	32	…
3 520	23	4	38	…
2 141	1	1	118	–
1 958	…	61	201	2
3 186	18	6	163	1
7 003	152	1	48	…
5 227	96	…	49	…
3 117	132	–	24	…
1 371	42	…	36	…
3 218	311	…	39	…
1 652	140	–	36	…
1 961	70	1	34	…
869	21	…	41	2

5-4 全市非居住房屋区县分布情况（2014）

地 区	各类房屋面积总 计	#非居住房屋合计	工 厂	学 校	仓库堆栈
总 计	115 345	54 250	23 964	3 226	1 762
浦东新区	26 475	12 182	4 984	610	448
黄 浦 区	3 718	1 961	134	106	25
徐 汇 区	5 923	2 529	505	330	63
长 宁 区	3 971	1 560	204	122	34
静 安 区	1 761	942	63	49	5
普 陀 区	5 816	2 218	449	193	186
闸 北 区	3 755	1 494	388	103	48
虹 口 区	3 546	1 318	186	114	34
杨 浦 区	5 712	2 334	751	369	75
闵 行 区	12 939	5 418	2 816	336	235
宝 山 区	9 176	3 775	1 632	165	306
嘉 定 区	7 406	4 041	2 113	188	78
金 山 区	4 010	2 544	1 733	83	50
松 江 区	8 923	4 977	3 534	171	43
青 浦 区	5 235	3 111	2 120	84	50
奉 贤 区	5 082	2 920	1 937	122	38
崇 明 县	1 895	929	414	81	45

注：“其他”中包含饭店、福利院、公共设施用房、会所、寺庙教堂、体育馆、文化馆、文化体育娱乐用房、站场码头、

单位：万平方米

办公楼	商场店铺	医　院	旅　馆	影剧院	其　他
6 860	6 468	615	1 233	58	10 063
1 475	1 346	87	308	5	2 918
720	364	65	142	12	394
705	263	85	93	2	482
492	208	35	105	2	357
358	114	26	86	2	237
462	372	26	69	3	457
292	228	31	61	4	339
409	191	28	67	6	282
409	243	43	32	3	409
280	615	43	32	5	1 056
248	464	24	32	2	902
373	527	25	55	2	681
138	326	30	22	1	162
172	487	23	39	1	506
113	322	16	30	3	373
149	317	10	30	2	315
64	81	17	30	2	194

宗祠山庄、车库、综合楼、农业建筑、其他、公园用地、业务用房。

5-5 全市房屋拆迁区县分布情况（2014）

地 区	合 计		居 民		非居住房屋（单位）	
	户 数（户）	面 积（平方米）	户 数（户）	面 积（平方米）	个 数（个）	面 积（平方米）
总 计	26 799	1 185 777	26 334	958 121	465	227 656
浦东新区	1 969	311 171	1 912	214 025	57	97 146
黄 浦 区	4 876	128 131	4 876	128 131	–	–
徐 汇 区	43	11 190	28	1 098	15	10 092
长 宁 区	1 667	60 291	1 667	60 291	–	–
静 安 区	2 626	81 287	2 395	73 594	231	7 693
普 陀 区	3 277	123 676	3 275	121 632	2	2 044
闸 北 区	4 074	102 689	4 074	102 689	–	–
虹 口 区	4 046	84 279	4 046	84 279	–	–
杨 浦 区	3 719	81 895	3 622	81 649	97	246
闵 行 区	288	126 544	252	58 342	36	68 202
宝 山 区	69	42 656	50	7 256	19	35 400
嘉 定 区	55	10 000	50	10 000	5	–
金 山 区	6	615	6	615	–	–
松 江 区	23	2 711	23	2 711	–	–
青 浦 区	12	7 683	9	850	3	6 833
奉 贤 区	16	5 019	16	5 019	–	–
崇 明 县	33	5 940	33	5 940	–	–

注：另有协议拆迁11106户。

5-6　主要年份市区居住水平

指　标	2005年	2010年	2013年	2014年
住宅建筑面积（万平方米）	37 624	52 640	58 940	61 094
城镇居民人均住房居住面积（平方米）	14.9	16.7	17.5	17.8
居民住宅成套率（%）	93.0	95.8	96.4	96.6

5-7　保障性住房建设情况（2011~2014）

单位：万平方米

指　标	2011年	2012年	2013年	2014年
保障性住房新开工建设和筹措面积	1 751.02	1 292.04	785.17	391.88
#动迁安置商品房	984.00	842.87	485.31	202.65
经济适用房	541.00	185.14	–	–
公租房	226.02	235.76	137.62	50.65
保障性住房建成面积	498.88	686.58	796.54	817.90
#动迁安置商品房	298.25	470.14	533.63	490.49
经济适用房	200.63	92.51	146.64	97.73
公租房	–	94.66	116.27	95.68

5-8　主要年份市属动迁安置房使用情况（按地区分）

单位：套

地　区	2005年	2010年	2013年	2014年
合　计	20 228 (23.0)	39 025	54 027 (31.0)	54 093 (4.0)
浦东新区	–	–	(31.0)	(4.0)
黄 浦 区	3 153 (1.2)	12 196	11 100	9 647
徐 汇 区	144 (1.8)	1 500	3 026	2 653
长 宁 区	1 830	3 100	900	750
静 安 区	16	4 180	1 600	4 625
普 陀 区	3 463	2 110	7 504	6 381
闸 北 区	3 205 (7.0)	5 838	16 264	2 565
虹 口 区	3 558	4 200	5 611	18 418
杨 浦 区	4 307	5 251	6 684	8 054
闵 行 区	–	–	338	–
宝 山 区	205	–	–	–
嘉 定 区	–	–	–	–
松 江 区	–	–	1 000	1 000
其　他	347 (20.0)	650	–	–

注：1、括号内数字为未折算成套数的配套商品房安排面积，单位:万平方米。
　　2、表中“其他”栏：2010年650套为世博民居文化区项目动迁。

5-9 主要年份市属动迁安置房使用情况（按项目性质分）

单位：套

分 类	2005	2010年	2013年	2014年
合 计	20 228 (23.0)	39 025 (0.0)	54 027 (31.0)	54 093 (4.0)
环境建设	3 448 (1.2)	–	–	–
#绿化建设	3 270 (1.2)	–	–	–
污水建设	178	–	–	–
轨道交通	4 937	1 100	–	– (3.0)
市政道路	1 896 (1.8)	900	1 438	255
旧区改造	9 088	36 375	50 563 (1.0)	53 838 (1.0)
其 他	859 (20.0)	650	2 026 (30.0)	–

注：1、括号内数字为未折算成套数的配套商品房安排面积，单位:万平方米。
2、表中“其他”栏：2010年650套为世博民居文化区项目动迁。

5-10 主要年份市政工程设施情况

指 标	2005年	2010年	2013年	2014年
道路长度（公里）	12 227	16 687	17 498	17 797
#城市道路	4 117	4 713	4 865	4 852
公 路	8 110	11 974	12 633	12 945
道路面积（万平方米）	20 942	25 607	27 290	27 918
#城市道路	7 704	9 723	10 542	10 550
公 路	13 238	15 884	16 748	17 368
城市桥梁（座）	8 070	11 849	12 801	13 304
#城市道路	1 715	2 073	2 335	2 439
公 路	6 355	9 776	10 466	10 865
路灯盏数(万盏)	30.13	46.99	50.98	52.38

注：1、城市道路面积指道路实际铺装面积和与道路相通的广场、桥梁、隧道的铺装面积。
2、道路长度、面积为全市口径(包括崇明县)。道路中包括村道。

5-11 主要年份道路和车辆情况

指 标	2005年	2010年	2013年	2014年
车行道面积(万平方米)	15 646	20 729	22 217	22 873
人行道面积(万平方米)	5 003	3 671	3 809	3 883
人均道路面积(平方米)	11.08	11.12	11.30	11.51
机动车(万辆)	211.59	248.77	283.55	304.06
#大 型 车	17.21	23.97	28.01	27.33
小 型 车	79.84	142.95	207.07	226.47
非机动车(万辆)	1 146.89	1 360.08	1 457.85	1 557.44

注：人均道路面积调整为按常住人口计算。

5-12 主要年份公路里程情况

单位：公里

分 类	2005年	2010年	2013年	2014年
实际里程	8 110	11 974	12 633	12 945
按技术等级分				
高速公路	560	775	815	825
一级公路	302	335	421	449
二级公路	2 306	3 065	3 260	3 395
三级公路	2 548	2 602	2 685	2 722
四级公路	2 395	5 197	5 452	5 553
按行政等级分				
国 道	316	613	644	644
省 道	1 036	974	1 016	1 055
县 道	2 051	2 456	2 662	2 800
乡 道	4 638	6 829	7 062	7 053
村 道		1 102	1 249	1 393

注：2005年按行政等级分另有“专用公路”69公里。2006年始在行政等级划分中取消了”专用公路”分类指标。

5-13 主要年份城市公共交通情况

指　标	2005年	2010年	2013年	2014年
轨道交通				
运营线路条数（条）	6	12	15	15
运营线路长度（公里）	147.78	452.57	567.42	577.55
运营线网长度（公里）	136.21	441.01	555.85	565.99
运营车辆（节）	695	2 842	3 490	3 677
行驶里程（万列公里）	1 141.66	4 777.60	5 871.96	7 006.78
客运量（万人次）	59 406	188 407	250 628	282 727
年末从业人员数（人）	5 716	25 005	28 783	28 987
公共汽电车				
公交线路条数（条）	940	1 165	1 338	1 377
公交线路长度（公里）	21 795	23 131	23 824	23 897
运营汽电车辆数（辆）	17 985	17 455	16 717	16 155
公共汽车	17 509	17 038	16 351	15 454
无轨电车	476	417	357	692
全年行驶总里程（万公里）	112 992	117 191	109 206	108 320
客运量（亿人次）	27.81	28.08	27.10	26.65
运营收入（亿元）	53.05	53.10	48.16	46.28
出租汽车				
年末运营车辆（辆）	47 794	50 007	50 612	50 738
#顶 灯 车	45 614	48 872	49 623	49 788
载客车次（万次）	56 401	63 307	59 571	57 238
运营里程（亿公里）	58.12	64.85	63.87	62.79
#营业里程	34.75	39.79	40.59	40.58
运营收入（亿元）	115.41	154.72	171.12	170.41
运营单位（户）	3 600	3 301	3 190	3 146
国有（控股）	55	48	42	42
集体（控股）	44	29	29	29
个　体	3 350	3 154	3 065	3 020
其　他	151	70	54	55
汽车租赁				
年末运营车辆（辆）	6 517	9 812	11 463	13 021
运营车日（万车日）	218.84	371.84	404.80	446.78
租赁车日（万车日）	172.61	326.94	353.84	392.01
车辆利用率（%）	78.9	87.9	87.4	87.7
运营里程（万公里）	19 383	28 697	41 660	45 365
运营收入（亿元）	6.92	12.72	15.53	16.96

注：轨道交通指标数据包含了磁浮线的有关内容。

5-14 综合交通运输情况（2011~2014）

指　标	2011年	2012年	2013年	2014年
全港货物吞吐量（万吨）	72 758	73 289	77 575	75 529
按港区分				
海 港	62 432	63 470	68 273	66 954
内 河 港	10 326	9 819	9 301	8 575
按内外贸分				
内 贸	38 981	37 734	39 869	37 297
外 贸	33 778	35 825	37 706	38 232
集装箱吞吐量（万TEU）	3 174	3 253	3 362	3 529
对外旅客发送量（万人）	13 518	14 548	15 933	16 796
#铁 路	6 198	6 758	7 972	8 430
水 路	78	66	68	90
公 路	3 476	3 749	3 720	3 754
航 空	3 766	3 974	4 173	4 521
货物运输总量（万吨）	93 318	94 376	91 535	90 341
#铁 路	888	825	694	549
水 路	49 389	50 302	46 697	46 583
公 路	42 685	42 911	43 809	42 848
航 空	356	338	335	361
高速公路车流量（万辆）	22 466	24 417	27 495	31 127
#货 车	5 836	5 940	6 544	7 106
高速公路ETC流量（万辆）	2 891	4 154	5 379	7 094

注：对外旅客发送量，其中铁路2014年不含金山铁路旅客运输量。

5-15 主要年份城市轮渡情况

指　　标	2005年	2010年	2013年	2014年
年末城市轮渡实有数（艘）	71	67	54	50
#对江客轮渡船	53	60	54	50
车 辆 渡	7	2	–	–
交 通 艇	7	–	–	–
营业船数（艘）	67	62	54	50
全年载客总数（万人次）	12 423.26	8 906.66	6 367.68	5 793.71
全年载车总数（万辆次）	493.97	203.06	84.75	57.96
#机 动 车	470.59	193.24	79.04	57.96
年末职工人数（人）	2 563	1 514	1 449	1 342

注：城市轮渡不包括三岛客轮、游览船情况。

5-16　主要年份三岛客轮情况

指　　标	2005年	2010年	2013年	2014年
年末船舶实有数（艘）	23	15	13	28
#客 轮	14	8	7	17
客货船（车客渡）	9	7	6	11
年末营业船舶数（艘）	22	14	13	28
全年旅客人数（万人次）	482.85	167.90	148.61	370.83
全年载车总数（万辆次）	37.22	32.20	39.79	79.95
#机 动 车	37.22	32.20	39.79	79.94
年末职工人数（人）	628	373	324	584

注：1、2014年前数据由原上海市建设和交通管理委员会提供数据。
　　2、2014年起由新成立的上海市交通管理委员会提供数据。

5-17　主要年份黄浦江游览情况

指　　标	2005年	2010年	2013年	2014年
年末船舶实有数（艘）	8	15	9	34
营业船数（艘）	7	11	9	34
全年游览旅客数（万人次）	66.50	120.40	47.25	298.02

注：1、2014年前数据由原上海市建设和交通管理委员会提供数据。
　　2、2014年起由新成立的上海市交通管理委员会提供数据。

5-18 主要年份燃气（煤气、液化石油气、天然气）情况

指　　标	2005年	2010年	2013年	2014年
煤气生产能力（万立方米/日）	1 134.30	817.40	347.40	146.60
煤气供应总量（亿立方米）	22.86	14.22	5.93	3.14
煤气销售总量（亿立方米）	19.97	12.85	5.44	3.01
#家庭用量	17.88	6.28	2.60	1.35
煤气管线长度（公里）	8 464	5 517	2 962	2 109
家庭煤气用户数（万户）	236.54	132.89	43.39	13.82
液化石油气销售总量（万吨）	45.26	40.05	39.74	41.81
#家庭用量	23.97	23.62	23.51	25.22
家庭液化石油气用户数（万户）	253.89	316.37	330.46	330.64
天然气销售总量（亿立方米）	17.50	42.66	65.75	66.39
#家庭用量	2.65	7.79	10.99	12.44
天然气管线长度（公里）	6 370	17 316	23 156	26 057
家庭天然气用户数（万户）	186.37	405.89	558.19	614.00

5-19 主要年份水务情况

指　　标	2005年	2010年	2013年	2014年
水厂个数（个）	179	105	67	67
自来水供水能力（万立方米/日）	1 096	1 131	1 124	1 137
全年供水量（亿立方米）	28.65	30.90	31.91	31.73
全年售水量（亿立方米）	22.81	24.44	24.92	24.82
#工业用水	6.42	5.80	5.23	5.16
生活用水	16.39	18.64	19.69	19.66
日平均用水（万立方米/日）	624.80	669.70	682.74	680.00
供水管道长度（公里）	23 718.21	31 181.58	36 217.19	35 068.00
防洪堤长度（公里）	1 070	1 009	1 129	1 159
城市排水管道长度（公里）	6 933	11 483	19 425	20 972
污水处理能力（万吨/日）	471	684	784	788

注：防洪堤不包括市区和郊区的圩堤；从2010年起，堤防包含苏州河堤防。

5-20 主要年份城市绿化情况

指　　标	2005年	2010年	2013年	2014年
城市绿地面积（公顷）	28 865	120 148	124 295	125 741
#公园绿地	12 038	16 053	17 142	17 789
#公园面积	1 521	1 915	2 222	2 301
街道绿地	10 516	13 418	14 167	14 188
附属绿地	11 591	18 589	20 645	23 020
生产绿地	335	230	267	417
公园数（个）	144	148	158	161
公园游园人数（万人次）	13 656	21 794	20 574	22 286
全年植树数（万株）	2 117	2 758	1 523	1 872
人均公园绿地面积（平方米）	11.01	13.00	13.38	13.79
建成区绿化覆盖率（%）	37.0	38.2	38.4	38.4
行道树实有数（万株）	83	81	99	103
当年造林面积（公顷）	3 827	1 349	862	899

注：2009年起，上海绿化统计根据国家建设部《城市（县城）和村镇建设统计报表制度》中“城市绿地”指标要求将城市建设用地之外的对城市生态环境质量、城市景观和生物多样性保护有直接影响的绿地如森林公园、水源保护区等纳入了城市绿地面积的统计。城市绿地由公园绿地、生产绿地、防护绿地，附属绿地和其他绿地五大类构成。

5-21 城市绿化区县分布情况（2014）

单位：公顷

地　　区	绿地面积	#公园绿地	绿化覆盖面积
总　　计	125 741.32	17 788.97	136 426.62
浦东新区	26 809.85	6 242.00	28 383.92
黄 浦 区	268.29	169.90	327.66
徐 汇 区	1 289.70	513.77	1 466.36
长 宁 区	1 044.79	462.76	1 170.37
静 安 区	110.31	49.12	162.05
普 陀 区	1 244.42	535.11	1 456.29
闸 北 区	635.51	236.83	652.71
虹 口 区	407.36	154.49	486.97
杨 浦 区	1 374.28	468.84	1 520.28
闵 行 区	8 461.14	2 336.08	8 981.24
宝 山 区	6 635.47	2 194.42	6 893.02
嘉 定 区	8 079.13	1 262.33	9 206.50
金 山 区	8 886.65	632.61	9 807.65
松 江 区	12 533.71	989.65	13 484.89
青 浦 区	10 286.97	779.63	11 014.47
奉 贤 区	9 998.27	434.89	10 905.58
崇 明 县	27 675.47	326.54	30 506.66

注：绿化覆盖面积指城市中的乔木、灌木、草坪等所有植被的垂直投影面积。

5-22 主要年份城市环境卫生情况

指　　标	2005年	2010年	2013年	2014年
卫生设施				
公共厕所（座）	3 640	6 026	6 224	6 168
生活垃圾收集点（处）	28 388	30 645	32 018	32 122
废物箱（只）	39 539	74 658	89 266	89 857
倒粪站（座）	1 689	1 900	1 800	1 756
化粪池（只）	47 424	43 170	43 887	43 629
焚烧厂（座）	2	2	4	5
焚烧厂设计规模（吨/日）	2 500	2 500	6 300	8 300
填埋场（座）	3	5	5	5
填埋场设计规模（吨/日）	6 400	6 750	11 230	11 230
综合处理厂（座）	2	4	5	2
综合处理厂设计规模（吨/日）	1 500	2 200	3 200	1 000
清运情况				
清扫道路面积（万平方米/日）	10 414	15 879	17 385	17 490
清运垃圾（万吨）	777	5 717	13 717	15 135
生活垃圾清运量	622	732	736	743
建筑垃圾和工程渣土清运量	155	4 985	12 981	14 392
清运粪便（万吨）	254	201	222	200
环卫机械				
扫路车（辆）	406	510	619	618
清洗洒水车（辆）	248	285	366	368
垃圾车（辆）	3 297	3 607	3 578	3 669
吸粪车（辆）	492	456	451	460

注：2010年起建筑垃圾和工程渣土清运量包括工程渣土、装修垃圾和泥浆产生量。

5-23 主要年份环境保护情况

指　　标	2005年	2010年	2013年	2014年
废水排放总量（万吨）	199 660	248 250	222 963	221 160
#工业废水	51 047	36 896	45 426	43 939
工业废气排放总量（亿标立方米）	9 103	12 969	13 344	13 007
工业废气中:二氧化硫（万吨）	37.52	26.32	17.28	15.54
工业烟粉尘排放量（万吨）	6.02	5.15	6.72	13.14
工业固体废物产生量（万吨）	1 963.62	2 448.36	2 054.49	1 924.79
工业固体废物处置量（万吨）	64.66	93.86	57.99	47.01
工业固体废物综合利用量（万吨）	1 891.62	2 366.92	1 995.35	1 876.86
工业固体废物综合利用率（%）	96.3	96.2	97.1	97.5
突发环境事件（次）	50	131	251	108
道路交通噪声平均等效声级（dB(A)）				
昼间时段	72.0	69.8	69.6	69.8
夜间时段	65.8	64.3	64.6	65.6

注：2014年始工业烟粉尘排放量统计口径增加了无组织排放量。